大家身影

走過，必留下足跡；畢生行旅，彩繪了閱歷，也孕育了思想！人類文明因之受到滋潤，甚至改變永遠持續！

將其形諸圖文，不只啓人尋思，也便尋根與探究。

昨日的行誼，即是今日的史料；不只是傳記，更多的是思想的顯影。一生浮萍，終將漂逝，讓他走向永恆的時間和無限的空間；超越古今，跨躍國度，「五南」願意！

思想家、哲學家、藝文家、科學家，只要是能啓發大家的「大家」，都不會缺席。至於以「武」、以「謀」、以「體」，叱吒寰宇、攪動世界的風雲人物，則不在此系列出現。

大家受啓發的

大家身影系列 001

懺悔錄

LES CONFESSIONS

盧梭 —— 著

李平漚 —— 譯

李　崗　導讀

（國立東華大學副教授）

※ 根據法國大眾書社袖珍叢書 1972 年版譯出。

導讀——文學與哲學的統一：盧梭《懺悔錄》解析

國立東華大學教育與潛能開發學系副教授
李崗

一

盧梭（Jean-Jacques Rousseau, 1712-1778），十八世紀偉大的思想家，一生始終對自己耿耿於懷：自己反覆無常的認同、自己的圖像、自己內在的眞理、自己不知所措的深刻感受。在他生命的最後二十年，這些念頭變成糾纏不清的心事。於是，一七六六年開始撰寫《懺悔錄》，四年完成這部內容震驚世人的經典之作；一七七二年執筆《盧梭審判尚－雅克：對話錄》，透過三個人物之間的討論，反駁與澄清那些汙衊毀謗自己的論點；一七七六年則著手起草《一個孤獨的散步者的夢》，任憑自發的意識狀態，繼續重新創造記憶，一七七八年四月完成，七月二日逝世。由此可見，本書作爲盧梭晚年自傳系列的三部曲之一，實在令人好奇：究竟洩漏什麼祕密，有人批評其信口雌黃，有人稱讚其赤裸眞誠？接下去問，既然充滿爭議，有「非讀不可」的價値嗎？問題的答案，要看你的背景與期待而定。舉例來說，中國翻譯家李平漚（一九二四—二〇一六），一九六〇年起正式翻譯盧梭的教育哲學名著《愛彌兒》，一九七八年該書出版，一九八九年及一九九五年兩次出席法國的國際盧梭學術研討會；二〇〇六年以八十二歲高齡接受商務印書館的邀約，著手翻譯《盧梭全集》，二〇〇八年完成《懺悔錄》的翻譯，二〇一二年盧梭誕辰三百週年之際，九卷中譯本出版，二〇一五年只剩最後一部《對話錄》尚未完成。也就是說，盧梭一定有其不可抗拒的魅力，否則一個老人家，怎麼會願意用最後的生命，只為完成這件工作？同時，讀者也可以想像，直接根據法文翻譯的本書，乃是譯者花了一輩子的時間，去理解盧梭一輩子的結果。這種巧合，耐人尋味。

二

「我正在從事一項史無前例而且今後也不會有人仿效的事業。」

《懺悔錄・卷一》（頁四）

盧梭在本書卷一的第一句話就做了上述的宣稱。這個說法究竟是否成立，必須回到文學史的脈絡加以檢視。一般而言，希臘神話被視為西洋文學的重要根源，反映人類對於自然神祕力量的想像；相較之下，柏拉圖的對話錄，無論內容是眞實記錄或虛構創作，代表人類對於社會公共生活的思考。其中，唯一例外只有主角獨白的作品，便是《自辯篇》：描寫年紀已經七十歲的蘇格拉底（Socrates, 470-399 BC），如何第一次上法庭反駁群眾的指控——「不信神」與「敗壞青年」，面對法官及雅典公民組成的陪審團，不卑不亢進行理性的論證。他表示自己不會修飾言辭，而是說出眞相事實的人；最後服從法律判決死刑，而非哀求法官同情憐憫；堅持個人的生命尊嚴，反諷群眾的公平正義。中世紀神學家奧古斯丁（Augustine, 354-430）的《懺悔錄》，則是西方歷史第一次出現的自傳。此書以拉丁文Confessiones定名。就字源言，一般認爲是Confessio，具有「認罪」的意思；就思想言，奧古斯丁其實是取自聖經的Confiteri，意指「顯露自己」、「歌頌天主」。他明確表示，全書企圖顯露的不是「過去的我」，而是「現在的我」；所有人生經驗的省思回顧，只是爲了協助他人能認識上帝；藉由公開坦白的懺悔與祈禱，流淚見證上帝的恩典與憐憫。換言之，這種作法反映人類心靈，多麼恐懼不安，渴望與神對話，不敢自評功過。文藝復興時期蒙田（Montaigne, 1533-1592）的《隨筆集》，不僅是第一部用法文書寫的哲理散文，同時也開創出一種新的文學類型。寫作之初，文章篇幅不長，大多爲歷史軼事的編錄，摻入個人感想與意見；他常閱讀與評注古希臘、羅馬作家的論述，摘出寓意深刻的警句和箴言，寫下有教育意義的實例。後來充分展現懷疑論的立場，不斷地剖析自己、檢驗自己，主張自我研究乃是培養人性的學校；詳細描述自己的身體狀況、生活習慣、時間管理、性格特徵，並且表示：「如果我們連自己都不知道，還能知道什麼？」

面對以上三大經典所樹立的文學風格，盧梭的《懺悔錄》究竟有何特色？他自己明確表示：「這是當今世界上唯一一幅嚴格按照一個人的本來面目如實描繪的畫像。」（頁一）言下之意，柏拉圖筆下的蘇格拉底，表面上是在證明自己的無罪，實際上卻是控訴他人的有罪；這種充滿教化意味的文字，表現出理想的人類圖像，卻無法眞正一窺蘇格拉底的內心世界。奧古斯丁的文章，充斥各種禱告與讚美的語言；只能看見他的思想與信仰，藉由人的經驗追問神的形象；同樣無法清楚得知，這些自我評價背後的客觀事實爲何。蒙田假裝承認自己的錯誤，其實都是經過特別挑選，能讓自己顯得可愛的缺點；即使是最好的人，無論內心多麼純潔，難免都會隱藏某些醜陋的惡習。也就是說，盧梭與眾不同之處，在於追求一種完全的自我揭露。他渴望理解自己、敘述自己、分析自己如何成爲自己；尤其是面對冷酷無情的文明壓力，天性尚未偏離和腐化以前，找到自己的定位。這種深度自傳的書寫方式，來自一個逃犯的內心深處，力求爲自己辯護被誤解之處；並非出於迫害與妄想，常常想找一個合理化的藉口，結果產生令人厭惡的誇大之詞。對盧梭而言，哲學是一種自我實現與自我提升的行爲：只會像光之照明一樣瞬間出現，作爲一種著迷的形式與內在的擁有；不會像笛卡兒的操作，成爲一種邏輯關聯而不可質疑的命題。所以，不是幾何命題的清晰，而是情緒感受的強度，決定了哲學的表現方式。簡言之：「我感，故我在。」

由此可見，持續探究書寫自我，乃是哲學與文學的統一。盧梭許下承諾：《懺悔錄》是自己靈魂的歷史，目的在於讓讀者準確知道，一生面對各種遭遇的心路歷程。上篇（第一至六卷）全憑記憶，寫的比較美，甜蜜之事回味無窮，可以再三斟酌較爲滿意；下篇（第七至十二卷）記憶與信件抄本交互爲用，寫的比較眞，重要之事不得不說，不堪回首只好勉強完成。爲了解決記憶模糊或可能出錯的問題，唯一值得信賴的指示記號，就是盧梭個人一連串的情感發展，接連發生的事件不是原因就是結果。按照年代順序，說明事件發生的因果關係，分析自己的性情形態；這種歷史事實，使其人格得以想像。換句話說，盧梭希望本人感覺到的自己，能被別人承認就是這個人。提倡自我知識，不僅是爲了自己，而且也是爲了別人。他要創造一種新的文體，就像植物學家的工作一樣，只做客觀的觀察與描述，不做主觀的道德判斷，也沒有隱藏任何事情，爲的是完整人性的實現。此外，不同於奧古斯丁向「天主」（God）懺悔，大德蘭（Teresa of Avila, 1511-1582）向「神父」（confessor）懺悔，盧梭轉向「公眾」（the public）說明自己醜陋的行爲。讀者化爲私密的觀眾，被賦予艱鉅的責任，做出有罪之人的判斷，扛起牧師的負擔，扮演類似宗教的功能。他常常稱呼讀者爲客觀的法官，邀請大家擔任一個有同情心的合作者、觀察的見證者，有時甚至幾乎變成閨密與情人。上述言語對象的轉換，同時造成懺悔性質的改變：這是一場人際的心靈交流，而不是神聖的宗教儀式。

三

回到文學史來說，十七世紀下半葉法國興起的文藝思潮，乃是古典主義。一般認爲，此派以古代希臘、羅馬的文學藝術爲典範，宣揚理性，要求克制個人情欲，作家應描寫永不泯滅的人性，尊重地點、時間和行動一致的原則，具有一套嚴格的藝術規範和標準。舉例而言，高乃依（Corneille, 1606-1684）後期的三部悲劇，都採用十二音節詩體；文字華麗，推理雄辯，表達對稱，充分顯露陽剛之美。莫里哀（Molière, 1622-1673）的性格喜劇，結構巧妙，臺詞詼諧，重點在於表現某類人物的典型性格；諷刺貴族階級的僞善、自私、吝嗇和陰險的醜惡本性，直接反映其社會觀察與道德觀念。拉辛（Racina, 1639-1699）描繪導致悲劇的必然過程，其劇本結構臻於完善，場面新穎獨特，沒有任何多餘的插曲；開創出一種描寫心理的詩歌語言，具有溫柔細緻的個人風格，具體展現優雅之美。相形之下，盧梭作品的內容與形式，則是完全打破上述寫作法則，於是成爲浪漫主義運動之父。英國詩人華滋華斯（Wordsworth, 1770-1850），在盧梭死後三十年深受其啓發，寫出有名的自傳長詩《序曲》，不只是大量依賴內省與回憶的方法，同時也強調童年經驗的心理學意義。他主張詩的題材應以平民的生活與感情爲主，不必像古典主義遵循格律注重技巧，壓抑自然所產生的作品不能稱之爲詩。兩人都將讀者的注意力，導向自己承諾願爲使命奉獻。盧梭主張，熱切而堅決地追求自我實現，是一種値得的，甚至是高貴的工作。社會大眾逐漸接受這種良心觀念，認爲藝術家、作家、詩人應該是這樣的人。雪萊（Shelley, 1792-1822）與拜倫（Byron, 1788-1824）同樣受到影響，瞧不起公認的社會風俗，喜愛自我追尋之路，討厭權威干涉介入。

四

「不論我將付出多麼大的代價，我都要使她成爲一個幸福的人。」《懺悔錄．卷六》（頁三六〇）

十八世紀的歐洲，許多人不再相信啓蒙是上帝的權力：人類透過理性思考與科學知識，可以自行克服愚昧無知，不必接受封建社會的陋習以及教會制度的腐敗。這種挑戰傳統的批判精神，勇敢質疑一切不合理的學說，包括哲學、科學、宗教、政治、經濟等領域，努力提升人的自覺、自由和自律，歷史學家將其稱爲啓蒙運動。思潮之所以產生與發展，與其獨特的社會文化背景有關。十六世紀以來的法國，天主教與新教之間衝突不斷，爆發長達三十多年的宗教戰爭，造成人口死亡與遷移的結果，再加上宮廷貴族的叛亂暴動，都導致人民渴望回歸日常生活正軌。法國國王路易十四（Louis XIV, 1638-1715），一六六一年正式親自治理國家，面對上述政治處境，強勢宣稱「朕即國家」——絕對專制的權力運作，大力推動藝術、文化、經濟的各種改革。爲了展現其國力，他不僅透過華麗的巴洛克建築風格，打造雄偉宏大、氣勢壯觀的凡爾賽宮，作爲歐洲政治權力中心的象徵；同時積極設立藝術文化機構，帶動流行風潮，如音樂、舞蹈、建築、傢俱、裝飾等等，透過國王授予的年金，鼓勵學術研究與創作，聲譽卓著的學者、作家、藝術家、科學家，每年皆能獲得穩定收入。可惜好景不常，一六八五年以後，官僚機構日漸貪腐，稅收制度不公平，對新教徒的迫害，都使國內工商業損失慘重；一七〇九年寒冷的天災，長期龐大的軍事支出，拖垮了經濟，飢民大量死亡，更造成社會瀕臨崩潰。

相形之下，十八世紀中期貴族沙龍文化盛行，主持人多爲聰明機智、雍容華貴，並有高度文化修養的貴婦。她們經常邀請文學家至家中，朗讀作品並且接受大家品評；思想家在此發表新見解，各抒己見、互相交鋒，許多婦女也都熱衷哲學、政治、經濟問題的討論。這種關心社會改革的現象，可以反映當時人們對於現狀的不滿。其中，著名的文化事件，就是由狄德羅（Diderot, 1713-1784）與達朗貝爾（Alembert, 1717-1783）共同主編的《百科全書》：內容涉及哲學、科學、藝術、技術各領域，藉此展示一種全新的世界觀，企圖改變社會大眾的思維方式；其間歷時二十一年（一七五一－一七七二），在編輯與出版的過程中，曾遭受教會與政府的指責、非難、審查和禁止；最終由於內容充實，思想先進符合潮流，實用性很強，插圖畫面清晰，得到民間廣泛支持，擁有大量讀者。不過，特別值得注意的是，盧梭雖然曾經爲其撰寫全部音樂條目，一七六二年卻與百科全書派完全決裂。他批判：這些人研究宇宙，就像研究機器一樣，純粹是好奇心作祟；研究人性，是爲了學識淵博談論人性，不是爲了認識他們自身。反過來說，尋找自己存在天性的人，才是眞正的哲學家。

盧梭主張，面對自我有兩種態度：一是「自我牽掛」（amour propre, self-regard），期待別人應該喜愛自己，或者強烈渴望自己贏過別人，人際關係總是競爭的、焦慮的、相對的、損毀的，這是一種永無止盡、不可能滿足的追求，一種惡習，一種墮落。二是「自我珍愛」（amour de soi, true love of self），所有生物都是爲了自我保存，特別是人類，受到理性的引導與同情心的修正，可以創造人性與德行；這是一種原始、先天、自然的情感，天眞無邪、無法迴避，一種眞正的、肯定的、絕對的、實現的氣質。由此可見，本書的撰寫或許可以視爲兩者的交互嬉戲：原始的自我珍愛，如何被自我牽掛淹沒；疏離的個體，如何找到眞正愛惜自己的方法，重新發現已經失去的快樂。這是一種心理學的描述，主旨在於回歸天性本能，朝向自我調節、自我維持的幸福狀態。因此，有勇氣不斷顯示自己實際樣貌的人，早晚會變成他必須成爲的樣子。盧梭表示：我已忠實描述我的品味、性向、品格，以及發生在我心中的一切。言下之意，讀者可以自行體會：盧梭想要追求何種幸福？已經付出何種代價？

譯者序

李平漚

盧梭一介平民，既不貴列公卿，又不富甲天下，甚至連一個起碼的學歷也沒有，在他一七七八年逝世的時候，他的身分還是一個「逃犯」，顛沛流離，困頓一生，而他自述其一生行事的《懺悔錄》之所以能流傳至今二百餘年，依然爲人誦讀，究其原因，實無他祕，乃得力於書中一字一句皆出自眞誠。他在一篇原擬用來作爲其自傳序言的短文中說：他要對他一生的「言行做一番懺悔」，他要不遺餘力表明他的心是眞誠的。他說：「如果在我的著作中看不出我的眞誠，在書中沒有什麼話可以證明它，那就表示我書中的話不是出自眞心。」①言爲心聲，讀其書，如見其人。盧氏之書之能扣人心弦，雖文字流暢爲其一因，但更多的是由於他的語言眞實；只有眞實的語言才能引起讀者內心的共鳴。人們常說盧梭是一個有才情的作家，若問他的才情從何而來，是天生的嗎？不是。他說他的全部才華都來自他

①盧梭：《我的畫像》。（盧梭：《一個孤獨的散步者的夢》，商務印書館二〇〇八年版，第一百七十五頁）。

「要寫作的熱情」；他「永遠是爲了心中有想法要抒發才寫作」。②他說他的《懺悔錄》是一部「有益世人的著作」。爲有益世人而作的書，是好書。好書如良師，如益友。翻譯此書，奉獻於讀者，是一件很有意義的工作，故余雖年逾八旬，亦願爲完成這一工作而努力。

戊子仲秋二〇〇八年十月
於北京惠新里

② 見本書第六百九十五頁。

譯者前言

我本人沒有什麼社會地位，但我了解所有一切有社會地位的人。除了沒坐過國王的寶座以外，我在最底層社會和最高層社會都待過。①

盧梭

尚－雅克．盧梭一七一二年誕生於日內瓦，一七七八年逝世於法國的埃默農維爾。一七七八年七月四日晚上十一時，當他在埃默農維爾湖中的白楊島上入土時，爲他送葬的，只二三友人和住在附近的一群農民。晚風習習，農民手中的火把時明時滅，景況十分淒涼。

一七八九年法國大革命爆發，推翻了君主專制的封建王朝，建立法蘭西共和國。法國國民公會透過決議：重置棺木，將盧梭的遺骸移葬首都巴黎。

---

① 盧梭：《〈懺悔錄〉草稿》。（盧梭：《一個孤獨的散步者的夢》，商務印書館二〇〇八年版，第二百一十一頁）

一七九四年十月十一日，巴黎萬人空巷，人們紛紛湧向街頭，跟隨全體政要和各界代表，將盧梭的靈柩護送到「供奉不朽之人的殿堂」先賢祠（Panthéon），在他的靈柩前默哀致敬。

這位鐘錶匠的兒子，生前困頓，死後備極哀榮。他的一生，充滿令人悲傷的故事，也充滿令人讚美的傳奇。《懺悔錄》就是爲記述他的一生經歷而作。

在法國十八世紀的啓蒙運動中，湧現了許多傑出的思想先驅。尚-雅克·盧梭就是其中之一。他觀察人類社會、著書立說，揭示人類社會弊病的產生，提出根治疾病的良方，指出社會向前發展的方向。

他在《論科學與藝術》中指出：科學與藝術的發展，雖改善了人們的生活，但卻敗壞了社會的善良風俗，使人養成驕奢淫逸的習氣。表面上是在進步，實際上是在腐敗和墮落，一步步走向萬劫不復的深淵。

產生這種現象的根源在哪裡呢？

他的《論人與人之間不平等的起因和基礎》要回答的，就是這個問題。在這本書中「如實展現了人原本的天性，充分揭露使人的天性大變其樣的時代和事物演變的過程……使人們看到在所謂人的完善化的過程中所遭受的苦難的眞正原因。」②他在一七五一年九月《答斯

② 見本書第五百二十一頁。

坦尼斯拉斯．勒辛斯基的駁難》中指出：社會禍患產生的根源「首先起因於人與人之間的不平等」。許多不公正的事情就是由此而產生的。

如何醫治社會的弊病呢？

盧梭認爲應當從教育著手。他對身患沉痾的人類社會雖然持悲觀態度，但對人是樂觀的：社會敗壞了，但人是善良的；透過教育可以使人獲得新生。從這個基本觀點出發，他撰寫了《愛彌兒》。這本書哺育了近代和現代教育學，瑞士的裴斯泰洛奇（一七四六－一八二七）、德國的福祿貝爾（一七八二－一八五二）和義大利的蒙特梭利（一八七〇－一九五二）都從這本書中汲取養分，豐富了他們在青少年教育方面的實踐和創新。法國十九世紀的夏多布里昂說：「這本書（《愛彌兒》。——引者）在現代的歐洲引發了一場澈底的革命；這本書的出版，是歐洲各國民族史上的一件劃時代的大事。自從這本書出版以來，法國的教育完全改變。誰改變了教育，誰就改變了人。」③

教育改變了人，使人獲得新生，但這並不等於人就獲得了幸福和自由。要使人們獲得眞正的幸福和自由，還必須對生活在其中的社會進行澈底的改造。他的《民約論》就是爲澈底

---

③ 夏多布里昂：《革命論》，第二部分，第二十六章。（《法國散文精選》，李平漚選編，北嶽文藝出版社一九九九年版，第二百三十三頁）

改造不合理的社會制度而作的。這本書喚醒在君權神授說中沉睡千百年的人民；它告訴人們：「主權在民」是昭如日月的眞理，只有人民才是國家眞正的主人。這本書對一七八九年的法國大革命及十九世紀風起雲湧的各國民主革命和民族解放運動提供了思想武器。

盧梭爲人類的福祉而寫作。他因著書立說出了名，但不幸的是，他也因著書立說而招禍。一七六二年五月，《愛彌兒》一出版，立即遭到查禁，受到官方、教會和索爾邦神學院的圍攻，書被焚毀，巴黎高等法院下達逮捕令，緝拿這個「試圖顚覆社會秩序」的日內瓦人。盧梭一得到友人透露的消息，便連夜出逃，從此展開長達八年的流亡生活。

在居無定所、到處被人驅趕的流亡生活中，他回顧過去，開始寫《懺悔錄》。

《懺悔錄》分兩部分，上篇和下篇。上篇（第一卷至第六卷）從他的誕生敘述到一七四二年他帶著音樂「數位記譜法」從夏梅特到巴黎；下篇（第七卷至第十二卷）追憶的是他登上文壇後的不幸遭遇和被逐出聖彼埃爾島後不得不流亡英國的經過。

讀者不難發現，上、下兩篇的筆調有明顯的不同。上篇行雲流水，娓娓道來，好像是在講故事，他說：

上篇是在伍頓和特里堡寫的，當時的心情怡然自得，非常愉快。我所回憶的種種往事都爲我帶來新的歡樂。我愈回憶它們，便愈感到新的樂趣。我可以無拘無束的謀篇布局、斟酌詞句，直到把文字寫得滿意爲止。④

而寫下篇的時候，他的心情非常憂傷，書中記述的，「全是災禍和一些人的背信棄義行爲，全是令人痛心的往事。」他說：「我本想把我要講的事情全都埋葬在沉沉的黑夜裡，然而，有些事情又非說不可。」⑤因此行文處處都流露出抑鬱之氣。不過，在痛苦的回憶中，也不乏感人的故事，例如一談到盧森堡元帥，文中便充滿了誠摯和樸實的友誼；他對聖彼埃爾島的風光描寫，筆法明快，讀之使人感到如同身臨其境。

不過，《懺悔錄》寫作的重點，據盧梭本人說，事實和景物的記述固然力求詳盡，但更側重的是他內心活動的描寫，寫這部《懺悔錄》的目的，是使人們準確了解他「這一生在種種不同的境遇中的內心感情」。⑥他在第一卷卷首題詞「披肝瀝膽」四字的含義，就在於此。

他把他的「本來面目眞實的展示在同胞面前。」⑦既不護短，也不美化自己。他勇於自

④ 見本書第三百七十六頁。
⑤ 見本書第三百七十六頁。
⑥ 見本書第三百七十五頁。
⑦ 見本書第四頁。

揭醜行，他對他誣陷女傭瑪麗蓉一事痛悔一生，到他晚年寫《一個孤獨的散步者的夢》時還追述了他少年時候所說的那句「泯滅良心的謊話」。明明自己是賊，偷了主人家的一條絲帶，卻謊稱是那個女傭送給他的。每每想起此事，他便心亂如麻，徹夜難眠，似夢非夢地看見那個可憐的女傭來譴責他的罪行。⑧

盧梭誕生在信奉喀爾文教義的日內瓦，童年時候喜歡讀普魯塔克的書，自我期許，想做一個古希臘人和古羅馬人。然而，這個敢模仿古羅馬英雄行爲的少年「勇士」，在年滿十八歲那年卻經不起考驗，暴露出自己是一個臨事膽怯的懦夫。一七三〇年四月，他受華倫夫人之託，護送音樂家勒·梅特到里昂。勒·梅特是一個癲癇病患者，華倫夫人囑咐盧梭：勒·梅特需要他陪伴多久，就陪伴多久。然而，

到里昂之後的第三天，當我們經過下榻旅店不遠的一條小街時，勒·梅特先生又發作了，而且病得很厲害，使我害怕極了。我趕快大聲喊叫求救；我說出我們住的旅店名稱，求大家把他抬回旅店。然而，正當人們趕來救一個倒在街上、失去知覺並口吐白沫的病人時，他唯一的朋友和依靠的人卻拋棄了

⑧見本書第一百一十三頁，請參見該頁註腳⑭。

他，趁大家沒有注意我的時候，我趕緊走出小街，逃之夭夭。

寫到這裡，他長長舒了一口氣，他說：「感謝上蒼，我終於把我第三件難以說出口的醜事坦白的全盤說出來了。」⑨

他好幻想、有活躍的想像力，有時候甚至想入非非。一七三一年他跟隨一個冒牌「主教」以重修耶穌聖墓爲名，到處騙取捐款。到了索勒爾，被法國駐索勒爾大使識破。大使念他年幼，不但沒有追究他幫那個「主教」招搖撞騙的惡行，還給了他一筆旅費，資助他到巴黎，使館官員還給他寫了介紹信，介紹他到巴黎去找一位上校，幫他安排工作，賺碗飯吃。這令他高興得忘乎所以，以爲一到軍中就會當一個軍官，將來還要當元帥。他美妙的幻想一個接一個出現在腦海。他描寫去巴黎途中的興奮心情，躍然紙上。他說：

我晃晃蕩蕩，一路步行。……我美妙的幻想一路伴隨著我，我奔放的想像力還從來沒有像現在這樣漫無邊際的異想天開過。如果有人請我坐他的馬車，如果有人在路上與我攀談，我是一定會生氣的，因爲他打破了我在步行

---

⑨ 見本書第一百七十五頁。關於盧梭三件「難以說出口的醜事」，請參見該頁註腳⑰。

途中在腦子裡建構的空中樓閣。這一次，我幻想的是軍旅生涯，我去投奔的是一位軍人……我一去就會當一名士官。……我的近視眼雖然是一個不利的條件，……我記得有一本書上曾經說過朔姆貝格元帥是個大近視：他近視都能當元帥，我盧梭的近視，爲什麼就不能當元帥呢？我胡思亂想，愈想愈興奮、愈離奇，彷彿看到了前方到處是士兵、城堡、戰壕和砲隊，我在砲聲和硝煙中，手持望遠鏡，鎮定自若地發布命令。然而，當我走過碧綠的田野，看見叢林和小溪的時候，這動人的景色便不禁使我發出幾聲憂傷的歎息。我感到，儘管我獲得了赫赫戰功，但我的心是不喜歡這喧囂場面的。轉瞬間，連我自己也不知道我怎麼又感到我身處可愛的牧場，從此不再去想望什麼靠軍功飛黃騰達了。⑩

青少年時期的盧梭做了許多荒唐事，他一句英語也不會說，竟公然向幾位在旅途中結識的女士吹噓自己是「英國激進民主主義者」，名叫達丁先生⑪。他只跟音樂家勒·梅特學了

---

⑩ 見本書第二百一十五至二百一十六頁。

⑪ 見本書第三百四十頁。

幾天音樂，連樂譜都看不太懂，而流浪到洛桑的時候，爲了解決吃飯問題，竟決定「在洛桑闖蕩一番，以教音樂謀生」。而且還敢爲一個名叫特雷托朗的教授家舉辦的音樂會特地作一首曲子，親自當指揮，結果大出其醜。⑫不過，他後來也眞的成了名副其實的音樂家，會作詞也會作曲。因此，他在《懺悔錄》中追憶那次在特雷托朗教授家失敗的故事時，深有感觸的說：「可憐的尙－雅克啊，……你哪能料到將來有一天在法國國王和宮中的貴婦們面前，你作的音樂將贏得大家的嘖嘖稱羨和陣陣掌聲。」⑬

行事荒唐可笑的少年盧梭，成年之後是怎樣的一個人呢？成年之後的盧梭是一個自學成材的典型。他少年時候沒有上過學，連一天的學校教育都沒有受過，直到他將近三十歲的時候，才開始發憤讀書。他在《懺悔錄》中敘述了他的學習興趣的產生和治學的方法。他說他是「懷著一種不可抗拒的毅力一步一步走上做學問的道路的。」⑭一七三八年他寫了一首長詩，題名《華倫男爵夫人的果園》。他在詩中談到他的學習心得，列舉他深入鑽研過的政治學家、哲學家、文學家、物理學家和數學家，不下四十人之多。他書讀得多，但他並不

⑫ 見本書第二百零三頁。
⑬ 見本書第二百零三頁。
⑭ 見本書第三百一十七頁。

「食古不化」；他能融會貫通，再加上自己獨到的見解，所以寫出了《民約論》等影響深遠的作品。

一七五〇年，他以《論科學與藝術》這篇文章一舉成名，登上了文壇。成名之後的盧梭決定今後一生都要過他文章中所描述的那種合乎自然的簡樸生活。他對他的生活方式進行了「改革」，首先從衣著和服飾改革做起：他不穿細布衣服、不穿白色長襪、不戴金銀飾品，尤其決定從此不追逐名利。他是否做到了這一點呢？他做到了。一七五二年十月十八日，他的芭蕾舞劇《鄉村巫師》在法國國王的離宮楓丹白露演出，大獲成功。當天晚上，宮中官員通知他：一位親王奉國王之命，第二天要領他去覲見國王，國王要親自宣布賜給他一份年金。那天夜裡，他反覆思考，最後決定按照自己給的行爲準則行事：獨立不羈，我行我素。他沒有去覲見國王，沒有接受國王賜予的年金。他說：

一領了年金，我就不敢說眞話，就失去了言行的自由，就不能勇敢行事了。我往後還能獨立自主和遠離名利嗎？一接受了年金，我往後就得阿諛逢迎，或者閉著嘴巴，什麼話也別說。⑮

⑮ 見本書第五百零九頁。

第二天天剛亮，他就離開了楓丹白露。

他離開楓丹白露的消息一傳開，便引起了人們的紛紛議論。大多數人說他此舉是前所未聞；國王接見，這是多麼光榮，多少人求之不得，而這個平民竟公然拒絕，放棄這將到手的年金，這難道不是傻瓜嗎？只有少數人說他把受國王的接見視爲虛榮，年金是束縛人的枷鎖，他對這兩者都表示拒絕，可見他立身高潔，是一位眞正的賢哲。

過了幾天，他見到了狄德羅。狄德羅認爲：不去見國王，這不算罪過，但不應該不要年金，建議他趁宮中尚未向外宣布他放棄年金，趕快向辦理此事的官員表示接受。盧梭沒有採納狄德羅的建議，兩人還爲此事起了爭執。盧梭對狄德羅熱衷年金一事感到驚訝，他說他「沒有料到一個哲學家竟對這個問題談得如此起勁。」⑯

盧梭把這件事情寫進《懺悔錄》，看來，是在向人們提出挑戰，看誰面對如此誘人的名利雙收的機會，能像他那樣淡然處之，看誰在上帝面前敢說「我比這個人好」⑰。

⑯ 見本書第五百一十頁。
⑰ 見本書第五頁。

目次

上篇引言①

這是當今世界上唯一一幅嚴格按照一個人的本來面目如實描繪的畫像；這樣的畫像，過去未曾有過，很可能將來也不會再有。不論你是誰，既然我的命運和我的信任使你成爲這本書的命運裁決者，我就憑我遭受的苦難，並仰仗你的仁心，以全人類的名義，懇求你不要封殺這本獨一無二、有益世人的著作，因爲它可以作爲對人的研究（這個工作現在肯定尚無人從事）的第一部參考材料；並懇求你不要篡改這部唯一能在我身後證明高潔人品的紀錄。最後，即使你是與我不共戴天的敵人，也懇求你不要將對我的仇恨施加於我的遺骸，不要把你殘酷、不公正的行爲一直堅持到你我都不在人世的時候還不甘休。這樣至少在你一生中還能有一次當想加害於我，對我進行報復的時候，表現的心胸寬闊和爲人善良，如果說對一個從未做過壞事而且也不想做壞事的人施加惡行也可稱爲報復的話。

---

① 「上篇引言」字爲譯者所加。（本書的註腳有兩種，分別用不同的符號標示：一、譯者所加的注釋用①、②……二、作者原注用*）——譯者

第一卷（一七二二—一七二八）

披肝瀝膽[①]

我正在從事一項史無前例而且今後也不會有人仿效的事業。我要把一個人的本來面目真實的展示在同胞面前；我要展示的這個人，就是我。

只有我才能這樣做。我深知我的內心，我也了解別人。我生來就不像我所見過的任何一個人；我敢斷言，我與世上的任何一個人都迥然不同；雖說我不比別人好，但至少我與他們完全兩樣。大自然塑造了我，然後把它用來塑造我的模子打碎。它這樣做，是對還是不對，這要等到人們看完這本書後，才能做出判斷。

不管最後審判的號角何時吹響，我都可以手捧這本書，走到最高審判者的面前，用響亮的聲音對他說：「我在世上曾經做過些什麼事，曾經思考過些什麼問題，曾經怎樣做人，全都記錄在此。不論好事或壞事，我都同樣坦率陳述；既不隱瞞壞事，也不添加善行。雖說我偶爾也在個別地方信筆寫了一些無關緊要用作陪襯的詞句，那也完全是為了填補由於我的記憶力不好而出現的空白。我很可能把我以為是眞的事情說成是眞的，但我絕對不會把我明知是假的事情說成是眞的。我如實描寫我是怎樣的一個人，如果我當初行事卑劣，我就自揭卑

① 引自拉丁詩人佩爾西烏斯（西元三四—六二）的《諷喻詩》第三首第三十行。——譯者

劣的行徑；如果我品行端正、爲人正直和道德高尚，我就坦誠記述我端正的人品和高尚的節操。我已經敞開心扉，讓你親眼看它是什麼樣子。永恆的上帝啊！請你把我的千千萬萬個同胞都召集到我跟前來聽我的懺悔；讓他們爲我的卑劣行徑歎息；讓他們爲我的怯懦無能而感到羞愧；讓他們每一個人都在你的寶座前像我這樣眞誠揭示他們的內心，然後由你指定其中的任何一個人來告訴你，看他敢不敢說：『我比這個人好。』」

我於一七一二年生於日內瓦，父親是伊薩克·盧梭，母親是蘇珊娜·貝爾納。我的祖父留下的產業本來就很微薄，分給十五個孩子，分到我父親名下的那一份，幾乎就等於零了，因此他全靠經營一家鐘錶店謀生。他的技術在鐘錶這一行裡的確是一名高手。我的母親是貝爾納牧師的女兒②；她家的家境比較富裕，既聰明又長得很漂亮，我的父親之得以和她結婚，是費了一番苦心的。他們的愛情幾乎是從他們的幼年就開始了。八、九歲的時候，他們每天傍晚都一起到特耶林蔭道散步；十歲時，他們倆簡直形影不離；兩人情投意合的愛，日益鞏固了他們耳鬢廝磨、朝夕相處的感情。這兩個生來就秉性溫柔和重感情的人都在等待時機在對方的心中找到同樣的企盼，或者說得更確切一點，這個時機也在等待他們，看

② 這裡，盧梭的記憶有誤。他的母親蘇珊娜·貝爾納不是貝爾納牧師的女兒，而是他的侄女。蘇珊娜的父親是雅克·貝爾納；尙-雅克沒有見過他的外公；他的外公死於一六八二年，享年三十三歲。——譯者

他們兩人當中誰第一個開口向對方求婚。儘管命運好像時時阻礙他們感情的發展，但事實上反而使他們更加親密。這個多情的年輕人由於沒有得到心愛的意中人而愁思百結，陷入痛苦的境地。她建議他出外遠遊，把她忘記；他到外地旅行一段時間，但沒有收到預期的效果，回來之後反而比從前更加迷戀他的情人。他發現所喜愛的人還是那樣的溫情和忠心。經過這次短暫的離別之苦以後，他們決定從此永不分離，海誓山盟，相伴一生，而上天也應許了他們的誓約。

我的舅舅嘉布里埃爾·貝爾納愛上了我父親的妹妹，但她提出了一個條件，即，只有讓她的哥哥娶我舅舅的妹妹為妻，她才答應嫁給我的舅舅。果然，有情人終成眷屬，兩樁喜事同一天舉辦；這樣，我的舅舅就成了我的姑父，他們的孩子與我也就成了姑表兄弟。一年以後，兩家都生了一個孩子；隨後兩家各自搬遷，往來就不多了。

我的貝爾納舅舅是一位工程師，曾在帝國的軍隊中效力，後來到匈牙利，在歐仁親王府中任職，在貝爾格勒圍城戰中屢立戰功，表現十分出色。我的父親，在我唯一的一個哥哥出生之後，便應聘到君士坦丁堡當一名宮廷鐘錶師。在他離家期間，我母親美麗的容貌和能幹的才情*吸引了許多男人對她大獻殷勤，其中尤以法國駐日內瓦專員德·拉·克洛蘇爾先生

---

* 她多才多藝，不愧為書香門第。她的父親是牧師，特別疼愛她，花了許多心血培養她。她會畫畫，會唱歌，

表現得最爲積極。他對我母親的傾慕的確是很眞誠的；事隔三十年之後，他對我談起我母親的時候還十分動情。我母親守身如玉，使那些對她心存妄念的人沒有半點可乘之機。她深深愛著她的丈夫，她催促他趕快回家。於是，他馬上丟下一切，收拾行囊，回到日內瓦。我就是他回家之後結下的不幸的果實：十個月後，我呱呱墜地；我從娘胎一生下來就體弱多病。我的出生要了我母親的命③；我的出生，是我諸多不幸中的第一個不幸。

我不知道我的父親當時是如何承受這喪偶之痛的，但我知道他一直在心中懷念他的亡

會邊唱邊彈琴爲自己伴奏；她讀了不少的書，詩也寫得不錯。有一次，當她的哥哥和她的丈夫不在日內瓦的時候，她和她的嫂子帶著她們的兩個孩子上街散步，有人問她爲什麼不與男人在一起，她當場隨口詠出以下五句詩來回答：

對那兩位不在我們身邊的先生，
我們有多種方式愛他們：
既把他們當朋友，又把他們當戀人；
他們是我們的丈夫，也是我們的兄長，
又是這兩個孩子的父親。

③ 伊薩克·盧梭於一七一一年九月回到日內瓦，尙-雅克於一七一二年六月二十八日誕生，他的母親於七月四日逝世，年僅三十九歲。——譯者

妻。儘管他覺得看見我就如同看見了她，但他始終無法忘記是我使他失去了他的愛人。當他擁抱我的時候，我就在他的歎息聲中，在他的緊緊擁抱中，感受到他對我的撫愛裡夾雜著一種痛苦的遺憾；此景此情使我感到他對我的愛倍加親切。當他對我說「尙－雅克，讓我們回憶一下你的母親」時，我就回答說：「唉！爸爸，我們又要痛哭一場了。」單單這句話，就立刻使他淚流滿面。他哽咽著說：「把你的母親還給我；你把她還給我，才能安慰我，現在，只有你能塡補她在我心中留下的空白。如果你不是她爲我生的孩子，我能這麼愛你嗎？」在失去我母親四十年之後，雖然他是死在他的第二任妻子的懷抱裡，但他口中呼喚的依然是他的第一任妻子的名字；留在他心中的，依然是第一任妻子的音容。

我的親生父母就是這樣多情的人。在上天賜予他們的諸多禮物中，他們留傳給我的，只有這顆多情的心；這顆多情的心，使他們獲得了幸福，但卻使我一生備受種種苦難。

我出生的時候幾乎是個瀕死的孩子，大家認爲我能夠活下來的希望甚微。我身上還帶有一種天生的病根，隨著年歲的增長，我的病愈來愈嚴重；現在，儘管有時候稍微減輕，但那也只是換成用另外一種方式使我更難受而已。我父親的妹妹不但脾氣好，而且人也很聰明；她是那麼細心的照料我，讓我得以活了下來。我寫這段話的時候，她還健在，雖已年過八十的高齡，但還照料著一個比她年輕但因飲酒過度而損害了身體的丈夫。親愛的姑母，我不怨你救活了我的命，但我感到傷心的是，在你垂暮之年，我不能夠報答你，不能像你細心照料我那樣細心侍候你。還有那位爲我接生的產婆雅克琳娜，現在也還活著，精神健旺，身體十分硬朗，看來，她那雙在我出生的時候揭開我眼睛的手，還將在我死的時候爲我闔上眼睛④。

我先有感覺，然後有思想，這是人類共同的命運，這一點，我比別人體會得更深。我不知道我五、六歲之前做了些什麼，也不知道我是如何學會閱讀的；我只記得我當初讀了什麼書，記得它們對我產生的影響：我就是從這個時候起持續不斷、有意識的培養閱讀的興趣的。我母親留下了一些小說，我和我的父親晚餐後就開始閱讀。一開始只不過是用這些有趣的故事書來練習閱讀，但不久以後，我們讀書的興趣竟變得如此濃厚，以致我們兩人通宵達旦、輪流不停的閱讀，不讀完就絕不甘休。有時候父親聽見早晨的燕子叫了，才不好意思地說：「好了，我們睡覺去吧！我簡直比你更像一個愛聽故事的孩子了。」

沒有花多長時間，我用這種拼命讀書的方法不僅獲得了很好的閱讀能力和理解能力，而且還獲得了同齡中只有我才有的對奔放感情的深切體會。我對事物本身雖沒有任何概念，但我對一切有關感情的事物已開始有所覺察。儘管我對任何事物的理解都不甚透澈，但我對它們全都有所感受。我一次又一次經歷的這些混亂的情感衝擊，雖沒有敗壞我的理智（因爲那

④ 盧梭的這句預言差點實現：產婆雅克琳娜·法拉芒病逝於一七七七年八月八日，比盧梭早死不到一年（盧梭逝世於一七七八年七月二日）。——譯者

時我還沒有理智），但卻使我形成了另外一種氣質，使我對人生產生如此之多的稀奇古怪想法，以致後來依舊無法憑我的涉世閱歷和潛心思考完全糾正過來。

到一七一九年夏末，我們把家中所有的小說都讀完了。冬天來臨後，我們開始讀另一類書籍。把母親的藏書讀完以後，我們就拿外祖父留給她的書來讀。眞幸運，外祖父留下的好書眞不少；這是可以想像得到的，因爲書櫥裡的書是一位牧師收藏的。這位牧師眞可以說得上是一位學者，因爲，雖說收藏圖書在當時已形成挺時髦的風氣，但要使收藏的書都是好書，那就只有有才學和鑑別能力的人才能做到。在我外祖父收藏的書中，有勒絮爾的《教會和帝國史》、博絮埃的《世界史講義》、普魯塔克的《名人傳》、納尼的《威尼斯史》、奧維德的《變形記》、拉布呂耶爾的著作、封特奈爾的《關於宇宙多元性的談話》和《死人的對話》，此外，還有幾本莫里埃的劇作。我們把這些書全都搬到我父親的工作室裡，每天在他工作的時候，我就讀這些書給他聽。在我這樣年紀的孩子中，也許只有我一個人養成了這麼罕見的濃厚的讀書興趣。尤其是普魯塔克的書，我最喜歡讀，我一遍又一遍讀得那麼入迷，導致我讀小說的興趣減少了許多。從此以後，我心中喜愛的人物，是阿熱西拉斯、布魯圖斯和阿里斯提德⑤，而不再是阿隆達特、阿塔梅納和朱巴⑥。從這些有趣的閱讀中，以及

⑤ 阿熱西拉斯、布魯圖斯和阿里斯提德：普魯塔克《名人傳》中古希臘和古羅馬的英雄人物。——譯者

⑥ 阿隆達特、阿塔梅納和朱巴：十七世紀和十八世紀三部暢銷小說中的主角。——譯者

因此而在我和父親之間引發的討論中，我養成了熱愛自由和共和制度的精神，養成了不願受任何奴役與束縛、倔強高傲的性格。在我這一生中，每當我無法按這種性格行事的時候，我便感到苦惱萬分。我心中時時嚮往著羅馬和雅典，可以說我已經和它們的偉人生活在一起了。我生爲一個共和國的公民，我父親又是一個以愛祖國爲最高尚情操的人；作爲他的兒子，我下定決心要以他爲榜樣，熱愛我的祖國。我認爲我就是希臘人或羅馬人；我已經變成了我所閱讀的書中人物，他們堅忍不拔和大無畏的精神深深感動著我，每當我讀到精彩描寫他們的事蹟時，兩眼便炯炯有神而高聲朗讀起來。有一天吃晚飯時，我談起了西伏拉的壯烈事蹟；爲了表演他的英姿，我竟把手伸在一個火盆上，當時可把大家都嚇壞了。

我有一個比我年長七歲的哥哥，他學的也是我父親的這門手藝。由於大家對我特別疼愛，因此對他就較漠不關心。這種厚此薄彼的做法，我並不贊成。這種做法，也影響了對他的教育，因此他一貫自由散漫，年紀不大便成了一個浪蕩孩子。我父親把他送到另外一個師傅家當學徒；他在那位師傅家裡也像在自己家裡一樣，成天懶懶散散，不專心學手藝，我幾乎見不到他的面，因此很難對他有什麼了解。不過，我確實是很愛他的，而他也像一個孩子喜歡某種東西那樣喜歡我。我記得，有一次，父親大發雷霆，狠狠用鞭子打他，我趕緊奮不顧身地衝到他們中間緊緊摟著我哥哥，用我的身體掩護他，讓父親的鞭子打在我身上。我這樣動也不動地堅持下去，不知道是由於我的哭聲和眼淚起了作用，還是由於父親不願像打我哥哥那樣打我，父親終於饒了他。後來，他愈來愈墮落，終於離家出走，遠走他鄉。過了一段時間，聽說他到了德國；他沒有捎過任何書信回家，從此杳無音訊。他走之後，我成了家中唯一的兒子。

如果說這個可憐的孩子在家中沒有得到什麼溫暖的話，相較而言，他的弟弟情況就大不一樣了。可以說，即使是國王的孩子也沒有受到過我幼年時所受到的那種百般疼愛。我成了周遭的人的心肝寶貝。不過，縱使他們愛我，但從不嬌慣我，這一點，在一般的家庭中是很少見的。在我後來離開我父親家以前，大人們從來不讓我單獨一個人跑到街上去和其他的孩子一起玩，從來沒有強迫過我做這做那，更沒有聽任我按照我那些稀奇古怪的脾氣行事；人們往往把孩子們的壞脾氣歸咎於天性，其實那完全是由於教育的結果。我也有我這樣年紀的缺點：我愛說話、嘴饞，有時候還撒謊。我也偷吃過水果、糕點和雜七雜八的食物，但我從來不故意搗亂、不破壞東西、不給別人添麻煩，更不虐待可憐的小動物。不過，我記得有一次我趁一個名叫克洛的鄰居老太太到教堂聽經書的時候，在她家廚房的鍋裡撒一泡尿。說眞的，我現在回想起這件事情，還覺得好笑，因爲，儘管克洛太太是個好人，但她是我一生中所見過的最愛碎嘴嘮叨的老太婆。以上就是我童年時候做過的惡作劇，簡短而眞實的陳述。

既然我耳濡目染的都是好榜樣，我周圍全是好人，我怎麼會變壞呢？我的父親、姑母、奶媽、親友和鄰居，總之，我周圍的人，雖對我並非百依百順，但他們都愛我，而我也很愛他們。我心中受外界刺激是如此之少，也很少有什麼令我感到不愉快的事情，因此我腦海裡從來沒有產生過什麼異想天開的想法，我可以斷言，直到一位師傅把我當奴隸使喚以前，我根本就不知道「胡思亂想」這個詞。除了在我父親身邊讀書或寫字以及我的奶媽帶我去散步以外，我成天都和我的姑母在一起，看她做針黹、聽她唱歌；只要坐在或站在她身邊，我就感到非常快樂。她活潑的性格、溫柔的舉止和美麗的面容，令我留下如此之深的印象，以致到現在彷彿我還能看見她的身影。她的神情和風姿以及她對我說的那些小小的讚美，我現在還全記得；我甚至還能描述她當初穿的衣服、梳的髮型以及按當時流行的髮型把她兩鬢的頭髮紮成髮髻的樣子。

我認爲，我是受了她的影響才對音樂產生興趣的，或者說得更確切一點，才如此著迷的，儘管這份精研音律之美的心，是很久以後才在我身上展現出來。她會唱許多小曲和歌謠，而且聲音十分輕柔和美妙。這位善良的小姐其寧靜的心靈，把她自己和身邊所有人的惆悵與憂愁全都驅散得一乾二淨。她唱的歌，在我聽起來是如此之美，以致不僅有幾首我現在還記得，而且，即使隨著我年紀的老邁、記憶力日漸減弱，我也能把我孩提時就已經忘記的歌曲回想起來，這樂趣令我難以用言語表達。有誰相信：像我這麼一個飽受憂慮和苦難折磨的老人，有時候用沙啞顫抖的破嗓子唱起這些歌時，竟動情得眼淚汪汪，宛若一個牙牙學語的孩子。有一首小曲，它的調子雖然我還完全記得，儘管它的音韻還隱隱約約盤旋在我腦海，但後半段歌詞，我現在怎麼努力也想不起來了。現在讓我把這首小曲的開頭部分和我能夠想得起來的殘缺不全的後半段歌詞記錄如下：

迪西呀，我不敢
再到小榆樹下來
聽你吹蘆笛，
因爲流言蜚語
已傳遍了我們全村。
……
……交給
……牧童，
……危險。⑦
玫瑰花下邊就是扎手的刺。

⑦這三處殘缺不全的歌詞，據一八三九年佩迪坦版《懺悔錄》補錄如下：
把心全交給
一個牧童，
那太危險。
——譯者

我一直在琢磨我爲什麼如此喜歡這首歌，它感人的魅力在哪裡？這個謎，我直到現在還不明白，而且，每一次唱起來，不唱到淚流滿面，是絕不停止的。我曾無數次打算寫信到巴黎，看有沒有人知道這首歌，以便補齊殘缺的歌詞。然而，要是我眞的發現除了我可愛的姑母以外，還有別人能唱這首歌的話，我敢肯定，我一心要回憶這首歌的樂趣便會大半消失，不會這麼強烈了。

以上是我來到世上以後心中最初產生的一些情感。我這顆既驕傲又溫柔的心就是這樣形成和表現的。我既怯懦又十分倔強的性格，時而膽小，時而勇敢；時而優柔，時而堅強，因此最後使我自己和自己發生矛盾：行事既缺乏克制，又不敢恣意行樂；既得不到歡快，又不日益聰明。

我受的這種教育，被一次偶然的事件打斷了，這影響了我後來的一生。我的父親和一個名叫戈迪耶的先生發生爭執；此人曾任法國陸軍上尉，並和議會⑧裡的人有密切的聯繫。這位戈迪耶是一個蠻不講理但又十分膽怯的人。他的鼻子被打流血，卻告狀說是我父親在城裡

⑧ 這裡的「議會」指日內瓦共和國小議會。在十八世紀，日內瓦是一個獨立的共和國，國家的立法和行政工作，由全體公民組成的大議會和由二百人會議推選出來的二十五個成員組成的小議會掌管；實際的權力，掌握在小議會的二十五個成員手中，盧梭稱他們爲二十五個暴君。——譯者

用劍刺傷他。法院要把我的父親抓入監獄，但他堅決要求按照當時的法律把原告也同時抓來和他一起坐牢。父親的要求沒有獲准，只好離開日內瓦，寧願一生流落異鄉，也不願意在一件他認爲有傷榮譽和自由的事情上讓步。

父親走後，貝爾納舅舅就成了我的監護人，他當時在日內瓦城防司令部任職。他的大女兒早已過世，還有一個和我同齡的兒子，舅舅把我們送到波塞村，寄住在朗伯西埃牧師家；跟牧師學拉丁文以外，還學一些當時美其名曰「教育」的雜七雜八的課文。

在鄉村度過的那兩年，稍稍減弱了我學羅馬人的那種規行矩步、不苟言笑的作風，使我又重新恢復了童年的天眞。在日內瓦，儘管誰也不強迫我，但我自己專心學習、愛讀書，讀書幾乎成了我唯一的消遣；而在波塞，課業之餘，我喜歡玩遊戲，以緩解做功課的疲勞。在我看來，農村的景象是那麼的新奇，以致我從來沒有對它有過半點看夠了的感覺，我對農村生活的喜愛之心是如此的強烈，到今天也不曾消失。我在農村度過的快樂時光，使我此後無論到了多大年紀，每每回想起來都會對我在那裡的生活樂趣依然懷念不已、依然想再回到鄉下。朗伯西埃先生是一個很通情達理的人，對我們的教育雖抓得很緊，但從來不強迫我們做太多的作業。儘管我不喜歡老師的約束，但我每次回憶當初學習的情景時，從來沒有什麼不愉快的感覺；我雖然沒有從他那裡學到多少知識，但他講課的方法很好，我沒有費多大力氣就學會了他所教的東西，而且直到今天也沒有忘記。這兩點，足以證明他的教學方法是很有成效的。

淳樸的鄉村生活使我得到了難以計量的收穫，我發現了人與人之間的友誼。在此以前，我對人的感情雖然是很高尚的，但卻是虛假的。長時間共同生活在一個寧靜的環境中，朝夕相處，使我和貝爾納表哥變得十分親密。在很短的時間裡，我對他產生了一種更甚於我的親哥哥的情誼，而且這種情誼至今也沒有消失。他的個子很高，但骨瘦如柴；他性情溫和，身體很弱；他從來沒有因爲他是我監護人的兒子而受到偏愛；我們兩人的功課、玩的遊戲、喜歡吃的食物，完全是一樣的；我們都是家中的獨子，年齡一般大，我們每個人都需要一個夥伴。不論在何種情況下，只要把我們兩人一分開，我們就會覺得像掉了魂似的。儘管我們很少有機會表現出彼此之間深厚的情誼，但這種深厚的情誼已經使我們不僅片刻無法分離，而且也從來沒有想過我們會有分離的時候。我們兩人的性格都易於被別人的好言好語所打動；只要別人不強迫我們，我們對人總是十分殷勤的。無論在什麼事情上，我們的意見始終是一致的。雖然是由於管教我們的人對他有所偏愛，因而使人們看起來他比我略高一籌，但在我們獨處時，我就比他略勝一籌了。這樣一比較，我們的心裡就感到平衡了。上課的時候，只要他結結巴巴背不出課文，我就悄悄提示他；我把作業做完以後，就去幫他做作業；遊戲的時候，我的頭腦靈活，經常指導他。總之，我們兩人的性格是如此投合，把我們聯繫在一起的友情是如此之眞誠，以致在與他相處的五年多時間裡，彼此幾乎是無時無刻也沒有分離，無論是在波塞還是在日內瓦，我們雖然經常打架，但從來不需要別人來勸解；我們有時候也吵嘴，但沒有一次超過一刻鐘。至於向大人告狀或說對方不是的事情，我們兩人一次也沒有幹過。儘管在有些人看來，我在這裡敘述的都是些小孩子的事情，但這也許是世界上有了兒童以來，唯一的例子。

我在波塞的生活方式，是那麼適合我的天性，只要我在那裡再住一段時間，肯定能使我的性格從此定型：對人親切，處事平和，注重感情。我敢斷言，沒有任何一個人是像我這樣天生就不喜歡虛榮的。我愛做好事，但在做好事的時候，我的衝勁來得快也消失得快，過一會兒就洩了氣。我最希望的是，得到我周圍的人的愛。我對人和氣，我的表哥對人也和氣，這幾個照顧我們的大人也很和氣，在整整兩年的時間裡，我既沒有看見過他們對別人發脾氣，也沒有看見過他們對我發脾氣。這一切，都涵養著我天生的性情。看見大家都喜歡我和我做的事情，我就高興極了。我現在還記得，有一次我在教堂結結巴巴回答不出教理課本上的問題時，再也沒有什麼比看見朗伯西埃小姐臉上爲我著急的表情更令我心裡不安的了，這比我當眾答不上提問更令我感到羞愧。儘管當眾答不出來是一件很丟人的事情，因爲我雖然對人們誇獎我的話向來不十分在意，但對令人羞愧的事情卻十分敏感。我在這裡可以告訴各位讀者：我雖然怕朗伯西埃小姐責備我，但我更害怕我做出令她傷心的事情。

然而，在需要嚴格要求時，無論是她還是她的哥哥對我們都是很嚴厲的。不過，在對人的嚴格要求方面，他們幾乎每次都做得很正確，從來不過分。我雖然心裡不愉快，但從來沒有表示過反抗。每當我做出令人不高興的事情時，我難過的心情比自己受到懲罰更有過之；只要有人對我有不滿意的表示，我便感到比自己挨打還難受。產生這種情況的原因何在，儘管很難說清楚，但還是需要做一番解釋的。當人們發現對年輕人不加區別，而且往往是採用不適當的教育方法沒有收到預期的效果時，那就最好改變這種方法！我從一個既普通而又不幸的例子中得出這個深刻教訓，使我決心要把事情的經過詳加敘述。

朗伯西埃小姐不僅對我們有一種慈母般的愛，而且對我們也有母親般的權威，在該挨懲罰的時候，她也眞的對我們實行懲罰。她曾多次嚇唬我們說要懲罰我們，因此，她每一次嚇唬都讓我們感到是種警告，令人十分害怕；但是，在眞被懲罰以後，我發現，挨打時的害怕心情比等待挨打時的恐懼心情小得多；更奇怪的是，每次挨打都使我對這位打我的人更加喜愛。多虧我對朗伯西埃小姐有純眞的感情和我的天性善良，我才沒有爲了挨她一頓打而特意去做該挨打的事，因爲，在皮肉之苦的疼痛中，甚至在羞愧中，我發現摻雜了一種肉欲的快感，使我不但不害怕，反而巴不得她那隻手再把我打一頓。眞的，這當中毫無疑問摻雜了一種早熟的性的本能。同樣是打，如果是她的哥哥打我，我就一點也不感到愉快了。不過，從她哥哥的脾氣來說，我是不怕他替她來打我的。我之所以約束自己少做會挨打的事，純粹是爲了不招惹朗伯西埃小姐生氣的緣故。對人要多加體貼，這個由感情產生的意識對我的作用，其威力之大，往往在我心中總是由它來引導我的感情。

這種錯誤，我雖然不害怕重新再犯，但總是一再小心謹愼避免，然而，它還是終於再次發生。不過，這不能怪我，也就是說，不是由我自己故意造成的，而且這一次，我可以這麼說，反倒使我心安理得得到了許多好處。可惜的是，這第二次懲罰竟成了最後一次，因爲朗伯西埃小姐肯定發現了這種懲罰並沒有達到她的目的，於是便宣稱她從此不再用這種辦法懲罰我了。她說，用體罰的辦法懲罰我，使她感到很累；她決定從此以後不再採用這種辦法。在此以前，我們都睡在她的房間裡，在冬天有時候甚至睡在她的床上。過了幾天，她讓我們搬到另一個房間去睡，從此以後，我很榮幸的被她當成是一個大男孩了，不過，這份榮幸，我實在不需要。

一個八歲的男孩被一個三十歲的未婚女子打一頓，竟決定了我今後這一生的喜好、欲望和情欲，而且恰恰是朝著與它們應該自然發展的反方向而去，誰能料到這一點呢？在與我的肉欲被煽動起來的同時，我的欲望也發生了很大的變化：我一心只追求我此前所感受的快樂，而不再去追求別的東西。幾乎從我出生後開始，我全身的血液裡就沸騰著肉欲的追求，不過，直到我長到最冷靜和最遲緩的情欲發展的年齡以前，我潔身自愛，沒有任何瑕疵。在很長的一段時間裡，我心裡一直感到很難過，但又不知道難過的原因何在。我一見到漂亮的女人，就總是用貪婪的目光看她們；腦海裡沒完沒了的回想她們，其目的無他，純粹是爲了按照我的方式把她們保存在我的心裡，讓她們全都成爲朗伯西埃小姐。

甚至到了結婚的年齡以後，我依然還有這種奇怪的癖好；不過，儘管後來發展到很難控制甚至瘋狂的程度，但並沒有令我失去一貫誠實的本性，雖然它似乎一度使我失去這種本性。如果說世上眞的有什麼教育是專門培養人的廉恥心的話，我所受的教育就是這種教育。我的三位姑母稱得上是賢慧的楷模，都保持了許多婦女早已忘記的端莊舉止。我的父親雖說是一個愛玩的人，但他總是按照過去的老規矩玩；在他喜歡的女人面前，他從未說過一句使未婚女子聽了會羞得臉兒通紅的話。誰也沒有像在我們家裡和在我面前這樣保持對孩子應有的尊重，我發現朗伯西埃先生在這方面的注意，並不亞於我的父親。有一個非常好的女僕就是因為在我們面前說了一句不太文雅的話，便被辭退了。在我成年以前，我不僅對兩性結合沒有任何清晰的概念，而且，即使有一點點模糊的概念，我也覺得那是很醜惡的和令人討厭的。我對娼妓一直是很憎恨的；凡是貪淫好色的人，我對他們無一個不感到輕蔑，甚至感到害怕，因為有一天我在小薩柯勒克斯一條低窪的小路兩邊看見一些土坑，人們告訴我有些人就在土坑裡野合。從那以後，我對淫亂的事就深感厭惡；那些人的行為往往使我想起狗交媾的情形，因此，一想起他們，我便感到噁心。

由教育得來的這種思想，其本身就足以推遲我烈火似的氣質易於爆發的欲念的滋長。後來，正如我在前面說過的，由於肉欲的第一次衝動在我身上發揮的抑制作用，我的思想便更加鞏固了。雖然我熱血沸騰，時時感到衝動，但我在心中回味的，全是我曾經感受過的快感；我只希望得到我曾經領略過的快樂，從來不想得到人們曾說的使我十分憎恨的快樂，雖然這兩種快樂在方式上是如此相近，但我也從未想過。在我可笑的胡思亂想中，在我狂熱的色欲衝動中，以及在它們使我做出的荒唐行為中，我只是在想像中求助於異性，而從來沒有想到過異性除了滿足我的想像中的快樂以外，還有其他的用途。

儘管我的性情容易衝動，愛好美色，身體的發育又十分早熟，但我還是如此平安度過整個青春期。除了朗伯西埃小姐無意中使我感受到的肉體快樂以外，也沒有去追求過其他的肉體快樂，甚至到我後來長成大人，也是這樣。因此，這種很可能毀滅我的做法，反倒保全了我。我童年時候原有的那些愛好，不但沒有消失，反而與其他的愛好如此緊密結合在一起，以致我無論用什麼辦法都無法使它們與我的感官引起的欲望分開。這種怪癖，再加上我生性靦腆，經常使我在女人面前不敢有任何放肆的行動，什麼也不敢說、什麼也不敢做。在我看來，其他種類的享受，只不過是我所追求的享受的終點；而我所追求的享受，是其他男人無論如何嚮往，也無法從我手中奪走；是任何女人，即使她願意給我，也是猜想不到的。我就是這樣度過我的一生的：既想得到我所愛的女人，而又不敢在她面前啓齒。既然不敢向對方開口，我就只好用一些想像的男歡女愛的情景來聊以自娛；跪在一個潑辣的情婦面前，服從她的命令、乞求她的寬恕，這是我最甜蜜的享受。我活躍的想像力愈使我的血液沸騰，我便愈是活像一個羞答答的情人。人們可以想像得到，這種求愛的方式是不會有什麼迅速的進展的，也不會威脅到我所想追求的女人的貞操。因此，儘管我很少有被女人眞正愛過的時候，但我用想像的這種方式，也同樣享受到了很多樂趣。這就是爲什麼在我靦腆的性格和浪漫的本性的協調下，我的情欲終於使我保持了純潔的感情和誠實的作風的原因。假使我當初臉皮厚一點，我對美色的喜好便很有可能使我陷入荒淫無恥的境地。

在這座幽暗和充滿泥汙的迷宮裡，我終於邁出了自我揭露的第一步，而這也是最艱難的一步。最難以啓齒講述的，不是有罪的行爲，而是可笑的和羞愧的行爲。從現在起，我對自己深具信心，在講完前面敢講的那些事情以後，就再也沒有什麼顧慮能阻止我繼續講下去。人們可以想像得到，我要下多大的決心才敢講述類似這樣的事情，因爲，在我這一生中，儘管有時候對我喜愛的女人愛得那麼發狂，以致眼不能看、耳不能聽、神魂顚倒、全身痙攣，但我從來沒有向她們講過我的這種怪癖，即使是在最親密的時候，我也沒有向她們要求給我唯一未曾得到過的寵愛。這種情形，只是在我童年時候和一個與我同歲的女孩子有過一次，而這一次，還是她首先提出來的。

在追述我的感情生活開始經歷的這類故事時，我發現有些因素的作用雖然有時候是互相矛盾的，但並不因此就不緊密的聯繫起來產生一種統一的和單純的效果。我還發現，有一些表面上是相同的因素，由於某些情況的巧合，竟產生了如此不同的後果，以致令人想像不到它們之間有什麼關係。舉一個例子，誰能料到我心中最堅強的性格竟是在含有好色與軟弱這兩個因素的血液中磨礪出來的呢？我在下面講述的事情，並不脫離我剛才所講的主題，人們可以從其中看到迥然不同的後果。

有一天，我單獨一個人在廚房旁邊的一間屋子裡溫習功課，一個女僕進來把朗伯西埃小姐的幾把梳子放在砂石板上烘乾。隔了一會兒，她回到屋子裡來拿梳子時，發現其中一把梳子的一排齒全折斷了。這是誰弄斷的呢？除我以外，沒有別人進過這間屋子。他們問我，我否認我曾動過那把梳子。朗伯西埃先生和朗伯西埃小姐聯合起來訓誡我，逼我承認，而且還嚇唬我，而我則堅決否認。他們一口咬定是我弄斷的，不論我如何抗辯也沒有用。儘管他們是第一次認爲我竟敢如此大膽撒謊，也覺得這件事情應當認眞對待。他們認爲做了壞事還撒謊不承認，就該挨打。但是，這次動手打我的，不是朗伯西埃小姐。他們寫信給貝爾納舅舅，所以舅舅來了。我的表哥也被指控做了一樁錯事，而且還相當嚴重，於是，我們兩個人同樣該挨打。這頓打，還眞的不輕。如果人們想從壞事本身中找到挽救我的辦法的話，則滅殺我已經敗壞的情欲就是最好的辦法，因爲，從此以後，有很長一段時間，我的情欲再沒有騷動過。

他們沒有從我口中得到任何一句他們想要我承認錯誤的話；他們又盤問和責打我好幾次，而且一次比一次更嚴厲，而我依然堅決否認；我寧死也不屈服，我的決心已下。武力終於敗給了一個小孩子的「魔鬼般的頑強」（他們找不到別的字眼，只好用這個詞來形容）。儘管我被這次殘酷遭遇折磨得傷痕累累，但我贏得了最後的勝利。

這件事情到現在差不多已過去五十年了，我今天不擔心爲這件事情再受一次體罰了。眞的，我敢對天發誓，我是無辜的：我既沒有動過那把梳子，更沒有折斷它的齒梳，而且我根本就沒有走到砂石板那裡，甚至連想都沒有想過要到那裡去。但願人們不要問我梳子的齒梳是怎麼折斷的，因爲我不知道，也不明白它怎麼會斷；而我千眞萬確知道的是，在這件事情上，我是無辜的。

請各位讀者想一想：一個平常十分靦腆、性格非常溫和，但在情緒激動時，性格又變得如此暴烈和倔強的孩子；一個一貫聽從理智的引導，一個一貫受到溫情、公正和親切對待，從來不知道什麼叫不公正的孩子，在第一次受到如此可怕的不公正對待的時候，尤其是對他不公正對待的人，恰恰是他最敬愛的長輩，他的思想將發生多麼大的變化！他的心情會是多麼的混亂！在他的心中、在他小小的頭腦裡，將感到多麼大的委屈！如果可能的話，我請各位讀者為我設身處地想一想，是因為我對當時的感受一點也想不起來和詳細敘述了。那時候，我還沒有足夠的智力分析那些表象是如何將罪責怪在我頭上的，也不能夠站在別人的立場上來看待這件事情，我完全是站在我自己的立場上來看待這件事情的。我當時的感覺是：怎麼為了一件錯事（這件錯事的確不是我做的）他們就這樣懲罰我，這太可怕了。肉體上的痛苦雖然很劇烈，但我覺得這並不要緊；我當時全身感到滿腔氣憤、惱怒和失望。我表哥的情況跟我差不多，人們把他無心犯的過錯當做是故意犯的過錯來懲罰，因此他也十分氣憤，而且，可以說是站到了我這一邊，和我結成了同盟。我們兩人倒在同一張床上，緊緊擁抱在一起，全身顫抖。當我們幼小的心稍稍平息了一點，可以發洩我們的憤怒時，我們便立起身來，坐在床上，用全身的力氣無數次高聲怒吼：劊子手！劊子手！劊子手！

當我現在回憶這段往事時，我還感到我的心在怦怦直跳；即使我活到十萬歲，我也不會忘記當初的情景。我有生以來第一次對暴力和不公正行為的感受，在我心中留下的痕跡，是刻畫得如此之深，以致所有一切涉及暴力和不公正行為的事情，都會使我像當初那樣憤怒。這種感情，當初雖只涉及我，而且完全擺脫了個人的利害關係，但它本身是如此強烈，以致只要是見到或聽到不公正的事，不論它是針對誰，也不論它發生在什麼地方，我都會火冒三丈、感同身受。當我在書中讀到一個暴君的殘酷行爲或一個陰險的教士玩弄詭計時，我就恨不得馬上手持利劍刺他一劍，即使我因此而必須死一百次，我也願意。每當我看見一隻雞、一頭牛或一條狗，以爲自己是強者而欺負另一隻雞、另一頭牛或另一條狗時，我便往往會跑得滿身大汗趕走牠，或者扔一塊石頭打牠。這種性格很可能是我天生的，我也相信是天生的，但我第一次遭受的不公正對待使在我留下的記憶與我的天性融合的時間是如此之長、如此之緊密，因此使這種天性更加增強了。

我童年時的天眞到此就宣告結束，從此以後，我再也享受不到那種單純的幸福了。我今天甚至覺得，我童年快樂時光的回憶，到這裡也同樣結束了。我們繼續在波塞又住了幾個月，在那裡，人們雖說我們像是亞當般生活在地上的天堂裡，但我們已經領略不到其中的樂趣了。表面上，我們還是原來那個樣子，但實際上，我們的生活方式已完全不同。兩個學生對教導他們的人，再也不像從前那樣親熱、尊敬和信任；我們已不再把他們當做是能了解我們心靈的神了。即使做了壞事，我們也不像從前那樣感到羞恥，但對被人家告發，卻比從前更加害怕。我們開始隱瞞、頂撞和撒謊。所有這些像我們這樣年紀的孩子所有的壞毛病，敗壞了我們的天眞、醜化了我們的遊戲，甚至農村生活在我們眼裡也失去了它原先使我們心曠神怡的寧靜和淳樸，好像變成了陰暗的荒涼之地，好像有一道布幕遮擋了它的美。我們再也不去照顧小花園、再也不去鬆土、鋤草和澆花；撒播的種子長出幼芽時，我們也不再歡喜得狂叫了；我們已不再喜歡這裡的生活，人家也不再喜歡我們。我們的舅舅只好把我們接回家去；從此，我們與朗伯西埃先生和朗伯西埃小姐分道揚鑣，彼此都覺得厭煩，沒有絲毫依依不捨之情。

我離開波塞已將近三十年了，在這三十年裡，儘管有時候也會想起我在那裡的生活，但從來沒有一次是高高興興的回憶當時的生活情景。然而，自從我盛年已過、日漸衰老以來，我發現，當我其他的記憶都消逝的時候，我在波塞的生活情景又重新浮現在我的眼前，而且一天比一天更美妙的刻畫在我的腦海裡，好像在我的生命即將結束的時候，我想千方百計把它們抓回來，讓它們重新開始。即使回想起一件微不足道的小事，我也感到很快樂。理由很簡單：因爲它是那時發生的；地點、人和時間，我都能一一回憶起來。我又看見女傭或男僕在房間裡忙來忙去，看見一隻燕子從窗子飛進來，一隻蒼蠅在我背誦課文時飛到我的手上；我還看見了臥室的擺設；在臥室的右邊，是朗伯西埃先生的書房，牆上掛著一幅歷代教皇的版畫、一個晴雨錶和一個大日曆；緊靠著房屋後面花壇上的覆盆子樹，枝繁葉茂，不僅遮擋著窗子，有時候它的樹枝還伸進屋子。我知道讀者沒有必要知道這些，但我有必要告訴他們，我甚至敢把所有我在這個年齡發生的故事告訴他們。我現在回想起這些小故事來，還高興得雀躍不已。讓我只講五、六個這樣的故事吧……減掉五個，只講一個，這樣總可以吧！不過，請允許我儘量把這個故事講詳細一點，讓我多高興一會兒。

如果單單是爲了讓你們高興的話，我就選朗伯西埃小姐大露屁股這個故事。有一回，她在草地旁邊摔了個大跟斗，這時候，撒丁國王正好從那裡經過，她的屁股全都呈現在國王面前。不過，就我來說，我覺得，在土臺上種胡桃樹的故事更有趣，因爲在這個故事中，我是演員，而不是在朗伯西埃小姐摔跤的故事中只是旁觀者，何況那個故事本身雖然很可笑，但我當時把朗伯西埃小姐視爲母親，我對她甚至比對母親還親，所以我當時只是大吃一驚，絲毫不覺得有什麼可笑的地方。

各位讀者，你們想必急於聽我講這個在土臺上種胡桃樹的故事。好，現在我就把這個故事的悲劇性經過講給你們聽。不過，如果可能的話，請你們聽的時候，不要爲它不幸的結果氣得發抖。

在庭院的大門外面入口處的左邊有一塊土臺，我們常常在下午到那裡閒坐；不過，這個土臺上並沒有遮陰的樹木。因此，朗伯西埃先生請人栽了一棵胡桃樹。在栽這棵胡桃樹的時候，還舉行隆重的儀式：我和表哥充當這棵樹的教父。人們在坑裡塡土的時候，我和表哥各用一隻手扶著樹，並不停唱凱歌。爲了便於澆水，我們在樹根周圍砌了一個池子，由於我和我的表哥每天都高高興興去看澆水的情形，便自然而然的想到在土臺上面種一棵樹，這是一件比登上敵人的城垛去插上一面旗子更英勇的事情。因此，我們決定要獨占這份光榮，而不與任何人分享。

爲此，我們從一株小柳樹上砍了一截樹枝，把它栽在土臺上，離那棵高大的胡桃樹有十幾步遠。我們也在它的周圍挖一個池子，而令我們感到難辦的事情是，我們沒有水往裡面灌，因為有水的地方相當遠，大人們又不讓我們到那裡去取水，然而為小柳樹澆水是絕對必要的。在那幾天裡，我們用各種各樣巧妙的辦法澆水；我們的辦法是如此的成功，不久就看見它發出幼芽，長出葉子。我們隔一個鐘頭就去量一下樹枝和葉子長了多大；儘管它只有兩、三尺高，我們便認為它不久就可以為我們遮陽了。

由於這棵柳樹占據了我們的心，我們就不像從前那樣專心學習了。我們的神情異常、行動詭祕，而大人們以為我們是在和誰賭氣，於是，他們管我們管得比以前更嚴了。缺水的要命時刻終於到來，我們痛心的看到柳樹即將枯死，情況緊急，終於逼得我們想出一個可以供水而又不會讓我們愁死的辦法：在地下挖一道溝，悄悄把澆胡桃樹的水引一部分給我們的柳樹。這件事情，儘管我們加緊施工，但開頭並不成功，我們沒有把溝的傾斜度挖好，而泥土又往下坍塌，把溝堵死了；進水處又充滿了許多汙物，一切都不順利。但是，我們並沒有灰心，因為，常言說得好：「只要堅持下去，就能戰勝困難。」我們把溝和水池再挖大、挖深，以便讓水暢快的流。我們把箱子的木頭底板劈成小木片，先把它們一塊一塊平鋪在溝裡，然後又把一些木片斜放在溝的兩側，使它們形成一個三角形的水道。我們在進水處，按一定間隔插一些小木條，形成柵欄或篦子，以擋著泥沙和石塊，讓水在溝裡暢流。我們仔細的在溝的上邊鋪上泥土，並把土踩平。在全部工程告竣那一天，我們既滿懷希望又十分焦急等待著澆水的時刻到來；好像等了千百年之久似的，這個時刻終於到來了。朗伯西埃先生也像平常那樣來看澆水的情形，在澆水的時候，我和表哥一直站在他的身後，用我們的身子掩護小柳樹。眞是謝天謝地，他自始至終都是背對著我們的小柳樹，因此沒有發現它。剛剛澆完第一桶水，我們就發現水流進了我們的水池。於是，我們忘乎所以，竟高興得歡呼起來。我們的歡呼聲使朗伯西埃先生轉過身來，這一下，可糟了，因爲他饒有興味仔細研究胡桃樹下的土質怎麼會好到如此大量的吸水。突然，他大吃一驚，發現水分流在兩個水池裡；於是，他驚叫起來，仔細觀察，發現了其中的蹊蹺，馬上叫人去拿來一把大鐵鎬，一鎬下去，就掘出幾塊小木片，他大聲喊道：「有一條地下水道！有一條地下水道！」他毫不留情把我們的水道刨開，每一鎬都刨在了我們的心上。頃刻之間，木片、水道、水池和柳樹全都完了，全都刨得底朝天。在整個可怕的破壞過程中，他什麼話也沒有說，只是不停的叫喊：「地下水道！」他一邊叫喊「地下水道！地下水道！」，一邊把我們的工程一鎬一鎬的刨個稀巴爛。

也許有人以爲這件事情會使兩個小工程師倒大楣。他們的估計錯了：一切平安無事就這樣結束了。朗伯西埃先生沒有對我們說任何責備的話，也沒有對我們露出難看的臉色，而且從此未再提起這件事情，甚至過了一會兒之後，還聽見他在他的妹妹跟前哈哈大笑，他的笑聲到很遠都還能聽見。更令人吃驚的是，在開頭那陣緊張的心情過去以後，我們也覺得這件事情沒有什麼大不了的。我們又到別處去種了一棵柳樹。每當回想起第一棵柳樹的悲劇時，我們便經常喊叫「地下水道！地下水道！」用這個辦法提醒我們不要忘記第一棵柳樹的悲慘結局。在此以前，我不時的自以爲了不起，以爲自己已經成了阿里斯提德或布魯圖斯一類人物。在這件事情上，最能看出我當初的虛榮心：能夠用自己的手修建一條地下水道，要種一棵小柳樹來和一株大胡桃樹競爭；我以爲我已經達到了最高的榮譽，以爲自己十歲時候的本事比凱撒三十歲時的本事還大。

對那棵胡桃樹的印象以及與它有關的小故事，在我的腦海裡的印象是如此之深，而且是如此喜歡回憶它們，以致在我一七五四年的日內瓦之行中，我安排的美好計畫之一，就是到波塞去看我童年時候遊玩的地方，尤其是要去看那棵胡桃樹：它到一七五四年就大概有三分之一世紀的樹齡了。然而，由於我一直很忙，事情很少由我自己安排，因此一直抽不出時間去看。看來，這個機會以後很難再有了，不過，我並沒有完全放棄這個願望；而且可以斷言，萬一我眞的有機會回到那些難忘的地方，看到那棵胡桃樹還依然活著的話，我一定要以我的淚水澆灌它。

從朗伯西埃先生家回到日內瓦以後，我在舅舅家裡又住了兩三年，等待著人們安排我的未來。舅舅希望他的兒子當工程師，因此開始教我的表哥學製圖，並教他學歐幾里得的初級幾何課本。我也跟著表哥一起學這兩門功課，而且學得很有興趣，尤其是製圖學。然而，人們覺得我最好是當鐘錶匠、訴訟代理人或牧師。我喜歡當牧師，因爲我覺得向人布道是一件很有意義的事情。但是，由於我母親的遺產每年的收入甚微，我和哥哥兩人平分，我分到的錢不足以供我繼續學習，再加上以我當時的年齡來考慮，還不急於選擇職業，因此我繼續待在舅舅家裡，這既浪費我的時間，而且還要付一筆不少的食宿費，雖然付食宿費是應該的。

我的舅舅跟我的父親一樣，也是一個愛玩的人，很少考慮過自己對孩子們應盡哪些職責，因此對我們不大關心，我的舅媽是一個稍具虔信派教徒色彩的虔誠婦女；她喜歡唱聖歌，而不怎麼喜歡教育我們。不過，儘管我們享受到了百分之百的自由，但我們也從不濫用我們的自由。我和表哥形影不離，無時無刻也沒有分開過；只要我們兩人在一起，我們彼此就感到滿足了。我們從來沒有想過去找同齡的孩子一起玩，更沒有染上任何吊兒郎當的壞習慣，儘管閒散的生活很有可能使我們染上這種壞毛病。其實，我不該用「閒散」二字來形容我們的生活，因爲生活中從來沒有眞正閒散過。幸運的是，我們喜歡玩的遊戲都是在家裡玩，從來沒有想過到大街上去玩。我們製作鳥籠、笛子、毽子、小鼓、小木頭房子、水槍和彈弓。爲了仿照親愛的外公製造鐘錶，我們弄壞了他的許多工具；我們尤其喜歡在紙上亂畫一通，還特別愛畫彩色畫，結果浪費了許多顏料。有一個名叫岡巴科爾塔的義大利江湖藝人來到了日內瓦；我們看過他一次演出，之後就沒有再去看了。這個人會演木偶戲，我們也學做木偶。岡巴科爾塔的木偶演的是喜劇，我們也爲木偶編了一些喜劇。雖然我們沒有改變嗓音的哨子，但我們能憋著嗓子模仿滑稽小丑的聲音演喜劇，而且表演內容也讓大人們都能耐心看、耐心聽。後來，由於有一天貝爾納舅舅在家裡向我們朗讀一篇他寫的講道詞，於是我們就不再演木偶戲；而開始寫講道詞了。我承認，我所講的這些事情並沒有多大意義，不過，這些足以證明：在當時能那樣自由支配自己的時間和活動的小小年紀，我們所受的教育是要多麼良好才能做到不濫用自由。我們不需要去找別的夥伴，即使我們有機會結識其他的夥伴。我們出去散步的時候，儘管看見他們玩的遊戲很有趣，我們也從來不羨慕，更沒想過去參加。友誼充滿了我們的心，只要兩人在一起，即使是最簡單的遊戲，也足以玩得十分開心。

由於我們兩人朝夕相處，從來不分離，而引起了人們的注意。尤其是從我們的身材看，我表哥的身材很高，而我是個小個子，我們兩人搭配在一起，很不相稱，有點令人發笑。他的身子細高挑，臉蛋像一個乾癟的蘋果，而且動作遲鈍，一臉沒精打采的樣子，因此，街上的孩子就拿他開玩笑，用家鄉的土話給他取了綽號叫「巴爾納．布列達拉」⑨。只要我們一上街，就會聽見到處都有人在叫喊「巴爾納．布列達拉」。聽見這些，他的反應比較冷靜，而我卻很生氣，想去和他們打架，而那些小壞蛋巴不得我去和他們打架。而我也真的去和他們較量了，結果打輸了。表哥竭盡全身的力氣幫我打，但他的身子弱，別人一拳就把他打倒在地。這一下，可把我氣瘋了。其實，他們雖然把我狠狠打了一頓，但他們真正想打的是「巴爾納．布列達拉」，我的奮力反抗反而把事情弄得如此之糟糕，以致從此以後，我們只敢在孩子們上課的時候才出去，以免碰見他們，被他們嘲弄和追趕。

⑨ 薩瓦省土話，意思是「任人牽著走的驢」。——譯者

現在，我已經成了一個敢打抱不平的勇士，爲了當一個像樣的勇士，我就需要有一個情人；而，我有兩個情人。我不時的到尼翁去看望我父親；尼翁是沃州的一個小城，我的父親在那裡安了家。他在那裡很有名氣，他的兒子因此也受到了人們的喜愛。我在他那裡住的時間雖然不多，但人們都很歡迎我，尤其是那位德．維爾松夫人對我更是百般關懷。更料想不到的是，她的女兒竟把我當成是她的情郎。請大家想想，一個二十二歲的小姐怎麼會把一個十一歲的男孩當作情郎呢！其實，她們很鬼靈精的，把我這個小娃娃放在前面當擋箭牌，以便遮擋住藏在她們身後的大娃娃，做出一副愛我的樣子卻去勾引那些大男人！至於我，我倒不覺得她和我之間有什麼不合適的地方，因此，我很認眞看待這件事情；我把我的心，或者說得更確切一點，我把我的腦筋全都用在這件事情上了，因爲，儘管我愛她已經愛得發狂，我興奮、激動和狂熱的樣子鬧了許多令人樂得前仰後合的笑話，但那全是我自己腦袋瓜裡一片痴心的單相思而已。

我曾經經歷過兩種迥然不同而又十分眞實的愛情。儘管這兩種愛情都很強烈，但它們幾乎沒有任何共同之處，而且和親密的友情也完全兩樣。我這一生被這兩種性質完全不同的愛情各占了一半，甚至有時候是同時經歷。舉一個例子：在我剛才所講的那個時期，當我公開把德．維爾松小姐當作情人，而且硬不允許別的男人接近她的時候，我又和一個名叫戈登的小姐幽會；儘管每次幽會的時間都很短，但兩人的感情都很強烈。在幽會時，她公然像一個小學老師那樣對待我。雖然如此，但我已然感到了最大的幸福和祕密幽會的樂趣。其實，那點祕密，只不過是小孩子玩弄的祕密罷了。對於德．維爾松小姐，我的做法便完全不一樣。當我發現她是利用我來掩護她和別人的關係時，我便用同樣的方式對她進行報復，這是她怎麼也沒有料到的。遺憾的是，我的祕密被人發現了，或者說，我那位小學老師不像我這樣守口如瓶，以致把祕密洩露出去了。從此以後，人們就嚴加防範，不讓我們兩人再接近。過了些日子，當我回到日內瓦，從古當斯大街經過時，我聽見幾個小丫頭沖著我怪聲怪氣地叫喊「戈登把盧梭甩了」。

這位戈登小姐的確是一位奇特的人物；她的臉蛋雖不美，但卻讓人一看就難以忘懷。我至今還時常想起她；一想起她，我這個瘋老頭還依然是很動情的，尤其是她那雙眼睛，眞不像她這個年紀的眼神；她的身材和舉止，也不像一個小姐的身材和舉止。她的表情有些矜持和驕傲，和她扮演的角色非常適合；這一點，在我們兩人第一次見面時我便感覺到了。尤其奇怪的是，她行事怎麼會如此大膽而又頗有分寸；這一點，是我怎麼也無法想出個道理來的。她簡直像對待小孩子那樣隨隨便便對待我，卻絕不允許我隨隨便便對待她。推究她之所以這樣對待我的原因，我認爲，要麼她已經不再是一個孩子，要麼就是她本人依然還是個孩子，把我們的幽會只看作遊戲，而不知道其中對她有危險。

可以說，我對這兩個都是全心投入的，而且是如此的眞心眞意，當我和其中一個人在一起的時候，就絕不想另一個人，何況她們兩人使我感受到的感情完全不一樣呢！我雖然願意和德．維爾松小姐終生廝守而不離開她，但我一接近她，我的心情總是很平靜的，從來沒有衝動過。我尤其喜歡當著眾人的面表示愛她。一切打情罵俏和互相爭寵的舉動，我都覺得很有趣、很好玩。看見她在許多大情人面前唯獨對我垂青，並使勁捉弄那些大情人，我感到很驕傲，覺得自己勝利了。我也曾被她折磨得死去活來，但我喜歡這種折磨。人們對我的誇讚、鼓勵和微笑，使我心裡感到暖洋洋的，愈來愈鼓起勁頭。在眾人面前我愛她愛得發狂，而在兩人面對面的時候，我反而感到局促、冷漠，甚至厭煩。不過，我的確是很喜歡她的；當她生病的時候，我心裡很難過，我願犧牲我的健康換取她的健康，因為我曾經親身經歷過疾病帶給人的痛苦和健康使人感到的快樂。一離開她，我就會想她，就感到她不在我身邊，我是多麼痛苦，可是一見到她，她對我的溫情只是溫暖了我的心，而不能使我的肉體感到快樂。我已經和她非常熟悉了，但除了她給我的那些溫情以外，我的心從來沒有要求過別的東西。不過，要是我看見她對別人也像對我同樣好的話，那我是絕不容忍的。我像弟弟愛姐姐那樣愛她，但我同時也像情人那樣要獨自占有她。

至於戈登小姐，只要我一疑心她可能像對我這樣也同樣對待別的男人，我就會一股醋勁湧上心頭，會著急得像瘋子、像發威的老虎。不過，即使是這種表情，我也要跪在她面前求她，我才敢這樣做。我在德·維爾松小姐身邊時，儘管很高興，但心裡並不衝動；而一見到戈登小姐，我便什麼也看不清，我便心亂如麻，全身的感官都騷動起來了。我和前者雖然很親膩，但從來沒有卿卿我我的碰過她，反之，我在後者面前，既戰戰兢兢，又十分激動；即使是我和她已經十分熟悉的時候，也是如此。我覺得，如果我和她在一起的時間再長一點的話，我的命也許都保不住，我的心會跳動得把我慫死的。這兩個人，我都不敢得罪；但我對前者是想盡辦法討好，而對於後者，則是唯命是從。在任何情況下，我都是不會讓德．維爾松小姐生氣的，但是，如果戈登小姐命令我跳火坑的話，我敢斷言，我一定會馬上跳下去的。

我和戈登小姐的愛情，或者說得更確切一點，我和她的幽會，持續的時間並不長，這無論對她或對我，都算是一件好事。我和德．維爾松小姐的關係，儘管沒有我和戈登小姐的關係的那種危險，但是，如果稍微再繼續一段時間的話，那也會帶來大麻煩的。這類事情雖然是往往帶有一種浪漫色彩，但最終的結局總是令人黯然神傷的。儘管我和德．維爾松小姐的戀情沒有那麼濃，但卻是更加令人依依不捨的，我們沒有一次不是揮淚而別的；更奇怪的是，在我們分別以後，我便覺得悵然若失，心裡空蕩蕩的，十分難過。我一張口，就談到她；我一思考，就想到她。我對她的眷戀之情是眞實的、強烈的。不過，我認爲，這種英雄情意長的感傷，並不完全是爲了她，而以她爲中心的歡樂，在其中也起了部分作用，雖然我當初沒有意識到這種作用。爲了減少我們的相思之苦，我們互相寫了好些足以令鐵石心腸的人也感動落淚的情書。我的痴情終於得到了回報，她再也忍耐不住了，她親自到日內瓦來看我，一見到她，我便快樂得暈頭轉向、手足無措。她在日內瓦小住的兩天裡，我成天高興得如醉如痴，簡直像個瘋子。當她離開日內瓦的時候，我眞打算：她一走，我便投水自盡；我的哭叫聲響徹雲霄。過了一個星期，她寄給我一些糖果和幾副手套。如果我後來不知道她那時已經訂婚，到日內瓦來完全是爲了採購結婚禮服，只是順便來看我；如果我後來不知道這一切的話，我還受寵若驚，以爲她來看我是爲了繼續前情呢！我當時是何等憤恨，不用我描述，也是可想而知的。我滿腔怒火；可是，因爲我想不出用什麼最嚴厲的辦法懲罰她，便只好對天發誓從此不再見這個負心的女人。然而她並沒有因此而死去；事隔二十年之後，我去看望我的父親，有一天和他一起泛舟湖上，看見離我們不遠的一條船上坐著幾個女人，我指著其中的一位問她是誰，我的父親微笑著說：「怎麼，你認不出來了嗎？這位克里斯丹夫人就是你當年的情人德・維爾松小姐呀！」我一聽這個幾乎忘記了的名字，便打了個哆嗦，於是告訴船夫掉轉船頭。儘管當時本可抓住這個機會狠狠報復她一番，但回頭一想，我犯不著違背誓言去和一個四十歲的女人算二十年前的舊帳。

在大人們對我今後的前途做出最後決定以前，我少年時代最寶貴的時光就是這樣在一些無聊的事情中虛度過去了。大人們經過長期觀察我天生的資質後，終於爲我選擇了一個我最不喜歡的職業，到本城法院書記官馬塞隆先生家去學當訴訟承攬人的工作。據貝爾納先生說，這是一門很有用的職業。我對「訴訟承攬人」這個名稱討厭極了，用不正當的手段去賺大錢，與我高尚的人品是格格不入的。這個工作，眞是令人厭惡得難以忍受，何況工作繁重，還要低三下四任人差遣，這終於使我灰心喪氣，感到無聊極了。我沒有一次走進書記官的事務所不是懷著憎恨心情的，而且這種心情一天比一天強烈。馬塞隆先生對我也很不滿意，始終持輕蔑態度，說我又蠢又笨。他天天嘮嘮叨叨的說：「你的舅父曾告訴我說你會這個、會那個，其實你什麼也不會；他誇你是一個聰明的孩子，其實你是一頭驢。」最後，我被馬塞隆先生當成是一個「蠢不可教的人」而心情低落的被趕出了事務所的大門。據馬塞隆先生事務所裡的職員們說，我除了會使用鐘錶匠的小銼刀以外，其他什麼也不會。

既然把我當成是這樣一個材料，就只好把我送去當學徒學一門手藝了。然而，人們沒有把我送到鐘錶匠家當學徒，而是送到一個雕刻匠家當學徒。由於馬塞隆書記官對我的輕蔑態度把我的自信心傷害到了極點，因此，我只好毫無怨言的服從。我的師傅杜康曼先生是一個性格粗暴的年輕人，不消多長時間就把我少年時期的銳氣全磨掉了，澈底改變了我天眞活潑的性格，使我不但在行爲上而且在精神上也變成了一個眞正的學徒。我的拉丁文和我所學的古代史與近代史，全都荒廢了，我甚至忘記了世界上曾經有過羅馬人。當我走到我父親面前的時候，他幾乎認不出我是他的心肝寶貝了。在女人們的眼裡，我再也不是從前那個風流倜儻的尚－雅克了。我敢斷言，朗伯西埃先生和朗伯西埃小姐將不再承認我曾經是他們的學生。我羞於去見他們，而且從這個時候起，我以後就再也沒有見過他們。最低級的趣味和最下流的動作代替了從前的高尚娛樂，甚至使我把高尚的娛樂忘得一乾二淨。我雖然受過良好的教育，但很可能天生就有一種易於墮落的傾向，要不，這些變化怎麼會發生得這麼快，而且沒有遇到過什麼阻礙呢？就連那麼早熟的凱撒也沒有這麼快，我一下子就變成了拉里東[10]。

其實，我對雕刻這門職業本身並不討厭，我非常喜歡畫圖樣，對雕刻的刀法很感興趣。在鐘錶這一行業裡，雕刻花樣並不需要多大技巧，所以我希望在這方面成個能手。如果杜康曼師傅對人不那麼粗野，束縛人的規矩不那麼多，而令我對這個工作感到厭煩的話，也許我眞的能達到很精通的程度。我背著他抽出些工作時間按照自己的想法自由自在的雕刻，給我的夥伴們每人各刻了一枚騎士勳章。杜康曼師傅發現我私下接了工作，便狠狠的把我揍了一頓，說我是在製造假幣，因爲我製作的勳章上面有共和國的國徽。我可以對天發誓，我從來沒有見過假幣，就連眞幣也見得不多。我對如何製造羅馬的阿斯[11]的了解，比如何製造我們的三蘇銅錢還多。

師傅的專橫作風，終於使我對原本喜歡的工作也感到難以忍受，而本來憎恨的壞事反倒喜歡上了，例如撒謊、偷竊和懶散，我樣樣都會了。再也沒有什麼比我對這個時期在我身上發生的變化的回憶，更讓我看出親情和奴役之間的區別了。我天生就靦腆和怯懦；雖說我有種種缺點，但我絕不至於行事不知羞恥。我所享受的正當的自由，在此之前只不過一

---

⑩ 拉封登寫的一則寓言故事中的惡犬；原句是：「啊！多少凱撒都將變成拉里東。」——譯者

⑪ 古羅馬的一種用青銅鑄造的輔幣。——譯者

點一點減少，而現在，一下子全都沒有了。在我父親的家裡，我什麼都敢做；在朗伯西埃先生家裡，我也很自由；後來到了舅舅家裡，我就開始懂得一言一行小心翼翼；最後到杜康曼師傅家，我就變得事事瞻前顧後、膽小如鼠了；再以後，我就變成一個壞孩子了。在我父親家裡，我和長輩們在生活上完全一樣：沒有一樣娛樂我不能參加，沒有一樣好菜沒有我一份；我想要什麼就要什麼，想說什麼就說什麼；而在師傅家裡，情況就完全兩樣了，我什麼話都不敢說，飯只能吃個半飽就得放下餐具走出餐廳。我成天沒完沒了的幹活；別人玩時，只有我一個人不能玩。看見主人和他的朋友們逍遙自在，便更加感到我受到奴役的痛苦。聽見他們的爭論，即使我知道誰對誰錯，也不敢隨便插嘴。我之所以在師傅家裡看見什麼就想得到什麼，完全是由於我被剝奪了一切的緣故。沒有安逸舒適的生活，沒有快樂的時光。從前，我犯錯時，只要說一、兩句中聽的話，就可以免受責罰，而在師傅家裡，即使說了中聽的話，該責罰的還是要責罰。有一件在我父親家裡發生的事情，我現在想起來還覺得好笑，有一天晚上，因爲我淘氣，便罰我不能吃晚飯就去睡覺。當我手裡拿著一小塊麵包經過廚房時，我看見並聞到鐵盤子上烤著的那塊肉。大人們站在爐灶周圍，我經過那裡時，必須向他們行個禮，說聲「晚安」。向他們道過晚安之後，我斜著眼睛瞅了一下那塊烤肉，顏色烤得很好看，味道也很香，於是我禁不住也向它行了一個禮，用可憐巴巴的聲音向它說：「再見，烤肉」，沒想到這句脫口而出的天眞的俏皮話，竟逗得大家哈哈大笑，並讓我留下來和他們一起吃晚飯。可是，在師傅家裡，雖說這種俏皮話也有可能產生同樣的效果，但是說俏皮話的機會從來沒有過，即使有，我也不敢說。

我就是這樣不知不覺的學會了貪婪、隱瞞、弄虛作假、撒謊，最後還學會了偷竊的。我從前根本就沒有幹這些壞事的念頭，而現在一有了之後，就很難澈底改掉了。貪婪和無能，必然會使人沾染這些惡習，這就是爲什麼所有的僕人個個都是壞蛋的原因；所有的學徒之所以變成壞人，其原因也在於此。不過，只要學徒們過上平靜和安適的生活，能得到希望得到的待遇，還是會逐漸改掉這些可恥的惡習的。由於我沒有遇到過這樣的好環境，所以我未能得到好環境幫助我改掉惡習的好處。

使孩子們往壞的方向邁出了第一步，幾乎總是當初他們原本良好的天性被人引入了歧途的緣故。儘管那時我缺這缺那、腰無分文，但我在師傅家頭一年多的時間裡，從來沒有想到過私自拿取什麼東西，甚至連麵包之類的食物，也沒有偷吃過。我第一次偷東西，那純粹是爲了助人爲樂、幫人家的忙。但這第一次偷竊，卻打開了之後幾次偷竊的大門，而且每一次偷竊的目的，都是不值得稱道的。

在我師傅家裡，有一個名叫維拉的夥計，他的家就在附近。他家有一個菜園，種了不少綠油油的龍鬚菜。維拉手頭拮据，於是想偷他母親菜園裡剛長出來的嫩龍鬚菜去賣，把賣得的錢拿到飯館去吃幾頓美食。由於他本人不願意自己去偷，再加上他身子不靈活，於是就慫恿我去做這件事情。他先是對我說了幾句恭維話，說得迷迷糊糊讓我未能聽出他的目的，說完恭維話之後，便假裝臨時想出這個主意要我去做。我和他爭執了好一陣，但他還是再三請求我去。最後，我終於無法抗拒他的甜言蜜語而答應他了。我每天早晨去偷長得鮮嫩的龍鬚菜，拿到莫拉爾菜市場去賣。那裡有幾個刁鑽的女人看出龍鬚菜是偷來的，便當面揭穿，大砍價錢；由於我做賊心虛，所以不論她們給多少錢，我馬上就出手賣了，把賣得的錢交給維拉。他拿我交給他的錢馬上和另外一個夥計到飯館去飽餐一頓，而我呢，只要他們隨便給我一點吃的，我就心滿意足了，連酒都沒喝一口。

儘管一連做了好幾次小偷小摸的行為，但我一直未意識到幕後的維拉先生才是眞正的小偷，我應當敲他的竹槓，要求他把賣龍鬚菜的錢分我一部分。我非常老實按照他的話去做，唯一的目的只不過是樂於助人、幫維拉的忙。然而，如果我被人家抓住，將會被多麼兇狠打一頓和罵一通、要吃多少苦頭啊！而維拉這個壞蛋必然會否認是他教唆我去幹的，說我誣陷好人，別人當然會信他的話，使我因犯誣陷罪而受到加倍的懲罰，因為他是一個夥計，而我只是一個學徒！強者做了惡事，總把罪責推在無辜的弱者身上，無論何時何地，都是如此。

我就是這樣發現偷竊並不像我原先想像的那樣可怕；我偷竊的技術愈來愈好。凡是我想得到的東西，沒有一樣是無法偷到手的！我在師傅家裡，伙食並不差，不過，看見他大吃大喝，我也嘴饞得難受呀；凡有好菜端上桌，他就叫年輕人離開餐桌，讓他們想吃卻吃不到。我覺得，他這樣做法，反倒使年輕人個個都變成饞鬼和小偷。眞的，沒過多久，我就變成了這兩種人。通常，我都能安然無事，只不過偶爾被抓到，挨一頓打而已。

有一次偷蘋果，我付出了很大的代價，今天回想起這件事情，還依然覺得既心有餘悸，又令人好笑。蘋果是放在儲藏室最裡面，而儲藏室的光線，全靠廚房裡的光線透過一個很高的格子窗射進去。有一天，家裡只有我一個人，我爬上裝麵粉的櫃子去看赫斯珀里德斯⑫果園中好吃的蘋果。我找了一把烤肉用的鐵叉子，看是不是能搆得著，可惜它太短了。我又去找來一把小叉子（我的師傅喜歡打獵，這是他專門用來烤野味的）接在上面。一開始我試了幾次都沒有成功，但最後一次終於叉到了一顆蘋果，這下可把我樂壞了，我慢慢往上提，正當我把它提到格子窗邊上準備用手去接的時候，豈料出現意想不到的麻煩，蘋果太大，穿不過格子窗。爲了把它弄出來，我什麼辦法都想盡了！爲了使鐵叉子一直穩定在格子窗上，就必須用一樣東西緊緊扣住它，爲了把蘋果切成兩半，就必須用一把相當長的刀和一塊案板去托著它。花了許多力氣和時間，我終於把蘋果切成兩半，準備一半一半的取出來。但是，在我剛把它切開的時候，兩塊半個蘋果一下子全都掉進了儲藏室。讀者諸君啊！請你們替我想一想，這時候我是多麼氣惱。

不過，儘管我浪費了許多時間，但我絲毫沒有因此而洩氣。當時，我怕被人抓到，便決定第二天才去做較有把握的嘗試。於是，我故作鎮靜，裝著沒事似的又去工作，但萬萬沒有

---

⑫ 希臘神話故事中三位守護金蘋果果園的女神。——譯者

想到儲藏室的那兩塊半個蘋果洩了密，成爲指控我犯偷竊罪的鐵證。

第二天，我又找到了一個好機會再次去偷蘋果。我爬上裝麵粉的櫃子，把鐵叉伸進格子窗，正要去叉蘋果的時候……可恨那條守衛蘋果的龍⑬並沒有睡覺。儲藏室的門突然打開了，杜康曼師傅走了出來，叉著兩隻手，瞪著兩隻眼睛看著我說：「幹得好嘛！……」寫到這裡，我的手顫抖得連筆都握不住而掉到地上去了。

後來，由於經常挨打挨罵，我反而對挨打挨罵不在乎了。既然是因爲我偷竊而打我罵我，我就要以牙還牙，繼續偷。我不僅不瞻前顧後怕受處罰，而且要想盡辦法尋機報復。既然他們把我當賊，我乾脆就索性去當賊。我發現偷竊與挨打是聯繫在一起的，是雙方面的事情：如何偷，由我決定；如何打罵，那就由師傅去決定吧！一打定了這個主意，我就比從前偷得更放心大膽了。我對我自己說：「後果怎麼樣呢？挨一頓打而已，沒有什麼可怕的；我天生就是挨打的命。」

我愛吃但並不貪吃；我愛美味但並不一味追求口腹。我其他的愛好太多，所以沒有時間去貪食美味，我只是在我沒有事幹的時候，才想起該爲嘴巴弄點吃的東西。不過，這種情況後來在我這一生中很少發生過，我根本就沒有時間去想那些美味佳餚。正因爲如此，我

---

⑬ 指與赫斯珀里德斯女神一起守護金蘋果果園的龍。——譯者

才在那個時候，在一個很長的時間裡，不僅僅是偷吃的東西，而且還偷一切刺激我貪欲的東西；而我之所以沒有變成一個慣竊，只是因爲我那時還沒怎麼受到金錢的引誘。在學徒們的工作坊裡，我的師傅另有一個他個人單獨用的房間，這個房間經常鎖著，我找到了一個把房間的門打開和關上而絲毫不露痕跡的辦法。我溜進房間，把師傅好用的工具、好圖樣和好模型，總之，凡是我想要而他又不讓我得到的東西，我全都偷走了。實際上，我偷這些東西並不犯罪。因爲我把這些東西全都用在爲他做的事情上，而我高興做這件事情的原因，只不過是因爲我能夠自由自在使用這些東西。我覺得，我用這個辦法把師傅的才能和技術全都偷到手了；儘管在他的幾個小匣子裡有一些碎金子、碎銀子、小首飾和一些貴重物品及錢幣，我對這些東西，一概不感興趣；我衣袋裡只要有四、五個小銅錢，就覺得已經足夠，所以這些東西，我不僅動都沒有動，而且連正眼也沒瞧它們一眼。當我看見這些値錢的東西的時候，我心裡的感覺是害怕而不是高興。我認爲，我之所以憎恨偷竊金錢和由此產生的後果，在很大的程度上要歸功於我受的教育。此外，在內心深處，我還害怕因偷盜金錢而丟臉、坐牢和受其他懲罰，甚至被處絞刑，所以，只要一想到偷竊金錢有那麼嚴重的後果，我便不寒而慄。我這幾次偷竊，只不過是惡作劇和好玩而已；實際上也的確如此，頂多被師傅痛打一頓罷了；對於這一點點懲罰，我是早有心理準備的。

的確，我想偷的東西並不多，所以談不上什麼控制自己不做和三思而後行的問題。對我來說，一張上等的繪圖紙，比夠買一令道林紙的錢還更具有吸引力。這種奇怪的脾氣，是由於我的特殊性格造成的。這對於我一生行爲的影響實在太大了，所以需要在這裡解釋一下。

我有一些欲望是非常強烈的；當它們使我激動難忍的時候，無論什麼都阻擋不了我。勁頭一上來，我行事既無節制，又不遵守規矩，什麼都不怕，甚至蠻不講理；我一下子就變成了一個膽大包天、厚顏無恥的人。羞恥心阻擋不了我，危險也嚇不倒我，除了那個我想得到的東西以外，天下的其他東西，我都視爲糞土。不過，這種衝勁只能持續一會兒；過了那一會兒，我就變得像一個洩了氣的皮球。

一冷靜下來，我就沒精打采，甚至畏首畏尾、提心吊膽，覺得天要塌下來似的，連一隻蒼蠅飛過，也會把我嚇一跳。我一句話也懶得說，任何事情也懶得做。恐懼和羞恥竟把我束縛到如此程度，以致我寧願到一個誰也看不見的地方去躲起來。如果非要我行動不可，我也不知道該怎麼行動；如果非要我說話不可，我也不知道該說什麼才好。只要人家看我一眼，我就驚慌失措、窘迫萬分。當我心情激動的時候，我有時候也能說出幾句像樣的話來，但在平時的談話中，我就笨嘴笨舌，不知道說什麼才好，所以我平時最怕和人家談話，因爲在這種場合中，我非講話不可，這令我感到苦不堪言。

在我主要的喜好中，沒有一樣是需要用金錢去買的。我需要的是單純的快樂，如果要用金錢去買，就會澈底玷汙它們。舉個例子來說：我喜歡吃吃喝喝，但我受不了與多人共餐的束縛，也受不了小酒館裡的烏煙瘴氣；我只能和一個朋友共享吃喝的快樂，因爲單獨一個人吃，不僅快樂不起來，而且還會使我胡思亂想，忘記品嚐美味佳餚的樂趣。如果我的情欲衝動需要女人，我興奮之心所渴望的，也只是女人的情誼。用金錢買來的女人，在我看來是一點魅力都沒有，我甚至懷疑和她廝混對我有什麼好處。我希望得到的快樂，就是如此，如果需要用金錢去買的話，我就會覺得它們索然無味。我喜歡的，是那些只有我一個人首先品嚐其鮮美的東西。

在我的心目中，金錢從來不像人們想像的那般寶貴，我甚至覺得它是很大的累贅；它本身並沒有多大用處，要享受它，就必須用它去換成別的東西，而且用它去買別的東西的時候，還需要討價還價，常常受騙上當，花了許多錢，也很難買到好東西。我需要的東西，必須品質是很好的，然而用金錢買的東西，我敢斷定其品質往往是壞的。我花高價以爲買的是鮮蛋，結果買的是臭蛋；花高價以爲買的是熟水果，卻原來是未成熟的生水果；花高價找的女人，卻原來是一個任性的潑婦。我喜歡美酒，可是，到什麼地方去找呢？到酒店去買嗎？不論我如何挑選，選來選去，買到的還是傷身的劣酒。如果非要買到好酒不可的話，那我得要花多少心思、遇到多少麻煩啊！我必須託許多朋友寫信到別處去打聽，花錢請別人幫忙、東奔西走，以爲可以達到目的，但最後還是受騙上當。金錢所帶來的是說不完的苦惱和麻煩。我對金錢的怕，比我對美酒的愛更有甚之。

在我學徒期間和後來的日子裡，我曾千百次想上街去買吃的。有一回，我想買糕點，但一走進糕點鋪，就看見幾個女人在櫃檯那邊竊竊私語、指指點點，好像是在議論我這個小饞鬼。有一回在水果店裡看見新鮮的梨，果香眞是誘人，可是有兩、三個年輕人瞪著眼睛瞧我，另外還有一個認識我的人站在店鋪前面，也在瞧我。我看見從遠處走來一個小姐，她不就是師傅家的女傭嗎？由於我眼睛近視，看不清楚，所以腦子裡便胡亂猜疑，把所有經過水果店的人都看做熟人，因此，躡手躡腳，不敢貿然行動。儘管愈害羞愈想買吃的，饞得要死，但最後還是像傻子似的回到師傅家裡，雖然口袋裡有的是錢，但我什麼也沒有買。

如果要詳細敘述我和其他人是如何使用我的金錢的，我就要講許多枯燥無味的細節，諸如我經歷的困境和令人慚愧、噁心以及各種各樣的麻煩，都要一一列舉出來。由於讀者諸君將愈來愈了解我的生活，也會因此逐漸熟悉我的性格，所以用不著我在這裡贅述，自會明白的。

一旦明白了，他們便自然會理解我身上存在的矛盾之一，即，我一方面極端蔑視金錢，另一方面又錙銖必較，摳得很緊。對我來說，金錢並不是什麼了不起的玩意兒；沒有它，我也不想它，而有它時，由於我不知道如何使用金錢，便只好把它長期放在家裡而不用它。可是一旦有花錢的機會，我便出手闊綽，錢袋裡的錢什麼時候花光的，我渾然不知。守財奴都有一種怪癖，那就是使用金錢是爲了向別人炫耀自己，而這種怪癖，我可沒有。恰恰相反，我是悄悄的花錢，其目的，完全是爲了自己高興。我不僅不顯示我花錢大方，反而儘量不讓人家知道我花了多少錢。我非常清楚，我不適合使用金錢；口袋裡有了錢，我便感到愧怍，更不用說要用它了。即使我每年有足夠讓我舒適生活的收入，我也不會當守財奴；這一點，我敢肯定。我要把錢通通花光，而不讓錢愈攢愈多，因爲我的境況變化不定，所以我害怕金錢過多反而會給我帶來麻煩。我熱愛自由，我憎恨壓迫、煩惱和受制於人。只要我口袋裡的錢足以確保我的獨立就可以了，就用不著再花心思去獲取更多的錢。我生平最怕需要用錢而沒有錢用的窘境，所以我千方百計不要把自己弄得身無分文。我們手中的錢，是保障自由的工具，而貪婪得來的錢，則是使自己遭受奴役的工具。正因爲如此，所以我才只把自己手中的錢攢得很緊，而不去追逐多餘的錢。

由此可見，我之所以沒有追逐錢財的貪心，完全是由於懶惰的結果。有錢的樂趣抵消不了賺錢的辛苦。我花錢沒有計畫，也是緣自於我生性懶惰。可以痛痛快快花錢的機會到來時，誰又會去考慮如何花錢才好呢？金錢對我的引誘力，不若事物對我的引誘力大，因爲在金錢和希望得到的東西之間永遠有一個仲介；而在事物本身和對事物的享用之間，則沒有這種仲介。我看見某個事物，我就會受它的誘惑；而當我只知道取得某種事物的手段而未看見該事物時，這種手段對我是一點誘惑力也沒有的。正因爲如此，我才成了小偷，而且直到現在，有時候還偷一些我喜歡的小玩意兒。我寧可偷，也不願意去跟人家要。不過，不論是在我幼年還是在長大成人以後，我都沒有偷過人家一分錢，唯一的例外，是十五年前我曾偷過七利弗爾零十個蘇。這件事情值得一提，因爲它是我行事考慮不周和愚蠢這兩個原因造成的。如果做這件事情的人是別人而不是我，我本人還不相信呢！

事情發生在巴黎。有一天大約五點鐘的時候，我和弗蘭克耶先生在王宮花園裡散步；他掏出懷錶一看之後便對我說：「走，咱們到歌劇院看戲去。」我欣然同意；我們隨後就到歌劇院去了。他買了兩張票，給我一張，他自己拿著另一張票走在前頭，我跟在他的後面。他先進了劇院，當我跟著他往裡面走的時候，我發現劇院的門已經被擠得水洩不通。我往裡面一看，發現觀眾都是站著的。於是，我在想，人這麼多，我被擠到哪裡，誰也不知道，至少弗蘭克耶先生會這麼想。於是，我往外走到售票處去退了票，收下退票的錢以後，我便準備離開劇院。萬萬沒有想到，我剛一走到大門口，觀眾們都坐下了，這時，弗蘭克耶先生一下子就發現我並沒有在劇場裡。

這件事情的發生，不是出自我本心蓄意而為的。我之所以記述在這裡，是為了說明任何人都有判斷錯誤、做糊塗事的時候，在這種情況下，人們就不該根據他們的行為來評判一個人。嚴格說來，我並沒有竊取弗蘭克耶先生替我買戲票的這筆錢，而只不過改變了一下它的用途，用它去買別的東西了，愈描愈黑，愈說這不是偷，愈顯得我厚顏無恥。

如果要把我在學徒期間如何從嚮往英雄主義的高尚情操轉變成一個滿腦子低級趣味的市井無賴的詳細經過都一一加以敘述，我永遠也敘述不完。不過，儘管我沾染上了學徒們的種種惡習，但我壓根兒對那些惡習不感興趣。我不喜歡我的夥伴們所追求的快樂，由於師傅管束太嚴，所以我覺得我的工作眞是苦不堪言。我對一切都感到厭煩，因此，我把久已荒疏的讀書學習當做唯一的嗜好。在工作時間看書，一被師傅發現，就是犯法，就得挨罵挨打。然而，他愈不讓我看書，我愈偏要看，而且愈看愈有勁，甚至發展到像瘋子似的非看書不可了。我到那個有名的拉·特里布開的租書店去租各種各樣的書來看，不論是好書還是壞書，我不加選擇全都喜歡看，而且看得津津有味。我在工作時看，上街去辦事的時候看，上廁所時看，我簡直看得廢寢忘食、暈頭轉向，心思全都投到讀書上了。我的師傅時時暗中盯著我，一發現我看書，就是一頓打罵，把書拿走；好多書都被他撕爛、燒掉或者扔到窗外去了！拉·特里布的書，有好多都被我師傅弄得殘缺不全，不成套了！當我沒錢賠她的時候，我就把我的襯衣、領帶或衣服給她。我把每個星期天得的三個蘇的零用錢全都送給她。

也許有人會說，既然有這些開銷，可見金錢還是需要的嘛。是的，當然需要。不過，這也只是在讀書成了我唯一的嗜好時才需要。自從我把全部時間都投入到這一新的嗜好後，我就一心讀書再也不去偷東西了。這是我與其他人不同的地方之一。一旦養成了某種習慣，其他任何事情都分散不了我的心，也改變不了我的習慣，更不能使我對其他的事情產生興趣和激情。這時候，我忘了一切，除了我喜歡看的新書以外，其他一切我全都不去想。我的心怦怦地跳，巴不得把我衣服裡的新書取出來看。只要屋子裡只有我一個人，我馬上就把書拿出來看，再也不想溜進師傅那個房間裡去拿東西了。我敢說，即使有某些值錢的東西誘惑我，我也不會偷錢去買。在當時的情況下，我的頭腦裡是不可能對前途有什麼打算的。拉·特里布賒書給我看，租金不多，只要我租到了新書，我就把其他一切全忘記了，我賺來的錢自然也就全都給那個女人了。當她催我交租金的時候，我一點也不遲疑，手頭有什麼就交什麼，用這個辦法抵償最省事。存心偷竊的事，我從來沒有做過；我從來沒有爲了付租金而產生偷竊的念頭。

由於經常挨罵、挨打和不加避諱的偷偷看書，我變得寡言少語，性情十分孤僻；我的精神面貌開始往壞的方面發展，變成了一個落落寡歡、喜歡離群索居的人。雖然由於我讀書不加選擇，因而也讀了一些枯燥無味、內容很平庸的書，但我從來沒有看過下流的淫書。推究其原因，這完全是由於我天生的性格使然，而不是由於拉·特里布（她在各方面都是挺隨和的）出於審愼而不借那些書給我看。不過，有時候爲了誇那些淫書寫得多麼精彩，她也神祕兮兮向我提到那些書的名字；然而，正是她那副神祕的樣子使我拒絕看那些書，因爲我不喜歡也不好意思看這類書。我向來靦腆，所以在三十歲以前沒有看過任何一本上流社會的女人認爲不正經而只能悄悄看的黃色小說。

不到一年工夫，我就把拉·特里布店裡的書全都看完了，因此閒暇時便覺得十分無聊。由於我喜歡讀書，所以改掉了我的小孩子脾氣。儘管我讀書不加選擇，而且往往還看了不少壞書，但讀書使我的心養成的高尚情操比我的學徒生活使我沾染的惡習多得多。由於我對我身邊的一切全都不感興趣，而感興趣的東西又離我太遠，所以總找不到任何一樣東西使我的心得到安慰。我早已騷動的情欲使我感到我需要尋找一種享樂，儘管這種享樂迄今甚至連想都沒有想過它是什麼樣子。我對這種樂趣的眞正內容缺乏了解，和我對性的缺乏了解是一樣的。我現在已經成年，進入了青春期，所以有時候也回憶我過去的那些荒唐事，但僅此而已，從來沒有超過這個界限。在這種奇怪的情況下，我衝動不已的想像力終於想出了一個辦法，既挽救了我的身體，也使我日益增長的情欲冷卻了下來。這個辦法就是儘量回想我在書中讀到的那些使我深感興趣的事情，我把它們加以綜合和變化，讓它們爲我服務，使我成爲想像中的那種人物，經常處於按照我的興趣設想的有利地位，讓我在這種胡思亂想想出來的環境中忘卻我當前極端不喜歡的眞實環境。由於我喜歡我所想像的那些事物，再加上經常胡思亂想，結果使我對周圍的一切感到厭煩，養成了喜愛孤獨的性格，而且從這個時候開始，這種性格就一直沒有改變。讀者將在本書中多次看到這種性格的奇異後果。這種性格，表面上看起來是那樣的厭世和憂鬱，但實際上它是來自內心眞誠的愛和溫柔的情誼。由於找不到與它相似的心，所以只好在幻想中去安慰自己。目前，我只需指出這種改變我種種欲念的性格產生的緣由和第一原因就夠了。由於這種性格能使我的欲念自我克制，所以我這個人從不希冀過奢、不喜歡四處活動。

我就這樣不知不覺的滿了十六歲；我成天焦慮，對我周圍的一切和我自己都不滿意，既不喜歡我的學徒生活，也沒有我這個年齡的孩子的歡樂心情。我心中充滿嚮往，但又不知道我具體嚮往的是什麼事物。我經常無緣無故哭泣、無緣無故歎息。由於看不到周圍有任何一樣能使我喜歡的事物，就只好深深沉浸在幻想裡。每逢星期天，做完禮拜以後，夥伴們都來找我和他們一起出去玩，而我往往是能推辭就推辭、能躲避就躲避。不過，一旦我參加了他們的娛樂，我就比誰都玩得更起勁，比誰都玩得更高興；這時候，讓我休息，我也不休息，要我停止，我也不停止，我一貫的脾氣就是這樣。當我們到城外去散步的時候，我總是一直往前走；如果別人不提醒我，我連何時該回城，也會忘記的。我有兩次回不了城，因爲我還沒有走到城門邊，城門就關上了。第二天該受到怎樣的責罰，人們是可以想像得到的。在我第二次沒有按時回城返回師傅家的時候，師傅便警告我，如果再犯第三次，一定會加重懲罰。於是，我下定決心今後不再去冒回不了城的風險。然而，這可怕的第三次，終究還是發生了。儘管我十分注意回城的時間，但還是沒有逃過這個劫難，因爲那個名叫米魯托里的該死的隊長，在他守門的時候，總比別人提早半小時關城門。那天，我與兩個夥伴一起回城，在離城半里遠的地方，我就聽見通知士兵關門收隊回營的號聲響了。於是，我加快步伐；接著又聽見敲鼓的聲音，我更加拼命的跑，跑得氣喘吁吁、滿身是汗、心怦怦直跳。我老遠就向站崗的士兵一邊使勁叫喊，一邊拼命跑，可是還是遲了。在離第一道崗哨二十步遠的地方，我看見第一道吊橋已經吊起來了，看見那可怕的吊橋桁架高高地翹立在空中，我便全身戰慄，因爲這個兆頭大不吉利，它預示著從這個時候起，我將不可避免的命運多舛、前途吉凶難定。

我心急如焚，不知如何是好。我倒在護城河的河堤上，握緊拳頭使勁捶地。我的兩個夥伴對於這倒楣的事情一個勁兒的發笑，並拿定了他們的主意；而我也拿定了我的主意，只不過我的主意與他們的主意完全不同。我當場決定，發誓從此不再回到師傅家。第二天，城門打開後，在那兩個夥伴回城的時候，我向他們道別，只求他們把我的決定悄悄告訴我的表哥貝爾納，並告訴他可以和我再見一面的地點。

自從我當學徒以後，由於住的地方離表哥家太遠，所以就很少見到他，只是在星期天我們才聚會幾個小時。但是後來由於每個人都不知不覺的已經各有所好，所以見面的機會就更少了。我認爲，產生這一變化的原因，大部分是由於他的母親從中作梗的緣故。他是一個上城⑭的孩子，而我是一個可憐的學徒，已不再是聖熱爾維區⑮的孩子，我們之間的身分已經懸殊，他再和我交往，就有失身分了。不過，我們之間還是持續聯繫未間斷過。他是一個天性善良的孩子，儘管他母親管束甚嚴，他有時候還是按照他自己的良心行事的。一得知我的決定後，他馬上快步跑來看我。不過，他來的目的，不是要我放棄我的決定或者與我一起走，而是送我幾件小禮品，以備我在逃亡途中使用，因爲我自己手中的錢花不了幾天就會花完的。在他送我的禮品中，有一把我挺喜歡的短劍。我一直把這把劍帶到都靈。在都靈，因生活所迫，我就把它賣了，變賣所得的錢用來買食物塡肚子。後來，我對他在這關鍵時刻對我的態度愈加思索，便愈覺得，他這樣做是他母親的主意，說不定還有他父親的主意；這不可能出自他本人的心意，因爲，要是他自己做主的話，他至少會說幾句勸我不走的

⑭ 指日內瓦城中心聖彼得大教堂周圍，爲權貴和富豪等上等人家居住的地區。——譯者

⑮ 一般中下層家庭居住的地區。——譯者

話，或者與我一起逃跑，然而這兩種情況都沒有發生。從他的表情看，他是在鼓勵我執行我的計畫，而不是勸我打消念頭。最後，他見我的決心已定，便與我道別，只乾巴巴擠出了幾滴眼淚。從此以後，我們彼此既沒有互通書信，也沒有再次見面。這是一件令人很遺憾的事情。我的表哥天性憨厚，對人十分和氣，我們兩人的性格非常相投，一直是互相友愛的。

在我開始遠奔他鄉、聽天由命闖蕩前途以前，請允許我稍微這樣假想一下：要是我遇到的是一個好師傅，我的命運又將如何呢？我認爲，再沒有什麼事情比在某些行業裡當一個好手藝的人，過著雖默默無聞但十分安定的生活，例如日內瓦的雕刻師過的那種生活，更適合我的性格，更令我感到幸福的了。從事這門職業，雖不能發大財但收入相當豐厚，我可以十分舒適的生活，從而不但使我在這一生中不至於有什麼過多的奢求，而且還有更多的閒暇從事我喜歡做的事情，滿足於我小小的天地，而不去追求什麼更大的發展。我有相當豐富的想像力，足以使我用各種各樣的幻想來美化我的生活。我的想像力也是相當強烈的，可以使我隨心所欲一下子過這種狀態的生活，另一下子又過另一種狀態的生活，至於我實際上究竟過的是什麼生活，我是不大在乎的。想以我當時所處的地位平步青雲達到較高的地位，雖不難，但我不願意花力氣去做。由此可見，最適合我的職業，是最簡單的職業、是最用不著操心勞神的職業、是最能夠保持精神自由的職業，而我當時從事的，正是這種職業。按照我的性格與我喜歡的工作和適合我心意的社會環境來說，我是滿可以在我信奉的宗教中、在我的祖國和家人的懷抱裡以及在我的朋友圈中，度過平靜和幸福的一生的，我完全有可能成爲一個好基督徒、一個好公民、一個好家長、一個好朋友、一個好工人、一個從各方面說來都好的人。我熱愛我的職業，並將爲它爭光；在度過了雖默默無聞、十分平凡但卻非常安然和幸福的一生之後，我將平靜地死在我的家人懷抱裡。毫無疑問，雖然我不久就會被人遺忘，但人們只要一想到我，就一定會懷念我的。

然而，事情的發展不是這樣的……事情的發展究竟是怎樣的呢？唉！各位讀者，請容我先不談我這一生中遇到的苦難，因爲這類傷心事，我往後向你們敘述起來，是三天三夜也說不完的。

第二卷（一七二八）

正如逃跑的計畫湧上我心頭那一瞬間使我感到十分憂傷，同樣，開始執行這一計畫的一剎那也使我非常振奮。那時候，我還是個孩子，遠離故土、遠離親友、無依無靠，又沒有生活來源；只學了一半就丟下我所學的手藝，我的技術還不足以能靠它謀生；前途艱險而又不懂得任何一個應付艱險的辦法。在這麼幼弱無知的年紀必然會遇到各種各樣的壞人和壞事的誘惑，做許多錯事，掉進他人布置的陷阱，受他人的奴役，甚至會丟掉性命或戴上比從前更難以忍受的枷鎖……，我今後面對的，就是這些現實；我要認眞考慮和應付的，就是這樣的前景。但願我今後遭遇的，不是我想像的樣子！當時，我唯一感到欣慰的，是我獲得了獨立，我完全自由了，自己能做自己的主人了。我認爲，我今後什麼事情都可以做，而且做得很好。我只要勇往直前，就可以直達雲霄，在空中翱翔。我信心十足的進入廣闊的世界，在這個世界裡大展身手。我每到一地，都有人請我赴宴，都可以找到財寶，遇到許多熱心幫助我的朋友和向我大獻殷勤的女人。只要我一出現，就可以引起世人對我注目。不過，我並不需要所有的人都注意我，我只要一部分人注視我就行了。對我來說，只要有一群討我喜歡而不令我感到不快的朋友就夠了。我儘量低調行事，把活動限制在一個狹小而精心選擇的範圍裡。我最大的願望是住在城堡裡，受到城堡主人和夫人的寵愛，得到小姐的歡心，成爲她如哥哥般的朋友和鄰人的保護人，這樣，我就心滿意足別無他求了。

懷著這樣一個小小的奢望，我在日內瓦城周圍晃了幾天，晚上住在我認識的農民的家裡，他們都很熱情接待我，對我的態度，比城裡人好得多。他們歡迎我住下來，在他們家裡吃，對我的盛情之濃厚，使我感到受之有愧。他們是熱情款待我，而不是施捨，因爲他們絲毫沒有顯露出一般施主倨傲的樣子。

我一路晃，漫無目的一直走到離日內瓦兩法哩①的薩瓦境內的孔菲涅翁。這裡的神父名叫德·朋維爾。這個曾經在共和國的歷史上喧赫一時的名字，引起了我的興趣，我很想去瞧一瞧這些用勺子吃人肉的先生們②的後人是什麼樣子。於是，我便登門拜訪朋維爾先生。他很客氣的接待我，並對我講述日內瓦城裡的異端邪說和聖母教會的權威，還留我吃了一頓晚飯。對於他以這種方式結束的談話，我沒有什麼話好說，但我發現，以那樣豐盛的飯菜招待客人，在日內瓦起碼要大教士才能做到。不過，我認爲，儘管他是一位神父，但我的學問比他大；由於我是一位客人，我當然不會以神學家自居，不會與他辯論宗教問題，況且他招待我喝的是味道特別甘醇的弗蘭吉酒，更不好意思發表意見，而把如此好客的主人說得啞口無言了。因此，我只是一個勁兒的點頭稱是，也就是說我至少在表面上沒有反駁他。也許有人會說我這樣做法虛僞。但，人們的看法錯了，我這樣做，只不過是出於忠厚之心而已，

① 指古法哩；一古法哩約等於四公里。——譯者

② 指十七世紀薩瓦公爵手下的一幫食客；他們曾誇口說是要用勺子一勺一勺的吃信奉新教的日內瓦人的肉。——譯者

這是眞的。隨聲附和，或者說得更確切一點兒，遷就別人的意見，並不見得是一件多大的壞事，而且就年輕人來說，還往往是一種美好的德行。他以盛情待我，我也要回報以熱情。我之所以一個勁兒點頭表示他說得對，不是爲了欺騙他，而是爲了不掃他的興，不以惡意報答他的好意。德·朋維爾先生熱情接待我、款待我、力圖說服我，這對他有什麼好處呢？除了對我本人有好處以外，對他是一點兒好處也沒有的，我幼稚的心當時就是這麼認爲的。我對這位神父充滿了感謝和尊敬的心情；我雖然認爲我比他高明，但我不願意用張揚我的才華來傷害他的好客之心，我這樣做，絲毫沒有僞善的動機。我從來沒有想過改變我的宗教信仰，我不僅在短期內沒有改宗教的想法，而且一想到這點，我便感到十分厭惡，所以有很長的一段時期，我討厭與人談論這件事情。我雖然儘量不讓那些來勸說我改變信仰的人感到不快，但也只是敷衍應付。對於他們的好意，我不能當面拒絕，而要用表面上顯得沒有主見（實際上我是有主見的）這個辦法，使他們抱有成功的希望。在這一點上，我的錯誤與那些正經女人的故作姿態是一樣的，她們有時候爲了達到自己的目的，便含糊其辭，既不許諾什麼，也不答應什麼，讓你以爲可以從她們身上得到什麼，但實際上你從她們身上什麼也得不到。

無論是從理性還是從憐惜心出發，或者從道義上考慮，人們不僅不該贊同我這種任性的行爲，反而會勸說我不要去冒前途的危險，並把我送回家，這才是一個眞正有德之人應該做的或試圖做的。然而，德·朋維爾先生雖然是一個好人，但並不是一個有德之人；恰恰相反，他是一個虔誠的天主教徒，除了敬拜神像和念經書以外，其他什麼都不會。他是這樣一個傳教士：爲了宣揚他的信仰，除了寫些小冊子來詆毀日內瓦的牧師以外，便想不出別的更好的辦法。他不但不打算把我送回家，反而利用我想遠走高飛的念頭，一個勁兒慫恿我，使我處於即使想回家也無法回去的境地。他這樣做的後果，必然會把我推入火坑或者使我去當沿街乞討的叫花子。然而，他恰恰沒有看到這一點，他看到的是，他挽救了一個異教徒，並使他信仰天主教。至於我往後是當好人還是當無賴，在他看來，都沒有關係，只要我去做彌撒就行了。人們不要以爲這種想法只有天主教徒才有，其實，其他一切死守教條的教士都是這樣。在這樣的教會裡，他們關心的不是一個人做什麼，而是看他是否忠於信仰。

德·朋維爾先生向我說道：「上帝在召喚你，你到安納西去，到了那裡，你將見到一位非常仁慈的夫人。由於國王的恩典，她現在有能力幫助那些像她那樣誤入歧途的人走出迷津。」他指的是新近信仰天主教的華倫夫人。實際上，這位華倫夫人是被教士們逼使她和一個背叛信仰的無賴分享撒丁國王賞賜的每年兩千法郎年金的。要我去求助於一位善心的夫人，這使我感到非常慚愧。是的，我希望人們供給我食宿，但我不願意他們施捨我，何況要求助的是一位女教徒，我就更不樂意了。然而，由於德·朋維爾先生一再催促我，再加上我饑餓難熬，何況去旅行一趟，而且是有目的的旅行，也是一件很愜意的事情。於是，儘管有點勉強，但我最後還是決定啓程到安納西去。我本來一天就可以走到的，但我並不急於趕路，走了三天才到安納西。我一路上東張西望，每見到一座民宅，就走了過去，以爲在那裡可以有什麼奇遇。然而，由於我膽子小，不僅不敢貿然進去，甚至連敲門的勇氣也沒有，只能站在一扇看起來很漂亮的窗邊唱歌。但令我吃驚的是，唱了那麼久，把嗓子都唱啞了，也沒有看到一位夫人或小姐被我美妙的歌聲和好聽的歌詞吸引，把頭伸出窗外聽我唱夥伴們曾教我唱的歌，這些歌的歌詞和調子都很美，而我也唱得非常之好。

我終於到了安納西，見到了華倫夫人。我一生中的這個時期決定了我的性格，因此我無法略而不談。那時候，我正好十六歲半，雖然不是人們所說的那種美少年，但我小小的身材長得很勻稱；我的腳很好看，兩腿也很壯實，神態瀟灑，很有精神；我的嘴很小，眉毛和頭髮很黑，雙眼雖小而且凹陷，但卻散發出我熱血奔騰的光芒。可惜這一切，我當時並不知道；在我這一生中，及至我想到可以利用我容貌上的這些優勢時，已爲時太晚。當時，我不但因年齡小而十分害羞，同時還由於我天性平和而膽怯，生怕自己令別人感到不快。儘管我讀了相當多的書，但我沒有見過世面，根本不懂社交的禮儀；我的知識不僅無法彌補我的不足，反而令我更加害怕，我深感自己在這方面的缺陷實在太多。

由於我擔心和華倫夫人見面時不能引起她的好感，我便利用我善於寫作的長處，用演說家的口氣寫了一封措辭優美的信給她，把我從書上學到的句子和當學徒時學到的詞全都用上了。爲了博得華倫夫人的歡心，我施展所有的才華。我把德·朋維爾先生的信附在我的信裡，懷著誠惶誠恐的心情去見華倫夫人。我去的時候，她不在家；人們告訴我，她剛去教堂。這一天，是一七二八年聖枝主日③。我跑過去追她，我看見她並走到她身邊對她說……我永遠記得我和她那次見面的地方，後來我曾多次把我的眼淚灑在那裡，並親吻那裡的土地。我眞想用一道金欄杆把那塊幸福的地方圍起來，讓全世界的人都來瞻仰它！我深信，無論是誰，只要他一貫敬重紀念人類得救的建築物，到了這裡都會頂禮膜拜的。

她的住宅後邊有一條小路，右邊有一座花園，在花園與房子之間有一條小溪；左邊的院牆有一個便門通向方濟各會的教堂。華倫夫人剛要進門的時候，聽見我的聲音便回過頭來。我一見到她，簡直把我驚呆了！我原來以爲她是一個面目可憎的醜老太太，因爲德·朋維爾先生口中所說的善良的女人，在我的想像中必然是這個樣子。然而我現在看到的，卻是一位面貌楚楚可人的美女，一雙目光溫柔的藍眼睛、白嫩的皮膚、高聳的胸脯美得簡直令人銷魂。我這個年輕的信徒一眼就把她上上下下打量一遍，我當時看得入迷，成了她的俘虜，而且深深相信，像她這樣的傳教士來宣揚宗教，是一定會把人領入天堂的。她面帶微笑，接過我用顫抖的雙手向她遞交的信。她打開信件，先匆匆看了一下德·朋維爾先生的信，然後看我的信。她從頭看到尾，而且，如果她的僕人不催她進教堂的話，她還想要重看

③ 宗教節日，在每年復活節前的一個禮拜天。文中的「這一天」爲一七二八年四月十二日，是日爲一七二八年的聖枝主日。——譯者

一遍的。「啊！我的孩子，」她用令我戰慄的聲音向我說道，「你這樣小小年紀就四處流浪，這太可惜了。」還沒有等我答話，她接著又說：「到我家去等我，讓我家裡的人先給你一點東西吃，等我彌撒結束就回來和你談話。」

路易絲艾里歐洛爾．德．華倫是沃州韋維城古老的貴族拉都爾．德．庇勒家的一位千金。在她年紀很輕時便和洛桑的盧瓦家的維拉爾丹先生的長子華倫先生結婚。他們婚後沒有生育子女；這樁婚事並不美滿，再加上家庭的一些煩心事，華倫夫人便乘維克多阿麥德國王駕臨艾維安之機，拋棄了她的丈夫、家庭和親友，像我這樣憑一時的衝動，就搭船過湖去拜謁這位國王。不過，每當她回想起當時的冒失做法，她還是很懊悔的。那位喜歡假裝熱心腸的天主教徒國王，立刻答應當她的保護人，並每年給她一筆一千五百彼埃蒙利弗爾的年金。就一個不愛揮霍的國王來說，拿出這麼一筆錢，也是夠多的了。後來，當他聽說有人以爲他這樣對待華倫夫人，是因爲他愛上了她，於是，便派自己的衛隊把她護送到安納西。在安納西，日內瓦正主教蜜雪兒嘉布里埃爾．德．貝爾勒的主持下，她在聖母訪問會女修道院宣誓棄絕新教，改信天主教。

我到安納西的時候，她已經在那裡待了六年。她是本世紀開頭那一年誕生的，這一年正好二十八歲。她的美，不在容貌上，而在風度上，因此，她的美能經久不衰，永遠保持著少女時候的風采。她的態度和藹可親，目光溫柔，時時流露出天使般的微笑。她的嘴和我的嘴一般小；她灰白色的頭髮有種不同尋常的美，與別人的灰白色頭髮不一樣，漫不經心的隨手一梳，便特別吸引人的目光。她的個子不高，甚至顯得有點矮小，體態微胖，但絲毫沒有不勻稱的地方。我再也沒有見到過哪一個女人的頭、胸脯、手和胳膊是像她那樣好的。

她所受的教育很雜亂，跟我一樣，剛出生就失去了母親，因此，別人教她什麼，她就不加選擇的學什麼，她從家庭女教師、父親和學校的老師那裡學一點兒；從她的幾位情人那裡學到的東西比較多，尤其是一位名叫塔維爾的先生教她的東西特別多。此人很有見識和學問，知道如何用他的見識和學問去培養他所喜愛的女人。她所學的東西是那樣的雜亂，因此往往互相衝突、互相抵消，再加上她又不善於梳理和歸納，所以她所學到的那些雜七雜八的東西，反而無法增益智慧。儘管她只學一點點哲學和物理學原理，跟她父親學了一點經驗醫學和煉丹術，能配製一點兒酏劑、酊劑、清涼油和沖劑，她便自以為完全掌握了製造這些東西的訣竅。那些江湖騙子和郎中便利用她這個弱點捉弄她、欺騙她，成天搞什麼煉丹和配製藥劑，結果，不但花光她的錢財，也敗壞她的天資、才能和風韻，而她的這些條件原本是可以使她躋身於上流社會的。

不過，雖說那些壞蛋利用她所受的雜亂無章和引導無方的教育搞亂了她的頭腦，但她善良的心卻絲毫沒有受到影響：她的心依然是原來那個樣子；她和藹可親的性格、對窮苦人的同情和為人的厚道與愉快開朗及率真的脾氣，一點都沒有改變，甚至到晚年處於貧病交加和遭受各種各樣打擊的時候，她也始終保持著善良心靈的寧靜，直到臨終時依然像她風華正茂時那樣快樂。

她的錯誤源自於她生性好動；她有用不完的精力，成天總想找點事情做。她想做的事，並不是像其他一般女人從事的零碎活動，而是大事業和指揮他人。她就是爲了做一番轟轟烈烈的大事而生的。德．隆格維爾夫人④要是處在她這種地位，充其量只不過多賣弄風騷，而她要是處在德．隆格維爾夫人的地位，想必是一位治國的人才。她懷才不遇，而若她身居高位，她的才能是一定會贏得許多榮譽的。可惜那時所處的地位，她的才能反而把她毀了。她好大喜功，總想把什麼事情都做大，然而，由於她採用的方法不切實際，因此往往是心有餘而力不足，最後由於他人的過錯，她辦的事情總是以失敗告終；他人毫無損失，而她自己卻落得傾家蕩產。她這種只想做大事業的雄心壯志，雖給她帶來了許多災難，但至少帶給她一個好處，那就是打消她原來想聽別人的勸說在修道院終其一生的念頭。單調無味的修女生活，在休息室裡無聊的談話，這豈能使一個心思靈活的女人感到歡喜？她每天都有新的主意；她需要自由，以便實現她想辦的事情。好心的貝爾勒主教的才智雖不如弗朗索

④德．隆格維爾夫人（一六一九－一六七九）：德．隆格維爾公爵的夫人。在投石黨反對路易十四的首相、紅衣主教馬薩林獨攬朝政和推行中央集權的運動中，德．隆格維爾夫人曾積極參加，並有很大的推動作用。——譯者

瓦·德·薩勒那樣好，但在許多方面都與弗朗索瓦·德·薩勒相似。他稱華倫夫人是他的女兒，而華倫夫人在各方面也確實像尙達爾夫人⑤。要不是因爲她好動的個性使她不喜歡修道院的閒逸生活而一直留在修道院隱修的話，她就更像尙達爾夫人了。儘管一個新近信仰的女教徒在主教的指導下潛心修行是應該的，但這個可愛的女人不願意遵守那些瑣碎的禮儀和規矩。這不能說她缺乏熱誠；不論她改變信仰的動機何在，但她對新信仰的宗教的心是眞誠的。她雖後悔犯了一次錯誤，但未曾有回過頭去彌補這個錯誤的念頭。她不僅死的時候是個好天主教徒，而且她這一生都是忠於她的信仰的。我深深了解她的內心；我敢斷言，她之所以從未在公眾面前表現過虔誠的樣子，完全是由於她討厭那些裝模作樣的假虔誠的緣故。她的虔誠是眞心實意的，用不著假裝。不過，這裡並不是要詳細談她的宗教信仰，所以以後有機會再說。

既然有些人否認世上眞有心心相印和一見鍾情的事，那我就要請他們爲我解釋一下（如果他們能夠解釋的話），爲什麼透過第一次見面、第一句話和第一道目光，華倫夫人就不僅在我心中引發了我對她強烈的愛戀，還引發了我對她的完全信任，而且這種信任此後就一直

---

⑤ 尙達爾夫人（一五七二—一六四四）：天主教著名的修女，一七一〇年與弗朗索瓦·德·薩勒主教一起在安納西創建了聖母訪問會女修道院，並任該院院長；她與薩勒主教彼此常以父女相稱。——譯者

沒有改變過？我對她的感情是真正出自愛情，而那些研究我們愛情故事的人對此卻持懷疑態度；既然如此，我試問：爲什麼這種感情從它產生之時起又伴隨有內心的平靜和克制呢？爲什麼在我第一次接觸一個和藹可親而又光豔照人的女人的時候、在我接觸一個我從未見過的身分比我高的女人的時候、接觸一個我的命運在某種程度上將取決於她對我是否感興趣的女人的時候，我怎麼會立刻感到無拘無束，好像有充分的信心能討得她的歡心呢？我怎麼就不感到心慌、羞澀和手足無措呢？我這個天生就靦腆而又從未見過世面的人，爲什麼從第一天一眼瞬間起，就好像和她有了十年交情那樣十分隨便和親暱呢？世界上哪裡有既不患得患失而又無情欲的情人？（我承認我是有情欲的）人們不是都想知道所愛的對象是不是愛他們嗎？可是，這個問題在我這一生中從未想到過要向她提出；我只問我自己是否愛她，而她也從來沒有向我試探過我在這方面的態度。是的，對於這個迷人的女人，我心中是有某些特殊感覺的，讀者在後文中將看到許許多多出乎意料的怪事。

現在要談論的是我今後該怎麼辦。爲了從容不迫談論這件事情，她留我一起吃飯。這是我一生當中第一次吃飯的時候毫無食欲，連侍候我們吃飯的女僕也說這是她第一次看見一個像我這樣年紀、身體這麼好的旅客吃飯竟這麼沒有胃口。女僕的這個話，並沒有使她的女主人對我有什麼不好的印象，但卻提醒了與我們一起吃飯的一個大胖子，於是，他毫不客氣，像一陣狂風似的把五、六個人足以飽餐一頓的飯菜一掃而光。其實，我此刻是因爲陷入了心醉神迷的境地，所以才無心吃東西。我的心充滿了一種全新的感覺，它占據了我的整個靈魂，使我不再去想別的事情了。

華倫夫人想詳細了解我以往的經歷。爲了向她講述我過去的事情，我又恢復在師傅家中早已失去的勇氣。我愈是想令這個好心的女人對我產生好感，她便愈是對我今後的命運表示擔心。她的表情、她的目光和她的一舉一動，都顯示出她對我是十分同情的。她不敢勸我回日內瓦，如果她這樣勸我，將是一樁反天主教的大罪。她完全清楚她的一舉一動都是有人監視的；她的每一句話，都要被加以考核。談到我父親的痛苦時，她的聲音那樣動人，以致誰都看得出來她是贊成我回到父親身邊的。她沒有想到無心說出的這番話，對她是多麼不利，因爲，我愈是發現她能說會道，句句話都打動我的心，我便愈捨不得離開她，何況我早已下定不回日內瓦的決心。（這一點，我想我已經向她講得很清楚了）我覺得，如果回日內瓦，那就會在她和我之間拉開一段永難逾越的距離，除非再來一次逃跑，否則，就再也不會見到她了；與其如此，不如現在這一次就堅決留在她身邊不走。我的堅持，終於奏效。華倫夫人眼見她白費一番勁，也就不再多說什麼，以免連累自己受人家的批評。於是，她用憐憫的目光看著我說道：「可憐的孩子，你應當到上帝召喚你去的地方。等你將來長大成人以後，你會想起我的。」我相信她本人沒有料到她這句預言竟會一語成眞，將會令人十分悲傷的成爲事實。

困難依然存在，一個也沒有解決。我這麼年輕就離家出走，今後靠什麼維持生活？學徒只學了一半，尚未完全學會我做的那個行業的手藝；即使完全學會了，到薩瓦來也是無法謀生的，因爲這個地方太窮，用不起有手藝的人。那個把我們的飯菜都吃個精光的胖子，爲了讓他的牙齒稍事休息，便插話說他有一個來自上天的辦法。然而，從後來發生的事情看，他說的辦法，恰恰相反，不是來自上天而是來自人。他說的辦法是要我到都靈去，說那裡有一個爲教育準備行洗禮的人而開辦的教養院。他說，我到了那裡不僅肉體和精神都會得到拯救，而且還可在教會的關懷下找到適合我的工作。「至於旅費問題，」他繼續說道，「只要華倫夫人向主教大人提出這一善事，他一定會樂意提供的，再加上男爵夫人的心腸是那麼好，」說到這裡，他埋頭從菜盤子裡叼了一塊吃的東西，吃完之後繼續說道：「必然會拿出一些錢來資助這件事情的。」

靠人家的善心施捨，這實在令我感到難堪；儘管我心裡很不是滋味，但我一句話也沒有說。華倫夫人對他說的辦法也並不十分熱心，只淡淡的說：在資助旅費方面，每個人應量力而行，並說她回頭就去找主教大人談這件事情。可是那個大胖子，因爲想從這件事情中撈到好處，所以生怕華倫夫人不按照他的意思去談，於是馬上跑去通知主管神父，把神父說服得滿口允諾承照他的話辦，以致華倫夫人去向主教大人說明讓我到都靈的辦法不妥時，她發現，事情已成定局全都安排好了，而且主教大人當時就把要給我的那一點點旅費交給了她。她不敢堅持讓我留下，因爲我的年齡已經不小了，而像她那樣年齡的女人若想把一個年輕小夥子留在身邊，是不妥當的。

我的行程就這樣由那些關心我的人全都安排好了，因此我只好服從，而且沒有什麼怨言。儘管都靈比日內瓦遠，但我認爲，它既然是首府，它和安納西的關係，總比與一個不同國家和不同宗教的城市的關係更密切，何況我是爲了服從華倫夫人的意見才去的，所以覺得自己依然是在她的指導下生活，這反而比生活在她身邊好，何況去做一次長途旅行，這正合我已開始萌生喜歡到處遊蕩的癖好。一想到像我這樣小小年紀就翻越群山，一舉便超越了我那些夥伴，登上阿爾卑斯山最高峰，這也是一件很快意的事情。周遊各地，這對一個日內瓦人來說，是一個難以抗拒的誘惑，於是我就表示同意了。我在前邊所說的那個胖子打算兩天之後就與他的老婆一起動身；人們把我託付給他，同時把我的旅費（其中還有華倫夫人悄悄給我的幾塊錢）也交給他。在華倫夫人對我千叮嚀萬囑咐的說了好多叫我一路小心的話之後，我們於復活節前的星期三啓程了。

在我離開安納西的第二天，我的父親便與他的朋友里瓦爾先生風塵僕僕的趕到安納西來找我。里瓦爾先生和我的父親一樣也是一個鐘錶匠。此人很有才情，愛寫詩，他的詩比拉莫特還寫得好，而且跟拉莫特一樣，能說善道，口才極佳；特別是，他爲人十分誠懇，只可惜他的文學才能沒有得到適當發揮，結果，只把他的一個兒子培養成喜劇演員而已。

我的父親和里瓦爾先生見到了華倫夫人，只和她一起爲我的命運擔憂和痛哭一場之後便離開了安納西，而沒有來追趕我。其實，如果他們來追趕，那是很容易就可以追上我的，因爲他們是騎馬，而我是步行。同樣的情況也發生在貝爾納舅舅身上：他到孔菲涅翁去找我，得知我到安納西以後，便從孔菲涅翁返回日內瓦了。看來，我的這幾位親人是與我的本命星串通好了，讓我去闖蕩前途難料的命運的。我的哥哥也是因爲親人們的疏忽而杳無音信，不知所終的。

我的父親不僅是一個愛榮譽的人，而且是很正直的人。他性格剛強，素重美德；他是一位慈愛的父親，尤其是對我，更是無比慈祥。他疼愛我，但也同時喜歡他所追求的那些樂趣。不過，自從我離開他以後，他的那些樂趣便使他的父愛漸漸淡漠了。他在尼翁又結了婚，儘管他的妻子已經到了不能再生兒育女的年齡，但她有其他的親屬，這就使他有另外一個家庭、另外一些事務和另外一種新的生活，因而就不怎麼想念我了。我的父親晚年並沒有供他養老的財產，而我和哥哥有我母親留給我們的一點遺產；在我們離家以後，這筆遺產的收益就歸我父親所有了。他雖然沒有只關心這筆錢而不盡他做父親的責任，但此事對他不知不覺產生一些影響，減弱了他本可以更加恪盡父責的熱情。我認爲，他之所以只追我追到安納西，而不繼續追到尙貝里，其原因就在於此，因爲，他很清楚，要是他追到尙貝里的話，是一定會追上我的。自從我離家出走以後，我也常常去看他，但我每次去，他只對我表示父親的慈愛，而不設法將我留在他身邊，這當中的原因，爲的也是享用那一點點收益。

一個在我的心目中是那麼慈愛和重美德的父親的這一行爲，引起了我的深思，使我深刻反省我自己，進而大大幫助了我保持心靈的寧靜，因爲我從其中歸納出這樣一個重大的道德原則（這很可能是唯一具有實踐意義的原則）：我們要避免捲入使義務與利益發生衝突的事情，避免從他人的災難中獲得好處。如果不儘量避免這類事情的話，那麼，不論一個人的心地多麼眞誠，遲早都會不知不覺地墮落下去，在行爲上做出不公正和邪惡的事情，即使他的心依然是公正的和善良的。

這個原則深深刻畫在我心靈深處，我雖奉行得稍晚了一些，但它始終指導著我的一切行爲，因此使我在公眾面前，尤其是在我的朋友當中，總顯得行事十分古怪。有些人說我想行事獨樹一幟、與眾不同，但事實上，我既沒有想過行事要與他人一樣，也沒有想過行事要與他人不同。我心中眞誠希望我做的事都是好事；我盡力避免捲入我的利益與他人的利益發生衝突的事情，以免暗中產生（雖然不是有意的）巴不得那個人倒楣的念頭。

兩年前⑥，元帥先生⑦要把我的名字列入他遺囑中的財產繼承人之一，我極力反對。我告訴他：無論給我多少財產，我都不願意把我的名字列入任何人的遺囑裡，尤其是列入他的遺囑裡。他同意我的意見，現在他打算給我一筆年金，我沒有反對。也許有人會說這是因爲這個辦法對我更有利，所以我才沒有反對。也許是這樣的，不過，我的恩人和長輩啊，萬一我不幸比你晚死，我知道，你一死，我就失去了一切，我是什麼也得不到的。

在我看來，這才是唯一眞正通達人情的好哲學。我每天都對它的深刻哲理有新的體會，

⑥ 據巴黎波旁宮圖書館收藏的手稿本上盧梭的批註，指「一七六三年」。——譯者

⑦ 指納沙泰爾總督喬治・凱特元帥。——譯者

並在我晚近的幾本著作中反覆用不同的方式論證它的眞理。這一點，那些見識淺薄的人是很難領會到的。如果在完成這部著作之後的餘年還允許我再寫一部書的話，我就要在《愛彌兒》的續篇⑧中以生動的例子再次論證這個原則，使讀者不得不注意它。不過，一個正在旅途中的人談了這些回顧過去的話，已經算夠多的了；現在該上路，繼續前進。

旅途的經過，比我想像的還要愉快得多。那個胖子並不像他外表上看起來那樣粗魯；他是一個中年人，灰白的頭髮攏在後腦勺紮成一個辮子，樣子像一個投彈手。他的嗓音粗大，性格相當活潑；他能走，更能吃；他什麼行業都做過，但什麼也不精通。我記得他好像說過他原想在安納西開辦一家製造什麼東西的工作坊，華倫夫人當然表示支持，他現在到都靈去（路費當然是別人提供的）是爲了獲得一位大臣的贊同。他很有手腕，把神父們哄得團團轉，裝出一副願意爲他們效勞的樣子。他跟神父們學會了一套虔誠信教的語言，而且把這種語言翻來覆去的講，自以爲是一個了不起的傳道士。雖然他只會《聖經》中的一段拉丁文，但卻裝作他會一千段似的，因爲他每天都把它重述一千次。此外，只要他一發現別人錢

---

⑧ 指《愛彌兒和蘇菲》（見盧梭：《愛彌兒》下卷，李平漚譯，商務印書館二〇〇一年版，第七百四十二—七百九十四頁）。這個「續篇」沒有寫完，因爲盧梭在晚年寫《對話錄》和《一個孤獨的散步者的夢》這兩部作品時，「愈寫愈憂傷，愈寫愈發揮，騰不出手來」繼續寫完這個續篇。——譯者

袋裡有錢，他就不愁沒有錢花；雖不能說他是一個騙子，但足可以說他是一個老滑頭。他能言善道，把一些陳腔濫調的說教花樣翻新，最後總能把一些人引入他設下的圈套。看他的架勢，眞活像當年手持短刀宣傳十字軍的隱修士皮埃爾。

至於他的老婆薩布蘭太太，的確是一個挺不錯的女人，只不過白天雖表現得很文靜；但夜裡卻很不老實。我和他們睡同一個房間，她那窸窸窣窣的動作聲經常把我吵醒。如果我那時知道這聲音是幹那種事兒的聲音的話，也許就會把我搞得徹夜難眠了；幸虧我那時沒有往這方面想，我對這方面的事一無所知，這要等到後來由大自然來啓發我了。

我愉快的和我這位盡責的嚮導與他性格隨和的妻子繼續前進，一路無話。我的身體和精神都沉浸在我有生以來最幸福的狀態中。那時候，我年紀輕、精力旺盛、身體健壯、無憂無慮，對我自己和他人都充滿了信心；在我的生命中這一短暫但很珍貴的時刻，我感覺到我全身各部分器官都洋溢著充沛的活力，生活中的樂趣把展現在我們眼前的大自然都美化了。我有時候雖感到不安，但內心是甜蜜的，因爲我心中有了一個對象，緩解了我不安的心情。我的想像力集中於我心中的那個對象。我把我自己當成是華倫夫人的作品、學生、朋友，甚至是她的情人。她對我說的那些動人心弦的話、對我疼愛的表示和親切的關懷，以及她那含情脈脈的目光（她的目光中充滿了愛，也激起了我對她的愛心）。這一切，使我在旅途中產生了許多遐思，好像此生已進入了美妙的夢境。儘管我對我的命運感到憂慮和惶恐，但我美妙的夢並不因此而受到影響。我認爲，她之所以把我送到都靈，純粹是爲了讓我到那裡去找到一個謀生的辦法和適當的位置。我從此再也不用操什麼心，因爲他人已經爲我全都安排好了。因此，我一路之上步履輕盈，沒有任何心理負擔，心中充滿了年輕人的歡樂和美妙前景。我所看到的一切，都好像是我未來幸福的保證。在我的想像中，家家都在舉辦農村的盛筵；草原上到處有人歡樂的遊戲，河裡有人在洗澡，河邊有人在散步、釣魚，樹上結滿了甘美的果子，樹蔭下有人在親密幽會，山上擺著一桶一桶的牛奶和奶油，到處洋溢著寧靜與悠閒的氣氛和信步漫遊的快樂。總之，所有一切映入我眼簾的景象，沒有一樣不使我心中感受到它的美。我所看到的景象既雄偉又美妙多姿；我心中的這種感受，表示我的理性已開始活躍，甚至還露出了些許愛慕虛榮：我年紀輕輕就到了義大利，走過那麼多地方，踏著漢尼拔⑨的足跡翻越叢山峻嶺，這一切並不是每一個與我同齡的人都能享受到的，何況沿途都住宿在很好的驛站，我胃口好，可以吃到許多好吃的東西。事實上，我也眞的不客氣地大快朵頤，不過，跟薩布蘭先生的食量相比，我吃的那一點東西就不算什麼了。

我回憶在我這一生中，像這次旅行能接連七、八天無憂無慮度過，這是唯一的一次。我們走路的步伐，要按照薩布蘭太太的步伐調整，因此這次旅行只能算是一次長途散步。對所有一切與這次旅行有關的回憶，特別是對那些山巒和徒步旅行之樂的回憶，帶給我興致勃勃

⑨漢尼拔（西元前二四七—前一八三）：迦太基名將，曾多次率軍轉戰義大利，擊敗羅馬軍。——譯者

的樂趣。我只在年輕時候徒步旅行過，而且在旅途中總是那麼高高興興的。後來，由於事務纏身，又要攜帶行李，因此不得不像紳士那樣坐馬車旅行了。勞心勞神的憂慮、煩惱和麻煩都和我一起上了車。從此以後，不僅無法像從前那樣一心領略旅途中的樂趣，反而巴不得想趕快到達目的地。我後來在巴黎曾經尋找了很久，想找兩個像我這樣愛好徒步旅行的朋友，每人準備五十個路易，並花一年時間和我一起周遊義大利，只帶一個僕人跟隨我們，幫我們背行李。來找我的人很多，表面上對這個計畫都感興趣，但都只是口頭上贊成，而不願意付諸實行。我記得我曾經滿懷激情的和狄德羅與格里姆談過此事，並說服他們採納我的想法，因而曾一度認爲他們已經答應了，然而最後的結果是，他們只願意紙上談兵；格里姆想讓狄德羅以此爲題寫一篇遊記，借題發揮，發表反對宗教的言論，並讓我替他頂罪，被關進宗教裁判所。

遺憾的是，我們轉眼就到了都靈。不過，一想到我終於看到一個大城市，而且不久就有成爲體面的人的希望，所以我遺憾的心情也就被沖淡了。這時，我腦海裡已經升起了一股雄心壯志的煙幕；我認爲我未來的身分將比我過去學徒的身分高許多倍；壓根沒有料到，沒過多長時間，我的身分竟變得遠不如一個學徒呢！

我在前面談了許多無關緊要的小事，並將在後面講一些在讀者看來是沒有多大意思的事情，所以我要先請各位讀者原諒，讓我做一番解釋之後才繼續講下去。既然決定要在書中將我原原本本展現在公眾面前，我就不能對公眾有絲毫的隱瞞或表述不清楚的地方，我就應當繼續不斷將自己置於公眾的監視之下，讓他們追查我心靈中的一切謬誤和我生活中的一切見不得人的事情；就不能讓我有絲毫的隱藏，以免在我的敘述中有半點漏洞或空白，而令讀者心生疑問：「他那時候幹什麼去了？」或者指摘我不願意把事情的經過全盤托出。所以我要在書中如實揭露人心的邪惡，絕不會避而不談，讓惡人以爲他們幹了壞事而無人知曉。

我身上帶的那一點零用錢，不知道何時不見了。只怪我說話不謹愼，洩露了祕密。我的粗心大意，讓我那兩個引路人得了一筆意外之財。薩布蘭太太甚至把華倫夫人給我用來繫在我的短劍上的銀絲帶也偷走了。在我失去的東西中，就數這條銀絲帶最讓我心疼；如果再不小心的話，說不定我這把短劍也會被他們偷走。他們雖老老實實支付我一路的開銷，但他們最後把我弄得一貧如洗；到都靈之後，我的衣服沒有了，錢也沒有了，連換洗的內衣也沒有了，往後的命運如何，那就全靠我自己去闖蕩了。

我把我身上帶的介紹信交給收信人後，他們便馬上帶我到志願受洗入教者教養院去接受天主教的訓導。我是爲了混飯吃才入天主教的。一進教養院，我就看見一扇大鐵柵欄門；我剛一跨進門，門馬上就被關上，用兩道鎖鎖起來。這樣的開端，我感到是在強迫人，所以一點也不感到愉快。當我被領進一間大屋子時，我便開始思考起來。我發現屋子裡空空蕩蕩的，只是在屋子的深處有一個木製祭臺，祭臺上有一個大十字架，周圍有四、五把木製的椅子，看起來好像上了蠟，但其實沒有上蠟，只不過是經常有人坐而把它們摩擦得光亮而已。大廳裡有四、五個面貌兇惡的壯漢，他們和我一樣，也是來接受訓導的。這幾個人，與其說他們是志願來做上帝的兒女，倒不如說他們是來做魔鬼的打手。他們當中有兩個是克羅埃西亞人，卻自稱是猶太人和摩爾人。他們告訴我：他們在西班牙和義大利到處流浪，哪裡有飯吃，就在哪裡入教和領受洗禮。這時候，有人打開另外一道鐵門，門一打開，便把正對庭院的那個陽臺分成兩半，從門外走進來幾個女志願受洗入教者。她們也像我一樣，不是透過受洗，而是透過莊嚴宣誓棄絕原來信奉的宗教而獲得新生的。這幾個女人，全是下三濫的蕩婦和沿街拉客的私娼；耶穌基督的羊圈⑩被這麼下賤的人玷汙，這還是我第一次親眼見到。其中有一個女子看起來還很漂亮和動人，她和我的年紀差不多，也許比我大一、兩歲。她的雙眼水汪汪的，有時候和我的目光碰個正著，因此使我很想結識她。早在三個月以前她就進了教養院，雖然後來她又在這裡待了將近兩個月，然而在這期間我根本就沒有機會接近她，因爲那位年老的女管教人寸步不離的看著她，那個神聖的教士又經常纏住她，雖然他的職責是使她改變宗教信仰，但他對她獻殷勤的時候多，對她宣講教義的時候少。除非她特別愚蠢（從面貌上看，她並不愚蠢），否則，她受教誨的時間是不需要那麼長的。那位神聖的教士總說她還未達到宣誓改宗天主教的水準，然而她已過膩了這種禁閉式的生活，一再說她無論如何都要離開這裡，至於當不當天主教徒也不在乎了。那位神聖的教士感到事態嚴

---

⑩ 指教會。——譯者

重，於是決定在她還答應當一個天主教徒的時候，讓她宣誓入教，以免她一反抗起來就不願意當天主教徒了。

爲了歡迎我這個新來的人，爲數不多的這幾個志願領洗者都被召集在大廳裡，教士對我們說了幾句簡短的訓誡的話，他要我不要辜負上帝對我的恩寵，並要別人爲我祈禱，做我的榜樣。接著，那幾個女教徒便回到她們的靜修室裡去了。這時候，我才懷著吃驚的心情細細觀看我所在的這個地方。

第二天上午，教士又把我們召集在大廳裡進行了一番訓誨，這時候，我才第一次開始思考我下一步該怎麼辦，並著重分析是什麼原因促使我走上了這條道路。

我過去曾經說過，現在又要重複說的，而且將來還要說的一件日益使我深信不疑的事情是：如果世上眞有受過良好的和聖潔的教育的孩子的話，那個孩子就是我。我出生在一個家風與一般人的家風不同的家庭裡；我所受的教育，都是教人行事明智的教育；我看到的長輩們都是好榜樣。我的父親雖然是一個喜歡玩樂的人，但他不僅爲人正派，而且有很虔誠的宗教信仰。他在社會上雖處處表現得很瀟灑，但一回到家裡卻是一個態度嚴肅的信徒。他在我很小的時候就把他樹立的道德觀念灌輸給我了。我的三個姑姑都很賢慧；大姑和二姑是虔誠的信徒；三姑既長得漂亮，頭腦又很聰明且很有見識；雖然她表面上不那麼做作，但實際上也許比大姑和二姑還更虔誠。我從這樣一個可敬的家庭到了朗伯西埃先生的家。朗伯西埃先生是一位教士和傳道士，他內心的信仰是眞誠的，他的言行是令人欽佩的。他的妹妹和他對我的循循善誘，在我的心中培育了他們認爲應該向我灌輸的宗教觀念。爲了達到這個目的，這兩個可敬的人所採用的方法是那麼的謹愼和合理，所以每次聽他們講道的時候，我不僅不覺得厭煩，而且在聽完之後內心總深受感動，決心要好好爲人。由於我牢記他們的訓誨，所以我的決心便很少動搖過。對於我的貝爾納舅媽的那種虔誠表現，我多少有些感到討厭，因爲她把虔誠敬拜當作一項例行公事。後來到了我師傅家裡，我雖不怎麼思考宗教問題，但也沒有產生過什麼不符合宗教觀念的思想；我沒有結交過任何一個引誘我去做壞事的年輕人；我雖然變成了一個調皮的頑童，但絕對不是一個不信教的人。

因此，我那時候的宗教觀念，完全是一個我那樣年紀的孩子所能具有的觀念，只不過我的觀念比一般兒童的觀念更深刻一些。我爲什麼要在這裡隱瞞我的思想呢？我小時候一點兒也不像一個兒童，我總是像大人那樣觀察和思考。我生來就和普通人不同，只是在長大以後才日益變成和普通人一個樣子。人們看見我把自己說得像神童，便感到好笑。笑就笑吧！但是，在笑過之後，如果他們能找出一個六歲的孩子像我般對小說入迷，愈讀愈有興趣，甚至感動得熱淚盈眶，如果眞能找到這樣一個和我一樣的孩子，我就會承認我這樣自吹自擂是可笑的，我就會意識到我確實錯了。

因此，我認爲，如果你想讓孩子們有朝一日虔誠信仰宗教的話，你就千萬別在他們還是小孩子的時候對他們談宗教問題，因爲他們沒有理解上帝的能力，即使按照我們向他們所說的話去理解，他們也是無法理解的。我是根據我的觀察和我本人的經驗而得出這個結論的。我知道，我的經驗對別人來說是沒用的。你去找幾個像尚－雅克．盧梭這樣的六歲孩子，等他們長到七歲的時候，對他們講上帝是什麼樣子，我敢保證，隨你怎麼講，他們都不會把你的話理解錯的。

我相信：誰都知道，一個小孩子（甚至一個大人）之所以有某種宗教信仰，完全是看他出生在信奉什麼宗教的家庭而定的。這種信仰，有時會有所減弱，但絕不會增強。對教義的信奉，是教育的結果。正是這個最普通的道理，使我信奉我的父輩們所信奉的宗教。我們城裡的人⑪對天主教都特別反感，說它極端崇拜偶像，並認爲天主教的教士們都非常陰險。這種看法是如此深深的印在我的腦海裡，以致在開始的時候，我一瞧見教堂裡的情景，一遇見穿白衣服的神父，一聽見人們手捧聖像遊行的鈴聲，便嚇得發抖；這種恐懼的心情，是我在城裡所沒有的，可是一進入鄉村教堂就常常有這種感覺，因爲鄉村教堂的樣子，和當初使我產生這種心情的教堂太相似了。不過，一想到日內瓦周圍的天主教士對城裡的孩子們的那種親切樣子，就與我從前的看法形成了巨大的反差。儘管送臨終聖體的鐘聲使我感到害怕，但做彌撒和晚禱的鐘聲則又使我想起吃午飯和吃餐後點心、鮮奶油、水果及其他乳製品的樂趣，再加上德．朋維爾先生招待我吃那頓豐盛晚餐的影響，使我對眼前的一切便產生了淡然

⑪ 指日內瓦城裡的人。——譯者

視之的心情。至於和天主教的關係，我覺得只不過是吃吃喝喝好玩而已，因此覺得在這個教會裡生活，也不是什麼大不了的事情，而正式加入這個教會，這個念頭在我腦海裡只是一閃而過，認爲那是遙遠的將來的事情。可是現在，事已至此，只能這樣，沒有別的辦法可以選擇了。我懷著極其厭惡的心情看待我在這裡所做的入教宣誓和它不可避免的後果。我周圍的新入教者根本不能以他們的榜樣鼓舞我的勇氣。我不能自欺欺人，我必須承認，我宣誓入教這件事情實際上是一種強盜行爲。雖然我少不更事，但是，我已經感覺到，不論是哪一個宗教，只要我一加入了它，我就犯了叛教罪，出賣了我原來信奉的宗教。即使我的選擇是正確的，我在內心深處就已經是欺騙了聖靈，應當遭到世人的鄙視。我愈思考這個問題，便愈是對我自己感到憤恨，愈對使我落到如此下場的命運感到抱怨，認爲這種命運不是我自己造成的。我的這些想法，有時候使我心情十分衝動，巴不得在某個時候一看見大門打開，便立刻逃出去。然而這種機會是不可能有的，因此，我的決心也沒有堅持下去。

有太多的祕密欲望與我的決心搏鬥，所以終於戰勝了它。另外，由於我已經制訂了堅決不回日內瓦的計畫；由於我羞於見人，並想到再次翻山越嶺的艱苦，再加上遠離故鄉和親朋好友，無依無靠，缺乏生活來源，這種種原因加在一起，使我感到我的良心雖受到譴責，但現在要後悔，已爲時太晚。爲了替我往後要做的事情尋找藉口，我假裝責備自己過去所做的事情，儘量把過去的錯誤說得極其嚴重，以便把我未來的過失說成是必然的結果。我不對自己說：「你沒有犯什麼大錯；如果你願意，你仍然可以成爲一個清清白白的人。」反而說：「這一切，若要抱怨就只能抱怨你自己過去的罪過和今後不得不繼續犯的錯誤。」

事實上，像我這樣小小年紀，要收回我從前所說的話和不做人們想要我做的事，要斬斷我爲自己戴上的鎖鏈，並理直氣壯宣稱：「不論後果如何，我都要繼續信奉我先輩信奉的宗教」，這需要有多麼堅強的毅力啊！這樣的毅力，不是我這樣年紀的人所能具有的，僥倖成功的希望也是微乎其微的。事情發展到了這種程度，已來不及挽回了，我愈反抗，人們就會愈想制伏我。

與大多數人一樣，我也是在需要運用力量的時候，才爲時已晚的感到自己缺乏力量；正是這個不成理由的藉口，使我遭到了失敗。剛強的性格，只是在我們犯錯的時候才需要用它來糾正我們的錯誤。如果我們行事一貫明智，我們就不怎麼需要表現出一副剛強氣概了。這種缺乏毅力的傾向，促使我們不加抵抗的沿著錯誤的道路一直走下去。正是那些我們低估其危險性的小恩小惠使我們每每中了別人的圈套，往往是不知不覺陷入本可以輕易避免的危險境地的；而一旦落入危險的境地，不做出一番英勇的努力，就難以賺脫出來。我們終於墜入了深淵，我們問上帝：「你爲什麼把我造得如此軟弱？」上帝不正面回答問題，他只是對我們的良心說：「我雖把你造得太軟弱，以致你無法走出深淵，但是，我原先是把你造得夠堅強的，堅強到足以使你不會掉進去。」

現在，我還沒有正式下定決心當天主教徒。好在離教育結束的時間尚遠，我還可以從容的仔細琢磨。在這段等待期間，我心裡盼望也許有什麼意料不到的事情發生，使我擺脫困境。爲了爭取時間，我決定要盡可能做好一切有效的防禦。不久，我的狂妄自負之心大發作，使我不再去思索是否決心加入天主教這件事情。自從我發現我有時候把那些對我們進行教育的人問得無言以對以後，我就覺得我再多說幾句話，就會把他們一個個駁得體無完膚。我甚至借此機會尋他們開心，是他們在教育我，還是我在教育他們呢？我自信，我有把握能說服他們改信新教。

他們發現我無論是在學識方面還是在思想方面，都不像他們想像的那樣容易對付。在學識方面，新教徒大都比天主教徒高明。這是必然的，因爲前者的教義要求教徒們動腦筋思考，而後者的教義要求教徒們全盤服從。天主教徒總是按照上一級教士的決定行事，而新教徒則可以決定自己的行動方針。這些情況，他們是知道的，只不過沒有料到像我這樣處境和年紀的人會給他們這些訓練有素的人出這麼多難題。我從來沒有拜領過聖體，也沒有接受過這方面的教導。這些，他們也是知道的，而他們不知道的是，我在朗伯西埃先生那裡已經學了許多知識。另外，我還讀過一本令這些先生們感到頭疼的寶書《教會和帝國史》。我在父親家裡幾乎把這本書全都背下來了，後來雖然忘掉了一些，但隨著我與這些先生們的爭論愈來愈激烈，我又想起來了。

第一次向我們講道的，是一位個子不高，但表情很嚴肅的老神父。這次講道，純粹是一股腦兒向我的夥伴們灌輸天主教的教理，而不讓我的夥伴們提問題，更不讓他們發表反對的意見。他的這種做法，到我這裡就行不通。我一有機會便打斷他的話，絕不放過任何一個會使他難以回答的問題。這樣一來，講道的時間就拉長了，參加聽講的人都感到很累。那位老神父講了許多話，愈講愈發火，東拉西扯，愈說愈離題，最後只好藉口說他不太懂法語，一走了之。第二天，因爲怕我又再那麼冒冒失失的發問，對夥伴們產生壞的影響，便把我單獨叫到另一個房間，由一位比較年輕的神父來教我。此人很會說話，也就是說，他很會一口氣講許多冗長的句子，自以爲了不起，其實，眞正博學的人，從來不像他那個樣子。我不僅沒有被他那副神氣的樣子嚇倒，反而覺得自己有把握在一些問題上反駁他一通。他開頭以爲引用聖奧古斯丁、聖格雷果爾和其他聖人書中的話就可以堵住我的嘴，但後來發現我運用起這些聖人的著作來，與他一樣嫻熟。其實我並沒有讀過前面所說的那幾位聖人的著作，而他大概也沒有讀過，只不過我心中記得勒絮爾書中的許多句子罷了。每當他引用一段聖徒的話來反駁我的時候，我並不就他引用的話本身和他辯論，而是引用同一個聖徒的話來反擊他，因而往往把他弄得十分難堪。不過，最後還是他占了上風；其中的原因有兩個：第一個原因是，他的勢力比我大，不管怎麼說，我總是在他的擺佈之下，何況我十分清楚，我不可以仗著我年紀輕就隨便無的放矢、逼人太甚，再加上我發現那位矮小的老神父不論是對我的學問還是對我這個人，都抱有敵意。第二個原因是，這位年輕的神父的確是學有專長，而我沒有，這就使他在辯論中可以採用一種刁難我的方法；每當他感到我要提出一個他預料不到的問題時，他就藉口說我的話超出了主題的範圍，於是把問題拖到第二天。他有一次甚至說我引用的話是假的，並自告奮勇說他要去把原書找來讓我指出我引用的那些話的出處。他覺得他這招一定奏效，因爲，儘管我有一丁點略知皮毛的知識，但我不懂得如何查找原書，何況我的拉丁文又不好，即使知道某一段話確實出自某一本書，但要在一本厚厚的書中找到它，那也是很難找到的。我十分懷疑他也用過他指摘其他教士採用的那種不忠於原書的治學方法，有時候甚至胡編一些話來應付他感到難以回答的問題。

吹毛求疵和互相辯駁的爭論持續著。日子一天天過去，每天的時光都消耗在無謂的爭論、念誦經文和無所事事的閒暇裡。沒有料到這時候我卻碰上了一件令人十分討厭的噁心事，差一點兒對我產生不利的後果。

不管一個人的靈魂是多麼邪惡、心是多麼粗野，他也會產生某種對他人的愛心的。那兩個自稱是摩爾人的傢伙中，有一個竟喜歡上我。他主動接近我，用亂七八糟的法蘭克語和我交談，向我獻小殷勤，有時候還把他的飯菜分一部分給我吃，而且經常很親熱的吻我，使我感到很不舒服；他那張香料蜜糖麵包似的臉上有一道長長的刀傷疤痕；他的目光兇狠，一點也不柔和。儘管我對他的那副模樣感到害怕，但我還是強忍著讓他親吻；我對我自己說：「這個可憐的人對我這麼友好，拒絕他，是不對的。」後來，他的舉動愈來愈輕浮，對我說的話是那樣荒唐，我甚至認爲他的腦子一定有毛病。有一天夜裡，他想和我同睡一張床，我藉口說床太小，沒有答應他；他要我到他的床上去睡，我也拒絕了，因爲這個傢伙太髒，滿口嚼菸草的臭味，實在令人噁心。

第二天早上，大廳裡只有我們兩個人，他又來撫摸我，而且動作是那樣放肆，使我感到很害怕。最後，他竟公然做起最下流的動作來了，並抓著我的手，要我也像他那樣做。我猛然一脫手，同時大叫一聲，往後跳了一步，既沒有厭惡的表示，也沒有發脾氣，因爲我根本不知道他到底想幹什麼。我使勁向他做出驚愕和討厭的樣子，直到他終於走開了。不過，在他瘋狂似的動作結束時，我看見一種黏糊糊的白色東西向壁爐射去，掉在地上。我感到十分噁心，立刻跑到陽臺上去。我這一生也沒有如此激動、慌張和害怕過，我幾乎暈了過去。

我當時還不明白這個壞傢伙是怎麼一回事；我以爲他是神經病發作，或者是得了其他更可怕的癲癇症。對於一個頭腦清醒的人來說，再也沒有什麼事情比看到這種猥褻骯髒的動作和滿臉色欲的可怕面孔更令人感到厭惡的了。我從來沒有看過別的男人做出這種舉動，如果我們在女人面前也做出這樣瘋狂的舉動的話，除非她們瞎了眼，否則，她們是一定會把我們看作是怪物的。

我馬上跑過去把我剛才遇到的事情告訴大家。我們那位年老的女總管叫我趕快閉嘴別講；我發現她對這件事情也很氣憤，我聽見她咬牙切齒低聲罵道：「禽獸不如的東西！粗野的畜牲！」由於我不知道她爲什麼不讓我逢人便講的原因，我反而愈講愈起勁，雖然那位女總管下了禁令，我還是大講特講，以致第二天一大早，一位管理員就把我叫去訓斥了一番，說我小題大作，損害了神聖殿堂的榮譽。

他訓斥了很長一段時間，還向我講了許多以前我不知道的事情。不過，他並不認爲需要他來教我，因爲他相信我已經知道別人想要我幹什麼，只因我不樂意，所以才反抗。他鄭重其事告訴我，這種事情與淫亂的行爲一樣，是被禁止的，不過，做這種事情的意圖，對於那個被要求做這種事情的人來說，並不算是多大的侮辱；被人家看作是可愛的，也沒有什麼值得大驚小怪的。他直截了當現身說法，說他年輕時就曾經有過這種榮幸；由於對方突然襲擊，所以來不及反抗。他覺得事情並沒有想像的那樣令人難受。他厚顏無恥甚至繪聲繪色的描述，並且以爲我之所以抗拒，是因爲怕疼。他告訴我說：這種害怕是多餘的，用不著大驚小怪。

我聽了他這番不知羞恥的話，感到十分驚奇，因爲他的話並不是在爲自己辯護，而似乎是爲了開導我，才這麼說的。他覺得他的話很平常，用不著私下跟我密談。我們身旁就有一位教士在聽我們的談話。這位教士也跟他一樣，對這種事情也不覺得有什麼了不起。他們這種神色自若的樣子，讓我感覺這種事情無疑是大家都習以爲常的，只是我以前沒有聽人講過罷了。因此，我聽了他的話，並沒有生氣也沒有感到厭惡。我聽到的那些話，尤其是我親眼見到的那些行爲，在我的腦子裡刻畫的印象是如此之深，以致我每一想起，便感到噁心。我也不知道爲什麼會因爲厭惡那種事，便連帶厭惡那個替這種事辯護的教士。我再也無法控制我自己了；我厭惡的表情是那樣明顯，使他也感覺到了他那番話所產生的惡劣後果。他不高興的瞪了我一眼；自此以後，他就想盡辦法使我在教養院的日子愈來愈不好過。在這一點上，他採取的手段很高明，不過，反倒使我發現：要想走出教養院，我只有一個辦法；這個辦法，我過去總儘量拖延不採取，但如今我卻迫不及待要付諸實行了。

這件事情提醒我今後要時時防範那些患色情狂的傢伙。一看到那些好像有這種毛病的人，就使我聯想到那個可怕的摩爾人的表情和動作，因此，怎麼也掩飾不住我心中的厭惡；反之，女人倒是能博得我的歡心。我覺得，我應當對她們表示溫柔的情誼和親切的敬意，以補償男性對她們的不恭。和那個摩爾人相比，我認爲即使是最醜的女人也是一個可愛的人。

至於那個摩爾人，我不知道人們對他的看法如何。我覺得，除了羅朗札太太以外，其他人都像從前那樣對待他。不過，從此以後，他就再也不親近我，也不跟我說話了。過了一個星期，就舉行莊嚴的儀式，讓他接受洗禮；他從頭到腳穿戴一身白衣白帽，表示他的靈魂已得到了新生。第二天他就離開了教養院，從此以後，我就再也沒有見到過他。

一個月以後，才輪到我。因爲我的指導者需要花這麼長的時間讓我重新複習一下我學過的信條，才能使我再次表示順從，並使他們獲得終於成功的使一個桀驁不馴的人信仰天主教的榮譽。

最後，在充分接受了教導，並讓我的教師們都感到滿意以後，教養院的人便列隊把我送到聖約翰總教堂，讓我在那裡莊嚴宣誓棄絕我原先信奉的宗教，並按照一切程序接受洗禮，儘管他們並沒有眞正給我施洗，因爲這只不過是照章辦事的一套儀式，其目的是爲了讓人們相信新教的教徒都不是基督徒。我穿了一件有白色花邊的灰長袍；這是專供這種儀式用的衣服。有兩個手端銅盤的人，一個走在我的前面，另一個走在我的後面；他們用一把鑰匙敲打銅盤，人們按照各自的誠心和對新入教的人的印象投放奉獻。總之，在這次莊嚴的儀式中，天主教的種種浮華做法全都用上了；其目的，一是爲了使儀式對公眾有更多的教育意義，二是爲了羞辱我。由於我不是猶太人，所以他們沒有像對待那個摩爾人那樣讓我穿白衣服，其實，這種白衣服對我是非常有用的。

這還沒有完。這裡的儀式結束之後，還要到宗教裁判所去領取異教徒的罪行赦免證書，另外還要舉行一次入教儀式（順便說一句，當年昂立四世加入天主教，爲他舉行的入教儀式，是由他的一位特派大臣代他參加的）。裁判所中那位可敬的神父的表情和動作，並沒有完全消除我走進那間屋子時所感受到的恐怖心情。他對我的信仰、身分和家庭情況問了幾個問題以後，突然問我的母親是否被打入地獄。我嚇了一跳，然而我還是強壓怒火簡單回答說：我希望她沒有下地獄，因爲在她臨終的時候得到了上帝的指引。那位神父像是被我堵住了嘴，只好皺著眉毛搖了搖頭。看來，他好像不太贊同我的回答。

儀式到此全部結束了。正當我以爲他們會按照我的意願安排一個職位給我的時候，他們把收到的奉獻（大約二十幾個法郎的零錢）給了我，把我送出大門，囑咐我今後要做一個好基督徒，不要辜負聖恩，還祝我好運，說完之後便把門關上了。這一下，空空蕩蕩，只剩下我一個人了。

我的種種希望就這樣在一剎那之間全都煙消雲散。我剛才的那些自私行爲，使我一下子既成了一個叛教者，同時又成了一個受騙上當的人。人們不難想像這一切在我的腦海裡產生了多麼大的突然變化。原來的計畫是一片錦繡前程，如今卻落到最悲慘的境地；早晨還在夢想住高樓大廈，晚上卻不得不露宿街頭。人們也許以爲我陷入如此絕望的境地時，一定會深深埋怨自己，認爲這一切不幸的後果都是我自己造成的。但，情況恰恰相反，在我有生以來被幽禁兩個多月之久以後，我的第一個感覺是，我現在又終於重新獲得了自由，心裡十分高興。在當了好長一段時間的奴隸之後，我現在又成了自己的主人。我認爲，在這樣一個大城市裡，遍地是財富，處處有貴人；我的才能和我的品德一旦被他們發現，他們是一定會歡迎我的。我有充分的時間等待，我口袋裡有二十個法郎，這在我看來就是一個永遠也用不完的金庫；我愛怎麼花，就怎麼花，用不著與誰商量。這還是我平生第一次這麼有錢。我不僅不洩氣、不流淚，反而改變了我對前途的想法。我的自尊心一點也沒有消失；我從來沒有像現在這樣充滿信心和對前途有十足把握的感覺，我深深相信我已福星高照，未來的一切，全靠我一個人去奮鬥，這實在太愜意了。

我要做的第一件事情是滿足我的好奇心，我到城裡去逛了一大圈，即使這純粹只是爲了表現我有行動的自由，我也要這樣做。我去觀看了哨兵上崗，聽到軍樂的聲音，我心裡非常高興。見到教會迎聖體的遊行隊伍，我就跟著他們走，因爲我喜歡聽神父們唱的歌。我還去參觀了王宮，戰戰兢兢的走到宮門口，看見人家進去，我也跟著他們進去，誰也沒有阻攔我。我之所以這麼順利進了王宮，這也許要歸功於我胳臂下夾著的那個小包裹。不管怎麼樣，單就我置身這座宮殿來說，就可看出我是挺有本事的；我已經把我自己當成是宮中的一個居民了。最後，由於我到處走來走去的，開始感到疲倦了、肚子餓了，加上天氣又熱，我便走進一家店，店家端來蛋糕、乳酪和兩個彼埃蒙的長方形麵包（這兩塊麵包比別的東西都好吃），我只花了五、六個蘇就吃了一頓我有生以來從未吃得這麼好的晚餐。

現在，我需要去找一個住處。我的彼埃蒙語已經講得相當好，可以和人交談了，所以想找一個住處並不困難。我很謹慎，我不能根據我的喜好，而是要根據我口袋裡的錢來選擇住處。有人告訴我，在波街有一個士兵的老婆有一個專供尚未找到雇主的僕人住宿的房間，住一夜只繳一個蘇。我在她那裡找到了一張破舊的空床，於是，我就在她那裡住下了。這位老闆娘很年輕，剛結婚不久（可是她已經生了五、六個孩子），她和她的孩子與客人，全都住在同一個房間裡。在我在她那裡住的那段時間，一直是這樣。是的，她的確是一個好女人，但她罵起人來卻滿口髒話，活像一個趕馬車的車伕。她成天袒胸露懷、頭髮蓬鬆，但是，她的心地很好，樂於助人，把我當朋友，幫了我不少忙。

我這樣悠哉的在城裡逛了好幾天，唯一的目的就是享受我的獨立和滿足我的好奇心。我把城裡城外都逛遍了，我東張西望，凡是我覺得新奇的地方，我都要去瞧一瞧。對於一個來自窮鄉僻壤、從未到過首都的年輕人來說，一切都是新奇的。我特別喜歡到王宮去，每天上午按時去看國王做彌撒。我覺得，我能和這位國王與他的隨從在同一個教堂裡，眞是榮幸之至。不過，促使我老去王宮的眞正原因，是我心中對音樂的愛好開始萌發，而不是宮中豪華的排場，因爲宮中的排場老是那一套，不久就看膩了。撒丁國王當時擁有歐洲最好的交響樂隊；索密士、德雅丹和伯左芝都曾先後在這裡大顯身手。其實，用不著這些大師親臨現場演奏，只要用一件簡單的樂器好好演奏迷人的曲調，就足以吸引一個年輕人了。使我眼花繚亂的宮中排場雖讓我傻乎乎的感到驚歎，但並不令我羨慕；在宮中的那套儀式中，唯一令我感興趣的，是想看到一位可以引起我愛慕之情的年輕的公主，以便和她發生一段浪漫故事。我差點在一個豪華不如王宮的地方做出一段風流韻事，當時，如果我眞的做成了的話，我將感到比和公主邂逅更美妙一千倍。

儘管我省之又省的過日子，但我錢袋裡的錢還是不知不覺的用完了。我那麼節省的原因，不是因爲我行事謹愼，而是因爲我的飲食簡單，甚至在今天，即使有滿桌的酒菜，我也不會改變我飲食簡單的習慣。我過去沒有，而且現在還依然沒有吃過一頓比農家風味更美的飯了。對我來說，只要有乳製品、雞蛋、蔬菜、乳酪和麩皮麵包與一般的葡萄酒就夠了。只要沒有侍膳長和僕人圍在我身邊讓我看他們那副難看的臉色，我就會放開肚子吃，無論吃什麼都覺得是很香的。我那時候花六、七個蘇吃的一頓飯，比我後來花六、七個法郎吃的飯好得多。我不大吃大喝，是因爲我沒有受人誘惑的緣故。但是，把這一切說成是飲食有節，那是不對的，因爲我在飲食方面也是儘量吃好吃的。我喜歡吃梨、奶糕、乳酪、彼埃蒙麵包，而且還愛喝幾杯比例很好的蒙費拉葡萄酒。這些東西一端上桌，我就高高興興的吃起來。照這樣吃法，我這二十個法郎很快就會用完的。這一點，我一天比一天看得更清楚。雖說我年紀輕、行事糊塗，但一想到將來，我就感到不安，甚至有時候感到害怕。我的種種幻想全都消失，現在，當務之急是趕快找一個賺錢吃飯的工作，但是，這也是很難實現的。我想起我的老本行，但我對雕刻技術尚不精通，還不足以到一個雕刻師傅家裡去工作的程度，何況在都靈這個地方雕刻師傅並不多。因此，我決定，在找到更好的機會以前，我一個鋪子又一個鋪子去自我推薦，說我能在銀器上刻花紋和徽記，希望能以少要工錢的辦法獲得他們的收留，然而即使這樣也沒有成功，我幾乎到處都遭到謝絕；即使找到了零工，賺的也只夠幾頓飯錢而已。然而，有一天大清早當我經過貢特拉．洛瓦街時，我透過櫃檯的玻璃窗看見一個儀態大方、樣子相當迷人的女老闆；這時候，儘管我向來是不好意思主動去接近女人的，我也毫不猶豫走進店鋪向她陳述我的本領。她不但沒有拒絕我，反而讓我坐下，聽我講一講我的經歷，對我表示同情，鼓勵我要保持勇氣，而且還說好的基督徒是不會拋棄我不管的。接著，她一邊派人到隔壁一家銀匠店去拿來我需用的工具，一邊就親自到廚房端來一些好吃的東西。我感到這樣開端是個好兆頭，而後來的事實證明，的確如此。從她的表情上看，她對我的技術是滿意的，尤其對我東拉西扯、充滿自信心的談話更加欣賞。儘管她態度隨和，但她那風姿綽約和一身漂亮的穿扮，仍令我在她面前一舉一動不敢稍有差池；不過，好在她對我的接待是充滿了友善，她的聲音是親切的，表情是溫柔的，所以不久就使我不感到緊張了。我覺得我已經成功，以後還會有更多的收穫。雖然她是義大利人，又那麼漂亮，難免顯得有點風騷，但她的言談舉止卻十分穩重，而我又膽小靦腆，所以不可能在短期內有迅速的進展。我們沒有時間完成我們的某些嚮往，每當我回憶起我在她身邊度過的短暫時刻，我都感到心馳神往，十分愜意；我甚至可以說我已經在我初次萌生對她的愛慕之情中，感受到了她對我又溫柔又純潔的愛的樂趣了。

她有一頭極其漂亮的棕色頭髮；從她美麗的臉龐就可看出她的天性很善良、性格十分活潑，她的名字叫巴西爾太太；她的丈夫的年紀比她大，是個醋罈子，在他到外地時，便把她託付給一個性格憂鬱、不善於討女人歡心的夥計照顧。這個夥計有他自己的打算，但他只會用發脾氣的方式表達。他笛子吹得很好，我很喜歡聽他吹，但他卻很討厭我，這個新埃癸斯托斯⑫一看見我走進他的女主人的鋪子，便嘰嘰咕咕直嘟囔，用輕蔑的態度對待我，而巴西爾太太也針鋒相對的以輕蔑的態度對待他，有時候甚至故意在他面前對我表示親熱，用這個辦法折磨他。我覺得這個報復的辦法很好玩。要是在我和她單獨在一起的時候，她對我也是那麼親熱的話，那就更好了。但是，她並沒有這樣做，至少在方式上是不一樣的。其中的原因，也許是由於她認為我太年輕，或者是由於她還不知道怎樣做出進一步的表示，更或許是由於她確實想做一個貞潔的女人，她才採取一種矜持的態度；這種態度雖然不是表示拒人於

⑫ 指那個夥計。埃癸斯托斯是希臘神話故事中的米塞納斯國國王，在特洛伊戰爭中，他受希臘軍隊統帥阿伽門農之託照顧其妻子呂泰涅斯特拉，但他竟和呂泰涅斯特拉私通，並在阿伽門農於戰爭結束回國時，派人將其暗殺。——譯者

千里之外，但卻使我望而生畏，而又弄不明白我爲什麼會心生畏懼。儘管我對她並不像我對華倫夫人那樣有一種既溫存又眞實的敬意，但我在她面前感到害怕的時候多、感到親暱的時候少。我感到非常拘束，甚至有時候還顫慄；我不敢盯著眼睛看她，不敢在她面前大聲呼吸，可是要讓我離開她，卻比讓我去死還難過。我往往趁她不注意的時候，用貪婪的目光偷偷看她身上我能看到的一切，例如她衣服上繡的花、她十分好看的腳尖、手套和袖口之間露出的那段白嫩的胳臂以及有時候在圍巾和脖子之間露出的胸脯；她身上的每樣東西都把其他的東西襯托得更加美麗。由於我老盯著看我所能看到的東西，甚至還想看那些遮起來不讓人看的東西，因此，我眼花繚亂，呼吸一陣比一陣緊促，手足無措，只能在我們中間經常出現的沉默時暗暗發出幾聲輕輕的歎息。幸虧巴西爾太太忙於她手中的工作，沒有注意到這些情景（據我的觀察，她似乎沒有注意）。不過，我有時候發現她由於某種同情心的緣故，她披肩底下的胸脯經常在起伏著。這一迷人的情景簡直使我神魂顚倒，幾乎無法自持，然而她以平靜的語調說一句話就會使我的頭腦馬上清醒過來。

有好多次我和她單獨在一起的時候，她總是不發一語，沒有任何動作或眼神表明我和她之間已經有了起碼的心靈相通之處。對我來說，這種情況雖令人十分苦惱，但卻使我感到心醉神迷，儘管在我十分單純的心中連我自己也不知道爲什麼會這麼苦惱。看來，她並不覺得我和她這樣面對面獨處一室有什麼不妥之處。我們單獨會面的機會，往往是她提供的；不過不是故意安排的，因爲，她一方面沒有利用這種場合向我表示什麼，另一方面也不允許我表示什麼。

有一天，她因爲對那個夥計嘮嘮叨叨的話感到討厭，便獨自上樓回到她的房間裡，於是，我趕快把我在鋪子後屋的工作做完，也跟著上樓去。她房間的門是半開著的；我悄悄進去，沒有讓她發現。她坐在窗子那裡繡花，背對著房間的門。她既沒有看見我進她的房間，而且，由於街上車輛的嘈雜聲太大，所以也沒有聽見我進去的聲音。她的穿扮雖一向是很整齊的，但那一天，她的打扮可以說是有點故意賣弄風騷。她的姿勢很優美，頭微微低著，露出了白嫩的脖子；她的頭髮往上盤在後腦勺，頭髮上插了幾朵鮮花。她的臉眞迷人，我怎麼看也看不夠，我簡直無法控制我自己了。我一進她的房間，就雙膝跪下，激動的向她伸出兩隻胳臂。我以爲她既聽不見我的聲音，也看不見我這個人，然而卻沒有料到壁爐上面的那面鏡子映出了我的身影。我不知道我當時激動的樣子對她產生了什麼影響。她既沒有定睛瞧我，也沒有開口說話，只是半轉過臉來，用手一指，讓我坐在她腳邊的墊子上。我戰戰兢兢應了一聲，便立刻到她所指定的地方。不過，人們很難相信的是，這時候我竟沒有膽子採取進一步的行動，一句話也不敢說，不敢抬起頭來看她，甚至連挨近一下她的身子也不敢，更不敢利用這個緊張的姿勢把我的臉伏在她的膝上親熱一會兒。我變成了啞巴，一動也不動地待在那裡，不過，我心裡當然是很不平靜的：我的心既激動，又高興，充滿了感激之情，既希望得到所熱愛的人的垂青，又生怕惹所熱愛的人不高興，因爲我幼稚的心對於她是否會生我的氣，是沒有把握的。

她表現得既不比我更鎮定，也不比我少害羞；看見我待在那裡，她開始露出了慌張的樣子，感到她不該把我勾引到她房間裡，並意識到她沒有想到這一舉動的嚴重後果。因此，她對我既不表示歡迎，也不表示拒絕，兩隻眼睛盯著她手中的女紅，儘量裝出一副好像沒有看見我跪在她跟前的樣子。儘管我很傻，但我也很明白看出她當時也和我一樣表現出手足無措的樣子，也許說不定和我一樣動了眞情，只不過她也跟我一樣害羞，所以才克制住了自己，沒有促使我放大膽子不顧羞恥的行事。我認爲，她比我大五、六歲，就應當大膽主動一些。我心裡想，既然她沒有做出鼓勵我放大膽子的表示，就表明她不願意莽撞行事；即使在今天，我仍然認爲我這個看法是正確的。可以肯定的是，像她那樣聰明的人是不可能不知道像我這樣一個不懂事的毛孩子不僅需要她鼓勵我，而且還需要她教我怎樣偷情。

如果沒有人來打擾我們的話，我眞不知道這麼一個既生動而又誰也不發一語的場面怎麼結束；也不知道我一動也不動的在這令人好笑又令人感到甜蜜的狀態中將待多長時間。正當我激動得快要發瘋的時候，我聽見房間的樓下廚房的門打開了。巴西爾夫人立刻吃了一驚，一邊打手勢，一邊告訴我說：「快起來，羅西納來了。」我趕快一邊立起身子，一邊握住她向我伸過來的手使勁的親吻了兩下；在吻第二下的時候，她那柔嫩的手對準我的嘴唇輕輕觸碰了一下。在我這一生中，我從來沒有經歷過這麼甜蜜的時刻。然而，我失去的機會從此就沒有再回來過；我們的初戀之情就到此爲止了。

也許正是由於這個緣故，這個可愛的女人的形象才一直以迷人的姿態如此深深刻畫在我心裡，以致後來隨著我對社會和婦女的了解更加深入，我就愈覺得她更美麗。假使她稍微有一點兒經驗的話，她就會在我們相處在一起的日子裡另想辦法勾引一個年輕人的。雖說她的心是脆弱的，但是是誠實的，只不過無意之間隨著她自然的傾向行事而已。從種種跡象看，這是她第一次不守婦道，不過，要我克服她的害羞之心，也許比克服我自己的害羞之心還困難。今後，縱使我占有了許多女人，也抵不上我在她跟前經歷的那兩分鐘所感到的甜蜜，儘管我連她的衣裙也沒有碰一下。是的，再也沒有什麼享受是像我心愛的這個正派的女人給我的享受那樣令人陶醉的了；能側身在她身邊，就是一種恩寵；她的手指對我所做的一個小小的動作，她的手在我的嘴唇上輕輕觸碰，這一切都是巴西爾夫人給我的恩寵。這些小小的恩寵，今天回想起來，我依然感到心醉神迷。

在隨後的兩天中，我都沒有找到重新和她單獨幽會的機會；這種機會再也不可能有了，因爲我發現她毫無再次安排這種幽會的意思。她對我的態度雖不冷淡，但比平常更謹慎了。我發現她總想盡辦法躲避我的目光，因爲她害怕一碰見我的目光，就控制不住自己的眼睛老往我身上瞧。她那個可惡的夥計更加令人討厭了，甚至冷嘲熱諷的說我走的是夫人路線，想靠女人發跡。我對我行事不謹愼的後果感到害怕，我覺得，我和她勾勾搭搭的事好像已經被人發現了，因此，我試圖用一種神祕的氣氛把我本來用不著隱藏的興趣掩蓋起來；我多方尋找滿足這一興趣的機會，然而，我原以爲應該可以找到的機會，卻一個也沒有找到。

我還有另外一種一直無法醫治的浪漫癖好，再加上我天生害羞，所以屢屢否定了那個夥計的預言。我敢說，正是由於我愛得太眞誠了、太追求完美了，所以很不容易得到美好的結果。從來沒有哪一個人的激情是像我的激情這樣強烈而又這樣純潔；從來沒有哪一個人的愛比我的愛更溫柔、更眞實、更無私。爲了我所愛的人的幸福，我可以千百次犧牲我自己的幸福。我認爲，她的名譽比我的生命還寶貴；我從來不爲我個人的享樂而打擾她片刻的安寧。然而，正是由於我行事過於小心、過於隱祕和過於謹愼，反而使我所做的事沒有一件成功；我之所以很少贏得女人們的青睞，正是由於我太喜愛她們的緣故。

現在回頭來談那個善吹笛子的夥計。令人感到奇怪的是，他在開始變得愈來愈讓人難以容忍的同時，似乎顯得對我比從前更和氣了。自從巴西爾夫人開始喜歡我的第一天起，她就打算讓我成爲店中有用的人。因爲我的算術還不錯，所以她和那個夥計商量，讓他教我管帳，可是他很不樂意，不接受巴西爾夫人的建議，其中的原因，也許是怕我搶了他的飯碗。這樣一來，我的全部工作，就只不過是在做完雕刻工作之後，抄寫一下顧客的訂單和留言，核對一下帳本，並把義大利文寫的商業信譯成法文而已。可是沒過幾天，這個夥計又重新提起已被否決的巴西爾夫人的建議，還說什麼願意教我記複式簿記，以便在巴西爾先生回來的時候，我有一套在老闆手下工作的本領。我從他的聲調和表情上看出他的話中頗有虛僞、陰險和幸災樂禍的圖謀，因此我不敢相信他的話是出自眞心。還沒有等我表態，巴西爾夫人就冷冷的告訴他，說我對他的建議當然是很感激的，說她非常希望命運終能幫助我發揮我的才能，說像我這樣有本事的人如果只當一個夥計的話，那就太可惜了。

她曾經好幾次對我說她願意介紹一個可能對我有幫助的人給我。她相當聰明，已經很清楚意識到，現在是應該把我從她身邊打發走的時候了。我們默默表露彼此相愛之事是發生在星期四，星期天，她請了一桌客人，其中有我和一位相貌和善的多明我會的教士。巴西爾夫人把我介紹與他相識，這位教士對我的態度很親切，他祝賀我改信仰天主教，並問了我幾個關於我過去經歷的問題。從他的問話中可以看出，她已經把我的經歷詳細告訴他了。接著，他用手背輕輕在我臉上拍了兩下，告訴我今後要做好人，要有勇氣，並要我去看他，以便從容不迫的在一起交談。我從大家對他尊敬的態度可以看出他是一個很有身分的人；從他對巴西爾夫人說話用慈父般的語氣就可看出他是她的懺悔師。我還非常清楚的記得，在他既嚴肅又親切的表現中還夾雜有對他的這位女懺悔人的尊重和敬意；可是，他的這種表現當時給我的印象沒有今天回想起來這麼深。如果當時我多動一下腦筋的話，我就會感到我能使一個受懺悔師尊敬的年輕女人對我如此動情，是一件多麼值得驕傲的事情啊！

由於客人多，餐桌不夠大，於是又再擺了一張小桌子，我有幸在小桌子和那個夥計面對面吃。我在小桌子上受到的款待，絲毫沒有減少，從端上小桌子的菜肴之多來看，這番款待顯然不是針對那個夥計的。宴會進行到現在，一切都很順利。女士們個個都很高興，男士們個個都大獻殷勤；巴西爾夫人對客人的言談舉止眞不愧是既高雅又風趣。飯正吃到一半的時候，聽見門口來了一輛馬車，有一個人走進屋來，此人不是別人，正是巴西爾先生。他進屋時候的樣子，我現在還記得很清楚，他穿一件有金鈕子的大紅色上衣（順便說一句，從那一天起，我就對這種顏色十分厭惡），他的個子高高的，模樣很迷人。他大搖大擺走進來，看樣子，他好像是想把大家嚇一跳似的，儘管在座的人都是他的朋友。他的妻子跑過去摟著他的脖子，向他表示百般的親熱，而他對妻子卻一點親熱的樣子也沒有。他向每一位客人打了招呼；僕人端來一套餐具，他就不客氣的大吃起來。人們剛問他此次外出旅行的經過時，他向小桌子上掃了一眼，用嚴肅的口氣問坐在小桌子那邊的小孩子是什麼人。巴西爾夫人很坦然的告訴了他。他又問我是不是住在他家裡，巴西爾夫人說：「不。」他粗聲粗氣接著說：「爲什麼不呢？既然他白天在我家，他夜裡也可以住在我家。」這時候，那位教士開口發了言，他先說了一番既眞誠又嚴肅的稱讚巴西爾夫人的話以後，接著又簡單的說了幾句稱讚我的話。教士還告訴他，不僅不應該責怪他妻子虔誠的慈善心，而且還應當與她一起做這件事情，因爲這當中沒有任何一點越軌的行爲。那位教士剛一把話說完，巴西爾先生便用憤怒的語氣反駁，不過，由於對方是教士，所以他總算把火氣壓抑了一半，然而這已經足夠讓我看出其中的端倪，這肯定是那個夥計向他告我的狀，他已經了解我在他家的情形了。

筵席剛散，那個夥計就在他的老闆指派下，以勝利者的姿態急忙走過來，叫我立刻走人，而且今後永遠不許再進他老闆家的門。他還加油添醋說了許多侮辱我的話，以顯示他這次奉命來攆我是一件很光榮的差事。我立刻走出了巴西爾先生的家，雖然我一句話也沒有說，但心裡是非常難過的。我難過的不是因爲我離開那個可愛的女人，而是因爲丟下她讓她獨自受丈夫粗野的對待。他不願意她對他不忠，這當然是對的。然而，儘管她很賢淑，出生在一個良好的家庭，但她畢竟是義大利人，這就是說，她的心雖然是多情的，但同時也是有仇必報的。我覺得他的做法是錯誤的，因爲他採取的做法必將招來令他害怕的不幸後果。

我平生第一次愛情經歷就這樣結束了。我曾經有兩、三次特意經過那條街，希望至少再見一次我不斷思念的女人。我沒有見到她，只見到了她的丈夫和那個壞夥計；那個夥計也見到了我，而且手中還舉著店中的那把長尺向我招手致意，不過，他的表情與其說是向我打招呼，還不如說是在向我提出警告。他們對我既然如此防範，我也就鐵了心再也不走那條街了。我想去見她向我介紹的那位教士，可惜我不知道他叫什麼名字。我在修道院周圍轉了好幾圈，希望能碰見他，但結果卻是徒勞。後來由於發生了許多其他的事情，我對巴西爾夫人的思念便漸漸淡了，沒過多久，我甚至把她忘記了。我又恢復到像從前那樣既純樸又孩子氣十足的人，即使漂亮的女人來引誘我，我也不會上她們的鉤。

不過，她贈送我的幾樣東西，也的確稍稍充實了我的小小的行裝。東西雖然不多，但卻充分表現了一個女人的細心。其目的，是讓我衣著乾淨，而不是讓我穿得好看；是不讓我受苦，而不是讓我擺闊。我從日內瓦帶來的衣服都是很好的，還可以穿。她贈送我的，是一頂帽子和幾件換洗內衣；我沒有套袖，但她不給我，儘管我很想要，她認爲只要我穿得乾淨就行了。其實，這一點，不需要她操心，只要我在她身邊，我自然會注意的。

我被趕出巴西爾先生的家之後，過沒幾天我的房東太太（我在前面已經說了，她對我以朋友相待）告訴我說，她大概可以幫我找到一份工作，說有一位很有身分的夫人想見我。我一聽這話，便以爲這一回我眞的是要走運了，一定有什麼了不起的奇遇，因爲我朝思暮想的，就是這種事情。然而這一次奇遇並不像我想像的那麼美。我跟隨著一個僕人走進那位夫人的家，那個僕人向她介紹了一下我的情況，她問了我幾個問題，把我上下打量了一下，覺得我的長相還不令人討厭，於是便立刻錄用了我，不過是在她家當僕人，而不是當她的貼身親隨。我也穿僕人的制服，唯一的區別是，其他的僕人的制服上有飾帶，而我的制服上沒有。由於我的衣服上沒有那些裝飾，所以就跟一般市民的衣服差不多：沒有料到我心中懷抱的種種偉大的希望，一下子就這樣結束了。

我的女主人維爾塞里斯伯爵夫人是一位寡婦，膝下沒有兒女。她的丈夫是一個彼埃蒙人，而她，我原以爲是薩瓦人，其實她也是彼埃蒙人。我萬萬沒有想到她這個彼埃蒙人的法語講得那麼好，音調是那麼純；她中等年紀，相貌相當高貴，很有才華，熱愛法國文學，而且十分精通；她寫了很多東西，都是用法文寫的；她文章的筆調很優美，跟塞維涅夫人⑬的筆調幾乎差不多，甚至有幾篇文章幾乎令人分不出是她寫的還是塞維涅夫人寫的。我的主

⑬ 塞維涅夫人（一六二六—一六九六）：法國女作家，以寫書信見長，就她在文學上的成就而言，可以稱爲「尺牘家」。——譯者

要工作（我並不討厭這個工作）是筆錄她口授的文字，因爲她胸部長了一個腫瘤，非常痛苦，因而不能親自執筆。

維爾塞里斯夫人不但很有才學，而且心胸開闊，意志非常堅強。她病重期間，我一直在她身邊直到臨終。我曾看見她忍受痛苦，但從來沒有看見過她有片刻的軟弱和用力強忍的樣子；她從來沒有失去一個女人應有的儀態。她之所以能做到這一點，並不是由於她有什麼哲學修養的功夫，因爲當時「哲學」這個詞還不流行，她根本想像不到這個詞兒今天包含的意義。她的堅強的性格，有時候甚至發展到近似冷漠。我發現她無論是對他人還是對自己，都不大關心，而她之所以對窮苦的人們行善事，完全是因爲善事本身是好的，而不是出於眞正的憐憫心。我在她身邊待了三個月，對於她這種冷漠的性格是有相當的感受的。我以爲她對一個有某種發展前途的青年經常侍奉在她跟前自然會產生憐愛心，因而在臨終的時候自然會想到這個青年人在她死後需要得到她的說明和支持；然而，出乎意料的是，她對我沒有絲毫的照顧，這當中的原因，或者是由於她認爲我不值得她特別關照，或者是由於成天糾纏在她周圍的人慫恿她只照顧他們而不照顧我。

我記得很清楚，她曾經表現過某種好奇心，想了解我的過去。她有時候問我一些問題，她很喜歡我把我寫給華倫夫人的信給她看，對她談談我的感情。然而在這方面，她採取的方法顯然不對，因爲她只想了解我的感情，而不吐露她自己的感情。只要我感到別人願意傾聽，那我是十分喜歡傾訴衷情的。然而，維爾塞里斯夫人總是問我一些枯燥無味的問題，對於我的回答，她既不表示贊成，也不表示反對，這就使我無法相信她是出於關心我才問我這些問題。當我不知道我的話是否令人感到高興或不高興的時候，我總是十分膽怯的，因此，便儘量少暴露自己的想法。凡是對我不利的話，我就一句也不說。我發現，爲了了解一個人而採取這種枯燥的問話方式，在那些自以爲是才女的婦女們當中是一種相當普遍的毛病。她們自以爲採取不暴露自己感情的辦法，就可以透徹了解別人內心的祕密，然而她們沒有意識到這樣做反倒使對方失去暴露內心的勇氣，因爲，單單這一點就足以使一個被問話的男人提高戒心；一旦他發現女人這樣問並非是出於眞正的關心，而是用問話的方式套他的話，他就會要麼撒謊，要麼不發一語、閉口不談，甚至加倍提高戒心；他寧可裝傻，也不願意滿足她的好奇心。總之，要想了解別人的心事而自己又不眞心實意和別人對話，這的確是很糟糕。

維爾塞里斯夫人從未對我說過一句親切、同情和關心的話。她總是那樣冷冰冰地向我提問，而我也含糊其辭的回答。我的回答是那樣的簡約，以致她覺得太無趣，因而感到厭煩。後來她就不再問我話了，就只向我說她需要我替她辦的事情。她不是按照我這個人的人品來對待我，而是按照我如何做她吩咐我做的事情來對待我。由於她只把我當作一個僕人，所以不允許我以其他的樣子出現在她面前。

我認爲，我這一生所受到的某些人爲了個人的私欲而玩弄的狡猾手段的危害，就是從這個時候開始的；它使我對產生這種私欲的僞善態度抱有一種本能的反感。維爾塞里斯夫人沒有子女，唯一的繼承人是她的侄子德．拉．洛克伯爵。此人對她百般奉承，想盡辦法討她的歡心。此外，她的那幾個主要的僕人看她即將嚥氣，也沒有忘記從她身上撈取好處，因而時時圍著她轉，使她很難有時間想到我。她家的總管名叫羅朗茨先生；此人很機靈，他的妻子比他更機靈。她非常成功的博得女主人的歡心，甚至與其說是女人主花錢僱傭的僕人，倒不如說是女主人的一位朋友。她安排她的一個名叫朋塔勒的侄女當維爾塞里斯夫人的貼身侍女。這個狡猾的女孩子裝出一副大家閨秀的樣子，幫助她的姑母掌握女主人的一言一行，結果，使維爾塞里斯夫人就只能透過他們三個人的眼睛看事，就只能依靠他們三個人的手辦事。我沒有想取得這三個人的歡心，我服從他們，但不巴結他們；我不願意在為我們共同的女主人服務以外，還去當僕人的僕人。因此，我成了一個使他們感到不安的人；他們看得很清楚，我並不是一個永遠當僕人的人。他們擔心維爾塞里斯夫人也有這種看法；若重新安排我的工作，就會導致減少他們的薪水。這種人太有貪念，所以不可能正確看待一切問題。他們總把遺囑上寫明遺贈他人的東西，當成是從遺贈他們的那一份中抽取出來的。維爾塞里斯夫人喜歡寫信，她把寫信當成是病中的消遣；而他們三個人卻不贊成這件事情，他們拐彎抹角透過醫生告訴維爾塞里斯夫人說，這將使她感到很累，不利於她養病。他們編造了一個藉口，說我不懂得服侍病人，就讓兩個抬轎子的粗人代替我去侍候夫人。他們把夫人的周圍安排得水洩不通，以致在寫遺囑的時候，我有一個星期都沒有機會走進她的房間。是的，在這一個星期之後，我又像從前那樣走進她的房間，而且工作得比任何人都更勤奮，因為這個女人的痛苦令我太難過了；她忍受痛苦的那種堅毅精神，使我對她產生了極大的敬意和同情，我在她房間裡悄悄哭了一場，既沒有讓她本人看見，也沒有讓別人看見。

她終於離開了我們，我看著她停止了呼吸。她的一生是一位有才學和見識的女人的一生；她的死是一位賢者的死。我可以說，正是她既一絲不苟而又不矯揉做作履行天主教徒的職責時所表現的那種心靈的寧靜，使我感到了天主教的可愛。她向來是很嚴肅的，但在她垂死之際卻表現出了一種歡快的樣子，而且表現得那樣自然，不像是裝出來的：這顯然是理智戰勝了憂傷心情的結果。她只有在最後兩天才臥床不起，而且一直不停用平靜的聲音和大家談話。最後，她不說話了，陷入了臨終時的極度痛苦之中。突然，她放了一個響屁。「好極了，」她一邊翻身一邊說，「能放屁的女人是不會死的。」這是她最後說的一句話。

她在遺囑中說，給幾個下等僕人每人多發一年薪水，而我因爲沒有被列入她家僕人的名冊中，所以我什麼也沒有得到。不過，德·拉·洛克伯爵發給了我三十利弗爾，並允許我穿走身上這件新制服，否則若是依照羅朗茨先生的意見的話，他還想把那件衣服從我身上扒下來呢。伯爵還答應幫我找個差事，並允許我去找他。我去了兩、三次都沒有與他說到話，因此便灰心再也沒有去找他了。讀者不久就會看到，我這樣做，是大錯特錯了。

現在讓我把我在維爾塞里斯夫人家經過的事情，該講的趕快講完！儘管表面上看來，我的情況依然與從前一樣，但在我走出她家的時候的心情與我當初走進她家時候的心情卻完全不同。我是懷著深深負罪感和痛苦悔恨心情走出她家的。這種感受直到四十年之後還依然折磨著我的良心；事過四十年之後，這種心情不但沒有減弱，反而隨著年紀的衰邁愈來愈強烈。誰能相信一個小孩子所犯的錯誤會產生那麼嚴重的後果呢？正是因爲產生了這種幾乎可以斷定的後果，我的心才一直不得安寧，因爲我的過錯已經使一個可愛的、誠實的和可敬的、而且確實比我高尚得多的小姐陷入了不白之冤的悲慘境地。

一個家庭的瓦解，難免會使家中出現混亂的情形和丟失一些東西。然而，由於僕人們是那樣的忠誠，羅朗茨先生和他的妻子又是那樣的細心，所以列入財產清單上的東西一樣也不缺，只是朋塔勒小姐遺失一條已經用舊了的玫瑰色和銀色相間的小絲帶。有許多好東西我雖可以順手牽羊拿走，但只有這條絲帶才引起了我的興趣，於是我便把它偷走了。然而，我還沒有來得及把它藏好，就被人發現了。人們問我是在哪裡偷的，我結結巴巴說不清楚。最後，只好紅著臉說是瑪麗蓉送給我的。瑪麗蓉是一個莫里昂山村的一個女孩子，是維爾塞里斯夫人家的廚娘。自從維爾塞里斯夫人不在家中宴請客人以後，夫人便辭退了她的廚師，改由瑪麗蓉替她做飯。夫人現在只能吃粥和羹湯之類的流食，而不能吃燉肉之類的油膩食品。瑪麗蓉不但長得很漂亮，而且有一種只有山村女孩才有的亮麗膚色，尤其是她那羞怯溫柔樣子，凡是見到她的人，沒有不喜歡她的。大家都知道這個女孩爲人十分老實，對主人極其忠心，因此，當我說出她的名字的時候，在場的人莫不大吃一驚。就信任的程度來說，大家自然是不相信我而相信她的，因此認爲必須把事實弄清楚，我們這兩個人當中，究竟哪一個是賊，於是便派人去把瑪麗蓉叫來。當時在場的人很多，德·拉·洛克伯爵也在。她來了，人們讓她看那條絲帶，我在旁邊一個勁的昧著良心指控她。她被弄得莫名其妙愣在那裡不發一語，只是向我投射了一道足以使魔鬼也感到膽寒的目光，而我殘忍的心卻不理睬。最後，她堅決否認，不過，她沒有生氣，也沒有罵我，只是勸我捫心自問，不要誣賴一個從來沒有傷害過我的無辜的女孩，而我卻依然厚顏無恥的一口咬定我說的是事實，當著她的面說絲帶是她送給我的。這時，這個可憐的姑姑流著眼淚對我說了這麼一句話：「盧梭啊，我原來以爲你是一個好人，可你現在把我害得好苦啊，不過，我絕不會像你這樣爲人。」她對我說的話，到此就停止了，除了繼續用堅定而樸實的話爲自己辯護以外，對我沒有半句惡言。她的話是那樣的溫和，而我的話是那樣的肯定，相比之下，自然是使她處於下風。很難想像當時的場面，一方是像魔鬼似的鐵石心腸，而另一方卻像天使般的溫柔。到底哪一個是賊，當然是很難斷定，不過，大家心中的偏向是對我有利的。由於當時家中一片混亂，大家沒有時間深入了解此事，於是，德．拉．洛克伯爵只說了這麼一句話：「讓罪人的良心去爲無辜的人報仇雪恨吧！」說完就把我們兩人都辭退了。他的預言沒有落空，沒有一天不在我身上應驗。⑭

---

⑭的確，這件事情使盧梭後悔了一輩子，到他臨終前一年（一七七七）撰寫《一個孤獨的散步者的夢》時，還深感愧疚地說：「我在少年時候說過一次泯滅良心的謊話，在我這一生中，一想到此事就深感不安，一直到

我不知道這個受我誣陷的女孩以後的情況是如何，不言而喻的是，她將來是很難再找到一個合適的工作的。她蒙冤受屈，名譽受到極大損害。偷的東西雖然微不足道，但那畢竟是偷，何況還利用這件東西去勾引一個年輕小夥子，一個既撒謊，又堅持不認錯，集許多惡習於一身的女人，人們顯然是不喜歡的。我甚至認爲，貧窮和被人摒棄，還不是我使她遭受的最大危害。像她這樣小小年紀，心靈受到那麼大的創傷，誰知道她今後將淪落到什麼田地呢？唉！如果說因爲我使她落到可憐的境地而追悔莫及的心情是難以忍受的話，請各位讀者想一想，當我每一念及是由於我的過錯，因而使她的前途比我更暗淡的時候，我的心情將是多麼的悲傷啊！

這痛苦的回憶有時候使我心亂如麻，令我徹夜難眠。似夢非夢的看見那個可憐的女孩來譴責我的罪行，好像這樁罪行是昨天才發生似的。當我的處境平靜時，它使我感到的痛苦就稍微輕一些，而在我的生活發生狂風暴雨似的劇變時，這就令我不敢奢望作爲受迫害的無辜者需要得到一絲溫暖的安慰，這經常使我想起我曾經在我的一本著作中說過的話：「在命運亨達時，悔恨之心是睡著的，而一旦身處逆境時，它就活躍起來了。」然而，我從

我的晚年，它還在以各種各樣的方式折磨著我已經受了傷的心。」（盧梭：《一個孤獨的散步者的夢》，李平漚譯，商務印書館二〇〇八年版，第三十九頁）——譯者

來沒有向任何一個朋友傾訴過我心中的這份愧疚；即使對最親密的朋友，也沒有談過這件事，甚至對華倫夫人也沒有談過。在這期間，我只是向人提起過我做了一件應當自我譴責的錯事，但從來不詳細說我做的是什麼錯事。這個心靈上的重負直到今天還依然壓在我的良心上，而沒有一絲一毫的減輕。我可以說，正是由於我有解脫這個重負的願望，所以才下定決心把我的懺悔之心在書中向各位讀者詳細陳述。

以上的陳述是十分坦率的；我相信誰也不會認爲我在這裡說了什麼掩飾我的罪行的話。不過，如果我不同時暴露我當時的內心想法，或者怕因爲替自己辯解而不說出當時的眞情，那就無法達到我寫這本書的目的。當我把罪行推到那個可憐的女孩身上時，我確實沒有故意害她之心，而且我那樣做，還恰恰是出於我對她懷抱的友情。我這個話，人們聽起來會覺得奇怪，但事實的確如此。當時，我正在心中想她，所以就不假思索脫口說出了她的名字，把我做的事說成是她做的；說絲帶是她給我的，而事實上是我想偷那條絲帶送她。後來，當我看見她來到我面前時，我的心完全碎了。但是，由於當時在場的人那麼多，所以我就打消了我的後悔之心。我不怕懲罰，但我害怕丟臉；我怕丟人現眼甚於死亡、甚於怕犯罪、甚於怕世上的一切。當時，我眞想找個地洞鑽進去悶死在地裡。不可克服的羞恥心戰勝了一切；它是使我厚著臉皮撒謊的唯一原因。我愈是有罪，便愈怕認罪，因而只好睜著眼睛說瞎話。我最怕被當場認定我是小偷、撒謊者和誣陷者。當時群情激昂的樣子，使我沒有其他的選擇。如果當時大家讓我冷靜想一下，我肯定會坦白一切的。如果德·拉·洛克先生把我單獨叫到一邊對我說：「不要誣陷這個可憐的女孩，如果東西是你偷的，你向我承認了，就沒事了。」我肯定會立刻跪在他面前承認錯誤。然而，正是在需要鼓勵我認錯的勇氣的時候，人們卻激動的嚇唬我。另外，人們還需要考慮一下我當時的年齡；那時候，我剛剛結束我的童年，我依然是個孩子。年輕時所幹的壞事，其惡劣的影響，是比成年時做的壞事大的；但僅僅由於意志軟弱而做的壞事，其影響就小得多了。我的錯誤，充其量不過如此而已。因此，當我回憶這件事情的時候，使我感到難過的，不是這件壞事的本身，而是它可能造成的後果。因此，這件壞事竟變成了一件好事，因爲它使我一想起我一生中所犯的這唯一一次錯誤，便不寒而慄，不敢再產生任何犯罪的念頭。我認爲，我之所以那麼痛恨撒謊，大部分原因就是由於我後悔當初撒了一個那麼惡劣的瞞天大謊。如果我犯的這樁罪行能用什麼東西彌補的話，那麼，我晚年遭受的那麼多不幸和我四十年來在艱難困苦的情況下所保持的正直品行和榮譽感，就是對它的彌補，何況那個可憐的瑪麗蓉在這個世界上已經有那麼多人替她報了仇，所以，儘管我對她的傷害是很大的，我也不愁她在我臨終時還不寬恕我這樁罪行。關於這件事情，我要說的話就是這些；請允許我從此以後就不再談它了。

第三卷（一七二八—一七三〇）

我走出維爾塞里斯夫人家時的情況，與我走進她家時的情況差不多。我又回到了原先那個女客店主人那裡，住了五、六個星期。在這期間，由於我身體好、年輕，又閒著無事可做，因此便經常心情煩悶。我感到不安，心思不集中，恍恍惚惚像做夢似的；我時而哭泣，時而唉聲歎氣。我希望得到幸福，但又不知道我想得到的幸福是什麼樣子。我甚至感到我希望得到的幸福世上或許並不存在。我當時的這種狀況，眞是難以描述，可以說，能夠設身處地想像的人也不多，因爲大多數人早已過上了那既令人苦惱又令人感到甜蜜的美滿生活，陶醉在自己的希望中，品嘗著未來的幸福。我沸騰的血使我的腦子成天都在想那些未婚的女孩和已婚的少婦，但又不知道她們對我有什麼眞正的用處。我在腦子裡胡思亂想的纏著她們，但又不知道下一步應當如何對待她們。這些奇異的想像雖使我的感官一直處於令人難受的活躍狀態，但值得慶幸的是，它們沒有告訴我如何滿足感官的辦法。當時，要是能找到一個像戈登小姐那樣的女孩約會一刻鐘，就是叫我死，我也願意。然而，現在已不再是像小孩子那樣聚在一起玩耍的時候了。隨著年齡的增長，與壞事伴隨的羞恥心，日益強烈，使我天生靦腆的心理達到了難以克服的程度。但是，無論是在當時或以後，我都從未主動向女人提出過做愛的要求，即使我明知對方並不在乎這種事，只要我開口必定可行，我也從沒有主動提出；相反，除非對方首先提出，並採取某種強迫的方式，否則我是不敢貿然採取行動的。

我的情欲後來竟發展到難以控制的程度，因而只有採取最荒唐的辦法來發洩。我特意到小街小巷或偏僻的角落，以便在那裡能夠遠遠的向女人做出我本想在她們面前做的表現。我暴露給她們看的，並不是那個可以引起淫欲的東西（這個東西，我甚至連想都沒有想到過），而是令人好笑的臀部；我把臀部裸露給她們看。用這個辦法來尋求樂趣的想法之傻，眞是難以形容，以爲這樣做，只差一步就可以得到我想得到的滿足。我以爲只要我耐心等待，必然有那麼一個從我面前經過的膽子大的女人來與我尋歡作樂。這一愚蠢的想法，只是帶給我一場令別人好笑但卻使我一點也快樂不起來的災難。

有一天，我躲在一個院子的盡頭，院子裡有一口水井，院子裡的小姐們常到井邊來取水。在這個院子的盡頭，有一個小斜坡，斜坡上有幾條通往地窖的通道。我在昏暗的光線中探察幾條地下通道，發現它們又長又昏暗，一直延伸到不知何處，因此我認爲，如果我被人發現，人家要來逮我的話，我可以躲進通道裡，確保安全。懷著這樣的信心，我向那些來井邊取水的小姐擺出了一副與其說是勾引她們還不如說是讓她們好笑的架勢。有幾個聰明的小姐假裝沒有看見，另外幾個笑出了聲，還有幾個認爲自己受到了侮辱，因此喊叫起來。我躲進通道裡去，有人追了上來；我聽見其中有一個男人的聲音（我怎麼也沒有料到會出現一個男人）。於是，我冒著迷失方向的危險，往地下通道裡跑。人們的腳步聲、女孩子們的喊叫聲和那個男人的聲音緊緊在我後邊追來。我原來以爲可以依靠通道的昏暗藏身，哪知卻突然出現了明亮的光線。我全身顫抖，趕緊往通道的深處鑽，可是一道牆擋住了我的去路，無法再往前跑了，只好待在那裡聽天由命。突然，我被一個壯漢逮住了。他一臉大鬍子，頭戴一頂大帽子，身邊佩一把大砍刀；他身後跟著四、五個老太太，每人手裡拿著一把掃帚，還有那個揭發我的賤女人，她肯定是想親眼看一下我的長相是什麼樣子。

那個身佩大砍刀的男人抓住我的胳臂，粗聲粗氣問我到這裡幹什麼。人們可以想像我當時是一句話也答不出來的。不過，我很鎮定，並且在這關鍵時刻靈機一動，想出一個巧妙的脫身之計，結果很成功。我用乞求的語氣對他說，請他看在我的年齡和處境的份上饒了我。我還對他說，我是一個出身高貴的外地青年，我的腦子有毛病，因為家裡的人想把我關起來，所以我就從我父親家逃了出來；如果他把我交出去，我就完蛋了；如果他放了我，有朝一日我會感謝他的大恩大德的。眞沒有料到，我這番話和我的表情馬上產生了效果。那個可怕的壯漢被打動了，對我說了幾句簡短的責備的話，就不再追問並釋放了我。那個賤女人和那幾個老太太看到我就這樣被放走了，便很不高興。我發現，我原來害怕的那個壯漢對我大有用處，而要是只有那幾個女人在場的話，我是無法這麼輕鬆的就走人的。我聽見她們嘰嘰喳喳不知道說些什麼，不過，我毫不在乎，因為，只要那個男人和那把刀不參戰，我敢肯定，憑我矯健有力的身體，對付她們這幾個娘兒們和那幾把破掃帚，是綽綽有餘的。

過了幾天，我和一位年輕的神父（他是我的鄰居）一起經過一條大街時，迎面而來那個腰佩大刀的壯漢。他認出我來了，並且還學著我說話的腔調衝著我嘲諷道：「我是一位親王，我是一位親王，可我同時又是一個膽小鬼。殿下，我勸你別再玩那套把戲了。」此外，他便沒有多說什麼，而我，雖然馬上低頭趕快躲開，但心裡是感激他給我留面子的。我敢肯定，那幾個可惡的老太太一定責備過他對我過於輕信。不管怎麼說，作爲一個彼埃蒙人，他的確是個好人；每當我想起他的時候，我都要對他心存感激之情，因爲這件事情太令人好笑了，如果不是他而換成另外一個人，單單是想尋我開心，也會當場把我捉弄得顏面盡失的。這件事情雖然沒有給我造成嚴重的後果，但卻使我老實了很長一段時間。

我在維爾塞里斯夫人家勞役期間結識了幾個人；我和他們萍水相逢，希望他們將來對我有幫助。其中有一位是薩瓦省的神父，名叫格姆先生。我經常去看他；他是麥拉爾雷德伯爵孩子們的家庭教師。他年紀輕，很少與人交往，但他很有見識，爲人正直，十分聰明，是我所認識的最誠實的人之一。我之所以喜歡去他那裡，並不是想從他那裡得到什麼經濟上的幫助；憑他的地位，他也不可能幫我謀得一個差事。然而我發現，從他身上我可以學到許多使我終生受益的寶貴的東西；我所遵循的許多道德規範和至理名言，就是從他那裡學來的。在我的興趣和思想逐漸形成期間，我總是對自己的要求不是太高就是太低：有時候是阿喀琉斯，有時候又是德爾西特①；時而是英雄，時而又是無賴。格姆先生十分耐心的教我做一個安分守己的人，教我要認識自己；對我既不姑息，也不刺傷我的自尊心。他非常誠懇的

①阿喀琉斯和德爾西特都是荷馬史詩《伊利亞特》中描寫的人物；前者是一位英雄，而後者則是一個卑劣的小人。——譯者

對我分析了我的天性和才能，並指出我身上存在哪些障礙而使我無法發揮優勢，因而在他看來，我的天性和才能不僅無法成爲我飛黃騰達的階梯，反而正是因爲我有這種天性和才能，才不去追逐名利。他爲我描繪了一幅人生的眞正藍圖，使我如大夢初醒看出我對人生的看法全是錯誤的。他向我指出：一個賢明的人應如何在逆境中獲得幸福，如何在逆風中堅持到幸福的彼岸。他還告訴我爲什麼沒有美德就沒有眞正的幸福，如何才能在任何情況下都能做一個賢明的人。他大大削弱了我對高官厚祿的羨慕，並向我證明：那些統治別人的人既不比別人高明，也不比別人更幸福。他對我說了一句經常迴盪在我腦際的話；他說：「如果每一個人都能了解他人心中所想的，那麼，自謙的人就會比自負的人多。」他這番眞知灼見而又不誇誇其談的話，使我受益終生，使我始終保持平靜的心態，安於自己的本分。他向我詳細講解善良的眞諦，而我過去對這個問題的看法是那麼虛浮，總以爲在行事善良方面寧可過之而不可不及。他使我認識到，對崇高的道德的熱愛，在社會上是沒有多大用處的；一下子把目標定得太高，往往會從高處摔下。從小事做起，繼續不斷盡到自己應盡的本分，這樣一直努力下去，其效果並不亞於英雄行爲。這種做法，可以使人獲得更好的榮譽和幸福；受到人們一貫的尊敬，比受人們偶爾幾次稱道，是強一百倍的。

要正確理解做人的天職，就需要追溯一下本源。我所走的這條道路，導致我目前的處境，因此，我必須在這裡談一下宗教問題。人們可以想像得到，那位薩瓦省的牧師②的原型，至少有一大部分是取自這位誠實的格姆先生。只不過由於他爲人十分謹愼，說話非常小心，所以在某些問題上才講得不那麼清楚。除此以外，他奉行的信條，他對宗教問題的見解，甚至他在勸我回到故鄉方面所說的那些話，都和我後來向公眾敘述的內容是完全相同的，因此，他對我談了什麼問題，用不著我多講，人們也是可以想像得到的；而我要在這裡補充的是，他對我所講的那些富有教育意義的話，是頗富哲理的，儘管當初沒有產生什麼效果，但它們在我心中播下了美德和宗教信仰的永不消失的種子，只等另外一雙更親切的手來培育，就會開花結果的。

儘管我改信天主教的誠心不太堅定，但我依然受到了他的感動。我對他所講的話，不但不感到厭膩，反而很喜歡聽，因爲他講得既簡單又明瞭，尤其是我在他的話中感到了一種他對我發自內心的關懷。我對那些希望我好的人，比對那些曾經爲我做過好事的人是更加心懷敬意的。在這一點上，我的觀察從來沒有出過錯；我對格姆先生的敬愛，完全出自眞心，可以說我是他的第二個弟子；與他交往的當時就已經使我獲得不可估量的益處，扭轉了我因成

② 指盧梭《愛彌兒》下卷《一個薩瓦省的牧師的信仰自白》中的那位牧師。（盧梭：《愛彌兒》，李平漚譯，商務印書館二〇〇一年版，第三百七十七頁）——譯者

天無所事事而造成愛做壞事的傾向。

有一天，我壓根沒有料到德．拉．洛克伯爵派人來叫我。由於我前幾次去見他，都沒有和他說上話，所以就感到厭煩而不大願意再到他那裡。我以為他忘記我了，或者還依然對我存著壞印象，但，我這些想法完全錯了。他曾多次親眼看見我是多麼勤懇為他的姑母服務，他甚至還把他所看到的情況告訴了他的姑母。這件事，連我自己也記不得了，而他還一再向我談起。這一次，他很親切接待我，告訴我：「他以前並不是向我隨便許願讓我空歡喜。他說他是眞的想替我找個工作，現在還眞的找到了，說他將使我走上一條成為某種人物的道路，至於這條道路以後怎麼走，那就要看我的了，他介紹我去的那個家庭是很有權勢和威望的，今後，我不用再找其他的保護人，就可以事業有成，雖然一開始依然是依照我原來的身分當一個普通的僕人，但他叫我放心，一旦那家人看出了我高於僕人的才學和本事，就一定不會讓我永遠當僕人的。」這段話的結尾澈底打破了開頭使我懷抱的美好希望：「什麼！仍然是當僕人！」我懷著惱恨的心情在心中這樣嘟囔著。不過，我的自信心立刻就平息了我的憤怒；我認為，無論從哪一方面看，我都不像僕人，所以用不著擔心別人會永遠讓我做僕人的工作。

德．拉．洛克伯爵帶領我到古豐伯爵家。古豐伯爵是王后的侍衛長，是赫赫有名的索拉爾家族的族長。這位可敬的老人的威嚴氣派使他對我的親切接待倍加感人。他饒富興味問我話，而我也很眞誠回答他。他對洛克伯爵說我的相貌很討人喜歡，看起來很有才幹。他覺得我雖不缺才幹，但這還無法說明我一切都好，還得看我其他方面的表現如何。接著，他轉過頭來對我說：「孩子，凡事總是開頭難，不過，你的工作不是太難，你要老老實實的做；儘量讓大家都對你滿意，這就是你目前唯一的工作。你努力做吧，我們會善待你的。」他立即帶我到他兒媳布萊耶侯爵夫人房中，把我介紹給她認識，然後又把我介紹給古豐神父。我感到這樣開端是個好兆頭，我從種種跡象斷定，若是把我當一個僕人看待的話，他們是不會這樣熱情接待我的。的確，他們也眞的沒有把我當僕人看待；我雖被安排與僕人們在同一個食堂吃飯，但特許我不穿他們穿的那種制服。有一次，當年輕氣盛的法弗里亞伯爵讓我站在他的馬車的後擋板上跟他外出時，他的祖父立即禁止；他不允許任何人讓我站在馬車的後擋板上到街上去。不過，我還是要侍候主人吃飯，在家裡做一個僕人該做的那些事情，只不過我相當自由，不專屬任何一個人的使喚。除了筆錄主人口授的信件或者有時候按照法弗里亞伯爵的吩咐剪貼一些圖樣以外，白天的時間差不多都由我自己支配。這樣的生活方式，我沒覺察到它是很危險的，甚至是不合情理的，因爲我成天這麼悠閒，沒有太多的事情做，反而會使我染上一些本來不會染上的惡習。

幸運的是，這種情況沒有發生。格姆先生對我的教誨深深印在我心裡；他向我講的話是那麼令我愛聽，以致我有時候還偷偷跑去聽他的指教。我相信，那些看見我悄悄走出去的人，是很難猜出我到哪裡去的。再也沒有什麼人比他對我的行爲的評說和指導更正確的了。起初那段時間我的工作是做得很好的，我非常勤奮、細心和熱情，每一個人都對我感到滿意。格姆神父看問題看得很深入，他告訴我：「開頭這股衝勁，要適可而止，以免日後稍有懈怠，就會被人家看出來。他告訴我：「你開頭時候的表現，是人家衡量你的一把尺子；力氣的使用要一點一點的加，不要一開始就使盡全力。不過，你千萬要記住，無論什麼事，你必須做得比以前好，而不能比以前差。」

由於人們對我小小的才能沒有仔細觀察和研究，認爲這只不過是我與生俱來的一點能力而已，因此他們並不打算讓我大顯身手。儘管古豐伯爵曾經多次對我說過要讓我發揮才能，但後來由於許多事情分散了他們對我的注意，因此他幾乎把我完全忘記了。古豐伯爵的兒子布萊耶侯爵當時是駐維也納的大使；宮中發生的動盪也反映到古豐伯爵家裡來了。家中人人惶惑不安，一直忙亂了好幾個星期，因此就沒有時間考慮我的問題。不過，到現在爲止，我依然是那樣勤奮，沒有絲毫的懈怠。可就在這時發生了一件對我有利也有害的事情，它一方面雖使我沒有受外界的干擾，但另一方面卻使我對工作不那麼專心了。

布萊耶小姐和我的年齡差不多。她身材很勻稱，面貌也相當漂亮，白白的臉龐，烏黑的頭髮；儘管她原本是膚色棕色的女孩子，但臉上卻流露出金色女郎的溫柔。這個長相簡直令我愈看愈心迷神往。她穿著一身非常適合少女穿的宮中禮服，更加顯現了她美妙的身材，露出了她的胸部和兩肩，尤其是由於她正在服喪，所以就使她的膚色更加細嫩迷人了。人們也許會說，一個僕人是不該那樣仔細看府中小姐們的容貌。是的，我這樣做，是錯了。不過，我當時的確是仔細看了許多次，而且注意看她的，不止我一個人。家中的總管和打掃房間的僕人有時在吃飯的時候也談論布萊耶小姐的美，而且言語是那麼粗俗，使我聽了感到很難過。我的頭腦當時還沒有迷糊到以爲我會被她看中的程度，我沒有忘記我自己的身分，我安分守己，不敢想入非非。我喜歡看布萊耶小姐，喜歡聽她說一些能展現她的聰明才智和高尚人品的話。如果說我有什麼非分之想的話，那也只不過是巴不得有爲她效勞的機會，僅此而已，從來沒有逾越我的職責範圍。在吃飯的時候，我千方百計找機會爲她做我一個僕人該做的事。只要一看見她的僕人離開了她的身邊，我馬上就過去接替他。如果沒有接近她的機會，我就站在她的對面，注視著她那雙眼睛，看她需要什麼，看她是不是想換菜盤子。我想盡一切辦法試圖引起她對我的注意；我多麼希望她吩咐我做點什麼事，或者看我一眼，對我說句話啊！可是，我一個目的也沒有達到。我感到難過的是，她對我視而不見，甚至沒有覺察到我在她的身邊。不過，他的哥哥在吃飯的時候還偶爾對我說幾句話。有一次他說了一句不太禮貌的話，而我對他的回答是那樣巧妙和那樣得體，以致引起了她的注意，轉過臉來看了我一眼。這一瞥雖很短暫，但足以使我高興得心花怒放了。第二天，我又有了一次機會，而且這次我充分加以利用。這一天，家中大宴賓客，這是我第一次看見家中的總管身佩短劍、頭戴禮帽；他這身打扮使我很吃驚。席間，賓客們忽然談到繡在一張帶有國徽圖案的壁毯上的索拉爾家族的那句箴言：「*Tel fiert qui ne tue pas.*」彼埃蒙人多半都不熟悉法文；有一個人說箴言中有一個拼寫上的錯誤；他說「fiert」這個詞中多了一個字母「t」。

當老古豐伯爵正要回答的時候，他突然發現我在抿著嘴巴笑，但又不敢說什麼，於是他命令我發言。我說：我不認爲字母「t」是多餘的，因爲「fiert」是個古法文詞，它不是來自表示「恐嚇或威嚇」的名詞「ferus」，而是來自表示「打或打傷」的動詞「ferit」，因此我認爲「*Tel frappe qui ne tue pas*」這句箴言的意思是：「只打傷之，而不殺之。」

滿座的賓客吃驚得面面相覷，都盯著我，一句話也說不出來。我這一生沒見過有人吃驚到這種程度。不過，最讓我得意的是，我非常清楚看見布萊耶小姐很明顯露出滿意的樣子。這個如此驕傲的女孩又再次看了我一眼。這第二次看我，至少與第一次看我是同樣珍貴。接著，她又轉過臉去看他的祖父，好像是希望馬上聽到她的祖父說幾句誇獎我的話。果然，她的祖父帶著非常高興和滿意的神情大大稱讚了我一番。他的話立刻得到滿座賓客的一致鼓掌贊同。掌聲雖然很短暫，但無論從哪方面說，都是令人陶醉的。這一剎那，是極其難得的時刻之一，這一刻恢復了事物的自然秩序，替我被命運踐踏的才華出了一口氣。隔了幾分鐘，布萊耶小姐又抬起頭來看我，用既害羞又親切的聲音叫我端杯水給她。人們可以想像得到，我一聽到她的吩咐就馬上照辦的模樣；然而在我端著盛滿水的杯子走近她身邊的時候，我全身顫抖得那麼厲害，以致把杯子裡的水灑在她的菜盤子裡，甚至濺到了她的身上。她的哥哥粗聲粗氣問我爲什麼抖得這麼厲害；他這一問，愈加使我感到惶恐不安，而布萊耶小姐的臉也羞得通紅，甚至連眼白都紅了。

我這段浪漫經歷到這裡就結束了。人們可以看到，這段經歷的結局，與上次和巴西爾夫人相愛的結局是一樣的，甚至和我此後一生的愛情經歷也是相同的。我和女人的愛情，沒有一次能獲得圓滿的結果。我懷著滿腔的熱情守候在布萊耶夫人臥室旁邊的小屋裡，結果，枉自在屋子裡白等一陣。她的女兒也不再對我有任何關心的表示；她進進出出她的房間，連瞧都不瞧我一眼，而我也不敢抬起頭來看她。我甚至是如此的愚蠢：有一天，她在我面前經過時掉了一隻手套，我不僅沒有趕快過去撿起來使勁親吻，反而呆在那裡不敢動，竟讓一個身材肥如豬的僕人撿走了，當時，我恨不得掐死他。我發現，布萊耶夫人也不怎麼喜歡我，這就使我更加感到不安了。她不但不吩咐我替她辦事，甚至連我主動爲她辦事，她也不樂意接受。有兩次她看見我待在小屋裡，竟用很冷淡的語氣問我是不是沒有事情可做了。現在，必須馬上離開這間可愛的小屋；一開始我還有些捨不得，後來由於許多事情分了我的心，我就不再想它了。

布萊耶夫人看不起我，老古豐伯爵發現我受到了冷落，便多方關心我，使我感到了莫大的安慰。他在上次宴會的當天晚上，和我談了半個小時的話，看來，他對那次談話很滿意，而我也受到了極大的鼓舞。這位和藹可親的老人雖然有學問，但他的學問不如維爾塞里斯夫人大，不過，他的心地很好；我在他身邊事事都很順心。他讓我到他的兒子古豐神父那裡去工作，說這位神父很喜歡我，如果我能很好運用他對我的關心的話，不僅對我大有好處，而且還可使我學到別人認爲我缺乏的本事。第二天早上，我就到神父那裡去了。他不把我當僕人看待，讓我坐在他的火爐旁邊，用極其親切的態度只問了我幾個問題，便立刻發現我儘管學了許多東西，但沒有哪一樣東西是學到精通的，尤其是我的拉丁文更差，他答應教我繼續學下去。我們約定每天上午我都到他那裡去學，而且從第二天就開始。就這樣，在我的生活中往往發生許多這類奇怪的事情，在同一個時候，我的身分既很高又很低；在同一個家庭裡，我既是學生又是僕人；在侍候主人的同時，又在跟一個只有國王的小孩才能聘請到的出身名門的教師學習。

古豐神父是他家中的最小的兒子，大家都希望他將來能榮升主教之職。爲此，他必須比一般的世家子弟學更多的東西，擁有更高深的學問。他被送到錫耶納大學念書，在大學的幾年裡，他染上了克魯斯卡學院的語言純潔癖，說話字正腔圓，書寫的文字十分規矩。像他這樣滿肚子學問的人在都靈的名望，幾乎同當年丹若神父在巴黎的名望差不多。由於他對神學不感興趣，便轉而研究文學。這種情況，在義大利的高級神職人員中是常見的。他讀過許多詩人的作品，他用拉丁文和義大利文寫的詩，也寫得相當不錯。看來，他有心培養我學他的那一套本領，並把我腦子裡裝的那些雜七雜八的東西好好加以梳理。不過，也許是由於我東拉西扯瞎說一番，使他摸不清我的學問到底有多少，或者是由於他覺得教初級拉丁文太沒意思，因此在開始的時候就把施教的起點定得太高，剛剛讓我譯了幾段費得爾的寓言之後，就讓我譯維吉爾的詩，而我對這位詩人的作品根本就看不懂。正如各位讀者即將看到的，他這種教法雖能迫使我此後不得不持續學拉丁文，但一輩子也學不好。不過，我當時的學習熱情還是很高的，古豐神父對我投入了相當多的心血，直到今天回想起來，我對他還是很感激的。我上午大部分時間都是和他一起度過的，一部分時間用來跟他學習，另一部分時間用來為他服務，不過，不是為他個人生活上的事服務，他從來不讓我做這類工作，他讓我做的工作是筆錄他口授的文件或者抄寫一些東西。我從這份祕書工作中學到的東西，比我跟他當學生學到的東西還多。我不僅學到了純正的義大利文，還對文學也產生了興趣，尤其是學到了鑑別好書和壞書的能力。這一點，在拉·特里布太太那裡是學不到的；這些收穫，對我日後獨立工作大有好處。

在我這一生中，只有在這段時間我心裡不僅沒有追逐女人的念頭，而且還頭腦清醒的思索要如何才能有出人頭地的希望。神父先生對我很滿意，逢人就誇我；他的父親更是喜歡我簡直喜歡得出奇。聽法弗里亞伯爵說，這位老人甚至還在國王面前提起過我，而布萊耶夫人也不再那麼瞧不起我了。最後，我成了這一家人的寵兒，這引起了其他僕人的忌妒，他們看見我成了這家主人的兒子的學生，便以為我不會像他們那樣長期當僕人了。

由於聽到僕人們無意中說出有關我前途的那些話，我便仔細思考了一番；我發現：一心想當駐外大使，甚至往後還想當大臣的索拉爾家中的人說不定早有打算，想培養一個有才學的人；這個人，今後要完全依附於他們，獲得他們的信任，並為他們效勞。古豐伯爵的這個計畫是很好的，是很明智和有遠見的。只有肯提拔他人和有眼光的大貴族，才能想出這麼一個計畫。不過，由於我當時還不了解他的計畫細節，所以感覺到他的計畫太令人感到難以思議了，要求我為他家死心蹋地效勞的時間也太長了，而我的全部野心，只不過是想透過奇遇來尋找機緣。由於我發現他的這個計畫中沒有一句話提到女人，因此我覺得，用這個辦法去謀求顯達，進度實在太慢、太辛苦和太吃力了。其實，我這些看法是大錯特錯的，因爲，愈是沒有女人參與這件事，這個辦法才愈穩妥和可靠，何況女人們欣賞的才能，肯定不是索拉爾家族認爲我具有的才能。

一切進行得很順利，我幾乎已經獲得了大家的敬重，對我的考驗已經結束。這一家人都普遍認爲我是一個最有前途的年輕人；現在雖屈居人下，將來一定會出人頭地的。然而，我認爲我的前途是不能由別人來安排的，我要透過完全不同的道路去爭取。在這裡，我要談一下我天生的個性；對於這種個性，我無須多加解說，只把它向讀者陳述清楚就行了。

在都靈，雖然有許多像我這樣改信天主教的人，但我不喜歡他們，不願和他們當中的任何一個人來往。但是，我見到的幾個日內瓦人，卻與他們大不相同，不是他們這號人；其中有一個名叫穆薩爾先生，綽號「特大嘴」，是一個細筆劃工，和我還有點親戚關係。這位穆薩爾先生打聽到我在古豐伯爵家裡，便和另外一個名叫巴克勒的日內瓦人來看我。這個巴克勒，是我從前當學徒時候的一個好夥伴；他很風趣，成天笑咪咪，滿嘴的俏皮話，由於他年輕，所以大家都覺得他的俏皮話很吸引人聽。我一下子就被巴克勒迷住了，甚至被迷到一刻也離不開他的程度。他不久就要回日內瓦去，這對我將是多麼大的損失啊！我覺得這個損失實在太大了，爲了充分利用他尚未離開都靈的這段時間，我決定一步也不離開他，或者說得更確切一點，他本人也不願意離開我。一開始，我還沒有著迷到白天不請假就跑出去和他玩的程度，但家中的人不久就發現他天天來找我，於是就不讓他進伯爵家的大門。這一下，我著急了，而且著急得除了我的朋友巴克勒以外，其他一切全忘了。我不再到神父先生那裡，也不去侍候伯爵了。白天在家中再也見不到我這個人；大家斥責我，我不聽；後來又威脅我說要辭退我。他們對我的威脅，逼我走向了絕路，使我產生了這樣一個念頭：與其讓巴克勒單獨一個人走，還不如我與他同行好了。從這個時候開始，我認爲，除了與他一起旅行以外，便再也沒有什麼其他的快樂、幸運和幸福可言了。我滿腦子想的，全是這樣一次長途旅行的無窮樂趣，何況旅行之後，說不定還可見到華倫夫人，儘管要等到十分遙遠的將來才能見到她；至於回日內瓦嗎？我壓根沒有這個打算。現在出現在我心中的是層層疊疊的山巒、碧綠的草地、茂密的森林、潺潺的流水和大大小小的村莊。這些全都向我呈現出各自獨有的美景；我的靈魂好像被這個美妙的旅行計畫完全占領了。我回想起上次來都靈時沿途看到的迷人風光，心裡簡直樂開懷。何況這次旅行完全是由自己獨立做主，這是何等的愜意啊！再加上還有一個與我年齡相同、興趣相同，而且脾氣也好的夥伴同行，無拘無束、無牽無掛，想走就走、想歇就歇，這是多麼令人快樂啊！除非是瘋子，否則，誰願意放棄這次旅行而去追求什麼既遙遙無期、又諸多障礙而且還毫無把握的富貴夢呢？何況即使有朝一日能實現，無論它是多麼的榮耀，也抵不上青年時期所享受到的一刻鐘的眞正快樂與自由。

由於我腦子裡充滿了這種自以爲美妙無比的荒唐想像，我就想盡辦法達到了讓主人辭退我的目的。說一句實話，要想被人家趕走，也需要動一番腦筋呢。有一天晚上，我回家的時候，總管告訴我說，伯爵先生已下令把我辭退了。這正是我求之不得的事情，因為他們辭退我，正好給我一個開脫自己、諉過於他們的藉口說是他們趕我走，我才迫不得已走的。本來我的行為已經是夠荒唐的了，現在又產生了這種想法，這眞是既不公正又忘恩負義啊！法弗里亞伯爵派人來告訴我，要我第二天上午在離開之前到他那裡去一下，他有話對我說。人們以為我當時的頭腦已經迷糊，很可能不去見法弗里亞伯爵，於是告訴我說：總管只有在我去見了法弗里亞伯爵之後，才把預備給我的錢給我。說實在話，這筆錢，我不該接受，因為主人從來沒有把我當僕人使喚，所以就沒有規定給我多少工錢。

法弗里亞伯爵儘管年紀輕、行事十分莽撞，但他這一次對我說的話卻很合情理，我甚至可以說他的話非常溫柔；他用十分動情和感人的語氣向我述說了他的叔父對我的關懷和他的祖父對我的期望，並向我指出我這次離開他家去冒險將遭到多大的犧牲；他還向我提出了和平解決這件事情的辦法，只要我不再和那個勾引我的小壞蛋見面，一切都好商量。

很顯然，他講的那些話，不是他本人的意見；儘管我很愚蠢，我也猜得出來是出自我的老主人的一片好心，因此使我受到很大的感動。但是，這次有趣的旅行的情景已如此深深印在了我的腦海，以致任何力量也無法消除它對我的吸引力。這時，我完全失去理智，我一再堅持我的計畫，而且我的話愈說愈強硬，甚至裝出一副傲慢的樣子斬釘截鐵回答說：「既然你們已經把我辭退了，而我也接受了，我們雙方都不用反悔了。不論我今後的情況如何，我都絕不願意被同一個家庭的主人攆我兩次。」一聽這個話，年輕的法弗里亞立刻發火了

（他發火，可以說是有道理的），罵了幾句我該挨的罵，抓著我的肩膀就把我推出了他的房間，並砰的一聲把門關上。我神氣十足的走出了他們家，好像打了一個大勝仗似的。為了避免再打第二仗，我竟然沒有到神父那裡去向他說一聲感謝的話就不辭而別了。

要想知道我這時的心思荒謬到什麼程度，就需要先了解我的心何以會對一些微不足道的東西那麼著迷，何以會那麼專心琢磨一件吸引我的事物，儘管那件事物有時候是那麼的虛妄。最奇怪的、最幼稚的和最荒唐的計畫，往往會引起我極大的興趣，使我認為它們眞有實現的可能。一個年近十九歲的少年竟想今後靠一個空瓶子賺錢吃飯，這誰相信呢？此事的經過，且聽我細細道來。

幾個星期前，古豐神父送了我一個小小的「埃農」噴水器③，非常精緻，讓我愛不釋手。由於一邊玩這個噴水器，一邊談我們（聰明的巴克勒和我）的旅行計畫，我們靈機一動，忽然想到這個玩意兒對我們的旅行很有用處，可以讓我們在旅途中多玩幾天。在這個世界上，還有什麼東西是像埃農噴水器這麼稀奇的嗎？我們賺錢吃飯的美夢就是從這個看法中產生的。我們每到一個村莊，就把農民招引來看我們的噴水器，這個玩意兒包準能把他們唬得一愣一愣得把飯和菜源源不斷送上來。巴克勒和我都認為種莊稼的人是不在乎這些東西

③ 一種利用空氣壓力噴水的玩具。——譯者

的，一定會讓我們吃飽的。如果他們不讓路過他們村莊的人吃飽，人家會說他們的心腸不好的。我們以爲到處都有人在舉行宴會和婚禮；我們不花一文錢，單憑說幾句話和噴水器裡的那一點兒水，就可以走到彼埃蒙、薩瓦、法國，甚至走遍全世界。我們的旅行計畫擬了一個又一個，沒完沒了。我們打算以往北方走爲出發點，其目的，是爲了領略翻越阿爾卑斯山的樂趣，而不是爲了在某個預定的地方停下來。

現在，我要開始執行這個計畫了。我毫不惋惜的拋棄了我的保護人、我的老師、我的學業和我的前途，也不再等待那幾乎是已經到手的富貴；我要開始過一個眞正的流浪者的生活。再見吧！都靈；再見吧！王宮、野心、虛榮、愛情、女人和我從去年起就一直盼望的奇遇。我帶著我的噴水器和我的朋友巴克勒出發了，雖然錢包裡的錢不多，但心裡是高興和踏實的，一心一意只想著去領略漫遊各地的快樂，因爲我的種種美妙的計畫的目標，爲的就是追求這種快樂。

這次荒誕的旅行一路上得到的樂趣，幾乎和我們預期的差不多，但在不同的地方，情況又不完全一樣，因爲，儘管我們的噴水器讓各個客店的女老闆和女傭人樂了一陣子，但臨走時，該付多少住店錢，還得付多少，一文也不能少。不過，這倒也不至於使我們感到不快，因爲我們只是想在我們缺錢花的時候，才用這個東西來救急。好在有一件意外的事情使我們免去了擺脫這個東西的麻煩。在快到布拉芒的時候，噴水器忽然壞了，它壞得正是時候，因爲我們已開始感覺到這個東西實在是個累贅，只不過我們不把這一點說出來罷了。這件倒楣事反倒使我們比前些日子更高興了，而且大笑我們太愚蠢，在我們的衣服和鞋都穿破時，竟妄想靠玩噴水器這種把戲賺錢去買新衣和新鞋。我們繼續旅行，我們的心情和開始時候旅行時的心情同樣的輕鬆和愉快，只不過所走的路線不再繞道，而是直奔我們的目的地，因爲我們錢包裡的錢已愈來愈少，使我們不得不加快行程，儘快到達終點。

到了尙貝里，我開始沉思起來。我思考的，不是我此行的荒唐，因爲從來沒有哪一個人會對他剛剛過去的事情馬上就做總結的。我思考的，是華倫夫人將怎樣接待我，我已經把她的家當成是我父母的家了。我到古豐伯爵家時，曾經寫信告訴過她，她知道我在古豐伯爵家裡的情況，也曾回信向我表示祝賀，並諄諄告誡我應當如何回報這一家人對我的恩惠。她認爲，只要我不犯錯誤，我今後的前程是大有希望的。如今，她看見我又回到她的家，她將會如何說我呢？我雖然不認爲她會對我關上大門，但我擔心我會使她感到傷心；我怕她對我的責備，比怕窮、怕苦還更加厲害。我決定一聲不吭忍受一切，想盡一切辦法來平息她對我的怨恨。在這茫茫無邊的宇宙裡，我只有她一個親人了，如果她不喜歡我，我連一天也活不下去。

最使我感到難辦的，是我這個同行的夥伴；我不願意帶這個多餘的人去找華倫夫人。我擔心要擺脫他，並不是一件容易的事情。爲了和他分手做準備，在與他同行的最後一天，我便對他相當冷淡。這個小子頭腦雖簡單，但絕不是傻子，他一看我的表情，便明白了我的意思。我以爲他對我這種不夠朋友的表現會生氣。我錯了，我的朋友巴克勒沒有絲毫的生氣。我們剛一進安納西的城門，他就對我說：「你到家了，快回家去吧。」他擁抱我，說一聲再見便轉身就走了，消逝得無影無蹤，此後，我就一直沒有他的消息；我們的友誼和感情只持續了大約六個星期，但對這六個星期的回憶，是令我終生難忘的。

在走近華倫夫人家的時候，我的心跳得多麼厲害啊！我兩腿顫抖，眼睛好像蒙上了一層霧，什麼也看不見了，什麼也聽不見了，也看不清誰是誰了。我接連好幾次停下腳步來調整我的呼吸和心態。是不是因爲害怕得不到我需要的說明才心慌意亂到這種程度呢？像我這樣的年紀，難道說死亡和饑餓就會把我嚇成這個樣子嗎？不，不會的。我可斗膽說句實話：在我這一生中，我在任何時候都沒有因爲口袋裡有了錢便神氣十足，也沒有因爲口袋裡沒有錢便提心吊膽；這些表現，我從來沒有過。在我坎坷不平、多災多難的一生中，儘管居無定所、生活艱難，但我始終都以同樣的心情看待榮華和貧困。在沒有飯吃的時候，我也可以像別人那樣去乞討或者去偷，但絕不會因爲沒有飯吃就心慌意亂到如此程度。世上像我這樣歎息，像我這樣在一生中流過這麼多眼淚的人是不多的，但是，我從來沒有因爲貧窮和擔心陷入貧窮而歎息過一聲或流過一滴眼淚。我的心靈曾一再受命運的考驗，但所感到的眞正幸福和眞正痛苦，都與命運無關；反而是在我衣食無憂、什麼都不缺的時候，我才感到我是世上最不幸的人。

我走到華倫夫人的跟前，一看她臉上的表情，我就放下了心。一聽見她的聲音，我心裡一顫，立刻跪在她的面前，欣喜若狂地使勁握住她的手親吻。至於她，我不知道她是否預先知道了我的消息，她的臉上絲毫沒有吃驚或傷感的樣子。「可憐的孩子，」她用安撫的語氣對我說道，「你又回來了？我知道，你現在年紀還小，不適合這樣長途旅行，好在情況還沒有發展到令我擔心的程度，所以我也就放心了。」接著，她聽我講述這一年多來的情況；我對她講得雖然不夠詳細，但非常忠實，除省略了幾個細節以外，其他的事情，我既沒有少講，也沒有爲自己辯解。

現在談到了我住在什麼地方的問題，她徵求了一下她的貼身女僕的意見。在她們商量的時候，我連氣都不敢吭。當我一聽見她說讓我住在她家裡時，我差一點兒高興得控制不住自己了；當我看見有人把我小小的旅行包送到指定我住的房間時，我高興的心情和當年聖普勒看見有人把他的馬車領進沃爾瑪夫人家的車棚時的心情差不多是一樣的。④我尤其高興的是，我聽見她們說這樣安排不是暫時的。當她們以爲我在想別的事情時，我聽見華倫夫人

④ 聖普勒和沃爾瑪夫人是盧梭著《新愛洛伊絲》中的男、女主角。沃爾瑪夫人，即茱莉。關於這裡所說的聖普勒和茱莉重逢時的心情，請參見《新愛洛伊絲》卷四第六封信：「……在進入韋威的時候，我的心情很忐忑，我的心跳得很厲害，幾乎連呼吸都很困難。我說話的聲音也變了，有點兒發抖……到達克拉朗時，我把馬車停在柵欄旁邊……茱莉一看見我，馬上就認出來了；她立刻叫我的名字，跑過來投入我的懷裡。……她的目光、她的聲音、她的姿態，立刻使我產生了信任、勇氣和力量。」（盧梭：《新愛洛伊絲》，李平漚、何三雅譯，譯林出版社二〇〇二年版，第四百二十二—四百二十三頁）——譯者

說：「別人愛怎麼說，就由他們怎麼說。既然上帝又把他送回到我家來了，我就絕不拋棄他。」

現在，我終於安心的住在她家了。不過，就目前來說，我雖住在她家，但這還談不上我一生幸福日子開始了，而只能說是為過這種日子做準備。儘管這種使我們眞正體驗到生活樂趣的內心感受是來自天性，或者也是來自我們的本能，但它也需要一定的環境才能發展起來。沒有這種誘發的原因，一個人即使生來就是重感情的，他是一點兒也感覺不出來，以致還沒有領略到他的人生的樂趣就死了。在此以前，我的情況大體上就是如此。如果我不認識華倫夫人，或者，即使認識了她，但沒有和她在一起生活相當長的時間，沒有受到她對我的溫情的感染，也許我永遠也是這個樣子。我敢直言：一味追逐愛情的人，並不見得就眞能體會人生的美究竟美在哪裡。我還有另外一種感情，它雖不如愛情那麼強烈，但卻比愛情甜蜜一千倍；它有時候和愛情聯繫在一起，但更多的時候和愛情毫無關係。這種感情也不是單純的友情，它比友情更溫柔和更令人陶醉。我認為，這種感情是不可能發生在同性朋友之間的。無論從哪方面說，我都是一個重友情的人，但我從來就沒有對我的男性朋友產生過這種感情。對於這個問題，我現在雖然還難以把它說清楚，但以後會說清楚的，因為感情上的事，是只有透過它們的效果才能說明白的。

華倫夫人住的是一座老房子，房子相當大，其中有一間很漂亮的空屋子裝修成了一個陳列各種擺設的花廳。我就被安排住在這間屋子裡。它位於我在前面提到的走道上，我和她第一次交談就是在這裡。從我的屋子可以看見小溪和花園那邊的田野。這種景致，無法不使一個年輕的住客產生許多聯想。自從離開波塞以後，這是我第一次看見窗前有花草之類的植物。由於我離開安納西以後住的屋子四周都有牆遮擋，推開窗子看到的，全是住戶和灰暗的街道。現在看到這麼新鮮的景象，我心裡是多麼快樂啊！它使我的心感到極大的溫暖，感到她對我的柔情。我把這美妙的景色也視爲華倫夫人給我的一份恩情。我覺得她是特意把我安排在這裡欣賞這一美景的。我要在這迷人的景色中心情閒適的陪伴她，在紅花綠葉中處處跟隨她，讓她的美和春天的美一起呈現在我的眼前。我這顆一直感到壓抑的心在這樣的環境中活躍起來了，我的呼吸在這果樹園中也更爲自由了。

在華倫夫人家裡，沒有我在都靈看到的那種豪華氣派，但整個房子收拾得很乾淨和整齊，呈現出一種與豪奢大異其趣的古色古香的樸實氣氛。她沒有多少銀器，也沒有任何珍貴的瓷器，廚房裡沒有懸掛野味，地窖裡沒有收藏外國酒，但在廚房和地窖裡儲藏了很多足夠大家食用的東西。用陶杯爲客人端來的咖啡，非常可口。無論誰來看她，她都要留他和她一起吃飯或者在她家單獨用餐。不論是工人、郵差或過路人，沒有一個不是在她家酒足飯飽之後才走的。她的僕人一共五人，一個貼身侍女名叫默爾塞赫，是弗里堡人，長得相當漂亮；一個男僕名叫克洛德·阿勒，是她的同鄉，關於這個人，後文還會談到；一個女廚和兩名在她外出訪友時爲她駕馬車的車夫。不過，她外出訪友的時間不多。對每年只有兩千利弗爾年金的她來說，這些開銷已經相當的多了。幸好她住在土地肥沃、物價低廉的地方，所以她的收入雖少，但還足夠應付。可惜的是，她從來不知道節儉，以致經常舉債度日，而且錢一到手，馬上花光，一個銅板也不剩。

她治家的方式，正好是我想採用的方式，因此，我借此機會樂得享用一番。我不太那麼贊成的是，花費在吃飯上的時間太長。她不喜歡湯和菜剛端上來的那股氣味，幾乎一聞到就感到頭暈。她的這種厭惡感要持續很長的時間，要慢慢緩過勁來以後才開始吃。這時候，她只好和大家瞎聊一番，而不吃一點東西；要等半個小時以後，她才開始吃第一口菜。花這麼多時間，我三頓飯也吃完了，她還沒有開始吃，我早就吃飽了。爲了陪伴她，我只好再吃。我這樣雖吃了雙份，倒也沒有覺得有什麼不舒服的地方；我在她身邊盡情享受幸福生活的甜蜜，無憂無慮，滿以爲她手中的錢足夠支援。這時候，我還不太詳細了解她的家境，以爲她一直是這麼富足，因此我在她家也一直高興的盡情享受。後來，當我了解到她家的眞實情況，知道她已預支了幾年的年金，我就不再那麼無憂無慮的享受了；一想到往後的日子難過，我的心就樂不起來了。我已經預感到她的家業必然敗落，對於這種前景，我是無法躲避的。

從第一天起，我們之間就建立了親密的關係，而且後來在她一生中，她對我一直是這麼親密。她叫我「孩子」，而我則稱呼她「母親」，甚至後來我們已相處多年，幾乎已經消除了我們之間的年齡差異感時，我們仍然以「孩子」和「母親」互稱。我覺得，這兩個稱呼把我們的密切關係、純樸的交往方式，特別是我們兩人的心靈溝通，表達得非常貼切。她是我最慈愛的母親，從來不尋求她自己的快樂，而一心只爲我好，即使在我對她的依戀之情中摻雜有感官的成分，也不僅沒有改變我們之間關係的性質，反而使它令人感到更加甜蜜，我感到有這樣一位年輕漂亮的母親親切的撫愛我，簡直令我無時無刻不心醉神迷。我在這裡所說的「撫愛」二字，是字面上的意思，因爲，儘管她經常吻我，像慈母那樣愛我，但我從來沒有濫用過她對我的愛。也許有人會說，我和她後來終於有了另外一種關係，這，我承認，但那是後來的事情，我不能在這裡混爲一談。

我們第一次見面的那一剎那，是她唯一使我眞正動情的瞬間；使我感到吃驚的，也是這一瞬間。我貪婪的目光從來沒有偷看過她前襟裡面的東西，儘管那個在前襟遮擋得不夠嚴密的裡面豐盈隆起的部位最能引起我的注意。我在她身邊，既不感情衝動，也不產生情欲，我只默默的感到心醉，而又不知道爲什麼會心醉。我可以這樣在她身邊度過我的一生，永遠這樣，絕不會有片刻的厭膩。她是我唯一感到談話不枯燥的人，不像和別人談話那樣，明知他的話十分無味，但出於禮貌，也要硬著頭皮聽下去，簡直像受苦刑。我們兩人單獨在一起時，我們的談話，與其說是在商討事情，還不如說是沒完沒了天南地北閒聊，若沒有人來打擾，就不會停止。她從來不強迫要我說些什麼，反而是常常要我趕快閉嘴，因爲她在思考著一些計畫，以致常常陷入沉思。這正好啊！我靜靜注視著她，不發一語讓她沉思；這時候，我感到我是最幸福的男人。我還有一個非常奇怪的癖好，我雖不指望她時時刻刻和我單獨相處，但我總是不斷找機會和她單獨在一起，並盡情享受和她獨處的樂趣。這時，如果哪個冒失鬼來打擾我們的話，我會急得發瘋；不論來打擾我們的人是男人還是女人，我都會氣得口出怨言，立刻走開，而不願意在她身邊當個第三者看著別人和她說話。我在她房間旁邊的小屋子裡，一分一秒計算著時間，百般咒罵那些賴著不走的客人，我不明白他們怎麼會有那麼多話要說，我只知道我要說的話，比他們還多。

我只有在看不見她的時候，才感覺到我對她的愛戀是多麼強烈。只要一看見她，我就高興得不得了。當她外出，不在家的時候，我不安的心情是非常痛苦的。想和她在一起的心情有時候使我激動得竟流下了眼淚。我永遠記得，在一次大節日，當她到教堂禱告時，我雖然是一個人到城外散步，但心裡充滿了她的倩影和希望能與她朝夕相處的願望。我很清楚這個願望目前是無法實現的，我所享受到的如此美滿的幸福也將是短暫的。一想到這些，我的心就平添了許多憂傷，不過這還沒有到沮喪的地步，因爲有一個令人欣慰的希望帶來了安慰。令我心弦顫動不已的鐘聲、鳥兒的鳴囀、燦爛的陽光、宜人的景色和稀稀疏疏的農舍（其中有一個，我覺得，正適合我們居住），這一切使我獲得了一個既如此深刻動人同時又使我無限感傷的印象，以致使我心神恍惚好像覺得幸福的時光已經來臨，我們已經住進那幸福的住所。我的心充滿喜悅，盡情領略這難以形容令人陶醉的心靈快樂，這已經夠我享受了，哪有時間去想肉體的快樂？我不記得後來還再次有我當時的那種激動和幻想。最使我驚訝的是，在這個幻想後來實現之時，我發現情景竟和我當初幻想的樣子完全一樣。如果說一個頭腦清醒的人的幻想有時候眞的像先知的預言的話，那麼，我當時經歷的便是這種幻想。我的幻想中唯一出現的錯誤是幸福持續時間的長短問題，我本想天天如此、年年如此，甚至一生都恆久不變、平平靜靜過這種幸福的生活，哪知到頭來它持續的時間只是一瞬間。唉！我永恆的幸福原來是一場夢，在它正要實現的時候，我就醒了。

如果要我把我親愛的母親不在我眼前的時候，由於我思念她而做的那些傻事都一一詳細敘述的話，那將永遠也敘述不完。一想到她曾經在我這張床上睡過，我就無數次的親吻它！一想到我房間的窗簾和傢俱是她柔嫩的手摸過，我就無數次親吻它們！一想到我腳下的地板是她曾經在上面來回走過的，我就無數次的趴在地板上親吻！有時候甚至當著她的面，我也會情不自禁地做出一些只有瘋狂的愛才會使我做出的荒唐舉動。有一天，在吃飯的時候，當她正要把一塊肉放進嘴裡時，我大叫一聲說肉上有一根頭髮，她立刻把那塊肉扔在她的菜盤子裡，而我一下子就把那塊肉搶過來塞進嘴裡呑下肚去。現在，我和最瘋狂的情人兩者之間只有一個區別，不過，這個區別是眞實的區別，因而使我的情況從理論上講，幾乎是不可想像的。

我從義大利回來後的情況，與我去義大利時已完全不一樣了，甚至也許與任何一個像我這樣年齡的人從義大利回來時的情況也不一樣。我從義大利帶回來的，不是童貞的心，而是我的處男之身。我覺得我的年齡愈來愈大了，本能的衝動終於暴露出來。第一次爆發完全是無意識的，這使我對自己的健康感到擔憂。這一點，比任何其他情況都更能說明我的身體直到現在依然保持了童貞。沒過多久，我就覺得這沒有什麼可擔憂的，因為我發現了一種能欺騙天性的解決問題的辦法，這個辦法雖有危險，但可以臨時應付本能的需要，而且還可以使許多有我這種癖好的年輕人不去幹那種有損健康、精神甚至生命的淫亂事。這一見不得人的事，那些膽小怕羞的人做起來也很方便；對於那些有很強想像力的人來說，也是很有吸引力的；可以說，用這個辦法就能使他隨心所欲占有女人，讓自己心愛的女人來滿足他的樂趣，而又不需要問她們是同意還是不同意。在我經常採取這個有害的辦法之後，我就一再損害大自然賦予我的健康的身體，而我這健康的體魄，是我花了多年時間的鍛煉才有的啊！我這一惡習的養成，除了源自於我本身以外，還與我當時所處的環境有關，我住在一個漂亮的女人家裡，她的身影經常出現在我的腦海；白天我時時見到她，夜裡在房間見到的每一樣東西都令我想起她，又睡在她睡過的床上。這一切，是多麼使人動心啊！讀者若是從這幾段文字描述的情況來看我的話，也許會以爲我已經是一個半死的人了。其實，恰恰相反，原來以爲會毀滅我的這件事情，反而挽救了我，至少在一段時間裡挽救了我。由於我沉醉在與她朝夕相處的生活的樂趣裡，希望永遠生活在她身邊，因此，無論她在或不在我面前，我都把她看做是一位慈祥的母親、一位親愛的姐姐、一位漂亮的女友，僅此而已。我始終都這樣看待她。我心目中，除她以外，別無他人。她的身影一直縈繞在我心裡，沒有給旁人留下任何位置。在我看來，好像世界上只有她這樣一個女人使我產生溫柔感情，完全沒有給我想得到別的女人的餘地，這樣的偏執，既保護了她，也保護了其他女人。總而言之一句話，因爲我愛她，所以我總是循規蹈矩，非常老實的與她生活在一起。關於這方面的情形，我現在還無法講得十分清楚，至於我對她的依戀之情屬於什麼性質，人們愛怎麼說就怎麼說，而我能說的是：如果人們認爲我對她的感情現在看起來是非常奇怪的話，往後還將顯得更加奇特。

儘管我每天都這樣快樂的生活，但做的事情卻不太令我感興趣，成天草擬計畫、謄寫文稿、登記收支帳目、挑選草藥、研磨藥粉和看管蒸餾器；此外，還要應付路過的行人和乞討的人、接待來訪的客人；無論是士兵還是藥劑師、俏女人、修道院的司鐸和雜役，我都得一一應付。對這一幫可惡的傢伙，我在心裡罵個不停，使勁的詛咒，巴不得他們立刻被魔鬼抓去送進地獄，可是她，無論對誰都是那麼一臉笑容。她見我氣成那個樣子，竟哈哈大笑得流出眼淚來；她看我愈生氣便笑得愈厲害，竟致最後連我自己也禁不住笑了起來。其實，在我不停抱怨的那一刻，我心裡是很快樂的，因爲這時如果又來了一個討厭的傢伙，她正好可以利用這個機會取樂，故意拉長和那個傢伙談話的時間，頻頻瞟我一眼，氣得我眞想過去打她一下。她看見我因出於禮貌而不敢對客人發火，只用生氣的目光盯她，她才沒有笑出聲來。我雖然很生氣，但在心裡還是不由得感到這種場面是十分可笑的。

這一切，雖然它們本身沒有什麼使我感到喜歡的地方，但我覺得還是滿有意思的，因爲它構成了我所欣賞的生活方式的一部分。我周圍發生的事情，人們讓我去做的事情，雖然沒有一樣合我的口味，但都令我很喜歡。如果不是因爲我不喜歡聞藥味，所以才做出許多使人不斷取笑的怪樣子的話，我認爲，我最終會愛上製藥這個工作。這門技術能產生這樣的效果：只要我聞一本書的氣味，我就知道它是不是一本藥書（這也許是第一次我敢吹牛）。而且有趣的是，我還很少有判斷錯誤的時候。她常常讓我嚐味道最苦的藥，弄得我想跑也跑不了、想躲也躲不開；儘管我使勁反抗，並做出最難看的怪相、而且緊緊閉著嘴巴、咬緊牙關，但一看見她沾有藥汁的纖纖細指一伸向我的嘴邊，我只好張開嘴巴舔她的手指，嚐一嚐藥的味道。當這個小小的家庭中的人都齊聚在同一間屋子時，如果人們只憑我們在屋子裡跑來跑去、又笑又叫的歡聲來判斷的話，也許還以爲我們是在演什麼滑稽劇，而不知道我們是在配製提神劑或芳香劑。

我每天的時間並不全都用在這些零碎的小事上。我在我的房間裡發現了這樣幾本書，包括《旁觀者》⑤、普芬道夫⑥的著作、聖埃弗爾蒙⑦的著作和《亨利亞德》⑧。儘管我不再像從前那樣喜歡讀書，但在閒暇沒事的時候，我也會偶爾看這些書。我尤其喜歡看《旁觀者》，它使我獲益匪淺。古豐神父曾經告訴我讀書的要訣不在於書讀得多，而在於讀後要多加思考。這個閱讀方法使我得到很大的好處，我經常反覆思考作者遣詞造句的方法，研究

⑤ 英國人約瑟夫．阿狄生一七一一年在倫敦創辦的報紙，一七一四年集結成冊譯成法文，在阿姆斯特丹出版發行。——譯者

⑥ 普芬道夫（一六三二—一六九四）：德國法學家和史學家。——譯者

⑦ 聖埃弗爾蒙（一六一四—一七〇三）：法國作家。——譯者

⑧ 伏爾泰一七二三年發表的一部長篇史詩。——譯者

如何才能把句子寫得更美，並學會了如何分辨純正的法語和外省法語，例如透過《亨利亞德》中的下面這兩行詩，就糾正了我和日內瓦人常犯的一個拼寫上的錯誤：

Soit qu'un ancien respect pour le sang de leurs maîtres.
Parlât encor pour lui dans le coeur de ces traîtres. ⑨

我注意到「parlât」這個動詞用的是第三人稱虛擬式，有一個「t」，而不是像我從前那樣無論是書寫或發音時都用第三人稱直陳式過去時「parla」。

我有時候向母親談論我讀的書，有時候就在她的身邊閱讀，讀得特別高興。我著重練習抑揚頓挫的朗讀，這個方法使我很有收穫。我已經說過，華倫夫人是很有才情的，現在又正值風華正茂之時，所以有好幾位文人都爭相博取她的歡心，指導她如何閱讀優秀的作品。

---

⑨ 這兩行詩的意思是：
也許是對他們主人的子孫仍懷著舊日的敬意，
因此在這些叛徒們的心中還在為他哀鳴。——譯者

依我看，她的思想有點像新教徒。她對我談論拜爾[10]的時候特別多，並對那位在法國早已被人遺忘的聖埃弗爾蒙十分尊重，但這並不妨礙她對文學有一定的造詣，談起文學來，頭頭是道。她是在上流社會中成長的。來薩瓦時，她還很年輕，在和薩瓦上流社會人士的交往中，她已逐漸丟掉沃州人說話嬌聲嬌氣的腔調。沃州的女人認爲說話文雅才能表現上流社會的才情，因此一開口就咬文嚼字，文謅謅的。

儘管她只是順道去看過一次王宮，但這匆匆一瞥足以使她對宮中的情況有相當的了解。她在宮中有幾位好朋友，儘管有人暗中嫉妒她，說了許多有關她的行爲和債務纏身的閒話，但她依然照領她的年金。她有與人打交道的經驗，又有如何利用這些經驗的頭腦，這兩點，是她最喜歡談論的話題；對於像我這樣愛好空想的人來說，這兩點，正是我需要學習的本領。我們兩人一起讀拉布呂耶爾[11]的書；她喜歡拉布呂耶爾的作品，而不太喜歡拉羅什

⑩ 拜爾（一六四七—一七〇六）：法國哲學家和史學家，其著作（如《歷史詞典》）對法國十八世紀「百科全書」派哲學家影響很大。——譯者

⑪ 拉布呂耶爾（一六四五—一六九六）：法國散文作家，著有《眾生相，或本世紀的風氣》一書，文筆明快，風行一時。的確，標題中的「『本世紀的風氣』，眞是一語道破。一個世紀或一個國家的風氣之良窳，政治是否修明，從活躍在它的社會中心的人物就可以看出來」。（《法國散文精選》，李平漚選編，北嶽文藝出版社一九九九年版，第五十二頁）——譯者

福柯⑫的作品，因為他的作品讀起來往往令人感到憂鬱和悲傷，尤其是在那些不按人的本來面目評判人的青年們看來，更是如此。一談論道德問題，她有時候就海闊天空的愈說愈離題，這時，我只能不時吻一下她的嘴或她的手，我才有耐心聽下去而不感到她的長篇大論令人膩煩。

這種生活太美了，所以不可能長久如此。這一點，我早有覺察，我擔心它不久就將結束：這是我在享樂中唯一感到不安的事情。正是在鬧嚷嬉戲逗樂的過程中，母親仔細觀察我，問我一些問題，為我的前途制訂了許多計畫，而這些計畫，我後來一個也沒有用。幸虧她認為除了研究我的個性、愛好和小小的才能以外，還需要尋找和創造發揮它們的機會，而這就不是短期內可以實現的了。正是這個可愛的女人看重我的才能，所以才推遲了我發揮才能的時機，才難以確定選用什麼方法發揮它們才好。不過，由於她的考慮十分周到，因此事情的進展倒也符合我的心意。然而，她太高估我了，使我很難達到她的希望：我平靜安寧的生活從此就結束了。

她有一個名叫奧波納的親戚來看她。此人很聰明，詭計多端；他也像她一樣，頭腦一

⑫ 拉羅什福柯（一六一三—一六八〇）：法國散文作家；他的《警句集》一書，對人類社會持悲觀態度。他說：「我們的美德，往往是披上偽裝的惡行。」——譯者

熱，就能制訂出一些計畫。不過，他雖然是冒險家一類的人物，但倒也沒有因此而破產。不久前，他向紅衣主教德．弗勒里提出了一個非常複雜的發行彩票的計畫。主教對他的計畫絲毫不感興趣，於是他轉而向都靈的宮廷提出這個計畫，結果還眞的被採納和實行了。他在安納西待了一段時間，而且愛上了這裡的地方長官的夫人。這位夫人很漂亮，我也很喜歡；在來母親家中做客的女人當中，只有這位夫人看起來很順眼。奧波納先生看見了我，於是母親就對他講了一下我的情況。他答應母親對我進行一番考核，看我適合做些什麼。他說，如果他發現我確實有能耐的話，就替我找個工作。

華倫夫人接連兩、三個上午找藉口派我到他那裡去辦事而又不告訴我辦什麼事。他想了許多辦法迫使我不得不發言，他在一旁觀察我，儘量讓我感到輕鬆，並對我東拉西扯講一些無關緊要的話，又談論各種各樣的問題，完全不像是在考核我，絲毫沒有故意安排的樣子，就好像是非常喜歡和我無拘無束聊天似的，我被他迷住了。他對我考核的結果是：儘管我的外表和我聰慧的相貌看起來好像很有前途，但實際上，雖不能完全說我是一個蠢人，但至少可以說我是一個沒有多少才情、沒有思想和幾乎沒有任何知識，總而言之一句話，無論從哪方面看，我都是一個前途有限的年輕人，將來能當一個鄉村布道師就算不錯了，就算到巔峰了。他對華倫夫人所講的對我的評價，就是如此。這是第二次或第三次我被人們這樣議論了，不過，這還不是最後一次，因為後來馬塞隆先生對我的看法，曾一再得到人們的贊同。

人們對我做出這樣評價的原因，主要是根據我的性格，因此，不得不在這裡解釋一下。人們對我的評價，我從來沒有打從心裡心悅誠服贊同。老實說，不論馬塞隆先生、奧波納先生和其他許多人怎麼說，我從來沒有把他們的話當一回事。

有兩個互不相容的東西，我不知道它們爲什麼會在我身上結合在一起。這兩個東西，一個是火熱的心、滿腔的激情；另一個是遲鈍而又混亂、事後才完全清楚的思路。可以說，我的心和我的頭腦不是屬於同一個人的。比閃電還快的感情一下子就充滿了我的心，但它不僅無法照亮我的心，反而使我心情衝動、老犯錯誤。我感覺到一切，但又什麼也看不清楚；我非常興奮，但反應卻很遲鈍。我必須冷靜下來，才能進行思考。令人吃驚的是，只要給我時間，我也能拿出應付事情的好辦法，也能深入分析問題，甚至講得頭頭是道；閒來無事，我也能寫出很好的詩句；但倉促之間，我卻從來沒有做過一件得體的事或說過一句得體的話。正如人們所說的，西班牙人只有在下棋的時候才心明眼亮；我也一樣，我只有在寫信的時候才能寫出很好的詞句。我曾經在一本書上讀到一則笑話說：一個薩瓦省的大公已經走出巴黎城很遠，才想起一句如何回答一個說話粗野的巴黎商人的話，轉過頭去對著巴黎的方向大聲罵道：「巴黎的商人，當心你的狗頭。」我認爲，我的情況和那個薩瓦省的大公只會放馬後炮的情形是完全一樣的。

我不僅和別人談話時有這種感覺很敏銳但頭腦卻遲鈍的情形，甚至在獨自一個人工作時，也是如此。我的思想在我的頭腦裡簡直亂得令人難以相信，很難理出一個頭緒；它在我的腦子裡嗡嗡直響，像發酵似的使我激動不已，使我的心怦怦直跳。在這激動不已的過程中，我什麼也看不清楚，一個字也寫不出來，我只能靜靜的等待，等這種激動的感覺慢慢平靜下來，我才能把亂糟糟的頭腦逐漸理出頭緒，把一樁樁、一件件的事情妥善安排。當然，這個過程是很慢的，而且是要混亂一段很長時間後才能整理清楚的。諸位不是都看過義大利歌劇嗎？在換場另布新景的時候，戲臺上亂哄哄的各種聲音吵得令人討厭，而且要經過很長的時間後才停止。在更換各種道具時，臺上忙亂得好像鬧翻了天。等一切都安排好了，一樣都不缺了，那時，人們將吃驚發現在經過一段忙亂之後，出現在觀眾面前的是一個絢麗多彩的新場景。這種情況，和我每次動筆寫作之前腦子裡的那種紛亂差不多是一樣的。只要我耐心等待，我就能把各種事物的美描繪出來，這時候，我敢說，能超過我的作家，沒有幾個。

因此，對我來說，寫作是很困難的。我的稿子塗抹和修改的地方甚多，有時候弄得亂七八糟，幾乎難以辨認，這就證明我的寫作是花了多麼大的心血；沒有一部稿子不是反覆謄寫四、五遍之後才送到印刷廠去印的。如果我手裡拿著筆，坐在桌前面對稿紙，我是一個字也寫不出來的。我只有在山林之間散步時、在夜裡躺在床上睡不著覺時，才能有靈感構思。人們可以想像得到，對一個記性特別差、一輩子也無法做到完整背出六、七首詩的人來說，這樣寫作，其速度是多麼慢啊！有些文章我要花五、六個夜晚在腦子裡反覆思考，才能落筆寫在紙上。正是由於這個原因，我的那些需要花許多力氣才能寫出的作品比書信之類只需一揮而就的東西好得多。如何寫信，我始終不得要領，因此，寫信就簡直是如同受苦刑；就連寫一封無關緊要的信，我也要花好幾個小時。如果要我馬上把心中想到的話都寫在紙上，那我就不知道如何開始和如何收尾了。我的信寫得又長又亂、囉囉唆唆，讀了半天，也不知道我想說明什麼。

我不僅在想法方面要花許多力氣才能表達清楚，而且在領會別人的想法方面，也要花許多力氣才能弄明白。我曾經對人進行過研究，我認爲我是一個相當好的觀察家。然而我對於我所看見的現象，卻無法當時馬上就看出一個所以然來，只是事後回憶，才能逐漸明白；我只有在回憶的時候，才能發揮我的本領。對於別人說的話或做的事，對於發生在我眼前的一切，我當時一點兒感受也沒有，覺察不出其中的奧祕。當時觸動我心弦的，只是表象，而事後一回想，我才能完全清楚其內涵、地點和時間以及別人的聲調、眼神、姿勢與環境，我全記得，一個細節也不遺漏。這時候，根據別人說的話或做的事，我就能搞懂他的想法，而且很少有弄錯的時候。

我獨自一人的時候尚且如此無法掌握好自己的想法，可想而知，我和別人談話的時候是什麼樣子了。和別人談話要談得得體，既需要反應快，又需要考慮周延，這對我來說，的確是難上加難。一想到和別人談話要注意那麼多禮節，而自己肯定又少不了疏忽時，我就感到害怕。我眞不明白爲什麼有些人竟敢在大庭廣眾之下高談闊論；要知道在這種場合，每說一句話都要考慮到所有在場的人，必須了解他們的性格和職業，才能有把握的不說任何一句得罪他們任何一個人的話。在這方面，那些在上流社會中久混的人就掌握了其中的奧祕，因爲他們知道哪些話不該說、哪些話說了不會出錯。不過，儘管如此，他們也常常免不了說一些莫名其妙的蠢話。那樣有閱歷的人尙且如此，請大家想一想，一個涉世不深的人又該如何呢？要他不說錯話，那是怎麼也辦不到的。在與一個人面對面單獨談話時，還更令人傷腦筋，因爲兩個人必須一刻不停的說話；人家問你，你就得回答；對方的話一停，你就得重拾話題，接著他的話講。單單這一點，就足以使我不願意與人交談。最令我感到難受的是，硬要我發言，而且沒話也要找話說。我不知道這是不是因爲我非常討厭受拘束的緣故，如果硬要我講話，我就不可避免的非講一大堆蠢話不可。

更要命的是，當我無話可說的時候，我就該閉著嘴巴不說了吧，可誰知道我這時候反而滔滔不絕的講起話來，結結巴巴的搶著發言，說一大堆毫無意義的廢話；如果眞的毫無意義，那還算我走運，否則還會把我弄得尷尬難堪呢！本想克服或掩蓋我這個弱點，我反而一再暴露窘態。在這方面不乏許多例子，我在這裡只舉其中一個例子，不是我年少時候的事，而是我已經在社交界混了幾年，已經能夠擺出一副從容不迫、侃侃而談的時候的事。有一天晚上，我與兩位貴婦和一個男人在一起。這個男人，我不妨說出他的名字，他的名字是貢鐸公爵。屋子裡沒有別人，我很想在這次四人談話中插幾句話，而那三個人根本就不願意我插嘴，因此，我插嘴的那句話眞是糟糕透了！事情的經過是這樣的：女主人叫人端來一塊含鴉片的膏劑，因爲她的胃不好，一天要服用兩次。另外那個貴婦見她齜牙咧嘴的樣子，便笑著問她：「是特農香先生配製的鴉片膏劑嗎？」女主人用同樣的聲調回答說：「我看不是。」這時，自以爲聰明的盧梭冷不防插話說：「就算是，這種藥也不見得有效。」一聽我的話，大家都愣住了，沒有人搭腔，誰也沒有笑。過了好一會兒，大家才轉移了話題。如果是別的女人，也許只把我這句蠢話當作一句玩笑話而已，但對一位不容許別人在言語上稍有不敬的女人說這樣的話，那就太不合適了。雖然我不是故意冒犯她，但這句話也是不該說的。我相信在場的兩位證人（一男一女）費了很大的勁才忍住，沒有笑出聲來。這就是我在沒話找話說的時候脫口而出的傻話。我很難忘掉這句話，因爲，除了它本身值得記憶以外，我認爲它還產生了一些使我常常想起這句話的嚴重後果。

我認爲，上面所舉的這個例子就足以說明我雖然不是傻子，卻常常被人當成是傻子的原因。甚至那些很有判斷力的人也這樣看我，更糟糕的是，雖然從我的相貌和眼睛看起來是一個很有前途的人，但人們對我的期待卻往往落空，因此在別人眼裡，我的確是一個蠢人。這件事情雖然是在一次特殊情況下發生的，但對於了解我往後敘述的事情是很有用處的，它是了解人們認爲我是由於性情孤僻（其實我的性情並不孤僻）而做的許多事情的關鍵。如果不是由於我深知在社交場合不僅會暴露我的弱點，而且還會失去我的本色，我也會和別人一樣，很喜歡和人交往。我之所以決定深居簡出、從事寫作，就是因爲這樣的生活最適合於我。站在別人面前，他絕對看不出我有多大本領，甚至根本就不認爲我有本領。這種情況，就發生在杜賓夫人身上，儘管她是一個很聰明的女人，但我在她家住了好幾年，她也沒有看出我是一個有才氣的人。這一點，她親自對我說了好幾次，不過，也有一些例外；這，我留待以後再說。

我的才能就這樣被人們評定了；適合我的職業，也這樣被人們選定了。剩下來的事情，就是再次看我如何表現了。困難在於我沒有正式上過學；我會的那點拉丁文，連當個神父都不夠用。華倫夫人打算把我送到神學院去學習一段時間，她和神學院院長商量此事。院長是一個遣使會教士，名叫格羅，個頭不高，人很忠厚，一隻眼睛是瞎的，身體很瘦，灰頭髮，是我見過的最有才學而又最少學究氣的遣使會教士；老實說，我對他的這個評價，並不過分。

他有時候到母親家做客。母親很歡迎他、喜歡他，甚至戲弄他；有時請他幫忙繫她上衣後面的帶子，而他也非常樂意幫她繫。當他繫帶子時，她故意忙來忙去，從房間的這邊跑到那邊，而格羅院長就被帶子牽著跟在她身後在房間裡轉，嘴裡不停嘟囔道：「好了，夫人，別跑了。」看他兩人跑來跑去的樣子，眞是好玩極了。格羅先生非常贊成母親的計畫。他答應教育我，只收我一點膳宿費。現在的問題，就看主教是不是同意了。結果主教不僅同意，而且還願意替我付膳宿費，並允許我在通過考試達到預期的成績以前，一直穿一般人的衣服。

這個變化多大啊！我只好服從。我像進監獄似的進走了神學院。神學院只不過是一座死氣沉沉的房子，特別是在我這樣一個剛從一位美麗的女人的住宅來到這裡的人看來，更是如此。我隨身只帶了一本書到神學院去；這是我懇求母親給我的，它給了我很大的安慰。讀者也許猜不出這是一本什麼書，我告訴你：它是一本樂譜。在她所學的各項學科中，就包括了音樂。她的嗓子很好，唱得也還可以，還會彈一點大鍵琴。她曾經耐心教我唱歌。因爲我連聖詩都不會唱，所以必須從最簡單的歌曲開始教起。她只幫我上了八、九次課，而且常常有人來打擾，所以我不僅沒有學會看著譜子就能唱，而且連樂譜的符號也沒認得幾個。不過，我對音樂這門藝術還眞的特別喜歡，因此打算自學，自己一個人琢磨。我帶到神學院的這本樂譜並不淺易，是克萊朗波譜寫的合唱曲。請大家想一想，我一個既不懂變調又不懂節拍的門外漢，終於把譜子看懂了，而且還準確無誤的唱《阿爾菲和阿赫都斯》這首合唱曲的第一首詠歎調和第一首宣敘調，我是下了多大的工夫、多麼反覆的練習，才做到這一點啊！當然，這首曲子的節拍是譜寫得很準確的，因此，只需按照拍子唱歌詞，自然就合拍了。

在神學院，有一個可惡的遣使會神父經常找我麻煩，因而使我對他教的拉丁文也不願意學了。他頭上的頭髮剪成平頭，頭發烏黑而發亮，臉像一塊香料蜜糖麵包，說話的聲音像水牛，兩隻眼睛像貓頭鷹；鬍鬚不長，活像野豬的鬃毛。他的微笑總帶著諷刺人的樣子，手腳活動起來就像木偶的手腳那樣呆板。我已經忘記他那討人厭的名字了，但他那副笑裡藏刀的面容，我始終記得，我一想到他，就不寒而慄。我有一次在走廊遇見他，那畫面至今還記得。他彬彬有禮的用他那頂到處是油漬的方形帽向我打招呼，示意讓我進他的房間，我覺得他那個房間比牢房還可怕。請各位想一想，拿這樣一個教師與我那位曾經當過宮廷神父的古豐老師相比，兩人的判別何止十萬八千里啊！

如果再讓我受這個惡魔的擺布兩個月，我敢說，我會發瘋的。好心的格羅先生發現我心裡不舒暢，吃不下東西，人也瘦了，於是稍一思索便弄清了我心情鬱悶的原因。這個問題解決起來並不難，把我從那個畜牲的魔爪下救出來，交給一個性情非常溫和的老師就行了。這個老師名叫嘉迪耶，是弗西尼地區的一個年輕教士，他是到神學院來深造的。他一方面是爲了幫格羅先生的忙，另一方面也是出於仁愛之心，所以願意從他的進修時間中抽出一部分時間來教我。我從來沒有見過誰的面貌是像嘉迪耶先生的面貌那麼動人的，他一頭金髮，鬍鬚近似赤紅色，他的言談舉止，跟他家鄉人的言談舉止完全一個樣。他憨厚的面容下隱藏著大智慧；而他身上給人印象最深的，是他有一顆與人爲善的愛心；他那雙藍色的大眼睛裡，流露出既溫柔多情而又有幾分憂傷的目光，使看見這種目光的人無一不關心他。從這個可憐的年輕人的目光和聲音來判斷，可以說，他似乎早已預料到他的命運，已經預感到他生來就是爲了吃苦的。

一看他的相貌，就知道他的性格；他既耐心又和氣，他好像是在和我一起學習，而不是在教我。由於格羅院長爲了我和他的關係已預先鋪平了道路，所以沒過多久，我就很喜歡他了。然而，儘管他爲我花了許多時間，儘管我們兩人都很努力，他的教法也好，但我無論怎樣用功，我的進步都不大。說來也很奇怪，雖然我的理解力不錯，但除了我的父親和朗伯西埃先生以外，我從未在哪一個老師那裡學到什麼東西。我這一點點知識，都是我自學的，關於這一點，我們在後文還要談到。我的性情急躁，沒有耐心，不願意受任何形式的束縛和時間限制。我愈擔心學不好，反而愈不專心聽老師講；因爲怕使教我的人焦急，我只好假裝聽懂了，於是，教的人繼續往下講，而我卻什麼也沒有聽明白。我的頭腦要按照它自己的時間行進，而不願意跟著別人的時間走。

舉行聖職授任禮的時間到了，嘉迪耶先生要回到他家鄉去當副祭師。臨別時，我們兩人都依依不捨，兩個人的心都充滿了惜別之情。我對他的祝願，也像我對自己的祝願一樣，後來都沒有實現。幾年以後，我聽說他升任了一個教區的神父，並和一個女孩子發生了關係，生了一個孩子；他的心從未愛過任何一個女人，唯獨對這個小姐產生了溫柔的愛心。在一個管理嚴格的教區裡，和一個未婚的小姐私通，是一件駭人聽聞的醜行。按規矩，神父只能和已婚的婦女發生關係生孩子，由於他違反了這條規定，他被關進了監獄，名譽掃地，最後被逐出了教會。我不知道他後來是不是恢復了職務，由於我對他不幸的遭遇深表同情，所以後來在撰寫《愛彌兒》的時候又想起了這件事情，於是便把嘉迪耶先生和格姆先生兩個可敬的神父的形象合併在一起，構成那個薩瓦省的牧師的原型。我很高興的是，我在《愛彌兒》中的描寫，沒有玷汙這兩個模特兒。

我在神學院期間，奧波納先生被迫離開了安納西，起因是那位地方長官先生認爲自己的妻子與奧波納勾搭是一件醜事。他這種做法，與看守菜園的狗的做法是一樣的⑬，因爲，儘管柯爾維奇夫人相當漂亮，但他對她很不好，他不喜歡她那種山區人的習氣，因此對她很粗暴，甚至提出分手的問題。柯爾維奇先生是一個壞蛋，像鼴鼠那樣陰險，像梟那樣狡猾；由於一再欺壓好人，結果他本人終於被大家攆走了。有人說：普羅旺斯人是用歌曲來向他們的敵人報仇的；奧波納先生寫了一齣喜劇來報自己的仇。他把這齣喜劇的劇本寄給華倫夫人，她把劇本給我看了，我覺得寫得很好，使我也產生寫劇本的念頭，看一看自己是不是像奧波納先生所說的那麼愚蠢。不過，這個想法直到我到了尙貝里才得以實現，寫了一本《自戀者》⑭。我在這個劇本的序言說我寫這個劇本的時候是十八歲，但我實際上不止十八歲，我瞞了好幾歲。

差不多就在這個時候發生了一件事情，這件事情的本身並不重要，但對我卻產生了一些影響，而且在我已經把它忘記的時候，反而在社會上有人議論紛紛。神學院允許我每個星期外出一次；我如何使用這段外出的時間，我在這裡就用不著說了。有一個星期天，我正在母

⑬ 意即看守菜園的狗自己不吃園裡的蔬菜，但也不讓別人來偷園裡的蔬菜。——譯者

⑭ 即《納爾西斯》，或《自戀者》，是盧梭一七三一年前後在尙貝里寫的一部喜劇，直到一七五二年十二月十八日才在法蘭西劇院首次演出。——譯者

親家裡的時候，臨近她家的方濟各會的一間屋子著了火。這間屋子是方濟各會的廚房，裡面堆滿了乾柴，沒多久全都燒火了。被風吹過來的火苗已經飄到母親的屋頂，情況十分危急，大家趕快從屋子裡往外搬東西，把搬出的傢俱堆在我以前住的房間對面的花園裡。在花園與我的房間之間隔著一條小溪，這，我在前邊已經說過了。我當時是那樣的慌亂，無論抓到什麼東西都不分青紅皀白的往外面扔，連平時搬不動的一塊大石臼也扔出去了；如果不是有人攔住我的話，說不定我把一面大玻璃鏡也扔出去了。那一天，好心的主教也正好來看母親，他也沒有閒著；他把她攙扶到花園裡，和她與其他在場的人一起開始祈禱。我晚了一會兒才到花園裡，看見大家都跪著，我也跟著跪下。在主教祈禱的時候，風向變了，而且變得如此突然和如此及時，使房頂上的火苗以及眼看就要從窗子竄入房間的火苗全都轉到院子的另一個方向去了；母親的房子毫髮未損。兩年後，貝爾奈主教去世了，他的老會友們——安東尼會的修士們爲了幫他舉行宣福禮，便開始蒐集有關的資料。應布德神父的請求，我就把我剛才講的情況寫成一份作爲見證的資料。這，我做得很對，而我做得不對的是，我把這件事情說成是奇蹟。我的確看見主教祈禱；在他祈禱的時候，我看見風向變了，而且變得很及時，我能說的和能證實的，就是這兩個事實。至於這兩個事實中，哪一個是另一個的原因，我就不該證明了，因爲我不可能知道嘛。就我的記憶所及，我那時是眞誠的天主教徒，說的全是實話。一方面是出於對奇蹟的喜愛（這是非常符合人之常情的），另一方面是出於對德高望重的主教的尊敬，再加上自以爲我對那次奇蹟也出了一份力，因此便暗自在心中感到驕傲。這三者合在一起，便促使我犯了那次錯誤。不過，如果那次奇蹟眞的是人們誠心祈禱的結果的話，那麼，我敢斷言，這當中也確實有我的一份功勞。

三十多年後，當我的《山中來信》出版時，我不知道弗雷隆先生如何發現這份證明資料，並在他的文章中提到了它。應當承認，發現這個資料是件好事，但這麼湊巧偏偏在這個時候發現，這在我本人看來，就眞的是一件有趣的事情了。

我命中註定，世上沒有任何一樣是適合我做的事情。雖然嘉迪耶先生對我的進步的書面報告寫得盡可能好，但人們認爲，報告中的話與我的學習成績對不上水準，這就無法讓我再繼續學下去了。因此，主教和院長對我灰了心，把我又送回到華倫夫人家裡。他們雖然說我當一個神父還不夠格，但認爲我的確是個好孩子，沒有任何惡習。正是這個緣故，儘管他們說了許多不利於我的話，華倫夫人才沒有拋棄我。

我帶著她的那本樂譜又得意揚揚回到了她的家；我從這本樂譜中眞的學到了許多東西，而我在神學院的學習成績，只是學會了唱《阿爾菲和阿赫都斯》。她看見我喜歡音樂，便產生了讓我專門學這門藝術的想法。機會多得很，在她家，每個星期至少要舉辦一次音樂會，這種小型音樂會的指揮，是教堂的音樂總監。這位總監經常來看她；他是巴黎人，名叫勒·梅特，是一位很優秀的作曲家。他性格很活潑，經常是一臉笑容，年紀不大，身材很勻稱；儘管學識不多，但從各方面看都是一位好人。母親把我介紹給他；我很喜歡他，他也不嫌棄我。母親和他討論了食宿費問題，沒有幾句話就商定了，接著，我到了他的家，我很愉快的在他家度過了一個冬天；尤其令人高興的是，教堂的兒童唱詩班離母親家只有一、二十步遠，所以我們一有空便到她那裡去，並經常和她在一起吃晚飯。

人們可以想像得到，教堂唱詩班的生活，經常是歌聲不斷，非常快活的。和唱詩的兒童與音樂家在一起，比在神學院和遣使會的神父在一起愉快多了。不過，這種生活雖比較自由，但班裡的規章並不比神學院少，而我生來是喜歡自由自在不受任何約束的。不過，我從來沒有濫用過我的自由，在整整六個月中，除了到母親家或去教堂以外，我就沒有外出過一次，甚至根本就不想出門。這段期間是我一生中心情最平靜的時期，如今回想起來，眞是愉快極了。在我經歷的各種各樣的環境中，有幾處環境是那麼的美好，以致現在回憶起來，還歷歷在目，宛如我還身在其中。我不但記得當時的時間、地點和人，而且還記得周圍的各種事物、氣候的溫度、空氣的氣味、天空的色彩和只有那個地方才有的某些特色。一回想起這些，我彷彿又回到了那些地方似的，例如唱詩班的孩子們練習的曲子和演唱的歌、人們的動作、大司鐸身上美麗又莊嚴的教士袍、神父們穿的背心、唱詩班的孩子們頭上戴的錐形帽、音樂家的表情、那位吹低音巴松管的瘸腿老木匠和拉小提琴的矮個子金髮神父；我還記得勒．梅特先生解下佩劍以後，在他的世俗服裝上披上一件破舊的長袍，再穿一件好看的寬袖白色短上衣到唱詩班去指揮的情形。我懷著驕傲的心情拿著一支短笛，坐在祭壇的樂隊席上一邊等著演奏勒．梅特先生特意爲我安排的一小段獨奏曲，一邊在心裡想著演出完畢以後的盛饌和吃飯時的好胃口。總之，在我的腦海裡一再出現的情景，使我感到的快樂，跟當時一個樣，甚至比當時還要快樂。我記得在聖誕將臨前的一個星期天，天還沒亮，我還睡在床上的時候，聽見人們在教堂的石階上按照當地教堂的儀式，按一長一短的節拍唱的《聖潔的眾星之神》中的那段頌歌，聲音之柔和與清麗，簡直是動人極了。母親的貼身侍女默爾塞赫小姐也會一點音樂；我永遠不會忘記勒．梅特先生讓我和她一起唱的那一小段《獻禮曲》。她的女主人非常高興，聚精會神的聽。最後，連那個被唱詩班的孩子們惹得生氣的好心的女僕佩琳娜的樣子，我也記得非常清楚。一回想起當初那種幸福和天眞的時光，我的心既感到快樂，同時又感到事過境遷，令人十分憂傷。

我在安納西生活的將近一年的時間裡，沒有做過任何一件可讓人指責的事情，大家對我都很滿意。自從我離開都靈以後，我就沒有做過蠢事；在母親的監護下，我沒有做過任何錯事。她循循善誘，時時指導我。我對她的依戀已經變成我心中唯一存在的感情，這不是瘋狂的感情。能證明這一點的是，我的心培養了我的理智。是的，這唯一的感情，可以說是耗盡了我的全部精力，使我什麼也沒有學好，甚至連音樂也沒有學好，儘管我努力學了。不過，這不能怪我，因爲我的確曾盡心盡力，下了一番苦功，但我總是分心、總是出神，常常歎氣。在這種情況下，我有什麼辦法呢？在力求學好方面，我該做的事情，一樣也沒有少做，而要讓我去做新的蠢事，只需一個人稍一慫恿，我就去做了。這個人一出現，料想不到的事便一樁樁、一件件的出現，讀者在後文即將看到我混亂的頭腦又要趁機作怪，胡思亂想了。

二月的一個晚上，天氣很冷。大家都在圍著爐子取暖，忽然聽見有人在敲臨街的大門。佩琳娜提著燈籠下樓去，把門打開，一個年輕人走進來，跟著她上樓。他從容不迫來到我們跟前，向勒·梅特先生打了一個招呼，說了幾句很有禮貌的客套話。他說他是一個法國音樂家，由於阮囊羞澀，所以希望能在教堂裡做工賺點路費。一聽這位法國音樂家的話，好心的勒·梅特先生吃了一驚，因爲他熱愛他的國家和他從事的這門藝術，所以對這個年輕人表示歡迎，並留他住宿。這正合這個年輕過路人的心意，因此沒有怎麼推辭就住下了。當他一邊烤火、一邊東拉西扯瞎聊等吃晚飯的時候，我仔細打量他，他個頭不高，但肩膀很寬；我雖看不出他的身體有什麼畸形的地方，但我總覺得有點不勻稱，而且好像走起路來還有點一瘸一拐的。他穿的黑色上衣，雖不舊，但已經破了，衣服上有好幾個碎片。他的襯衣很考究，袖口鑲有花邊，不過已經很髒了。他的腿肚子套著腿套，腿套很肥大，每個腿套差不多可以放進兩條腿；他腋下夾著一頂遮雪用的小帽子。儘管他的裝束這麼可笑，但他一舉一動卻很有氣派；他的臉龐很秀氣，很討人喜歡。他很會說，可就是說話不太莊重。這一切顯示這個年輕人雖行爲浪蕩，但是是受過教育的，現在雖向人討飯吃，但並不是一個眞正的乞丐，而倒像是一個演滑稽劇的小丑。他告訴我們，他的名字叫汪杜爾·德·維爾勒夫，是從巴黎來的，迷了路；他好像忘記他的職業是從事音樂的，突然一下說他要到格勒諾布爾去找一位在議會工作的親戚。

在晚飯席間，大家談起了音樂問題。他很健談，說得頭頭是道。一提起某個大演奏家、著名的曲子、著名的男演員和女演員、漂亮的女人和大人物，他說他全都認識。別人說什麼，他好像就知道什麼，但一深入話題，他就插科打諢，滿嘴的俏皮話，弄得大家哈哈大笑，把剛才討論的問題全忘了。這天是星期六，隔天要在教堂裡舉辦一次音樂會，勒．梅特先生請他參加演唱，他回答說：「沒有問題。」問他唱哪一個聲部的曲子，他回答說：「男高音……」說完就把話題扯到別的事情上去了。在去教堂以前，勒．梅特先生把他要唱的那段曲子的歌片給他，讓他先熟悉一下，可是他連瞧都不瞧，這麼傲慢的樣子，使勒．梅特先生大吃一驚。勒．梅特對著我的耳朵低聲告訴我：「你看見了吧，他連一個音符都不認識。」我回答說：「我很擔心。」我懷著不安的心情跟他們一起去了。音樂會開始了，我的心怦怦直跳，因爲我替他捏了一把汗。

我很快就放下了心。他非常準確演唱了他那兩段高音獨唱，唱得很有韻味；最令人吃驚的是，他的嗓音非常好，我聽了之後，高興得了不得，像這樣高興的心情我以前還很少有過。做過彌撒以後，汪杜爾先生受到大家的祝賀，教士和樂師們對他紛紛表示讚揚。他雖然用開玩笑的語氣答謝大家對他的稱讚，但態度還是很誠懇的。勒．梅特先生熱情擁抱他；我也衷心擁抱他，他看見我滿心歡喜，也十分高興。

我敢肯定，人們根據我對巴克勒先生那樣的粗人尚且那麼入迷的情況來判斷，一定會說我現在見到了既有教養、又有才能、頭腦又靈活，而且有處世經驗的可愛的浪子汪杜爾先生，當然是更加入迷了。是的，事情的確是這樣。我認爲，任何一個年輕人處在我的地位，都會這樣，特別是一個有愛才之心的人愈是對他人的才能表示傾慕，便愈會像我這樣敬愛汪杜爾先生。無可爭辯的是，汪杜爾先生的確有才，尤其是他有一種像他那樣年紀的人少有的一種特點：他深藏不露，不急於顯示自己的本領。是的，他愛吹牛，好多他根本不了解的事情，他也瞎吹一番，而對於他眞正了解的事情，反而閉口不談，一字不提。他等待機會展示他的才能，機會一到，他才不慌不忙把他的本領一個個使出來。他這樣做，效果反而更好。由於每件事情他只約略提及而不深談，人們就不知道他什麼時候才把他的全副本領全都使出來。在與人談話時，他總是愛開玩笑、愛逗趣，東拉西扯沒個完。他一直是面帶微笑，但從不笑出聲來；他能把最粗俗的事情說得很文雅，讓人聽了不覺得刺耳。甚至連最正派的女人也很納悶，當時聽了他的那些話爲什麼就聽任他那麼胡說八道；她們本該生氣的，不知道爲什麼就是生不起氣來。他最喜歡淫蕩的女人，但我不相信憑他那副樣子會討得女人的歡心，他的做法只能讓那些交際場中的人取笑他一番。好在他有那麼多討人喜歡的才能，在一個既識才又愛才的地方，要讓他長期局限在音樂家的圈子裡，那是很難的。

我之所以喜歡汪杜爾先生，是經過一番理智考慮的。因此，儘管比我對巴克勒先生的喜歡更強烈、持續的時間更長，但沒有做出什麼荒唐事。我喜歡和他見面，喜歡聽他講話，他的一舉一動我都覺得很可愛，他說的每一句話我都覺得像是神的啓示。不過，我對他的傾慕並沒有達到片刻無法離開的程度。我身邊有一道很好的護欄⑮，使我不致做出越軌的事情。另外，我發現他的那一套行爲方式適合他，而不適合我，我不能採用。我需要的是另外一種享樂方式，對於這種方式，他根本就沒有概念，而我又不敢對他講，因爲對他講了，他一定會取笑我的。不過，我非常願意讓我所傾慕的人和我最鍾情的人認識一下。我十分高興向母親談起他；勒．梅特也對他極力誇讚。她同意我帶他來見她，但這次會面的結果很糟糕，他說她附庸風雅，是一個愛賣弄才學的女人；而她則說他流裡流氣，像不務正業的人。母親對我有這樣一個壞朋友，感到擔心，因此，不僅不允許我再帶他來見她，而且還跟我講述了和這樣年輕人交往的壞處；她要我多加謹愼，不要和他交往過深。好在我和汪杜爾先生不久就分手了，因此，我的人品和心理沒有受他的影響。

勒．梅特先生喜歡音樂，也喜歡酒。在吃飯的時候，他很有節制，喝得不多，但在他的小屋子裡工作起來，就喝個沒完。他的女僕很了解他的習慣，一看見他鋪開作曲紙、拿起大提琴，便立刻爲他準備酒壺和酒杯；一壺喝完了，又送去一壺。不過，他雖然常常喝得醉醺醺的，但從來沒有澈底醉倒過。他本質上是一個好青年，成天樂呵呵的，連母親都戲稱他爲「小貓」。但是，如果他老這樣下去的話，這的確是一件令人遺憾的事情。他喜歡音樂，工

⑮ 指華倫夫人的監護。——譯者

作的時間多，但不幸的是，他喝的酒也多，這對他的健康和性情都產生了很壞的影響，因而有時疑神疑鬼，動不動就發脾氣。他說話從來不粗聲粗氣，對任何人都很有禮貌，即使對他的唱詩班的孩子們，也沒有說過一句難聽的話。不過，他也不允許任何人對他有失禮貌，這個要求當然是合理的，可惜他不大動腦子，分不清別人說話的語氣和性質，以致往往為了一點點小事便大發雷霆。

昔日的日內瓦教務大會，如今在流亡中雖失去了它的光彩（過去有許多王公和主教都以能參加這個大會為榮），但依然保持著它的尊嚴，想參加的人必須是貴族或索爾邦神學院的經師。如果說它有什麼雖情有可原但過於嚴格的要求的話，那就是除了個人的功績以外，還要看每個人的出身。另外，神父們對於他們僱用的俗家人的要求，通常也是很苛刻的。神父們對待可憐的勒·梅特，就是如此。尤其是那個名叫維多勒的領唱神父，他對人雖很講究禮貌，但由於他自己出身高貴而過於自以為了不起，便往往不按勒·梅特的才能來對待他；勒·梅特當然無法忍受他這種輕蔑的態度。在這一年的聖周⑯期間，大主教按慣例宴請神父，勒·梅特也受到了邀請，可是席間，他和維多勒發生了比平日更為激烈的爭吵。這位領唱神父對勒·梅特做了一個有失禮貌的動作，並說了幾句難聽的話，於是勒·梅特先生當即

---

⑯ 每年復活節前的一周。——譯者

決定第二天夜裡離開此地，誰也勸不住。在他去向華倫夫人告別的時候，儘管她對他百般勸解，也未能使他打消此意。他要報復那些專橫的神父，因爲在復活節期間，他們正需要他指揮音樂，而他不辭而別，這會使他們感到難堪的。不過，勒·梅特也有難處，因爲他想帶走他自己的樂譜，這就不容易了，因爲裝樂譜的箱子很大又很重，是不可能挾在腋窩下邊隨身帶走的。

母親做的事，我覺得完全對；即使是現在，換成我，我也會這樣做的。既然百般勸說也留不住他，見他鐵了心一定要走，母親便決定要盡自己的力量幫助他。我敢說，她這樣做是應該的，因爲勒·梅特先生也曾經盡力幫助過她，無論是在音樂的演唱方面，還是在爲母親辦事方面，他都是按照她的想法去辦的，而且眞誠的辦，令母親很高興；而現在她所做的一切，只不過是在緊要關頭對一位朋友這三、四年間對她的幫助的回報而已。當然，她沒有想到她這樣做純粹是爲了了卻自己回報的心願。她把我叫到她跟前，命令我至少要一路陪伴勒·梅特先生到里昂。他需要我跟隨他多久，就跟隨他多久。後來她曾坦白對我承認她這樣安排，藉此使我遠離汪杜爾有很大關係。至於如何搬運箱子，她和她忠實的僕人克洛德·阿奈商量了一下。阿奈認爲，千萬不可在安納西僱馱東西的牲口，因爲僱牲口運，一定會被人發現，因此，最好是在夜裡抬著箱子走一段路，到一個村子裡去僱一頭驢再馱到西塞爾。到了那裡，就進入了法國國境，就什麼也不用怕了。大家採納了阿奈的意見，於是我們在當天晚上七點鐘出發。母親藉口說是給我的路費，給可憐的「小貓」的那個小錢袋裡放了一些錢，這對勒·梅特當然是很夠用的了。園丁克洛德·阿奈和我一口氣儘快抬著箱子到最近的一個村子去僱了一頭驢，當天夜裡我們就到了西塞爾。

我在前面已經說了，我有時行事是如此的不像我本人，以致有些人把我當成是另外一種性格的人，現在就舉一個例子。西塞爾的神父雷德勒先生是聖皮爾修士會的成員，因此和勒·梅特先生是老熟人，是勒·梅特此行最應當躲避的人。可是我的看法卻相反，我主張直接到他家，找個藉口去求宿，好像我們是得到了教務大會的批准才路過他家似的。勒·梅特覺得這個主意很有趣，既報了他對教務大會的仇恨，又拿教務大會開了一次玩笑。於是，我們就斗膽到了雷德勒的家。他很熱情接待我們。勒·梅特告訴雷德勒說，他是受主教的委託到柏勒去，在復活節那一天指揮人們演唱他作的曲子，而且還說，幾天之後回安納西時，還打算從這裡路過，而我則從旁幫腔，穿插了許多煞有其事的假話。我說話的態度是那樣的自然，以致雷德勒先生竟認爲我是一個好青年，並把我當朋友看待，說了許多誇獎我的話。我們吃得很好，住得也很好，雷德勒先生不知道用什麼好酒好菜招待我們才好，臨別時我們竟像老朋友似的約定回來時在他家多住幾天。我們從他家走出不遠，一看身邊沒有旁人，勒·梅特和我便開始哈哈大笑；老實說，直到現在一回想起此事來也依然忍不住好笑，因爲我們當時根本就沒有想到我們的那套謊話竟編造得那麼天衣無縫，把那個雷德勒神父著實捉弄了一番。如果勒·梅特先生不那麼沒完沒了的喝酒，不老是那樣胡言亂語，還犯了兩、三次老毛病，這件事情會使我們一路上都會笑個不停的。他的老毛病好像是癲癇病，弄得我不知道如何才好，因此感到很害怕，準備儘早想個辦法抽身離開他。

我們眞的是像我們對雷德勒先生說的那樣到柏勒過復活節。儘管我們是不請自來的不速之客，但還是受到了樂隊指揮的熱情接待和大家的熱烈歡迎。勒．梅特在音樂界是挺有名氣的，他也的確値得大家尊重。柏勒的指揮對於自己的作品是很得意的，因此很想得到一位如此有名望的評論家的好評。勒．梅特不僅是一位行家，而且爲人很正直，既不嫉妒人，也不奉承人；他比外省的樂隊指揮高明得多，這一點，他們自己也很清楚，因此，他們不把勒．梅特當成是他們的同行，而把他當成是他們的老師。

我們在柏勒待了四、五天，接著又啓程繼續前進。除了前面所說的那些事情以外，便沒有發生別的事情。到了里昂，我們住在慈悲聖母旅店，等我們的樂譜箱子，因爲我們用另外一個謊言，託好心的雷德勒先生幫我們把它送到羅納河的船上去了。在這個時候，勒．梅特先生便去拜會他的朋友，其中有方濟各會的加東神父（後文還會談到他）和里昂的伯爵多爾坦神父。這兩個人都熱情接待了他；但是，正如我們即將看到的，這兩個人後來又出賣了他。勒．梅特的好運到雷德勒家就結束了，以後就是噩運臨頭了。

到里昂之後的第三天，當我們經過離我們下榻旅店不遠的一條小街時，勒．梅特先生又發作了，而且病得很厲害，使我害怕極了。我趕快大聲喊叫，求人來幫助；我說出我們住的旅店的名稱，求大家把他抬回旅店去。然而，正當人們趕來救一個倒在街上失去知覺、口吐白沫的病人時，他唯一的朋友和可以依靠的人卻拋棄了他，趁大家沒有注意我的時候，我趕緊走出小街，逃之夭夭。感謝上蒼，我終於把我第三件難以說出口的醜事⑰全盤說出來了；如果還有許多類似這樣的事要講的話，我也許就放棄寫這本書的念頭，索性不寫了。

我在前面所講的事情，每一件都在我生活過的地方或多或少留下一些痕跡，而我在下一卷要講的，就幾乎全是人們所不知道的事情了。它們是我一生中所做的最荒唐的事情，幸運的是，它們的後果都不嚴重。我的腦子雖然曾一度按照別人樂器的調子運轉，結果思路紊亂走了調，但所幸它又自動調整了過來，因此，我也就停止了我那些荒唐的行爲，或者說，我的荒唐行爲至少是比較符合我本來的天性的。我對我青年時期的記憶最爲模糊，因爲在那個時期，幾乎沒有任何一件事情的印象是深刻到足以使我的心能夠清清楚楚回憶的，何況那時候我四處奔波，接連不斷變換居住和生活的地方，因此在時間和地點方面難免弄錯。我是完全憑記憶寫的，沒有任何可以幫助我回憶的檔案和資料可查閱。在我一生經歷的事情中，有一些事情回憶起來好像是才剛發生似的，然而也有許多缺漏和空白的地方，我只好用我殘

---

⑰ 盧梭難以說出口的第二件醜事，是他誣陷女傭瑪麗蓉，即人們常所說的「瑪麗蓉絲帶事件」（見本書第二卷），而第一件醜事是他早熟的性意識和可笑的表現，而不是有些人所說的改信天主教。因爲在十八世紀，一般的窮苦人改信他教是平常事，哪個宗教給飯吃，就改信哪個宗教，當時已習以爲常，不是什麼大不了的事。——譯者

缺不全的記憶與模糊的文字加以填補。我有時候可能弄錯，特別是在一些雞毛蒜皮的小事方面，在沒有找到可以佐證的資料以前，便更容易記述錯，但在大事方面，我深信我的敘述是準確和忠實的。我將永遠這樣做，請各位讀者相信我在這裡所做的承諾。

我一離開勒．梅特先生，就立即決定回到安納西。我們離開安納西的原因和行動的祕密，曾使我對我們此行的安全十分擔心，使我接連好幾天都在心中考慮這個問題，而沒有考慮是否回安納西。現在，我發現安全已經不成問題，於是我的心便馬上思念起我朝思暮想的那個人了。沒有任何一樣東西能引起我的興趣，也沒有任何一件事情能留住我。現在，我只有一個心思，那就是趕快回到母親身邊。我對她的依戀和我對她的眞情，打消了我心中所有的一切空想的計畫和狂妄的野心。我感到只有廝守在她身邊，才是眞正的幸福。我每離開她一步，就感到遠離這眞正的幸福一步。因此，一有可能，我就要儘快回到她身邊。我曾做過許多次旅行，對於這許多次旅行的情況，我都記得清清楚楚，然而，唯獨對這次從里昂到安納西的情況卻絲毫都不記得了，因爲我是那樣的行色匆匆，急於趕路，因而沒有分心去欣賞一路的美景，所以旅途的情況一點印象都沒有了。除了離開里昂和到達安納西的情況還依稀記得以外，其他一切全忘了。請各位讀者想一想，這段時間的事情怎麼能在我的腦子裡記得住呢！我回到了安納西，但是卻沒有見到華倫夫人，她已經到巴黎去了。

我始終沒有弄清楚她此次去巴黎的神祕原因。如果我硬要她告訴我的話，我相信她一定會告訴我。但是，沒有任何一個人是像我這樣對朋友的祕密完全不感興趣，從來不打聽的。我的心一心一意只專注於眼前；眼前的事情已經裝滿了我的心，除了那些可供我日後回味的過去的歡樂以外，我的心沒有一絲空隙容納其他的事情。在她告訴我的那一點點情況中，我約略覺察到她此行的原因，與由於撒丁國王遜位而在都靈引發的革命有關，她擔心革命發生以後，她將遭到忽視，因此想利用奧波納的暗中活動，從法國宮廷中得到同樣的好處。她曾經有好幾次告訴我，她希望能得到法國宮廷的接濟，因爲法國宮廷要辦的大事多得很，顧不上像都靈這樣令人不愉快的老監視她。如果眞是這樣的話，那就更奇怪了，因爲在她從巴黎回安納西以後，誰也沒有說她什麼；她的年金照發，從未中斷過。許多人都認爲她的巴黎之行是負有某種祕密使命的，不是受了主教的指派到法國宮廷去辦本該由他親自去辦的事，便是受了另外一個更有權勢的人的指派，所以從巴黎回安納西之後才表現得那麼高興。如果是這樣的話，可以說，他們選派這樣一位女使節到巴黎去辦事，眞是選對了，因爲她當時年輕貌美，又具有一切在談判桌上穩操勝算的必要才能。

第四卷（一七三〇—一七三二）

我回到了家，可是沒有見到她，人們可以想像得到我是多麼吃驚和多麼傷心啊！這時候，我想起我在里昂拋下勒．梅特先生和自己悄悄溜走的情形。這件事情做得太可恥了，我懊悔的心情立刻湧上心頭，尤其是，當我得知他後來不幸的遭遇時，我懊悔的心情就更沉重了。他那個裝樂譜的箱子，可以說裝的是他的全部家當。我們費了許多力氣才搶運出來的這個珍貴箱子，一運到里昂便被多爾坦伯爵派人扣留了，因爲教務大會早已寫信把勒．梅特先生攜物潛逃的事通知了他。這個箱子，是勒．梅特先生的全部財產，是他謀生的工具和一生勞動的成果，因此他一再要求發還他，但結果卻沒有成功。這個箱子的產權問題至少應當透過訴訟程序來解決，但沒有這樣做，就按最強者的法律，一句話就決定沒收了；可憐的勒．梅特先生的音樂才能的結晶、青年時代的全部作品和晚年的生活保證，就這樣全都失去了。

我當時受到的打擊，幾乎使我的身心崩潰。不過，當時我還年輕，即使是最傷心的事，對我的影響也不大。我不久就想出了一些自我寬慰的說法。儘管我不知道她在巴黎的地址，她也不知道我回到了安納西，但我估計不久就會得到她的消息。至於我丟下勒．梅特先生不管這件事，從各方面看都不算太大的罪過。在他逃走的過程中，我已經爲他出了力，這是我能力所及唯一能做的事情，即使我後來留在法國與他同住在一起，也治不好他的病、也保不住他那個箱子，不但於事無補，還要增加他的開銷呢！這是我當時對這件事情的看法，而今天我當然就不這樣看了。我們對一件醜事的後悔心情，往往不是產生在剛剛做這件事情的時候，而是產生在很久之後我們想起它時，這時候，它才令我們心裡十分難過，因爲醜事的痕跡是永遠也抹不掉的。

要想得到母親的消息，唯一的辦法只有耐心等待，因爲，即使我趕到巴黎，我也不知道到哪裡去找她，何況這筆旅費又如何籌措呢？要想或遲早打聽到她在哪裡，沒有比安納西更妥當的地方了，因此我決定留在安納西。然而在安納西這段期間，我表現得很差；我沒有去拜訪那位曾保護過我而且以後還能繼續保護我的主教；這時華倫夫人又不在身邊，我怕他會責問我們爲什麼要悄悄逃走；我也沒有到神學院去，因爲格羅先生已不在那裡了；我更沒有去探望任何一位朋友；我本想去拜訪地方長官的夫人，但又不敢；更糟糕的是，我又見到了汪杜爾先生。這個人，儘管我很欣賞他，但自從我出走以後，我心裡連想都沒有想過他。我發現他現在已大出風頭，在安納西到處受人歡迎，有地位的女人都爭相招待他。他這麼成功，簡直使我佩服得五體投地，我心目中只有汪杜爾先生，他幾乎使我把華倫夫人也忘記了。爲了便於向他請教，我提議索性與他住在一起，他也同意了。他住在一位鞋匠家裡，這個鞋匠愛開玩笑、愛逗樂；他用當地的土話叫他的妻子「臭娘們」。說實話，用這個名稱叫他的妻子，也眞的十分合適。他們倆常常吵架，汪杜爾在一旁好像是在勸解，但實際是在鼓吹他們繼續吵下去。他態度十分冷靜的用普羅旺斯口音向他們說的話，產生了很大的效果：他們愈吵愈厲害，最後讓人樂得哈哈大笑起來。每天上午就這樣不知不覺過去了；下午兩、三點鐘時，我們吃點東西後，汪杜爾便到他常去的交際場所，並在那裡吃晚飯，而我便獨自一人上街，一邊散步、一邊思索他爲什麼有這麼大的本領，我既羨慕和欽佩他出色的才能，同時又咒罵我倒楣的命運不讓我過和他一樣的幸福生活。唉！我對我的生活的看法簡直是大錯特錯了。因爲，如果我不這麼愚蠢，如果我能善於享受我的生活，其實我的生活比他的生活還美好一百倍呢！

華倫夫人只帶阿奈前往巴黎，而把我在前面提到的她的貼身女僕默爾塞赫留在家裡。我發現她仍然住在她的女主人的那套房間裡。默爾塞赫小姐比我的年紀稍大一些，雖不怎麼漂亮，但挺討人喜歡，是一個沒有壞心眼的弗里堡小姐。她唯一的缺點是有時候不聽女主人的話並和女主人頂嘴。我常去看她，算是熟識。由於一看見她就使我想起那個更可愛的人，因此我也愛她了。她有幾個女性朋友，其中有一個是日內瓦人，名叫吉羅小姐。活該我倒楣，不知怎麼搞的這位吉羅小姐竟喜歡上我。她老是強迫默爾塞赫把我帶到她那裡去。一來是因爲我愛默爾塞赫，再者是因爲吉羅小姐那裡還有其他幾位小姐我也很想認識一下，所以我也就跟著默爾塞赫去了。吉羅小姐對我百般挑逗，頻送秋波，這令我對她厭煩透了。當她那張被西班牙菸草薰得又乾又黑的嘴親吻我的臉時，我恨不得吐她一臉口水。不過，我還是耐住性子讓她親，因爲除了這一點令我不快以外，我和那些小姐們還是玩得很開心。她們或許是爲了討好吉羅小姐，或許是爲了討好我，全都爭相與我攀談。我當時認爲她們只不過是出於友誼才這樣做的，可後來回想起來才發現，當時只要我願意，是可以從中取得比友誼更深一層的效果的，但我沒有這樣做，也沒有這樣想。

老實說，女僕、女裁縫和小小的女商販，這類女人一個也打動不了我的心，我需要的是大家閨秀。每個人都有自己的幻想，我的幻想就是如此。在這一點上，我的看法與賀拉斯的看法不同。我這樣選擇，不是出自高攀門第的虛榮心，而是由於我心儀的女人必須是皮膚細嫩、十指纖纖、服飾簡樸，全身有一種輕盈端莊的氣質，而且舉止要大方、談吐要高雅、衣服的剪裁要合身、做工要精細、鞋子要小巧、絲帶和花邊要搭配得宜、頭髮要梳得很整齊。只要具備了這些，即使臉蛋兒不那麼美，我也喜歡。我自己也覺得這樣來挑選女人，實在可笑，但是，我的心就是不由自主的想要這樣挑選。

啊呀！機會來了！如何利用這個機會，那就要看我的了。我是多麼喜歡時而又回過頭去再次享受我青年時期的美好時光啊！青年時期的美好時光是多麼甜蜜呀！儘管它們是那麼短暫和那麼難得，我卻沒有費多大力氣就享受到了！啊！只要一回想起它們，我的心便怡然自得。現在我需要的，正是這種心情，以便恢復我的勇氣和忍受晚年的淒涼。

有一天黎明，我發現天空是那麼的晴朗，於是我趕快穿上衣服，急忙出城到鄉間去觀看日出。我興致勃勃觀賞了太陽升起時的全部美景。時間是聖約翰節後的一天，大地披上了盛裝，到處是花草，夜鶯一聲接一聲的鳴囀，似乎是想把它們的歌詠會推向高潮。百鳥合唱，送別殘春，迎接美麗的夏日來臨。這麼美麗的日子，到了我現在這樣的年紀，是不可能再見到了；在我今天①所居住的這塊淒涼的土地上，就從來沒有看見過這麼美好的景色。

我不知不覺走到了離城很遠的地方，天氣愈來愈熱，我在一個山谷的樹蔭下沿著小河漫步。我聽見我身後傳來了馬蹄聲和女孩子嘰嘰喳喳的說話聲。儘管她們好像是遇到了什麼麻煩，但還是笑得挺開心的。我剛轉過頭去，便聽見她們在叫我的名字。我走過去一看，原來是我認識的兩個小姐——格拉芬麗小姐和嘉莉小姐。她們兩人不太會騎馬，不知道如何讓馬涉過那條小河。格拉芬麗小姐是一個很可愛的伯恩人，因為在家鄉做了一些在她那個年齡很難避免的蠢事，便被趕出了家門，所以現在無論說話或做事都處處學華倫夫人的榜樣。我在華倫夫人家裡見過她幾次；她並不像華倫夫人那樣有一份年金，不過，好在她的運氣不錯，遇上了嘉莉小姐，兩人一見如故，結成了朋友。嘉莉小姐請求母親答應讓格拉芬麗小姐陪她作伴，在格拉芬麗小姐有了更好的去處以前，一直住在她家。嘉莉小姐比格拉芬麗小姐小一歲，比格拉芬麗小姐漂亮，有一種我難以形容的高雅氣質，而且身材苗條，長得十分勻稱，正處於豆蔻年華的美好時期。她們兩人相親相愛；從她們兩人很好的性格來看，如果沒有情人來插足，她們一定會永遠在一起的。她們跟我說她們要到圖訥去，那裡有嘉莉夫人的

---

① 指作者寫作這段文字那一天，即一七六六－一七六七年中的一天；這時，盧梭在英國斯塔福德郡的伍頓，文中「這塊淒涼的土地」即指伍頓。——譯者

一座古堡；她們自己不會策馬過河，便求我幫她們的忙。我本想用馬鞭趕馬過河，但她們怕激怒馬用後腿踢我，又怕她們從馬背上摔下來。於是，我只好另想辦法：我手握馬韁，牽著嘉莉小姐的馬從深及膝蓋的水中走過去，而另一匹馬也就毫無困難的跟著我們過了河。過河之後，我向兩位小姐道別。可是，正當我像傻瓜那樣轉身要走的時候，我聽見她們兩人低聲交談了一下，接著，格拉芬麗小姐便對我說：「別走，別走！別這樣說走就走嘛。你為了幫我們的忙，衣服都溼了，我們幫你把衣服晾乾才好，你和我們一起走吧，我們要把你當俘虜那樣帶走！」一聽這話，我的心怦怦直跳，我望著嘉莉小姐，她看見我驚慌失措的樣子，便笑嘻嘻地說：「好啦，好啦！俘虜，快上馬，騎在她的後邊，我們會好好招待你的。」「可是，小姐，我不認識你母親呀！她看見我跟你們一起去，會說什麼呢？」「她母親不在圖訥，」格拉芬麗小姐說道，「古堡裡就只有我們兩個人。我們今天下午還要回城去，你跟我們一起回去吧！」

這幾句話對我產生的效果比電還快，正當我側身抬腿跳上格拉芬麗小姐的馬上時，我高興得全身直顫抖。為了騎得穩，我必須摟著她的腰；這時候，我的心跳得那麼厲害，以致連她都感覺到了。她告訴我，她的心也在跳，因為她怕摔下馬去。讓我這樣摟著她，這幾乎等於是請我去摸她的心是不是在跳動，不過，我不敢！一路上我的兩隻胳臂讓她當腰帶，雖然摟得很緊，但我一點也不敢挪動。有些女人讀到這段話，也許會賞我兩耳光，她們打得有理。

一路上，大家都很高興。兩位小姐嘰嘰喳喳說個沒完，她們的聊天也引起了我的興趣。那一天，直到天黑，只要我們三個人在一起，我們的嘴便片刻也沒停過。她們很隨和，儘量讓我不受拘束，因此我的嘴巴也像我不停轉動的眼睛那般不停的說，儘管說的事情跟眼睛看的東西不一樣。只有當我與其中一位小姐單獨在一起時，我們談起話來才稍微有一點羞怯的樣子，但是，離開的那一位沒多久就回來了，因此沒有足夠的時間弄清楚我們羞怯的原因。

到圖訥後，我先烘乾衣服，接著，便開始吃早餐，隨後，最重要的一件事情就是準備午飯。兩位小姐頻頻去吻佃戶的幾個小孩子，我在一旁瞧著她們，只能乾著急，幫不上一點忙。做飯的材料，是早就從城裡送到了的，東西很多，足夠做一頓豐盛的午餐，尤其是糕點簡直多極了，遺憾的是，送東西的人忘了把酒送來；對不常飲酒的兩位小姐來說，這當然沒有什麼，可是我就有些不高興了，因爲我想借酒壯膽嘛。她們看起來也不大高興，恐怕也想像我一樣喝幾口酒壯壯膽子，而這我不敢肯定。她們活潑可愛的高興樣子，是那樣的天眞，我和她們兩人之間還能有什麼呢？她們派人到附近去買酒，可是沒有買到，因爲這個地方的農民太窮，從來不喝酒。她們對我表示歉意，我對她們說：「不要爲這點兒小事就這麼不安，其實，你們不用酒，也會把我灌醉的。」這是那天我斗膽向她們說的唯一一句風流話。我覺得，這兩個機靈的小姐一定明白我這句風流話說的是實話。

我們在那位佃戶的廚房裡吃午飯。兩位小姐坐在一張長桌兩端的椅子，而我則坐在她們中間的小圓椅子。這是多麼愜意的一頓午餐！多麼美的一段回憶啊！既然我只花那麼一點力氣就享受到這麼純潔和眞實的快樂，我爲什麼還要去尋找別的樂趣呢？在巴黎的任何一個家庭裡也吃不到這樣一頓午餐。我這個話的意思，不僅僅是指進餐時的快樂心情和口腹的滿足，同時還指我身旁的兩位佳麗，她們的秀色可餐，眞的讓我大飽眼福啊！

午飯以後，爲節省起見，我們沒有喝早餐剩下的咖啡，而是把咖啡留待下午茶時與她們帶來的點心一起吃。爲了促進食欲，我們到果園摘櫻桃當成餐後點心。我爬上櫻桃樹，抓著樹枝，連枝帶葉的摘下來扔給她們，而她們卻把吃剩的櫻桃核從樹枝間扔過來打我。有一回，嘉莉小姐雙手拉起她的圍裙，頭朝後仰，擺出站穩接東西的架勢，而我便馬上瞄準她，不偏不倚把一束櫻桃扔在她的乳房上。她哈哈大笑起來。我心裡暗中對我自己說：「要是我的嘴唇能變成櫻桃，親一下她那個地方，那該多好啊！」

那一天就是這樣嘻嘻哈哈、無拘無束和自由自在度過的；但大家都很規矩，沒有說一句出格的話，也沒有亂開玩笑。這麼規規矩矩的表現，不是裝出來的，而是自然而然來自我們的內心。我是那樣的膽小（也許有人說我是傻子），以致在那整整一天裡，我做出的唯一放肆的行動是抓著嘉莉小姐的手吻了一下。的確，從當時的情況看，她能讓我輕輕吻一下，也是很不容易的。當時只有我們兩個人在房間裡，我的呼吸急促，她低下頭；我的嘴本想說什麼，可是還沒有說出來就趕緊去吻她的手了。她把我吻過的那隻手輕輕的收了回去，望了我一眼，但沒有露出慍容。正當我猶豫不知道該對她說點什麼的時候，格拉芬麗小姐進屋來了，這時候，我覺得她的樣子顯得有點嫌惡。

最後，她們兩人都說最好別等到天黑才回城，現在剩下的時間剛好夠在天黑前回到城裡，於是我們趕快像來的時候那樣各騎各的馬往回走。要是我膽子夠大的話，我就會提出改變一下我原來的位置，騎在嘉莉小姐的那匹馬的馬背上。其實，嘉莉小姐的目光已經向我傳來了信號，攪動了我的心，只怪我不敢說出來，而她也不好意思主動提出讓我與她同騎一匹馬。歸途中，我們都感到這一天就這樣結束了，眞是太可惜。不過，我們也沒有抱怨白天的時間太短，因爲我們玩得挺開心，沒有浪費一分一秒，因此也就等於把白天的時間延長了。

我差不多就是在她們早晨遇見我的地方與她們道別的。臨別時，我們是多麼的依依不捨啊！我們懷著喜悅的心情相約以後再見面！在一起度過的那十二個小時，彷彿像是親密相處了幾個世紀。將來，這兩個可愛的小姐回憶當天的情形，是只會感到甜蜜，而不會感到有什麼令人羞愧的地方的。從洋溢在我們三人之間的溫柔情誼中得到的快樂，比肉欲的快樂更甜蜜，何況這兩者是不能並存的呢。我們傾心相愛，沒有做任何見不得人的或令人羞愧的事；我們願意永遠這樣彼此相愛。天眞的性格有它獨特的魅力，它勝過肉欲的快樂，它將永遠存在而不會中斷。至於我，我深深知道，這一天如此美好的的回憶，比我這一生享受到的其他樂趣都更使我感動、使我高興、喜在心頭。我心中當然明白我應該如何對待這兩個可愛的小姐；眞的，她們兩個人都同樣深得我心。我的意思並不是說我的心對她們兩個人一視同仁，如果由我做主安排，我當然是稍稍有偏向的。如果格拉芬麗小姐做我的情人，這當然好，但是，如果由我選擇的話，我倒是希望她做我的密友。不管怎麼說，總而言之一句話，在我離開她們的時候，我覺得，少了她們當中的任何一個人，我都無法活了。然而，不幸的是，和她們一別之後，我這一生就再也沒有見到過她們，我們曇花一現的愛情到此就結束了。這一點，誰能料到呢？

讀到這裡，人們難免不對我的風流韻事感到好笑，說我花了那麼多心思和力氣之後，得到的最大收穫，只不過吻了一下嘉莉小姐的手而已。啊！各位讀者，你們錯了，因爲我從以吻手結束的戀情中得到的樂趣，比你們從以吻手開始的戀情中得到的樂趣多得多。

汪杜爾昨天夜裡睡得很晚；今天，我回來之後不久，他也回來了。這一次，我不像平時那樣一見到他心裡就很高興；我守口如瓶，沒有把今天經歷的事情告訴他。那兩位小姐在對我談到他的時候，頗有微詞，顯然對我和這樣的壞人交往很不高興。她們的看法也影響了我，使我也開始對他有點兒看不順眼了，何況凡是能分散我對那兩位小姐的思念的事，都使我感到討厭。然而，當他一談到我目前的景況時，又立刻使我想到了他，想到了我自己。我的景況現在已經到了山窮水盡無以爲繼的地步，儘管我的花費不多，但口袋裡的錢也所剩無幾。我既沒有別的生活來源，又一直沒有得到母親的消息，我眞不知道我將變成什麼樣子。一想到作爲嘉莉小姐的朋友的我即將淪爲乞丐，我就心亂如麻，不知如何是好。

汪杜爾告訴我說，他曾經向預審法官西蒙先生談起我，並打算第二天帶我到預審法官那裡吃午飯，預審法官可以透過他的朋友幫助我。汪杜爾還說預審法官是一位值得結交的人，因爲他不僅聰明，而且還很有學問，爲人處事十分隨和；不但自己有才能，而且也喜歡有才能的人。過了一會兒，汪杜爾又像平常那樣把正經事和無聊的小事混在一起談；他讓我看從巴黎傳來的一首依照當時正在上演的穆赫的一部歌劇的調子譜寫的歌詞。汪杜爾說，西蒙先生很喜歡這首歌，不但他自己想按照同樣的曲調另寫一首，而且還請汪杜爾也寫一首。這個汪杜爾不知道怎麼搞的，竟突發奇想，要我也寫一首。他說：我們三人各寫一首，第二天就可讓三首歌一首接一首亮出來，就像《笑林傳奇》中描寫的一輛接一輛出現的華麗馬車那樣，讓人看得目不暇接。

那天夜裡，我徹夜未眠，絞盡腦汁寫歌詞，這雖然是我平生寫的第一首歌，但寫得還不錯，甚至可以說是寫得相當好。如果是在前天夜裡寫的話，也許還無法寫得如此有韻味，因爲歌詞的主題表述的是我正在回憶的愛情故事。早晨，我把我寫的歌詞給汪杜爾看，他說寫得好，接著就把我寫的歌詞放進他的口袋裡，也不告訴我他的歌詞是否已經寫完，隨後我們就到西蒙先生家吃午飯了。西蒙先生十分熱情的招待我們；他們兩人談笑風生，兩個飽有才學又讀過很多書的人談起話來當然是很愉快的了。而我，我守著我的本分靜靜聽著，一句話也沒有說。不過，奇怪的是，他們兩人誰也沒有談寫歌詞的事，而我更是一句話也不敢提。我察言觀色，發現他們那天根本就無意把我寫的歌詞列入他們的話題。

西蒙先生對我的表現似乎很滿意，在這次會面中，他對我的印象差不多就是這麼一點點。在此之前，他已經在華倫夫人家中看見過我幾次，只不過沒有怎麼注意罷了，因此，我應當把這次的午餐定爲他和我開始眞正相識的時間。這次會面，雖然沒有達到原定的目標，但後來爲我帶來了另外的好處，所以回想起來，還是很愉快的。

他的外表，我必須敘述一下，否則就是一個很大的疏忽；有關他身爲預審法官的身分和他頗爲自詡的才能，如果我一字不提的話，人們是很難想像出來的。西蒙預審法官先生的身高肯定不到二尺②，他的兩條腿又直又細長；如果他的兩條腿都挺直站立的話，可能會使他的身子顯得高一些，然而他的兩條腿總是像圓規一般斜叉開。他的個子不僅矮，而且很瘦，簡直是矮小得難以想像；如果他光著身子的話，可以說他眞的是活像一隻蚱蜢。他的頭大小適中，五官端正，眼睛相當明亮，一副高貴的樣子。頭型雖好看但身軀卻不美，兩者搭配起來就好像竹竿上插著一顆假腦袋。在穿扮方面，他可以省一筆開銷，因爲單單用他那副大假髮就可以把他從頭到腳全都遮擋起來。

在談話中，他有兩種不同的聲音，不斷交替使用，形成鮮明的對照：一開始讓人聽起來很愉快，但一會兒之後，就開始令人討厭了。這兩種聲音，一種既凝重又響亮，如果可以的

②古法尺。——譯者

話，我認爲這是他的腦袋的聲音；另一種聲音，雖清晰，但很尖銳刺耳，這是他的身軀的聲音。當他故意慢吞吞裝模作樣講話時，便呼吸勻稱，一直用低沉的聲音說話，而一當他情緒激動語速加快起來的時候，他的聲音便尖銳得像哨子；這時候，要他再恢復低沉的聲音，那就難了。

儘管他的外貌像我在這裡描述的樣子（我的描述一點兒也不誇張），但西蒙先生爲人卻很風雅，善於辭令，穿著打扮極其講究，甚至可以說是十分浮誇。爲了儘量利用他的優點，他往往是早晨在床上接待來見他的人，因爲，當人們看見睡在枕頭上的那顆頭是那麼漂亮的時候，誰也意想不到他全身也只有那顆頭美。不過，正是因爲他這樣做，有時候反倒鬧出了許多笑話。我敢說，他鬧的笑話，全安納西的人至今都還記得。有一天早晨，他還睡在床上，或者說他還坐在床上等訴訟當事人的時候，他頭戴一頂非常漂亮的白色睡帽，睡帽上還有兩條玫瑰色的大絲帶。一個鄉下人來敲他的門。當時，他的女僕恰巧不在，預審法官西蒙先生聽見咚咚咚的幾聲敲門聲，便大聲喊道：「進來。」不過，這一聲用的是尖嗓子，聲音太大了一點兒；那個鄉下人走了進去，四處張望這女人的聲音是從哪裡叫出來的。當他看見床上的人戴的是有兩條絲帶的圓錐形女帽時，便連忙向「夫人」道歉，想轉身出去。可是，西蒙先生很不高興，說話的聲音便愈來愈尖，這樣一來，那個鄉下人更加認定床上的人是女人，認定自己受到了侮辱，因此便大聲嚷嚷罵了起來；他罵床上的「女人」是個不懂規矩的臭婆娘，怎麼在自己家裡也不給下人樹立個好榜樣。一聽這話，西蒙先生便氣炸了，因爲手邊沒有別的東西，二話不說拿起夜壺準備向那個可憐的鄉下人扔去，這時候，他的女僕回來了。

這個小矮子，雖說他的身體受到了大自然的虧待，但在智力上卻得到了補償。他先天就很聰明，再加上後天的努力，所以就更加聰明了。他是一個相當好的法學家，但他並不喜歡他的本行；他喜歡文學，而且還相當成功。尤其喜歡摘錄文學作品中的佳言雋語和華麗辭藻，在談話中信手捻來，顯得頗有才華，甚至和婦女們談話也是如此。他能把類似佳句集錦的書中的小片段背得滾瓜爛熟，從其中挑出一、兩段就可發揮成一篇漂亮的文字或說辭，饒有趣味的把六十年前的老事說得像是昨天才發生似的。他懂音樂，而且用他那男低音聲音唱得很好聽。總之，作爲一位法官，他這麼多才多藝，的確是難能可貴的。他對安納西的貴婦們備獻殷勤，因此她們對他都很寵愛，把他當作跟班似的看待。他曾經不自量力，向某些美女求過愛，結果弄得她們好笑不已。有一位名叫埃巴妮的女士說：像他這樣一個醜八怪，允許他跪下來吻一下女人的手，就算是給他很大的面子了。

由於他讀過許多好書，而且也喜歡談論他讀過的書，因此他談的話不僅很有意思，而且也使人頗受教益。後來，當我對讀書產生濃厚興趣的時候，我便經常去拜訪他，這對我大有助益。我住在尚貝里期間，有時候還從尚貝里到安納西去看他。他讚賞我好學不倦的精神，並一再鼓勵我上進，指導我如何讀書，使我獲益匪淺。一個那麼聰明的人，身軀竟如此瘦小，這是多麼令人遺憾啊！幾年以後，不知道是什麼爲難的事情使他終日憂傷，含恨死去，這太可惜了，這個小矮人的確是個好人，人們開始時會覺得他可笑，但最後一定會喜歡他的。雖然他和我之間的交情不深，但我曾經受過他的許多教導，爲了表示我對他的感激，我認爲應當在這裡寫一段文字紀念他。

我一有空，便跑到嘉莉小姐住的那條街上晃，希望能看到有人進出她的家，哪怕只看見有人開一下窗子，我也是高興的。然而，我什麼也沒有看見，連一隻貓也沒有看見。我在那條街的時候，她家的門始終關得很緊，好像裡邊沒有人住似的。那條街很小，空空蕩蕩的，只要有人出現，就會引人注意的；時而有人從街上經過，或進出她家旁邊的房子；我一個人待在那裡，眞感到十分狼狽。我覺得似乎有人已經猜到了我老待在那裡的原因。一想到這一點，我就感到如同遭受苦刑，因爲，我雖然是想得到與她見面的快樂，但我更希望我喜愛的人的榮譽和寧靜得到保持。

我不想老是這樣當一個單相思的情人。由於我手中沒有吉他，我便拿起筆寫信給格拉芬麗小姐。我本想寫給她的朋友嘉莉小姐的，但我不敢；我覺得還是先給格拉芬麗小姐寫比較合適，因爲我是透過她才認識嘉莉小姐的，何況我和她比較熟悉。信寫好後，我請吉羅小姐送去。這個辦法是我和那兩位小姐上次分別時約定的，而且是她們首先說這樣辦的。吉羅小姐是做女紅的，有時候在嘉莉夫人家做，能隨時進出她家。當時我覺得選吉羅小姐做信差並不妥當。但是，如果我對吉羅小姐過於挑剔的話，我又擔心她們找不到別人。此外，我又不敢告訴她們吉羅小姐本人就在打我的主意。說實話，像吉羅小姐這樣的人也敢像那兩位小姐那樣愛上我，我覺得，這實在是一個恥辱。不過，後來我還是覺得有這麼一個送信的人，總比沒有的好，所以我決定不管風險多大，我都要把信交給吉羅送去。

吉羅聽我頭一句話，就猜出我爲什麼事去找她，這並不難猜，因爲姑且不說這是一封交給那位小姐的信，單單看我這傻頭傻腦難爲情的樣子，就可以完全看出我的祕密。人們可以想像得到，託她去辦這件事，她是不怎麼高興的，可她不但接受了，而且還很忠實的把信送去了。第二天上午，我跑到她家去，收到了回信。我是多麼迫不及待的想跑去她家看回信，並盡情吻它！這是用不著我多說，讀者也能想像得到的，而需要我詳細表述的，倒是吉羅小姐當時的態度竟是那麼的詭祕和穩重，這就完全出乎我的意料了。她已經三十七歲，當然知道憑她那長相和尖嗓門，肯定是爭不過那兩個如花似玉的小姐的，因此她決定，既不洩露她們的祕密，也不爲她們效力。她寧可失去我，也不願爲了她們而留下我。

默爾塞赫已經有好長一段時間沒有她女主人的消息了，因此很想抽空回弗里堡一趟。現在在吉羅的慫恿下，便立刻做出了回去的安排。此外，吉羅還告訴她，最好是有一個人陪她一起回家，而且建議由我陪送。可愛的默爾塞赫對我沒有什麼壞印象，因此覺得吉羅的這個主意很好。她們當天就來找我談這件事情，聽她們的口氣，好像事情就這麼定了似的，而我當時對她們這樣隨意支配我的做法也沒有感到有什麼不妥，於是便同意了，覺得此行頂多只不過是一個星期的事情。吉羅有她的另一套想法，她說：旅行的準備工作由她來安排。我告訴她們，我手中拮据，沒有路費。這一點，她們也早已想到；默爾塞赫答應路費由她出，爲了彌補負擔我的費用，我提出先把她的小行李包寄走，我們把旅途分成幾小段，我們步行，每天走一點，這樣就可省下僱馬車的錢，她們認爲這個辦法很好，於是就決定這樣辦了。

我在這裡說有那麼多小姐愛我，我自己也覺得不好意思。不過，由於我在這幾次豔遇中都沒有得到什麼實際的好處，所以我認爲可以毫無顧忌的如實說出來。默爾塞赫比吉羅年輕，又不像吉羅那樣什麼都懂，因此沒有對我說過任何一句挑逗我的話。她喜歡模仿我的聲音和腔調，或者重複我說的話。一路上，不是我照顧她，反倒是她照顧我，對我十分關心。不過，我們夜裡睡在同一個房間裡，這使她感到有點害怕，因此她也時時留心、處處提防。一個二十歲的小夥子和一個二十五歲的小姐在這次旅途中，兩人近距離接近，就只這麼一點點，而且接近的次數不多。

這次旅行，我們的確只有這麼一點點近距離接觸。雖然默爾塞赫的長相不難看，但我那時的心也十分單純，所以在整個旅途中，不但沒有做出任何逾矩的事，甚至連想也未曾想過，即使有時候心裡有點兒衝動，但由於我太傻，所以也不知道應當如何下手。我想像不出一個未婚女子與一個小夥子要怎樣安排才能睡在一起。我覺得需要幾個世紀的預備才能做好這種危險的安排。如果可愛的默爾塞赫想利用她爲我出路費就可以從我身上得到什麼補償的話，她這個如意算盤眞的落空了。我們像從安納西動身時一樣，什麼事情也沒有發生，平平安安的到了弗里堡。

在經過日內瓦那天，儘管我誰也沒有去看望，但當我們從橋上經過時，我心裡還是十分難過的。只要一看到這座幸福的城市的城牆，只要一進入市區，我便由於過於激動而心亂如麻，久久無法平靜。這座城市崇高自由的形象昇華了我心靈的同時，平等、團結和風尚淳樸的形象也令我感動得流下了眼淚，使我對我失去了這一切感到萬分後悔。我的錯誤是多麼大啊！而犯這種錯誤的過程又是多麼自然啊！我相信在我的祖國裡已經看到了這一切，因爲我已經把它們銘刻在心裡了。

尼翁是我們的必經之地，經過尼翁而不去看望我慈祥的父親！如果我眞敢這麼做，我以後會後悔一生的。我把默爾塞赫留在下榻處，不顧一切去看父親。唉！我原來的擔心完全是多餘的，他一看見我，就向我敞開了充滿父愛的心，在互相擁抱時，我們流下了多少眼淚啊！起初，他以爲我這次回到他身邊就不走了，我跟他講了我的情況和今後的打算，他只淡淡講了一下他不贊成我的打算的理由。他向我指出我可能遇到的危險並特別告訴我：像這樣三分鐘熱度做荒唐事的時間愈短愈好。不過，他沒有強迫我留下的意思，這一點，我覺得他做得對。但有一點是可以肯定的，那就是他沒有盡他最大的努力來挽留我。推究其原因，可能是由於他本人覺得，在我走上了我所選擇的這條道路以後，已經不可能回頭了，或者是由於他也確實不知道要如何對待我這樣年紀的孩子。後來我才知道，他對我的旅伴有一種不符合事實的錯誤看法，他有這種看法，是很自然的，我的後母是一個善良的女人，但對人稍微有點虛情假意，她假裝要留我吃飯，但我沒有吃。我告訴他們，我從弗里堡回來的時候，將盡可能和他們多待一些時間。我把我從水路運來的一個小包裹寄存在他們那裡，因爲我覺得帶在身邊太累贅，第二天一大早我就離開了尼翁。我心裡很高興，因爲我見到了我的父親，盡到了我探望的孝心。

我們終於平安到了弗里堡。在旅行快結束時，默爾塞赫小姐對我的熱情稍微減少了一些；而在到達以後，她對我就完全冷淡了。她父親的家境並不寬裕，也不怎麼熱情招待我，因此我只好去住小旅店。第二天，我去看他們，他們請我吃午飯，我接受了。飯後道別時，大家都沒有依依不捨的表示，當晚我回到小旅店，第二天就走了，至於到哪裡去，連我自己也不知道。

在我這一生中，這是上帝再次給我可以過幸福日子的好機會。默爾塞赫的確是個好女孩，雖不十分漂亮，但長得並不難看；雖不活潑，但很講道理，儘管有時候也鬧點小脾氣，但哭一會兒就沒事了，從來不大吵大鬧弄得大家不安寧。她的確很喜歡我，如果我想娶她，那是很容易的，而且娶了她還可以跟著她父親做一樣的職業，因爲我喜歡音樂，所以也很喜歡她父親的職業，這樣，我就可以在弗里堡安家。這個小城雖不怎麼美，但居民卻很善良。毫無疑問，我在這個小城裡雖享受不到什麼大快樂，但可以一輩子過平靜的生活，這一點，我比誰都看得更清楚，所以，這樣的機遇要是眞的來臨的話，我是一定會把握住，絕不會有半點猶豫的。

我臨時決定不回尼翁，改道直奔洛桑。我要去觀賞那個美麗的湖；在洛桑觀看湖景，才可一覽無遺、見其全貌。支配我的行動的內心動機，大部分都是沒有堅實的基礎的。遠大的理想，很少有實現的可能，因而引不起我的興趣。由於對未來沒有信心，所以我總感到一切長遠計畫都只不過是鏡花水月。我和一般人一樣，常常抱著某種希望，但必須是不費多大的力氣就能實現的希望，如果需要花許多力氣，長期堅持，那我就寧肯放棄。一切只需舉手之勞就可獲得的小確幸，在我看來，比天堂的大快樂更具有吸引力。凡是事後會帶來痛苦的快樂，我都不去追求，我對這種快樂一點也不感興趣，因爲我追求的是純潔的快樂，明知事後一定會後悔的快樂，就絕對不是我所說的純潔的快樂。

我必須馬上到一個地方休息，這個地方愈近愈好，因爲我迷路了，在傍晚時到了穆東。身上的錢已經不多了，除留下十個克勒澤爾準備明天吃午飯以外，我把剩下的錢都花光了。第二天吃午飯，那十個克勒澤爾也只是剛好夠吃這頓飯錢。傍晚時，我到了洛桑附近的一個小村莊；我走進一家小旅店，身上一毛錢也沒有。拿什麼付店錢，我自己也不知道，這時我的肚子餓極了，然而我卻裝出一副派頭，好像我有足夠的飯錢似的交代店家端來晚飯，我吃飽之後就上床，什麼也不去想，晚上我睡得很香。第二天早晨，吃完早飯以後，我請店家結帳，一共七個巴茲。我說我身上沒有現錢，只好用上衣來付這筆帳。那位憨厚的店家表示拒絕，他對我說：我發誓這輩子還從來沒有扒過任何一個人的衣服，因此他不願意爲了七個巴茲做這樣的事情。他請我把上衣穿上，將來什麼時候有錢就什麼時候付。我對他的好心非常感激，不過，我當時的感激心情並不大，更不像後來回憶此事時這麼深。沒過幾天，我就託一個可靠的人把欠他的錢送去了，並向他表示深深的謝意。事隔十五年之後，我從義大利回來又再次路過洛桑時，令我非常遺憾的是，我把那家旅店和老闆的名字全都忘記了。如果記得的話，我一定會去看望他，以一種出自內心的快樂心情向他講述他當年所行的善事，向他證明他那番好心沒有白費。的確，對別人做好事，如果是爲了表現自己而做的話，在我看來，即使做的是一件不不起的好事，也不如這個忠厚的老闆單純毫不炫耀的行爲更值得稱道。

快到洛桑的時候，我就開始思索要如何才能改變我目前的困境，不讓後母看見我這副可憐的樣子。我把這次徒步旅行與到達安納西時的汪杜爾，放在一起這麼一比較，我的心思就活躍起來了。儘管我沒有汪杜爾那樣的風度，又沒有他那樣的才能，我也要以小汪杜爾自居，在洛桑闖蕩一番，以教音樂謀生（其實我根本就不懂音樂），並說自己是來自巴黎（其實我從未到過巴黎）。這個計畫固然是好，但是，由於一方面在這個地方根本就沒有我可以謀到一個職位的音樂學校，另一方面我又不敢貿然到懂這門藝術的行家當中去冒充內行，所以臨時決定先找一個價錢便宜的小旅館住下再說。有人告訴我，有一個名叫佩洛特的人的家裡可以留宿過往行人。這個佩洛特眞是世界上頂尖的一個大好人，他非常歡迎我，我把我事先編好的一套假話講給他聽，他答應向別人介紹我，幫我找幾個學生，等我賺到錢以後才付膳宿費，他定的膳宿費是每天五埃居，這個價錢並不貴，但對我來說就是很可觀的了。因此他建議我先搭半伙，午飯只供應一份濃菜湯，別的什麼都沒有，而晚飯則稍微吃好一點，我接受了他的建議。這個忠厚的佩洛特對我百般關懷，想盡一切辦法幫助我。爲什麼我年輕的時候遇到那麼多好人，而到了老年遇到的好人卻那麼少呢？是不是好人絕種了？不是的，而是由於今天我去尋找好人的社會階層已不是當年遇到好人的社會階層了。在平民中，儘管巨大的熱情只偶爾才流露，但自然的感情則是隨時可以見到的；在上層社會，人的自然感情被桎梏了，上層社會所說的感情，實際是從利益出發，虛情假意，只停留在口頭上。

到洛桑之後，我寫了一封信給父親；他把我存放在他那裡的包裹給我寄來，還寫了一封信給我，信中勉勵有加的忠言使我頗受教益。我在前面已經說了，我的頭腦有時候竟混沌得不可思議，以致行事簡直不像我本人。現在讓我舉一個最明顯的例子，要了解我的頭腦當時混沌到什麼程度，要了解我當時是多麼崇拜汪杜爾，只需看一看我當時做了多少可笑的事就夠了。首先，我連歌譜都不認識，就公然當起音樂老師來了。雖說我和勒·梅特一起待了六個月，學了一點音樂知識，但這一點知識是遠遠不夠用的，何況跟這樣一位音樂大師學，反而學不好。作爲一個日內瓦的巴黎人，作爲一個在新教國家中的天主教徒，我覺得應當更改我的姓名，就像我曾經改變我的宗教和祖國一樣。我儘量使自己與模仿的對象處處都相似。他的名字叫汪杜爾·德·維爾勒夫，我就把我的姓氏「盧梭」改成「沃索爾」，再加上「維爾勒夫」。這樣一改變，我的名字全稱就叫作：沃索爾·德·維爾勒夫。汪杜爾會作曲，但他從不誇耀，而我不會作曲，反倒見人就吹噓自己是作曲高手。我連最簡單的小調都不會作，卻公然說自己是作曲家。這還不算什麼，甚至有人把我介紹給一位名叫特雷托朗的法學教授，這位教授喜歡音樂，常常在家裡舉辦音樂會。爲了顯示我眞有作曲的本領，我想先作一首曲子給他看一看。這個主意一打定，我便大著膽子像眞懂作曲門道的人那樣特地爲他的音樂會作曲，我前前後後一共花了兩個星期作這首曲子，最後很仔細的謄清、標定音部、劃分樂章，看起來就好像眞的是一部傑出的交響樂作品。儘管令人難以置信，但千眞萬確的是，爲了使這部美妙的作品更加出色，我在曲子的末尾加寫了一段優美的小步舞曲。這段曲子當時唱遍了大街小巷，甚至今天也許還有人記得下面這幾句當時是那麼著名的歌詞：

反復無常小妞妞！

處事不公令人憂！

唉！你的克拉麗絲

辜負了你的一片眞心。……

這首男低音歌曲，是汪杜爾教我的。歌詞十分鄙俗，正因爲如此，所以我才記得。我刪去原來的詞句，配上低音，把這首小步舞曲加在我作的曲子的末尾，並厚著臉皮像騙三歲孩子似的硬說是我作的。

在大家開始演奏我的曲子之前，我向他們解說了一下樂章的種類、演奏的風格和各個聲部的配合。我滔滔不絕講了好久，大家校音雖只花了五、六分鐘，但對我來說，這五、六分鐘就好像五、六個世紀之久。最後，看大家都準備好了，我便用一個大紙卷在指揮臺上敲了幾下，示意「注意了」。於是大家都鴉雀無聲安靜下來。我鄭重其事開始打拍子，演奏開始了……唉，自從有了法國歌曲以來，誰也沒有聽見過這麼聲音不協調的音樂。不論人家對我自以爲了不起的音樂才能有什麼看法，但誰也沒有料到演奏的效果竟那麼糟。演奏音樂的樂手們個個都笑得喘不過氣來，聽眾也都睁大了眼睛，只想堵住耳朵，可是沒有辦法堵呀。臺上演奏的樂手們又趁機搗亂，故意尋開心，弄出的噪音簡直能刺破耳膜。我若無其事繼續指揮，儘管直冒大汗，但顏面攸關，不敢一跑了之。要命的是，我聽見我身旁有人在竊竊私語，或者說得更確切一點，是悄悄告訴我聽眾的反應。這個人說：「這眞是讓人受不了！」那個人說：「亂七八糟，這哪裡像音樂呀！」還有一個人說：「這簡直像一群巫婆瞎唱歌。」可憐的尙－雅克呀，在這要命的時刻，你豈能料到將來有一天在法國國王和宮中貴婦們面前，你作的音樂將赢得大家的嘖嘖稱羨和陣陣掌聲；坐在你周圍的包廂裡的可愛的女人們也將竊竊私語：「多麼迷人的音樂！多麼好聽的旋律啊！每一句歌詞都打動人心！」③

---

③ 這段話中所說的「赢得大家的嘖嘖稱羡和陣陣掌聲」的音樂，指盧梭的《鄉村巫師》，這部芭蕾舞劇

不過，最令人好笑的是那首小步舞曲，才演奏沒幾小段，我就聽見全場響起了哈哈大笑的聲音，大家都對這首曲子的音韻大喝倒彩，還說這首曲子將使它的作者臭名遠揚，到處受人議論。我當時難過的心情，不用我說，讀者也是可以想像得到的。這一切，我誰也不怪，要怪就怪我自己。

第二天，一個名叫魯陶德的樂手來看我，他爲人厚道，沒有對我昨天的遭遇說什麼。然而，由於我深深感到自己的愚蠢，羞愧、懊悔和失望的心情一起湧上心頭，便迫使我不得不坦白的向他吐露眞情。我淚如雨下，不僅向他承認我根本不懂音樂，而且還把前後經過全都說了出來。我要求他爲我保密，他答應了；他的諾言，我是完全相信的。當天晚上，我的名字就傳遍了洛桑。不過，令人訝異的是，竟沒有一個人對我有異樣的表示，就連那個善良的佩洛特也沒有因此便不留我吃和住。

我繼續待在洛桑，但心情十分苦悶，這樣一個開端，當然不會使我在洛桑的日子好過。來向我學音樂的孩子不多，一個女孩子也沒有，而且沒有一個是城裡的孩子，只有兩、三個胖嘟嘟說德語的孩子跟我學。他們笨頭笨腦，而我對音樂也外行，眞是半斤八兩，湊在一起，把我煩得要死，他們在我這裡，肯定是培養不成大音樂家的。只有一家請我去當老

一七五二年十月十八日在法國國王的離宮楓丹白露演出，獲得巨大的成功。——譯者

師，教一個小女孩；這個小女孩很調皮，故意拿許多樂譜給我看，我看了半天，一個也看不懂。她看出端倪，就拿我開心，在我這位老師面前唱了起來，並告訴我該怎麼演唱。對於一個歌譜，我的確是沒有一看就能唱的本事，所以在前面談到的那次音樂會上，我實在是跟不上演奏的節奏，既不知道他們演奏的是不是擺在我眼前的我自己寫的譜子，更不知道他們是不是演奏正確。

儘管受了那麼多委屈，但在這期間，我也不時從兩位可愛的女友寄來給我的信中得到溫暖的安慰。只有女人才能帶給我安慰；在我遭受屈辱的日子裡，再也沒有什麼比一個可愛的女人對我的關心更能減輕我的痛苦了。可是，我和她們的書信往返沒多久就停止了，而且此後就再也沒有恢復。這都要怪我，因爲我在改變住處的時候，忘了告訴她們新的地址，再加上我一直不斷忙於考慮我自己的處境，所以就把她們完全忘記了。

我有很久沒有談到我可憐的母親了，如果人們以爲我忘記了她，那就錯了。我一直在思念她，希望見到她，這不僅是爲了生活的需要，而更多的是我的心需要她撫慰。不過，不論我對她的愛戀是多麼強烈和溫柔，這也不妨礙我去愛別的女人，只不過愛的方式是不同的。我對別的女人的愛，是愛她們的姿色，姿色一消失，我對她們的愛也隨之停止了，而我對母親的愛，即使將來她變得又老又醜，也不會減少一絲一毫的。起初，我是愛她的美貌，而後來變成是愛她這個人了，不論將來她的容貌發生什麼變化，只要是她，我對她的感情就永遠不會變的。我當然知道我是欠她情的，但我並未認眞思考過這一點，不論她對我做了什麼或沒有做什麼，我對她都是始終如一。我對她的愛既不是出於義務，也不是爲了利益，更不是由於兩人性格的投合。我愛她，是因爲我生來就是爲了愛她。當我愛上別的女人的時候，我承認，我會有些分心，對她的思念之情就少了。但是，只要我一想到她，我的心便依然是快樂的，而且，不論我是否愛上了別的女人，只要我一想到她，我便感到如果我和她沒有在一起，我的生活就沒有眞正的幸福。

儘管我有很長的一段時間沒有她的任何消息，但我不相信我眞的失去了她，也不相信她忘記了我。我對我自己說：「她遲早會知道我在流浪、遲早會傳某些消息給我，我一定會找到她的，這一點，我深信不疑。」何況我現在就住在她的家鄉，在她走過的街道上走來走去，觀看她居住過的房子，這一切，對我來說已經是夠幸福的了，雖然這種幸福是純屬猜測的。當時我有一種非常奇怪的想法，那就是：除了有絕對的必要以外，我不向任何人打聽她的消息，甚至連她的名字也不提，因爲我擔心一提她的名字，就會暴露她和我的關係，我的嘴就會洩露我心中的祕密，而給她帶來麻煩。另外，我還擔心，一提她的名字，別人就會對我說她的壞話，因爲人們對她離家出走一事議論甚多，對她的品行也有微詞，既然不想聽別人亂說一些我不想聽的話，我就乾脆什麼話也不說。

由於我的學生來跟我學習的時間不多，加上華倫夫人出生地離洛桑只有四法哩，所以我就到那裡去玩了兩三天。在這兩三天裡，我的心情一直是非常愉快的。日內瓦湖的景色和沿岸的風光，始終有一種我自己也感到難以描述的魅力。我不僅覺得景色美，而且還感受到它有一種難以形容的特殊風姿而打動我心弦。每當我來到沃州的時候，我就想起出生在這裡的華倫夫人和曾經在這裡生活過的父親，想起那個使我情竇初開的維爾松小姐，想起我少年時候在這裡的幾次愉快的旅行；除此之外，我還覺得這當中必然還有另外一些比這一切更爲強烈和神祕的原因才使我如此激動不已。每當我渴望得到我生來就應該享受而始終又未曾享受到的幸福生活時，我火熱的心就想起了沃州，把我的希望寄託在它的湖濱和美麗的田野裡。我一定要在這個湖的湖邊而不是在別處有一個果園，有一個忠實的朋友和一個可愛的妻子，有一頭乳牛和一條小船；只要有了這一切，我就可以在這裡過美滿的幸福生活。我自己也感到好笑，我想得太簡單了，以致曾經單單爲了尋求這想像的幸福就到沃州好幾次，而我每次去，使我感到驚訝的是，沃州居民的性格，尤其是女人的性格，和我想像的完全不同。我覺得這裡的人和這裡的風情太不相稱了！這個地方和居住在這裡的人，在我看來，是不相配的。

這次去沃州，我是懷著既甜蜜又憂傷的心情沿著景色宜人的湖岸緩緩行進的。我的心滿懷激情想像了千百種天眞無邪的美好的幸福情景。我心潮澎湃、唉聲歎氣，甚至像孩子似的哭了起來。我有好幾次停下步來，坐在一塊岩石上放聲痛哭，讓自己的眼淚滴到水裡。

我到了韋維，住在「拉克勒」旅店，頭兩天，我待在旅店裡，沒有去看望任何人。我對這座城市的愛，在我每次旅行的記敘裡都要提到，並最後把我小說中的幾個主角也安排在這裡。④我願眞誠告訴那些既有鑑賞力又重感情的人：「到韋維去，去看看那個地方，欣賞那裡的景色、泛舟湖上，看那裡是不是大自然特意爲茱莉、克雷爾和聖普勒這樣的人創造的。不過，如今景物依舊，人事全非，你們在那裡見不到他們了。」現在言歸正傳，讓我繼續談我在洛桑的情況。

既然我是天主教徒，我就要像天主教徒的樣子，毫不遲疑參加我所信奉的宗教的敬拜儀式。每逢星期天，只要天氣好，我就到離洛桑兩法哩的亞桑斯去做彌撒。我通常是和其他天主教徒一起去的，特別是和一個來自巴黎的刺繡工人（他的名字，我忘記了）一起去的次數比較多。他不是像我這樣的巴黎人，他是一個貨眞價實的巴黎人，像香檳省人那樣的大好人。他太愛他的祖國了，以致壓根沒有懷疑過我是否眞的是巴黎人，以免揭破我的老底，失去和一個人談巴黎的機會。大法官克魯札先生有一個園丁也是巴黎人，但他就不如那個刺繡工人和氣；他認爲我不是巴黎人而竟敢冒充巴黎人，這就損害了巴黎的榮譽。他常常像抓住了我的把柄似的考問我，然後流露出詭譎的微笑。他有一次問我巴黎新市場那裡有什麼值得一看的東西，我回答不出來，只好瞎說一番；這是可以想像得到的。後來，我在巴黎住了二十年，照理說，我應該熟悉這個城市了吧，然而，要是今天有人還是拿這樣的問題問

④ 句中的「小說」指《新愛洛伊絲》；「幾個主角」指本段末句中所說的茱莉、克雷爾和聖普勒。——譯者

我，我仍然會被弄得十分尷尬，答不出來的。人們從我尷尬的樣子往往會得出結論說我根本沒有到過巴黎；由此可見，只要看問題的角度錯了，人們對眞實的事情也往往會得出錯誤的結論。

我在洛桑究竟待了多久，我自己也很難說清楚。我對這個城市的印象不深，我只記得由於我在洛桑無法謀生，只好離開那裡，到納沙泰爾；在納沙泰爾過了一個冬天。我在納沙泰爾還比較順利；我招了幾個學生，賺到了錢。我先還清了我欠好心的朋友佩洛特的債。儘管我欠了他許多錢，但我上次離開他那裡後，他還是把我那個小小的行李妥善的寄給我了。

在教音樂的過程中，我不知不覺學會了音樂。我的生活相當舒適，照理說，一個有理智的人對這樣的生活應當知足了，然而我浮躁的心卻還想得到其他的東西。每逢星期天和我空閒的日子，我就到鄉下和附近的樹林中晃，胡思亂想，不斷唉聲歎氣。只要一出城，我就一定要玩到傍晚才回城。有一天，我走到了布德利，走進一家小酒館吃午飯。在酒館裡，我看見一個滿臉大鬍子的人，他身穿一件希臘式的紫色外衣，頭戴一頂皮帽；從他的一身行頭和相貌看，他是一個相當有地位的人。可是他講的話，沒人聽得懂，全是一些很難理解的土話，近似於義大利語，而不像其他的語言。不過，我幾乎全都懂得他說的話，而且只有我一個人能聽懂。他和酒館的老闆與當地的人只能比手畫腳交流彼此的意思。我用義大利語對他說了幾句話，他全聽懂了。他走到我跟前，使勁擁抱我。我們立刻就成了朋友，而且，從這個時候開始，我就成了他的翻譯。他的午飯有酒有菜，十分豐盛，而我的午飯卻很陽春，非常寒酸。他邀請我和他一起吃飯，我只客氣了幾句就答應了。我們一邊喝酒一邊聊，愈聊愈投機，吃完飯後簡直就變得有點難捨難分了。他告訴我說他是希臘正教的高級教士、耶路撒冷修道院的院長，此行是爲了重修聖墓⑤到歐洲各國募集捐款的。他拿出俄國女皇和奧地利皇帝發給他的證書給我看，此外，還讓我看了許多其他各國君主頒發的證書。他對他募到的捐款相當滿意，但在德國卻遇到了困難，因爲他一句德語、拉丁語或法語都不會說，只能用希臘語、土耳其語和法蘭克語與人交談，因此他在德國很難展開工作，募到的捐款不多。他提議我與他同行，擔任他的祕書和翻譯。我當時穿在身上的一件新買的紫色小外衣和我新擔任的職位雖相當配稱，但我的外表畢竟還不夠氣派，所以他認爲我不是一個難對付的人；這一點，他的看法是對的。我們三言兩語就達成了協定。我沒有提任何要求，而他卻對我許下了許多諾言。在既無仲介也無證人、我對他又缺乏了解的情況下，我就這樣把自己交給他支配，並且第二天就起程前往耶路撒冷了。

我們首先到弗里堡；在那裡他的收穫甚微。礙於主教的身分，他不好意思向人乞討和向私人募款，因此便到元老院去陳述自己此行的使命。元老院給了他一小筆錢。接著，我們便從弗里堡到伯恩。這裡辦事有許多規矩，單單審查他的那些證件，就不是一天能辦完的。我

⑤ 指耶路撒冷的耶穌墓。——譯者

們下榻在當時很漂亮的「獵鷹飯店」。住這家飯店的，都是有身分的人。餐廳裡吃飯的人很多，吃的都是上等酒菜。我有好長時間沒有吃葷食了，現在急需進補一下，此時有了機會，當然要趁機好好吃一頓。主教本人性情開朗，是一位喜歡交朋友的人，喜歡在飯桌上與人聊天，與那些能聽懂他的話的人一聊起來就沒個完，愈聊愈起勁，滔滔不絕賣弄他那套有關希臘的學問。有一天，在吃餐後點心用鉗子夾核桃時，一不小心把一根手指夾了一個大傷口，血流不止。這時，他一邊伸出手指，一邊笑著對大家說：「先生們，你們瞧，這才是眞正的古希臘人的血呢！」

在伯恩，我對他的工作還眞的起了大作用，效果並不像我原先擔心的那樣壞。我既大膽又會說，比爲我自己辦事還辦得好。在伯恩辦事，不像在弗里堡辦事那麼簡單，因爲要和當地的主事者進行冗長而又頻繁的商討；單是文件的查驗，就不是一天能辦完的。等把一切手續都辦好了以後，元老院才同意接見他。我以翻譯的身分與他一起到元老院；元老院的人讓我發言，這簡直出乎我的意料。我眞沒有想到經過與元老院的長時間商討後，還要我單獨對他們發表一番談話，就好像剛才與他們什麼也沒有商討似的。請大家想一想，我當時是多麼爲難啊！我本來就是一個靦腆的人，現在，不是要我對一般的公眾講話，而是對伯恩的元老們講話，而且連一分鐘的準備時間也不給，這不等於是要我的命嗎？！好在我沒有被嚇倒。我簡明扼要把主教此行的任務陳述了一遍，並對各國君主的解囊相助給予充分的讚揚。爲了激起各位元老爭相支援的熱心，我說我相信他們一定會一如既往慷慨捐助的；最後，爲了證明這一善舉對各個教派的基督徒都是有益的，我說：願上天賜福給所有一切參與這一善事的人。雖不能說我這番講話產生了多大效果，但可以說它是受到歡迎的。接見結束後，主教收到了一份巨額捐獻，他的祕書才能也受到了讚揚，尤其是對我作爲翻譯所發揮的作用更是給予充分的肯定。不過，這後半段肯定我的作用的話，我沒有敢逐字逐句翻譯給他聽。這是我生平唯一一次在大庭廣眾前面對最高當權者發表的講話；能講得那麼慷慨激昂，詞句又講得那麼漂亮，在我一生中，也只有這一次。同一個人，他的才情的表現在不同的時間竟有天壤之別！三年前我到伊弗東去看望我的老朋友羅甘先生。由於我曾贈送該市圖書館一些圖書，該市便派一個代表團來向我表示感謝。瑞士人個個都是大演說家，代表團的先生們輪番向我致辭感謝。我覺得必須對他們致答辭，然而我卻窘得暈頭轉向，不知道說什麼好。我的腦子亂成一團，一句話也說不出來，結果我當場出醜。雖說我這個人天生就膽怯，但在青年時期我有時候也是挺膽大的，哪知年歲大了以後，膽子反而變小了；我閱世愈多，反而在人多的場合愈無法即興發揮、無法從容應對。

按照主教的計畫，我們從伯恩到索勒爾，重新取道德國，然後經匈牙利或波蘭回國。整個路程很長，好在一路上他的錢包一直裝進得多、花費得少，所以不怕繞道多走路。至於我，不論是騎馬還是步行，我都很高興，巴不得這樣旅行一輩子。然而時運不濟，我沒有走那麼遠。

到索勒爾後，我們要做的第一件事是去拜會法國大使。活該我們的這位主教倒楣。這位大使是德．波納克侯爵，曾經擔任過法國駐土耳其大使，對有關聖墓的事十分清楚。主教晉見的時間只有一刻鐘，沒有讓我與他一起去見法國大使，因爲這位大使懂法蘭克語，而且他的義大利語至少講得和我一樣好。當我看見那位希臘人出來時，我便想跟著他一起離開，可是，有人把我攔住了。現在輪到我去見法國大使，我既然說自己是巴黎人，那就和其他巴黎人一樣，受大使閣下的管轄。大使問我究竟是什麼人，他要我說實話，我答應向他說實話，不過，我要求和他單獨談。我的要求被允許了，大使把我帶到他的書房，並立即把門關上，這時，我撲通一聲跪在他面前，把實情全對他講了；即使我沒有答應他毫無保留的講，我也會有什麼就說什麼，一句也不少講，因爲我的心早就想把憋在肚子裡的話全都傾吐出來。既然我已經向音樂家魯陶德說了實情，我還有什麼祕密向德．波納克大使隱瞞的呢。他對我向他講的簡短經歷和我講話時流露的眞情十分滿意，並拉著我的手走進大使夫人的房間，把我介紹給她，並向她簡短講了我的情況。德．波納克夫人很熱情的接待我，並告訴我不要再跟那個希臘教士到處亂跑。這時，大使決定：在沒有想好怎樣安置我以前，就讓我暫時住在大使館。我想去向那個可憐的主教道別，因爲我和他畢竟有這麼一段時間的交情，可是我的要求沒有被允許。大使派人把我被扣留的事通知了他，一刻鐘以後，有人就把我那個小行李包送來了。使館的祕書拉馬蒂尼埃先生臨時負責照顧我。他帶我到爲我預備的房間裡，對我說：「這個房間，當年在德．呂克伯爵的安排下，有一個和你同姓的名人⑥住過。你應該在各方面都要像他那樣成爲名人，以便將來談起你們的時候，分別稱你們爲『盧梭一號』和『盧梭二號』。」他這樣牽強的把我和那個人相比，我當時聽了一點也不感興趣；如果我能預見到我要花多大的力氣才能有朝一日和那個人並駕齊驅，我對他的話就更不感興趣了。

不過，拉馬蒂尼埃先生對我講的話，還眞的引起了我的好奇心。我把曾經住過這個房間的人的作品找來讀了一下。由於受到了別人的誇獎，我便自以爲我有寫詩的才情，於是，我作了一首獻給德·波納克夫人的頌詩，但我作詩的興趣沒有繼續下去；我有時候也寫一些平淡無奇的詩句，這對於遣詞造句和寫漂亮的散文，的確是一個很好的練習，但是，我從未感受到法國的詩歌有足夠的魅力使我願意全身心投入詩歌的創作。

拉馬蒂尼埃先生想看一下我的寫作才能，他讓我把我向大使講的話用書面寫出來。我給他寫了一封長信，我聽說這封信後來保存在德·波納克侯爵手下供職多年的馬里揚納先生手裡。在德·古爾德耶先生接任大使以後，馬里揚納先生便接替了拉馬蒂尼埃先生的職務。我曾經請瑪律澤爾布先生⑦想辦法讓我得到一份這封信的抄件；如果我能透過他或別人得到這

⑥ 指詩人讓巴普蒂斯特·盧梭（一六七〇—一七四一）。——譯者

⑦ 瑪律澤爾布（一七二一—一七九四）：法國政治家，在法王路易十五時代曾任宮內大臣和圖書總監。——譯者

份抄件，我將把它作爲附錄收入我的《懺悔錄》裡。

經過我在前面講述的這件事情之後，我的種種浪漫想法也開始一點一點的減少了。舉例來說：我不僅沒有對德．波納克夫人產生愛慕之心，而且感到在她丈夫手下工作，是不會混出什麼遠大前程的。拉馬蒂尼埃先生是現任祕書，馬里揚納先生可以說是正在等候補他的缺，而我能指望的，充其量是當一個祕書的助手而已；這對我來說，是毫無吸引力的。因此，當他們問我今後有什麼打算時，我非常明確的表示我想去巴黎。大使先生覺得我這個想法很好，因爲這至少可以讓他甩掉我這個包袱。使館的祕書兼翻譯梅爾維耶先生說他的朋友戈達爾先生是一位在法國軍隊中效力的瑞士上校；這位上校的侄子小小年紀就到軍中服役，所以想找一個人去照料他。梅爾維耶先生覺得我去做這個工作最合適。就這麼三言兩語便把事情定下來了。至於我，我認爲只要有機會去旅行就好，何況是到巴黎，當然是好上加好了，因此心中感到無比高興。他們幫我寫了幾封介紹信，還給了我一百法郎的路費，並告訴我一些注意事項之後，我就啓程了。

這次旅行，我花了大約兩個星期時間，是我一生中最愉快的旅行之一。當時，我年紀輕，身體又好，口袋裡的錢也多，又懷著許多希望，因此，我晃晃蕩蕩，一路步行，單獨一個人旅行。如果人們不熟悉我的性格，也許就會因爲我把一個人單獨徒步旅行當成是一樁樂事而感到吃驚的。我美妙的幻想一路伴隨著我，我奔放的想像力還從來沒有像現在這樣漫無邊際的異想天開過。如果有人請我坐他的馬車，如果有人在路上與我攀談，我是一定會生氣的，因為他打破了我步行途中在腦子裡建構的空中樓閣。這一次，我幻想的是軍旅生涯，我去投奔的是一位軍人；因為有人已經替我安排好了，所以我一去就會當一名士官。我彷彿覺得我已經穿上了軍官服，軍帽上還插了一根雪白的羽毛，一想到模樣這麼神氣，我的心就激動不已。我曾經學過一點幾何學，對城防工程的修建也略知一二，我的舅舅就是一位工程師，在某種程度上我是一個軍人家庭出生的孩子。我的近視眼雖然是一個不利的條件，但問題不大，並無多大妨礙；我遇事沉著冷靜，加上膽子又大，完全可以彌補這個缺點。我記得有一本書上曾經說過朔姆貝格元帥是個大近視：他近視都能當元帥，我盧梭的近視，為什麼就不能當元帥呢？我胡思亂想，愈想愈興奮、愈離奇，彷彿看到了前方到處是士兵、城堡、壕溝和砲隊。我在砲聲和硝煙中，手持望遠鏡，鎮定自若地發布命令。然而，當我走過碧綠的田野，看見叢林和小溪的時候，這動人的景色便不禁使我發出幾聲憂傷的歎息。我感到，儘管我獲得了赫赫戰功，但我的心是不喜歡這喧囂場面的，轉瞬間，連我自己也不知道我怎麼又感到我身處可愛的牧場，從此不再去想望什麼靠軍功飛黃騰達了。

當我走到巴黎郊區時，我看到的情景與我想像的情景相差得太遠了！我在都靈所看到的美麗市容、漂亮的街道和街道兩旁排列整齊的房屋，使我以為巴黎必然另有一番更好的景象。在我的想像裡，巴黎是一個又大又美的大都會，市容壯觀，街道整潔，到處是金碧輝煌的宮殿。我是從聖瑪律索進巴黎城的，進城一看，街道又髒又窄，臭氣沖天，房屋破爛不堪，被煙塵弄得烏黑瘴氣地，空氣汙濁，到處是一片貧窮的樣子，滿街的乞丐、車夫、縫補舊衣服的女人、叫賣茶湯的婆娘和兜售舊帽子的老太太。所有這一切，是如此令我吃驚，以致後來我在巴黎見到的一切眞正的宏偉景象都無法消除我那次進城時所得到的印象，從而使我心中始終蘊藏著一種反感，不願意長期住在這個號稱法國首善之地的巴黎。可以這麼說，我後來之所以住在巴黎，完全是爲了在這個城市賺一筆錢，使我能到他處居住。過於活躍的想像力造成的結果就是如此，它把別人本來就是誇大其詞的描述，自己再誇大一番；把別人說的話，再加油添醋轉述得更令人動聽。人們是如此對我誇讚巴黎，以致使我把它想像成古代的巴比倫；當然，我在這裡所說的巴比倫，是我想像中的巴比倫，然而要是見到了眞正的巴比倫，我對它的評價說不定也會大打折扣、同樣掃興的。我對歌劇院的印象就是如此。我到巴黎的第二天，就迫不及待的到歌劇院去看了一下，它的樣子也不過爾爾。後來去參觀凡爾賽宮，再後來去看大海，都是如此，看到的景象與過去人們向我吹噓的樣子，相去甚遠，因爲，無論是人們的渲染，還是大自然本身，都既不可能也很難超過我所想像的氣象的宏偉。

從我持介紹信去拜見的人對我的態度來看，我以爲我的好運到了。我抱著最大的希望去拜見的第一個人是蘇爾貝克先生，他對我的態度最冷淡。蘇爾貝克先生是一位退役軍官，在巴涅爾過著平淡的生活，我到巴涅爾去看過他好幾次，每次去，他連倒杯白開水給我都沒有。使館的翻譯梅爾維耶先生的弟妹梅爾維耶夫人和他的侄子對我的態度比較熱情。他的侄子是一名近衛軍軍官，母子兩人不僅親切接待我，還留我吃飯。我在巴黎期間，到他們家吃過好幾次飯。據我觀察，梅爾維耶夫人過去曾經是一個美人，頭髮烏黑，兩鬢梳著兩個舊式髮髻，雖徐娘半老，但模樣依然是很迷人和聰明的；看來，她也很喜歡我的聰明樣子。她雖然想盡一切幫我的忙，但沒有人支持她，因此我不久就看出他們起初的那股熱情只讓我空歡喜一場而已。不過，對法國人也應當說句公道話：只要他們承諾你，就一定會兌現而不空口說白話；他們的承諾可以說都是眞誠的。不過，他們也有貌似關心你，但實際上只是口頭說說而已的時候。瑞士人的那一套花言巧語，只能欺騙傻子。法國人的態度更具有誘惑力的原因，是由於他們的話說得比較簡單，使人以爲他們之所以不把他們要爲你做的事全都告訴你，是爲了將來使你感到驚喜。我還要進一步指出：他們所表現的感情，都不是虛假的，他們對人一向是很殷勤、厚道和樂於助人的。不論人們怎麼說，我認爲法國人比其他國家的人都更眞誠，不過，他們行事也比較輕浮、見異思遷、心性不專一。他們對你是什麼感情就表現出什麼感情，但這種感情來得快去得也快。在和你談話的時候，他們就一心專注於你，而一離開你，就把你全忘了。他們沒有定性，無論做什麼事情都全憑一時的熱情。

誇獎我的人挺多，但實際幫助我的人卻一個也沒有。我本來被安排去照料戈達爾上校的侄子，可是這位戈達爾上校是一個老吝嗇鬼，他雖然很富有，但看見我一副窮途潦倒的樣子，便想不給報酬的白使喚我。他想讓我到他侄子那裡去當一個不拿工錢的僕人，而不是去當他的眞正的老師。當他侄子的隨從，雖說可免服兵役，但只能領一份候補士官生的薪餉，也就是說只能領一份士兵的薪餉。他本想讓我將就穿一件士兵的衣服，經過我的力爭之後才勉強做一套軍官服給我。梅爾維耶夫人對戈達爾上校的做法十分氣憤，勸我拒絕接受，她的兒子也贊同這個意見。我想另找出路，但急切之間也沒有其他的路可走。現在，我心裡很著急，一百法郎的路費已經用得差不多了，剩下的錢用不了幾天就完了，幸虧大使先生又寄了一點錢給我，幫了我的大忙。從這一點看，當初要是我再耐心一點，他是不會拋棄我不管的。不過，讓我在他那裡百無聊賴等待和求人提攜，那是我絕對不願意做的事情。現在，我已心灰意冷，再也不願去見什麼人了，一切都完了。我心中始終沒有忘記我親愛的母親，可是到哪裡去找她呢？要怎樣才能找到她呢？對我過去的經歷有所了解的梅爾維耶夫人也幫我打聽了許久，但毫無結果。最後，她告訴我：華倫夫人兩個多月以前就離開巴黎了，但不知道她是到薩瓦還是到都靈去了，也有人說她回瑞士去了。單單聽到這一點消息，就足以使我下決心去找她，因爲我覺得，不管她在哪裡，到外地去尋找，總比在巴黎尋找更容易。

在離開巴黎之前，我又鍛練了一下我最近培養起來的寫詩才能，用詩歌體寫了一封信給戈達爾上校，盡情的揶揄了他一番。我把這封信給梅爾維耶夫人看，夫人不僅沒有像我估計的那樣責備我，反而哈哈大笑起來，說我信中挖苦上校的話寫得好，她的兒子也笑了起來，看來他也不喜歡戈達爾先生。說實話，戈達爾先生也確實不討人喜歡。我打算把這封詩體信寄給戈達爾先生，他們表示贊成。於是我把信封好，寫上他的地址；由於當時在巴黎還沒有收寄市區信件的郵局，我便把信放在衣兜裡，在路過奧克塞爾的時候才把它寄出去。直到現在，每當我一想起戈達爾先生在讀到我信中那幾句把他描繪得唯妙唯肖的諷刺詩將氣成什麼樣子時，我仍依然忍不住好笑。我那封信的開頭兩句是這樣寫的：

你這個老鬦散鬼派我去教你的侄子，
你妄想我會對這份苦差事感興趣。

說實話，我信中的那首短詩寫得並不好，不過，還是寫得挺風趣的，顯示了我有寫諷刺詩的才能。我的心向來不記仇，所以沒有機會得以在諷刺詩方面發揮我的才能。不過，我敢斷言，只要人們把我有時候為了替自己辯護而寫的文章拿來一看，就可看出如果我生性好鬥的話，攻擊我的人是很難有得逞的機會的。

我最感到遺憾的是，我從來沒有寫過旅行日記，以致生活中的許多細節我全都忘記了。我敢說，我任何時候都沒有我獨自一人徒步旅行時想得那麼多，而且著實感到自己的存在，生活得那麼充實，表現出真實的我。步行可以啓發和活躍我的思維的作用。如果我坐在一個地方不動，我的頭腦呈現呆滯。我的身體必須不停的活動，頭腦才能一直活躍。田野的美景、接連不斷出現的湖光山色、清新的空氣，由於步行而帶來的旺盛食欲和身體健康，小酒館的自由氣氛，遠離那些使我感到我必須依賴他人的事物，遠離那些會令我想起我的處境的情景，這一切，解放了我的心靈，帶給我大膽思考的勇氣，彷彿使我置身於無窮無盡的事物，讓我無拘無束按照我的心意安排、挑選和支配它們。我是大自然的主人，整個大自然都聽從我的指揮，觀看了這一事物，又去觀看另一事物。看見合我心意的事物，我的心便與它結合在一起，融合成一體。我周圍都是迷人的景色，我的心陶醉在甜蜜的感情之中；如果我欣然命筆，把這些迷人的景色描述出來長留世間，我要用多麼美的筆調和多麼華麗的詞句與多麼有力的表達方式才能把它們充分表達出來啊！有人說，在我接近晚年的著作中能看到這一切。唉！我青年時期在旅行途中曾見過許多賞心悅目的旖旎景色，在心中醞釀，打了腹稿，想把它們記下來，但可惜始終未能鋪敘成文。如果當時我能把我的所見所聞寫成遊記，今天讀起來是何等愜意啊！人們也許會問我爲什麼不寫呢？我將回答說：爲什麼要寫呢？我爲什麼要爲了告訴別人而停下來去寫那些東西，卻不盡情享受眼前的風景之美呢？當我翱翔在天空的時候，我哪能分心去思考如何爲讀者、公眾和全世界的人寫文章呢？更何況，我也無法隨身帶著紙和筆，如果我連這些東西都要一一設想的話，那我就什麼也不用做了。而且我也無法預先知道我將獲得什麼印象；印象什麼時候產生，完全取決於它們而不取決於我。有時候什麼也沒有，有時候又蜂擁而至，數量既多，來勢又猛，簡直使我應接不暇，一天用十個本子也寫不完，我哪裡有時間去寫那麼多東西？到了一個地方，我什麼都不想，就是肚子餓了想吃東西；第二天上路時，同樣是什麼也不想，就只想旅途順利。我感到有一個新的樂園已打開大門迎接我，現在我心裡想的就是趕快去找到它。

我從來沒有過像此次歸途中有這麼好的心境。在去巴黎的時候，我心裡想的全是到巴黎之後要辦的事情；我憧憬的是我將要從事的職業。我懷著滿懷的希望走完了那段路程，然而那個職業卻不是我本心選擇的；所見到的人與我心中想像的人相差十萬八千里。戈爾達上校和他的侄子與我這樣的英雄相比，顯得十分卑微。謝天謝地，如今我總算擺脫了所有這一切障礙，我可以在想像中的樂園裡任意馳騁，因爲在我眼前除此之外便沒有別的。我就這樣一路之上漫遊在夢幻之鄉，以致有好幾次眞的走錯了路。然而，要是我沒有迷路，一直沿著正確的道路走的話，我反而會不高興的，因爲一到了里昂，我就感覺到又回到現實世界，所以我心裡巴不得永遠也到不了里昂。

有一天，我繞道去看一處我覺得十分漂亮的地方，我對那裡的景色的確著了迷，而來回走了好幾圈，最後竟使我眞的迷了路，我走了好幾個小時也沒有找到我的來時路。這時，我精疲力盡，又餓又渴，累得要死，我只好走進一個農民的家。他家的房子外觀並不漂亮，但這是我在附近所能找到的唯一一棟房子。我以爲在這裡也如同在日內瓦和瑞士一樣，生活安適的居民們一定是殷勤好客的，因此我請那位農民爲我準備一頓飯菜，飯費我一定照付，他端了剝去奶皮的牛奶和粗糙的大麥麵包給我，說他家只有這些東西。我一邊喝牛奶、一邊津津有味的吃麵包，把麵包吃得精光，連麵包屑也沒剩。不過，對於一個累得精疲力盡的人來說，這點東西是不夠的。這位農民仔細觀察我，從我吃東西的那股餓勁來看，認爲我對他們說的話是眞的，於是告訴我說他已看出*我是一個好青年，不會出賣他。說完這句話，馬上就打開廚房旁邊的一道小門走進地窨，不一會兒工夫，就端給我一大塊純小麥麵包、一塊雖然是切開過的但卻非常可口的火腿、一瓶葡萄酒（單看酒瓶的外觀，就足以讓我比看見什麼都高興），此外，還有一大盤煎蛋，讓我吃了一頓非徒步旅行就難以吃到的美餐。當我準備付錢的時候，他的神色又緊張起來，不收我的錢，並露出一副非常害怕的樣子。我心裡十分納悶，怎麼也不明白他到底怕的是什麼。他遲疑了一會兒之後，終於戰戰兢兢從口中吐出兩個可怕的詞：「稅吏」和「地窨耗子」。他說：他之所以把酒藏起來，是因爲他怕收附加稅；把小麥麵包藏起來，是因爲怕徵人頭稅。如果他讓人看出他還不至於餓死的話，他可就完了。他跟我講的這些情況，我以前一點也不知道，因此在我的心中留下了永不抹滅的印象。我心裡油然升起對於不幸的人們遭受的痛苦的同情，對壓迫他們的那些人抱持著不可抑遏的憎恨，就是從這裡開始萌芽的。這位農民儘管家境不錯，但卻不敢吃自己用汗水賺來的麵包；若不裝出一副與他周圍的人一樣貧窮的樣子，他就難逃破產的厄運。我離開他家的時候，既感到氣憤也感到激動，對這裡的居民的命運深表同情。大自然慷慨賜予他們的糧食，卻變成了兇狠的稅吏們的掠奪品。

---

* 看來，我那時的面貌並不像後來人們給我描繪的那個樣子。

這是我此次旅途中唯一令我印象深刻的事情。除此以外，我只記得在快到里昂的時候，我特意繞道去觀賞了一下里尼翁河沿岸的風光，因爲，在我和我的父親一起閱讀的小說中，我始終沒有忘記《阿斯特蕾》⑧，書中描寫的故事常常浮現在我的心裡。我向人打聽去弗雷茨的路，在和一位女店家談話的時候，她告訴我那裡是工人們賺錢最多的地方；那裡有許多鑄鐵廠，生產的鐵器非常好用。她這番讚揚那個地方的話，反倒使我浪漫的好奇心洩了氣，不願意到舉目皆鐵匠的地方去尋找狄阿娜和西爾旺德赫。那個鼓勵我到弗雷茨去的好心的女人，肯定是把我看成是一個鎖匠鋪的學徒了。

我此次到里昂去，並不是沒有目的的。一到里昂，我就到莎索特女修道院去看華倫夫人的朋友莎特萊小姐。我上次陪勒·梅特先生到里昂時，華倫夫人曾託帶一封信給她，因此我和莎特萊小姐已經是熟人了。莎特萊小姐告訴我，華倫夫人的確曾經路過里昂，但不知道她是不是到彼埃蒙去了，而且，華倫夫人在動身的時候，自己也拿不準是否要在薩瓦停留。莎特萊小姐還說，如果我願意的話，她可以寫封信去打聽一下華倫夫人的消息，而目前最好的辦法是在里昂等到有了確實的消息以後再說。我接受了莎特萊小姐的建議，但是我不敢告訴

---

⑧ 法國十七世紀小說家奧·于爾菲（一五六七—一六二五）的一部言情小說，本段提到狄阿娜和西爾旺德赫，是這部小說中彼此相戀的一對情人。——譯者

她說我急等回信，也不敢說我錢包裡的錢因爲已快花光而無法在里昂久等。我之所以不敢告訴她這些情況，並不是怕她因此就對我態度冷淡；恰恰相反，她對我一直是很熱情的，然而，正是因爲她以平等的態度對待我，反而使我沒有勇氣把自己的情況告訴她。我不願意讓她看見我從一個朋友的地位一下子就墮落成一個可憐的乞丐。

我覺得，我在本卷講述的情況，已經把前後的經過講得相當清楚了。不過，我記得在這期間還去過一次里昂，但確切的時間我已經想不起來了。我只記得我那時眞的已經快身無分文。我之所以永遠忘不了那次里昂之行，是因爲在里昂碰上了一次令人難以啓齒的小插曲。一天傍晚，吃了一頓非常簡單的晚飯之後，我一個人坐在貝萊古廣場上思考怎樣才能擺脫眼前的困境。這時，一個頭戴便帽的男人走來坐在我旁邊。看他的樣子好像是絲綢廠的工人，也就是里昂人所說的編織工。他開口問我話，我回答了他，於是話題就這樣接上了。剛剛談了一刻鐘，他就以同樣冷漠和毫無變化的聲調說要我和他一起玩玩，我正等著他說明怎麼個玩法時，他一句話不說，卻開始向我做示範動作。我們的身子幾乎快挨在一起了；夜色雖然昏暗，但依稀尙能看見他正準備幹什麼。他沒有做出想侵犯我身體的樣子，至少他沒有露出這個打算，何況那個地方也不容許他公然這麼做。他的意思，正如他對我說的，他玩他的，我玩我的，各人玩各人的。他把這種事看得極其簡單，所以他認爲我也會像他那樣把這種事看得很簡單。我被他那種不知羞恥的動作嚇了一大跳；我一句話不說，立刻站起身來拔腿就跑，生怕那個下流無恥的傢伙追上來。我心裡是那麼的慌，以致本該從聖多明尼克街跑回我的住處，我卻往碼頭方向跑去，一直跑過了木橋才停下來。我全身顫抖，好像剛才做了一樁壞事似的。我自己也有這種惡習，但這件事情給我留下的印象，使我有很長一段時間沒有犯這種毛病。

我這次在里昂還遇到了另外一件類似我在前面講的事情，而且更加危險，眼看我身上的錢就要花光了，我就處處節省著用，儘量少在旅店裡吃飯，甚至後來完全不在旅店裡吃了，因爲在旅店裡吃一頓飯要花二十五個蘇，而在小店裡只花五、六個蘇就能吃得飽飽的。既然不在旅店吃飯，就不好意思住在旅店，這並不是因爲我欠了旅店多少債，而是因爲我占用旅店一個房間，就會讓女店主少賺一個房間的錢，這會使我心裡過意不去。當時正值美好的季節，有一天晚上，天氣很熱，我想到廣場去過夜。當我正在一張長椅上躺下的時候，一位神父從我身邊走過，他見我躺在長椅上，便問我是不是沒有住處。我把我的情況告訴了他，他露出同情的樣子，接著便坐在我旁邊和我聊了起來，他非常健談，他對我說的那些話，讓我感到他是世界上最好的人。當他看見我已經被他迷住的時候，就對我說他住的地方並不寬裕，只有一個房間，不過，他不想讓我這樣一個人睡在廣場上，但是，若要幫我另找住處，時間又太晚了，所以他願意把他的床鋪讓一半給我，讓我在他的床上過一夜。我接受了他的好意，把他當成是一個對我有用的朋友。於是我們就一起到他的住處去了。他用打火石點燃了燈，他的房間雖小但很整潔；他非常周到的招待我，從櫃子裡拿出一個玻璃瓶，瓶子裡裝的是酒泡櫻桃，我們每人吃了兩個櫻桃就睡著了。

這位神父也有安納西教養院裡的那個猶太人的那種癖好，不過表現得沒有那麼粗野。這或許是因為他怕我進行反抗，因為他知道只要我一嚷出聲就會被別人聽見；也可能是因為他對自己想達到的目的沒有把握，所以不敢公開提出做那種事，只是想盡辦法挑逗我而又不使我感到吃驚。由於我已經有了上一次的經驗，所以我馬上就明白了他的意圖。我感到害怕，但既不知道我住的是什麼地方，也不知道我是落入了什麼人的手裡；我怕一嚷出聲來就會被他殺害，因此我假裝不明白他想幹什麼，對他的挑逗表現出十分討厭的樣子，決心不讓他的企圖往下發展。我這種做法立即產生了效果，使他不得不停止動作。這時，我開始用極其溫和但又十分堅定的語氣和他談話。我一方面不露出我懷疑他有那種癖好的樣子，同時又把我在安納西遇到的情況告訴了他，以此說明我剛才感到不安的原因。我儘量用充滿憎惡之感的詞句向他講述那件事情，我相信他聽了我那番話後自己也會感到噁心，因而完全放棄他那骯髒的企圖。接著，我們便平靜睡了一夜。第二天，他還向我講了許多有益的和很有道理的事情。此人雖然是個大流氓，但肯定不是一個不知羞恥的人。

早晨，神父的臉上沒有露出不高興的樣子，提到吃早飯的事，他請女房東的一個女兒（一位長相很美的女孩）送早餐給我們。她回答說她很忙，因此他又去求她的姐姐，這個女孩根本就不理他。我們一直等著，沒有人送早餐來。最後，我們走進那兩位小姐的房間裡，她們對神父露出很不高興的樣子，而我就更不受她們的歡迎了。那位姐姐在轉身的時候用她尖尖的鞋後跟踩了我的一個腳趾頭（這個腳趾頭上長了一個很疼的雞眼，使我不得不在鞋尖上開一個洞），她的妹妹突然抽走我正準備坐下的椅子。這時，她們的母親從窗子往外潑水，結果，潑了我一臉。不管我待在什麼地方，她們總藉口說找什麼東西，把我趕開。我這一生中還從來沒有遇到過這樣的對待。我發現，在她們充滿了輕蔑和嘲笑的目光中隱藏著一種憤怒之氣。我的頭腦遲鈍，當時怎麼也弄不明白這當中究竟是什麼原因。她們的表現使我吃驚得目瞪口呆，以爲她們全都中了邪。於是我開始感到害怕，而那位神父卻假裝什麼也沒有看見、什麼也沒有聽見；他最後感到既然沒有吃早飯的希望，便只好走開算了。我也趕緊跟著他走了出去，慶幸自己終於逃離了那三個潑婦。我們走不多遠，神父便提出到咖啡館去吃早餐。儘管我感到饑餓，我沒有接受他的邀請，而他也沒有怎麼堅持。我們拐了三、四個彎就分道揚鑣。我很高興此後再也看不到與那棟房子有關的一切東西；而他，據我看，他也高興，因爲他終於把我支得遠遠的，使我往後很難認出那棟房子。無論在巴黎或其他城市，我都沒有遇到過類似我在里昂遇到的這兩樁怪事，這使我對里昂人的印象很不好，也使我把里昂當成是歐洲道德最敗壞的城市。

一想到我在里昂陷入的困境，我就怎麼也想不出一兩件讓我對這個城市懷有好感的事情。如果我也像別人那樣有一套在旅店一再賒欠的本領，我也能毫無困難的度過難關，混口飯吃。但是，這種事，我既做不出來，也不願意做。爲了說明這一點，只需指出以下情況就夠了。儘管我一生貧困，常常連麵包都沒得吃，但我從來沒有等債主上門討債我才還他的錢，這樣的事，我一次也沒有做過。我欠人家的債，向來都是我一有錢就立刻還的，從來不讓人家吵吵嚷嚷三番兩次來討才還錢的。我寧肯自己窮，也不願意欠人家錢。

窮得只好在大街上過夜，這當然是很難受的，這種情況，我在里昂經歷過好幾次。我寧可把我剩下的幾個蘇用來買麵包吃，而不用來住旅店，因爲困死的可能性不大，而要是饑餓不進飲食的話，那肯定會把我餓死的。令人吃驚的是，在我當時處境極度困難的時候，我既不焦慮也不悲傷，更不爲將來發愁，而一心只等莎特萊小姐的回音。對我而言躺在露天的地上或長椅上，與躺在舒適的床上睡得一樣香甜。我記得有一天夜裡在城外羅尼河或索恩河畔的一條路上睡了一夜（究竟是在哪條河的河畔，我已記不清楚了），而且睡得很好。在河對岸的那條路上，路邊到處是花圃；那天白天，天氣很熱，夜裡的景色特別美，露水滋潤著被炎熱的太陽曬蔫了的花草，沒有風，夜色寧靜，天氣十分涼爽；日落以後，太陽在天空留下了一片紅色的雲彩，把河水映成玫瑰色；從層層疊疊的樹林中不斷傳來夜鶯此唱彼和的鳴唱。我心曠神怡，讓我的感官和我的心享受這一切。唯一稍感遺憾的是我一人獨享。我深深沉醉在甜蜜的夢想中，像夜遊人似的一直漫步到深夜也不覺得困乏，但最後還是感到疲倦了，於是舒坦的躺進凹牆中或石板上睡著。旁邊的幾棵樹便是我的簾幕，一隻夜鶯正好歇在我上方的一根樹枝上，我聽著牠的歌聲，一會兒就入睡了。我睡得很香，醒來時更是精神抖擻。這時天已大亮，我睜開眼睛一看，眼前是清清的河水、碧綠的草地和一片迷人的田園景色。我站起身來活動筋骨，感到肚子有點餓了，於是高興的往回城的方向走，準備用我身上僅剩的兩個銅錢吃頓早餐。我的心情非常好，邊走邊唱著歌，我現在還記得當時唱的是巴迪士坦作的一首曲子，曲名叫作《托梅里的溫泉》。這首曲子的歌詞，我全記得。感謝巴迪士坦和他那首優美的曲子，這首曲子不但陪我吃了一頓比我原來打算吃的還要好的早餐，而且還吃了一頓更豐盛的午餐，這是我根本沒有料到的。當時我邊走邊唱，正唱得起勁的時候，聽見身後有人叫我。我回頭一看，原來是一個安多尼會的修士，他好像對我唱的歌很感興趣。他走到我跟前向我道聲好，接著便問我是不是懂音樂。我回答說：「略知一二」，言下之意是說「知道得很多」。他又問我幾個問題，我便把我的經歷簡單告訴了他。他問我是否抄寫過樂譜，我回答說「經常抄」。我說的是實情，因為我覺得學音樂的最好辦法就是抄樂譜。「好極了，」他說道，「現在，你跟我走，到我那裡去工作個幾天，只要你答應在這幾天不走出屋子，我就管吃管住，包你什麼都不缺。」我滿口答應，接著就跟他去了。

這個安多尼會修士名叫洛里舍翁；他喜歡音樂，而且懂音樂，經常在他舉辦的音樂會上和朋友們一起唱歌。這本來是一件正大光明的好事，但他對音樂的愛好顯然已經變成了狂熱，使他不得不私底下偷偷的進行一部分有關音樂的事情。他帶我到一間讓我抄樂譜的房間；我發現房間裡有好多他抄寫的樂譜。他給我幾張樂譜讓我抄，特別是我唱的那首曲子，因為幾天以後他就要唱這首曲子。我待在房間裡接連抄了三、四天，除了吃飯以外，我一步也沒有離開過屋子。在我這一生中，我從來沒有像這幾天那樣經常感到肚子餓，吃得那麼好。他親自從廚房裡把飯菜端來給我。如果他們平時也像我這幾天吃得那麼好的話，他們家的膳食一定是上等的。儘管我對飲食不怎麼講究，但不得不承認，這幾天的豐富菜飯供應得正是時候，因爲我已經餓到消瘦，剛好可以補補身子。我工作時的拚勁，幾乎和我吃飯時的胃口一樣大，這個話並不誇張，但我也承認，我工作雖很努力，但不夠細心。工作結束幾天之後，我在街上遇見洛里舍翁先生，他跟我說我抄的譜子使他無法演唱，其中遺漏、重複和抄錯的地方太多。不可否認的，我後來雖選擇抄寫樂譜作爲我謀生的職業，但我正是最不適合做這個工作的人，其中的原因，倒不是因爲我抄寫的音符不好看，或者抄得不夠清楚，而是因爲我在長時間工作之後，便感到厭煩，心思便無法集中，精神是那樣的渙散，以致使我在抄錯之後花在塗改上的時間比抄寫的時間還多。抄完之後，如果不細心檢查和核對的話，抄出來的譜子當然是無法演唱的了。這一次，我本想把工作做好，但結果卻做得很糟；爲了趕快抄，結果抄寫得亂七八糟。儘管這樣，洛里舍翁先生依然一直對我很好，在我離開他家的時候，還給了我一個埃居。這個埃居，我雖然是受之有愧，但它卻使我精神振作起來了。過沒幾天，我就收到了母親從尙貝里寫來給我的信和讓我到尙貝里去找她的路費，這太令我高興了。從此，雖然我依然經常經濟拮据，但並未窮到餓肚子的地步。我以感激的心情把這段時間視爲上帝特別眷顧我的時期。在我一生中受窮挨餓的情況，這是最後一次了。

我在里昂又待了七、八天，等莎特萊小姐把母親託她辦的事辦完；在這幾天裡，我去見莎特萊小姐的次數比以前多了。由於我喜歡和她談她的朋友，再加上我現在不害怕暴露我窮愁潦倒的處境，所以和她談起話來就不再遮遮掩掩了。莎特萊小姐年紀已不小了，長得雖不漂亮，但很有風度，爲人非常隨和，與她相處感到如沐春風，而且頭腦聰明。她喜歡從道德的角度觀察人和研究人，我之所以喜歡從道德的角度觀察人和研究人，就是從她那裡學來的，在這方面，她是我的第一個教師。她喜歡讀勒薩日的小說，尤其愛讀勒薩日的《吉爾·布拉斯》。她向我介紹這本書，並且把書借給我，我讀得津津有味。不過，我當時的心智還沒有成熟到讀這類作品的程度；我當時喜歡讀的是描寫熾熱情感的小說。我就是這樣在莎特萊小姐的小客廳裡度過這段時間的，既快樂又受到許多教益。毫無疑問，對一個青年來說，和一個聰明且有見識的女人進行既有趣又有豐富內容的交談，比從書本上那一套迂腐的大道理學到的東西多得多。我在沙索特還結識了幾位修女和她們的朋友，其中有一個名叫賽爾的十四歲少女；當時我並未十分注意這個女孩，但八、九年後我卻狂熱愛上了她。我愛她，是有道理的，因爲她的確是一個討人喜歡的小姐。

在焦急等待能見親愛的母親這段時間，我愛幻想的毛病稍微消停了幾天。我日夜盼望的眞正幸福即將到來，所以我也就不用幻想著追求其他的幸福了。我不僅即將和她久別重逢，而且還透過她的幫助在離她不遠的地方找到了一個體面的工作。她在信中說：她已經爲我找到了一份工作，她希望這個工作既適合我，又不會離她太遠。我成天猜想她幫我找的究竟是什麼工作，但我沒有猜測的本領，這哪能猜得出來呢？我現在有了充足的路費，因此莎特萊小姐建議我騎馬，我沒有採納她的建議，因爲，如果一路騎馬的話，我就會失去我這一生中最後一次徒步旅行的樂趣。我住在莫蒂埃的時候，雖然也常常到附近的地方郊遊，但那算不上是徒步旅行。

非常奇怪的是，我的幻想總是在我身處逆境的時候才十分活躍，而在我身處順境的時候卻反而相當平靜，不胡思亂想。我的這個喜歡異想天開的頭腦不能局限於現實的事物，它不滿足於只是美化表象的事物，而是要創新各種事物。現實的事物充其量只是按原來的樣子呈現在我的腦海，而我的頭腦卻善於描繪想像中的事物。我只有在冬天才能勾勒出春天的景色；我必須身居陋室才能勾勒美麗的田野。我曾經說過一百次，只有把我關進巴士底獄，我才能撰寫出一部論述自由的書。我離開里昂時，所看到的全是美好的未來，不久前離開巴黎時我心裡有多麼不愉快，現在的心裡便是多麼愉快，而且有理由感到愉快。在這次旅行途中，我絲毫沒有產生上次旅行時的美妙幻想。我的心很寧靜，眞的很寧靜。我懷著激動的心情愈來愈走近我的好友，我即將和她重逢，即使已預先品嘗到和她朝夕相處的快樂，但我並不陶醉，因爲這種快樂是一定會到來的，所以我對它的到來並不感到新奇。我對我即將去做的工作感到擔憂，總覺得它好像是一件令人煩惱的事情。我的心是寧靜的和快樂的，沒有去想那些只天上有而世間無的美好事物。我在旅途中見到的東西，都令我著迷。我特別喜歡田園風光，喜歡欣賞路邊的樹木、房屋和小溪。到了十字路口，我反覆思索該走哪條路，我害怕迷路，但所幸迷路的情況一次也沒有發生。總之，我的心沒有飛到九霄雲外，我去哪裡，心就跟著去哪裡；它有時在我所在的地方，有時又在我所要去的地方，從來沒有偏離我此行的目的。

我今天記述當年旅途的經過時，彷彿覺得我此身此時此刻還依然在旅行途中，我不想很快就到目的地。在愈來愈走近我親愛的母親身邊的時候，我的心雖高興得直跳，但我並不因此就加快我的步伐，我喜歡緩緩而行，想停下來休息就停下來休息。我嚮往的就是這種閒適的旅途生活。在風和日麗的時光，身處景色秀麗的地方徒步旅行，既沒有急事需要趕路，又將在旅行終點見到心中喜愛的人，這無論從哪一方面說，都是我夢寐以求的事情。大家也許早已知道我所說的景色秀麗的地方究竟是什麼樣的地方，一望無際之地，無論它多麼漂亮，在我看來都不是景色秀麗的地方。我所說的景色秀麗的地方，必須有湍急的河流、嶙峋的岩石、挺立的松杉、幽深的林木、起伏的山巒和崎嶇的羊腸小徑，左右兩邊還要有令人不敢直視的懸崖絕壁，此次旅行，我享受到了這種美景。在快到尚貝里的時候，我心曠神怡盡情領略那個地方的美，在離一座被埃歇勒峽谷切成兩段的高山不遠處，在山崖中鑿出的一條大路的下方的那個名叫沙耶的地方，在萬丈深谷中奔流著一條好像是經過千百個世紀才挖成的小河，爲了防止不幸的事故，路邊築了一道護牆。我扶著護牆往下看，看得我頭發暈，這就是觀賞這類險峻之地令人快樂的感覺；我喜歡這種頭暈，但條件是必須首先保證安全。我趴在護牆上，探頭往下看了好幾個小時，一邊看藍藍的河水和水中激起的泡沫，一邊聽那嘩嘩的水聲和在我腳下幾十丈的山谷樹叢中飛來飛去的烏鴉和猛禽的啼叫。我走到坡度比較平坦而樹叢又不太密的地方，搬了一些我能搬得動的大石頭，我把石頭放在護牆上，然後一塊一塊的推下去，看見它們滾到谷底彈跳起來，再落到地上粉碎成無數石片拋向四方，這時，我心裡眞是快活極了。

在快到尙貝里時，我又看到了一處迥然不同的景致。我所走的這條路，要經過一道我一生所見到過最美的瀑布的前方；山勢是那樣的陡峭，以致山上的水像拋物線似的沖下山崖，形成一道拱橋似的弧形，弧度相當寬，讓行人可以從瀑布和山崖之間走過，有時候甚至還會打溼行人的衣服；眞的，如果不注意的話，的確會遭殃的，我這一次就是。因爲水從極高的地方奔騰而下散發成霏霏細雨，如果離得太近，起初還感覺不到細雨已經落到身上，但過一會兒後就發現全身溼透了。

我終於到了尙貝里，見到了她，屋子裡還有另外一個人。我進屋的時候，看見財政總監先生和她在一起。她一句話也沒有說就拉著我的手，以最能打動人心的優美姿勢向總監先生介紹說：「先生，這就是我所說的那個可憐的年輕人。請多加關照，他值得你關照多久，就儘量關照多久。這樣，我就可以不爲他操心了。」接著，她轉過身來對我說道：「我的孩子，你今後就是國王的人了。你要感謝總監先生，你能有一份謀生的工作，全是他的安排。」當時，我睜著一雙大眼睛，什麼話也沒有說，但內心卻揣度著。光聽母親的這兩句話，我汲汲營營的利祿之心就開始活躍起來，以爲自己已經走上了仕途，是一個小總監了。我的光明前程雖然不如我開始時想像的那麼好，但現在至少餬口飯吃，這對我來說就已經是蠻好的了，因爲我當前急需解決的，就是吃飯問題。

維克多·阿默德國王考慮到前幾次戰爭的結果和他祖上留下的基業早晚有一天會落到他

人手裡，便想盡一切辦法搜刮錢財。幾年前他下令所有的貴族也要納稅之後，就通令全國進行一次土地普查，造冊登記，按土地大小課稅，使稅額的分攤更為公平。這項工作，從老國王在世的時候就開始了，到當今國王登基以後才完成。一共用了兩三百人，其中有稱作幾何學家的測量員，有稱作文書的登記員；母親替我報名去當文書。在這個位置上，薪水雖然不多，但在這個國家裡足可以生活得很寬裕了。遺憾的是，這個工作是有一定期限，不過，在這項工作結束之後可以另外安排其他的工作。母親是有遠見的，她已獲得長官先生的允諾，對我將特別關照，在這項工作結束之後，給我安排一個比較固定的工作。

我回到尚貝里之後不幾天，就去上班了。這項工作一點兒也不難，我很快就熟悉了。就這樣，自從離開日內瓦之後，經過四、五年的到處流浪，做了許多荒唐事，受了數不清的苦之後，我第一次體面的開始自己賺錢謀生了。

對我剛進入青年時期的這一連串故事的長長敘述，也許人們會覺得很幼稚，對此，我深表遺憾。儘管在某些方面我生來就像成年人，但在一段很長的時期裡我依然是一個孩子，就是現在，我在許多方面仍然未脫孩子氣。我沒有向公眾承諾描述我是一個大人物，我只是承諾忠實描述我是怎樣的一個人。要了解成年以後的我，就必須先了解青年時期的我。在一般情況下，事物當時給我的感受，是不如我事後回憶它們時的感受那麼深的，何況我所有的觀念都是形象；當初刻畫在我腦海裡的線條始終存在，而後來刻畫的線條，不但沒有抹掉當初刻畫的線條，反而與它們結合在一起了，我的感情和思想有一定的連續性，以前的思想感情必然會影響後來的思想感情，所以要正確評判後者，就必須先了解前者。我的行文處處都著重闡述起始的原因，以便讓讀者能看出產生那些後果的由來。我要用各種方式向讀者敞開我的心扉，使他們能從各個角度觀察它；我要用事實的眞相來說明它，使我心裡的任何一個活動都無法逃脫讀者的視線，最後讓讀者自己去評判發生那些事實的原因。

如果由我自己來下結論說：「我的性格就是這樣」，讀者很可能認爲我雖然不是在欺騙，但至少是我的結論錯了。不過，在詳細敘述我所遇到的一切事情以及我本人所做的、所想的和所感覺到的一切事情時，我的態度是誠實的，是不會把讀者引入歧途的，除非我故意這樣做，何況即使我想這樣做，我用這種方法也是很難達到目的的。蒐集事實，評判這些事實所涉及的人，這是讀者的事情；結論由讀者去做，如果他的結論錯了，責任應該由他去負。不過，爲了讓讀者能得出正確的結論，若我只是忠實敘述，還是不夠的，我必須要詳細。判斷哪些事情重要或不重要，這不是我的事；我應當做的就是把所有的事情全都說出來，由讀者去挑選。迄今爲止，我鼓足勇氣力求做到的就是這一點，今後我還是要這樣做，絕不鬆懈。不過，中年時期的回憶表述，總是不如青年時期回憶的表述生動，因此，我要從青年時期的事情開始說起，並盡可能表述得詳細一些；如果我對中年時期發生的事情也這樣表述的話，性急的讀者也許會感到厭煩，但我本人並不感到厭煩。我唯一擔心的，不是怕說得太多或者撒了謊，而是怕沒有把事實說完整和隱瞞了眞相。

第五卷（一七三一—一七三六）

正如我在前面所說的，我大概是一七三二年到尙貝里開始在土地普查局爲國王效力的。那時我已年滿二十歲，將近二十一歲，以我這樣的年齡，在智力方面是相當發達的，但判斷力卻很差，我急迫需要他人的指點，教我如何立身行事。這幾年的經驗教訓，並沒有澈底根除我耽於浪漫式幻想的習性；儘管吃了許多苦頭，但我對世事和人情的了解不深，好像沒有從以往的事情中記取過什麼教訓似的。

我住在自己家裡，也就是說住在我母親家裡，但我住的房間沒有我在安納西住的房間那麼好。這裡沒有花園，沒有小溪，看不到美麗的田園景色。她住的房子既陰暗又破舊，而我所住的又是其中最陰暗和最破舊的房間，窗外是一堵高牆和一條死胡同，通風不好，又見不到陽光，地方窄小，地板已經腐朽，而且還有蟋蟀和老鼠。這番景象，當然住起來不會感到舒服。不過，話又說回來，我總是和她住在一起的，住在她身邊。由於我不是去我的辦公室就是在她的房間裡，所以也就不怎麼理會我的房間難看的樣子了。令人奇怪的是，她之所以住在尙貝里，似乎就只爲住這麼一座破房子。這正是她的手段高明之處，這一點，我無法替她祕而不說。她之所以不願到都靈去，是因爲她覺得在發生革命不久之後和宮廷尙在動盪不已的時候到那裡去，是很不合適的，但由於她和宮廷的關係，她又非得到那裡露一下面，才不至於被人遺忘或者被取消年金，尤其是她知道財政總監聖洛朗伯爵平時對她是不怎麼理睬的。伯爵在尙貝里有一座舊房子，修建得並不怎麼好，地點又偏僻，多年無人居住，一直是空的，於是她就把這座房子租下來，並遷居到尙貝里。有了與財政總監的這層關係，就比自己親身到都靈辦事更方便；她的年金非但沒有被取消，而且從此和聖洛朗伯爵成了好朋友。

我發現她家中的陳設和從前差不多，忠實的克洛德．阿勒依然和她在一起。我在前面已經說過，這個人是穆特魯的一個農民，少年時候曾經在汝拉山上採集花草製作瑞士茶。她之所以雇用他，是因爲他會製作草藥。她認爲，在她的傭人中有一個懂植物的人，是大有用處的。他是如此專心研究各種植物，而她也全力支持他的研究工作；事實上他已經成了一個眞正的植物學家，如果他不是那麼年輕就去世的話，他也許會在植物學界成爲一位名人，就如同他在誠實的人們當中已經被公認爲是一個極誠實的人一樣。他表情莊重，有時候甚至相當嚴肅。由於我比他年紀小，他就以我的管教人自居，讓我得以少做許多蠢事；他對我一直是一本正經、不苟言笑的，所以我在他面前始終不敢輕舉妄動、不敢得意忘形。他甚至對他的女主人也保有一定威信。她了解他的偉大才幹，深知他爲人正直，對她忠心耿耿，所以她也對他很好。克洛德．阿勒的確是一個罕見的人物，這樣的人，我一生只見過他一個，他舉止穩重，頭腦冷靜，處事十分謹慎，說話簡單明瞭；他心中蘊藏著一股熾熱的感情，但他從不表露。這股熾熱的感情吞噬著他的心，以致最終他做了一生唯一一件可怕的傻事——服毒自盡。這一悲劇，是我到這裡不久之後發生的，這件事情發生之後，我才了解到這個年輕人和他的女主人之間的曖昧關係；如果不是她親口告訴我的話，我說什麼也不會往這方面想的。是的，如果說對一個人的依戀、熱愛和忠誠應當得到對方同樣的回報的話，他得到她的回報是完全應該的；他的行爲證明他得到她的回報是受之無愧的，而他也從來沒有濫用過她對他的回報。他們之間很少發生爭吵，即使發生，最後也總是言歸於好的。然而有一次爭吵的收場卻很糟糕，他的女主人一怒之下對他說了一句侮辱他的話，使他感到十分難堪。他心灰意冷，嚥不下這口氣，這時，他看見旁邊有一瓶鴉片酒，於是便一飲而盡，然後靜靜躺在床上，打算一睡不醒。幸運的是，由於華倫夫人也心緒不寧，十分激動，在屋子裡走來走去，突然發現那個瓶子空了，鴉片酒沒有了，於是全明白了。她一邊跑去救他，一邊大聲喊叫；我聽見她的喊聲，也跟著她跑過去。她很坦白的把他們的事情告訴了我，請求我幫助她。我們費了很大的勁，終於使阿勒把鴉片酒吐了出來。看到這一情景，我笑我簡直是傻到了家，怎麼之前絲毫沒有看出她跟我說他們之間的那種關係的端倪呢？不過，這也不能怪我，因爲克洛德．阿勒行事是那樣的謹慎，所以，即使眼光比我銳利的人也是很難發現的。事情一過，他們又和好如初，好像什麼事情也沒有發生過似的。他們的這種表現，使我也深受感動。從這以後，我不僅對阿勒十分尊重，而且還對他非常欽佩，從某種意義上說，我成了他的學生，我覺得我這樣的看法也沒有什麼不好。

當我知道另一個人比我與她相處得更親密的時候，我心中自然是痛苦的。儘管我從來沒有想得到這個位置，但看見別人占有這個位置，我心裡還是很難過的；這種難過的心情是很自然的。然而，對於那個奪走我的位置的人，我不但沒有怨恨，反而把我愛她之心也眞眞實實擴展到他身上了。我最大的願望就是她生活得很幸福，既然她需要他才能幸福，我當然希望他也同樣幸福。至於他，他是完全了解他的女主人的心意的，因此也用眞誠的友誼對待她所選擇的朋友。雖然他從來不仗著他的地位賦予他的權威對待我，但他憑藉他的智力比我高強這一點，自然而然也就成了我的上司。我不敢做任何一件可能會受到他斥責的事；凡是壞事，他都會毫不留情地嚴厲譴責。我們這樣和睦相處，大家都感到幸福，只有死亡才會令我們分離。能說明這個可愛的女人的品格高尚的證據之一是，她能使所有愛她的人也彼此相愛。嫉妒和爭風吃醋這些現象，在她所喚起的高尚情操的影響下，從來沒有發生過。在她周圍的人當中，從來沒有發生過互相詆毀和惡意中傷的情形。請各位讀者在讀完這段讚美的話之後，暫時停下來想一想還有沒有別的女人也值得這樣讚美；如果有，那麼，爲了你一生能有安寧的日子，即使這個女人出身卑微，都值得你去愛她。

自從我來到尙貝里，直到我一七四一年離開尙貝里到巴黎爲止的這八、九年間，值得敘述的事情不多，因爲在這段期間，我的生活平靜，非常愉快。這種平靜的生活，正是我在培養性格方面最需要的；如果煩惱不斷、糾紛迭起，那就不可能有這種平靜的生活了。正是在這段最珍貴的時期，我雜亂而又缺乏系統的教育逐漸打下了堅實的基礎，因而當我後來遇到暴風雨時，能夠做到依然故我，保持我一生的本色。這個蛻變過程是不知不覺的和非常緩慢的，其間發生的値得記憶的事情雖然不多，但還是應當加以詳細敘述的。

在開始的時候，我幾乎是一心一意埋頭工作，土地普查局的公務纏身，不容許我去想別的事情，剩下來的那一點點空閒時間，我全都用來陪伴我親愛的母親。我沒有時間讀書，甚至連想都沒有想過讀書這件事情。但是，當我對工作已經熟悉，摸透那麼一套門路，不需要太費腦子的時候，我的心又開始活躍起來，讀書又成了我生活中的一種需要。愈是難以找到讀書的時間，我讀書的興趣反而愈濃；這期間，如果不是由於其他的愛好分散了我專心讀書的心，我很可能又像當初在我師傅杜康曼家那樣成爲讀書迷的。

我們的工作雖然不需要太高深的算術知識，但有時候也遇到相當大的困難。爲了克服這些困難，我買了幾本算術書，努力學習，而且是單獨自學。實用算術，如果眞的要算得很精確，並不像人們想像的那樣簡單。有些算式特別長，計算起來很麻煩。我發現，有時候連高明的幾何學家也被搞得暈頭轉向。其實，只要動腦筋思考，再加上實際運用，就能產生明確的概念，進而找到簡便的方法，而這些方法的發現，又激勵著人的求知欲。方法的正確性使人的心靈感到喜悅，使原本枯燥無味的工作變得很有趣味。我是如此深入鑽研，以致凡是能用數字解決的問題，沒有一個能難倒我。現在，儘管我當初獲得的知識一天一天從我的記憶中消失，但仍然有一部分在時隔三十年之後還記在心裡。前幾天，我到達文波爾一個朋友家做客，看見他的孩子正在演算算術題，我居然輕輕鬆鬆把一道最複雜的算術題準確無誤的算出來了。當我把得數算出來的時候，我覺得我好像又回到了在尙貝里的幸福日子。現在讓我們言歸正傳，接著談我在尙貝里的生活情形。

看見測量員們給土地丈量圖著色，便又引起了我對繪畫的興趣。我買了一些顏料，開始練習畫花草和風景。可惜我對這門藝術沒有多大的天分，但我又非常喜歡，甚至在畫上癮的時候，可以幾個月都待在家裡不出門，眞的入了迷，人們只好生拉硬拽，我才不得不放下手中的畫筆。任何一件我感興趣的事情，只要我一開始愛上它，都是這樣鍥而不捨，直到後來變成狂熱的追求，以致在這個世界上，除了忙於我所喜愛的事情以外，其他一切都不在我的眼裡。儘管後來年歲大了，我也沒有改掉這個毛病。就是在目前我撰寫本書的時候，雖然我已經是一個老糊塗了，但依然沉溺於另外一門學科的研究①，對於這門學科，我原本就是一個門外漢，而那些在青年時期研究這門學科的人，到了我這把年紀已經都歇手不做了，而我卻在這個年紀剛剛開始。

在尙貝里這段期間，正是研究這門學科的大好時機。機會很好，我要好好的利用。每逢阿勒採摘到什麼新的植物歸來時，我便能看出他興奮的眼神。我曾經有兩三次差點提出和他一起去採摘的建議。我深信，只要我和他一起去一次，我就會對這件事情喜歡得入迷，說不定我今天已經成爲一個知名植物學家了，因爲在這個世界上，還沒有哪一種事情是像植物學和我對自然的興趣如此這般投合的。我在鄉間生活的那十年，幾乎天天都去採集植物，不過，我要在這裡說句實話，我當時去採集植物，既無明確的目的，也沒有取得什麼成就，不僅對植物學這門學問一點兒概念也沒有，而且對它還抱持輕視的態度，有時候甚至對它還

① 指植物學。——譯者

感到些許厭惡，我只把它看作是藥劑師的事。母親雖然喜歡植物，但她也沒有拿它作其他的用途，她只採集那些常用的植物來配製藥劑罷了。所以當時我的想法往往把植物學、化學和解剖學混在一起，認爲它們都屬於醫學的範疇；每天與這三門學問打交道，只不過是爲了好玩、有逗趣說話的資料，有時候說得大家都高興的時候，母親還捧著我的臉蛋輕輕地拍兩下。不過，在這個時候，另外一種完全不同甚至相反的愛好正逐漸滋長，而且不久就取代了一切其他的愛好，我說的這個愛好就是音樂。我肯定是爲這門藝術而生的，因爲我從童年時候起就喜歡音樂，它是我一生中唯一始終喜愛的藝術。但令人感到奇怪的是，我爲之而生的這門藝術，我學起來卻非常費勁，進步很慢，以致儘管我接觸了一輩子音樂，卻始終未能達到打開樂譜一看就能唱出來的程度。當時，令我特別喜歡音樂的原因是因爲我可以和母親一起演唱。雖然我們的愛好各有不同，但音樂是一個能使我們兩人親暱靠近的媒介，因此我非常喜歡利用唱歌的機會和她在一起，而她也從來不表示反對。這時，我在音樂上的進步差不多趕上她了。一首曲子，我們只要練習兩、三次，就可以準確唱出來。有時候看見她圍著爐子忙來忙去，我便對她說：「母親，這裡有一首非常好聽的二重唱，包準會讓你喜歡得顧不了熬藥，而把藥熬焦的。」「啊！眞的嗎？」她說道，「如果我眞的把藥熬焦了，那我就要你把它喝下去。」我一邊說，一邊就把她拉到大鍵琴那裡。這時，我們把一切都忘了，刺柏和苦艾都熬焦了，變成黑粉末了。她抓起黑粉末抹了我一臉，這一下，眞令我樂不可支。

大家都看到了，我利用我僅有的一點兒閒置時間做了這麼多事情。此外，我還有另外一種娛樂，這比其他的娛樂更令人開心。

我們住的這座破舊的房子，實在太悶了，所以有時候需要到戶外呼吸新鮮空氣。阿勒鼓吹母親到郊外租一處栽培植物的園子。離園子不遠處有一個相當漂亮的農家小屋；我們根據小屋的格局安放了幾件傢俱和一張床。我們常到那裡吃飯，我有時就睡在那裡。不知不覺的竟把這個小小的隱居之地當成一個安樂窩，在屋子裡放了幾本書，還掛了好幾幅版畫。我花了些時間把小屋裝飾一番，以便母親閒逛到這裡時，給她一個驚喜。我之所以離開她，恰恰是爲了想念她，只有在想她的思緒中才能得到更大的樂趣。這又是我的一種怪癖，對於這一怪癖，我既不辯白也不多作解釋，我只是坦率的說出來，因爲事實就是如此。我記得有一次盧森堡夫人以譏笑的口吻跟我說：她知道有一個人之所以離開他的情婦，爲的就是在異地能經常寫信給他的情婦。聽了這個話，我便告訴她說：我很想模仿她所說的那個人；我接著還補充了這麼一句話：我已經模仿過好幾次了。不過，當我和母親在一起的時候，我從未想要爲了更加愛她而需要離開她，因爲，即使和她單獨在一起的時候，我也感到與我獨自一個人的時候一樣無拘無束、十分自由。這種情況，是我和其他任何人在一起的時候都沒有過的，不管這個人是男人還是女人，也不管有多麼深厚的情誼。遺憾的是，她經常被一些我看不慣的人所包圍，我又氣又惱，只好躲到我的隱居室；在隱居室裡，我愛怎麼想她就怎麼想她，用不著擔心哪個冒失鬼來打擾我們。

當我這樣把工作、娛樂和學習安排得井井有條，過著極其寧靜的生活時，歐洲卻不像我這樣安寧，法國和皇帝②彼此都向對方宣戰③，撒丁國王也加入了這場爭端。法國的軍隊取道彼埃蒙去攻打米蘭；有一個縱隊經過尙貝里，其中有一個團稱爲香檳團，上校團長是特里穆耶公爵。有人將我引見給他，他滿口答應我許多事情，但後來卻把我忘得一乾二淨。我們的小園子正位於郊區的高處，部隊從郊區經過時，我大飽眼福，看著他們從我面前經過。我對這場戰爭的結局非常關心，好像它的勝敗與我有密切關係似的。在此以前，我從來沒有關心過國家大事，而現在是我有生以來第一次閱讀報紙。我的心是偏向法國的，看見報紙上說法國取得了勝利，即使是最微小的勝利，我的心也高興得直跳；而一看見法國失利，我就感到憂慮，就好像失利的後果會落在我身上似的。如果說這種衝動的情緒只不過是轉瞬即逝的，那我不會浪費筆墨去談它，然而，不知爲何它在我心裡竟然是那樣的根深蒂固，以致後來我在巴黎已經成了專制政體的反對者和堅定的共和主義的擁護者時，對於這個我認爲是奴性十足的民族和我一再批評的政府，依然是不由自主抱有一種內心的偏愛。可笑的是，由於

② 指奧地利帝國皇帝查理六世（一六八五－一七四〇），一七一一－一七四〇年在位。——譯者

③ 指一七三三年十月爆發的以俄國和奧地利爲一方，法國、西班牙和撒丁王國爲另一方的波蘭王位繼承戰爭。——譯者

對自己有這麼一種與我的行爲準則截然相反的傾向而感到可恥，所以我不敢向任何人透露我對法國的偏心；相反，一聽說法國軍隊打了敗仗，我還嘲笑他們，而實際上我的內心比他們更難過。我確信，全世界只有我是這樣生活在如此厚待我而我又十分尊敬的國家裡，卻硬是裝出一副看不起這個國家的樣子。我的這一傾向最後竟變得如此的無私、如此的堅定和不可克服，以致在我離開這個王國以後，在政府和各種官員與作家都聯合起來向我瘋狂進攻，人人都對我大加撻伐和侮辱的時候，我對法國的這種狂熱的愛也絲毫沒有改變。我是情不自禁愛法國人，儘管他們對我不好。在英國無往不利的時候，我曾預言她必將衰敗；後來，在看到她的衰敗剛開始露出苗頭時，我便千盼萬盼，盼望勝利的凱歌現在輪到法國來唱；輪到法國戰無不勝的時候，她便終有一天會把我從可悲的囚徒似的生活中解救出來。

我曾經花許多時間尋找我爲什麼如此偏愛法國的原因，後來終於在讓我產生這種偏愛的環境裡找到了它。我對文學日益增長的喜愛，使我也愛上了法國的著作和著作的作者與產生這些作者的國家。說來也眞湊巧，當我那天看見法國軍隊排列整齊從我面前經過時，我正在讀布朗托姆的《名將傳》。我滿腦子都是克里松、巴亞爾、洛特雷克、寇里尼、蒙莫朗西和特里穆耶這類人物。我把從我眼前經過的士兵當成是這些名將的孩子，是他們驍勇善戰的才能的繼承人。每當一個隊伍經過時，我便想起當年在彼埃蒙立過許多戰功、赫赫有名的黑旗軍。我把我從書本上讀到的描寫，用來形容我眼前看到的情形。我繼續不斷閱讀法國出版的書，這培養了我對法國的感情，以致最後變成一種任何力量都不可戰勝的對法國盲目的愛。後來，我在幾次旅行途中發現有這種感情的人不止我一個，在所有國家中，凡是喜歡閱讀和從事文學活動的人，都或多或少受這種感情的影響，因而抵消了他們對法國人高傲態度引起的反感。法國的小說比法國的男人更能贏得其他國家女人的歡心。法國傑出的戲劇作品使各國的青年都喜歡看法國戲劇的演出。巴黎歌劇院馳名全世界，引來了成批的外國人前來觀看，戲終人散時，他們都紛紛讚賞不已。法國文學的高雅風格和優美的文字表述，使所有一切有才學的人都爲之傾倒。在法國人吃敗仗的時候，我發現，法國人被軍人玷汙了的榮譽，全靠法國的文學家和哲學家來挽救。

現在，我已經是一個熱愛法國的法國人的。我非常關心戰爭的消息，我跟著一群愛聽馬路新聞的人來到廣場等候送報人的到來。我比寓言中的那頭驢還蠢，心裡惴惴不安，急於想知道我未來的主人是誰④，因爲，當時盛傳我們將歸屬於法國，薩瓦要和米蘭對換。不過，

④ 文中的寓言，指法國十七世紀寓言作家拉封登（一六二一—一六九五）的《老人與驢》：

……

敵人此時即將到來。

「快跑呀！」老人喊道。

「爲什麼？」驢回答道，「敵人難道會讓我馱兩副鞍，馱兩倍的東西嗎？」

「不是。」逃跑的老人說道。

我的擔心是有理由的，因爲，如果戰爭的結束對同盟國不利的話，母親的年金就有被取消的可能。不過，我對我的那些朋友是充滿信心的；這一次，儘管布洛格里的部隊遭到突然襲擊，但幸賴撒丁國王的及時援助，使我的信心沒有落空，而撒丁國王此舉，是我沒有想到的。

當軍隊在義大利打仗的時候，在法國卻弦歌之聲不絕於耳。拉摩的歌劇轟動法京，從而使他那些晦澀難懂的理論著作也成了暢銷書。一個偶然的機會，我聽到人們談論他的《和聲學》，我便一刻不停的連走了好幾家書店，終於買到了這本書。出人意料的是，我這時突然病倒了。我得的是一種炎症，來勢洶洶，持續的時間雖短，但病後的恢復期卻很長，我有整整一個月沒有出門。在休養期間，我靜下心來集中精力閱讀《和聲學》。我發現，這本書不僅篇幅冗長，而且論點的鋪敘十分鬆散、層次不清、文字雜遝，我覺得需要花相當長的時間，才能明白它的意思。因此，我只好放下這本書，去練習唱歌，讓我的眼睛休息休息。我練習的是貝爾尼耶作的一組合唱曲，這幾首曲子始終縈繞在我心裡，其中有四、五首我甚至

「我歸誰所有，這沒有關係，」驢回答道，「你逃你的命，我吃我的草。其實，我們的敵人，是我們的主人。」——譯者

背得滾瓜爛熟，《酣睡的情人》就是其中之一。雖然從那之後我就沒有再看過它，但我依然幾乎完全記得。此外，在這期間我還學習了克列朗波作的《被蜜蜂螫了一下的情人》，這首曲子非常美。

更令人高興的是，從瓦爾道斯特來了一位年輕的風琴家，名叫巴勒神父。這位優秀的音樂家對人非常和藹，彈得一手好琴。我和他認識以後，很快就成了形影不離的好朋友。他是一位義大利修士的學生；這位修士也是一位大音樂家。巴勒神父向我講述了他在音樂方面的見解。我把他的見解和拉摩的理論加以比較研究，這時才開始明白什麼叫伴奏、諧音與和聲。要深入了解這一切，首先就需要練習聽力。我建議母親每個月舉辦一次小型音樂會，她同意了。於是，我就放下所有事情，無論白天或黑夜都忙於舉辦這個音樂會做準備工作。的確，這件事情也夠我忙的，而且忙得不可開交，既要挑選樂譜，又要邀請演奏者、準備樂器和分配音部等等。母親擔任領唱，我在前面提到的（下面還要談到的）加東神父也擔任領唱。一個名叫羅舍的舞蹈教師和他的兒子拉小提琴，在土地普查局工作的彼埃蒙的音樂家卡納瓦（他後來在巴黎結婚成家）拉大提琴，巴勒神父彈大鍵琴，而指揮一職則由我擔任。大家可以想像得到：這個場面是多美啊！雖然比不上在特雷托朗先生家舉辦的音樂會，但也相差無幾。

華倫夫人是新近改信天主教的，又是靠國王恩賜的年金生活的，所以在家裡舉辦這樣的音樂會，便引起了一些信仰虔誠的人的非議。不過，在誠實的人們看來，這是一種高雅的娛樂。大家也許猜想不到，在我的心目中誰是這次音樂會的領頭人。這位領頭人是一個修士，一個有才能的修士，甚至是非常可愛的修士。他後來的遭遇使我深感悲痛，每一想到，我就聯想到我那時所過的幸福日子，所以我至今還依然懷念他。我所說的這個修士，就是加東神父；他是一位方濟各會教士，曾夥同多爾坦伯爵扣留了可憐的「小貓」的那一箱樂譜，這是他一生中做過最不光彩的一件事情。他是索爾邦神學院的學士，在巴黎住過很長一段時間，與上流社會的人過從甚密，尤其和當時的撒丁王國的大使昂特蒙侯爵來往密切。他身材高大，體態勻稱，臉龐豐腴，濃黑的頭髮不加修飾的鬈曲在額際。他的表情既莊重，又開朗和謙遜，態度隨和，沒有一般修士的那種裝模作樣的僞善樣子，也不像時髦人物那樣輕浮；儘管他也是一個時髦人物，但言談舉止卻很高雅。他不以穿教士的袍子爲恥，他自尊自重，在上流人士中永遠保持著自己教士的身分。加東神父的學問雖稱不上是一個博學之士，但作爲一個社交場合的人，他的知識已經是夠多的了；然而他並不到處炫耀，只是在適當的場合才略爲顯露，因此更顯得他深厚底蘊。由於他在上流社會中生活過一段很長的時間，所以他在研究娛樂技藝方面所花費的精力比他做學問花費的精力還多。他很聰明，會作詩，口才也好，唱得更好，聲音很美，會彈風琴和大鍵琴。其實，即使他沒有這麼多優點，他也是很受歡迎的；他眞的很受大家的歡迎，但絲毫沒有怠忽職守，因此，儘管他的競爭者十分嫉妒他，他還是被選爲他那個省的教區參議，即人們所說的戴珍珠項鍊的大人物。加東神父是在昂特蒙侯爵家與母親相識的。他聽說我們要舉辦音樂會，便說他想參加，而他果然參加了。他的參加，使接連幾次音樂會都辦得很精彩。由於我和他都喜歡音樂，所以我們很快就成了朋友。不過，雖說我們都熱愛音樂，但我們兩人之間有一個差別，那就是，他是一位眞正的音樂家，而我只不過是一知半解。我和卡納瓦與巴勒神父經常到他的房間裡演奏音樂，有時候在節日裡還專門到他的教堂裡聽他的風琴獨奏。我們經常在他家吃便餐。就一個修士來說，像這樣豪爽、高雅、享樂而不粗俗，眞是很令人欽佩的。在我們舉辦音樂會的時候，他就在母親家吃晚飯，席上大家高高興興，談笑風生，有時候還齊聲合唱。我那時的心情非常愉快，腦子靈活，插科打諢，滿嘴的俏皮話，而加東神父笑口常開，母親更是招人喜愛；嗓音粗得像牛叫的巴勒神父是大家取笑的對象。無憂無慮的青年時期的美好時光啊，你爲什麼那麼早早就離開了我們！

關於這位可憐的加東神父，談到這裡就沒有什麼要補充的了；現在，讓我最後用簡短幾句話講一下他悲慘的結局。其他的修士看見他有那麼多的才能，又品行端正，不像一般的修士那樣荒淫無恥，不與他們同流合汙，因此便心生嫉妒，或者說得更確切一點，對他恨之入骨。他們聯合起來反對他，並煽動那些覬覦他那個職位而又不敢與他明爭的小教士與他作對，給他加上了許多莫須有的罪名，並解除了他的職務，強占他那個雖陳設簡樸但又別具情趣的房間，把他攆到不知道是什麼地方去了。那幫壞蛋是如此誣衊和侮辱他，以致使他的自尊心無法忍受。這個在高雅的上流社會中曾活躍一時的人物最後竟憂傷的死在監牢的骯髒的床上。凡是認識他的人都感到痛心，爲他流淚，大家認爲，他一生唯一的失誤，就是不該去當修士。

在這個小小的生活圈子裡，我很快就對音樂產生了一種痴迷；除了音樂以外，其他一切我全都不去想了。我十分勉強的到辦公室上班。辦公室的規矩和不停的抄抄寫寫，這對我來說，簡直是一種難以忍受的酷刑，以致使我終於產生了辭職的念頭。只有辭去職務，我才能把全部精力用來研究音樂。可想而知，我這個荒謬的想法是一定會遭到反對的。辭去一個既體面又有固定收入的差事，去和那些不懂事的小娃娃們搞音樂，這個主意簡直是糊塗至極，母親肯定是不贊成的。即使我將來的成就能像我想像的那麼大，那也沒有多大發展，充其量當個音樂家而已。母親歷來是一心想成就大事業的；她對奧波納先生對我的評語一直是持懷疑態度的，如今看見我把全部精力放在這麼一種在她看來只不過是雕蟲小技的音樂，確實是很難過的，因此便一再用這句只適用於外地而不適用於巴黎的諺語告誡我：「歌唱得好，舞跳得好，但賺的錢卻很少。」另一方面，她看見我的這種愛好已經成癖，而且發展到了狂熱的程度，很擔心由於我工作不專心而遭到辭退，因此也認爲與其被人家辭退，還不如由我主動提出辭職來得好。我還告訴她說：這個工作不可能長久，我必須掌握一門謀生的本領，現在最好是透過實踐把我喜愛的也是她爲我選擇的技藝學習精通。只有這個辦法最可靠，因爲，仰人鼻息、找靠山，那不是長久之計，而做另外的其他新的嘗試，也沒有把握一定能成功，等到過了學習的年齡，就一無是處，沒有謀生的辦法了。最後，她不是因爲我講的道理，而是因爲我糾纏不休，再加上我說了許多討她歡心的話，她終於同意了我的想法。於是，我馬上跑去找土地普查局局長柯賽里先生，像一位英雄已大功告成可以衣錦榮歸似的向他提出辭呈，既沒有說明任何原因和理由，更沒有找什麼藉口，便自動離開了我的職務；當時的心情，與我兩年前就職時⑤的心情一樣高興，甚至還有過之。

這一行動，儘管很荒謬，卻使我贏得了當地的人們的讚賞，這帶給了我許多好處。有些人認爲我肯定是很有錢，其實我沒有錢；另外一些人看見我不惜丟掉差事而一心一意投身於音樂，便以爲我的音樂才能一定不小，造詣一定很深。常言說得好：在瞎子國裡，獨眼人可以稱王。就這樣，我一下子就被大家當成是一位優秀教師，因爲這個地方的那幾個教師的水準也的確是太差。總之，由於我每首歌都唱得很有韻味，再加上我年紀輕，模樣也長得俊，所以不久就有好幾個女孩來當我的學生；我教音樂賺的錢，比我當文書的薪水還多。

的確，從生活的樂趣來看，誰也無法像我這樣極端的變化。在土地普查局，每天八小時令我厭煩的工作，而且還是和更加令我厭煩的人一起做事，整天關在一間被那幫傢伙的氣息和汗味弄得臭氣熏天的辦公室。他們大多數人都是頭髮亂糟糟、一身髒兮兮的。我有時候被

---

⑤ 這裡，盧梭的記憶有誤。據土地普查局一七三二年六月七日結算給他的薪水清單記載，前後發給他的一共是五十五個實際工作日的薪水，計一百二十利弗爾，由此推斷，盧梭在土地普查局只工作了幾個月，而不是兩年。——譯者

繁忙的工作、空氣中的臭味和心情的苦悶與無聊弄得暈頭暈腦，厭煩極了。而現在，完全不同了，和我打交道的，全是體面人，我到處受人歡迎，受到上等人家的爭相聘請；主人們對我的款待之殷勤，簡直就像過節日一樣。打扮得漂漂亮亮的小姐們在等候我；映入眼簾的全是美好的事物，我聞到的是玫瑰和橘子樹的花香。大家一起唱歌、聊天和嬉笑，眞是快活極了。我走出這家，進入那家，受到的款待都是同樣熱情。即使土地普查局的薪水和我教課的收入完全一樣，我也會毫不猶豫選擇後者。因此，我認爲我辭職的決定做得對，從來沒有後悔過。即使現在我已完全擺脫了那些促使我行事輕率的不良動機，能從理性的角度來評判我一生的行爲，我也不會對此感到後悔。

在我這一生中，幾乎只有這一次我是完全聽憑我的愛好行事而又沒有希望落空。當地居民對我的熱情款待，他們友好平易的態度，使我感到與上流社會的人交往是很愉快的。我當時的這一看法使我堅信：我現在之所以不願意和人相處在一起，這過錯主要在別人而不在我。

可惜的是，薩瓦人並不太富裕；這個話也可以這麼說：要是他們個個都是大富翁的話，那才糟糕哩！因爲，正是由於他們不富也不貧，所以才成了我所見到的最能相處交往的好人。如果說世界上眞有那麼一個可以讓人在放心、愉快的交往中享受生活樂趣的小城，這個小城就是尙貝里了。聚集在尙貝里的當地貴族，他們的財產雖可使他們生活得很舒適，但還不足以使他們躋身政壇。正是由於他們沒有追逐野心的財力，所以他們只好按照西內阿斯⑥的忠告行事。他們年輕的時候從戎在外，年紀大了就回家安度餘年；這樣安排他們的人生，不但使他們既獲得了榮譽，也發揮了理智的作用。薩瓦省的女人都很美，其實，即使他們沒那麼美，也是很討人喜歡的，因爲她們有許多辦法凸顯她們的某個優點和掩飾她們的某個缺點。雖然由於工作關係，我每天要見到許多少女，但奇怪的是，我怎麼也想不起來我在尙貝里曾經見到過哪個小姐不是亭亭玉立和楚楚動人的。也許有人會說，這是因爲我當時有先入之見，所以才覺得她們各個都是美人。人們的這種說法也許有道理，不過，我沒有必要對她們抱這個偏心，因爲就是現在，我一想起我那幾個女學生，我依然是感到很高興的。當我在這裡一提到她們當中最可愛的女孩子的名字時，我怎能不懷著歡快的心情回憶她們的風姿，怎能不回憶她們和我在青春年少時一起度過的天眞無邪的美好時光呢！我要提到的第一個女孩子名叫梅娜蕾德；她是我的鄰居，是格姆先生的學生的妹妹。她棕色頭髮，天眞活潑，舉止落落大方，但一點兒也不輕佻。她身材偏瘦，像她這樣年紀的女孩子大多數都是這

---

⑥ 西內阿斯是古埃皮魯斯國國王皮魯士（西元前三一八—前二七二）的謀臣。西內阿斯曾多次建議皮魯士放棄橫行天下、稱雄世界的計畫，但皮魯士不聽他的忠告，於西元前二八〇年遠征羅馬；雖戰勝了羅馬，但他自己的軍隊也傷亡慘重；後來，皮魯士又進軍希臘，在西元前二七二年攻占阿爾果城時，被一老婦從屋頂上扔下的瓦片擊中頭部而死（事見普魯塔克：《名人傳．皮魯士傳》）。——譯者

樣。她眼睛明亮，身材苗條，風度優美；有了這三樣，即使體態不豐盈，也是很討人喜歡的。我通常是上午到她家去；在這個時候，她往往還穿著便衣，頭髮隨隨便便往上一攏，除了插一朵花之外，便沒有其他的頭飾，而那朵花也只是因爲我去才插的，在我走了以後就取下了。在這個世界上，我什麼都不怕，就唯獨怕穿便裝的漂亮女人；要是她們梳妝打扮，穿戴整齊的話，我反倒不那麼害怕了，例如芒東小姐（我通常是下午去她家），我就不怎麼害怕。我每次去的時候，她都穿戴得很整齊，她給我的印象也很美，但她的美與梅娜蕾德小姐的美有所不同。她略帶灰色的金髮，身材嬌小，靦腆，皮膚白嫩，嗓音清脆，聲音像笛子似的，但她不敢敞開嗓門說話。她胸口有一塊被開水燙傷的疤痕；儘管她胸前有一條藍色的圍巾，但也沒有完全把那塊疤痕遮住。它有時候會引起我的注目，但一會兒過後，我注目的就不是那塊疤痕，而是其他的東西了。夏萊小姐也是我的鄰居之一，她已經是一個發育很成熟的少女了；她身材高大，兩肩漂亮，體態豐滿，長得很好看，但說不上是一個美人，而她優美的風度、平和的脾氣和善良的天性，在女孩子當中還是數一數二的；她的姐姐德．夏爾莉夫人是尙貝里最美的女人；她自己已經不學音樂了，她讓她的女兒學。這個小女孩年紀尙小，但長得很美，而且一天比一天漂亮，將來一定會像她母親那樣是個美人，只可惜她的頭髮略帶紅棕色。在聖母訪問會女修道院有一位年輕的法國小姐，她的名字我雖然忘記了，但還是值得列入我偏愛的女學生的名單裡。她已經養成了修女們那種說話慢條斯理的習慣，不過，儘管她說話拖腔拖調，但語言卻很尖刻，這和她的風度有點不相稱。此外，她還有點懶，捨不得花力氣動腦筋，她人很聰明，但她不願意向眾人展示她的這一稟賦。她意興闌珊的跟我學了一兩個月之後，才開始按照我的教學方法努力學習，使我也有了教好的信心，而要做到這一點，光靠我單方面的努力是不行的。我一開始授課，就把全部精力投入教學，但我不願意被人強迫講解，也不願意按規定的鐘點去上課。無論做什麼事情，約束和強迫都是我無法忍受的。一有了約束和強迫，即使是快樂的事情，我也是不願意做的。據說，在信奉伊斯蘭教的國家裡，天一破曉便有一個人沿街大聲吆喝，命令當丈夫的盡自己對妻子應盡的義務。如果是我，在這個時候硬要我去做這種事，我肯定是一個不服從這種命令的土耳其人。

我有幾個女學生屬於一般市民的家庭，其中有一個女學生是造成我即將談到的我與某人⑦的關係發生變化的間接原因；這件事情我必須要詳細談一下。這個女學生是一個香料店的老闆的女兒，名叫拉爾小姐，全身上下長得跟一座希臘雕像一樣。如果世界上眞的有無生命和無靈魂的美女的話，那我一定會把她當成是我一生所見到的最美的女人，只不過她臉上的表情簡直是麻木、遲鈍和冷漠到令人難以置信的程度；既沒有辦法使她高興，也沒有辦法使她生氣。我確信，如果有人想對她非禮的話，她也會讓他恣意而行的。這倒不是因爲她心

---

⑦ 指華倫夫人。——譯者

裡樂意，而是由於她生性呆傻。她的母親生怕她出事，所以一步也不離開她。她的母親讓她學唱歌，還給她請了一位年輕的老師，想了種種辦法試圖使她活潑起來，但都未見成效。當老師挑逗女學生時，當母親的也挑逗她的老師；這樣做的效果也不大。拉爾太太除了天生的活潑性格以外，而且一舉手一投足都帶有一種她女兒應當有而沒有的嫵媚動人的姿態。她的小臉蛋兒雖長得不夠標緻，有幾顆雀斑，但顯得很可愛。她一雙熱情的眼睛略帶紅色，因為她常患眼疾。我每天上午一到她家就發現她為我準備的奶油咖啡早就擺在桌上了，而且總要緊緊的貼著我的嘴唇親吻我。這時候，出於好奇之心，我眞想像她吻我的樣子吻一下她的女兒，看她如何反應。其實，這一切都是很平常的，沒有什麼大了不起，即使拉爾先生在場也無所謂，照樣可以親吻和說幾句逗趣的俏皮話。拉爾先生為人忠厚，很疼愛他的女兒，而他的妻子也從來沒有背著他做過對不起他的事，因為她沒有做這種事情的必要。

我把拉爾太太對我的親熱，當作是純粹出於友誼，傻乎乎的從來沒有放在心上，甚至有時候還感到厭煩，因為活潑的拉爾太太的要求愈來愈高，白天如果我從她的店鋪前面經過不停下來和她聊一會兒，她就會嘟嘟囔囔出怨言，因此，當我有急事要辦的時候，我只好繞道走另一條街，因為我知道她的店鋪是進去容易出來難的。

拉爾太太對我太殷勤了，所以我無法對她無動於衷。她對我的關心，使我深受感動；我認為這不是什麼神祕的事情，所以我就對母親說了。其實，如果其中眞有什麼神祕的地方，我也會如實告訴她的，因為，不論是什麼事情，我都不會對她隱瞞。就像面對上帝一樣，我對她始終是敞開心扉的。誰知她對這件事情的看法卻不像我這樣單純；我認爲只不過是友誼的表現，她則認爲其中另有企圖。她斷定拉爾太太在打如意算盤，那就是，要把我變得不像在她面前那樣是一個不解風情的呆子，遲早會用各種辦法讓我明白她對我的殷勤照料究竟爲的是什麼。此外，母親還認爲，由另外一個女人來教她的學生談情說愛，是不妥當的；她認爲她有不可推卸的責任保護我不落入由於我的年齡和處境可能遇到的陷阱。的確，也就是在這個時候，有人向我設計了一個更加危險的陷阱，雖然我逃脫了，但使母親感到一定還有其他的誘惑不斷向我襲來，因此必須採取一切她力所能及的措施加以預防。

芒東伯爵夫人是我的一個女學生的母親；她人很聰明，但心眼兒很壞，據說，她曾經使許多家庭不和，尤其是給昂特蒙一家人帶來了災難性的後果。母親和芒東夫人很熟，所以了解她的性格。母親無意中引起了芒東夫人的某個意中人的好感，儘管她後來既沒有去找過那個人，也沒有接受過他的邀請，芒東夫人還是對她心懷怨恨，曾經有好幾次設置圈套想陷害母親，但都沒有成功。現在讓我講一個可笑的例子。有一次，她們兩人和鄰居家的幾個男人到鄉下去，其中就有我剛才提到的那位先生。有一天，芒東夫人向這幾位先生中的一個人說華倫夫人只會裝模作樣，一點風度也沒有，而且穿戴得也很難看，成天用一塊胸巾把胸脯遮住，像個小市民似的。對於芒東夫人的這番話，那位喜歡說笑話的先生回答說：「至於最後這一點，華倫夫人有她的道理，因爲據我所知，她胸脯上有一塊像老鼠似的難看的大疤痕，因爲實在太像老鼠了，以致使人覺得它在跑動呢！」恨和愛一樣，往往使人輕信。芒東夫人決定要利用這個發現讓母親當眾出醜。有一天，母親和芒東夫人的那個不解風情的意中人玩紙牌，芒東夫人抓住這個機會趕緊跑到母親身後邊使勁的把母親的椅背往下壓，使母親仰著身子，並出其不意撩開母親胸前的胸巾，然而，那位先生看見的不是大老鼠，而是另外一種令他想見容易而想忘記卻很難的東西。芒東夫人沒有料到自己的這一壞招產生的效果恰恰與她的目的相反。

我這個人根本就引不起芒東夫人的興趣，她喜歡的是她周圍的那幾個風流人物。不過，她對我還是有點兒另眼相看的。她看中的，不是我的容貌（她對我的容貌肯定是看不上的）而是大家都說我具有的才能。我的這點才能也許對她的愛好有用處。她特別喜歡尖酸刻薄諷刺人，她喜歡寫一些詩歌或小曲來嘲弄她不喜歡的人。她以爲能鼓吹我幫她作詩，而且把詩譜寫成曲子，她和我就可以聯起手來把尙貝里鬧得天翻地覆、雞犬不寧，而一旦追究起這些諷刺詩的源頭來，芒東夫人就會撇得一乾二淨，把責任全推在我身上，說不定我會因爲充當女人的筆桿子而吃官司，終生被關在牢裡。

值得慶幸的是，這一切都沒有發生。芒東夫人爲了和我聊天，曾留我在她家吃過兩三次飯，她的目的是讓我在飯桌上信口開河，亂說一番，但她發現我只不過是一個傻子。我自己也感到我是傻子，對此，我無可奈何。儘管我十分羨慕我的朋友汪杜爾的才氣，但我也很感謝我自己的傻氣，因爲，正是由於我傻，才得以遠離許多危險。我在芒東夫人家始終是個音樂老師，教她的女兒唱歌，僅此而已。因此我在尙貝里的生活一直很平靜，受到大家的歡迎；這比我在她眼裡是一個才子而在當地的人們的心目中是一條出口傷人的毒蛇強多了。

不論情況如何，母親認為，為了使我遠離我青年時期可能遇到的危險，現在已經是到了應該把我當成年人看待的時候了。她的當務之急，就是這件事情，不過，她採取的方法卻很奇怪，是其他女人在處理這類事情時怎麼也想不出來的。我發現她的神情比平常莊重，說話的口氣好像是在教訓人，她平時說話是那樣的輕鬆活潑，而現在卻突然變得一本正經，既不親切，也不嚴峻，好像是在講解什麼事情似的。我思索了半天也弄不明白這一變化的原因，於是我就直截了當問她。她繞來繞去，等的就是由我來問她。她提議我和她第二天到小園子裡去散步。我們第二天一清早就去了。她事先已經做好了種種安排，以便整天都只有我們兩人單獨在一起。她要用這整整一天的時間使我做好接受她將給我的恩情的心理準備。不過，她不像其他女人那樣用調情的辦法來達到目的，而是充滿感情和理智的語言來說服我，是在教育我而不是在勾引我，是在打動我的心，而不是在刺激我的肉欲。不過，不論她說的那番話是多麼精彩和有益，語氣既不冷漠也不憂傷，我都沒有以應有的專心態度聆聽，也沒有像平時那樣把她的話放在心裡。談話一開始，她那種有備而來的樣子就使我感到不安，因此在她說話的時候，我便不由自主暗自思索，沒有專心聽她講話。我思索的，不是她說的話，而是她到底想做什麼。我費了好大的勁才終於明白她的目的。她所說的那件事兒，對我來說簡直是太新鮮了；儘管我和她朝夕相處這麼長時間，連想也未曾想過，壓根兒一次也沒有想過，因此，當我一明白她的意思以後，我腦子裡想的全是這件事情；而她說的話，我一句也沒有注意聽。我的心只想著她，耳朵哪裡顧得上去聽她說的話呢！當老師的爲了讓年輕人注意聽他講的話，往往先拿一個很可能引起他們興趣的東西給他們看，這樣做的效果，適得其反。我自己在《愛彌兒》中也難以避免這種錯誤。年輕人被老師展示給他們看的東西所吸引，注意力就專注在那個東西上，巴不得一下子就弄個明白，因此就會把老師爲了達到某個目的而做的開場白式的講解當耳邊風，認爲老師那樣慢吞吞的講，實在是沒有必要。如果你想要人家注意聽你講的話，就不要讓對方一下子就聽出你想講些什麼，這一點，母親做得很差。由於她有一種一切都要按部就班依次進行的怪脾氣，所以把本來用不著講的條件先講了出來，而且講得很詳細。因此，當我一看出其中的好處，就不去細聽她講的條件，立刻滿口答應了。我不相信這個世界上有哪個男人在這種情況下會坦率到或者會冒失到竟敢和她討價還價進行磋商。如果他眞敢這麼做的話，我看，無論哪個女人也不會原諒他的，接著，她又按照她的怪脾氣行事，她要我對我的承諾先履行一個鄭重的程序，並給我八天時間考慮這件事情。我立刻脫口而出告訴她我不需要這麼長的時間考慮。說來也眞是奇怪到了極點，因爲事實上我眞的需要有八天時間的考慮，她那些新奇的想法愈是打動我，我的頭腦便愈混亂，需要時間來加以整理。

也許有人認爲，對我來說，這八天時間有如八個世紀那麼難熬。不，恰恰相反，我打心眼裡還巴不得它們眞有八個世紀之久才好咧。我不知道我該如何描寫我當時的心情，我既害怕又著急，生怕我希望的事情眞的發生，以致有時候心裡眞想找個妥當的辦法使我能不去享受那種幸福。人們可以想像得到，我強烈的色欲此時已開始衝動，我的血液已經沸騰，追逐愛情的心已經沉醉。我的精力、強壯的體魄和年齡已不容許我再等待，何況在這種情況下，我想得到女人而又從未親密接觸過任何一個女人的焦急心情與我的想像力、身體的需要、虛榮心和好奇心又互相影響，以致使我迫不及待的想立刻就成爲一個成年人，像一個男子漢的樣子。人們尤其不能忽略的是，我對她的溫柔的依戀之情，不但沒有減少，反而一天比一天增加。我只有在她身邊的時候才感到快樂；只是爲了思念她，我才離開她。我心中思念的，不僅是她爲人的善良和可愛的性格，而且還有她女性的風姿、她的容貌和她的人品；總而言之一句話，我思念的是她整個人，不論在哪一方面，凡是她使我感到可愛的地方，我都思念不已。人們不要以爲我比她小十一、二歲，她在我心目中就是一個老年婦女或者看起來像一個老年婦女了。其實，自從五、六年前她和我第一次見面就使我著迷以來，她實際上只有很少的一點兒變化，而這一點點兒變化，在我看來等於沒有。她永遠是那樣迷人，在大家的心目中都是如此，只不過她的身材稍微有點兒發胖，而其他方面，則與過去完全是一樣的，眼睛還是那麼明亮，皮膚還是那麼細嫩，胸脯還是那麼豐滿，容貌還是那麼楚楚動人，一頭金髮還是如此美麗，還是那麼活潑的性格，聲音還是少女時候那樣銀鈴般的清脆，聽起來是如此動人，以致在今天，每當我聽到一個少女的美妙的聲音時，我還是依然爲之動心。

在等待占有一個如此可愛的女人期間，我最擔心的自然是試圖把占有的時間提前，我擔心自己沒有足夠的毅力控制欲望和想像力而約束不住自己。人們以後將看到，在我年歲稍長以後，雖然一想到走到我所喜愛的女人身邊就能得到幾許安慰，我的血液便開始沸騰，但要我毫不遲疑就去走那段她和我之間相隔短短的路⑧，也是不可能的。可是在我青春年少之時，是什麼不可思議的原因使我對第一次享受肉欲之樂一點兒也不著急呢？我怎麼會在時間愈迫近，心中反而愈感到憂多於樂呢？本該使我陶醉的事，怎麼會反而使我感到厭惡和害怕呢？毫無疑問，當時如果我能找到適當的理由拒絕享受這一歡快的話，我一定會寧願這樣做的。在我和她親密無間的相愛期間，在我的行爲中曾經產生過一些奇怪的現象，我剛才講的這種情況，肯定是大家怎麼也想像不到的。

讀到這裡，也許有人已經憤憤不平了，認爲像她這樣已經失身於另一個男人的女人，她的身價在我的心目中一定會降低；認爲她現在又來獻身於我，我會對她抱輕蔑的態度。如果人們這樣認爲的話，那就錯了。是的，她這樣和兩個男人都發生關係，的確使我感到很痛苦；我會有這種感覺是很自然的，何況她這樣做，無論對她或對我都是很不得體的。不過，這並不影響我對她的愛。我敢說，只有在我不想占有她的時候，我愛她才愛得最深和最

⑧ 盧梭在這段話中所說的他「所喜愛的女人」，指的是烏德托夫人。烏德托夫人住在奧波納，盧梭住在退隱廬，兩人所住的地方只相隔一段「短短的路」（見本書第九卷）。——譯者

眞切。我對她純潔的心和冷靜的頭腦最了解，所以深深相信她之所以這樣主動獻身，絕對不是爲了貪圖肉欲的快樂。我深深相信她這樣做，純粹是爲了使我不遭遇那些危險。她認爲，如果不這樣做，我幾乎是無法避免掉入他人所設置的陷阱。她爲了保護我，使我不戕害我的天性和背離我的本分，她才違背了她應當遵守的本分。對於這種本分，她和其他女人的看法有所不同；這一點，我在後面即將談到。我既憐憫她，也憐憫我自己；我眞想對她說：「不，母親，你不必這樣；你不這樣做，我也會向你保證我永遠是屬於你的。」可是我不敢，首先是因爲這是一件只能意會而不能言說的事情，其次是因爲我也感到這個話不眞實。事實上，也只有她這個女人才能使我經得起一切誘惑的考驗而不去接近其他的女人。我雖然沒有占有她的欲望，但我感到高興的是，她使我打消了占有其他女人的念頭；我把一切能使我和她疏遠的事情，都當作是壞事。

長期和她朝夕相處，過著天眞無邪的生活，不僅沒有減少我對她的感情，反而使我更加愛她了，只不過在表達的方式上發生了變化：我對她更加親切、更加溫存，而更少去追求肉欲之樂，由於我一直稱她爲「母親」，始終以兒子的態度對她，所以我已經把我和她的關係視爲母子關係。我認爲，這才是我儘管那麼愛她，但並不急於想占有她的眞正原因。我記得很清楚，在開始的時候，我對她的愛雖不十分強烈，但卻帶有濃厚的非分之想。在安納西的時候，我愛她簡直是愛得心醉神迷，而到了尙貝里，就不是這樣了；雖然我愛她依然是愛得寸步不離，但主要是爲了她，而不是爲了自己。我在她身邊追求的是心靈的幸福，而不是感官的快樂。在我的心目中，她的身分勝過姐姐、勝過母親、勝過女友，甚至勝過一位情婦；正因爲這樣，我才沒有把她當情婦看待。總之，我太愛她了，所以不敢對她稍存覬覦之心和非分之想，這一點，在我的腦子裡是非常清楚的。

我不但不盼望而且還非常害怕的日子終於到來了。我既然什麼都答應了，就不能反悔。我眞心實意履行了我的諾言，儘管我不希望對方給予回報，但我還是得到了她的報償。我有生以來第一次被一個女人抱在懷裡，被一個我所喜愛的女人抱在懷裡。我感到幸福嗎？不，我領略到了肉體的快樂，但我不知道爲什麼總感到有一種難以克服的憂傷毒害了其中的美味。我覺得我這是犯了亂倫罪。我有兩、三次心情激動的把她緊緊摟在懷裡，我的眼淚流在她的胸脯上，可是她既不顯得難過，也不感到興奮，表現得非常溫柔和平靜。由於她不縱欲不貪淫，所以她既不感到男女之愛是多麼甜蜜，也不爲此而感到後悔。

我再說一遍，她的一切過失都源自於她看待事物的方法是錯誤的，而不是來自她的情欲。她出生在一個良好的家庭，她心地單純，爲人誠實，性格十分直爽，情趣也很高雅；她絕對可以成爲一個品德完美的女人，她崇尚美德，但她沒有遵從美德的指引；她不聽從可以領她走向正確道路的天性的指導，而聽從把她引入歧途的她產生的自以爲是的想法。她錯誤的想法曾多次使她迷失方向；她原本的天性也曾多次向她指錯迷津。不幸的是，她自以爲她精通什麼哲學的原理，看法很高明，因此她爲自己定下的處世原則背離了她的天性向她指引的立身行事的正確方針。

她的第一個情人塔維爾先生是她的哲學老師，他向她講的那些哲學理論，是爲了勾引她而瞎編的。他發現她愛她的丈夫，恪守自己的本分，態度冷漠，一言一行都很規矩，不是用感情所能征服的，於是就瞎編一番，說什麼她遵守的那些行爲準則，與大人用來哄小孩子的教科書一樣，全是廢話。兩性結合並不是一件什麼大不了的事情；因爲怕他人議論，所以夫妻之間才不得不在表面上顯得很忠誠。做妻子的唯一職責是讓她的丈夫放心，因此，不忠實的行爲只要不爲他人所知，對那個被欺騙的丈夫來說，就等於沒有發生；對自己的良心來說，也等於沒有那回事。經過這麼一番詭辯，他終於說服了她，使她眞的相信不忠實的行爲本身不算什麼，只是因爲傳出去才成了醜事，才鬧得滿城風雨成了桃色新聞。所以，任何一個女人，只要表面正經，她就可以被大家當成正經女人。就這樣，這個壞蛋終於達到了他的目的。不過，他對她講的那些純屬詭辯的話，也只是敗壞了一個年輕女人的明辨事理的能力，而未能敗壞她的心靈。後來，塔維爾也遭到了報應，他發現她用他教她如何對付丈夫的方法來對待他本人。我不知道他在這一點上是不是做錯了。據說，柏雷牧師取代了他。據我看，恰恰是本應保障這個年輕的女人不接受他的理論的冷靜頭腦，妨礙了她日後拋棄他的理論。她始終不明白人們爲什麼把那些在她看來是微不足道的小事看得那麼重要；她認爲節制情欲是一件很容易的事情，所以算不上是什麼美德。

她雖然沒有爲她自己濫用那套錯誤的理論，但她爲別人而濫用了。她之所以這樣做，是由於她按照另外一個與她善良的天性更加吻合的錯誤想法行事的結果。儘管她愛她的朋友純粹是出於友誼，純粹是出於她能採用一切辦法使他們更加愛她的最親密的友誼，但她認爲，要使一個男人依戀一個女人，最好的辦法莫過於肉體的占有。令人驚訝的是，她幾乎每一次都能成功。她的確是那麼可愛，以致愈和她親密相處，便愈發現她的可愛之處甚多。值得一提的是，從她第一次獻身之後，她所寵愛的都是不幸的人，而達官顯宦無論如何向她獻殷勤，最後都是白費力氣。如果是基於同情之心而開始愛上的男人最後未能得到她的愛的話，必定是那個男人太不值得愛了。雖說她所選擇的某些人配不上她，但這一失誤的造成，不是由於她有什麼卑鄙的動機（她高尚的心從來沒有產生過這種動機），而純粹是由於她的心太豁達、太善良、太仁厚和太感性，以致影響了她的判斷能力。

儘管有一些錯誤的行爲準則使她誤入歧途，但也有許多良好的準則她是始終不渝的遵守著。雖說她犯的那些錯誤是由於她的弱點所導致的，但她犯錯誤的原因很少是由於爲了滿足肉欲而造成的，何況她已經用許多美好的德行彌補了她的缺失啊！雖說那個男人在這一點誤導了她，但他在其他方面也給了她許多有益的教導。她的情欲並不旺盛，因而她能夠冷靜的行事。當她擺脫了使她誤入歧途的想法時，她的行爲都是很正確的。儘管有時候她把事情做錯了，但她的動機是值得稱讚的。她的看法錯了，做的事情當然也錯了，但絕對不是存心把事情做錯的。她不喜歡口是心非和表裡不一的人；她爲人正直、厚道，不存私心，信守自己的諾言，忠於朋友，忠於她認爲應當盡到的職責，不記仇不記恨，從來沒有存過絲毫報復他人之心，她甚至想像不出有什麼大不了的事情是不能原諒的。最後，讓我回過頭來談一下她的那些不可原諒的行為。儘管她不愼重行事，輕易就委身別人，但從來沒有以此為手段進行罪惡的交易。她濫用她的愛，但她絕不出賣她的愛情，雖說她曾經為了生活採用過許多權宜之計，但我敢斷言，蘇格拉底連阿絲帕西⑨都很尊重，他也一定會尊重華倫夫人的。

我早就料到，有些人將因為我一方面說她多情，另一方面又說她對人冷漠，指責我這種說法是矛盾的。在一般的情況下，人們的這一指責是有道理的。這也許是大自然的過錯：在同一個人的身上讓兩種迥然不同的性格結合在一起；這種現象雖說是極不可能的，但我發現她的確是這樣一個人。所有認識華倫夫人的人（其中有許多人今天還依然健在）都知道她的性格確實如此。此外，我還要強調這麼一點，那就是：她心中唯一的快樂，就是使她所愛的人全都快樂。對於我在以上講的這些情況，人們愛怎麼說就怎麼說，甚至逐條分析說這一切全都是假的，我也任由他們去說，因為我的責任是陳述事實，而不是非要他人相信不可。

需要指出的是，我以上所說的，都是在我與她發生關係之後從我和她的交談中一點一點了解到的。我只有在和她交談的時候才感到我們之間的關係的確是兩情相悅、情意綿綿的。她有理由希望她對我的關懷有助於我的成長。的確，多虧她的細心照料，我在讀書學習

⑨ 西元前五世紀希臘政治家伯里克利的情婦。當時，雅典的一些學界名流常在她家聚會，蘇格拉底就是她家的常客之一。——譯者

方面才日有長進。在此以前，她總是像對小孩子說話似的只談我的事情，而現在，她把我當大人看待，開始和我商量她的事了。她對我講的一切，都是很有意義的，使我深受感動，進而反省我自己。我從她的眞心話中得到的益處，比從她對我的教訓中得到的益處還多。當我們感到對方的話的確是出自眞心的時候，我們也一定會敞開心扉接受對方吐露的眞情。一個多烘先生長篇大論的說教，根本抵不上我們所喜愛的女人輕聲細語說出的甜蜜情話。

正是由於我和她的關係一天比一天親密，才使她對我做出了比以前更好的評價。她認爲，雖然我外表上看起來很笨拙，但值得爲日後進入上流社會加以培養。將來，只要我能躋身上流社會，我一定會有錦繡前程的。有了這個看法之後，她不僅花許多心血栽培我，而且還教我如何注意我的儀容和舉止，使我既能受到人們的喜愛，又受到人們的尊敬。如果在上流社會中眞的可以做到既取得成功又同時能保持個人人品的話（我是不相信這一點的），我認爲，除了她採取的和她教我採取的途徑以外，至少還有另外一種途徑，華倫夫人深知人情世故，有一套待人接物的高超本領。在和他人交往時，她既不說空話假話，又不舉止輕率；既不欺騙人，也不得罪人。不過，這種本領是她的性格固有的，是無法傳授給別人的。這套本領，儘管她運用起來得心應手，但她三番五次教我，我始終都沒有學會；在這個世界上，我是最不適合於學這種本領的人，所以她在這方面所做的一切努力，都是白費功夫。她還請了老師教我舞蹈和劍術，結果我一樣也沒有學好。儘管我身手靈活，但我竟然連一個小步舞也沒有學會。由於我的腳掌長了雞眼，我已養成用腳後跟走路的習慣。這個習慣，連羅舍⑩也沒有辦法矯正。我走路的樣子雖步履輕盈，但我連一道小溝也跳不過去。更糟糕的是，在劍術廳學了三個月，我一直停留在如何用劍抵擋，而不能進一步學如何用劍進攻。我的手腕也不夠靈活，胳臂也沒有力量，握不緊劍柄，老師用劍一碰我的劍，就把我的劍擊落在地。這門技藝和教我學這門技藝的老師，我都很不喜歡。我從來不認爲能用劍殺人是一件值得誇耀的事情。爲了讓我能聽懂他講解的那一套高超技巧的竅門，他硬要用他根本就不懂的音樂來作比方：他說劍術中的第三和第四步衝刺，和音樂中的第三和第四音程非常相似。當他想虛晃一招佯裝攻擊對方的時候，他就告訴我說要注意這個升記號，因爲在古代的音樂中，升記號和劍術中的佯裝攻擊這兩個詞的發音完全相同。當他把我的劍擊落在地的時候，他的嘴角便掛著一絲冷笑說這一招叫休止符。總之，這個帽子上插著羽毛、胸前披著護甲的蹩腳老師，實在是令人難以忍受，我這一生中就只見過他一個。

我學劍術的成績很差，所以沒過多久我便懷著厭惡的心情決定不學了。然而我對另外一種更有用處的學問的鑽研卻大有長進。我鑽研的學問是：對自己的命運要知足，不要奢望更好的命運，因爲我已經開始覺悟我生來就沒有運氣亨通和顯姓揚名的福分。現在，我一心只希望能使母親生活得很幸福，所以我總喜歡留在她的身邊。當我非得離開她到城裡去教課的

⑩ 盧梭的舞蹈教師。——譯者

時候，儘管我熱愛音樂，但我也開始感到教課是我的一個累贅。

我不知道阿勒是否看出了我和母親之間的祕密。我有理由相信這件事情是瞞不過他的。他的觀察很敏銳，但行事也很謹慎。他說話雖然不口是心非，但也不會完全說出心裡話。從臉上的表情看，他好像並不知道，但從行動上看，他似乎已經全知道了。他的這種態度，並非是卑鄙小人的行爲，而是因爲他贊同女主人的行事準則，所以他無法指責出自於她行事準則而做的事。儘管他與她一樣年輕，但他的一舉一動卻是那麼的老練和愼重，以致把母親和我當成是兩個應該寬容的孩子，而我們也把他當成是一個値得尊敬的人，並對他保持應有的敬重。只是在她已經和我發生了關係之後，我才看出她對他的感情是多麼深厚。由於她知道我的想法、我的心情和我的苦與樂都爲她而轉移，所以她就告訴了我她是多麼愛他，以便使我也同樣愛他。她反覆強調的，不是她對他的友誼而是她對他的尊敬。她知道這樣來解釋這個問題，是一定會得到我的全力支持的。她曾多次向我和阿勒表明：我們兩個都是她幸福生活所需要的人。她這個話打動了我們的心，把我們兩人都感動得互相擁抱，流下了眼淚！希望各位女士讀到這段話的時候，不要譏笑她。由於她有那樣的性格和體質，這種需要無可厚非，這完全是她的心靈的需要。

就這樣，我們三個人就結成了一個在世界上也許是獨一無二的三友之家。我們的希望、關懷和願望，全都是共同的，沒有一絲一毫脫離這個小圈子。我們三個人自成一格的共同生活在一起，養成了如此牢固的習慣，以致在吃飯的時候，如果三人當中少了一個或者來了第四個人，我們的這頓飯就會吃不好。儘管她和我們其中一人的關係各有特點，但我們總覺得兩個人單獨在一起不如三個人在一起來得愉快。我們三個人之間之所以沒有任何猜疑，是由於我們互相信任；我們三個人之所以不感到無聊，是因爲我們三個人都很忙。母親成天都在動腦筋訂計畫，她忙個不停，也不讓我們兩人閒著沒有事幹，何況我們兩個人又各有工作要做，時間沒有絲毫餘裕。我個人認爲，遊手好閒對社會的危害，並不比獨善其身對社會的危害小。再也沒有什麼事情比兩、三個人老待在一個房間裡無節制的閒聊，更容易敗壞心靈、無事生非、製造事端、傳播閒話和謊言的了。如果大家都忙，那就只有在有要事商量的時候才說話，而一旦大家都不忙了，那就你一言我一語的說個沒完，這是最令人討厭和不愉快的事情。我敢這麼說，如果想使一個群體裡的人都快樂的話，就必須讓每個人都有事情可做，而且做的必須是多少要用點心思才能做好的事情。打毛線是一件不需要費多大心思的事情，因此，打毛線的女人和閒著沒事幹的女人一樣，總喜歡東拉西扯瞎聊天。可是刺繡就不同了，一個繡花的女人必須聚精會神，所以沒時間聊天。尤其令人吃驚和可笑的是，要是在這個時候在她面前有那麼十幾個閒雜人等一下子坐、一下子站，走來走去或打轉，或者把壁爐上的公仔拿在手中把玩的看，比手畫腳硬要沒話找話說，那才眞是無聊透頂呢！這種人，不論他們幹什麼事，都會給別人和他們自己添麻煩的。我在莫蒂埃的時候，常到女鄰居家編絲帶。如果我將來再回到社交界去，我就要隨身攜帶一個不倒翁，以便不時拿出來玩，以免沒話說時硬要找話說。如果每個人都這樣做的話，人們就不會變得那麼壞了；人與人之間的交往就更誠心，因而也就更愉快了。誰要是覺得我這番見解可笑，那就讓他們去笑吧。總之，我認爲，如今這個世道，最適用的道德箴言是：要像不倒翁那樣不開口爲妙。

不幸的是，我們自己固然是想擺脫煩惱，但這也很難做到，因爲，不請自來貿然來訪的不速之客太多，總給我們帶來許多不便，很少有讓我們三個人單獨在一起的時候。他們以前使我產生的那種不耐煩的心情一點兒也沒有減少，所不同的是，我現在已經沒有時間去理他們了。可是，可憐的母親依然跟從前一樣，不僅沒有改變她那種好大喜功的老毛病，而且恰恰相反：家裡的經濟愈拮据，她的幻想反而愈大，想一下子就找到辦法彌補家中的開銷；眼前的收入愈少，她反而幻想在將來發大財。隨著年齡的增長，她的這種怪癖愈來愈嚴重。現在，她對社交和玩樂之事的興趣已一天天減少了，取而代之的是熱衷於蒐集製藥的祕方，打算按祕方製藥，一舉成功。家中每天都要來那麼一些江湖郎中、藥劑師和形形色色的吹牛皮的人。他們胡說什麼能幫母親賺百萬家財，而實際上是想從她手中騙取幾個銅錢。那幫傢伙沒有一個是空手走出母親家的。有許多事情我始終沒有弄明白，其中之一是，我不知道她怎麼在那麼長的時間裡一方面有那麼多錢大把大把開銷而一直沒有花完過，另一方面又不讓她的債主擔心她無錢還債。

在我所說的這段期間，她最認眞思考而且是頗有道理的計畫，是在尙貝里建立一個王家植物園，並聘請一個可領一份薪水的園藝師。她想聘請的人是誰，不用我說，大家也是可以想像得到的。尙貝里位於阿爾卑斯山中部，是一個最適合於研究植物的地方。母親辦事歷來是有了一個計畫以後，又聯想到另外一個計畫的：她想在建立植物園之後，再開辦一個製藥講習班。這個計畫看起來對這個地方確有好處，因爲在這個如此貧窮的小山城，藥劑師的職務一直就是那幾個醫生在兼任。維克多國王去世以後，首席宮廷醫師格洛西便宣布退休，回到了尚貝里。在母親看來，這對她的計畫的實現是一個很有利的條件，也許說不定正是因爲格洛西回到了尚貝里，她才想出這個計畫的。現在，她像哄小孩子似的開始遊說格洛西。不過，此人並不是那麼好說話的，他是我一生中見過說話最粗魯和最尖酸的人。這一點，我在這裡舉兩三個例子，人們就可以看出來。

有一天，他和其他幾位醫生會診一個病人，其中一位醫生是特地從安納西請來的，而且是曾經幫這個病人看診多次的。這位年輕的醫生對醫生應守的行規還不太熟悉，因此竟公然發表與宮廷首席醫師相反的意見，而這位首席醫師不直截了當反駁他，只簡單問他什麼時候回去、經過哪些什麼地方和乘哪班驛車，那個年輕醫生一一作了回答，並最後問這位首席醫師有什麼事情需要他效勞的。「沒有，沒有，」格洛西說道，「我只是想在你走的時候，到窗邊看看一頭蠢驢坐在馬車裡的樣子。」他十分富有，但也十分苛刻。有一次，他的一位朋友向他借錢，並提出了可靠的保證，而他卻緊緊抓住那位朋友的胳臂，並咬牙切齒的說：「我的朋友，就算是聖彼得從天上下來向我借十個皮斯托爾，並以聖靈的名義作擔保，我也是不借給他的。」有一天，非常虔誠的薩瓦總督庇貢伯爵請他吃飯，他提早到了伯爵家，這時伯爵正在念經文，於是便請他一起念。當時，他不知道怎樣回答，只好做了一個可怕的鬼臉之後就跪下了，可是才剛念了兩句「聖母瑪利亞」，他就忍不住了，突然站起身來，拿起手杖，一言不發就走了。庇貢伯爵跑步追上去告訴他：「格洛西先生，格洛西先生，別走，別走。廚房裡正在為你烤一隻肥鵪鶉呢！」格洛西轉過頭來對伯爵說：「伯爵先生，即使你請我吃烤天使，我也要走。」母親想利用而且終於使之俯首貼耳圍著她的指揮棒轉的宮廷首席醫師格洛西就是這麼一個人。他儘管很忙，但還是經常來看她，對阿勒也很友好，稱讚他有知識，並懷著欽佩的心情談論他。尤其出人意料的是，像他這樣一個傲慢的人，竟不計較阿勒過去的身分，對阿勒表示十分器重。的確，雖然阿勒早已不是僕人了，但大家知道他過去是僕人，因此仍然需要借重這位首席醫師的威望和帶頭敬重他才能使大家從此以後對他另眼看待。克洛德·阿勒經常穿一件黑色上衣，假髮梳得很整齊，舉止穩重，言行十分得體，在醫藥和植物學方面的知識也相當淵博，再加上醫學界領袖人物的好評，如果建立王家植物園這個計畫能夠實行的話，擔任王家植物園園藝師這個職務，是滿有希望得到大家的贊同的。格洛西非常讚賞並衷心支持這個計畫，只等局勢穩定，可以撥經費興辦公益事業的時候，就向宮中提出這個計畫。

如果這個計畫眞的實現了，我很有可能從此就全心投入植物學的研究了，因為我生來似乎就對這門學科有特別的興趣。然而，一個意料不到的打擊使這個計畫未能實現。雖然這個計畫十分周密，但一發生意外，就全盤推翻了。我命中註定要一步一步淪落為苦命人的典型，看來，是上帝特意讓我經受這麼多大磨難，是他親手把所有一切不讓我成為苦命人的因素消除的。有一天，阿勒到山上去採摘格洛西先生所需要的苦蒿（這是一種只在阿爾卑斯山上才生長的稀有植物），回家之後突發高燒，診斷爲胸膜炎。據說，他採摘的苦蒿就是專門治這種病的，但也沒有救活他的命。儘管精通醫學的格洛西先生的醫術高明，儘管有他善良的女主人和我對他無微不至的照料，但在他得病之後的第五天，經過臨終前的痛苦掙扎後去世了。在他臨終之時，只有我懷著極度悲痛和眞誠的心情對他說了幾句勸慰的話。如果他當時神志尚清醒，能明白我的意思，這也是對他的一種安慰。我就這樣失去了一生中最忠實的朋友，一位罕見並值得尊敬的人。他的天資彌補了他所受的教育之不足；他雖身爲僕人，但卻具有偉大人物的種種高貴的品德。如果他還活在人間，並獲得適當的職位，他是一定能夠向世人證明他的確是一個德才皆優的人。

第二天，我懷著極其沉痛的心情對母親談起了他。在談話中，我突然產生了這樣一個卑鄙的念頭，我想要他留下的衣服，尤其是那件令我豔羨的漂亮黑上衣。我是這樣想的，也就這樣說了；在她跟前，我一直是心裡怎麼想嘴上就怎麼說的，再也沒有什麼事情比我這句卑鄙和難聽的話更令她感到她失去他，心裡是多麼悲傷，因爲無私和心靈的高尚正是這位死者生前具有的最高尚的品質。這個可憐的女人對我的要求不僅沒有回答，而且立刻轉過身大聲慟哭。這是情深義重感人肺腑的眼淚啊！每滴眼淚都流進了我的心，把我心中卑鄙骯髒的思想洗滌得一點痕跡都不留，從此以後，這種想法我就再也沒有產生過了。

失去了阿勒，母親不但精神上感到極大的痛苦，而且在經濟上也受到很大的損失。從此時起，她的家境每況愈下。阿勒是一個很精細的人，把他的女主人的家管理得井井有條，大家都怕他那種精打細算和事事認眞的嚴厲作風，誰也不敢浪費半點財物，就連母親本人也怕挨他的批評，也儘量克制自己任意揮霍的壞毛病。對她來說，單單有他的愛是不夠的，她還需要他對她的尊敬。只要她一浪費錢財，無論是浪費別人的錢財還是她自己的錢財，他都敢對她提出批評。他批評得對，所以母親也是很害怕的。我和他的看法是一樣的，也曾經向她提出過忠告，但我對她沒有阿勒所展現的那種權威，因此我的話不像他的話那樣起作用。現在，他不在了，只好由我來代替他，然而，我既沒有那個能力，也沒有那個興趣，所以難以勝任。我沒有那麼細心，膽子又小，即使發現什麼不對的事情，頂多也只是在自己心裡嘀咕幾句，別人想怎麼做，就聽任他們而爲，一切放任自流。何況我雖然獲得了母親對阿勒那樣的信任，但我並不具有阿勒那樣的權威。我眼看著家裡的事情亂糟糟，十分著急也一肚子牢騷，但我的話沒有人聽。我太年輕，講理總講不到重點，因此每當我插手干預和提出批評時，母親總是很親熱輕輕拍我的臉說一聲「行啦，我的小總管」，就讓我閉嘴，去做適合我做的事。

我早已料到，她那樣無節制的花錢，早晚一定會把她置於萬分困難的境地。現在我成了她家的總管，發現家中的收支不平衡，我這層憂慮就更加嚴重了。我後來的吝嗇脾氣，就是從這個時候開始養成的。我除了偶爾一時高興以外，從來就沒有亂花過一分錢。在此以前，我從未爲我口袋裡的錢是多還是少操過心，而現在我開始注意金錢，爲我的荷包操心了。我是出於一種良好的動機而成爲一個吝嗇鬼的，這個動機就是一心要爲母親存一點錢，以備不時之需，因爲我早已預見山窮水盡那一天是遲早要到來的。我還擔心她的債主很有可能請求扣押她的年金，或者她的年金完全被取消。因此，在我這副從未見過大世面的眼光看來，我手中所有的這一點積蓄也許可以幫她的大忙。爲了多存點錢，特別是爲了保住這點錢，就必須瞞住她，因爲在她挖東牆補西牆到處舉債的時候，是不宜讓她知道我有那麼一點私房錢的。於是我就在各處找隱蔽的地方藏幾個金路易，以便積少成多，到急需的時候交給她。可是我太笨了，我選擇的藏錢的地方全都被她發現了，爲了向我暗示她已經發現我的祕密，她就把我藏的金路易拿走，改用更多的其他的錢幣放在原地，於是我只好拉下臉皮把那些錢上交，歸入公帳，而她也總是用這筆錢爲我買衣服或添置一些其他的東西，例如銀劍和懷錶等等。

我發現，一點一點的存錢，並不是好辦法，而且對她來說，也是杯水車薪、無濟於事的。因此，我決定爲了預防我所擔心的災難的到來，我必須掌握一套本領，在她無力供養我而且她自己也沒飯吃的時候，由我來供養她。糟糕的是，我的計畫全憑興趣出發，一心只想利用音樂這門藝術來發大財。我腦子裡構想許多音樂題材和歌曲，以爲只要我好好發揮，就可以成爲名家，成爲一個當代的奧爾菲⑪，我作的歌曲可以把祕魯的銀子全都吸引到我手裡。就我來說，識譜的能力還算可以，目前的當務之急是要學會作曲。現在的困難是找不到人教我作曲。單單拿拉摩的《和聲學》來自學，肯定是學不會的。另外，自從勒．梅特先生走了以後，在薩瓦省就找不到另外一個懂和聲學的人了。

在這裡，讀者又將看到我一生當中不斷遇到和我的目的背道而馳的事情，使我在以爲可以迅速達到目的的時候，卻把我推向和目的相反的方向去了。汪杜爾曾經多次跟我談到教他作曲的老師布朗沙神父，說此人人品好，學問也好，此時在貝桑松大教堂擔任音樂教習，並在凡爾賽教堂當音樂總監。我想到貝桑松去跟這位神父學作曲。我認爲這個想法很有道理，並說服了母親，得到了她的贊同。於是她開始爲我準備行裝，而且捨得花錢，需要的東西應有盡有，全都買齊了。我原本是爲了防止她破產和彌補她由於浪費而造成的虧空，誰知我一開始執行計畫就讓她花了八百法郎；本來是爲了讓我去學好本事賺錢改善她的經濟狀況，結果反而很有可能由於花太多錢而加速破產。儘管這個計畫是很荒唐的，但我心中充滿了幻想，母親心中也充滿了幻想，我認爲這樣做對她有好處；而她認爲這樣做對我是有益

---

⑪ 古希臘民間故事中的行詠詩人。據說，古代的齊特拉琴和七弦里拉琴就是他發明的，奏出的樂聲上可以感動天上的神靈，下可以感動地下埋葬的死者，甚至連林中的野獸也聽得入迷。——譯者

的。

我以爲汪杜爾還在安納西，想去求他寫封介紹信給布朗沙神父，可是他早已不在那裡。我手中能證明我和汪杜爾的關係的東西，就只有他給我的一篇四聲部的彌撒曲。這是他做的，而且是他親手抄寫的。我就帶著這樣東西出發去貝桑松了。路過日內瓦的時候，我去看望了幾位親戚；到了尼翁，我又去看望了我的父親。他像以往那樣接待了我，並主動提出讓我騎馬先行，隨後幫我把行李寄到貝桑松。我到了貝桑松，布朗沙神父很熱情的接待我，並答應教我，在生活上照顧我。正當我們要開始教學的時候，我收到父親寄來的一封信，說我的行李在瑞士邊境的魯斯被法國關卡扣留和沒收了。這個消息使我大吃一驚，於是我就請我在貝桑松結識的幾位朋友去打聽一下法國關卡是根據什麼理由把我的行李沒收的。我敢保證我的行李中沒有違禁物品，實在想不出他們沒收行李的原因。最後我終於把事情弄清楚了。這件事情值得在這裡談一下，因爲講起來非常有趣。

我在尚貝里結識了一位年紀相當大的里昂人，名叫杜維維耶。此人秉性善良，在攝政時期[12]曾經在簽證局做過事，後來由於賦閒在家，便到土地普查局工作。他久經世面，爲人能幹，也有學問，對人謙和，彬彬有禮，而且懂音樂；我和他在同一個辦公室工作，在我們周

⑫ 指一七一五—一七二三年法國奧爾良公爵執掌國政時期。——譯者

圍一群粗俗的人中間，我們兩人比較親近。他和他的幾位住在巴黎的朋友常有書信往來；朋友寄來了一些刊登無聊文章的小報給他。這種曇花一現的新鮮玩意兒，誰也不知道是怎麼流行起來的，也不知道怎麼一下子又消失得無影無蹤。如果沒有人提起，那是誰也不會想起它們的。我曾帶杜維維耶先生到母親家吃過幾次飯，而他爲了討好我，送了我幾份這種無聊的小報，以爲我跟他一樣喜歡看這些東西。其實，我對這些東西非常厭惡，也從來不看的；可以說，在我這一生中我一份也未看過。爲了不掃他的興，我收下了那些亂七八糟的小報，放在我的口袋裡，除了臨時找便條紙時（它們只能當便條紙），我就再也沒有想到過它們。倒楣的是，在這些可惡的小報當中，有一張還留在一件我只是在與同事們聚會時才穿過兩、三次的新衣服口袋裡。這張小報上有一首由一個詹森派教徒模仿拉辛的《米特裡達特》的筆調寫的打油詩，文字平庸，毫無韻味，我連十行也沒有看完，就隨手把它放進我的口袋裡。這就是我的行李被沒收的原因。關卡的官員在我的行李物品清單前面加寫了一段危言聳聽的「檢查紀要」，說那首打油詩是來自日內瓦，是爲了偷運到法國印刷和散播的。官員們還借題發揮，把上帝和教會的敵人罵了一通，同時又對他們高度的機警大加讚揚，說什麼正是由於他們的警覺性高，所以才阻止了這個罪惡陰謀的實施。他們認爲由於那首打油詩，我所有的衣服都沾染了異教味，因此應通通加以沒收。此時，弄得我毫無辦法，完全無法打聽到有關我的行李的消息。我去找主管的官員，他們要我提出這個證明、那個憑據、這個批示和那個結論，花樣多得不得了，最後我只好乾脆全部放棄，什麼也不要了。我很後悔沒有把魯斯關卡的那篇「檢查紀要」保存下來，收入本書，與其他材料一起發表，那才「奇文共欣賞」有趣得很呢！

由於失去了全部行李，我便無法跟布朗沙神父學習，因此決定立即返回尚貝里。我全盤考慮後，發現我無論做什麼事情都遭到厄運，因此我下定決心，從此以後就一心一意跟著母親，與她同呼吸、共命運，再也不爲我無能爲力的將來做任何徒勞的努力。她很高興歡迎我，就好像我帶回來什麼財寶給她似的，並爲我添置一件又一件的新衣。這件倒楣事，無論對她還是對我來說，損失都是挺大的，但沒過多久，我們就把它忘記了。它發生得快，我們也忘記得快。

雖然這件不幸的意外事件使我進修音樂的計畫遭到挫折，但我還是照樣繼續研究拉摩的那本《和聲學》，而且，透過不懈的努力，終於把它讀懂了，並試作了幾首短短的曲子。這一成功，使我受到了很大的鼓舞。昂特蒙侯爵的兒子貝爾加爾德伯爵在奧古斯都國王駕崩後便從德勒斯登回到了尚貝里。他曾經在巴黎待過很長一段時間，非常喜歡音樂，尤其喜歡拉摩作的曲子。他的弟弟朗吉伯爵拉了一手好提琴，他的妹妹德·拉都爾伯爵夫人會唱歌，經過我們幾個人的努力，終於使人們對音樂的愛好在尚貝里一下子就蔚然成風。我們準備舉辦一次公開的音樂會。起初，大家打算由我擔任指揮，後來覺得這個工作超過了我的能力，於是便另作安排。我把我作的幾首小曲子拿到音樂會上去演奏，其中有一首合唱曲頗受歡迎。這首曲子雖算不上盡善盡美，但其中有好幾段充滿新意的曲調，人們沒有料它們的作者竟然是我。有幾個人不相信我這個連樂譜都讀不懂的人會作出相當不錯的曲子；他們懷疑我把別人的作品說成是我自己的作品。爲了驗證這一點，有一天上午，朗吉先生帶著一首克列朗波作的合唱曲來看我。他說：爲了便於演唱，他給這首合唱曲變了調，但是，一變了調，克列朗波的這首曲子就無法演奏了，因此要我配一個低音部。我回答說，這個工作相當艱巨，不能馬上完成。他認爲我這是找藉口，因此硬要我至少要作一段低音部宣敘調，我答應了。當然作得不怎麼好，因爲無論什麼事情，若要我做好的話，就必須讓我從容、自在的做。不過，我這次作的低音部宣敘調至少是合乎規則的，而且是當著他的面作的，這就使他不再懷疑我連作曲的基本規則都不懂了。就這樣，我那幾個女學生還繼續跟我學。但是，由於有一次他們舉辦音樂會沒有邀請我參加，我對音樂的興趣便稍微低落了一些。

差不多也就是在這個時候，戰爭宣告結束，和平重新到來，法國的軍隊又從峰巒起伏的阿爾卑斯山開回來了。有幾位軍官來看母親，其中有奧爾良團上校團長洛特雷克伯爵（他後來還擔任過駐日內瓦的全權公使，並最後晉升法國陸軍元帥）。母親把我介紹給他，他聽了她的話以後，對我表現得十分關心並許了很多承諾，可是直到他臨終那一年，他才想起他答應我的事，而我這時候已經不需要他幫我什麼忙了。年輕的塞勒克特爾侯爵（他的父親當時任法國駐都靈的大使）這時也在尙貝里。有一天，他在芒東夫人家吃晚飯，我也在座。飯後，大家談到了音樂問題。他對音樂很內行。當時歌劇《耶弗德》正在密集的上演，他就談起這部歌劇，並叫人把譜子拿來，他提議要我和他一起演唱這部歌劇，這一下弄得我當時全身緊張。他打開歌譜，正好翻到那段著名的三重唱：

世上的人，地獄的鬼，甚至

天上的神，全都在主面前戰慄。

他問我：「你唱幾個音部？我唱這六個音部。」那時，我對法國人的快節奏轉換音部的唱法還不熟悉，儘管我有時候也能勉強唱幾段，但我不明白一個人怎麼能唱六個音部，就是唱兩個音部也不可能嘛。在演唱的時候，最使我感到吃力的，就是從一個音部一下子就跳到另一個音部，而眼睛還要盯著整個樂譜。塞勒克特爾先生看見我爲難的樣子，便以爲我不懂音樂。也許是爲了弄清楚我到底懂不懂音樂，他要我把他準備獻給芒東小姐的一首歌記下來，我當然無法推辭。於是他開始演唱，我也開始記錄。我沒有讓他反覆重唱幾次，就全記下來了。他一看我記錄的譜子，發現我記得完全正確，一個差錯也沒有。他把我爲難的樣子和我記譜記得完全正確這兩個事件一加對照，便非常高興，對我大加讚揚。其實，這件事情非常簡單，因爲我對音樂是很有造詣的，我缺乏的只是那種一看就會的天分；我在任何事情上都是這樣的，尤其在音樂方面，我必須經過反覆練習和研究，才能達到一看譜子就能演唱的程度。不管怎麼樣，我對他後來爲了消除我受到的那點屈辱在他人和我自己心中留下的陰影而做的努力，是十分感激的。事隔十二年或十五年以後，我在巴黎的幾次社交場合又見到了他。我有好幾次想對他重提這件事情，想向他表達我永誌不忘的謝意，但他那時已雙目失明，我怕一回憶往事會引起他的傷感，所以就沒有提。

現在，我即將進入把我過去的生活與現在的生活聯繫起來的過渡時期。從那時一直保持到現在的友誼，對我來說，是十分珍貴的。這些友誼經常使我一想到我當初默默無聞時候的幸福情景，便感到十分留戀。那時候，那些自願和我交往的人，都是由於愛我這個人而與我交朋友的，都是出於至誠，而不是出於想和一個名人結交的虛榮心，更不是居心叵測爲了有更多的機會傷害我。我第一次和我的老朋友高福古相識，就是在這個時期。儘管有人曾想盡辦法離間我們，但他始終對我情誼甚篤。自始至終，眞是難得呀！唉！可惜他最近去世了。他對我的愛，是直到他的生命終結之後才停止；我們的友誼，只直到他離開人間之後才告一段落。高福古先生是我見過的最可愛的人之一，凡是見過他的人，沒有一個不喜歡他；凡是和他相處過的人，沒有一個不對他產生敬意。在我這一生中，我還沒有見過哪一個人比他更落落大方，比他對人更親切和眞誠，更通達事理，一言一行更贏得人們的信任。不論多麼拘謹的人都會和他一見如故，好像是相識二十年的老朋友那樣熟絡；就連我這個一見生人就手足無措的人第一次和他見面也感到像是和他已相識多年似的。他的聲音和他的言談，與他的儀表非常相配。他說話的聲音清脆響亮、渾厚有力，既悅耳又能打動你的心。他成天都是那樣高高興興的，對人極其眞誠和樸實；他既有天生的才能，也有後天的修養。除此以外，他還有一顆愛人的心，而且是一顆稍許過分多情的心。他樂於助人，幾乎是不加選擇的幫助他人，竭誠為朋友效勞，或者說得更確切一點，他能幫助誰，就主動做誰的朋友。他既善於打理自己的事情，又能滿腔熱忱打理別人的事情。高福古是一個普通的鐘錶匠的兒子，他本人也是一個鐘錶工人。但是，他的儀容和才華促使他走向另外一個社交圈子，而他後來也眞的進入了那個環境。他結識了當時法國駐日內瓦常駐代表德·拉·克洛蘇爾先生，兩人成了很要好的朋友。德·拉·克洛蘇爾先生介紹了幾位對他大有用處的巴黎朋友給他。透過那幾位朋友的幫助，他獲得了在瓦勒的食鹽供銷權，每年有兩萬利弗爾的收入。就財運來說，一個男人有這樣的業績已經是夠好的了，就已經知足了；而在女人方面，他也很走運：女人一個一個投懷送抱，因此他必須加以選擇，而且也眞的選到了意中人。最奇怪又最令人稱讚的是，他和各行各業的人都能結緣，無論走到哪裡都受到大家的歡迎，既不遭人嫉妒也不遭人恨。我確信，他終其一生都沒有遇到過任何一個仇人，他眞是幸福的人啊！他每年都要到艾克斯溫泉浴場幾次，和聚集在那一帶的上流社會人士攀交情；他和薩瓦省的幾位貴族都有聯繫，經常從艾克斯到尚貝里來看望貝爾加爾德伯爵和伯爵的父親昂特蒙侯爵，母親就是在侯爵家與他相識，並把我介紹給他的。那次見面似乎沒有什麼特別的印象，而且後來又中斷了好幾年，但是在我即將談到的場合，我們又見面了，而且結下了眞正的友情，因此我有資格詳細談一談這位與我交往甚密的朋友。不過，我不是因爲私交甚密而追憶他，而是由於他的確是一個十分可愛和天資聰穎的人。爲了人類的榮譽，也是應該讓大家永遠不要忘記他的。不過，這個如此優秀的人，與其他的人一樣，也有他的缺點。這方面的情況，我在後面即將談到。然而，話又說回來，如果他沒有那些缺點的話，就反而凸顯不出他的可愛了。爲了能儘量引起人們對他的注意，因而有了那些缺點，這也是可以原諒的。

在這個時期，我還結識了另外一個人。我和他的交往一直沒有中斷過，而且正是由於和他的交往，才誘使我心中抱有難以消除的追求世上幸福的希望。孔濟埃先生是薩瓦省的一位紳士；我認識他的時候，他還年輕，很可愛。那時，他忽然心血來潮，想學音樂，或者說得更確切一點，他想結識一位教音樂的人。他很聰明，對藝術很感興趣。他的性格很平和，喜歡與人交往，由於我本人就十分平易近人，所以非常喜歡具有這種性格的人。因此，我和他不久就成了好朋友。那時候，文學和哲學已開始在我的頭腦裡萌芽，只要稍加培養和激勵，就可以迅速茁壯，而培養和激勵我的，正是這位孔濟埃先生。他音樂的天賦不高，這對我來說，是件好事。教唱歌的時候我們不但無心唱歌，反而把時間消磨在談論別的事情上。我們在一起吃飯、聊天和閱讀新的出版物，沒有一句話涉及音樂。當時，伏爾泰和普魯士王儲⑬的來往書信正鬧得沸沸揚揚，成爲街談巷議的話題。我們常常談起這兩位著名的人物，其中一位不久即將登上王位，而且已經展示他日後將成爲一個雄才大略的人的能力；

---

⑬ 指腓特烈二世。——譯者

另一位當時受到的詆毀之多，如同他現在所受到的敬仰之普遍。我們非常同情他不幸的遭遇，他走到哪裡，不幸的事情就跟隨到哪裡。不幸的事情好像專門是爲了偉大的天才而發生似的。那位普魯士親王年輕時候很不幸福，而伏爾泰生來就好像是一個一生也享受不到幸福的人。由於我們對這兩個人都十分關心，因此對凡是與他們有關的事物都很感興趣。伏爾泰所寫的文章，我們全都仔細閱讀了；從閱讀中領略到的樂趣，使我也產生了學寫文章的念頭，儘量模仿這位作家使我入迷的華麗文筆。不久以後，他的《哲學通信》出版了；雖然這本書不是他最好的作品，但它帶領我走向細心讀書和探求學問的正確道路。我在這方面的興趣一天比一天濃厚，而且從那個時候起，就一直沒有消失。

不過，眞正使我潛心做學問的時機尙未到來。我的性情依然是那樣見異思遷，很難專一，喜歡東奔西跑。這種性情現在雖然有所收斂，但未完全改變；華倫夫人家中的生活環境對我這種性情的養成也起了一定的作用，因爲她家中太亂，不可能讓我靜下心來獨自一個人做學問。登門拜訪的人川流不息從四面八方而來，我看得很清楚，他們之所以來，完全是爲了想盡辦法騙取她的錢財，因此我感到在她家居住彷彿是一種苦刑。自從我接替阿勒的工作，得到她的信任以後，我就密切注意她的家道變化。我發現景況愈來愈糟，因而使我感到十分憂慮。我曾無數次向她彙報實情，請求和催促她改弦更張，但結果毫無成效。我曾跪在她的膝前再三強調那場威脅她的災難即將到來。我強烈要求她節省開支，並首先從我開始。我反覆強調在年輕的時候受點兒苦，總比到了老年債臺高築好得多，不至於使自己陷入債主上門討債的困境。她被我的眞心實意所感動，與我抱有同感，滿口答應照我的話辦。然而，只要來那麼一個無賴漢，她立刻就會把她答應我的話忘得一乾二淨。在千百次證明我的規勸純屬徒勞之後，我除了對我無法防止的災難視而不見以外，還有什麼其他的辦法呢？我遠離了這個我無力看好大門的家，我到尼翁、日內瓦和里昂短暫旅行，暫時忘掉我心裡的痛苦，雖然由於旅費的開銷也增加了我的憂慮。我可以對天發誓，如果我節省開支眞能使母親得到好處，我是情願處處節約，不亂花一分錢的。然而我看得很清楚，不論我節省多少錢，最後全都會落到那些騙子的手中去的，因此我就利用她對誰都是有求必應的弱點，與他們分享她的錢財。我就像那條從肉店跑出來的狗一樣，既然無法看守那塊肉，就叼走我這一份算了。

要想到外地旅行，是不難找到藉口的。單單母親本人就可以向我提供許多到外地去的事由。她和各個地方的人都有往來，有事情要商談和辦理，因此要委託一個可靠的人去辦。她每次都派我去，而我也巴不得去，這樣，我就可以東奔西跑，到處旅行了。由於到各地旅行，我結識了許多好朋友，他們後來對我都大有幫助。例如我在里昂認識的佩里雄先生，從他熱情的接待我看來，我很後悔沒有繼續和他深交；我還認識了對人和氣的帕里索（關於他，我以後在適當的時候還要談到）。在格勒諾布爾，我認識了黛邦絲夫人和巴爾多朗舍議長的夫人。巴爾多朗舍夫人是一位很聰明的女人，如果我常去拜訪她的話，我和她一定會結成好朋友的。在日內瓦，我認識了法國常駐日內瓦的代表德·拉·克洛蘇爾先生。他經常向我談起我的母親，雖然她已去世多年，但當年我母親的風采，他仍記憶猶新。我還結識了巴里約父子兩人，老巴里約把我當作他的孫子，他對人挺和氣，是我所見過的最正直的人之一。在共和國動亂時期，這兩位公民分別加入了兩個敵對的派別，小巴里約加入市民派，而他的父親則加入政府派。一七三七年發生武鬥的時候，我正在日內瓦，看見這父子兩人各持武器從同一座房子裡跑出去，一個跑到政府大樓，而兒子則跑到他那一派人的集合地。他們兩個人都知道，兩小時以後就要面對面互相廝殺。這個可怕的場面留給我的印象是如此之深，以致使我發誓：如果我恢復了公民權利，我絕不參加任何內戰，永遠不在國內用武力去爭取自由；無論在個人行動上或言論上，我都不採用同室操戈以兵戎相見的做法。我曾以實際行動證明我在一件極其棘手的事情上遵守了我的誓言。我這種克制的做法，至少在我個人看來是值得讚許的。

不過，當時我還沒有產生後來由武裝起來的日內瓦在我心中激起的那種樸實的愛國主義熱情。人們從一件因我一時莽撞而造成的嚴重事件就可看出那時候我對愛國主義是沒有絲毫概念的。這件事情我當時雖忘記談它，但現在就不應該再略而不談。

幾年前，我的舅舅貝爾納為了監修他所設計的查爾斯城便去了卡羅來納，他不久就死在那裡。我那可憐的表兄也在為普魯士國王服兵役期間病故。我的舅媽就這樣同時失去了她的兒子和她的丈夫。這喪夫喪子的悲痛，使她對我這樣一個僅存的最親的親屬備感親切。我去日內瓦的時候，就住在她家；閒暇之時我就喜歡翻閱舅舅留下的圖書。我發現了許多好書和一些不爲他人注意的信件。我的舅媽對這一堆舊書從來就不重視，我想拿走多少就拿走多少。我只拿了兩、三本有我外祖父貝爾納牧師親筆加了批註的書，其中有洛豪爾特身後出版的《文集》（四開本），書的空白邊上寫滿了非常精彩的注釋；看了這些注釋，我便開始對數學產生了興趣。這本書，我後來就把它留在華倫夫人的書櫥裡，後悔我沒有把它保存在我身邊。除了這幾本書以外，我還拿走了五、六份手稿，唯一的一個已經付印的稿本是著名的米舍里．杜克雷所寫的一份備忘錄。此人博學多才，但太愛大放厥詞、喜談國是，因此遭到日內瓦官員的殘酷迫害，最後死在阿爾貝格城堡。他被關在城堡裡好幾年，據說是因爲參與了伯恩的陰謀事件。

這份備忘錄的內容是針對日內瓦大而無當的城防工程計畫提出的精闢批評。這個計畫已部分實施，有一些行家由於不了解議會這個宏偉計畫的祕密目的，便嗤之以鼻。米舍里先生因批評這個計畫，便被城防委員會取消了他的委員資格。然而他認爲，姑且不說他是兩百人議會的議員，即使是一個普通公民，他也可以發表他的看法，這就是他寫這份備忘錄的目的。由於他考慮不周、行事太冒失，他竟把這份備忘錄印了出來，不過沒有對外散播，而只印了兩百份準備發給兩百人議會的議員。這兩百份備忘錄，後來都被郵局奉小議會之命全扣留了。我在舅舅的書堆裡發現這份備忘錄和答辯書，我把這兩份文件都拿走了。我是在離開土地普查局之後開始這次旅行的；那時候，我和擔任局長之職的柯賽里律師還保持著良好的關係。此後不久，稅務處的處長請我當他兒子的教父，請柯賽里夫人當教母。這項榮譽使我高興得忘乎所以，能夠有機會如此接近律師先生而感到自豪，因此我打算裝出一副大人物的樣子，以表示我的確匹配這份榮譽。

基於這個想法，我認爲，爲了向他證明我是知道國家機密的日內瓦上層人士，最好的辦法莫過於把我手中這份用印刷機印的米舍里先生的備忘錄拿給他看，因爲這的確是一份非常難得的稀有文件。不過，我不知道當時出於什麼謹愼的考慮，我也留了一手，沒有把我舅舅寫的那份答辯書給他看；也許是因爲這是手稿，而柯賽里先生想要的是那份印刷的備忘錄。他當然一眼就看出我愚蠢的給他的這份文件的價値，因此，我從此以後不但沒把它要回來，而且也沒有再看見過。後來，我斷定，無論我費多麼大的心思也是要不回來了，便索性做個人情，把他存心強占的這份文件當作禮物送給他。我敢斷言，他一定會把這份雖稀有但毫無用處的文件拿到都靈宮中去炫耀，說他是花了多少錢買的；若誰想得到，也必須出那麼多錢才能得到。幸好，在諸多難以預料的事情中，撒丁國王來圍攻日內瓦的可能性是很小的。不過，由於不可能發生的事情有時候也會發生，萬一撒丁國王的軍隊眞的圍攻日內瓦的話，那麼，由於我出於愚蠢的虛榮心而把城防工事的弱點洩露給日內瓦的夙敵，我的罪過可就大了。

我就這樣時而搞音樂，時而搞製藥，時而又到各地旅行，晃晃蕩蕩虛度了兩、三年光陰；我想固定做一件事情，但又不知道究竟做什麼事情才好。不過，在這期間，我對讀書做學問的興趣愈來愈濃厚，還經常拜訪文人，聽他們談論文學，而且有時候還插嘴說幾句，當然，我的插話無非是從書上學來的那些詞句，而不是對書的內容有什麼眞正的見解。我每次到日內瓦，都要抽空去看望我的老朋友西蒙先生；他把巴耶和柯羅米埃⑭對文學界的非常新穎的看法講給我聽，因而大大助長了我求知的上進心。在尙貝里，我曾多次去拜見一個多明我會的修士（他的名字我已忘記），此人是一位物理學教師，爲人很忠厚。他常常做一些小實驗給我看，引起我極大的興趣。我想按照他的樣子做密寫墨水。我在一個瓶子裡裝了大半瓶生石灰、硫化砷和水，接著，我便塞上瓶蓋。才剛蓋上，瓶子就立刻猛烈的沸騰起來。我趕緊跑過去，想拔掉瓶蓋，但已經來不及了，瓶子像炸彈似的砰一聲爆炸了。瓶子裡的水濺了我一臉，我嚥了一口含有硫化砷和生石灰的水，差一點要了我的命。有六個星期，我兩眼什麼也看不見，成了瞎子。此事我得到教訓，沒有實驗物理學的基本知識，就千萬別去碰這玩意。

對我的健康來說，這件意外發生得眞不是時候，因爲近來我的健康狀況很明顯地愈來愈差了。我想不透我的身體很好，又沒做任何過度勞累的工作，怎麼會眼睜睜的一天天衰弱下

⑭巴耶，指安德里安·巴耶（一六四九—一七〇六），法國文學評論家，著有《評幾位學者對幾位作家的主要著作的評論》。柯羅米埃，指保爾·柯羅米埃（一六三八—一六九二），法國十七世紀著名的基督教作家。——譯者

去。我寬肩膀、寬胸圍，呼吸應當是很順暢的，然而我卻經常氣短，感到憋悶、喘不過氣來，有時候還心跳、咯血，後來又時常體溫微熱，一直沒有好過。我正在壯年，五臟六腑都沒毛病，又沒有做任何有損健康的事，怎麼一下子就衰弱到這種地步呢？

人們常說：利劍終歸要損傷劍鞘的。我的情況就是如此。對某些事物的追求，使我感到生活得很有意義，但同時也毀壞了我的身體。人們也許會問我追求些什麼呢？我追求的都是一些不值一提的小事情、非常幼稚的事情，然而它們在我心目中卻如同占有海倫⑮或登上王位那麼重要。首先讓我談一談女人。我占有了一個女人之後，我的感官雖然平靜，但我的心卻不平靜。在肉體的快樂享受中，性愛的需要吞噬著我。我雖然有了一位溫柔的母親、一位親愛的女友，但我還需要一個情婦。我腦海中經常想像有那麼一個情婦來代替母親。為了欺騙自己，我曾想盡辦法在想像中變換她的樣子。因為，當我一想到躺在我懷中的女人是我的母親，即使我把她抱得緊緊的，我的情欲衝動也會立刻減低，甚至完全消失。雖然我被她的溫存感動得啜泣，但絲毫不感到快樂。肉體的快樂！男人非享受不可嗎？唉！我經常在心中暗自思索：在我這一生中要是眞有那麼一次盡情享受兩情歡愉之樂，我這孱弱的身體未必能經受得住，說不定我會當場死去的。

⑮ 古希臘神話故事中傳說的美女。——譯者

我想女人已經想得要命了，但始終沒有找到具體的對象。這種狀態也許是最傷身體的。另外，一想到可憐的母親的愈來愈壞的境遇，想到她出手闊綽亂花錢的做法早晚會使她澈底破產，我就憂心忡忡，十分難過。我活躍的想像力早已料到災禍必將來臨，並不斷描繪它將產生的可怕景象和嚴重後果。我還黯然神傷這樣預測：由於母親破產了，我將被情勢所迫而不得不離開這個我已爲之獻身而且沒有她我活著就沒有樂趣的女人。我心神不安的原因就在於此，欲望和憂慮相互摧殘著我的肉體與心靈。

音樂是我的另一個追求，雖不那麼狂熱，但也消耗了我許多精力，因爲我喜歡音樂已經入了迷，成天埋頭鑽研拉摩的那幾本難以看懂的書。雖然我的腦子已經不聽我使喚，但我卻硬要把書中的內容記在我的腦子裡，另外，我還要時常從這家走到那家去幫學生上音樂課，編寫一首又一首的曲子，往往一寫就是通宵，這些事情都是很消耗體力的。我爲什麼要在這裡花這麼多筆墨談這些事情呢？既然我總是見異思遷，頭腦裡的那些荒唐的想法和突發奇想興之所至而又只能堅持一天的愛好以及旅行、參加音樂會或赴晚宴，還有散步、看小說或看戲劇這些樂趣或事情都是無須事先籌畫就可以享受得到或辦得到的，爲什麼會令我如此焦慮，甚至拼命苦苦追求呢？當我讀到《克里夫蘭》[16]這本小說（我曾興致勃勃的閱讀，但

⑯ 法國小說家普列伏神父一七三二—一七三九年間陸續發表的一部四卷本長篇小說；這部小說的全名是：《一

又時時中斷）所描寫的書中主角的那些想像的痛苦時，我的確認爲他的那些痛苦比我自己的痛苦更令我感到憂傷。

有一個名叫巴格列的日內瓦人曾在俄國宮廷爲彼得大帝效勞。此人是我見過的心術最壞而又最狂妄的傢伙；他滿腦子的餿主意，主意之狂妄，與他爲人的狂妄是一樣的。他說，只要他一出手，百萬銀幣就會像江河的水那樣滾滾流進他的口袋，因此，對他來說，白手起家並不難。他來尚貝里，本來是爲了到參議院去辦什麼事情的，可是他放下正事不辦，卻對母親狠下工夫，兜售他的白手起家的計畫，十塊、八塊的騙取她僅有的那一點錢。我很討厭他，這一點，他也看出來了。對於我這樣的人，要看出我的心思是不難的，因此他便用各種卑鄙手段來討好我。他會下棋，他說可以教我，我勉強答應他可以試一試。我才剛學了幾下走法，進步很快，在第一局快結束時，我就利用他開局時讓我的那一步棋贏了他。從此，我就對下棋入了迷、上了癮。我去買了一副棋，又買了一本棋譜，無論白天或黑夜我都一個人關在屋子裡學，想把書上講的那些招數全都記在心裡。我沒完沒了的研究；腦子裡想的和裝的，全是下棋的訣竅。經過兩三個月難以想像的刻苦努力之後，我就到咖啡館想試一下身手。那時候，我面黃肌瘦，活像一個傻子。我和巴格列先生對弈，第一盤我輸了，第二盤我

位英國哲學家，或：克倫威爾的私生子克里夫蘭先生的故事》。——譯者

又輸了，我一連輸了二十盤。我腦子裡記得滾瓜爛熟的那些招數全亂了套，我的想像力也凍結了，一下子就暈頭轉向，如墜五里霧中。我一遍又一遍拿起費里多爾和斯塔瑪的棋譜來研究，分析他們的走法，結果累得精疲力盡，還是白費勁，下棋的本事比以前更糟了。後來我停了一段時間不下棋，等到我心情平復再去和人對弈時，還是和第一次一樣，一點進步也沒有，依然停留在第一次下棋終盤時的那個水準。即使再練習幾百年，頂多也只能掌握上次把巴格列將軍的那一招如此而已。也許有人會說，用下棋這個辦法來消磨時間，這很好嘛。是的，我在這方面的確花了不少時間，只是到了實在沒有力氣的時候，我才沒有繼續嘗試。當我走出房間到街上去的時候，人家一看，幾乎把我當做是從墳墓裡挖出來的死人。如果再這樣繼續下去，我一定會不久於人世的。人們不難想像，像我這樣在青年時期執著於下工夫鑽研的人，要想保持身體健康，是多麼困難啊！

健康不佳的狀況影響了我的心情，也使我愛胡思亂想的頭腦比以前冷靜了許多。由於我身體非常虛弱，我變得安靜而不好動了，出外旅行的興趣也減少了，我喜歡待在屋子裡。我心裡感到的不是無聊，而是憂鬱；悶悶不樂的心境代替了奔放的熱情，頹喪變成了悲傷，時常無緣無故歎息和哭泣。我擔心我還沒有享受到生的樂趣，生命便離我而去。一想到可憐的母親遲早要陷入困境，我便不斷唉聲歎氣。我敢說，我唯一感到遺憾的，是我將離開她，使她處於無依無靠的境地。最後，我終於病倒了，她對我的照料，比任何一個母親照料自己的親兒子還周到。這對她來說，倒是一件好事，因為這樣不但可以使她不再去搞各種計畫，而且還可躲開那些幫她訂計畫的人。如果那時候我死了，我將死得多麼寧靜啊！雖說我沒有享受到多少生的幸福，但我也沒有感受到多少人生的痛苦。我平靜的靈魂可以在尚未深感那殘害活人與死人的世間不公正之事而痛苦前離開這個世界。我感到欣慰的是，我的生命將繼續活在我的女伴身上，這樣，我就雖死猶生了。要不是我對她的命運感到憂慮的話，我死的時候就會像安然入睡那樣閉上我的眼睛。不過，我的這種憂慮，由於有一個溫柔多情的對象，因此也就不感到那麼痛苦。我曾經對她這樣說過：「你掌握著我的命運，你要使我一生幸福啊！」在我病情最嚴重的時候，我曾經有兩、三次半夜起來，一步一步挪動我孱弱的身子走到她的房間，對她的持家方式提出忠告。我敢說，我的意見都是非常正確的和合理的，其中最重要的就是對她的命運的憂心。我的眼淚就像食物和藥物一樣有益，我坐在她的床邊，緊緊握著她的雙手和她一起痛哭一場之後，我覺得我的精神一下子就振奮起來了。這種夜間談話，我們有時一談就是幾個小時。回屋的時候，我的心情比去她房間的時候好多了，對她向我許的諾言和使我產生的希望感到非常高興與滿意。於是，我懷著平靜的心情安然入睡，因爲今後的一切，自有上帝的安排。上帝啊！經歷了一生許多恨事和震撼我心靈的風暴之後，我感到，對我來說，生命反倒是一個大累贅，因此，我確信在結束生命的死亡來臨之時，也將像此刻這樣，不會使我感到多大的痛苦。

由於她的細心照料和關懷，終於把我救活了，而且也只有她才能救我。我不太相信醫生給我開的藥，但我深信眞正的朋友對我的關懷，與我們的幸福有關的情誼，比任何其他事物更能產生良好的效果。如果在生活中眞有那麼一種甜蜜的感覺的話，那就是我們此刻相依爲命的感覺。我們之間的愛雖然沒有因此而增長（它顯然是不可能增長的），但卻變得比以前更質樸、更融洽和更動人。我完全成了她的作品、她的孩子；她比我親身的母親還親。我們不知不覺中竟變得形影不離，彷彿兩個人的生命已經結合在一起了。我們不僅彼此都感到互相需要，而且只要我們兩人在一起，就感到什麼都滿足了。我們從此不再去考慮任何與我們無關的事情，我們唯一關心的是我們的幸福和互相擁有。我們的這種擁有，很可能是世上絕無僅有的，因爲它不是我在前面所說的那種出自情愛的占有，而是更眞誠的心靈的擁有，它與感官的享受、性的衝動和年齡的大小與容貌的美醜無關；它是建立在只有死後才會消失的種種使人之所以爲人的道德觀念上的占有。

這一難得的珍貴機會，爲什麼沒有在她的晚年和我的晚年爲我們帶來幸福呢？這不能怪我，對於這一點，我是心安理得、深信不疑的；這也不能怪她，至少是不能怪她有意爲之。只能怪難以克服的人性又占了上風，不過，那悲慘的結局也不是一下子突然發生的，感謝上天的庇佑，中間有一個間隔期，爲時雖短，但卻是非常珍貴的間隔期。它既不是由於我的過錯而結束的，也不能怪我沒有很好的加以利用。

我這場大病雖然治好了，但精力並未恢復。我的胸部仍然感到憋悶，身體時常微熱，全身軟弱無力。我對什麼都不感興趣，一心只想在我喜愛的女人身邊度過我的餘年，使她能堅持改弦更張的決心，並認識到眞正的幸福生活的美究竟是美在什麼地方，而我則盡我的力量使她成爲眞正的幸福的人。然而我發現，我甚至已經感覺到，在一個淒涼的屋子裡，兩個人老是那樣面對面坐在一起，最後也會感到十分寂寞和無聊的。改變這種狀況的機會竟自動出現了。母親一定要我喝牛奶，而且要我到鄉下去買奶喝。我說，只要她和我一起去，我就同意照她的話辦。她立刻答應了，剩下的問題只是選擇到什麼地方去。我們在郊外的那個園子，嚴格說來不是在鄉下，它周圍都有別的房子和花園，沒有鄉下那種幽靜的樣子。另外，自從阿勒去世以後，爲了節省開支，我們已經離開那個園子，無心去侍弄那裡的花草和其他植物了，何況我們還有許多其他的事情要做，所以就放棄了那個園子，任其荒蕪。

趁她現在對城市生活感到厭倦這個機會，我建議她完全放棄那個園子，到另外一個幽靜的地方去住；找一個離城較遠的小房子，使那幫討厭的傢伙找不到我們。如果她採納了我的建議，這個由她的天使和我的天使共同啓發我們而想出來的主意，說不定眞能保證我們一直到生命結束時都過著幸福安寧的日子。然而，我們沒有這個福分。母親過慣了富足的生活，現在要她毅然捨棄這種生活去過艱苦的日子，她必然是受不了的。至於我，我已屢遭劫難，什麼苦都受過，因此我深信我總有一天能以自己的言行爲那些熱愛正義和公眾福祉的人做個榜樣，我不集結幫派，不靠同黨庇護，全憑自己的赤子之心向世人勇敢揭示眞理。

她心中有一層顧慮，使她不敢馬上搬離現在住的房子，因爲她怕得罪房子的主人。她對我說：「搬到鄉下去住的這個計畫很好、很合我的心意。不過，到鄉下去住，也需要錢呀。如果現在就完全離開這座監獄似的房子，我就有失去生活來源的危險。我們在鄉下找不到飯吃的時候，還得回到城裡來找，爲了避免這種麻煩，我們最好是不退這棟房子，照樣給聖洛朗伯爵付房租，而他也照樣付我的年金。我們去找一個離城相當遠的小房子，既可以讓我們平平靜靜生活，又便於我們在必要的時候回城辦事。」事情就這樣決定了。我們看了幾處地方之後，最後決定搬到夏梅特；這個地方的土地屬於孔濟埃先生，離尙貝里雖然很近，但地方很偏僻，好像離城裡有一百哩之遠似的。在兩座相當高的山丘之間，有一道南北向的山谷，谷中有一條掩映在亂石和樹叢中的小溪。沿山谷的半山腰，有幾座稀稀疏疏分散的房子，凡是喜歡隱居在偏遠幽靜地方的人都覺得這裡非常適宜。我們看了兩、三棟房子以後，最後選定了其中最漂亮的一棟。這棟房子的屋主是正在軍中服役的盧瓦赫先生。房子很適合於居住，前面有一個梯形花園，上邊有一排葡萄樹，下邊有一個果園，對面是一座小小的栗樹林；附近有一處泉水，後山上有幾處牧場用的草地。總之，我們小小的鄉居房舍所需要的東西，全都應有盡有了。就我的記憶，我們大概是一七三六年夏末搬到這裡來的。我們第一晚在這裡準備睡覺的時候，我心裡快活極了。我抱住我心愛的女友，心情激動眼淚汪汪對她說：「母親，住在這裡眞感到幸福和寧靜啊！如果我們在這棟房子裡都得不到幸福和寧靜，到任何別的地方就更得不到了。」

第六卷（一七三七—一七四〇）

我希望有一塊不大不小的土地，一座花園，門前有一條流水潺湲的小溪，另外還有一座小小的樹林。①

我不願意接著說：「諸神賜給我的，已經遠遠超過了我的希望。」②不過，沒有關係，別的東西，我全都不要了；甚至富麗堂皇的豪宅，我也不要了。我現在擁有的東西已足夠我享受。我早就說過，而且也親身感受到，所有者和占有者往往是完全不同的兩個人，丈夫和情夫就是一例。

我一生中僅有的短暫的幸福生活，就是從這裡開始的。我敢說我眞正享受到人生樂趣的那段恬靜而轉瞬即逝的時光，就是從此時開始的。令人留戀的珍貴的時光啊！請爲我再重新開始一次那美好的歷程，儘量在我的回憶中慢慢走過，而不要像現在這樣如流星趕月似的轉眼就過去。要如何下筆才能按照我的心意把這樸實而又動人的故事寫得長一些？要如何寫才能做到即使一再重複同樣的事情也不使讀者感到厭煩？要如何鋪陳才能做到儘管不斷重新開始，也不會令我自己感到一成不變？如果這一切都是眞實的事實，是眞正做過的和說過的事

① 引自拉丁詩人賀拉斯（約西元前六五—前八）的《諷喻詩集》，第二章，諷喻詩六。——譯者

② 同上。——譯者

情，我當然可以用各種方式詳細描寫，但是，如果這一切既沒有說過，也沒有做過，甚至連想都沒有想過，而只是欣羨過和感覺過，連我自己除了有這種感覺以外，也說不清我的幸福是不是還有別的原因，在這種情況下，我要如何才能敘述得更好呢？太陽一升起，我就起床，我心裡非常快活，我高高興興出去散步。我看見母親，就感到自己很幸福，即使我離開她一會兒，我也感到幸福。我在樹林中和山坡上到處轉轉、跑遍每個山谷。我讀書、悠閒的在園中勞動、採摘果子、幫著做家務。我走到哪裡，幸福就跟隨我到哪裡。幸福不存在於任何一種固定的事物中，它存在於我自身，一刻也沒有離開過我。

在這段寶貴的時光所發生的事情，以及我所做的、所說的和所想的事情，每件我都記得清清楚楚，而在這段時期之前和之後的事情，我只是偶爾想起，而且即使想起來也是很不全面的、很零亂的。唯獨這個時期發生的一切事情，我全記得，好像就發生在眼前似的。我的想像力在我年輕的時候總是往前看，展望未來，而現在卻不停往後看，追憶著往事，用甜蜜的回憶來彌補我永遠失去的希望。我感到未來沒有任何值得我嚮往的地方，只有回顧往事，才能使我感到快樂。我所說的這個時期的回顧，是如此的甜蜜和親切，以致儘管我遭遇許多不幸，我也感到非常幸福。

我從回憶的往事中，只舉一件事情作爲例子，就可看出它們是多麼眞切和生動。在我們第一次去夏梅特那天，母親是坐轎子去的，我跟在後面步行。由於山路很陡，她的身子又相當重，爲了不讓轎夫過於勞累，在差不多走了一半路的時候，她便下轎，剩下的路步行。走著走著，她忽然看見籬笆旁有一個藍色的東西，她對我說：「你看，長春花現在還在開花呢。」我過去從來沒有見過長春花，當時也沒有俯身仔細看，加上我又是大近視，站著是看不清地上的花草的，我只邊走邊瞧了它一眼。從那以後，我差不多有三十年沒再見到過這種花，也沒有回想過這種花。一七六四年在克列西埃，我與我的朋友迪佩魯先生一起登上一座小山，在山頂上有一個很漂亮的亭子，迪佩魯先生稱它爲「暢觀亭」，這個名字取得很好。那時候我正開始採集植物標本，正當我一邊走一邊往樹叢裡看的時候，我突然高興得叫了起來：「啊呀！這不是長春花嗎？」再仔細一看，果然是長春花。迪佩魯發現我非常激動，但他不知道我激動的原因。我想，他將來有一天讀到這段文字的時候，自然就明白了。根據這麼一個小小的山花給我留下的印象，各位讀者就可以看出那個時期的事物在我心中留下的記憶是多麼深刻。

鄉間的空氣雖清新，但也未能使我完全恢復健康。我本來就虛弱的身子，現在更加衰弱了。我不能喝牛奶，一喝就難受，只好停止。當時正流行一種用泉水治病的方法，於是我就試喝泉水，但喝的方法很不得當，以致不但沒有治好我的病，還差點要了我的命。每天早晨一起床，我就帶著一個大杯子到有泉水的地方去，一邊散步一邊喝，一直要喝兩大杯。我完全戒酒了，每餐都滴酒不喝。我喝的水與大多數山中的水差不多，是硬水，不易消化。情況很糟糕，不到兩個月時間，就把我健康的胃弄壞了，無論吃什麼東西都無法消化。看來，十之八九沒有治好的希望了。在這個時候，突然在我身上發生了一種怪現象，無論是它本身還是對我今後一生的影響來說，都是非常奇怪的。

有一天早晨，我的病情比平常更加重了。當我去搬一張小桌子的時候，突然感到全身有一種難以形容的震顫，好像血液中發生了一場暴風雨，一下子就傳遍了我的全身。我的動脈跳動得很厲害；我不僅感覺到它們在跳動，甚至還聽到它們跳動的聲音，特別是頸動脈尤其明顯。此外，我還感到兩耳有強烈的耳鳴，鳴聲有三種甚至四種：低沉的嗡嗡聲、潺潺的流水聲、尖而細的哨子聲和我剛才所說的那種跳動聲（我不用按我的脈搏或用手摸我的身體，就能數出它們跳動的次數）。我耳朵裡的耳鳴聲是如此之大，以致使我失去了敏銳的聽覺，成了一個十足的聾子，而且從此以後我就開始有點耳背了。

人們可以想像得到我當時是多麼吃驚和害怕。我認爲我快要死了，我躺在床上，人們請來了一位醫生，我戰戰兢兢向他敘述我的病情。我說我的病無法醫治了，我當時發現那位醫生也這樣認爲，不過，他還是診斷了一下，並囉唆的向我講了許多醫理，可是我連一句也沒有聽懂。接著，他便根據他高明的醫理，採用他那一套實驗療法來醫治我這個半死不活的人。然而，他的療法既令人難受，又令人討厭，而且沒有多大效果，所以不久後我就不再讓他爲我治病了。過了幾個星期，我發現我的病既沒好轉，也沒更壞，於是便不顧脈搏的劇烈跳動和嗡嗡的耳鳴，下床活動。從那個時候起，也就是說，三十年來，這個病一直伴隨著我。

在此之前，我是很貪睡的，自從有了這個病以後，我就睡不好覺，一直到現在還是經常失眠，因此我認為我將不久於人世。有了這個念頭，使我有一段時間不再去想治病的事情。既然我活不長了，我就下定決心要盡可能好好的利用剩下的日子。由於大自然的格外關照，儘管我的健康狀況極壞，但我竟然沒有遭到我似乎難以倖免的痛苦。耳鳴雖然使我感到不快，但並未使我有太大的煩惱。除了夜裡失眠和經常氣短以外，就沒有其他不舒服的感覺，而且，氣短這個毛病也沒有發展成氣喘，只是在我跑步或動作猛烈的時候才稍許嚴重一點罷了。

這個病，看起來好像將摧毀我的身體，但它實際上只不過消除了我的情欲。我每天都為這個病在我心靈上產生的良好效果而感謝上天。可以這麼說，我只有在把自己當成死人的時候，我才開始感到生活的樂趣；只是到了這個時候，我才體會到我要離開的那些事物的眞正價值，才開始關心更崇高的事情，好像是一心要提前完成我一直未認眞對待的應盡的義務似的。我雖然經常按照我的想法曲解了宗教的意義，但我並未成為完全不信宗教的人，因此，我沒有費多大的力氣，便又回到了宗教的懷抱。宗教問題，在許多人看來是那樣的空洞，但在那些把宗教當成是一種安慰和希望的人看來，則是如此這般有意義的。在這個問題上，母親對我的教導，比所有神學家對我的教導都更為有用。

她對任何事情都有獨特的見解，在宗教問題上也不例外，她對宗教總有一套自己的看法。那套看法很複雜，有些看法有道理，有些看法卻很荒唐，還有一些看法則來自她的性格和她所受的教育。一般來說，信宗教的人都按照各自的樣子來想像上帝。善良的人認為上帝是善良的，邪惡的人認爲上帝是邪惡的，而虔誠的信徒，無論他們是心懷仇恨還是心懷憤懣，全都相信地獄的存在，因爲他們巴不得把世上的人全都打入地獄，而心地善良的人則不相信眞的有地獄。令我感到吃驚的是，好心的費納隆③在他的《特勒馬庫斯奇遇記》裡也大談起地獄來了，好像他眞相信地獄似的。不過，我希望他書中的那些話是在撒謊，因爲，不論多麼誠實的人，只要當上了主教，有時候就不得不撒謊。母親從來不對我撒謊。這個毫無恨人之心的女人，從來不把上帝想像爲滿腔怒火和有仇必報的神。即使是最虔誠的信徒，他們對上帝的認識，頂多也只是把上帝當成是公正的和懲罰惡人的；而母親則認爲上帝是仁慈的和對世人充滿憐憫之心的。她經常說：如果上帝對我們過於嚴厲，按照他的標準來衡量我們的話，那他就太不公平了，因爲他並沒有賜予我們處處都能爲人正直的能力，所以，如果時時都要求我們行端品正，那就無異於要求我們必須按照他並沒有教導我們的法則行事。最奇怪的是，她雖然不相信地獄，但她相信煉獄④。推究其原因，這是由於她不知道如何對待

③ 費納隆（一六五一—一七一五）：法國岡布雷天主教主教，曾任法國路易十四的孫子布高涅公爵的師傅。文中提到的《特勒馬庫斯奇遇記》是他爲布高涅公爵編寫的一本「消遣讀物」，但實際上這本讀物是一部「政治教材」。這本看似神話故事的小說，明眼人一看就知道是在諷喻朝政、譏刺時弊，因而使它的作者失寵於路易十四，被解除了布高涅公爵的師傅的職務。——譯者

④ 煉獄是天主教神學中的一種說法。據說，好人在死後也要在煉獄中待一段時間，把身上的一切塵世罪過和雜

惡人的靈魂，既不能把它們打入地獄，又不能在它們還未變好以前就讓它們和好人的靈魂在一起。因此必須承認，無論在這個世界上還是在另一個世界上，惡人始終是令人感到很難對付的。

另外還有讓人感到奇怪之處是，按照她那一套看法，原罪說和贖罪說就會全被推翻，不能成立，一般的基督教教義的基礎也將動搖，至少天主教就無法繼續存在了。然而，母親的確是一個好天主教徒，或者說得更確切一點，她自信是個好天主教徒。可以肯定的是，她的自信是出自眞誠的。她認爲人們對《聖經》的解釋過於呆板和生硬，太拘泥於字面。《聖經》上關於永恆的苦難的說法，她認爲是比喻性的，是用來威嚇人的。她認爲耶穌基督的死，是眞正的上帝仁慈的榜樣，其目的是爲了教導人們既要愛上帝，也要彼此互愛。總而言之，她是忠於她所信奉的宗教的，她眞誠遵守它的全部信條。不過，如果逐條和她討論的話，人們將發現，儘管她每一條都遵守，但她對每一條的理解都和教會的理解完全不同。在這個問題上，由於她心地單純和直率，所以她講的話是非常樸實和有力的，比教士們引經據典的長篇大論更能說服人，甚至經常把她的聽懺悔師弄得十分難堪，因爲她對他是非常直爽，什麼也不隱瞞的。「我是好天主教徒，」她對他說道，「我自始至終要做一個好天主

念洗滌乾淨之後，才能進入天堂。——譯者

教徒，並衷心服從教會的一切決定。我雖然尚未澈底理解我的信仰，但我能支配自己的意志，我將毫無保留讓我的意志服從教會。教會的一切，我全都相信，你還要我怎樣呢？」

我相信，即使世上未曾有過基督教的道德觀念，她也會按照它的精神行事的，因爲這和她的性格十分契合。凡是教會規定的，她都照著做；即使沒有明確的規定，她也同樣去做。在一些無關緊要的事情上，她是一定服從的，如果沒有准許她或命令她開齋，她就會一直守齋。她這樣做，不是出於行事謹愼，而是爲了讓上帝喜悅。這些道德原則，是來自塔維爾先生向她講述的論點，或者說得更確切一點，她認爲這與塔維爾先生講的話並不矛盾。她可以每天和二十個男人睡覺，也不感到良心不安；她在這方面雖有所顧忌，但她的顧忌不如她的情欲多。我知道有許多虔誠的女人在這件事情上的顧忌並不比她多，但其間的區別在於：她們是受情欲的誘惑，而她則是受了那套詭辯哲學的錯誤引導。在我和她最親密的和最感人的談話中談到這個問題時，她的表情和聲音完全與平常一樣，沒有絲毫改變，因爲她覺得這和她自己的爲人並不矛盾。如果當時有什麼事情打斷她的談話，稍後再接著談時，她的態度依然是那樣平靜，因爲她認爲這一切只不過是一種社會行爲的問題。每一個有頭腦的人都可以根據具體情況對它做出自己的解釋；是否按照它去做，完全由自己決定，根本談不上冒犯上帝的問題。雖然在這一點上我不贊同她的看法，但我不敢反駁她，因爲我不好意思爲了反駁她而出言不遜頂撞她。其實，我倒是很想訂一條規矩讓別人遵守，而我則例外，可以不遵守。但是，由於我不僅知道她的性格可以防止她違反她的行事準則，而且知道她是一個不容易欺騙的女人，如果我要求例外的話，那就會讓她對她所喜歡的人全都例外對待。在這裡，我只是在談到她言行方面的許多荒謬之處時，順便提一下這個令人難解的地方。好在這對她的行爲並沒有產生多大的影響，甚至在當時絲毫沒有影響。不過，我既然答應了要完全忠實敘述她在各種問題上的看法，我就要遵守我的諾言全都講出來。現在，讓我回頭來談我自己。

我發現，她的那些準則正合我的需要，可以用來保障我的心靈不怕死亡和後果，因此，我就放心大膽按照她的準則行事。我比從前對她更加依戀，我希望能把我這個即將離我而去的生命移到她的身上。由於我加倍依戀她，再加上我深知我在世上的日子已經不多，我未來的命運如何已不足掛懷，因此我心中便產生了一種十分平靜甚至非常快樂的感覺，緩解了我對恐懼和希望的過度思慮，使我無牽無掛盡情享受我剩餘不多的時光。我發現有一個可以使我的日子過得更加愉快的辦法是：用各種有趣的活動來培養她對鄉村生活的喜愛，而且在她逐漸喜歡上蒔花弄草、飼養家禽、鴿子和乳牛的過程中，使我自己也愛上了這些活動。這些零碎的事情雖然幾乎占用了我整個白天的時間，但卻沒有擾亂我心靈的寧靜，比牛奶和藥物更有益於我虛弱的身體，使我逐漸恢復了健康。

收穫葡萄和水果的工作雖很繁忙，但使我們愉快的度過了那一年剩下的時間。我們愈來愈喜愛田園生活，愈來愈喜歡與我們周圍那些淳樸的人交往。可惜，轉眼之間冬天到了，我們不得不像流亡他鄉似的回到城裡。我心裡非常難過，因爲我擔心我活不到明年春天，生怕從此一去就和夏梅特永別了。我依依不捨離開夏梅特的土地和樹林，邊走邊無數次回過頭去看它們。由於我與我那幾個女學生已很久沒有聯繫，再加上我對娛樂和社交生活早已失去興趣，所以回城以後，我便老待在家裡，成天不出門，除了母親和薩洛蒙先生以外，我誰也不見。薩洛蒙先生現在是母親和我的醫生。他為人很誠實，而且有學問，對笛卡兒的著作很有研究；一談到宇宙間的萬千現象，他的話就講得頭頭是道、很有見地。和他談話，我感到非常愉快、很受啓發，比他給我開的藥方有用得多。我不喜歡與任何人東扯西扯瞎聊，但是，和人進行有益和豐富內容的談話，我是非常高興、從來不感到厭倦的。我喜歡和薩洛蒙先生交談，我覺得，我們的交談已開始涉及我這顆已擺脫種種束縛的心所渴望的高深知識。由於我喜歡他，尤其喜歡聽他談論他所探討的問題，所以我便開始尋找一些可以說明我理解他談話內容的書。我覺得，那些能把宗教信仰與科學融合在一起的著作，尤其是奧拉托利會和波爾羅亞爾修道院的修士們的著作，對我最合適。我開始讀這些書，或者說得更確切一點，我成天廢寢忘食和手不釋卷鑽研這些書。我買到了一本拉米神父寫的《關於科學的談話》，這是一本入門讀物之類的書，主要介紹書中談到的幾本著作。我反覆讀了一百遍，並決定以它作為我的學習指南。儘管我的健康狀況不佳，然而也正是如此我才懷著一種不可抗拒的毅力，一步一步走上做學問的道路。雖然我每天都覺得我的生命已經到了最後一天，但我依然勤奮學習，好像我還要繼續活下去似的。有人認為，我這樣天天埋頭讀書，對我的身體有害，但我卻覺得這對我非常有益，不僅對我的心靈有益，而且對我的身體也有益，因為我愈用心讀書，便愈感到其樂無窮，使我沒有工夫去思索我的病。這樣一來，疾病對我的影響反而少了許多。是的，這並未使我的病眞正減輕，但是，由於我心中不再有劇烈的痛苦，我對身體的日益虛弱，對夜不安眠，對用腦筋思考代替體力活動，便習以爲常將身體一天天衰敗視爲不可避免的進程，到死才能停止。

這種看法，不但使我擺脫了對生命徒勞的操心，而且使我決心從此不再吃人們強迫我吃的藥。薩洛蒙自己也知道他的那些藥對我沒有什麼用處，因此也就不再強迫我吃那些難吃的東西了。現在，他只給可憐的母親開一些可吃也可不吃的藥，以寬慰她心裡的痛苦。這樣，既可使病人感到身體有好轉的希望，同時也可維護醫生的聲譽。我放棄嚴格的節食療法，又開始像過去那樣喝酒，像健康的人那樣生活，只不過一切都量力而行，而不過度勞累，但無任何禁忌。我甚至出外活動，去看望朋友，特別是孔濟埃先生，我和他的交往使我感到非常愉快。最後，或者是由於我感到努力學習直到生命最後一刻是一件很有意義的事情，或者是由於我內心深處還懷有繼續活下去的希望，因而死亡的威脅不但沒有減弱我對學習的興趣，反而使我愈學愈有勁了。我趕緊蒐集準備帶到另一個世界去讀的書，好像除了書以外，我就沒有其他可以帶到另一個世界的東西。我經常到文人常去的布沙爾書店，眼見春天（我以爲我再也見不到的春天）即將來臨，我便到那家書店去選購了幾本書，趁我還能繼續活著的情況下，帶到夏梅特去讀。

我有幸活了下來，而且盡情享受這一幸運給我帶來的樂趣。當我看到草木在初春吐露的嫩芽時，心中的快樂眞是難以形容。再看到春天，這對我來說，無異於重登天堂。積雪剛一融化，我們便離開了城裡那座監牢似的房子，早早來到夏梅特聽夜鶯的鳴囀。從那個時候起，我就不再相信我會死了。實際上也的確很怪，我在鄉下就從來沒有生過什麼大病，儘管我的身體不舒服，但從來不會臥床不起。當我感到身體比平日更壞的時候，我就對大家說：「當你們看見我快要死的時候，就把我抬到一棵橡樹下；一到了那裡，我保證一定能死而復生活過來。」

我的身體雖然虛弱，但我又重新開始做田間的工作，只不過是閒適的做，量力而行而已。最使我苦惱的是，我無法單獨一個人工作，才剛用鍬翻了幾下土，我就氣喘吁吁，滿身大汗，而無法繼續。我一彎腰便心跳得很厲害，感到有一股血液直衝腦門，使我不得不直起身子來。因此，我只好去做一些不那麼勞累的事情，例如養鴿子。我很喜歡這個工作，往往一做就是幾個小時也不覺得厭煩。鴿子膽子小，怕人接近，但我終於使牠們非常信任我，我走到哪裡，牠們就跟到哪裡；我想把哪隻鴿子抓在手裡，牠就讓我抓在手裡。我一到菜園或院子裡，立刻就有兩、三隻鴿子落到我的肩上或頭上。雖然我很喜歡牠們，但這樣糾纏著我，終於還是使我感到累贅，不得不把牠們趕走。我很喜歡接近動物，尤其喜歡接近那些膽小的和野生的動物。我非常希望馴養牠們。我覺得，馴養到願與我親近、願信任我，是一件很有趣的事情。不過，我從來沒有利用牠們對我的信任便任意傷害牠們。我希望牠們都自由自在和無拘無束的愛我。

我在前面說了，我帶了幾本書到鄉下，我一有空閒，便開卷閱讀。但是，我讀書的方法不對，結果是事倍功半，得到的益處遠不及我花費的力氣。我在這方面有一個錯誤的看法是：我認爲要從閱讀中受益，便需具備書中所涉及的各種知識，而沒有想到就連作者本人也沒有那麼多知識嘛。他寫那本書所需要的知識，也是參考了其他其他的書中資料得來的。由於我有這個看法，所以我在讀書的時候必須經常停下來，不斷看其他書，甚至有時候我打算研讀的書還看不到十頁，就要到好幾間圖書館查閱好幾本有關的資料。我是如此頑強堅持這種笨辦法，以致浪費了許多時間，把腦子弄得愈來愈糊塗，結果沒有看懂任何書，更談不上澈底明白了。幸虧我及時發現我走錯了路，進入了一個無邊無際的迷宮，因此立刻回頭，才沒有陷落在迷宮裡。

一個人只要一開始決心做學問，他首先發現的第一個現象是：各門學科之間是有聯繫的，因而是互相啓發、互相補充和互相闡釋的，是誰也離不開誰的。儘管人的精力只能把其中的一種學科作爲主要研究的對象而無法掌握所有，但，如果他對其他的學科一點都不了解，那他對他主攻的那門學科也往往會遇到一些難以弄懂的問題。我覺得我的計畫是很好的，是有用的，只是在方法上要改變一下。由於學科的種類繁多，數以百計，因此，如何著手研究，便成了首要解決的問題。一開始我想把它們全都蒐集起來加以分類，但不久就發現應當採取相反的方法，一類一類分別蒐集和研究，直到最後加以融會貫通，接著下一步就按一般的方法進行全面的整合；這時候，我已經相當清楚要如何整合才最爲正確。在這方面，多動腦筋思考便能彌補我知識的不足；縝密而有條理的分析，指引著我朝向正確的方向邁進。今後，無論我是繼續活在世上還是即將死去，我都不能再浪費光陰了。我即將二十五歲，還依然一無所知，要想充實自己，就必須分秒必爭好好利用時間。由於我不知道命運或死神什麼時候來終止我學習的熱情，所以我下定決心，不論情況如何，我都要對各門學科獲得一些基本的知識，這既是爲了試探一下我有多大的天分，也是爲了親自判斷我究竟研究哪一門學問才好。

我發現，這個計畫的執行，還帶來了一個我未曾料到的好處，那就是我把分分秒秒零星的時間全都利用上了。必須承認，我生來就不是一個適合於讀書做學問的人，因爲看書的時間一長，我就會感到如此疲乏，以致，如果硬要我集中精力研究同一個問題，尤其是按照別人的思路研究，我連半個小時也做不到，可是，如果按照我自己的思路研究，雖然花的時間多一些，但效果卻相當好。如果硬要我專心去讀一個作家的著作，我讀幾頁就會感到頭暈，不得不把書合上，即使我堅持讀下去，把力氣用盡，也是枉然，最後還是糊裡糊塗，什麼也沒有看懂。但是，如果讓我接連研究幾個不同的問題，即使中間不停頓，我也能非常輕鬆的研究這個之後，接著又研究另外一個，無須休息也能應付裕如。我按照這個辦法安排我的學習計畫，交叉進行著不同的研究工作，雖然整天都忙得不可開交，我也不感到疲累。當然，整理園子和做家務也是有益的活動，但是，在我求知欲日益高漲的情況下，不久就找到了一個既能從工作中騰出時間來學習，又同時能把這兩件事情都做好而不會忽略其中任何一個的辦法。

有時我覺得非常有趣的地方卻是讀者往往感到厭煩的細節，所以我雖然講了這麼多，但也有因爲謹愼起見而沒有提到的地方，所以如果我自己不講，讀者是怎麼也猜想不到的。舉個例子來說：我很高興的記得，爲了盡可能輕鬆而又有效率分配時間，我曾經做了不同的嘗試。可以說，在我到鄉下居住的這段時間，雖然我一直生病，但卻是我一生中最不懶散和最不感到厭倦無聊的時期。有兩、三個月的時間我是這樣度過的：我觀察我的思想將向哪個方向發展，我盡情在一年之中最美好的季節和令人陶醉的地方享受我深知其珍貴價值的人生的樂趣，享受既自由又甜蜜的家庭生活（如果可以把我和她如此親密的結合稱之爲家庭生活的話），尤其是享受我力圖獲得的知識所給我的樂趣，因爲在我看來，我好像已經獲得了這些知識，甚至超過了我的預期，可以說，學習的樂趣已經成爲我幸福生活的重要因素了。

對於我在時間的分配上所做的嘗試，在這裡就略而不談了。因爲，雖然它們在我看來是非常有趣，但十分簡單，用不著在這裡細談，何況眞正的幸福是無法用文字描述的。眞正的幸福只能在心中感受。感受愈深便愈難於用文字表達，因爲它不是許多事情的彙集，而是一種永恆的狀態，我經常反覆提到這一點，而且，今後只要一想起它們，我還要比現在講得更詳細。總之，我每天的活動雖時有變化，但已經有了規律。時間的分配大致如下：

每天早晨日出以前就起床，穿過房屋旁邊的一個果園，然後順著葡萄園上方一條非常美麗的小路一直走到尙貝里。我邊走邊祈禱，我的祈禱，不光是在嘴上嘟囔幾句空話而已，而是完全發自內心向創造我眼前所見到的這如此美好的大自然的神吐露的眞誠感激之情。我不喜歡在房間裡祈禱，我覺得房間的牆壁和人爲的那些小物件妨礙著上帝與我之間的交流。我喜歡在觀賞祂的創造物時，讓我的心飛奔到祂跟前。我的祈禱是純潔的，是能夠得到上帝的嘉許的。我沒有別的心願，只是爲我和我一心惦念的那個女人，祈求讓我們過著無憂無慮平靜的生活，不受邪惡和貧病的困擾，並在未來享有正直的人所應有的命運。在我的祈禱中，讚美上帝和反躬自省的話多於向上帝的祈求。我深深知道面向眞福的賜予者，要想得到我們需要的幸福，最好的辦法不是祈求，而是爲人正直，配享祂所賜予的眞福。我轉了一大圈之後才漫步回家，饒有興趣的欣賞我周圍的田野景色，只有田間的景色，才會令我的眼睛永遠看不夠，我的心才永遠樂於沉浸在它們之間。我從遠處觀察母親的房間裡是否已經有了亮光；當我看見她的外板窗已經打開，我便欣喜若狂，趕快跑步回家。如果外板窗還關著，我便到園子裡去，或者回顧我昨天讀過的書，或者做點其他的工作，一直等她醒來。外板窗一打開，我就到她房間去擁抱睡眼惺忪的她，我們的擁抱，既純潔又甜蜜；在純眞無邪的擁抱中，讓人享受到了一種與肉欲的快感迥然不同的情趣。

我們的早餐通常是喝牛奶咖啡，這是我們一天當中最寧靜的時候。我們一邊吃早餐、一邊閒聊，往往一頓早餐要花很長時間，這種方式，我很喜歡。我覺得英國人和瑞士人的習慣很好，在英國和瑞士，早餐是一頓正餐，全家的人都聚在一起吃；而在法國，則是每個人單獨在自己的房間裡吃，而且往往隨便吃點東西就打發了。聊了一、兩個小時後，我就去看我的書，直到吃午飯。我開始看的是哲學著作，如波爾羅亞爾修道院的修士們編寫的《邏輯學》、洛克的論著⑤和瑪爾布朗舍⑥、萊布尼茨⑦與笛卡兒⑧的著作。我不久就發現，所有這些著述家的說法是互相矛盾的。因此，我擬訂了一個想把他們的看法統一起來的計畫，但是，這個計畫根本不切實際，結果，不但把我弄得疲憊不堪，而且還浪費了許多時間，頭腦暈沉沉的，一點效果也沒有，最後只好放棄這個計畫，改而採用另外一個比較好的方法進行研究。我雖然缺乏學習和研究的能力，但我後來之所以依然能取得一些成績，都要歸功於這個方法。不過，可以肯定的是，我做學問的能力是非常差的。我給自己定了這樣一條規矩：在閱讀一位作者的著作時，我就全盤採納他的意見，按照他的思路去思考，既不摻入我自己的意見，也不摻和他人的意見，更不和這位作者爭論。我對我自己說：「先把別人的觀點，不論是對還是錯，只要言之成理，全都蒐集起來存放在我的腦子裡。等到蒐集得相當多了，才加以比較和選擇。」我知道這個方法也有缺點，但從累積知識的角度來看，還是很有

⑤洛克（一六三二－一七〇四）：英國哲學家和政治學家。盧梭在這裡所說的「論著」，指洛克一六九〇年發表的《人類理解論》。——譯者

⑥瑪爾布朗舍（一六三八－一七一五）：法國哲學家。——譯者

⑦萊布尼茨（一六四六－一七一六）：德國哲學家和數學家。——譯者

⑧笛卡兒（一五九六－一六五〇）：法國哲學家。——譯者

用的。開頭幾年，我完全按照他人的思路去思考，採納別人的觀點，可以說我自己從來不動腦筋，從來不分析，但幾年以後，我發現我的積累已經多到足以使自己獨立思考而不需要求助他人了。在我外出旅行或辦事因而沒有時間讀書的時候，我就回顧我讀過的書，並加以比較，把每一本書都放到理智的天平上來衡量。有時候我對我的老師的見解也加以評說。在鍛煉我的判斷力方面，我開始的時間雖然太晚，但我並沒有失去判斷的活力。當我後來發表我自己的作品時，誰也沒有說我書中的話全是拾人牙慧、照搬前人的論點。

後來，我又開始學初級幾何，但是，由於我想彌補記憶力差的缺點，所以老是無數次反覆從頭學起，因而進展不大。我不喜歡歐幾里得的幾何學，因爲它側重於一連串題目的演示，而不闡述概念的聯繫。我特別喜歡拉米神父的幾何學，這位神父是我最喜歡的著述家之一，直到現在，我還依然饒有興趣的讀他的書。接著，我又開始研究代數，我還是用拉米神父的代數作我的入門讀物。稍微有了進展以後，我就開始讀雷諾神父的《計算學》，後來又讀他的《圖像解析》，這本書，我只是隨便翻閱沒有細讀。我一直沒有弄懂把代數運用於幾何解析的方法，我不願意在未搞清楚如何著手以前就採用這種演算方法。我覺得用方程式來解析幾何問題，就有點像用手搖風琴演奏樂曲。當我第一次用數字計算出一個二項式的平方是由該二項式的每一項的平方加上兩個項的二重積的合數時，儘管算得很正確，我還是不敢相信，直到我做出了圖形之後，我才相信的確是那樣的。我之所以產生這種懷疑，並不是由於代數只考慮未知數，因而就不喜歡代數，而是由於把它應用到計算面積時，我就要根據圖形來計算，否則我就不知道如何著手。

接著，我便開始研究拉丁文，這是我最感吃力的一門學科，因此進展始終不大。我開頭研究的是波爾羅亞爾修道院出版的《拉丁文初階》，但毫無收穫；書中的那些打油詩似的詩句，令我讀起來感到不快，很不悅耳，尤其是文法規則一大堆，把人搞得暈頭轉向，學到後面忘了前面。其實，對一個記憶力差的人來說，記那麼多單詞本來不合適，然而，我卻正是爲了要訓練死記硬背的功夫，才偏偏要研究這門學問。不過，最後我還是放棄了它，因爲我對拉丁文的句子結構已經有了相當的理解，借助一本字典就可以讀一些淺易的拉丁文著作了。我按照這個辦法學習，效果很好。我練習翻譯，不是練筆譯，而是練心譯。我堅持這樣做，經過一段時間的練習，我終於能相當輕鬆的閱讀拉丁文著作了；不過，還無法用拉丁文寫作，也無法用拉丁語與人對話；也就只有這麼一點成績，不知道怎麼搞的，卻有些人竟把我列入學者的行列，弄得我受寵若驚、尷尬不已。按照這個方法自學，還有一個缺點，就是我始終沒有學會拉丁文音韻學；對作詩的規律，我了解得更差。我很想感受一下用拉丁文寫的詩句和散文的音調的和諧，而且爲此做了許多努力，但後來發現，沒有老師的指導，根本不可能。由於我曾學過六音節詩的作法（在各種詩體中，這種詩最容易作），所以我花了許多力氣把維吉爾的詩作幾乎全都仔細讀了一遍，標出它們的韻腳和音節的數目，後來，當我弄不清楚某個音節是發長音還是發短音的時候，我就去查維吉爾的那本書。由於我不知道在作詩方面有時候也可以不按格律，因而對維吉爾那本書有許多地方也理解錯了。可見，自學雖有它的優點，但也有大缺點，尤其是辛苦費力得簡直令人難以相信，這一點，我比誰都更清楚。

快到中午的時候，我就停止閱讀了。這時，如果午飯還沒有準備好，我就去餵我那一群可愛的鴿子，或者到園子做點零工，一直到開飯的時候才停止。當我聽見母親叫我去吃飯的時候，我馬上就感到胃口大開，高興的跑回屋去。順便提一下，不論我病得多麼厲害，我的胃口一直是很好的。吃午飯的時候，我們感到很開心，沒完沒了的談家務事，一直談到母親開始吃飯時才稍稍停止。如果天氣好的話，我們每個星期有兩、三次到房子後面的亭子喝咖啡，那裡空氣涼爽，四周都有花木。我還特別種了幾棵忽布花，天氣炎熱時到這裡來乘涼，是非常舒服的。我們在這裡差不多會待一個小時，觀賞我們種的蔬菜和花草，談論生活方面的一些事情，愈談愈高興。在園子的盡頭處，我養了一箱蜜蜂，我經常去看牠們，母親也常常與我同行。我喜歡看牠們忙個不停的勞動，看見牠們帶著採集的花粉飛回來，有時候腿上的花粉太多，牠們幾乎累得都飛不動，我心裡眞是高興極了。頭幾天，我因爲好奇，所以驚動牠們而被螫了兩、三次，後來我和牠們愈來愈熟悉，以致不論我多麼接近，牠們也就隨我愛怎麼看就怎麼看牠們。蜂箱裡的蜜蜂密密麻麻多得快要分群了；牠們在我周圍飛來飛去，有些蜜蜂甚至落到我的手上和臉上，但沒有一隻會螫我。所有的動物對人都存有戒心，牠們沒錯，但是，一旦牠們確信人類不會傷害牠們時，就會變得如此信任人，以致使人感到除非自己比野蠻人還野蠻，否則是不會濫用牠們的信任的。

下午，我又繼續讀書，不過，下午的活動與其說是勞動和學習，還不如說是娛樂和休息更爲貼切。午飯後，我從來不待在小屋子裡用功，下午的天氣熱，往往是非常熱，稍稍做一點工作，我就受不了了。我也看書，但只是隨興翻閱而不用心研究。下午，我通常看的是歷史和地理方面的書，因爲這兩類書不需要太動心思，再加上我的記憶力不好，所以能看多少就看多少。我打算研究貝托神父的著作⑨，因此我陷入了編年史的迷宮。我雖然討厭他漫無邊際把什麼都羅列在一起，但我喜歡他對氣候變化和天體運行都做出了準確的記載。如果我有儀器的話，我也會對天文學發生興趣的。不過，眼前我只能從書中汲取一些天文學的基本知識，用望遠鏡對天空做粗略的觀察，因爲我近視，用肉眼看不清楚星星的位置，所以只能用望遠鏡觀看幾個大天體。談到這裡，我想起一件至今還感到可笑的事情。爲了觀察天空的星座，我買了一幅平面天體圖，把它釘在一個框子上，在天空晴朗的夜裡，我就到園子裡去把這個框子放在一個與我的身子一般高的四根柱子上。由於平面天體圖的圖面是朝下的，需用蠟燭照亮才能看清，爲了避免蠟燭被風吹滅，我就在四根柱子當中的地上放一個木桶，把蠟燭放在桶裡。我先用眼睛看了天體圖之後，接著又用望遠鏡看天上的星星，這樣交

---

⑨ 指貝托神父（一五八三—一六五二）一六二八年發表的《編年史表》。此書以表解的形式詳細記載了朝代的興亡、戰亂的發生和天象地震等自然現象的出現。——譯者

替進行，用這個辦法練習辨別星座和觀察星球。我記得我已經說過，盧瓦赫先生的這個園子是在一個高地上，無論在園子裡做什麼，從大路上都可以看見。有一天夜裡，時間已經很晚了，有幾個路過的農民，看見我在一個奇形怪狀的東西裡忙來忙去，不知道我在幹什麼。他們看見平面天體圖上的亮光，但不知道它是從哪裡來的（因爲桶裡的蠟燭被木桶的桶邊擋住，所以他們看不見），再加上那四根柱子和木框上畫滿了圖形的天體圖與來回轉動的望遠鏡，這一切，便把他們嚇了一跳，以爲我在那裡施魔法。我頭戴一頂便帽，便帽上加了一頂有兩個下垂的帽耳的大帽，上身穿著母親硬要我穿的她那件小棉襖，這身裝束也令們感到驚訝，因此，在他們看來，我簡直就是一個巫師，何況時間已近半夜，所以便以爲我要在這裡召開巫師和巫婆的見面會。他們不敢繼續看，驚恐萬分趕快逃走，並且叫醒鄰居，把看見的情況講給他們聽。這件事，傳得非常快，第二天附近的人全都知道在盧瓦赫先生的園子裡舉行了一次巫師大會。幸好那天有兩個耶穌會教士到夏梅特來看我們，那個親眼看見我「施魔法」的農民向他們發了一頓對我不滿的牢騷，兩位教士也不知道到底是怎麼回事，只好對那個農民隨口說了幾句讓他安心的話，這才了事，否則的話，我眞不知道這件事情會產生什麼後果。在那兩位教士到我們家向我們提到這件事情的時候，我便把事情的經過詳細告訴他們，他們聽後不禁哈哈大笑。爲了避免再發生這樣的事情，我決定以後要參看天體圖，就在屋子裡看，而且不點蠟燭。在我的《山中來信》中有一段關於我在威尼斯表演魔術的話。⑩我敢斷言，凡是讀過那段話的人一定知道我是早就具有當魔術師本領的。

以上所述，是我在夏梅特不做田間勞動時的生活情形。我非常喜歡操持農事，只要是不超過我的體力的工作，我做得和農民一樣好。不過，由於我的身體很虛弱，所以做起農事來往往是心有餘而力不足。可惜的是，由於我想同時把學習與農事都做得很圓滿，結果是什麼也沒有做好。我以為用死記硬背的辦法可以增強記憶力，便想下苦工夫硬背；我經常隨身帶一本書，以難以置信的毅力，一邊勞動，一邊反覆誦讀，我不明白的是，像我這樣雖十分頑強但最後還是不見成效的學習，怎麼沒有成為傻子。維吉爾的田園詩，儘管我學了又學，不知道背了多少遍，但末了還是一句也背不出來。我不論是去餵鴿子還是到園子裡去鋤土，或者到果園、葡萄園摘果子，我都習慣隨身帶一本書，我因此而丟失或弄壞的書不知道有多少本。由於我忙於做好工作，所以我經常把書隨便放在樹根旁或籬笆上，後來就忘了拿走，往往十天半個月之後才想起來去拿時，它們不是已經破爛便是被螞蟻和蝸牛咬壞了。我學習的

---

⑩ 這段話是這樣說的：「一七四三年，有人在威尼斯表演了一套新魔術，……表演這套魔術的魔術師是法國駐威尼斯大使館的一等祕書，他的名字叫尚－雅克．盧梭。」（見盧梭：《山中來信》書信三，巴黎米尼約版，第六十二頁註腳①。）——譯者

熱情後來成了一種癖好，把我弄得呆頭呆腦，甚至在做事的時候，嘴巴也不斷在嘰哩咕嚕背書上的句子。

由於我經常讀波爾羅亞爾修道院和奧拉托利會出版的書，結果使我成了半個冉森派教徒。雖然我覺得書中講的那些話是對的，但有時候也對他們的那種嚴酷的神學觀點感到恐懼。地獄的恐怖情景，我本來是並不怎麼害怕的，而現在也漸漸擾亂了我的心靈。要不是母親一再安慰我，這可怕的教義一定會使我的心神完全混亂的。我的聽懺悔師（他也是母親的聽懺悔師）也想了許多辦法使我的心靈保持良好的狀態。這位耶穌會神父名叫埃默，是一個很和善的長者；我一想到他，心中便油然對他產生敬意。他雖然是耶穌會教士，但有著孩子般的天眞。他對道德的看法，雖持溫和態度，但不贊成過於放浪，這正符合我的看法，可以幫助我消除冉森派教義的那種枯燥無味的論調對我的影響。這個和藹可親的人和他的朋友柯必埃神父常到夏梅特來看我們。這兩位老人來的路是那麼遠，又那麼崎嶇難行；他們每次來看我們，都使我們受到很大的教益。願上帝也像他們對我們這樣庇佑他們的靈魂。他們那時年事已高，我不知道他們今天是否還依然健在。我也常到尙貝里去看望他們，和他們家裡的人也逐漸熟悉了，可以隨意看他們家裡收藏的圖書。每當我回想起這段幸福的時光，我便聯想到耶穌會教士，使我因喜歡前者便同時也喜歡後者；儘管在我看來，他們的教義很極端，但我從來沒有在心中恨過他們。

我很想知道別人的心中是否有時候也產生和我類似的這些幼稚想法。儘管我專心讀書，過著無憂無慮的生活，還有人常常開導我，但我對地獄的恐懼依然弄得我心緒不寧。我問我自己：「我現在的情況怎麼樣了？如果我現在立刻就死了的話，我會不會下地獄呢？」按照冉森派的教義來說，此事是必定無疑的。可是根據我的良心的感覺來說，我覺得事情並不是這樣的。我一直憂心忡忡，十分困惑。爲了擺脫這種憂慮，我竟然採取了最好笑的辦法，然而，要是我看見另外一個人也採取我這個辦法的話，我一定會把他當成瘋子關起來的。有一天，當我深深沉思這個令人苦惱的問題時，無意識的扔石頭去打那幾棵大樹，按照我平常的技巧，我幾乎是一棵也打不中的。正扔得起勁的時候，我突發奇想，用扔石頭的辦法來預測一下，以消除我的疑慮。我對我自己說：「我扔這塊石頭去打我對面那棵樹，如果打中了，這就預示著我的靈魂能得救，升入天堂；如果打不中，這就預示我必然要下地獄。」我一邊說，一邊心裡直跳，手顫抖著把石頭扔了出去。我竟如此幸運，居然打中了那棵樹的樹幹正中央。其實，這並不難，因爲我打的是我特別挑選的那棵又粗又離我很近的樹。從此以後，我對我的靈魂必然得救便深信不疑了。我不知道我在這裡回顧這件事情時，是該笑還是該責備自己無聊。你們這些大人物，當然會發笑的。你們要笑就笑吧，不過，請不要嘲笑我的心境是那麼消沉，我實話時說當時的心情確實如此。

我不安和恐懼的心情也許是與我對宗教的虔誠分不開的。不過，這不是一種經常的狀態。我的心情平常還是相當寧靜的。對於死亡的即將來臨，我心中的感受不是憂傷，而是無可奈何，其中甚至還有些許快樂的成分。前不久，我在一堆舊稿紙中發現了一篇我勉勵自己而寫的短文。我在文中以我能死在有足夠的勇氣面對死亡的年齡而感到慶幸，因爲這樣在我一生中既可在肉體上免遭巨大的痛苦，也可在精神上不受巨大的折磨。我的這種看法，眞是正確極了！我有這樣一種擔憂，擔心我活著就會受苦受難，我似乎對晚年的命運已有預感。我這一生從來沒有像現在這麼幸福的時期如此接近於大徹大悟：對過去既無太大的後悔，對未來也沒有過多的憂慮，心中時時嚮往的是享受現在。即使是最虔誠的人也往往有一種雖然不大但卻是非常強烈的追求感官快樂的欲念，希望能盡情享受允許他們享受的純潔快樂，而世俗的人們卻認爲虔誠的信徒有這種欲念就是犯罪。我知道，或者說得更確切一點，我非常了解他們之所以有這種看法，是因爲他們嫉妒別人享受他們失去其興趣的那種純潔的快樂。那時候，我有這種興趣，而且覺得問心無愧滿足這種興趣，是一件樂事。當時，我還很幼稚，所以對一切令人高興的事情，我都以孩童般的快樂心情對待，我甚至敢說是以天使般的快樂心情對待，因爲這種無憂無慮的享受，也確實像天堂裡的那種寧靜的幸福。在蒙塔尼約勒草地上吃午餐，在涼棚裡用餐後點心，採摘水果和葡萄，與傭工們在燈下一起剝亞麻皮，這一切，對我來說，眞是快樂得像過節一樣，母親也與我一樣感到非常高興。我與母親單獨去遠足，那更是令人心曠神怡，因爲這時候我們可以敞開心扉無拘無束自由交談。我特別難以忘懷的是，有一次去遠足，正逢聖路易紀念日（母親的名字就取自這位聖徒⑪），那天在我們家旁邊的一座小教堂做完彌撒（這場彌撒是由一位加爾默羅會的神父在天剛亮時到教堂做的），我們一大早就出發了。我提議到我們尚未去過的對面那座山上去遊覽。由於我們這次去遠足，一去就是一整天，所以我們先派人把食物送到那裡。母親的身子雖然有點兒發胖，但走路還是很行的。我們翻過一座座的山岡，穿過一片片的樹林，有時候我們頂著太陽走，而更多的時候是在樹蔭下漫步。我們走一會兒歇一會兒，不知不覺就這樣走了好幾個小時。我們邊走邊談我們的生活，談我們的親密關係，談我們美好的幸福，爲能天長地久而祈禱。這一天，一切都很順利，都令人十分滿意：雨後不久，空氣中沒有一絲塵土，溪水潺湲，陣陣微風吹拂著樹葉，空氣清新，藍天無雲，天空與我們的內心一樣寧靜。我們的午飯是在一個農民家裡與他全家人一起吃的，他們全家都眞誠爲我們祝福。這一家可愛的薩瓦人是多麼善良啊！午飯後，我們到樹蔭下休息，當我去撿乾樹枝準備煮咖啡的時候，母親便到草叢間採集藥草。她拿著我在路上爲她採的一束花對我講了許多關於花朵的構造和有趣的知識，使我很感興趣。按理說，這可以使我對植物學產生愛好，但時機不對，因爲那時候我要研究的東西太多，顧不上這門學問，再加上那天我突然有一種百感交集的想法，因此使我無暇去思考那些花草。我當時的心情，我們那天所談的和所做的一切，以

⑪ 華倫夫人出嫁前的全名是：弗朗索瓦茲·路易絲·德·拉都爾，其中「路易絲」是取自聖徒路易。——譯者

及種種使我深受感動的事物，無不使我回想起七、八年前在安納西我頭腦清醒時所嚮往的我在前面講的那種夢幻似的美好希望。今天的情景與七、八年前的情景是如此相似，以致我一想起就感動得流下眼淚。我懷著激動的心情對我親愛的女友說：「母親，母親，這樣的日子我已經盼望很久了，除此以外，我什麼也不想了。有了你，我的幸福便十分美滿，但願今後永遠絲毫也不減少。只要我能領略它的樂趣，我就希望它和我的生命一樣長久，希望它在我的生命告終之日才宣告結束。」

我的幸福日子就是這樣一天天的度過，尤其是因爲沒有外來的干擾，所以我幸福的日子就更加令人感到愉快，我希望它只在我離開這個世界之時才終止，這並不是因爲使我產生憂慮的源泉已完全消失，而是因爲它已經朝另一個方向流去，所以我要盡我最大的努力把它導向有益的事物，以便從中找到補救的方法。母親是非常喜歡鄉村的，她的這一喜歡，並沒有因爲我和她在一起便分散了她喜歡農村生活的心。她逐漸開始做田間的農事，用田裡的收成去賺錢。她在這方面很內行，很想發揮她的特長。現在，她已經不滿足於只經營房屋周圍的土地；她有時候去另租一塊地來種作物，有時候又去租一塊牧場飼養牛羊。她再也不像從前那樣老待在家無所事事，而一心想在農業方面大展身手。從她現在的熱絡程度來看，不久就要成爲一個農場主人了。我不贊成她一下子就把規模搞得太大，我一再提出反對的意見，因爲我看得很清楚，她這樣一定會被人家欺騙的。她出手闊綽花錢慣了，結果，肯定是支出超過收益，得不償失的。然而，一想到她的收益不會是零，多少可以貼補家用，我也就不再多說什麼了。在我看來，在她所制訂的種種計畫中，這個計畫所冒的風險還算是最小的。儘管我不像她那樣指望著靠它發大財，但我認爲，有了這件事就可以使她天天在這方面花心思，因而不去做其他更沒有把握的事，不再受別人的欺騙。有了這個想法，我便巴不得趕快恢復健康，以便能照管她的事業，成爲她的監工或管家。這樣一來，我當然就放下了書本，沒有時間去思慮我的病，結果，我的身體反倒好多了。

這年冬天，巴里約神父從義大利回來，帶了幾本書給我，其中有邦齊利神父編寫的《音樂史》和《音樂論文集》。這兩本書讓我對音樂的歷史產生了極大的興趣，並決心要對這門藝術做一番理論上的探索。巴里約神父和我們一起住了一段時間。由於我在幾個月前已經達到成人的年齡，所以我打算來年春天到日內瓦去領取我母親的遺產，至少要領取在未得到我哥哥的確實消息以前應該歸我的那一部分遺產。這件事情是早就安排好了的。我去日內瓦的時候，我的父親也去了。他早就回日內瓦去了，儘管以前對他的判決並未撤銷，但也沒有人找他的麻煩。人們欽佩他的勇氣、敬重他的爲人，便假裝把他的案子忘記了，再加上官員們正忙於一個不久之後即將實施的計畫，所以也不願意在這個時候招惹市民對他們對於我父親的案子判決不公平的不滿。

我擔心有人會因爲我改信天主教便在遺產的繼承問題上設置障礙，結果沒有。在這方面，日內瓦的法律沒有伯恩的法律那麼嚴格。在伯恩，一個人如果改信他教，他喪失的不僅是他的公民身分，而且還會喪失他的財產。對於我應得的遺產問題，並未發生什麼爭議，但不知道爲什麼我得到的錢竟那麼少。雖然大家都知道我的哥哥已經死去，但尚無確實的證據，因此我沒有充分的資料證明我有權得到他那一份遺產。我毫無保留把他應得的那份遺產留給了我的父親，以幫助他的生活，由他在去世前一直享用。我一辦完了繼承手續，剛一拿到那筆錢，便從中拿出一部分來買書，買完書就趕快回家，以便把剩餘的錢交給母親。一路上，我的心高興得直跳。當我把錢交到她手中那一瞬間，我高興的心情比我收到那筆錢時還大一千倍。可是她收下那筆錢的時候，態度像見過大世面的人那樣，顯得很平常，好像這筆錢並不稀罕，不值得驚訝。後來，這筆錢幾乎全都花在我身上了，而且花的時候也是那樣滿不在乎。我覺得，如果這筆錢是她從別處得到的，也會是這樣花掉的。

這時候，我的健康不僅沒有完全恢復，反而眼看著一天天惡化。我的臉色蒼白得像個死人，全身瘦得像骷髏，脈搏跳得很厲害，心律加速，經常感到氣悶，身體虛弱得幾乎連動都不能動了；步伐稍微走快一點就喘不過氣；一彎腰就感到頭暈，連最輕的東西也拿不動。像我這樣好動的人弄得如今什麼也做不了，眞是令人苦惱極了。除了這些症狀以外，我還有嚴重的神經衰弱的症狀。神經衰弱，是幸福的人才得的病，我得的就是這種病，我經常無緣無故的哭，樹葉掉落的響聲或小鳥的叫聲，也會把我嚇一跳。在這麼平靜和甜蜜的生活中，我的心情也經常發生波動。這一切表明我對舒適的生活已感到厭倦，可以說它已經使我心緒不寧到了極其混亂的程度。我們本來就不是爲了在世上享受美滿的幸福而生的。我們的靈魂與肉體，即使兩者不同時受苦，至少其中的一個必然受苦；這一個的良好狀態，似乎總是不利於另一個。當我可以喜孜孜享受生活的時候，我日益衰敗的身體卻不讓我享受。我始終沒有弄清楚我的病因是什麼，不知道問題出在哪裡。可是今天，儘管我已年紀老邁、重病纏身，我的身體似乎反而恢復了精力，能夠忍受種種痛苦。在我寫這段文字的時候，雖然我身體虛弱，且已年屆六旬，渾身是病，但我卻覺得在這受苦受難的晚年比我當初風華正茂盡情享受甜蜜幸福的青年時期有更多的活力。

後來，我又讀了一點生理方面的書，對解剖學產生了興趣，開始一個個研究組成身體的各種器官，尤其細心研究器官各自的功能。這樣一研究，竟弄得我天天都覺得它們各個都有毛病。我感到驚訝的，不是我爲什麼老是這樣病懨懨，毫無生氣，而是我怎麼還居然照樣活著。每當我讀到書中對某種疾病的描寫時，我就覺得我身上得的就是這種病，要是再這樣對號入座研究下去的話，我敢說，我本來沒有病也會弄出病來。由於我在每一種疾病中都發現有與我的病相同的症狀，我便覺得我各種病全都有，結果使我以爲得了一種原先沒有而如今卻有的大病。這種病，可以稱之爲「沒病自疑病」。一個人醫學書讀得太多，就難免不得這種病。由於我不斷研究、思考和比較，我竟然認爲我的病根是因爲我的心臟長了一個肉瘤。對於我的這個看法，薩洛蒙似乎不以爲然。按理說，我應當根據我這個看法更加堅持我以前的決心，但是，我不僅沒有這樣做，反而把全部心思都用來研究如何治療我心臟上的那塊瘤，巴不得馬上就找到一個治療的良方。有一次阿勒到蒙彼利埃去參觀植物園並拜訪該園的園藝師索瓦日的時候，有人告訴他說費茨先生曾經治好過這種瘤。母親也想起了這件事情，並把詳細的情況告訴我。於是，我毫不猶豫決定立刻去找費茨先生。由於治病心切，我馬上也就有了到蒙彼利埃去的勇氣和精力，用從日內瓦帶回來的錢做爲路費。母親不但沒有勸阻我，反而鼓勵我去，於是我就動身到蒙彼利埃去了。

其實，我用不著跑那麼遠去尋找醫生。由於騎馬太累，我在格勒諾布爾雇了一輛馬車。到了穆瓦朗，我發現我的馬車後面跟著來了一連串五、六輛馬車。當時的場面，眞有點像一部喜劇中描寫的馬車隊。這些馬車大都是護送一位名叫科倫比埃的新娘子的；和她同行的那個女人，名叫拉爾納日夫人，長得雖然不如科倫比埃夫人那麼年輕漂亮，但也非常可愛。科倫比埃夫人到了諾曼斯就要停下來不繼續前進了，而拉爾納日夫人則要從諾曼斯繼續趕路到聖靈橋附近的聖安得奧爾鎮。人們也許以爲像我這樣靦腆的人是不會和這些漂亮的女人與她們的僕從很快就熟悉起來的。然而，由於我們走的是同一條路，住的又是同一家旅店，爲了不至於被他們當成是一個性情孤僻的人，我便不得不和她們同一張桌子吃飯，因此也就與她們熟識了。其實，我並不願意這麼快就和她們相處得這麼熟，因爲她們說笑的嘈雜聲對一個病人，尤其是對我這樣體質的病人，是很不相宜的。然而，聰明伶俐的女人總有一股好奇心，她們爲了結識一個男人，總是先把他撩撥得暈頭轉向和糊裡糊塗的，我這一次的情況就是如此。科倫比埃夫人身邊有好幾個年輕的男僕，所以沒有時間來挑逗我，何況對她來說也沒有必要，因爲我們不久就要分手了，而拉爾納日夫人身邊沒有男人，一路上就需要有人陪她聊天，因此她就一再死纏爛打主動接近我。這一下全完了。可憐的尙－雅克，再見吧！或者說得更確切一點，什麼發燒啦、神經衰弱啦、肉瘤啦，全都沒有了；一接觸她，這一切全都好了，剩下的就是我這心跳的毛病，唯獨這個毛病，她不願意幫我治。我的身體不好，是促使我與她相識的第一個原因。她發現我病了，到蒙彼利埃去治病，從我的樣子和舉止來看，我不是浪蕩子。我從後來的事情發現，她已經斷定我到蒙彼利埃去治的，不是花柳病。雖然一個男人病懨懨的樣子不太受女人的歡迎，但卻使這個女人對我表示關懷。早晨，她們派人來問我的病情，並邀請我與她們一起喝可可茶，還問我夜裡睡得好不好。有一次，我按照我說話不假思索的習慣回答說我不知道。我回答得這麼突兀，竟使她們以爲我是一個傻子，於是便仔細觀察我。這樣觀察我，對我倒也沒有什麼壞處，我有一次聽見科倫比埃夫人對她的女伴說：「他雖然不會說話、不懂禮貌，但卻很討人喜歡。」這句話使我很受鼓舞，使我眞的成了一個討人喜歡的人。

由於彼此愈來愈熟悉，所以就難免要談到個人的情形，例如：從哪裡來，是做什麼工作的等等。這些問題把我弄得很尷尬，因爲我很清楚，與上流社會的人在一起，特別是與上流社會的風流女人在一起，一說我是新近才改信天主教，馬上就會遭到她們的白眼，看不起我。當時，我不知道從哪裡來了那麼一股衝動居然脫口而出說我是英國人，是英國激進民主主義者，而她們也眞的相信我是激進民主主義者；我說我的名字叫達丁先生，她們也跟著叫我達丁先生。在這一行人當中，有一個名叫托里尼昂侯爵的令人討厭的傢伙，他和我一樣，也是一個病人，不但年紀大，而且脾氣還很壞，竟來和我達丁先生耍嘴皮子，說什麼他了解詹姆士國王，了解那個覬覦王位的人，而且還談到過去聖日爾曼王朝宮廷的情形，弄得我當時感到如同芒刺在背，不知如何應對，因爲這一切，我只是在漢米爾頓伯爵的著作和報紙上的文章裡約略讀到一點大概情況。好在我知道得雖然不多，但應用得相當巧妙，三言兩語也就敷衍過去了。幸虧他沒有與我談到英國的語言問題，因爲我連一句英語也不會說。

我們這一行人還很投緣，眼見就要分手了，大家都有依依不捨的樣子，因此我們特意放慢速度，像蝸牛那樣前進。到聖瑪瑟林那天正好是星期日，拉爾納日夫人要去做彌撒，我與她一起去了。這一去，差一點就把我的事情弄糟了。在教堂裡，我的一舉一動跟平常去教堂完全一樣，她見我畢恭畢敬的樣子，竟以爲我眞是一個虔誠的信徒，因而對我產生了極壞的看法，這是兩天後她親自告訴我的。後來，我花了許多工夫向她大獻殷勤，才消除她對我的壞印象。拉爾納日夫人是一個偷情老手，是不會輕易罷手的。她曾接連幾次大著膽子主動向我示好，看我如何做出反應，而我當時認爲她這樣三番兩次親近我，絕不是因爲她看中了我的容貌，而主要是爲了捉弄我。有了這個愚蠢的看法，我便做了好些蠢事，比《遺贈》⑫中講的那位侯爵還蠢。當時，儘管拉爾納日夫人眉來眼去百般挑逗我，還說了許多情意綿綿

---

⑫ 法國劇作家馬利伏（一六八八—一七六三）寫的一出獨幕喜劇。劇中的那位侯爵暗戀一位伯爵夫人，但他生性靦腆，不敢向夫人表白，三番幾次欲言又不敢言的呆樣，令人捧腹不已。——譯者

的溫存話，但是，即使一個不像我這麼傻的人也不會把這一切當作是她眞的對我有意思。她愈向我表示好感，我愈是認爲我的看法是對的。然而，最使我苦惱的是，到後來反倒是我眞的動了感情。我對我自己說，而且也唉聲歎氣對她說：「啊！如果這一切都是眞的，我就是男人當中最幸福的男人了！」我發現，我這個初涉情場的傻樣子，反倒更加攪動了她的春心。於是，她決定非把我弄到手不可。

到了諾曼斯，科倫比埃夫人和她的隨從就和我們分別了。拉爾納日夫人、托里尼昂侯爵和我，我們三人以最慢的速度和最愉快的心情繼續趕我們的路。托里尼昂先生雖然身體有病，又愛發脾氣，但是是個好人，不過，他不願意發現了情況而不發表意見。由於拉爾納日夫人並不怎麼掩飾她對我的喜愛，所以侯爵比我本人還早就看出了端倪。他那些瘋言瘋語的話，本可以使我對我不敢相信的女人的好意產生信心的，然而，由於只有我才有的糊塗思想作怪，我還以爲他和拉爾納日夫人是串通起來戲弄我的。我的糊塗思想把我弄得如此暈頭轉向，以致使我在本來可以成爲風流人物的關鍵時刻竟然成了一個不解風情的人，雖然那時候我已經眞心愛上了她。我不明白拉爾納日夫人爲什麼對我這副愁眉苦臉的樣子不感到討厭，沒有把我一腳踢開。這個女人的確很有眼力，善於識人；她從我的舉止言談中看得很清楚，我的外表雖然笨拙，但我的心並不冷漠。

最後，她終於使我明白了她的心意；不過，她還是費了一番工夫的。我們到了瓦朗士就吃午飯，按照我們這幾天的習慣，午飯之後就不走了。我們住在城外的聖雅克旅店。我這一輩子也永遠記得這家旅店和拉爾納日夫人住的那個房間。午飯之後，她想出去散步，她知道托里尼昂先生是不願去的，因此這是安排兩個人幽會的絕好機會。這個機會，她已下定決心要好好利用，因爲旅程剩下的時間已經不多了，再不利用，就沒有這樣的機會了。我們沿著城外的那道水渠漫步。我又向她詳細講述了我的病情，她回答我的聲音是那樣溫柔，甚至還時而挽著我的胳臂按在她的胸脯上。當時，只有我這樣的傻子才沒有聽出她的話的確是出自眞心，令人好笑的是，我本人當時也非常激動。我已經說過，她是很討人喜歡的，現在，情欲的衝動使她顯得更加迷人，完全恢復了青春時期的嫵媚。她挑逗我的手段之多，任何一個男人是經受不住這種考驗的。因此，我被弄得按捺不住，好幾次都到了要動手動腳的地步。可是，由於怕冒犯她，怕惹她不高興，尤其是怕受人嘲笑，怕被人看不起，成爲茶餘酒後的笑料，怕被那個心直口快的托里尼昂先生批評我胡來一番，所以我不敢輕舉妄動；連我自己對我這樣傻里傻氣畏首畏尾的心態也非常生氣。儘管我惱恨自己是個膽小鬼，但我又沒有辦法克服這種顧忌。當然，我簡直是等於在受苦刑。我已忘記了我背得滾瓜爛熟的塞拉東[13]說的那套情話。不過，即使記得，現在在大街上說那套話，也是很可笑的。由於我不知道應當採取什麼態度，也不知道應當說些什麼，所以我只好一聲不吭；我當時的樣子就好像

---

⑬ 法國小說家于爾費（一五六七—一六二五）的言情小說《阿絲特赫》中的主角。——譯者

是在與誰賭氣似的。沒有料到的是，我的這些表現招來了我最害怕的事情，幸虧拉爾納日夫人通達人情，她猛然一下摟著我的脖子，才打破了這沉默的局面。她的嘴唇一下子緊貼著我的嘴唇，這個動作太明顯了，我還有什麼好猶豫的呢？該冒險時就冒險。就這樣，我立刻成了一個善解人意爲女人所喜歡的人了。兩情相悅，現在正是時候。在此以前，由於我不相信她對我的眞情，所以不敢放浪形骸，而現在我可以盡情貪歡了。我的眼睛、我的感官、我的心和嘴，從來沒有像當時那樣完美施展過本事，而我也沒有圓滿的彌補過我從未享受過的快樂。拉爾納日夫人雖然爲了這片刻的歡愉花了許多心思，但我有理由相信她是不會後悔的。

即使我到了一百歲，我一想起這個迷人的女人，也是挺高興的。我之所以說她是迷人的，是因爲，儘管她既不美也不年輕，但她並不醜也不顯老，她的容貌上也沒有什麼地方表現出不聰明不伶俐；與其他女人不同的是，她的臉色不夠鮮嫩，我認爲，這是由於脂粉抹得太多，因而損害了她的皮膚。她之所以行事輕浮，是有她的道理的，因爲這是表現她的可愛之處的好辦法。你雖然可以見到她而不愛她，但一旦占有了她，就不可能不喜歡她了。我覺得，這足以說明她對別人是不會像對我這樣濫用她的感情的。她這樣匆匆就委身於我，是不可原諒的，但在她對我的愛中，除了肉體的需要以外也有精神的需要。在我和她一起度過的短短幾天快樂的日子裡，從她硬要我節制欲望的做法來看，我充分相信，雖然她是一個相當淫蕩的女人，但還是以我的身體爲重而克制了她貪歡做愛的欲望。

我們勾搭的事情，並沒有逃過托里尼昂侯爵的眼睛。儘管他瘋言瘋語的話聽起來好像是在嘲笑我，但實際上是同情我，認爲我已經成了一個爲女色所迷的可憐情人，成了那個女人滿足淫欲的犧牲品。我從他的每一句話、每一個笑容和每一個眼神中並沒有看出他已經發現了我們的祕密；因此我竟認爲他被我們矇騙過了；而拉爾納日夫人比我看得清楚，她告訴我說，我們的事情並沒有瞞過侯爵，只不過他爲人厚道，不當面拆穿我們的祕密而已。的確，像他那樣始終保持君子風度的人是很少的；即使是對我，特別是在我已經把拉爾納日夫人弄到手以後，除了對我說幾句玩笑話以外，便沒有說別的。他的玩笑話說不定還是在誇獎我，誇獎我並不是一個如外表上看起來那樣的傻瓜。其實是他弄錯了，不過，這沒有關係，我正可以利用他的錯覺，而且當時大家嘲笑的不是我，而是他。我故意讓他看出我的缺點，讓他揶揄幾句，我有時候還頂撞他，相當巧妙的反唇相譏，在拉爾納日夫人面前顯示她教我的本領。我已經變了，不再是從前那樣的人了。

我們在一個風光明媚的地方和氣候宜人的季節旅行，心情非常愉快。由於托里尼昂先生的細心安排，一切都很順利，只不過我不喜歡他一直操心到安排我住的房間，他總是事先派他的僕人去預訂房間，而那個可惡的僕人，不知是自作主張還是奉他主人之命，總把侯爵的房間安排在拉爾納日夫人的隔壁，而把我的房間安排在房子的盡頭。不過，這不但難不倒我，反倒使我們的幽會更有滋味。這麼快活的生活持續了四、五天，在這短短的幾天中，我盡情歡樂，沉醉在甜蜜的肉欲享受之中。我無拘無束的享受到了純粹和強烈的感官樂趣；這是我一生中第一次也是唯一一次享受到這種樂趣。我可以很坦率的說，要不是拉爾納日夫人，我很可能未領略到此中樂趣就死去。

我對她的感情雖然說不上是眞正的愛情，但至少是對她向我奉獻的愛的一種溫情的回報。她之所以既享受到了感情的甜蜜而又沒有沉醉到因迷失本性而不會享受這種樂趣，是由於她在得到兩情相悅的強烈肉欲快樂的同時，從我們情意綿綿的坦誠交談中聽到了我向她吐露的心聲。在我這一生中，我只有一次體驗到眞正的愛情，但不是在她的身上體驗到的。我愛她，但不像我愛其他女人那樣愛法，也不像我愛華倫夫人那樣愛法。正因爲如此，所以我才感覺到占有她比占有華倫夫人更快樂一百倍。在華倫夫人身邊，我的快樂總摻雜有令人傷感的成分，總感到一種令人難以克服的內疚；我占有她，不僅不感到幸福，反而感到損害了她的身分。在拉爾納日夫人身邊，情況卻恰恰相反，我感受到了做男人的驕傲和幸福；我盡情享受感官的快樂，我分享我對她的感官引起的快感；我情緒穩定，懷著自負與喜悅的心情欣賞自己的勝利，並再接再厲，希望能取得更大的成功。

托里尼昂侯爵是當地人，我已記不得他與我們分手的地方了。此後，一直到蒙德利馬爾，就只有我和拉爾納日夫人兩人。她讓她的女僕坐我的車子，我就到她的車子裡和她在一起。這樣旅行當然是再好不過了。至於沿途有什麼可觀賞的風景，我已印象模糊，說不清楚了。在蒙德利馬爾，她有些事情要辦理，我們便在那裡停留了三天。在這三天中，她只是爲了去拜訪一個人才離開我一刻鐘。那次拜訪，招來了一些不相干的人回訪和邀請，但她都藉口身體不適而謝絕了。我們兩個人每天都趁風和日麗的天氣到景色最美的地方去遊覽。啊！這三天眞快活呀！時至今日，我有時想起這三天的情景還感到不勝依依。這樣的日子，已經一去不復返了。

旅途相識而結下的情緣是無法持久的，我們必須分手了。我覺得現在分手，正是時候，這倒不是因爲我已經感到厭煩或開始感到厭煩；恰恰相反，我對她一天比一天更加愛戀。我之所以說已到了該分手的時候，是由於儘管拉爾納日夫人一再克制自己的情欲，但我此時已經快要力不從心了。不過，在分手以前，我一定要把我剩下的精力用來盡情享樂一番，而她爲了防止我受蒙彼利埃的女人們的勾引，也順從了我的求歡。爲了彌補離別之苦，我們制訂了再相會的計畫。我們商定，既然這種調養方法對我有好處，我就繼續採用這種方法，我到聖昂德奧爾鎭過冬，由拉爾納日夫人照料我。不過，我必須先在蒙彼利埃待五、六個星期，以便讓她留下足夠的時間事先做好安排，才不會引起人家的議論。她把我此後應當知道的事和應該說的話與應該保持的態度，都極其詳細告訴了我。我們還約好在分開的這段期間要常常互通音訊。她對我千叮嚀萬囑咐，要我好好保養身體，還說治病要找名醫，要聽從醫生的吩咐；不論醫生的規定多麼嚴格，等我回到她身邊時，她都要監督我執行。我相信她的話完全是出自眞誠，因爲她愛我，她在這方面的表現比她對我的肌膚之親更能證明她對我是眞心實意的。她從我的行裝就可看出我並不富有，雖然她本人也不寬裕，但在我們話別時，她硬要把她從格勒諾布爾帶來的錢分一半給我；我費了很大的工夫才推辭了。儘管我最後離開了她，但心裡一直想著她，從她的表情上看，我看得出來，她的心中對我懷有一種眞情的留戀。

我一邊從頭回憶這一路之上的經過，一邊加快我的行程，坐在一輛舒適的馬車裡回味我已經得到的享受和即將得到的快樂，心裡眞是愉快極了。我腦子裡除了聖昂德奧爾鎭和那個小鎭的幸福生活以外，便沒有別的。我一心思念的是拉爾納日夫人和她的家人；除此以外，世上的一切都和我沒有關係了。甚至連母親，我也忘記了。我在心裡細細回憶拉爾納日夫人對我說的每一句話，我把她的話聯想起來，彷彿看到了她的房子、她的鄰人和她的朋友以及她日常的生活情景。她有一個女兒，她曾多次對我說這個女兒是她的心肝寶貝。這個女孩子已經年滿十五歲，非常活潑，長得也很美，性格也很溫柔；拉爾納日夫人向我保證說她的女兒一定會喜歡我。她這個話，我一直記在心裡，因此不斷胡思亂想思索這個小姐會如何對待她母親的親密朋友。從聖靈橋到雷穆蘭的這段路上，我心裡像做白日夢似的想這些問題。有人向我介紹加爾大橋⑭值得一看。我當然不會錯過這個機會，一定要去看的。早餐吃了幾塊美味的無花果餅之後，便找了一名嚮導帶我去參觀加爾大橋。這是我所看見的第一座

---

⑭ 加爾大橋其實不是「橋」，而是古羅馬人修建的水道在低窪處構築的石拱卷渡槽，現存法國尼姆的羅馬水道長約四十公里，渡槽最高處離地面約四十公尺。——譯者

古羅馬人修建的大橋，我老早就想見識一下能體現他們高超藝術的建築物了。果然是名不虛傳，走近一看，它的宏偉氣勢完全超過了我的想像，令我讚嘆不已。的確，只有古羅馬人才能修建這樣的大建築物。它典雅樸素的英姿之所以令我讚歎不已，是因為它是建築在一片荒野之地，那裡的寂靜和荒涼使它更加顯得巧奪天工。它的名稱雖然為「橋」，但實際上是一個輸水管道。我不明白是什麼人的力量把那麼多大石頭從老遠的採石場運到這裡來的？是誰把數以千計的勞動力集中到這無人居住的地方？我把這座大橋的三層建築都仔細看了一遍。這時候便不禁油然而生一種敬仰的心情，走路時步伐都不敢邁得太重。高大的涵洞響起了我腳步的回聲，我覺得這好像是建築這些涵洞的人的響亮的聲音。我宛如一隻昆蟲似的迷失在這座龐大的建築物中，我雖然覺得自己很渺小，但我感到有一種難以言喻的力量鼓舞著我的心靈，使我不由自主地感歎道：「要是我生在羅馬人那個時代就好了！」我在那裡待了好幾個小時，沉浸在心醉神迷的境界裡，然而我回來的時候卻因有旁騖，若有所思。我所思的是拉爾納日夫人，她只要我提防蒙彼利埃的女人的勾引，卻沒有告訴我要提防加爾大橋的吸引力。可見智者千慮，必有一失。

到了尼姆，我去參觀了圓形劇場。這個建築物雖然比加爾大橋大得多，但它給我的印象卻不那麼令人訝異；推究其原因，或者是由於我看過加爾大橋之後，再看別的，就不覺得有什麼了不起了；也有可能是由於它是位於市中心，所以不那麼令人感到它的工程有多麼難。這個漂亮的大圓形劇場的周圍都是一些破破爛爛的小房子，劇場裡邊也修了許多小房子，它們比劇場周圍的房子還更破敗，以致使人感到與劇場的雄偉氣勢相比，顯得極不協調和混亂，不但看起來沒有令人愉快和驚訝之感，反而令人感到不舒服和歎息不已。後來，我又去參觀了維諾納的競技場，它雖然比尼姆的圓形劇場小得多，也沒有那麼漂亮，但保存和維護得十分完好與整潔，因此我對它有很愉快和深刻的印象。法國人對什麼都滿不在乎，對古代的建築物一點也不愛護，他們無論做什麼事情都是虎頭蛇尾，做完之後也不知道好好維修和保存。

我完全變了，我追求感官享樂之心一產生，便劇烈的無以復加，以致有一次我特意在呂奈爾橋餐廳停留了一天，爲的是與其他的旅伴一起在這家餐廳裡大吃一頓。這家餐廳當時在歐洲是最受人稱道的，它也的確值得人們的誇讚。凡是光顧過這家餐廳的人，無不大飽口福，它供應的菜肴種類之多，令人讚不絕口。在這鄉野之地的一座孤零零的房子裡，竟能吃到海魚和河魚，還能吃到鮮美的野味，喝名貴的美酒，這眞是一件極其罕見的事，而且餐廳老闆對客人的招待之周到，與大官和富豪之家款待上賓並無兩樣。而這一切，只收三十五個蘇。可惜這家呂奈爾橋餐廳這樣經營並沒有維持長久，它一心想圖個好名聲，結果反而失去了它的名聲。

在旅途中，我把我的病全忘記了，一直到蒙彼利埃才想起來。我的憂鬱症治好了，但其他的病還依然存在。雖然我對症狀已習以爲常，不那麼痛苦了，但無論是誰，只要突然發現得了這麼多病，也一定是受不了的，必然會認爲自己必死無疑的。其實，我身上的這些病使我心裡感到的恐懼，遠遠超過它們使我的肉體感到的痛苦；儘管它們看起來好像是在摧殘我的肉體，但它們對我肉體的折磨比對我精神的折磨少得多。因此，當強烈的情欲分散了我的心的時候，我就把我的那些病忘得一乾二淨了。當然，我的病是實實在在的，而不是想像的，所以，一當我的靜下心的時候，症狀便又凸顯出來。這時候，我便想起了拉爾納日夫人對我的勸告和我此行的目的。我立刻去找最有名的醫生，特別是費茨先生。爲了便於就醫，我索性就寄住在一位醫生家裡，在他家搭伙。這位醫生名叫菲茨莫里斯，是愛爾蘭人。有許多學醫的學生在他家搭伙。對一個病人來說，在他家搭伙很合算，因爲他收的膳食費並不多，而且，他幫在他家搭伙的人看病，是分文不取的。他按照費茨先生的處方給我服藥，細心照料我的身體。他在節食療法方面很有經驗，在他家搭伙那段期間，我一直就沒有感到有消化不良的病症。不過，我對這樣節制飲食的做法並不完全贊同，因爲，把我現在吃的東西和前不久吃的東西一加比較，我有時候就覺得，論膳食的搭配，托里尼昂先生的做法比菲茨莫里斯先生的做法好得多。好在節制飲食的辦法雖執行得很嚴格，但我也沒有餓死，再加上那幫年輕人成天樂呵呵的，這樣的生活方式對我來說還眞的很合適，防止我又陷入從前那種憂愁和鬱鬱寡歡的狀態。我每天早晨吃藥，特別是要喝一種我也不知道叫什麼名字的礦泉水（我推測是瓦爾的礦泉水），此外就是給拉爾納日夫人寫信，我們之間的書信一直來往不斷；盧梭是以朋友的身分代達丁先生收信的。中午，我常常和同桌用餐的一位青年到卡魯爾格去散步。這些年輕人都是好孩子，午飯時總是等大家都到齊了才開始一同用餐。從午飯後到傍晚這段時間，我們大多數人都要到城外去玩兩、三場槌球，誰輸了，誰就做東請大家吃點心。我是不玩這種球的，因爲我沒有那份精力，也不會那門技巧，但我參加賭輸贏，由於關心輸贏，所以我跟著玩球的人和他打出去的球在高低不平的石子路上跑來跑去，這對我倒是一種很合適的運動，既快活又有益於健康。我們在城外一家小酒店吃點心，大家吃得很高興，這是用不著我說的，不過，我要補充一句：儘管酒店裡的女孩子都挺漂亮，但我們都很規矩，誰也沒有放肆的言行。菲茨莫里斯先生是玩槌球的能手，是我們的領隊。雖然一般大學生的名聲都不太好，但我可以說，在我們這一群年輕人當中所表現的莊重和誠實，即使在許多成年人中也是很少見到的。他們雖然話多，但不胡說八道；雖然活潑，但不輕佻。任何一種生活方式，只要是令人感到自由的，我都能適應。像我們目前的這種生活方式，對我來說，眞是再好不過了。我巴不得永遠繼續下去才好呢！在這些學生當中有幾個愛爾蘭人，我打算跟他們學幾句英語，以備到聖昂德奧爾鎭應用，因爲我預定抵達該鎭的時間即將到了，拉爾納日夫人在每封信中都催我去，我也準備照她的話辦。很顯然，我的醫生並未弄清楚我的病根何在，因此都把我當成是一個本來沒病而以爲有病的人，讓我吃菝葜、喝礦泉水和淡牛奶，用這些東西來應付我。與神學家們的做法相反，醫生和哲學家只把他們能夠解釋的事物才當作是眞的；如何應付，則以他們能否解釋爲前提。這些先生們既然瞧不出我有什麼病，那我就是一個沒有病的人了。誰敢說這些博學的先生們不是無所不知的人呢？我發現他們是在尋我開心，讓我白浪費錢財。與其被他們捉弄，還不如到聖昂德奧爾鎮去找那個女人。她不但不比這些醫生差，而且比他們討人喜歡。於是，我決定去找她。這個明智的主意一拿定，我馬上就離開了蒙彼利埃。

我大概是在十一月末動身的。我在蒙彼利埃待了六個星期或兩個月左右，大約花了十二個路易，既沒有治好病，也沒有學到什麼東西，只有跟菲茨莫里斯先生學的那一點解剖學還多少對我有些用處，不過，也只是學了一點初淺的常識，由於我受不了屍體難聞的臭味，不得不放棄這門學問。

其實，我內心深處對我去聖昂德奧爾鎮的決定是有很多顧慮的。在去聖靈橋的路上（這條路既通向聖昂德奧爾鎮，也通向尙貝里），我一直在思考這個問題。對母親的思念和她給我寫的信（雖然沒有拉爾納日夫人寫的信那麼多，但也很經常）在我的心中激起了一種悔恨交加之感。在來時的路上，我絲毫沒有這種歉疚感；而現在在回程的路上，我的這種歉疚感竟變得如此強烈，以致把尋歡作樂之心全都打消了，使我的頭腦頓時清醒，進而完全聽從理智的聲音。首先，如果這次再冒充我是達丁先生，便很可能不像上次那樣輕易就蒙混過去，因爲，在聖昂德奧爾鎮只要有一個人去過英國，能辨認英國人的樣子，或者會說英語，就會把我的眞相揭穿，拉爾納日夫人家裡的人便會對我大起反感，便會不客氣對待我；尤其是那個女兒已經使我感到心神不安了，因爲我情不自禁想她已經到了不應有的程度，我擔心我會愛上她，這一擔心，打消了一大半我想去她家的勇氣。拉爾納日夫人對我一片痴情，我怎麼能再去勾引她的女兒，怎麼能和她的女兒發生不正當的關係？怎麼能在她家製造不和，讓她的家庭蒙羞，出現醜聞，甚至千般痛苦呢？我能用這種方式去報答她對我的恩情嗎？一想到這裡，我就不寒而慄。於是我下定決心，如果這種可鄙的想法一萌生，我一定要和它搏鬥，堅決克服它。不過，我為什麼一定要和它搏鬥呢？一方面我明知拉爾納日夫人與我相處遲早會日久生厭，另一方面我雖愛她的女兒但又不敢向她吐露心中的感情，這是多麼令人難過啊！為什麼要為了去追求那片刻的歡樂（我早已領略到它的甜蜜了）而去自尋煩惱、痛苦、羞辱和無窮的悔恨呢？可以肯定的是，我愛胡思亂想的心如今已失去了當初的活力；尋歡作樂的念頭雖然還有，但激情沒有了。除此以外，我還考慮到了我的處境和我的責任，考慮到了我那麼善良和厚道的母親：她早已負債累累，如今由於我亂花了那麼多錢，她背的債又更多了。她為我操盡了心，而我卻如此厚顏無恥的欺騙她，一想到這些，真感到無地自容啊！我這無限內疚之心已變得如此強烈，終於戰勝了其他一切雜亂的念頭。在即將到達聖靈橋的時候，我下定決心不在聖昂德奧爾鎮停留，並加快速度一直往前行進。我橫下一條心，堅決執行我的決定；儘管我發出了幾聲歎息，但這是我一生當中第一次在內心對我自己感到滿意。我自言自語說：「我讚賞自己的這一果斷行為，我終於做到了寧願盡自己的責任而不去貪圖那片刻的歡樂。」這是我第一次從鑽研學問中明白的大道理：行事要多思考，要多權衡利與弊。儘管我不久前訂了幾條純潔的道德原則和明智的為人之道，而且以我能遵守它們而感到自豪，但令人羞愧的是，我有始無終，沒有忠於我自己訂下的這些規矩，並肆無忌憚的轉眼就違背了我自己的諾言。現在，這羞愧之心終於戰勝了對感官快樂的追求。在我的決定中，自尊心很可能也起到了與道德心同樣的作用。這種自尊心雖說不上是美德，但它所產生的效果是如此的相似，因此即使我在這裡說得不對，也是可以原諒的。

美好的行爲的好處之一是，可以培養人的心靈，促使一個人做出更美好的善行。人是有弱點的，所以，一個人只要能下定決心不做外界引誘他去做的壞事，就可以當作是美好的行爲了。我一下定了決心，馬上就變成了另外一個人，或者說得更確切一點，我又重新成爲從前的我，完全恢復了迷醉之時一度消失的我。我心中充滿了高尙的情操和美好的願望；我加快速度，趕路前行，以便早日彌補我的過錯，決心從今以後一定要按照道德的原則行事，毫無保留把我的一切奉獻給世上最慈愛的母親，全身心忠實於她和依戀她，除了對她盡我的責任以外，絕不聽從其他欲念的驅使。唉，我以爲我眞誠的回心轉意，今後行端品正似乎就可以使我獲得另外一種命運了，然而我的命運早已註定，而且已經開始。當我的心充滿著對美好事物的愛，憧憬著生活中天眞和幸福的景象時，我已經臨近將給我帶來一連串不幸災難的悲慘時刻了。

因急於到家，我催促馬車夫加速前進。我在瓦朗士寫了一封信給母親，把我到家的日期和時間告訴了她。由於加快了速度，到家的時間比我預定的時間提前了半天，我便特意在巴里揚多待半天，以便按照我在信上告訴她的時間準時到家。雖然我急於盡情享受與她久別重逢的快樂，但我覺得還是把它往後延遲一些，爲這種快樂添加一種等待親人歸來的樂趣。這樣安排，以往一直是很成功的，我每次從外地回來，全家都喜氣洋洋，像過節日似的，我想這一次也不會例外。因此，雖然我歸心似箭，但把到家的時間稍微延緩一點兒，也沒有關係。

我按照預定的時間準時到家。我從老遠的地方就開始觀看，看她是不是在路上等我。離家愈近，我的心愈跳得厲害。我一進城就下車步行，所以到家時已氣喘吁吁。可是，在院子裡、在家門口、在窗邊，我一個人影也沒有見到；我感到不安，擔心家裡出了什麼事情。我走進門去，看見家中平平靜靜，有幾個工人在廚房裡吃點心，誰也沒有表現出迎接我的樣子。有一個女僕看見我，還大吃一驚，她一點也不知道我要回來。我上樓去，終於見到了她，見到了我一片眞心愛戀的親愛的母親。我快步走到她跟前，撲倒在她的腳下。「啊！你回來了，我的孩子，」她一邊擁抱我，一邊說道，「你旅途愉快嗎？身體怎麼樣？」這樣接待我，使我感到有點茫然。我問她是否收到了我的信。她說收到了。我接著說：「我還以爲你沒有收到呢！」我們的談話到此就結束了。有一個年輕人和她在一起，我認得他。在我動身去蒙彼利埃之前在家裡就見到過他，不過這一次他好像是住在這裡的，他眞的是在母親家裡住下了，於是我明白我的位置被他占據了。

這個年輕人是沃州人，他的父親名叫溫曾里德，是看守門戶的人，即所謂的「希戎堡的大總管」。這位大總管的這個兒子是一個理髮師，他以這個身分出入上流社會，也以這個身分來到華倫夫人家。她盛情接待了他（她對所有路過她家的人，特別是沃州人，總是一律盛情款待的）。他身材高大，一頭淡金黃色頭髮，體態勻稱，模樣平平，頭腦也一般，說話的樣子像那個小白臉利昂德⑮，喜歡用他那個行業特有的腔調沒完沒了談他過去的風流事，指名道姓列舉了好幾個與他睡過覺的侯爵夫人；還說凡是讓他理過髮的那些漂亮女人，都給她們的丈夫戴了綠帽子。他無知無識、十分愚蠢，而且動作粗魯，不過，在其他方面還說得上是一個挺不錯的小夥子。在我離家期間，她找來代我爲她效勞，並在我回家之後要我與他合作的人，竟然是這麼一個傢伙。

啊！如果擺脫了塵世羈絆的靈魂還能從天國的光輝中看見人間的變化無常，那麼，我親愛的和尊敬的心上人，請原諒我不像寬恕我自己的過錯那樣寬恕你的過錯，並把你的過錯和我的過錯都披露在讀者眼前。我應當而且也願意對你像對我自己一樣的誠實；在這件事情上，你的所失，比我的所失少得多。唉！如果我們可以把你的理智考慮不周也稱爲弱點的話，我倒想知道你溫柔可愛的性格和無比善良的心，你的坦誠和美好的德行，它們怎麼沒能幫助你克服你的弱點呢？你有過錯，但沒有存心爲惡。你的行爲應當受到責備，但你的心始終是純潔的。如果大家都能把好事和壞事一一列舉出來，讓人們公正評判，那麼，我倒要看看哪一個女人也能像你這樣把她的私生活向人們公開，敢站出來和你相比？這個新來的人對於交給他辦的一些小事情（這類小事情天天都有）的確是件件辦的又快

---

⑮ 義大利喜劇中的一個擅長油腔滑調地向婦女大獻殷勤的年輕人。——譯者

又好。他把他自己當成是她僱用的監工。他與我恰恰相反，他遇事愛大聲嚷嚷，而我只是輕聲簡單說幾句。他成天在田裡、草料場、木工房、馬廄或家禽場轉來轉去，尤其是每到一處總要指指點點大聲嚷幾句。只有花園裡的事情他不管，因爲花園裡的工作非常安靜，誰也不出聲的。他最喜歡做的工作是裝車運料、鋸木頭或劈木頭。他經常手裡不是拿著斧頭就是十字鎬，到處指手畫腳，嚷個不停。我不知道他是在做幾個人的工作；聽他不停嘴的嚷嚷聲，就好像是在做十幾個人的工作似的。他這樣東奔西跑的那股忙亂勁，蒙蔽了可憐的母親的眼睛，以爲這個年輕人是她的一個好幫手。爲了使他盡心爲她效力，她用了一切她認爲適當的辦法，尤其是她認爲最有效的那個辦法。

大家想必是知道我的心的，知道我對她始終不渝的眞摯感情，尤其是促使我現在回到她身邊的這份感情。然而，這突如其來的變化，對我來說，是多麼的出人意料啊！請大家爲我設身處地想一想吧。我所憧憬的幸福的未來轉眼之間全都化爲烏有了，我滿心懷抱的種種美好的希望全都消失了。從青年時期起我就一直和她生活在一起，可是如今，我第一次發現我已成爲孤零零的一個人；這種境遇太可怕了，以後的日子也很難過啊！我雖然還年輕，但那種使我的青春充滿活力、嚮往快樂和希望的心情卻已永遠離開了我；從這個時候起，我多情的心便處於半死的狀態；前途茫茫，僅僅剩下毫無意義淒涼的餘生。雖然有時候我還有某種幸福的影子引發我對幸福的希望，但那種幸福已不再是我原有的幸福了。我覺得，即使得到那種幸福，我也不會感到眞正幸福。

我是那樣的愚蠢，又是那樣的充滿信心，因此，儘管我發現那個新來的人和母親談話的語氣十分親暱，我依然認爲這是由於母親的性情隨和，與誰都親近的緣故。要不是她親口告訴我，我怎麼也想不出其中眞正的原因。時隔不久，她便以極其坦率的態度把他們之間的事情全盤告訴了我。當時，如果我不控制住脾氣的話，她那種態度是足以火上澆油，使我大發雷霆的。她認爲這件事情的造成，原因很簡單：她責備我對家裡的事情漠不關心，而且又經常不在家，所以她要聽從她強烈本能的驅使，找一個人來塡補我留下的空缺。「唉！母親，」我懷著非常難過的心情說道，「你怎麼能反倒說我的不是呢？我一往情深愛你，你就這樣對待我嗎？你曾多次救過我的命，難道就爲的是不讓我享受使我感到生命可貴的感情嗎？我會氣死的，而你將後悔不該這樣氣死我。」她回答我時的說話聲調是那麼平靜，簡直把我氣瘋了。她說我是個孩子，是不會爲這件事情氣死的；她還說我什麼也沒有失去，說我們依然是好朋友，在各方面都與從前一樣親密，她對我的溫情一點也沒有減少，只要她還活著，她對我的愛就不會結束。說來說去，她的話無非要我明白我的一切權利完全與從前一樣，雖和另外一個人分享，但不會因此便有絲毫的損失。

我從來沒有像此時此刻這樣深切的感到我對她的感情是如此純眞和強烈，感覺到我的心靈高潔和渾厚。我猛地一下撲在她的腳前，抱著她的兩膝，情不自禁哭了起來。我心情激動地說：「不，母親，我太愛你了，所以不願意有任何輕蔑你的事情發生。你已經委身於我，我就要珍惜你，就不能讓他人來與我分享你。我當初占有你時所感到的後悔心情已隨著我對你的愛而與日俱增。不，我不能為了保持今後對你的身體的占有而再次做那種令我後悔的事。我將永遠敬愛你，但願你永遠無愧於我對你的敬愛。對我來說，當前的當務之急，是使你獲得美名，而不是占有你。母親呀，我把你的事情交給你自己去決定。為了使我們兩個人的心相結合，我願犧牲我的一切幸福，我願死一千次也不願意享受那種糟踐我所喜愛的人的享樂！」

我堅定不移遵守這個決定。我敢說，我的這種堅定態度，是和促使我採取這個決定的看法一致的。從這個時候起，我就完全以眞正的兒子的態度對待親愛的母親了。需要指出的是，雖然她的內心並不贊成我的決定（這一點，我看得很清楚），但她並沒有採取任何辦法使我改變決定；既沒有用含情脈脈的話來勸我，也沒有用親熱的動作來挑動我，更沒有用任何巧妙的手段來勾引我，儘管這種手段女人用起來既省事又十拿九穩必定成功。目前，由於我必須為我自己尋找一條不以她為轉移的出路，而又想不出用什麼方法尋找，所以，我便走到了另一個極端，乾脆就在她身上尋找。我一心一意想著她，以致幾乎把我自己都忘記了。不論我將付出多麼大的代價，我都要使她成為一個幸福的人。這個想法是主導我的思想的核心。她休想把她的幸福與我的幸福分開，不管她願不願意，我都要把她的幸福當作是我的幸福。

在我的靈魂深處早已播下了美德的種子。由於讀書學習，我的美德得到了很好的培養，只等逆境的激勵便可破土成長。現在，隨著我目前的痛苦遭遇，它已開始發芽了。我這種完全不計較個人得失的心態的第一個果實，就是從我的心中拋棄了我對那個取代我的人的怨恨和嫉妒，而且眞心實意與這個年輕人維持好關係。我要培養他和教育他，使他明白他的幸福何在；如果可能的話，還要儘量使他配享這種幸福。總而言之一句話，阿勒在這種情況下是如何對我的，我也要像阿勒那樣對待他。可是，人和人不一樣，是沒有辦法比較的。雖然我的性情比阿勒平和、知識比阿勒多，但我不像阿勒那樣處事穩重和果斷，更沒有阿勒的那種威信。此外，我在那個青年身上發現的優點，也沒有阿勒在我身上發現的優點多，例如：隨和、友好、知恩，尤其是知道自己需要得到他人的指導，希望從他人的指導中得到益處。這一切，他全都沒有。我願意培養的這個人，把我當成是一個只會空談的學究，而把他自己當成是家中的大人物。他以爲到處指手畫腳瞎嚷嚷，便是他在家中多所貢獻的證明；他以爲斧頭和十字鎬比我的書本有用得多。從某一方面看，他的看法不錯，但他因此便做出一副了不起的神氣樣子，那就可笑極了。他像鄉下的土財主那樣對待農民，後來對我也如此，甚至對母親也是如此。他覺得他的名字「溫曾里德」不夠顯赫，便改名換姓稱自己爲「德．古爾迪耶先生」。後來，他就以這個名字在尙貝里和摩里安出了名，並在摩里安結婚成家。

最後，這個趾高氣揚的傢伙竟成了家中發號施令的主人，而我什麼都不是，成了一個無足輕重的閒人。當我偶爾招他不高興時，他不責備我，而是去責備母親。由於我擔心母親受到他粗魯的對待，所以我只好聽任他想做什麼就做什麼。他每次劈木頭的時候，都表現出十分驕傲的樣子；我插不上手，只好站在一邊旁觀，而且還要裝出一副嘖嘖稱羨的樣子。

這個年輕人的秉性也不是絕對的壞。他愛母親，因爲他不可能不愛她；他對我也沒有什麼惡感。在他不亂發脾氣的時候，他也會聽從人家的意見的，有時候還相當和顏悅色的聽從大家的意見，而且坦率承認自己是個蠢人。不過，承認歸承認，事後還是照樣做蠢事。另外，他的智力是那麼有限，他的喜好也是那麼無聊，以致很難和他講通道理，而且幾乎不可能和他愉快相處。他占有一個風度翩翩的女人還嫌不夠，又和一個上了年紀還掉了牙的女僕勾搭。這個紅棕色頭髮的婆娘，母親儘管一見到她就感到討厭，但還是耐著性子繼續雇用她。我發現這件事之後，簡直要氣炸了；接著，我又發現另外一件更令人生氣的怪事；它比過往發生的所有一切不愉快的事情都更令人灰心喪氣，一下子便使我頹喪到了極點。這件事情就是母親對我的態度已開始冷淡了。

節制房事（我已開始自我要求節制房事，而她也似乎贊同）是女人們絕不原諒的事情之一；不論她們外表上裝得如何，她們心裡是絕不原諒的。推究其原因，倒不是由於男人一節制房事，她們本身的情欲便得不到滿足，而是由於她們認爲不和她們同房，顯然是不把她們放在心上的表示。就拿最通情達理和情欲最淡薄的女人來說，她也認爲男人（即使是她最不在乎的男人）最不可饒恕的罪過是：明明有精力和她交歡，但卻偏不和她交歡。這一點，這個女人也不例外。我之所以不與她再行房事，完全是出於道德和敬愛她的緣故，而她卻不以爲然，硬是把我這種最純眞和強烈的感情往壞處想，當成是不再愛她的表示。從此以後，我在她身上再也感覺不到以前那種心心相印的甜蜜情誼了。她只有在對那個新來的人生氣的時候才對我說幾句眞心話；而當他們和好時，我在她心目中就等於零了。最後，她竟逐漸採取一種把我排斥在外的生活方式。我到她跟前時，她雖然依然是很高興的樣子，但並不認爲有非要我到她那裡去的必要；即使我接連幾天不見她，她也不在乎。

我以前是這個家的中心，過著雙重身分的生活，而現在，竟不知不覺被孤立，成爲形單影隻的人了。我逐漸習慣於遠離家裡的一切事情，甚至遠離居住在家裡的人。爲了不看見那些令人心碎的事情，我便關著房門讀我的書，或者到樹林中獨自歎息或痛哭一場，這種生活不久就變得令人難以忍受。我感覺到，我如此喜愛的女人雖在我眼前，但心已離我而去，因此使我更加痛苦；如果看不見她，也許我的痛苦還會大大減輕。我制訂了一個離開這個家的計畫，我把這個計畫告訴了她。她不但不反對，反而十分贊成，她在格勒諾布爾有一位朋友名叫德邦夫人；這位夫人的丈夫是里昂大法官馬布里先生的好朋友。德邦先生介紹我到馬布里先生家去當家庭教師。我接受了這個工作，於是便開始爲去里昂做準備。臨行時，我們雙方都沒有絲毫的依依不捨，而在以前，只要一想到要分別一段時間，我們兩人的心都會感到如同死亡一樣痛苦。

當一個家庭教師所必須具備的知識，我差不多都有了。我相信我有當家庭教師的才能。在馬布里先生家待的那一年裡，我有充分的時間衡量我自己。如果沒有外界的刺激使我大發脾氣，我的性格溫和，是適合於從事這一行的。只要一切順利，只要我付出的勞動和心血能收到很好的效果，我一定會不辭辛苦盡力工作，行事就會像一個天使；反之，如果事情不順利，我行事就會像一個魔鬼。如果我的學生不聽我的話，我就要大發雷霆；如果他們搗亂，我說不定就會把他們揍個半死。這顯然不是讓他們變得聰明和喜歡學習的辦法。我有兩個學生，他們的性格完全不同。老大八、九歲，名叫聖瑪麗，長得很漂亮，性格開朗，相當活潑，成天大大咧咧，十分調皮，不過調皮得令人喜歡。老二名叫孔狄亞克，樣子顯得很愚蠢，成天心不在焉，脾氣硬得像頭驢，什麼也學不進去。大家可以想像得到，碰上這兩個學生，我的工作是很難做好的。如果我有耐心、遇事冷靜，也許還能夠成功。然而，由於我既無耐心，也不冷靜，因此我的工作毫無成效，兩個學生反而愈來愈壞了。其中的原因，並不是由於我不盡力，而是由於我缺乏平心靜氣的態度，在教法上有欠考慮。我對他們採用的辦法只有這麼三個，即動之以情、喻之以理和大發脾氣。這三個辦法不僅沒有用，而且對孩子們來說還往往是有害的。有時候我勸聖瑪麗要好好學習，竟勸得連我自己也動了眞情，大把大把流下了眼淚。我想感動他，以爲這個孩子能被我的眞情所打動。有時候我又費盡唇舌的跟他講道理，以爲他眞能聽懂。有時候他也能說出一些很有意思的話，我便以爲他眞的善於推理，是一個明白事理的孩子。至於孔狄亞克，這個孩子眞叫人傷腦筋，他什麼也聽不懂，成天不吭聲，不論我如何動之以情也是枉然，脾氣倔得誰也拿他沒辦法，最後把我氣得暴跳如雷的時候，反倒是他在一旁顯得很得意，這時候，聰明的賢者是他，而我反倒變成了一個不懂事的孩子。我知道我的這些缺點，我心裡非常明白，我也研究了我學生的心理，而且研究得很透徹。我自信，他們使用的詭計，一次也沒有瞞過我。但是，雖發現了缺點但卻找不到補救的辦法，這又有什麼用呢？我什麼都明白，然而卻拿不出任何對策，結果一事無成。我所做的一切，恰恰是我不應該做的事情。

我不但沒有把學生教好，就連我自己也沒有管好我自己。德邦夫人把我介紹給馬布里夫人，並請她教我學習上流社會人士的言談舉止，馬布里夫人也的確花了許多心思教我，希望能把我培養成一個爲家庭增光的人。可是我是那樣的笨、那樣的靦腆、那樣的愚蠢，以致使她完全灰心，把我晾在一邊不管了。此外，我又犯了一見漂亮女人就喜愛的老毛病，儘管她不理我，但我仍然愛她，我的態度相當明顯，所以她也覺察到了。不過，我始終不敢向她明說，而她也沒有做出任何對我有意思的表示。不論我怎麼眉目傳情和唉聲歎氣，全都徒勞無功，因此不久我也就感到厭倦了。

我在母親家裡早就改掉了偷偷摸摸的毛病，因爲她家裡的一切我都可以享用，用不著去偷，而且，我給我自己定了嚴格的規矩，因此使我也不敢再去做那種卑鄙的事。從那個時候起，我的確做到了這一點，而我之所以能做到這一點，推究其原因，倒不是由於我戰勝了誘惑，而是由於我切斷了受誘惑的根源。因此我很擔心，如果我再面臨誘惑，我很可能又像童年時候那樣去偷。這一點，我在馬布里先生家的一件事情就是明證。雖然我周圍都有許多可偷的小東西，但我連瞧都不瞧一下，唯獨阿爾布瓦出產的那種美味白葡萄酒，卻偏偏被我看上了。我曾在吃飯的時候偶爾喝過幾杯，覺得很過癮。這種酒顏色有點兒渾濁，我自誇是一個濾酒的能手，於是主人就把這件事情交給我去辦。我把酒都濾了一遍，看起來效果雖不算太好，但喝起來味道還是挺不錯的。我在濾酒這幾天，有時就順手帶幾瓶到我房間裡獨自享用。可是我向來是在喝酒的時候要吃點下酒菜的，要怎樣才能弄到點麵包呢？我總不能在用餐之後帶幾塊麵包回房間去吧。叫僕人到街上去買，這就要露馬腳，而且可以說是會丟主人的臉，讓人家說主人連飯都不讓我吃飽。自己去買吧？我又不敢；一個身佩短劍的體面人到麵包店去買一塊麵包，這怎麼可以呢？最後，我想起了一位公主說的一句蠢話。有人告訴她說農民沒有麵包吃了，她回答說：「那就讓他們吃奶油蛋糕吧！」於是我就去買奶油蛋糕。上街去買奶油蛋糕，這說起來容易做起來難哪！爲了這麼一點小事，我最好是獨自一個人去。可是跑遍了整個城市，一連經過一、二十家點心鋪，我哪家也不敢進去，因爲，必須要那家鋪子裡只有一個人，而且那個人對我的表情很和氣，我才敢進他的店鋪。不過，等我買到了蛋糕，自己一個人關在房間，從櫃子裡拿出一瓶酒來，一邊看書，一邊自斟自飲的時候，那是多麼痛快啊！房間裡沒有其他人，我邊吃邊看書，眞是別有情趣；書就代替了我所缺少的夥伴，我看一頁書，吃一塊蛋糕，彷彿書與我一起用餐。

我並不是一個行爲放肆、不知羞恥的人，在我這一生中也從來沒有喝醉過。我偷偷摸摸的行爲雖然有限，但還是被發現了，酒瓶暴露了我的行徑。主人雖然沒有說，但酒窖就不再由我掌管了。這件事情，馬布里先生處理得很謹慎，他眞不愧是一個心地厚道的人。儘管由於職業的關係，他的表情十分嚴肅，但他的性格卻很平和，有一副好心腸。他爲人正直，作爲一個地區的最高司法長官，竟這麼仁慈，這是我怎麼也沒有想到的。正是由於他對我的寬容、對我的關愛和敬重，我才在他家繼續待了下去；否則，我是不會待那麼長的時間的。最後，由於我對我的工作已感到厭倦，意識到我不適合於從事這門職業，再加上我的處境十分尷尬，一點也不愉快，因此，在盡心盡力嘗試了一年之後，決定不再繼續教我的這兩個學生，深深感到自己實在沒有能力把他們教好。對於這一點，馬布里先生與我一樣，看得很清楚。但是，如果不是我爲了不使他爲難，因而主動提出辭職的話，他是不會辭退我的。當然，如果他眞的過於遷就，再讓我繼續做下去，我也是不會贊成的。

令我對當前的處境感到難以忍受的是，我老拿它和過去的景況相比。我不斷回憶我喜愛的夏梅特，回憶我的花園和樹木，回憶那股清清的泉水和果園，尤其是回憶那個我是爲她而活的女人，因爲，使這一切具有生命的，是她。我一想到她，一想到我們快樂的時光和眞心相愛的生活，我便心亂如麻，什麼也不想做。我曾經有許多次想立刻動身，步行回到她身邊，只要能再見她一面，就算是馬上死了，我也願意。最後，我終於決定不再這樣沉湎於過去，而必須要不惜一切代價立即回到她身邊。我對我自己說，我以前不夠耐心和不夠溫存，如果我今後做得比以前更好一些，我還是能生活得很幸福，得到她的友誼的。於是，我制訂了最周詳的計畫，而且巴不得馬上付諸行動，我要拋棄一切，立刻動身；我要懷著我青年時期的全部激情飛奔到她跟前。啊！如果我在她對我的接待中、在她對我的親熱態度中，總之，在她的心中能夠發現我過去曾經感受過的而現在還依然記憶猶新的情誼的四分之一，我一定會高興死了的。

世間的事情全是虛幻，眞是令人難以預料啊！她依然是那樣熱情接待我，她對人的這種熱情是到死也不會改變的，而我是來尋求過去的，而這過去的時光已一去不復返。我在她身邊待了不到半個小時，便感到我往日的幸福已澈底結束了，我又陷入了上次迫使我離家的那種令人難堪的境地。不過，我認爲其中的原因不能怪任何人。德．古爾迪耶這個人其實並不壞，他看見我回來時，他臉上的表情很高興，並沒有什麼不愉快的樣子。我過去是她唯一的心上人，而她也是我唯一的心人上，可是如今我卻變成了多餘的人，這叫我怎麼受得了呢？從前，我是她家裡的孩子，如今我怎麼能像一個外人似的住在她家呢？家中的一切事物都是我過去幸福的見證，可是現在已今非昔比，它們與我已毫無關係了。我要是住在別處，也許還沒有這麼難過。我愈是不斷回憶甜蜜的過去，便愈是感到我今天的落寞。無論多麼後悔，都沒有用了；無論多麼憂傷，也無濟於事了。我只好恢復從前的生活方式，除了吃飯的時間以外，我總是獨自一人待在房間裡看書，在書中尋找有益的消遣。由於我感到我以前擔心的災難即將到來，我便苦苦思索在我身上尋找辦法，以便在母親沒有經濟來源時幫助她。我在家的時候，把她家裡的事情安排得井井有條，使之不往衰敗的方向發展；自從我走了以後，一切全變了。她那個管家花錢出手闊綽，愛講排場，出門不是騎高頭大馬，便是坐華麗的馬車，還要帶一幫隨從，一心想在鄰人眼中裝出一副富貴人家的樣子。他持續不斷的經營了好幾種他根本不懂的事業；她一年的年金不到年底早就用光了，每個季度的收益也作了抵押，房租拖欠，債臺高築。我估計她的年金早晚會被宮中扣押甚至取消。總之，我覺得破產和災難到來的時刻是如此逼近，以致使我時時感到憂心忡忡、不寒而慄。

我的這個小房間是我唯一能獲得幾許安寧的地方。我在小房間裡，一方面尋找醫治我這心煩意亂之症的良方，另一方面又百般尋求能防止我所預料的災禍的辦法。在回顧我以前的那些想法的過程中，我又產生了許多新的想法（其實它們都是不切實際的），以便在不久的將來能將可憐的母親從她即將陷入的絕境中挽救出來。我自知我沒有足夠的學識和才華登上文壇顯姓揚名並成爲富翁，但現在有一個新的想法出現在我的腦海，使我這個資質平庸的人有了信心。我現在雖然不當音樂教師了，但我並未放棄音樂。相反的是，我已經累積了相當多的音樂理論，我認爲我在這方面的知識至少是相當豐富的。我回顧我在學習辨認音符，尤其是在練習按譜唱歌方面所遇到的困難時，我發現這種困難既來自我，也來自音樂本身。音樂並不是每一個人學起來都是很容易的。我研究了每個音符的形狀，我發現它們並非每一個都設計很巧妙。我早就想用表示數字的符號來記錄樂譜了；用數字記錄的樂譜⑯，可以避免爲了譜寫一首小小的曲子也要畫那麼多線條和符號。我一時還無法解決的困難是如何表達八度音和節拍與時值。現在我又思考了這個問題；我發現，只要肯動腦筋，這個問題是不難解決的。我終於獲得了成功：不論什麼曲子，我都不僅可以用表示數字的符號非常準確的記

---

⑯ 即現在所說的簡譜。——譯者

錄，甚至這種記錄可以說是十分容易。從這個時候起，我便認爲我找到發財的路子了。我懷著與我衷心喜愛的女人分享財富的強烈願望，巴不得馬上去巴黎，希望一宣布我的發明，立刻就會在音樂界掀起一場革命。我從里昂帶回來一些錢，我又賣掉了我的書，只花了兩個星期的時間收拾行囊，便一切就緒準備起程。我心中充滿了促使我去巴黎的美好希望（我做事歷來都是這樣往美好的方面想的），像上次帶著埃農噴水器從都靈出發那樣，帶著我發明的這套記譜法離開了薩瓦。

我青年時期的過錯和荒唐事，就是這些。我敢說，我對事情經過的敘述是忠實的；我的心要求我必須原原本本如實記錄。即使將來隨著年歲日增我在德行方面有所增進，我也要如此坦率講述。這是我未來的計畫，而現在寫到這裡就該停筆了。隨著時間的推移，一道道帷幕必將揭開。如果我能名留後世，也許終有一天人們會知道我有哪些要說的話還沒有說，那時候人們自然會明白我現在閉口不談的原因。

下篇引言①

這幾卷書稿，錯誤的地方甚多，各種各樣的錯誤都有，而我當下沒有時間再檢查一遍，也沒有時間進行修改。不過，錯誤雖多，但內容足以使熱愛眞理的朋友掌握探尋眞相的線索，並獲得根據自己的了解釐清眞相的方法。遺憾的是，我覺得這幾卷書稿要想逃脫敵人的監視，是很難的，甚至是不可能的。如果它們幸而落入一個正人君子之手〔（即使這個人是舒瓦瑟爾②的朋友）或者落入舒瓦瑟爾本人手裡，我不相信我身後的名聲就沒有恢復的希望。啊，上帝呀！祢是清白無辜的人的保護者，但願祢能使這幾卷可證明我無辜的最後的申辯書不要落入德·布弗勒和德·韋爾德蘭這兩個女人手中或她們的朋友的手中。祢至少不要讓這兩個潑婦看到一個不幸的人寫的這份資料，儘管祢已經讓這個不幸的人有生之時吃盡了她們的苦頭。〕③

---

① 「下篇引言」字爲譯者所加。——譯者

② 舒瓦瑟爾（一七一九—一七八五）：法國政治家，曾任法王路易十五的外交大臣和陸軍大臣。——譯者

③ 〔〕方括弧中的這幾句話，後來被盧梭劃了許多線條刪去，但字跡仍清晰可辨。——譯者

第七卷（一七四一—一七四七）

我雖然早已決心輟筆，但沉默和忍耐兩年之後，我又再度拿起筆來。各位讀者，在你們尚未看完我的書之前，請先別急著評論我不得不再執筆撰文的理由。

你們已經看到，我的青年時期是在一種平靜而又相當美滿的生活中度過的，既無大不幸，也無大喜事。這種平平淡淡的生活，大部分是由於我雖易激動但又十分軟弱的天性造成的。我的天性難於堅持而易於灰心，要受到強烈的驅動才能走出悠閒的狀態，而稍一感到厭倦，便又懶散如初，因此，我既無大美德，也無大惡行，經常處於自認為生來就挺適合的優哉寧靜生活，因而不容許我無論是為善還是為惡而走得太遠。

我在後面描寫的畫面，與以前的畫面是多麼不同啊！命運在前三十年間處處有利於我天性的發展，而在後三十年，卻事事與我天性相違背。我的處境與我的傾向繼續不斷的衝突中，我犯了許多大錯，遭遇了許多前所未聞的不幸，但其間除了雖然沒有使我養成堅強的性格，但也確實培養了許多在遭逢不幸時帶來榮譽的美德。

本書的上篇（第一至第六卷），完全是憑記憶寫的，因此必然有許多錯誤；而下篇（第七至第十二卷）也需憑記憶寫，因此其中的錯誤說不定比上篇還多。我美好的少年和青年時期，是在既寧靜而又淳樸的環境中度過的。當年甜蜜的往事，留下了許許多多難以忘懷的美好印象，使我不斷的時時回憶。然而，人們即將看到，在我後半生的回憶，我心中的感受是多麼不同啊！再回憶這段時間的往事，等於是讓我重新再遭受一次痛苦。我無法拿痛苦的回憶來增加我現在的景況的艱難，我要儘量避免，我這種想法是對的，所以使我在需要回顧往事時，有些痛苦的往事就回憶不起來了，易於忘記痛苦，這是上天在命運使我陷入痛苦的泥淖時給我的一種安慰。我的記憶力僅讓我只回憶那些愉快的事情，因而抵消了我只往壞處想的想像力，沒有把未來看作是一片漆黑。

爲了彌補我的記憶力之不足，和提示我如何寫作本書而蒐集的資料都已落入他人之手，再也收不回來了。我唯一能依靠的忠實嚮導，是我有線索可循的一系列感情；它們爲我的人生烙上了不可磨滅的印記。透過我的感情，便可以推知我這一生遭遇的事情的原因和後果。我很容易忘記我的痛苦，但我無法忘記我的過錯，更無法忘記美好的感情。我的過失和美好感情的回憶眞是刻骨銘心，是永遠不會從我心中消失的。我很可能遺漏一些事情、把這裡發生的事情說成是在那裡發生的，也可能把時間弄錯了。但是，對於我深有感觸的事，對於受感情驅使我去做的事情，我是絕不會弄錯的。我要在書中講述的主要是這些。我這本《懺悔錄》的目的，是要人們準確了解我這一生在種種不同的境遇中的內心感情。我向讀者許諾的是我的心靈歷史。爲了忠實記述這部歷史，我不需要其他資料，只需像我迄今所做的這樣反躬自問、吐露心聲就行了。

幸運的是，我從一個信函抄錄本裡找到了一些記錄這六、七年間發生的事情的可靠資料；這些信件原件現在都在迪佩魯先生手裡。這個抄本截止於一七六〇年，包括了我在退隱廬居住以及我和那些所謂的朋友不斷爭吵的整個時期。這段時間是我一生最難忘懷的；我的種種不幸都是從這段時間開始的。至於比較近期的一些信件原件，手中留存的已爲數不多，所以我沒有抄錄在這個本子裡，以免分量過重，無法逃脫我的那些阿耳戈斯①式的敵人的觀察。不過，當我覺得它們能提供某些情況的時候，不論提供的情況對我有利或不利，我都會轉錄在這本書裡。我不怕讀者指責我不是在寫《懺悔錄》而是在寫自辯書。當事實能為我申辯的時候，誰也休想阻止我說實情。

本書的下篇，在如實講述事情的經過方面與上篇相同，而它之所以顯得寫得比較好，是由於它講述的事情非常重要；除此以外，它在各方面都不如上篇美。上篇是在伍頓和特里堡寫的，當時的心情怡然自得，非常愉快。我所回憶的種種往事都為我帶來新的歡樂；我愈回憶它們，便愈感到新的樂趣。我可以無拘無束的謀篇布局、斟酌詞句，直到把文字寫得滿意為止。今天，我的記憶力和腦子已經衰退，幾乎無法工作了，因此，下篇的寫作是勉強為之的，心中是懷著無限憂傷的。文中記述的全是災禍和一些人的背信棄義行為，全是令人痛心的往事。我本想把我要講的事情全都埋葬在沉沉的黑夜裡，然而，由於有些事情又非說不可，所以我在寫下篇的時候不得不躲躲藏藏地悄悄的寫、不得不耍花招地示人以假象、自甘墮落做出一些我本性上不願意做的事情。舉頭三尺有神明，房間的四面牆壁有耳朵，再加上

---

① 希臘神話故事中的百眼神。據說，在他的一百隻眼睛中，有五十隻眼睛總是晝夜不停睜著觀察周圍的情況。——譯者

我周圍都有密探和心懷惡意的監視人，所以我時時感到不安、心緒不寧，把斷斷續續想說的話匆匆寫在紙上，連重讀一遍的時間都沒有，更不用說細心修潤了。我當然知道，人們之所以在我的周圍設置無數的屏障，是由於他們害怕眞理會從某個縫隙透露出去。我應當怎樣做，才能使眞理穿過他們設置的屏障呢？我想過一些辦法，但成功的希望甚微。人們不難想像在這種情況下，要想寫出動人的文字，加上引人入勝的色彩，那是何等的艱難啊！因此我要把話說在前頭：凡是已經開始閱讀本篇的人，我無法保證在繼續往下讀的時候不會感到厭煩，除非他們眞的想了解一個人和眞誠熱愛正義與眞理。

我在上篇寫到我懷著戀戀不捨的心情動身去巴黎就擱筆了。不過，我的身體雖往巴黎行進，但卻把我的心留在了夏梅特，在那裡建立了我最後一座空中樓閣，打算有朝一日把我獲得的錢帶回去交給我那頭腦重新清醒的母親。我已經把我那套新的記譜法當成是一筆必定能到手的財富了。

我在里昂停留了些時間，一來是爲了去看看朋友，其次是想請人幫我寫幾封介紹信給巴黎的熟人，再則是想把我隨身帶的幾本幾何學的書賣掉。馬布里先生和夫人見到我，非常高興，並請我吃了幾次飯。我在他家結識了馬布里神父，還見到了孔狄亞克神父（我和他是早已相識的），他們都是來看望他們的兄長的。馬布里神父幫我寫了幾封介紹信，其中有一封給封特奈爾先生，另一封給克呂斯伯爵。我與這兩位先生相識以後，交往得非常愉快，尤其是封特奈爾，他在去世前一直與我保持很好的友誼，並在他和我促膝談心時給了我許多有益的指導，可惜我沒有完全照著他的話去做。

我又見到了波爾德先生。我和他已相識很久了，他曾經多次熱心幫助過我。這一次，他依然是那樣的熱心，幫我把那幾本幾何學的書賣掉了，並親自或託人幫我寫了幾封帶到巴黎去的介紹信。我又見到了地方長官先生，我此前是透過波爾德先生和他相識的，後來，再透過他，我又認識了黎歇留公爵。現在，公爵正在里昂，於是，巴呂先生帶我去見他。他很熱情接待我，並告訴我到巴黎之後去見他。後來，我真的去看了他幾次，不過，和這樣的大人物（我以後還要談到他）交往，對我並沒有什麼真正的用處。

我還見到了音樂家達維。在我有一次旅行遇到困難時，他曾經幫助過我。他曾借給我（或者說送給我）一頂便帽和幾雙襪子，雖然我們後來常常見面，但我一直沒有還他，他也沒有跟我要。不過，我後來也送了他一件禮物，價值和他那頂帽子與幾雙襪子差不多。如果這裡講的是我應該做的事情，我是可以把我講得更好一些的；可是這裡講的是我實際做的事情，唉，在性質上就不一樣了。

我還見到了慷慨大方的佩里雄先生。這一次，他又讓我感受到了他平素的那種豪爽氣魄；他像從前給文雅的貝爾納付馬車費那樣，也替我付了馬車費。我也見到了外科醫生帕里索。這位醫生的確是一個頂好的好心人；我還見到了他供養了十年的可愛的果德弗瓦，這個女人並無任何特長，只是性格溫柔和心地善良，無論是誰，只要一到她身邊，就會喜歡上她，一離開她，就會思念她。那時她已是肺結核晚期，不久之後就去世了。觀其友便知其人，*此話的確不假，只要你見過溫柔的果德弗瓦，你就知道好心的帕里索是一個什麼樣的人了。

對於這幾位好友，我都心存感激之情，可是後來，我把他們都淡忘了。其中的原因，絕對不是由於我忘恩負義，而是由於我一貫的疏懶成性（這往往令人看起來是忘恩負義）。他們對我的幫助，我從未忘記，但我認爲今後用行動來報答他們，比不斷用書信感謝他們要好得多。勤寫書信，這是我力有未逮之事。而我一疏於音信之後，便感到羞愧，不知道如何彌補我的過失，因此愧上加愧，就索性不寫信了，於是與他們音信杳無，好像把他們全都忘記了。帕里索和佩里雄對此並不介意，對我依然如故，而波爾德則不然；二十年後人們將看到一個有才學的人以爲被人忘懷的時候，他的自尊心將如何尋求報復。

在離開里昂之前，我不應該忘記一個可愛的人。我又見到了她，心中感到十分高興，她

* 除非他當初在選擇朋友的時候就選擇錯了，或者他所喜歡的人後來由於種種特殊的原因而改變了性格（這並不是絕對不可能的）。如果人們刻板的理解這條「觀其友便知其人」的法則的話，人們就會按蘇格拉底的妻子克桑迪普來評判蘇格拉底，按狄戎的朋友卡里普斯來評判狄戎。這樣評判就荒謬絕倫、大錯特錯了。此外，人們千萬不可錯用這條法則來評判我的妻子。是的，她的智力之有限和上當受騙之容易，簡直超出了我的想像，但就她的性格而言，她的確是一個非常淳樸、善良、沒有絲毫壞心的女人。她值得我的衷心敬愛，在我有生之年，我將永遠敬愛她。

的身影在我心中留下了極其美好的記憶。這個人是我在上篇中提到過的賽爾小姐；後來，我住在馬布里先生家裡時，又再見到過她一次。我這一次到里昂，有許多空閒的時間，所以和她見面的次數就比較多了，我對她動了心，而且很強烈，我有理由相信她也無法不動心的。但是，由於她對我那麼眞誠，使我反倒不敢產生濫用她的眞誠的念頭。她沒有任何家產，我也身無長物，我們的境況太相似了，所以無法結合，何況我有要緊的事情要辦，因而根本沒有想和她結婚。她告訴我，有一個名叫日勒弗的年輕商人似乎很喜歡她，我在她家見過他一、兩次，人挺老實的，大家都說他是個老實人。我相信她和他結合一定會很幸福，我希望他趕快娶她（後來他果然娶她了）。爲了不影響他們純眞的愛情，我決定趕快離開里昂，我衷心祝願這個可愛的人婚後的生活美滿幸福（唉！可惜我對他們祝願的幸福在世上只持續了很短一段時間，我後來聽說，她婚後兩、三年就去世了）。我一路上都對她懷著深深的依戀之情，我感到，而且每每一想到她都會感到：爲義務和美德而做出犧牲固然要付出很大的代價，但這種犧牲在心中留下的甜蜜回憶，就是對我的最好的補償。

我上次到巴黎，大部分看到的是它糟糕的一面，而這次到巴黎，看到的大多是它漂亮的一面，不過，我所住的旅店不在漂亮之列。按照波爾德先生給我的一個位址，我住進了離索爾邦神學院不遠的科爾迪埃街的聖岡丹旅館。亂糟糟的街、亂糟糟的旅館、亂糟糟的房間。然而，在這個亂糟糟的旅館裡，卻曾經住過許多有才學的人，例如格雷塞、波爾德、馬布禮神父、孔狄亞克神父和其他一些名人。可惜的是，這些人我一個也沒有見著。我在旅館裡認識了一個名叫博納豐的先生，他是一位小鄉紳，腿有點瘸，好爭論，說起話來愛咬文嚼字。透過博納豐的介紹，我認識了羅甘先生（現在，在我的朋友當中，就數他的年齡最大），透過羅甘先生的介紹，我認識了哲學家狄德羅；關於狄德羅，我以後還要多次談到他。

我是一七四一年秋天到達巴黎的。當時我身上只有十五個路易，除此以外，就是我寫的喜劇《納爾西斯》和新的音樂記譜法：這些就是我的全部家當。因此，我必須把握時間，用這兩樣東西去打開一條出路。我趕緊取出我帶來的介紹信，一個五官端正又有點才能的青年人來到巴黎，一定會受歡迎的。我受到了一些人的熱情接待；他們對我雖然熱情，但不提供我實際的幫助。在帶著介紹信去會見的人當中，只有三個人對我有用處。這三個人，一個是來自薩瓦的紳士德梅桑先生，他當時是王室侍從，我看出他是莎麗妮安公主的寵信；另一個是銘文研究院的祕書博茨先生，是國王勳章局的司庫；第三個是耶穌會教士卡斯特爾神父，他曾發明一種表音管鍵琴。除德梅桑先生外，其餘二人是馬布里神父介紹的。

德梅桑先生有鑒於我急需人幫助，便介紹了兩個人給我，一個是加斯克先生，他是波爾多法院的院長，小提琴拉得很好；另一個是勒翁神父，他當時住在索爾邦神學院，是一個很可愛的年輕貴族；他以諾漢騎士這個稱號在上流社會出過一陣風頭之後便英年早逝了。這兩個人都曾經一時興起想學作曲。我教了他們幾個月，多少塡補我將花光的口袋。勒翁神父和我結下了友誼，並且想讓我當他的祕書，但他並不富裕，只能給我八百法郎，我婉轉推辭了，因為這點錢實在不夠我吃住和其他開銷。

博茨先生非常熱情接待我，他喜歡有學問的人，他本人也有學問，只不過稍微有點學究氣。博茨夫人簡直是像他的女兒，長得光豔照人，身材嬌小。我在他們家吃過幾次飯，再也沒有什麼人是像我這樣在她面前顯得一副笨相和蠢相了。她舉止大方，而我卻十分羞怯，一舉一動都令人好笑。當她把菜盤送到我面前時，我總是害羞的用叉子叉一小塊菜，如此接連幾次以後，她只好把菜盤交給她的僕人送到我面前，她自己轉過身去怕我看見她在笑我。她沒有想到的是，我這個鄉下人並不眞的是一個草包。博茨先生把我介紹給他的朋友雷沃莫爾先生，雷沃莫爾先生在每個星期五研究院院務會的日子都會來他家吃午飯。博茨先生把我想將我的音樂改革計畫提交科學院審查的想法告訴了他。雷沃莫爾先生代我提交了我的計畫，並被科學院接受了。到了預定的日子，雷沃莫爾先生偕同我進科學院，並介紹給在場的人。就在當天——一七四二年八月二十二日，我榮幸的在科學院宣讀了我的論文。儘管這個名氣很大的科學院的確是十分莊嚴，但我並沒有像在博茨夫人面前那樣顯得拘謹；我從從容容宣讀我的論文並回答所有的提問。我的論文很成功，並得到好評，這不但令我吃驚，也使我感到飄飄然。眞沒有想到科學院的院士們也承認一個不是科學院的人通曉音樂。負責審查論文的院士是麥朗、埃洛和弗舍三位先生。他們固然都是飽學之士，但沒一個是眞正懂音樂的，至少懂的程度還不足以審查我的計畫。

在我和這幾位先生對話的過程中，我非常吃驚和深信不疑的發現，雖說學者們的偏見有時候比其他人少，但他們一旦有了偏見是會比任何人都更固執堅持他們的偏見。儘管他們的反對意見大部分都薄弱無力和不正確，儘管我回答問題時顯得膽怯、措辭欠妥當，但我提出的理由是不容置疑的。然而我卻沒有一次讓他們眞正聽懂了我的話，沒有一次讓他們感到滿意。他們那種自以爲是的草率態度簡直令我驚訝到了極點。他們誇誇其談，還沒有聽明白我的話就反駁我。不知道他們從哪裡搬出一個名叫蘇艾迪的修士來，說什麼這位修士早就提出了用數字記譜的辦法，因此便硬說我的這套辦法不是新發明。這簡直是胡下結論、亂說一通，因爲我從來沒有聽說過什麼蘇艾迪修士，何況他那套七音記譜法中沒有八度音，所以無論從哪方面講都不能和我這套既簡單又方便的記譜法相比。我的記譜法可以用數位記錄音樂中的一切標識，如譜號、休止符、八度音、節拍、速度和音值等等。所有這些，在蘇艾迪的記譜法裡都沒有，當然，如果只就七個音符的基本表達法而論，說他是第一個發明人，那倒是很合適的。但是，那幾位先生不但對那位修士初淺的發明評價過高，更有甚者，在談到記譜法的基本內容時，他們發表的意見簡直是離題萬里、一派胡言。我的記譜法最大的優點是省掉了變調和更改音符的麻煩，因而可以使同一首曲子不論用什麼調演唱，只要在曲子的開頭換一個字母，整個曲子就可以按照你的意思記錄下來和改變調式。那幾位先生聽信了巴黎的那些蹩腳音樂家的胡言亂語，說什麼變調演奏法毫無價值，因而強烈反對我的方法中的這一最大優點，硬說我的方法用在聲樂上是好的，而用在器樂上則不行，儘管他們本想說我的方法不僅適用於聲樂，而且更適合於器樂。根據那幾位先生的報告，科學院發給我一張獎狀；獎狀上的話雖對我頗為誇讚，但從字裡行間可以看出，他們認為我的方法既不新穎又無用處。我後來寫了一本《論現代音樂》把這件事情的經過公諸於世，我認為沒有必要把這張獎狀作為插圖印在書中。

透過這件事情，我意識到：為了正確評判一件事物，一個人即使對各門學科都有淵博的知識，但如果對該事物沒有專門的研究，那麼，他的判斷是遠不如一個知識有限但對該事物有深入了解的人的判斷中肯的。對我這套記譜法，唯一說得有道理的反對意見，是拉摩提出的，我剛一向他解釋，他便看出了弱點。「你的那些符號，」他對我說道，「在簡單而又明瞭的確定音值方面，是很好的，而且能非常清楚表明音程，將複雜的東西用簡單的符號表示出來。這些都是一般的記譜法做不到的。但不好之處是它要求腦子必須非常靈活，然而腦子總是跟不上演奏速度的。而我們的音符的位置明擺在眼前，用不著動腦筋去想。如果把兩個音符，一個特別高，另一個特別低，用一串中間音符連起來，那麼，我一眼就可看出由此到彼依次進行的速度，而用你的記譜法，要我一下子就弄清楚這一串中間音符的音值，就必須把那些數字一個一個讀出來，這是眼力做不到的。」我覺得拉摩的反對意見是無可辯駁的，因此就馬上表示贊同。這個反對意見雖既簡單而又明瞭，但是，我認為是只有對音樂這門藝術造詣很深的人才能提出來。當時，沒有任何一個院士看出這一點，這是不足為奇的，而奇怪的是，這些大學問家儘管一肚子學問，但他們卻不知道每個人只有對自己那一行才能發表正確的見解。

由於我經常去拜訪那幾位審查我的論文的院士和其他人，我便結識了許多當時享譽巴黎文壇的傑出人物，所以，當我後來一躍而躋身學界，雖是新秀，但論交情，我與他們已經是老熟人了。至於目前，我還是集中精力在我的記譜法，我決心要利用它在音樂界掀起一場革命，從而一舉成名；只要在藝術領域有了成就，在巴黎就一定能發財。我關起房門，花了兩、三個月的工夫，以無比的熱情把我向科學院提交的論文改寫成一本以公眾爲對象的作品。現在的困難是要鑄造許多新的符號，這要花一大筆錢，而書商們是不願意隨便把他們的錢花在新人上的，而我要用這部作品撈回我爲了它而花去買麵包的錢，這也是完全應該的，所以，要找到一個肯出版我這部作品的書商，是很不容易的。

博納豐幫我找到了老基約，老基約與我訂了一個契約，賺了錢平分，而申請出版許可證的費用，則由我一個人負擔。但結果是，老基約沒賺到錢，我爲申請出版許可證而花的錢也沒撈回來。第一版書出版後，我連一毛錢也沒有拿到手。儘管德封登神父爲我努力宣傳，有些報紙對這本書也有好評，但銷路一直不佳。

我的記譜法遇到的最大障礙是：人們擔心這種方法不會被廣泛應用，這樣一來，學這種方法所花的時間就白浪費了。對於人們的這種擔心，我回答說：我的方法能使音符表示的意思非常清楚，先學好我的方法，然後才去按照一般的方法學音樂，就可以省許多時間。爲了用實際的例子來證明，我免費教了一個名叫德魯琳的美國女孩學音樂。這位小姐是羅甘先生介紹的。她只學了三個月，就能夠看懂按照我的音符記錄的任何樂曲，一打開譜子就能唱出一首不太難的歌，而且比我唱得還好。這次試驗的成功，是很驚人的，但卻沒有人知道。要是別人，那肯定會在報紙上大肆宣揚的。我做有益的事情的才能，略有幾分，但自吹自擂的本事，卻一點也沒有。

就這樣，像上次想用埃農噴水器發財結果大失敗一樣，我這次想用我的記譜法發財，也失敗了，而這第二次失敗時，我已年滿三十。在巴黎街頭，沒有錢就無法生活，我在這極端窘迫的情況下採取的辦法，只有不曾讀過本書上篇的人才會感到吃驚。前一陣子，我花了那麼多力氣，結果是純屬徒勞，現在，我需要歇一口氣了。我不但不灰心喪氣，反而優哉的過日子，把一切交給上天去安排。為了讓老天爺有時間去從容辦理，我一點也不著急，就靠著身上僅有的幾個路易度日。該玩的，還是要玩，只是稍微節省了一些，我兩天才上一次咖啡館，一個星期只去看兩次戲；至於尋花問柳的事，我沒有什麼要改變的，因為我這輩子也沒有在這方面花過一分錢；只有一次例外，而這個例外，我以後即將談到。

我手裡的錢儘管維持不到三個月，但我依然成天懶洋洋孤單一個人過日子，而且過得很安閒、舒適和充滿信心。這是我生活中的一大奇特之處，也是我性格中的一個怪異之處。現在我非常需要人家想到我，然而恰恰是這種需要使我失去了到處去求人的勇氣。愈是需要去登門拜訪，我卻偏不上人家的門，以致連科學院的院士以及我已經拉上關係的文人，我也懶得去看他們了；只有馬利伏、馬布里神父和封特奈爾，我偶爾還會去他們家。我還把我寫的喜劇《納爾西斯》拿給馬利伏看過，他很喜歡，並修改了幾個地方。狄德羅比他們年輕，與我的歲數差不多；他喜歡音樂並懂樂理，我們常在一起談論音樂。他還向我談到了他的寫作計畫，不久，我們就建立了親密的友誼。我們的友誼持續了十五年，要不是由於他的過錯使我像他那樣投入作家這一行，我們的友誼很可能還會繼續下去。

人們很可能想像不到我在迫不得已去向人乞討麵包之前是如何利用那段短暫而又很寶貴的時間的。我利用這段時間練習背誦詩人的作品，因爲那些作品我曾經學了一百次，也忘了一百次。每天上午十點左右我就到盧森堡公園去散步，隨身帶一本維吉爾或盧梭②的詩集，在那裡一直待到吃午飯。我有時背一首頌歌，有時背一首田園詩；雖然背熟了今天的就忘了昨天的，但我一點也不灰心。我還記得尼西阿斯③在敘拉古打了敗仗之後，被俘的雅典人就靠向人詠誦荷馬的史詩謀生。我從這種博聞強記的榜樣中得出的教益是：努力鍛煉好記憶力，把所有詩人的作品都牢記在心，以備將來窮得沒有飯吃時，還可以向人詠誦詩歌混口飯吃。

我還有另外一種消磨時間的辦法，就是下棋。這個辦法的效果也不錯，每天下午只要不

---

② 指詩人讓巴普蒂斯特·盧梭（一六七一—一七四一）。——譯者

③ 尼西阿斯（西元前四七○—前四一三）：雅典政治家和軍事家；西元前四一五年率軍遠征西西里，在敘拉古戰敗被俘。——譯者

去看戲，我便到摩日咖啡館與人對弈。在這家咖啡館裡，我結識了勒加爾先生、于松先生和菲里多爾。儘管和這幾位當時的棋界高手下過多次棋，我的棋藝也沒有太大的長進。不過，我相信我最終一定會超過他們，我認爲到那時我就可以靠下棋謀生了。總之，不論我迷上了哪一行，我都按同樣的思維對待那一行。我對我自己說：「無論做哪一行，只要我能頂尖，肯定會有人來找我，因此，不論做什麼事情都要成爲最優秀的。一旦頂尖，我就會時來運轉、諸事亨通、無往而不利的。」我有這種幼稚的想法，不是由於我的頭腦出了毛病，而是懶惰使我這樣一廂情願地想當然耳。一想到要奮發圖強，就必須做出艱苦的努力，這就會使我非常害怕。因此，我就儘量爲我的懶惰找藉口，想出一套冠冕堂皇的理由來爲我可恥的懶惰習性辯解。

我就這樣無所作爲的直到我的錢花光爲止。要不是卡斯特爾神父（我有時候在咖啡館碰見他，便和他聊天）及時把我從糊裡糊塗過日子的狀態中解救出來，我深信，我終有一天會弄得一貧如洗無以爲繼的。卡斯特爾神父有點兒瘋瘋癲癲，但眞是個好人。他看見我這樣虛度時光，便感到很訝異。他對我說：「既然那些音樂家和學者不賞識你，你就要另闢蹊徑，去走女人的路子好了。也許你走這條路子會成功的。我曾經對貝桑瓦爾夫人談起過你，你代替我去看她。這個女人對人很和藹，看見你是她兒子和丈夫的同鄉，一定會很高興的。你在她家一定會見到她的女兒布洛格里夫人，這個女人很聰明。另外，我還向杜賓夫人談到過你，把你的作品帶去給她看，她很想見你，一定會歡迎你去的。在巴黎不依靠女人，就什麼事情也辦不成。女人好比曲線，而聰明人就是漸近線。他們不斷接近她們，但永遠也挨不到她們。」

去拜訪女人，這等於是叫我去受苦刑，這太可怕了。因此，我把此事擱置了一天又一天，但最後還是鼓起勇氣去拜訪貝桑瓦爾夫人。她很熱情接待了我，正巧這時，布洛格里夫人走進她的房間，她便對布洛格里夫人說：「女兒，這位就是卡斯特爾神父跟我們說過的盧梭先生。」布洛格里夫人說我的記譜法很好，並把我帶到她的大鍵琴旁邊看她演奏，以表示她的確研究過我的方法。我一看她家的掛鐘快一點了，便想告辭。這時，貝桑瓦爾夫人對我說：「你住的地方遠，就在這裡吃午飯吧！」我不客氣的留下了。一刻鐘後，我從她們的談話中聽出：她是讓我到僕人的房裡去吃飯。貝桑瓦爾夫人爲人雖好，但見識有限，處處顯示出波蘭貴族的傲慢氣，根本不懂得對有才學的人應當十分尊重。這一次，她是根據我的舉止而不是根據我的一身衣著來評判我這個人。我的衣著雖很簡樸，但非常整潔，絕不是一個應該安排到僕人的房裡去吃飯的人。我久已不到僕人的房裡去了；今天她叫我去，我是絕對不去的，不過，我並未露出我心裡的不快，只對貝桑瓦爾夫人說我突然想起有點事情必須回去辦理，說完就起身要走。這時，布洛格里夫人走到她母親身邊，附耳說了幾句話便改變了她母親的態度。貝桑瓦爾夫人站起身來攔著我說：「你若留下來與我們一起用餐，我們將感到十分榮幸。」這時，如果我再賭氣，那就太蠢了，於是，我留了下來。布洛格里夫人的好意感動了我，使我對她產生了敬意，和她一起吃這頓飯，我感到很愉快。我希望她將來對我有更多的了解以後，對她此次使我獲得這份榮幸不感到後悔。此次同桌用餐的，還有這家人的老朋友德·拉穆瓦尼翁院長。他和布洛格里夫人講的是巴黎社交界的行話，用詞典雅、含含糊糊，令人摸不著頭腦。可憐的尙-雅克在這方面可就拿不出半點可炫耀的本事了。我很識相，不敢信口開河、不懂裝懂，因此一句話也沒有說。如果我一直是這樣老實，那就好了，我就不會像今天這樣跌入深淵了。

對於我所表現的這副蠢樣，對於我不能在布洛格里夫人面前表現才華，以證明我無負於她對我的關照，我心裡非常難過。飯後，我又想起了那一套老辦法。我的口袋裡有一首我在里昂寫的獻給帕里索的頌詩，這首詩表達了對友人的深情厚誼，我在朗誦時把這份情意表達得淋漓盡致，使三個人都流下了眼淚。我從布洛格里夫人的眼神中看出（也許我看得對，也可能看得不對），她好像是在對她的母親說：「怎麼樣，母親，我說這個人應當與你同桌用餐，而不應當讓他去與僕人一起吃飯，我的話沒有說錯吧？」直到此時，我心裡都是憋著一肚子氣的；在這樣報復他們一番之後，我心裡才稍微舒坦些。布洛格里夫人把她對我的好評又往前推進了一步，她認爲我將來一定會名揚巴黎，成爲一個大有前途的人。她發現我缺乏經驗；爲了指導我，便送給我一本《某某伯爵的回憶錄》④，她對我說道：「這本書可以說

④ 杜克洛一七四一年發表的一本小說。——譯者

是一位良師益友，對你以後到社會上去如何爲人處世很有用，你可以時不時看一看。」鑒於這位夫人對我的好意，我懷著感激的心把這本書保存了二十年之久；但對於她似乎認爲我有了不起的才華，又時時感到好笑。讀了這本書以後，我便想和作者交個朋友。我的這個出自本能的願望眞不錯，這位作者後來眞的成了我在文人當中唯一一位眞正的朋友。我一直非常信任他，所以在我回到巴黎以後，就把我的《懺悔錄》的稿子託他保管。我尙－雅克怕受騙，但不幸的是，我總是在受了騙之後才發現他人的背信棄義和虛僞。

鑒於貝桑瓦爾男爵夫人和布洛格里侯爵夫人那麼關心我，所以我相信她們是不會讓我老是這樣窮困潦倒的。我的這個看法沒有錯。現在，讓我們來談一談我拜訪杜賓夫人的經過。這次登門拜訪，後來引發了許多故事。

大家都知道，杜賓夫人是薩莫爾．貝爾納和封丹夫人的女兒。杜賓夫人姊妹共三人，這三姊妹堪稱三朵金花：拉都舍夫人跟金斯頓公爵私奔到了英國；達爾蒂夫人是孔迪親王的情婦，而且，不只是情婦，還是他唯一眞誠的朋友，這個可愛的女人脾氣很好，既溫柔又忠厚和聰明，成天笑咪咪的，總是一臉的笑容。最後是杜賓夫人，在三人當中她最漂亮，也只有她沒有招得人們指指點點說閒話。她是杜賓先生殷勤待客所得到的獎品：她的母親爲了感謝他在他的家鄉對她的盛情款待，便把女兒嫁給了他，並設法讓他當上了包稅人，還給了他一大筆財產。我第一次見到她的時候，她是巴黎最美的女人之一。她接待我時，正在梳妝，裸著胳臂，頭髮散披在肩上，披肩也沒有整整齊齊繫好。這樣的打扮，我從來沒有見過，實在太美了，我可憐的腦袋眞受不了啦！我心慌意亂，手足無措。總而言之一句話：我愛上杜賓夫人了。

我慌亂的樣子似乎沒有使她對我產生不好的印象，因爲她一點兒也沒有看出來。她看過我的書，現在又見到書的作者，她表現得很高興。她談到我的音樂改革計畫，我一聽她的見解就知道她是懂音樂的，她邊唱邊用大鍵琴伴奏。她留我吃飯，並安排我就坐在她旁邊。我受寵若驚，高興得頭腦都迷糊了。她許諾我以後可以再去看她，我後來眞的去看她，甚至濫用了她的許諾，幾乎天天都去，每個星期在她家吃兩、三次飯。我很想向她訴說衷曲，但又不敢開口。有好幾個原因使我本來就膽小的天性更加膽小了。能出入豪門大宅，這就打開了走向好運的大門。從我現在的景況來說，我是絕不願意有個閃失讓人家關閉這個大門的。杜賓夫人雖然很隨和，但也很嚴肅、很莊重。我在她的言談舉止中找不到絲毫挑逗我膽大妄爲的樣子。她的家，無論和哪一個人的家相比，都說得上是最豪華的，經常是高朋滿座，人數雖然不多，但已經把各界的精英都彙集齊了，其中有才華出眾的人和大名鼎鼎的人，也有文學界人士和巴黎的美人。來她家的客人都是王公貴族和各國使節。洛昂王妃、弗爾卡基埃伯爵夫人、米爾布瓦夫人、布里尼約勒夫人和赫爾維夫人，可以說都是她的好朋友；封特奈爾先生、聖皮爾神父、薩里耶神父、弗爾蒙先生、貝尼先生、布封先生和伏爾泰先生都是她家的常客和座上賓。雖說她那矜持的態度不吸引年輕人，但和她家來往的人都是經過精心挑選的，各個都是挺有身分的。在這些人中間，可憐的尙－雅克自慚形穢，拿不出半點值得誇耀的本事，因此我不敢對她說什麼。但是，我也不甘沉默，我鼓起勇氣寫了一封信給她。她把我的信壓了兩天，一直沒有對我提起。第三天，她把信退回給我，並以冷峻得令我直打寒顫的態度對我說了幾句規勸的話。我想回答幾句，但話到嘴邊又被我吞了回去。我一時衝動的愛戀之情連同我的希望全都破滅了。我向她泛泛的解釋了一下之後，便繼續像此前那樣和她見面。我不僅從此絕口不談什麼愛呀情呀之類的事，而且甚至自我約束到非禮勿視的程度。

我以為我的蠢事被人遺忘了，其實沒有。弗蘭克耶先生是杜賓先生前妻的兒子，杜賓夫人是他的繼母。他與我的年齡差不多，人很聰明，長相很俊美，而且有野心。有人說他曾打過他後母的主意，唯一的根據是她幫他娶了一個很醜的妻子。不過，他的妻子很溫柔，與她的後母和丈夫都相處得很好。弗蘭克耶先生多才多藝，又喜歡讀書。他頗懂音樂，音樂就成了我們之間交往的媒介，我常去看他，也很喜歡他。有一天，他突然暗示我：杜賓夫人嫌我去看她的次數太頻繁，要我以後不要再去看她了。這個念頭如果在她退還我的信的時候表示，那是合適的，而在事情已經過去十來天之後突然提出，又沒有說出什麼其他的理由，我覺得這就不對了。更為奇怪的是，弗蘭克耶先生和弗蘭克耶夫人並未因此就不歡迎我。當然，我此後到杜賓夫人家去的次數也的確少了。眞的，如果不是由於杜賓夫人有一個誰也沒有料到的奇怪想法忽然產生，我也許從此就不再到她家去了。她請我照管她的兒子八到十天，因為他的老師要換人，在這期間，她的兒子孤孤單單，沒有人陪伴。我在這八、九天裡簡直是如受苦刑，只是想到這是杜賓夫人交代的差事，心裡才稍感到安慰，才咬著牙繼續下去。這個可憐的舍農索那時候就滿腦子的壞主意，後來差一點兒就因爲他的壞主意而使他家蒙羞；不過，雖未使他家蒙羞，但卻使他自己在波旁島喪了命。在我照管他期間，我的任務是防止他搗亂、害人又害己，就只是這樣的工作而已。儘管工作非常少，但已把我弄得精疲力盡，如果再要我照管他八、九天，即使杜賓夫人以身相許，我也不願意。

弗蘭克耶先生和我結下了友誼，我經常與他一起到盧埃勒先生家去上化學課。爲了住得離他近一點，我從聖岡丹旅館遷到維爾德勒路的網球場附近，網球場的對面就是弗蘭克耶先生居住的普拉特里埃街。在網球場附近住的時候，我因粗心大意而感冒了，後來病情惡化爲肺炎，差一點兒要了我的命。我青年時期常常患這類炎症，如胸膜炎，尤其是咽喉炎，我最容易得，至於其他炎症，我在這裡就不一一列舉了。這些病把我折騰得九死一生，使我和死神打過好幾次照面，彼此都已熟識了。在休養期間，我有充足的時間思考我的處境。我怨自己太靦腆、太優柔和太疏懶。由於有了這些弱點，所以，儘管我有火熱的心，但依然成天沒精打采、死氣沉沉，始終處於貧困的境地。在我生病的前夕，我去看了當時正在上演的羅瓦耶寫的一部歌劇（歌劇的名稱我忘記了），雖說我對他人的才能歷來都稱讚，而對自己的才能信心不足，但看了羅瓦耶這部歌劇以後，我總覺得他的音樂太軟弱，沒有激情，缺乏創意。我有時候甚至自言自語地說：「我覺得我可以比他寫得好。」但是，一想到創作歌劇實在太難了，再加上聽這一行的人把這門藝術說得深不可測，我立刻就洩了氣，連想都不敢想了。更困難的是，到哪裡去找一個願意按照我的心意塡寫歌詞的人呢？在我生病期間，這種譜寫音樂和寫作歌劇的念頭又浮現在我的腦海，甚至在我發燒迷迷糊糊的時候，我還寫了好幾首小曲、二重唱和合唱曲。我有兩、三首即興曲，如果音樂大師們願意聽我演唱的話，他們一定會讚不絕口的。啊！如果人們把一個發高燒的病人的夢囈記錄下來，人們將發現他有時候迷迷糊糊說的話，竟然是偉大的作品呢！

作曲和寫歌劇這兩件事情，在我休養期間一直縈繞在我心裡，只不過不像以前那樣激動。由於我一直在思考這個問題，所以不由自主的翻來覆去在心裡打算，看能不能夠寫一部歌劇，詞曲都由我一個人寫。這已經不是我第一次嘗試了，我以前在尙貝里就寫過一部悲歌劇，劇名叫做《伊菲克思和阿納克薩雷特》。由於我自知寫得不好，就把它扔進火裡燒了；後來在里昂又寫過一部《新大陸的發現》，還念給波爾德先生、馬布里神父和特魯布勒神父及其他幾個人聽過。儘管我已經爲序幕和第一幕配了曲子，而且達維說曲子中的有些片段可以和彪隆奇尼⑤的作品相比，我還是把它扔進火裡燒了。

這一次，在動筆以前，我花了好些時間通盤籌畫了全劇的布局。我要在一部壯觀的芭蕾舞劇裡，用各自獨立的三幕表現三個不同的題材；每個題材所配的音樂都不相同。

⑤ 彪隆奇尼（一六七〇—一七五〇）：義大利作曲家。——譯者

因爲三個題材分別寫三個詩人的愛情故事，所以我把這部歌劇的標題定爲《風流的繆斯⑥》。第一幕的音樂的調子非常剛勁，表現塔索⑦；第二幕的音樂的調子十分柔和，表現奧維德⑧；第三幕的標題是《阿納克列翁⑨》，曲調中彌漫著讚美酒神的歡樂氣氛。我拿第一幕試手，懷著滿腔的熱情全身心投入這一幕的寫作，第一次使我領略到寫芭蕾舞劇的極大樂趣。有一天晚上，在我快要走進歌劇院的時候，突然感到我的思路大開，心裡湧現一股寫作狂熱，於是，我把準備用來買票的錢放回口袋裡，一口氣跑回家去關好房門，把所有的窗簾都拉得緊緊的，不讓一絲光線進入我的房間，然後躺在床上，完全沉醉在詩興和樂興之中，花了七、八個小時就把第一幕的大部分內容想好了，我可以說我是沉浸在對菲娜爾公主的愛（因爲我當時就把自己當作塔索）和我在她那位行事不公的兄長面前表現的高尚和堅定的感情中度過了美妙的一夜的，比我眞正躺在公主懷裡感到的樂趣還美妙一百倍。到了早晨，我所構思的曲子只有一小部分我還記得，但是，就這麼一小部分（它差一點就被我的困

---

⑥ 希臘神話故事中九個分別掌管詩歌和音樂等藝術的仙女。——譯者

⑦ 塔索（一五四四－一五九五）：義大利詩人，主要作品有《被解放的耶路撒冷》等。——譯者

⑧ 奧維德（西元前四三－一八）：拉丁詩人，主要作品有《愛的藝術》和《變形記》等。——譯者

⑨ 阿納克列翁：西元前六世紀的希臘抒情詩人，其作品已大多散失，只留下一些殘缺不全的片段。——譯者

倦和睡意驅散）也能使人看出那幾段曲子的雄偉氣勢了。

不過這一次，我沒有把這部芭蕾舞劇繼續寫下去，因爲其他事情把我的精力和時間轉移到別的方面去了。當我經常出入杜賓夫人家的時候，我有時也去看望貝桑瓦爾夫人和布洛格里夫人，她們也經常想到我。禁衛軍首腦德．蒙特居伯爵新近被任命爲駐威尼斯的大使。這是一位靠經常巴結巴爾雅克而被任命的大使。他的哥哥蒙特居騎士（當時是世子的近侍）認識貝桑瓦爾夫人和布洛格里夫人與法蘭西學院院士阿拉利神父；我有時候也和這位神父見面。布洛格里夫人知道德．蒙特居大使要物色一位祕書，便把我推薦給他。我們就此事進行了幾次商談，我要求的薪水是五十路易，因爲擔任這個職務就必須衣著華麗、講究氣派，所以我要求的數目不算多，但他只肯給我一百個皮斯托爾，而且到威尼斯上任的路費由我自己出。他這個條件太可笑了，我們無法達成協議。而這時弗蘭克耶先生又盡力挽留我，並終於把我留下了。德．蒙特居先生帶著另外一個祕書走了，此人名叫弗洛，是外交部派給他的。剛一到威尼斯，兩人就發生了爭吵。弗洛發現，與他共事的這個人是個瘋子，就說不幹了。德．蒙特居先生身邊只有一個名叫比尼士的年輕神父；此人只能在祕書領導下做點抄寫的工作而無法勝任祕書之職。於是，德．蒙特居先生又想到了我。他的哥哥很聰明，多次勸說我，並暗示祕書這個工作還有其他的好處。我終於被他說服，接受了這個工作。講定薪水是一千法郎，給我二十路易當作路費，於是我就動身了。

到了里昂，我本想取道蒙塞里斯順便去看望我可憐的母親。可是，由於當時正在打仗，我又想節省一點路費，再加上還要到米爾普瓦先生（他當時在普羅旺斯指揮軍隊）那裡去領取護照，所以我就坐船從羅納河順流而下到土倫去搭海船。德．蒙特居先生少不了我，寫了一封又一封的信催促我趕快去。可是，一件意料不到的事情反倒把我的行程延誤了。

這時候，墨西拿正流行瘟疫，停在那裡的英國軍艦來檢查了我們坐的這艘帆船，硬要我們在一個漫長而艱苦的航程之後，到熱那亞去接受二十一天的檢疫隔離。他們讓我們自己選擇檢疫期間居住的地方，或者留在船上，或者到檢疫所去。不過，他們也預先告訴我們：因爲來不及布置，所以檢疫所除四面牆壁以外，便空無一物。大家都選擇留在船上，而我則鑒於天氣熱得實在令人難以忍受，船上的空間又狹窄，無法走動，跳蚤又多，所以便甘冒一切風險，住到檢疫所去。我被帶到一座三層樓的大房子裡，房子裡眞是空無一物，沒有窗戶、沒有床、沒有桌椅；連一張能坐的小椅子也沒有；想睡，連一把稻草也沒有。他們把我的大衣、旅行袋和兩口箱子送來之後，就用大鎖把門鎖上。我在房子裡隨意走動，從這間屋子走到那間屋子，從這一層樓走到那一層樓，到處都是靜悄悄的，到處都是空空如也。

儘管如此，我也不後悔我選擇了檢疫所而不願意留在船上。我像一個新魯賓遜那樣開始安排我這二十一天的生活，就好像我要在那裡待一輩子似的。我首先用抓蝨子來消磨時光，這些蝨子都是我從船上帶來的，接著便把內衣和外衣全都換了。身上一隻蝨子也沒有了之後，我便開始布置我的房間。我用幾件外衣拼成一個床墊，用幾條毛巾縫成一條床單，用睡衣做被子，把大衣捲起來當枕頭，把一口箱子平放在地板上做坐凳，另一口箱子立起來當桌子；我拿出紙和寫字用具，把我帶來的書排列整齊，擺放成一個書架的樣子。總之，除了沒有窗戶和窗簾以外，我覺得住在空無一物的檢疫所裡，與我住在維爾德勒路網球場附近的屋子裡一樣的舒服。我的一日三餐供應得很好，而且送飯菜來時還有隆重的儀式，兩個士兵扛著上了刺刀的槍護送我的飯菜。樓梯就是我的餐廳，樓梯的最上面的階梯就是我的餐桌，下一個階梯就是我的椅子。飯菜一擺好，送飯人臨走時一搖鈴子，就請我開動。飯後，在我不看書或不寫作或不整理東西時，我便到新教徒公墓去散步。這個公墓成了我的庭院，我登上一個面對海港的燈塔觀賞進出海港的船隻。我就這樣在檢疫所裡度過了十四天，如果不是法國公使容維爾先生的從中幫助，縮短了我在檢疫所七天的居住時間，我會在那裡一直待滿二十一天也不會感到厭煩的。他之所以來幫助我，是因爲我用一張灑了醋和香水而且薰得半焦澈底消毒的信紙寫了一封信給他；這縮短的七天時間，我是在他家度過的。在他家，我承認，比在檢疫所舒服多了。他盛情款待我，他的祕書杜邦先生是一個好年輕人，帶我把熱那亞城裡城外全轉了一遍，拜訪了好幾戶人家，玩得相當愉快。我和杜邦先生結下了友誼，而且保持了很長一段時間的通信。我取道橫貫倫巴第的那條路繼續我的行程；我經過米蘭、維羅納、布雷西亞和帕多瓦，最後到達威尼斯，這時，大使先生已經等得很著急了。

我的辦公桌上公文已經堆成了山，有來自宮廷的，也有來自其他大使館的。這些公文都是用密碼寫的，他都看不懂，儘管解譯這些密碼的密碼本他都有。由於我這一生從來沒有在任何一個辦公室工作過，也沒有見過任何一個大臣的密碼，所以一開始辦起來還感到有些麻煩，但後來我發現，這件事情太簡單了，不到一個星期，我就把全部密碼檔譯出來了。這件事情根本就不費力，因爲駐威尼斯的大使是相當清閒的，即使有交涉要辦，也不會交給德·蒙特居這樣的人去辦的。在我到威尼斯以前，他成天被弄得焦頭爛額，因爲他既不會口授檔，自己又不會寫，所以我來了之後，對他很有幫助；他自己也發現了這一點，因此對我很好。他之所以對我好，還有另外一個原因。自從他的前任弗魯勒先生因精神失常離職後，就由法國領事勒布隆先生代行大使職務；德·蒙特居來了以後，勒布隆先生依然代行此職，直到德·蒙特居先生熟悉館務以後才停止。德·蒙特居先生儘管自己不會辦事，但又嫉恨別人代他辦事，所以對這位領事很不滿意。我到館以後，他便把勒布隆先生擔任的使館祕書的職務交給我擔任。由於職務與頭銜是分不開的，所以他也給了我祕書的頭銜。我在他身邊工作的時候，他一直讓我用這個頭銜去和參議院與參議院的外交部門打交道。事實上，他寧可要一個自己人當使館的祕書，而不要一個領事或宮廷派來的辦事員當祕書，這也是很自然的。

這使我所處的地位相當有利，可以防止他所用的那幾個義大利籍雇員、僕人和大部分職員在使館裡和我爭權奪利。我相當成功的利用我的祕書權力維護了使館的特權，例如：有好幾次有人想侵占使館的地界，都被我阻止了。對於這類事情，他那幾個威尼斯籍雇員向來是不管的；另外，我還不允許使館包庇匪徒，儘管包庇匪徒我可以從中得到好處，而大使閣下也可以從我得到的好處中分得一部分利益。

大使閣下甚至敢公然伸手來分那筆向來屬於祕書的外快（人們美其名曰「手續費」）。當時正在打仗，免不了要簽發許多護照，每份護照都要由祕書辦理和副署，並由祕書收取一個西昆⑩，所有我的前任都一視同仁收一西昆，不論來辦護照的是法國人還是外國人。我覺得這個慣例不公平。雖說我不是法國人，我卻為法國人免掉了這一西昆費用，但是，只要不是法國人，我就一定要他繳這筆錢，例如西班牙王后寵信的弟弟斯科提侯爵沒有交這一西昆就派人來要我給他護照，我就派人去向他索取這筆錢。我辦事竟這麼大膽，那個愛報復的義大利人是不會忘記的。自從人們知道我在護照收費方面進行的改革以後，來辦護照的人全都自稱是法國人。他們一個個南腔北調，語音難聽極了；有的自稱是普羅旺斯人，有的自稱是庇卡底人，有的自稱是勃根地人。我的耳朵相當敏銳，是不會受騙的；我不相信哪個義大利人能用這個辦法少繳這一西昆，也不相信有哪個法國人誤繳這一西昆。我進行的這項改革，德．蒙特居先生本來是完全不知道的，然而我竟做了傻事，把這件事情告訴了他。他一聽「西昆」二字，就豎起了耳朵。對於免法國人繳這筆費用，他沒有提什麼意見，但對於其他人繳的這筆錢，他提出要和我平分。對於他這個意見，我一聽就火了。不過，我冒火的

---

⑩ 威尼斯政府發行的一種金幣。——譯者

原因，不是因爲我的利益受到了損害，而是因爲他這種想法太卑鄙了，因此我斷然拒絕，但他依然堅持，於是我便大著嗓門對他說：「不，先生，閣下有閣下的利益，而屬於我的利益，我是一分錢也不會給你的。」眼見在這筆錢上沒有撈到什麼好處，他便另外想辦法，不知羞恥的對我說什麼他給了我辦公費，辦公室的開支就理應由我負擔。我不願意在這件事情上和他斤斤計較，便決定從此以後辦公室用的墨水、紙張、火柴、蠟燭和絲繩，甚至叫人刻個圖章，都由我掏腰包，他連一毛錢也沒有補償我。雖然我不給德．蒙特居先生，但我還是把辦護照的收入分了一小部分給比尼士神父。他的確是一個好年輕人；對於這一類錢財，他從來沒有想要過。他對我好，我也對他很眞誠，我們兩人一直相處得很愉快。

在工作中經過一番摸索以後，我覺得它並不像我擔心的那麼難。一開始，我擔心我沒有經驗，而這位大使也同樣沒有經驗。他不但無知，而且性情還非常執拗；凡是我從良知上判斷對他和對國王都是有益的事，他都故意刁難和反對。在他所做的事情當中，只有一件事情做得對，那就是他和西班牙大使馬利侯爵私交甚好，馬利侯爵很精明能幹，如果他願意的話，他可以牽著德．蒙特居的鼻子走。他以兩個王室的共同利益爲重，給德．蒙特居先生提了許多好的建議，但是，由於德．蒙特居先生在執行中添加了自己的主意，結果把馬利先生的建議辦得很糟糕。他們兩人唯一要齊心協力做好的事情就是使威尼斯人保持中立。威尼斯人儘管口頭上一再聲稱保持中立，但實際上卻公開把軍火賣給奧地利軍隊，甚至替奧軍輸送兵員，謊稱是抓獲的逃兵。我看得很清楚，德．蒙特居先生是想討好威尼斯共和國，他不顧我的一再勸阻，硬要我在他的每一件公文中都強調威尼斯共和國不會違反中立。這個可憐的傢伙既非常固執，又很愚昧，經常要我寫許多荒唐的文件和辦許多荒唐的事。既然他要那樣辦，我只好遵命照辦。然而，這卻使我的工作有時候變得令人難以忍受，甚至幾乎難以進行。舉個例子：他硬要我給國王和外交大臣的報告大部分都用密碼寫，儘管給這兩者的報告都無此必要。我告訴他，宮廷的公文是星期五到，而我們的回文必須星期六發出，所以沒有足夠的時間把報告都用密碼寫，何況還有許多信件要趕在同一個郵班發出。他眞有妙招，他叫我在星期四就預先對星期五到的文件擬好回文。他覺得這個辦法很巧妙，雖然我一再告訴他不能這樣做，而且做起來也文不對題，但最後還是不得不按照他的意見去做。整個我在他手下工作的那段期間，我都是把他一周之內東一句、西一句告訴我的話記下來之後，加上我在各地聽到的一些微不足道的新聞拼湊成報告的資料，在星期四上午把星期六發出的回文的草稿送給他過目，除了添加幾個字或做幾處修改以外，就這樣馬馬虎虎把給星期五才到的公文的回文辦好了。他還有另外一個很有趣的怪毛病，使他的函件可笑到令人難以想像的程度，他把收到的每一條資訊都發回原地，而不轉送其他地方。他把來自宮廷的公文批轉給阿默羅先生⑪，向莫爾巴先生報告來自巴黎的消息⑫，向達弗蘭古爾先生報告來自瑞典的消

---

⑪ 阿默羅當時就在宮廷中任職，擔任外交部國務祕書。——譯者

⑫ 莫爾巴當時就在巴黎，擔任海軍部國務祕書。——譯者

息⑬，把來自彼得堡的函件批轉給拉．什塔爾先生⑭；有時候甚至把收到的信件批轉給發信人本人，只是由我在用詞上稍加修改而已。在我送請他簽署的文件中，他只潦草看一下給宮廷的報告，而給其他大使的公文，他連看都不看便簽字了。這就使我可以把給其他大使的公文按照我的意思稍加改動，至少可以把其中的資訊互相交流。但是，我無法對重要的公文做合理的修改，因為他經常心血來潮在公文中添加他臨時想到的莫名其妙的話，這就使我不得不把已經寫好的公文拿回去加上他胡謅的荒唐話，用密碼把全文重抄一遍，否則他就不簽字。為了他的榮譽，我曾經無數次想把他說的話用另外一種措辭以密碼發出去，但又覺得這樣不忠於他的原話的確不妥，因此，最後還是照著他原來胡說八道的話原樣發出，責任由他自己去負，而我也只是坦率向他提出來，好好的盡我的職責罷了。

我始終這樣真心熱情的工作，的確值得從他那裡得到一種與他最後給予我的完全不同的回報。上天曾賦予我美好的天性，又受過幾位善良的女人的養育，再加上我本人的努力進修，現在正是我一展身手、表現這幾方面優點的時候；目前，我正是這樣做的。當時，我孤

---

⑬ 這裡，盧梭的記憶有誤。盧梭在威尼斯期間，法國駐瑞典大使是蘭馬利侯爵，而不是達弗蘭古爾；達弗蘭古爾是一七四九年才被任命為法國駐瑞典大使的。——譯者

⑭ 拉．什塔爾當時就在彼得堡，任法國駐沙皇俄國的大使。——譯者

身一人，沒有朋友，沒有人指導，又缺乏經驗，遠在異鄉，服務於異國⑮，周圍是一群宵小無賴之徒，他們爲了自己的利益、爲了不讓我良好的模範行爲顯現他們的醜行，便極力慫恿我與他們同流合汙。而我沒有這樣做，我一心一意爲法國服務（儘管未曾從這個國家得到任何特別的好處），全力爲大使效勞，凡是該做的事情，我都不遺餘力去做，在一個相當突出的職位上把工作做得那樣無可挑剔，我理應得到而且也確實贏得了威尼斯共和國與所有和我們有聯繫的大使們的讚賞，受到了所有在威尼斯的法國人的愛戴，就連那個被我取代的領事也不例外。我知道，有不少工作本來是屬於他的職權範圍，我越俎代庖，實在歉然，儘管那些工作帶給我的麻煩多於愉快。

德·蒙特居先生毫無主見，完全依賴馬利侯爵，但馬利侯爵是不可能過問他工作中的一切細節的，因此德·蒙特居先生就對使館的工作索性撒手不管，若不是有我出面應付，在威尼斯的法國人就感覺不到這裡有一位他們國家的大使。當他們來求他保護的時候，他不等人家把話說完，就把他們打發走了。他們對他大失所望，因此後來便沒有任何一個法國人來找他或者與他同席用餐。他是從來不請法國人吃飯的，我經常主動辦理本應由他辦理的事。凡是來求他或者求我的法國人，我都盡我所能爲他們服務。在其他國家裡，我也許還能

⑮ 指法國。盧梭是日內瓦人，故稱法國爲「異國」。——譯者

做更多的事，而在這裡，由於我的職位不高而無法去見任何一個有權勢的人，所以不得不經常去求助於領事，而這位領事因其家眷在威尼斯，故而辦事總是有點畏首畏尾，不敢放手做他想做的事。有時候我見他不敢發表意見，就自告奮勇去辦一些十分棘手的事情，而且有幾次辦得很成功。其中有一件事情我至今回想起來還感到可笑。誰也意想不到巴黎的戲迷之所以能看到科娜琳和她的姐姐卡米耶的表演，還是我的功勞呢！這是千眞萬確的事。她們的父親維洛勒茨和她的兩個女兒已經與一個義大利劇團簽訂了契約，然而在收到了兩千法郎的路費之後，不但沒有動身到法國，反而一聲不吭來到威尼斯，在聖呂克戲院*演出。科娜琳當時雖然還是一個小孩子，但一炮而紅，捧她的人非常多。熱弗雷公爵以王室首席侍從的身分寫信給德．蒙特居大使，請他去找這個女孩和她的父親。德．蒙特居先生把信遞給我看，唯一的指示只有五個字：「你看這封信。」我去找勒布隆先生，請他去和聖呂克戲院的老闆（是一位貴族，我記得他的名字叫什麼朱斯提涅阿尼）交涉，叫他把維洛勒茨打發走，因爲他已簽了合約，要爲國王演出。勒布隆對我交給他去辦的這件事情完全不重視，因而交涉的結果很糟糕。朱斯提涅阿尼一再藉故搪塞，而維洛勒茨也沒有被打發走。我很生氣，那時正值狂歡節，我披上斗篷，戴上面具，坐上一艘平底小船，命船夫划船直奔朱斯提涅阿尼的住

* 我記不清楚了，也可能是在聖薩莫爾戲院，專用名詞我總是易於忘記的。

宅。所有看見我這艘掛著大使旗號的船的人都大吃一驚，因為這種情形在威尼斯還從未有人見過。我一進門就叫人去通報說：「一位戴面具的女士求見。」我被領進客廳之後，便摘去面具，說出我的眞實姓名。那位參議員立刻臉色發白，呆若木雞。我用威尼斯腔調對他說道，「先生，我來打擾閣下，實在很抱歉。事情是這樣的，你開的聖呂克戲院請了一個名叫維洛勒茨的人演戲，而此人已經簽了合約，要為法蘭西國王演出。我曾派人來向你要這個人，而你總是推託。現在，我是奉國王陛下之命來向你要這個人的。」我這短短的兩、三句話產生了效果。我一離開他的住宅，他便立即跑到大法官那裡去報告剛才發生的事情，結果被大法官狠狠訓斥了一通。他當天就把維洛勒茨辭退了，我派人去告訴維洛勒茨，如果他一星期內不動身，我就要派人去把他抓起來，於是，他趕快離開了威尼斯。

還有一次，沒有任何人的幫助，我單獨一個人替一個商船的船長解決了一大難題。這位船長的名字叫奧利維，馬賽人，船的名字我忘記了。他的船員與威尼斯共和國僱用的斯洛維尼亞人發生了爭吵，並動手打人，於是船被扣留，嚴加看管；除船長以外，未經許可，任何人均不准上、下船。奧利維船長去向大使求助，大使三言兩語就把他打發走了。接著，他又去向領事求助，領事說這不屬於商務上的事情，他不便插手。在求助無門的情況下，船長就來找我，我向德．蒙特居先生提出，請他允許我就這件事情發一件公文到參議院。他是不是同意了我的意見，我是否寫了這件公文，我已經記不得了。但我記得很清楚的是，我去交涉了幾次，都毫無結果。船繼續被扣。於是，我就另想辦法，結果成功了。我的辦法是：就這件事情寫一份報告附在給莫爾巴先生的公文裡；就是這樣辦，我也是費了許多唇舌才得到德·蒙特居先生的同意的。我知道我們的公文雖可免予拆檢，但在威尼斯卻往往被人拆開檢查。對於這種拆閱我們公文的事情，我是有證據的，因爲我發現有些報紙上的消息都是照抄我們的公文，一字不改的。這種非法行爲，我曾多次請大使提出抗議，但他始終沒有照辦。我之所以把威尼斯對商船的處分不公的報告附在給莫爾巴先生的公文裡，就是利用他們愛拆閱公文的好奇心，讓他們看到我的報告便感到害怕，迫使他們不得不釋放被扣押的商船。如果此事眞要等到宮廷的複文來了之後才開始交涉，那麼，宮廷的複文還沒到，船主早就破產了。另外，我還親自到那艘船去詢問船員，我請領事辦公室的巴迪策勒神父跟我一起去，他勉強跟我一起去了。這幫可憐的傢伙生怕得罪參議院，由於有禁令，我不能上船，只好在我的平底小船上一邊大聲的一個一個問船員、一邊做筆錄，引導他們對我的詢問做出有利於他們的回答。我本想讓巴迪策勒詢問和做筆錄，因爲這項工作由他做比由我做更合適，可是他堅決反對。他不僅不發一語，而且請他在筆錄上我的名字後面副署他的名字，他也幾乎不答應。我這稍嫌有些冒失的行動，很幸運的成功了；外交大臣的複文還沒有到，商船早就被釋放了。船長要送我一件禮物，我和顏悅色拍一拍他的肩頭說：「奧利維船長，請你想一想，我連早有規定的護照手續費都不向法國人收，怎麼能借國王保護之功收你的禮物呢？」他請我無論如何都要到他船上去吃頓飯，我同意了，我帶著西班牙大使館的祕書卡里歐一起去了。卡里歐很聰明能幹，後來還擔任過駐巴黎大使館的祕書和代辦。我像我們的大使們那樣，和卡里歐先生相處得很好。

當我毫無半點私心、盡職盡責的時候，如果我能把一切大小公務都處理得井井有條、十分周密，不至於上當受騙，幫了人家的忙而自己受到損害，那就好了！然而，在我所處的職務上，哪怕是一點點小差錯，也可能產生嚴重的後果。所以，我總是十分細心，以免因粗心而出紕漏。凡是與我主要的工作有關的事情，我都有條有理做得一絲不苟、分毫不差。是的，我在匆匆忙忙解譯密碼時出現過幾處錯誤，這一點，阿默羅先生的屬員有一次抱怨過，除此以外，無論是大使或其他人都沒有說過我在工作中有任何一個疏忽的地方。就一個像我這樣大大咧咧的人來說，能做到這個程度，就算不錯了。當然，在我經辦的一些個人的私事中，有時候確實有健忘和不夠細心的地方。不過，由於我辦事一貫公正，所以，有虧總是我自己吃，而不讓別人來抱怨我。在這方面，我只舉一個例子。此事與我離開威尼斯一事有關，而它對我的影響，在我回到巴黎以後還存在。

我們的廚師名叫魯塞羅，從法國帶來了一張二百法郎的借據。這是一個名叫札勒托．納尼的威尼斯貴族從他的朋友那裡賒購一副假髮而開的借據。魯塞羅把借據交給我，求我去和納尼好說歹說多少要幾個錢回來。我知道，他也知道，威尼斯的貴族有個老習慣，就是在國外欠的錢，一回國之後就照例不還的。如果你逼他們還，他們就藉故拖延，讓倒楣的債權人耗費許多時間和金錢，最後只好放棄或者要回一點便了事。我請勒布隆先生去和札勒托談。札勒托承認有這麼一回事，借據是他打的，但現在沒有錢還。談來談去他最後答應付三個西昆。當勒布隆把借據帶去時，他的三個西昆還沒有準備好，只好再等待。在此期間，我與大使發生了爭吵，準備離開大使館。我把大使館的文件收拾得整整齊齊放在辦公室裡，但魯塞羅的那張借據卻找不到了。勒布隆說已經交還給我了。我知道他為人誠實，所以對他說的話並不懷疑。我怎麼也想不起來那張借據究竟放到哪裡去了。既然札勒托承認這筆欠款，我就請勒布隆先生去要回這三西昆，然後給他一張收據，或者由他重新另寫一張借據，予以註銷。札勒托知道那張欠條丟了，便對這兩個辦法都不接受。於是我便自掏腰包給魯塞羅三個西昆，以便了結此事。他拒不接受，並把債權人的地址給我，要我回巴黎後去和他商量如何了結。那個假髮商知道事情的經過以後，便硬要他那張借據，否則就照借據上的金額如數全額還他。我當時非常生氣，真想翻箱倒櫃把那張可惡的借據找到！沒有辦法，我只好付給他兩百法郎。那時，我手裡的錢本來就不多啊。就這樣，那張借據丟了，讓債權人獲得了全額欠款；反之，如果那張借據當時找到了，我看，該倒楣的就是他，他連札勒托．納尼答應的十個埃居恐怕也要不到手。

我自信我的才能可以完全勝任我的工作，所以對辦理公務很感興趣。除了與我的朋友卡里歐和品德高尚的奧爾托納（我以後還要談到他）常相往來，或者到聖馬克廣場去閒逛和看戲以及與他們兩位一起去拜訪朋友以外，我便把做我的工作當作我唯一的樂趣。即使我的工作並不繁重，而且有比尼士神父當助手，但要處理的公文還是很多的，再加上是在戰爭時期，所以我的工作還是相當忙的。我每天的工作大部分都是上午進行，在有郵班的日子，我有時候還要忙到半夜，其餘的時間，我就用來研究我開始從事的這門職業，希望憑這起始的成績在日後獲得提升。對於我的工作表現，人人都說好，首先是大使說我好。他對於我的工作態度一再高度讚揚，從未說過一句不滿意的話，他後來之所以對我很生氣，完全是因爲我多次提意見都沒有被採納便憤而辭職的緣故。所有和我們有通信關係的大使和大臣都向他稱讚我的才能。這些稱讚的話，他本應感到高興，然而在他的糊塗腦袋裡產生的效果卻恰恰相反，特別是在有一個重要的場合裡，他聽到一句人家稱讚我的話，竟生氣得永遠也不原諒我，這件事情，值得用點篇幅描述。

他這個人缺乏耐性，總靜不下來，就連星期六幾乎所有的公文都要發出的日子，他也無法等到工作做完就出去。他不斷催我把給國王和大臣們的報告發出去，他匆匆忙忙在報告上簽字之後，便不知去向了，而留下大部分信件都沒有簽。如果信件的內容只涉及一些消息的話，我可以把它們改成通報，無須簽署；但是，如果涉及國家大事，那就非要有人簽署不可了，而他出去了，便只好由我來簽。我們從法國駐維也納代辦萬森那裡收到的一份重要情報，我就是這樣辦的。那時，羅布科維茨親王⑯正在向那不勒斯進軍，而嘉日伯爵卻從容有序的轉移了陣地。這是本世紀戰爭史上最漂亮的一次軍事行動，但歐洲人知道的並不多。

---

⑯ 羅布科維茨親王（一七〇二—一七五三）是文中提到的這次戰役的奧地利軍隊統帥。——譯者

情報說：有一個人（萬森先生對他的面貌特徵都講得很清楚）已從維也納動身，要經過威尼斯潛入阿布魯士煽動民眾在奧地利軍隊到達時乘機鬧事，裡應外合。由於德·蒙特居伯爵不在（即使他在，他也是什麼事情都不管的），我便簽字把這份情報轉發給德·洛比塔爾侯爵⑰。情報轉發得非常及時，波旁王朝之能保住那不勒斯王國，也許還多虧我這個經常被人斥責的可憐的尚－雅克果斷簽轉這一情報呢！

德·洛比塔爾侯爵十分感謝他的同僚（這當然是應該的），並向他談到他的祕書和這位祕書對共同事業做出的貢獻，但這個本該責備自己怠忽職守的德·蒙特居先生卻認為德·洛比塔爾的稱讚話中含有批評他的意思，因此對我談起這件事情時便很不高興。我曾經對發給駐君士坦丁堡的大使卡斯特拉納伯爵的文件，也像對發給德·洛比塔爾侯爵的文件那樣權宜行事，雖然事情沒有這麼重要。那時候，到君士坦丁堡沒有別的郵班，只有參議院有時候派的一名專差為外交特派員送公文；專差在出發前總是先通知法國大使，問他有沒有公文給他在君士坦丁堡的同僚，以便順便帶去。通知一般是提前一天或兩天送到，但是，由於他們根本就沒有把德·蒙特居先生看在眼裡，所以對他只是走個形式，在出發前一個或兩個小時才把通知送給他，這迫使我越俎代庖，有好幾次他不在使館的時候由我備函簽名把公文發

⑰ 德·洛比塔爾侯爵是當時法國駐那不勒斯王國的大使。——譯者

出。德．卡斯特拉納先生在給他的覆信中一再用讚許的詞句提到我；在熱那亞的容維爾先生在覆信中也是如此，結果，次次都使德．蒙特居先生很不高興。

我承認，凡是有出頭露面的機會，我都是不放過的，但是，不該我露面的時候，我也絕不亂出風頭。工作做得好，想得到人們的良好評價，得到有資格評論的人的賞識和褒獎，這也是很正常的。我雖然不認爲我的盡職盡責是導致這位大使埋怨我的原因，但我敢肯定，直到我和他分手那天爲止，他能舉出的對我不滿的理由，就只有這麼一條。

他那個大使館，根本就不像一個大使館，裡面盡是些品行不端的無賴之徒。館中的法國人受欺負，而義大利人則占上風；就是在義大利人當中，那些在館中已工作多年的好屬員，也全都被無端辭退，像他的第一隨員，此人在弗魯勒任職的時候就當第一隨員了，我記得他的名字叫貝阿提伯爵或者叫一個近似這個音的名字。第二隨員是德．蒙特居先生自己挑選的，此人名叫多米里克．維塔利，原是芒杜城的一個地痞，而德．蒙特居先生卻把館中的總務工作交給他；他吹牛拍馬屁，用不擇手段苛扣雇員薪水的辦法贏得了大使的信任，成了他的寵兒，使僅有的幾個正直的人和作爲全館屬員之首的祕書都大吃苦頭。一個正直的人的目光總是使那些壞蛋感到惴惴不安的；單單這一點，就足以使維塔利對我懷恨在心了；此外，還有另外一個原因使他對我恨上加恨。這個原因必須在這裡講一下，以便大家秉公判斷，如果我真的錯了，就說我錯了。

按慣例，大使在五個戲院中的每一個戲院都有包廂；每天吃午飯的時候，他就選定當天到哪個戲院去看戲。他選了之後，就該我選，其餘包廂就由其他隨員去分配。我出門時就拿走我所選的那個包廂的鑰匙。有一天，維塔利不在我跟前，我就叫我的聽差把鑰匙送到我指定的那個屋子裡，而維塔利不給，說他已經分配完了，我非常生氣，特別是我的聽差當著眾人的面講他去要鑰匙的經過，我就更生氣了。晚上，維塔利想對我說幾句道歉的話，我不接受。我告訴他，「先生，明天，你在我派聽差去取鑰匙的那個時間到我受侮辱的那個房間當著那些看見我受侮辱的人的面向我道歉。否則，後天不管情況如何，我告訴你，不是你便是我離開這個大使館。」我斬釘截鐵的語氣把他嚇著了。到了指定的時間，他來到我指定的地方向我公開道歉，表情之卑鄙，只有他才做得出來。但是，他後來卻暗使陰招，表面上對我恭恭敬敬，背地裡卻用義大利人的方式對付我。結果，他雖未能說動大使辭退我，但卻弄得我最後不得不主動辭職。

這樣一個可鄙的人當然是不了解我爲人的，但他發現我身上有可以被他攻破的弱點。他發現我對於無心的過錯可以極其寬宏大量的一再忍受，而對於故意冒犯的行爲則一點兒也無法忍受。他知道我在處理公務時非常認眞和嚴肅，時刻保持對別人的尊重，同時也要求別人對我表示尊重。他針對我這種對人和對事的態度，故意製造麻煩，終於使我被困擾到不知如何應付的程度。他把大使館搞得烏煙瘴氣，他把我爲了保持使館的肅穆、上下級關係和房舍的整潔而訂的規章破壞無遺。一個家庭沒有主婦，就需要稍微嚴格的紀律才能保持與它的尊嚴分不開的肅靜氣氛，而他卻把我們的使館搞成一個藏汙納垢之地和流氓與無賴群集的場所。他設法把第二隨員解雇後，幫大使找來一個跟他是一路貨色的人來擔任這個職務，而此人是在馬爾他十字街開妓院的。這兩個壞蛋沆瀣一氣，在館裡橫行霸道、胡作非爲。除了大使的辦公室（就連大使的辦公室也不像以前整潔了），在館裡就沒有一個能讓正人君子安靜的角落。

大使閣下通常是不在館裡吃晚飯的，我和隨員們就單開一桌，比尼士神父和其他工作人員也與我們同桌用餐。在這簡陋的小飯廳裡，餐具還比較乾淨和整齊，桌布也沒有那麼髒，吃得也比較好些，桌上只點一支光線昏暗的小蠟燭，用的是錫碟子和鐵叉子；好在是在這個小飯廳裡吃，這也沒多大關係。可是，連我專用的平底小船也被取消了，在所有各大使館的祕書當中，只有我外出時要臨時雇用平底小船，否則就只好步行，而且，從此以後，除了到參議院以外，我就沒有大使閣下的僕從跟隨了。使館裡發生的一切事情，傳得全城無不知曉，館裡的官員們都大聲抱怨，表示不滿。這種情形是多米里克一手製造的，而他卻比任何人都嚷得凶，因爲他知道，我們受到的這種嘲弄，我比誰都更感到難堪。使館裡只有我一個人不在外面談論館裡的事。我向大使表示了強烈的不滿，我埋怨其他人也埋怨他本人，而他心胸狹窄，暗中使壞，每天都要讓我受一次新的侮辱。爲了要在其他大使館的祕書面前保持體面，穿著得適合我的職位，我就不得不有許多額外的花費，把薪水花得精光，一文也不剩，而當我去向他要錢時，他卻閉口不談錢，而只談他對我的器重和信任，好像有了這兩樣就可以代替錢應付我的一切開銷似的。

那兩個壞蛋最後竟把他們這位頭腦本來就不清楚的主人弄得暈頭轉向，不斷慫恿他去買賣古董，這分明是要他去上人家的當，兩個壞蛋卻對他說是占了大便宜，結果弄得賠了老本。他們還讓他花雙倍的租金在布倫塔河邊租了一座鄉間別墅，他們把他多付的錢與別墅的主人平分。別墅的房間都按當地的習慣鑲嵌了瓷磚，並配有上等的大理石做的圓柱和方柱。而德·蒙特居先生卻叫人用杉木板把這些都包起來，唯一的理由是巴黎的房間都是這樣加了護板的。在各國駐威尼斯的大使中，只有他一個人不允許他的隨員佩劍，不允許他的僕從執杖，其理由，和前面講的差不多，這個人就是這麼怪，也許是出於同樣的理由，他總看我不順眼，唯一的原因是我對他處處都公事公辦。

對於他對我的傲慢態度和粗暴對待，我都儘量忍耐，當做是他的性格使然，而不是對我有什麼怨恨。但是，一當我發現他是存心剝奪我盡忠職守而應當享受的榮譽後，我就不再忍耐了。我第一次發現他存心歧視我，是在他宴請當時在威尼斯的摩德納公爵及其家眷吃飯這件事情上。他通知我這次宴請沒有我的席位。我雖然沒有生氣，但滿心不快回答他：「既然我很榮幸天天與你同桌同餐，那麼，當摩德納公爵來赴宴時，即使他本人要求不讓我同席，爲了大使閣下和我的職位的尊嚴，你也應當拒絕。」他怒氣衝衝對我說：「這次盛宴，連我的高級同僚都不能入席，而你這個祕書，連同僚的資格都不夠，怎麼能妄想和一個公國⑱的元首同桌用餐呢？」我反駁道：「是嗎？先生，我榮幸的以擔任閣下讓我擔任的這個職務表明，只要我在職一天，我比你的那些同僚，不論他們眞的是貴族或自稱是貴族，都高一級，他們不能參加的場合，我能參加。你不是不知道，將來你任滿回國那一天，按照宮中的禮儀和自古以來的規矩，我都要穿著禮服跟著你到聖馬克宮尊榮的與你同席用餐。我就不明白，一個人能夠而且應該參加威尼斯元首和參議院舉行的國宴，爲什麼反而不能參加招待摩德納公爵先生的私人宴會。」儘管我講的道理無可辯駁，大使還是不同意。不過，我們沒有再次就此事爭吵的機會，因爲摩德納公爵根本就沒有來大使館赴宴。

從此以後，他就繼續不斷找我麻煩，處處歧視我，想盡辦法剝奪本來屬於我的職位應當享受的一些小特權，讓他的親信維塔利去享受。我確信，如果他眞有膽子派他代替我到參議院去辦事的話，他一定會這樣做的。原先，他讓比尼士神父到他的辦公室替他寫的通常是私人信件，而現在，他竟讓他給莫爾巴先生寫有關奧利維船長的案件的報告了。這個案子是我一個人解決的，但他在報告中不但對我隻字未提，甚至連那份筆錄（他在報告中附有一個筆錄副本）也不說是我寫的，而說是巴迪策勒寫的，而巴迪策勒當時連一句話也沒有說。他這樣處處排擠我和討他的親信歡心的目的，倒不是想趕走我，因爲他知道，要想找一個人來

⑱ 指摩德納公國。——譯者

接替我，也不會像當初找我來接替弗洛先生那麼容易。弗洛先生已經把他待人處事的劣行到處宣揚，廣爲人知了。他絕對需要一個懂義大利文的祕書替他經辦與參議院往來的公文。他需要的這個祕書是既能替他辦公文和一切事務，不讓他有所操心，而且還要對他的那些隨員老爺們卑躬屈膝、百般奉迎，因此，他要留我，又要整我，讓我待在離我的國家和他的國家都遠的地方，沒有路費回去。如果他的做法不過分，他也許能夠成功，但是，維塔利另有圖謀，一心想逼我走人，結果他成功了。此時，我已看清我的種種辛苦都是白費力氣，大使對我的工作不僅不感謝，反而百般挑剔，我不但在館內不愉快，在館外也受到不公平的對待，何況他本人已聲名狼藉，無論他虧待我還是善待我，都只對我有害無益，因此，我便下定決心向他提出辭呈，並預留時間讓他另找一位新祕書。對於我的辭呈，他既不說同意，也不說不同意，態度一如往常。當我發現情況並無好轉，他又不加緊找人的時候，我便寫了一封信給他的哥哥，詳細說明我辭職的原因，請他轉告大使閣下准許我辭職，並著重說明我無論如何是無法再在這裡待下去了。我等了很久沒有收到回信，我開始感到不安。不久，大使終於收到了他哥哥的信，信中的話一定很難聽，因爲，儘管他動不動就發脾氣，但我從來沒有見他像這一次的火氣這麼凶，他髒話連篇破口大罵一陣之後，便愣在那裡無話可說，最後竟瞎編一番，說我出賣了他的密碼。我哈哈大笑，以譏諷的口吻問他是不是相信在威尼斯有哪一個人願出一個埃居買它。我的話把他氣得口吐白沫，裝出一副架勢，說是要叫他的僕人來把我從窗子扔出去。到此時爲止，我一直非常冷靜，但一見他威脅我的樣子，便勃然大怒，輪到我發火了。我衝到門口，用插銷把門從裡邊關起來，然後邁著大步走到他面前說：「伯爵先生，別這樣，這件事情用不著你的僕人來摻和，最好是由我們兩人來解決。」我的動作和我的氣勢立刻使他收斂起來。一看他的樣子，就知道他已經感到吃驚和害怕。我看他的火氣消了，就隨便說幾句話向他告辭，而且，不等他回答，我走過去把門打開，跨出房門，昂首闊步走進大廳，從他的僕從中穿過，他們照例馬上站起來；看樣子，他們是準備幫我對付他，而不是幫他對付我。我沒有上樓回到我的房間，直接走下大門的臺階，離開使館，從此不再回去。

我直接走到勒布隆先生家裡，向他說明事情的經過。他並不感到意外，因為他知道德・蒙特居的為人。他留我吃午飯，這頓午飯雖然是臨時起意，但菜肴非常豐盛。所有在威尼斯有身分的法國人都請到了，而大使手下的那幫傢伙，一個也沒有。領事向在座的人詳細講述了我的情況，大家一聽，就大聲叫了起來，這一叫聲，顯然不是支持大使閣下的。大使沒有結算我的薪水，沒有給我一分錢，而我身上的全部家當只有幾個路易，連回法國的路費都成問題。於是，大家解囊相助，勒布隆先生給了我大約二十個西昆；聖西爾先生也大約給了我二十個西昆。除了勒布隆先生，我和聖西爾的交往是最密切的。對於其他人的幫助，我都謝絕了。在等待起程期間，我住在領事館的祕書家裡，以此向公眾表明法國人是不贊成大使對我的種種不公正行為的。德・蒙特居看見我丟了差事反而受到大家的慶賀，而他儘管是大使，卻無人搭理，便氣急敗壞，一舉一動像個瘋子。他居然忘了自己的身分，竟給參議院寫了一封公函，要求逮捕我。我得到比尼士神父傳來給我的這個消息之後，反而決定再多待十五天，而不照原來的計畫後天就動身，大家對我的決定都很贊成，我受到人們普遍的欽佩。參議院認爲大使那封莫名其妙的公函不值得答覆，並請領事轉告我想在威尼斯待多久就待多久，用不著擔心一個瘋子對我要什麼花招。我繼續拜訪我的朋友，向西班牙大使辭行，他很熱情接待了我；我還到那不勒斯公使費羅奇蒂伯爵家辭行；他不在家，我便留了一封信給他，他回了我一封措辭非常親切和客氣的信。最後，我起程了，雖然我手頭拮据，卻沒有留下別的債務；只有我在前面講的那兩筆借款和欠一個名叫莫朗狄的商人五十幾個埃居。這筆欠款，卡里歐替我付清了。雖然後來我與卡里歐經常見面，但我一直沒有還他；而前面所說的那兩筆借款，在我的境況稍好時，我都如數還清了。

在離開威尼斯之前，我應當向各位讀者講述一下它五光十色的娛樂活動，或者，至少應把我曾經參加過的那一小部分活動講一下之後才離開這個城市。讀過本書上篇的人都知道，我在青年時期是很少玩適合我年齡的遊戲的，或者說，我至少是很少去玩一般人所說的年輕人喜歡玩的那些遊戲的，這種性格，我在威尼斯並沒有改變。我的工作很多，也沒有時間去玩，不過，對於那些比較簡單的娛樂活動，我倒是很喜歡的。第一個活動，同時也是最愉快的活動，是與那些有才學的人交往。例如勒布隆先生、聖西爾先生、卡里歐先生、奧爾托納先生和一個孚爾蘭地方的紳士。可惜這位紳士的名字我忘記了，對此，每每想起都十分深感遺憾；在我生平所認識的人中，這位紳士的心和我的心是最相似的。我們還與兩、三個英國人過從甚密，他們都飽有才學，而且與我們一樣喜歡音樂。這幾位先生都有妻子、女友或情婦，他們的情婦幾乎各個都是有教養的女人，我們就在她們家中彈琴、唱歌和跳舞。大家也在她們家中賭博，但次數很少，因爲我們有高雅的興趣和藝術追求，又喜歡戲劇，所以覺得賭博是最乏味的；賭博是那些無聊的人玩的遊戲。巴黎人對義大利音樂是抱有成見的，我把這種成見也帶到威尼斯來了。但是，大自然賜予了我一種能破除一切成見的敏銳感，因此，我不久就對義大利音樂產生了一種只有懂這種音樂的人才有的熱愛。聽了威尼斯的船夫曲以後，我就覺得在此之前不曾聽到過哪一個人能像他們那樣善於唱歌。不久，我又對義大利歌劇入迷到了如此程度，以致，當我一心想聽音樂時，如果在包廂裡有人唧唧喳喳閒聊或吃東西弄得我心煩，我便離開他們到另一個包廂去聽。雖然歌劇很長，我還是饒有興味一直聽到最後。有一天，我在聖克里索斯托姆戲院竟睡著了，比在我的床上睡得還香，就連清脆嘹亮的歌聲也沒有把我吵醒，但最後終於把我驚醒的那首歌曲甜美的和聲與天仙般的歌聲所給予我的如醉如痴的感覺，有誰能表達得出來呢？我一下子豎起耳朵，睜開眼睛，從沉睡中醒來的精神爲之一振，立刻心醉神迷，飄然若仙！我的第一個感覺是：彷彿我此身已進入天堂。那段迷人的歌曲我至今還記得，一輩子也不會忘記。它的開頭兩句是：

那個美人細心護持我，

她的柔情溫暖了我的心。

我想得到這首歌的譜，後來還眞的得到了，而且在我手中保存了很久。不過，紙上的歌譜和我心中的印象畢竟不一樣。雖然音符依舊是那首歌的音符，但給我的感受卻不一樣了。這首歌的神韻只能在我的腦子裡才能像那天把我驚醒之時那樣唱得出來。

還有一種音樂，我覺得它比歌劇的音樂還美；不但在義大利，就是在全世界也堪稱是獨一無二的。這種音樂名叫「善堂音樂」。所謂「善堂」，其實是一些慈善機構，是爲了教育貧苦的女孩子而設立的。這些貧苦的女孩子長大之後，由共和國資助，或者嫁人，或者進女修院。在這些女孩子所受的教育中，音樂占第一位。每個星期天，在四個善堂的每一善堂的教堂裡晚禱時，都有大合唱團由大交響樂團伴奏演唱經文歌，由義大利的音樂大師指揮，擔任演唱的全是女孩子，其中年齡最大的還不到二十歲，她們站在裝有護欄的舞臺上演唱。我想像不出有哪種音樂是像她們的歌聲那樣悅耳和動人，音色之豐富、曲調之優雅、歌喉之婉轉和演唱之準確，這一切給人的印象當然和臺上的那道護欄不相協調。不過，我深深相信沒有任何一個人不爲歌聲所打動。卡里歐和我對芒迪岡蒂善堂的晚禱沒有一次不去的，而且去的不只是我們兩個人。教堂裡坐滿了愛好音樂的聽眾，就連歌劇院的演員也來聽她們演唱，仿照她們美好的唱法培養自己的才能。令我掃興的是那些難看的護欄：它們只讓歌聲從它們當中傳送出來，卻不讓我一睹那些歌聲只有美若天仙的女子才有的演唱者的芳容。別的我都滿意，只有對這一點感到遺憾。有一天，我在勒布隆先生家裡談起此事，他對我說：「如果你眞的那麼好奇，一定要看一看那些女孩子，這很容易的。我是這個善堂的董事之一，我請你到善堂去和她們一起吃點心。」他這個話一天不兌現，我就纏得他一天不得安寧。當我走進關著那些我急想一見的美女的大廳時，我感到一種我以前從來沒有經歷過的愛的衝動。勒布隆爲我一一介紹這些我只聽過其聲音和名字的美妙歌手：「這位是蘇菲」，這個蘇菲的樣子眞難看；「這位是卡蒂娜」，這個卡蒂娜一臉的麻子。幾乎沒有一個女孩子沒有明顯的缺陷。我那位愛惡作劇的勒布隆先生看見我吃驚的樣子便暗自好笑。不過，也有兩三個女孩子長得還可以，她們只是在大合唱的時候才出場演唱。我感到失望，在吃點心的時候，人們捉弄她們，她們也嘻嘻哈哈直笑。醜陋並不排除心靈的美；我發現她們各個的心靈都很美。我對我自己說：「沒有心靈美，歌聲就不可能唱得這麼美。她們的心靈是很美的。」最後，我對她們的看法完全改變了，在快走出善堂的時候，我差不多把所有這些醜小姐全都愛上了。我幾乎不敢再去聽她們晚禱的歌聲，但後來我覺得還是應該去聽。我依然覺得她們的歌唱得很好，她們的歌聲把她們的容貌妝點得如此之美，以致她們一開口演唱，不管我的眼睛看到的樣子如何，都把她們想像成美女。

在義大利聽音樂花錢不多，只要你喜歡，那是隨處都可聽到的。我租了一架大鍵琴，花一個小埃居就可以請四、五位樂師每星期來我的住處一次；我和他們一起演奏我最喜歡的歌舞劇中的一些片段。我在家裡也試演奏了幾次我的《風流的繆斯》中的幾首合唱曲。也許是它們眞的好聽，也或許是他們奉承我，聖約翰．克里索斯托姆劇院的芭蕾舞教師派人來向我要了兩首曲子。後來，我很高興的聽他們讓一個著名的交響樂團演奏這兩首曲子，由一個名叫貝蒂娜的小姐擔任舞蹈。這個小姐很漂亮、很可愛，由我們的一個名叫法戈亞加的西班牙朋友包養。我們經常在她家舉行晚會。

談到女人，在威尼斯這樣一個城市，誰都不可能不和女人有沾染。人們也許會問我，在這件事情上你就沒有什麼要懺悔的嗎？我回答說：有。在這個問題上，我有幾件事情一定要像以前那樣以十分坦誠的態度來懺悔。

對於妓女，我始終是很厭惡的。在威尼斯，我沒有什麼機會可以接觸女人；由於職務的關係，當地大部分上等人家我都無法出入。勒布隆先生有三個可愛的女兒，但不容易接近，何況我非常尊敬她們的父親和母親，所以從來沒有產生過覬覦她們的念頭。我對一個名叫卡塔尼奧的女子倒是有過愛慕之意，她是普魯士國王的外交代表的女兒，但卡里歐已經愛上了她，而且已經論及婚嫁。卡里歐很闊氣，而我是個窮光蛋；他的薪水是一百路易，而我的薪水只有一百皮斯托爾。除了我不願意奪朋友所愛以外，我知道，在任何地方，尤其是在威尼斯，像我這樣一個阮囊羞澀的人是不應該硬著頭皮像花花公子那樣亂花錢的。我雖然沒有改掉用自傷身體的辦法滿足情欲的壞習慣，但因工作太忙加上天氣又熱，所以對這種需求的感覺並不強烈。因此，我在威尼斯將近一年的時間裡，一直是像在巴黎那樣循規蹈矩，到十八個月之後我離開那裡的時候⑲，只有兩次由於特殊的機會接觸過女性。

⑲ 這裡，盧梭的記憶有誤，他在威尼斯實際上只待了十二個月。——譯者

第一次機會是館裡炙手可熱的紅人維塔利給我的，時間是在我逼迫他向我正式道歉之後不久。有一天，在吃飯時大家談起威尼斯的各種好玩的事情，他們說我不該對一切好玩的事情中最刺激的樂事完全不感興趣。他們對威尼斯妓女的溫存讚不絕口，說全世界沒有哪一個地方的妓女能和她們相比。多米里克．維塔利說我應該見識一下那個最可愛的妓女，還說他願意帶我去，保證我滿意。我一聽他這種獻殷勤討好的話，便笑了起來；這時，出人意料的是，那個上了年紀而又受人尊重的皮阿蒂伯爵居然以一個義大利人少有的坦率態度說他相信我是一個老實人，是不會讓我的敵人帶去逛風月場所的。事實的確如此，因為我從來沒有往這方面想過。然而，由於一種連我自己也不明白的思想作怪，我最後竟違背了我的理智，甚至違背了我的意志，禁不住跟著他去了。個中的原因，純粹是由於我的意志不堅定，不好意思讓對方看出我對他不信任，同時也由於像當地人所說的「為了不至於讓人家說我太迂腐」。我們去的那家妓院的小姐名叫潘多阿娜，長得相當漂亮，甚至可以說是美人；不過，她的那種美，我並不喜歡。多米里克把我帶到她那裡之後就走了。我叫人去買了一些冰糕，我讓潘多阿娜唱歌，待了半個小時之後，我把一個杜卡特[20]放在桌上，準備起身離去，但她的表情簡直猶豫得出奇，說沒有做那種事兒就不收那份錢，而我也傻得出奇，馬上和她

[20] 威尼斯的一種小金幣。——譯者

做了那種事。我回到使館後感到自己染上了梅毒，我進門的第一件事就是派人去請一位外科醫生，請他開藥給我。接連三個星期，我不安的心情眞是無法形容，雖然沒有任何身體上的不適和明顯的症狀顯示我眞的染上了梅毒，我不相信有誰被潘多阿娜擁抱之後能不被傳染，儘管那位外科醫生一再解釋，我還是不放心。後來，他告訴我說這是因爲我的體質特別好，不容易感染，這才使我放下心來。醫生的話很有道理，因爲我比別人貪歡的時間少，所以我的健康沒有受到損害。不過，我並沒有因爲他這樣解釋，就大膽行事；雖說我得天獨厚，但我敢說，我從來沒有濫用過上天的恩賜。

我第二次接觸女人，雖然也是一個妓女，但原因和結果都和第一次不同。我在前面已經講過，奧利維船長曾請我到他船上去吃飯，我還帶了西班牙大使館的祕書一起去。我以爲船上會爲我鳴禮炮，船員們會列隊相迎。但是，禮炮一聲也沒響，這使我很不痛快；我發現卡里歐也面露慍色。可不是嗎？在商船上，對那些身分不如我們的人還鳴禮炮呢！何況我還爲船長的事盡了心出了力，更應當受到他特別的禮遇才對嘛！我無法掩飾我不高興的心情，因爲這是我做不到的，所以，儘管菜肴很豐盛，奧利維也殷勤招待，但我一入席就面露慍色，吃得很少，話說得更少。到第一次敬酒的時候，我想，總該鳴一發禮炮了吧；還是沒有。卡里歐明白我的心情，看見我像孩子似的嘟囔，便暗自感到好笑。飯吃到三分之一的時候，我看見來了一艘平底小船。船長對我說道：「天哪！先生，當心呀！你的冤家來了。」我問他這話是什麼意思，他用一句笑話回答我。那條小船一靠近我們的大船，便從船中走出一個年輕的女人。她光豔照人，穿扮妖冶，步履輕盈，三腳兩步就走進了房間裡；還沒有等人在我旁邊擺餐具，她就在我旁邊坐下了。她既漂亮又活潑，棕色頭髮，年齡頂多二十歲。她只會講義大利語，單單她的聲音就已經把我迷得暈頭轉向了。她一邊吃，一邊說個不停，盯著我瞧了好一會兒之後，突然說道：「聖母呀！唉！我親愛的布雷蒙，我有好久沒有看見你了！」說著說著一下子就坐在我懷裡，把她的嘴唇貼在我的嘴唇上，弄得我幾乎喘不過氣來。她那一雙只有東方人才有的烏黑眼睛，把火一樣熱烈的溫情射入了我的心裡。這一陣驚喜立刻使我感到心慌意亂，再加上肉體的歡樂，更是使我神魂顚倒了。儘管有許多人在座，但還是需要這個美人兒親口叫我不要慌亂，我才鎭定了下來，因爲我已經醉了，或者說得更確切一點，我已經瘋了。當她看見我已經入迷到她所希望的程度，她對我的那股親熱才緩和了一些，不過，她那種活潑的樣子仍然照舊。她向我解釋她之所以這麼興奮是因爲我的樣子像托斯卡納海關關長布雷蒙（誰知道她的話是眞是假），所以把我當成是他了。她說她曾經迷戀過布雷蒙，而且現在還依然迷戀他；可是，只怪她當初太傻，把他拋棄了，現在她就要我來代替布雷蒙，她說她愛我，因爲我很合她的心意；由於同樣的理由，我也得愛她，她想愛我多久，我就得愛她多久。萬一將來她把我甩了，我也得像她親愛的布雷蒙那樣忍耐。她這樣說，也這樣做，她把我當下人使喚，她把她的手套、扇子、腰帶和帽子交給我看管，命令我到這裡又到那裡，做了這件事情又做那件事情。我乖乖的完全服從。她要我去把她那條小船打發走，因爲她想坐我的小船，我馬上照辦。她要我把我的位子讓給卡里歐坐，因為她有話要對他說，我也馬上照辦。他們兩人低聲談了很久，我只好讓他們談。她一開口叫我，我馬上回到她跟前。她對我說道：「聽著，札奈托，我不願意你用法國人的方式愛我，那樣愛法沒有意思。要是你現在覺得玩膩了，你就走，不可以人在這裡而心不在這裡，這個話，我要說在前頭。」飯後，我們去參觀繆拉諾玻璃廠，她買了許多小玩意兒，毫不客氣叫我們付錢。她到處給人家小費，她花的錢比我們還多。看她自己花錢和要我們花錢都滿不在乎的樣子，她顯然是一個視金錢如糞土的人。她之所以讓人家替她付帳，我看，其原因不是出於貪心，而是出於炫耀、好面子，她要人家捧她，她才感到開心。

晚上，我們把她送回家去。談話間，我看她梳粧檯上有兩把手槍。「啊呀！」我拿起一把來，對她說道，「這是一盒新生產的香粉，請告訴我它是幹什麼用的？其實，你有許多別的武器，比這個玩意兒的火力強得多嘛！」她用同樣的語氣說了幾句玩笑話之後，便帶著使她更加嫵媚的天真樣子對我說道：「我不喜歡的人，我也好言好語對他們，只不過讓他們多花幾個錢來補償他們給我帶來的麻煩；這樣做，才公平嘛！我可以忍受他們對我的那種肉麻勁兒，但不能容忍他們對我的侮辱。誰對我不尊重，我也不尊重誰。」

在離開她的時候，我與她約定了第二天去看她的時間，我準時到達，發現她穿一身只有南歐的人才有的雖花俏但不妖豔的便裝。這種服裝的樣子，我雖然記得很清楚，但沒有興趣去描寫它。我只指出袖口和領口都鑲有一道綴有玫瑰色小絨球的絲邊，使她本來已經很美的皮膚更顯得柔嫩。後來我發現這樣穿著是威尼斯的一種時尚；我感到驚奇的是，這麼好看的衣服怎麼就沒有傳到法國。對於這一次我將享受到何等的肉體快樂，我沒有過多想像。拉爾納日夫人給我的快樂，我有時候回想起來雖依然感到十分甜蜜，但和我眼前這位茱莉達相比，她已經又老又醜，在感情上已冷淡了！這個迷人的茱莉達究竟是多麼嫵媚和動人，讀者是怎麼想像也想像不出來的，任你怎樣想來想去，也是想像不出她美麗的姿容的。修道院的童貞女也沒有她那麼嬌嫩，後宮的嬪妃也沒有她那麼妖嬈，天堂的仙女也沒有她那麼令人神魂顛倒，像這樣的美女，凡人的心靈和感官何曾如此盡情享受過。啊！如今，只要我能完完全全和美滿的享受一分鐘也好呀！……後來，我終於享受到了，但毫不甜蜜。本來是快樂的事情，我卻感到不快樂；我好像是有意要把快樂的心情全都抹殺掉似的。不，大自然絕不是單單為了我享樂才生我的，它讓我心裡渴望得到難以形容的美妙的幸福，但又在我混亂的頭腦裡放置了損害這種幸福的毒藥。

在我這一生中，如果有什麼事情最能反映我的天性的話，那就是我即將在這裡講述的這件事情了。我此時此刻一再想起了我寫作本書的目的，因此我要拋掉那種妨礙我實現這個目的的假正經。不管你是誰，只要你想了解我這個人，就請你大著膽子讀一下後面這兩、三頁文字，讀完之後，你就能充分認識尚－雅克．盧梭是一個什麼樣的人了。

我走進一個妓女的臥室，就彷彿覺得走進了愛和美的聖殿，覺得她就是愛和美的化身。我不相信哪一個人在領略到她使我感受到的那種柔情之後不產生愛慕和尊重之心。當我剛一和她親暱時，我便感到她的溫柔和嫵媚是如此的甜蜜，使我生怕失去了這個果實，巴不得立刻就去摘取。然而突然一下，我感到的不是欲火在我身上燃燒，而是一股冰涼的血在我的血管中奔流。我的兩腿發抖，差一點暈倒，我趕快坐下，眼淚汪汪，哭得像個孩子。

我哭泣的原因和我當時心裡在想些什麼，誰能猜出來呢？我心裡是這樣思量的：「我即將占有的這個人是大自然和愛神的傑作；她的頭腦，她的身子，她的一切都是十全十美的；她不僅美麗聰慧，而且心地善良、儀態萬千；王公貴族只配當她的奴隸，手執權杖的君主也將拜倒在她的腳下，然而如今竟淪爲煙花，供人玩弄，聽一個商船船長的吩咐來博取我的歡心。她知道我一無所有，而我的才能她又不了解，因此在她眼裡便等於零。這當中一定有某種不可思議的原因，若不是我的心欺騙了我，迷惑了我的感官，把一個下賤的妓女看成爲天仙，那麼就是她有某種隱祕的缺陷破壞了她柔媚的效果，使那些原來想爭奪她的人覺得她令人討厭。」我開始仔細探尋這個缺陷，我並不認爲這個缺陷來自梅毒，因爲她肌膚的光澤、臉色的紅潤、牙齒的潔白和呼吸的清新，以及全身的整潔，這一切不僅使我斷定她的缺陷與梅毒毫無關係，反倒使我認爲自從我與潘多阿娜發生關係以後，我的身體出了問題，應付不了她。我深信，在這一點上我的看法是不會錯的。

這些思慮，不早不晚恰恰在這個時候產生，攪得我心緒不寧，竟致使我哭了起來。茱莉達看見在她房中出現的這一情景，感到十分新奇，一時竟不知道如何是好。她在房間裡轉了一圈之後走到她的梳妝鏡前，她看出來了，而且我的眼神也向她表明我哭泣的原因不是由於我感到不高興。對她來說，要使我高興，消除那小小的害羞之心，這並不困難。但是，當我準備去親吻她那彷彿是第一次讓一個男人的嘴和手接觸的胸脯時，我突然發現她有一個乳房是癟的，我吃了一驚，我仔細觀察了一下，發現這個乳房和另一個乳房完全不一樣。我在心裡思索她怎麼會有一個乳房是癟的；我認爲這是一個天生的大缺陷。我翻來覆去思考一陣之後，終於明白：我想像中的這個美人，我抱在懷中的這個美人，原來是一個怪物，是大自然的棄兒，是男人嫌惡的女人，是誰也不願意與之有肌膚之親的醜女人。我竟傻到問她那個乳房爲什麼是癟的。她開頭以爲我的話是開玩笑，依然高高興興邊說邊做出一些動作使我的欲火上升。不過，我始終有一種無法向她掩飾的不安的心情，使她一下子臉紅了。她整理了一下衣裳，站起身來，一言不發走過去伏在窗臺。我走過去想站在她的身邊，她馬上走開，一會兒坐在一張躺椅上，一會兒又站起來，在房間裡走來走去，搖著扇子，以冷冰冰的輕蔑的語氣對我說：「書呆子，別再泡女人了，快回去看你的書吧！」

在離開她家的時候，我想跟她約定第二天再見一次面，但她推遲到第三天，並面帶譏笑的樣子說我也需要歇一歇了。這兩、三天我過得很不舒服，心裡老想著她美麗的容貌和綽約的風姿，痛感我行事的荒唐。我責備自己不應該把那段只要我稍微聰明一點就能使之成爲我一生中最美好的時光白白浪費了。我焦急萬分等待著彌補這一損失的時刻到來，另外，我還要弄個水落石出的是，這個可愛的女人處處那麼完美，爲什麼會淪落風塵。我按照約定的時間一口氣跑到甚至可以說是飛到了她那裡。我雖不知道她那火熱的心是否會對我這次赴約感到滿意，但她的驕傲心至少該滿意了吧！我對我能以這樣的方式向她表明我誠心彌補我的過失而感到欣慰。可是，她讓我撲了一個空，小船一靠岸，我就派船夫去通報，船夫回來告訴我說她昨天就到佛羅倫斯去了。如果說我在占有她的時候沒有感覺到我是多麼愛她，而在失去她的時候卻強烈感覺到了，我後悔不已。不論她在我看來是多麼可愛和多麼楚楚可人，我都能夠自我排遣我失去她的難過心情，而我無法自我消除的，是她心中從此對我產生的鄙視。

以上是我兩次嫖妓的經過。除此以外，我在威尼斯的那十八月裡就只有一段簡單的包養女人的插曲要講了。卡里歐是個風流人物，他覺得老是到別人包養的女人那裡去玩，實在沒有意思，因此他突發奇想，打算自己也包養一個女人。由於我們兩人經常在一起，他便提出一個在威尼斯常見的辦法，由我們兩人合包一個小姐。我同意了，問題是怎樣找到一個上好的女子。他找來找去，終於不知道從哪裡找到了一個十一、二歲的女孩，她那狠心的母親正想辦法把她賣掉。我們兩人去看了她，我見她還是一個孩子便心軟了。她一頭金黃色頭髮，溫順得像一隻羔羊，怎麼看也看不出她是一個義大利人。義大利的生活程度很低，我們給了她母親幾個錢，此後，這個女孩子就由我們包養。她的嗓子很好，爲了使她學一門謀生的本事，我們給她買了一臺小的大鍵琴，還請了一個教她唱歌的老師。所有這一切，我們每人每月頂多只花兩個西昆，但卻省下了許多其他費用，不過，要等到她成年以後我們才能享用。所以，從播種到收穫，這段時間是很長的。我們只是晚上到她那裡去，和那個女孩子天眞無邪地說說話和玩玩遊戲。我們覺得這樣消遣，比眞正占有她更快樂。的確，我們在生活中之所以感到女人不可或缺，不完全是爲了發洩肉欲，而大部分還是由於只要有她們在身邊，就會感到某種樂趣！我的心不知不覺的對安卓莉達這個女孩產生了深厚的感情，不過，是慈父般的感情，其中毫不摻雜感官享樂的成分：感情愈深，感官享樂的成分便愈少。我甚至認爲，即使將來在這個女孩子長大成人的時候，我如果想占有她，那也等於是亂倫，這太可恥了，一想到這一點，我便驚惶萬分。我發現善良的卡里歐也有此同感。我們沒有料想到我們得到的快樂與原先設想的快樂雖同樣有趣，但性質卻完全不同。我深信，不論這個可憐的女孩子將來長得多麼美，我們不僅不會破壞她的處女之身，反而會全力保護她的童貞。可惜，時隔不久，我的災難來臨，使我沒有時間繼續參與這一美好的事情。在這件事情上，我感到欣慰的是我心中的想法始終是很端正的。現在，讓我們回過頭來談我從威尼斯出發之後的旅途情形。

從德．蒙特居先生那裡出來以後，起初我是打算回日內瓦，等我運氣好轉、沒有障礙以後，回到我可憐的母親身邊。但是，由於我與德．蒙特居先生的爭吵已到處傳開，再加上他愚蠢的把此事報告了宮廷，我便決定回巴黎親自陳述我在大使館的工作情形，並訴說那個瘋子對我的種種不公。我從威尼斯寫信把我的決定通知了在阿默羅先生去世後擔任代理外交大臣的杜德耶先生。信一發出，我就起程。我取道貝加姆、科摩和多摩多索拉，穿過聖普隆隘口。在錫翁，法國代辦舍尼翁很熱情接待了我；在日內瓦，德．拉．克洛蘇爾先生也對我非常友好。我又見到了高福古先生（我有一點錢要從他手裡取回）。經過尼翁的時候，我沒有去看我的父親，心裡雖極其難過，但我還是決定在我倒楣的時候最好是不要在我的繼母面前露臉，因爲她肯定不會聽我解釋，而只會一味責怪我。我父親的老朋友杜維亞爾是開書店的，他狠狠的批評了我一通，說我不該不去看我的父親。我向他解釋了其中的原因之後，爲了彌補我的過失，同時爲了避免見到我的繼母，我就雇了一輛車，與他一起回到尼翁，住在一家小酒店裡。杜維亞爾去找我的父親，我的父親趕快跑來擁抱我，我們一起吃了晚飯，很愉快的過了一夜之後，便於第二天早晨與杜維亞爾一起回到日內瓦。他在這件事情上對我的幫助，我始終銘記在心。

如果抄近道，我就不必經過里昂，但我還是去了里昂，爲的是去查清楚德·蒙特居先生對我做的一樁非常卑鄙的訛詐錢財的行爲。我託人從巴黎寄給我一只小箱子，裡面裝著一件繡有金邊的上衣、幾副套袖和六雙白絲襪子，就這幾樣東西。按照德·蒙特居先生主動向我提出的建議，我把這口箱子，或者說得更正確一點，我把這個盒子附在他的行李裡。在他親手寫的那張開有許多浮報款數的單子上列有我那口箱子的運費。他說我那口箱子是大件行李，重十一擔㉑，他替我付了一大筆運費，這筆錢要從我的薪水中扣還。承羅甘先生的侄子布瓦·德·拉都爾先生幫助，在里昂和馬賽兩處海關的記事本上查實，德·蒙特居先生所說

㉑ 按法國舊制，一擔等於一百舊制斤。——譯者

的那個大件行李只有四十五斤㉒，並按這個重量收的運費，我把這個證明附在德·蒙特居先生給我的運費單上，帶著這份資料和其他幾件有同等效力的文件到巴黎去，想趕快用這些資料去揭露德·蒙特居先生的卑鄙行徑。在這次長途旅行中，在科摩、瓦勒和其他地方都見到過一些小小的有趣的事情，我遊覽了好幾個地方，其中值得詳細描寫的是波若美四小島，但是，由於時間緊迫又有暗探跟蹤我，我只好匆匆忙忙迅速描寫了一篇遊記，而寫這些東西，是需要有閒暇和寧靜的，我那時缺少的，恰恰是這兩個條件。如果上天眷顧，將來我有比較安寧的日子，我一定要把那篇遊記重寫一遍，或者，至少要給它加寫一個「補遺」，我認爲這是有必要的。*

我在威尼斯和大使爭吵的事情，早就傳到了法國。一到巴黎，我就發現，無論是部裡的人還是公眾，大家都在議論大使的荒謬。但是，儘管威尼斯的公眾也同聲譴責、儘管我提出的證據是無可辯駁的，但我還是得不到公正的處理，不僅不給我滿意的答覆和相應的補償，連大使任意苛扣我的薪水這件事也不予以糾正，唯一的理由是：我不是法國人，所以無權得到法國的保護，薪水問題是他和我之間的私人事情，公部門不予過問。大家都認爲我受

㉒ 這裡說的「斤」指法國舊制斤，等於四百九十克。——譯者

* 我已經放棄了這個寫作計畫。

到了欺負和傷害，認爲大使是個大渾蛋、行事不公，他的所作所爲將成爲他一生的恥辱，但是，這又能把他怎麼樣呢？他是大使，而我只不過是一個祕書。官場的規矩，正如大家所說的，是官官相護，我註定得不到公正的處理，我有冤無處申，我以爲只要我大聲呼籲，到處斥責那個瘋子（他本來就是個瘋子），到最後總會有人來告訴我：既然他是瘋子，你就別與他一般見識了（我要的就是這句話）。我下定決心一定要人們說句公道話之後才停止。但是，當時沒有外交大臣，他們雖讓我大吵大鬧，甚至還鼓勵我，與我唱一個調，但事情毫無進展。儘管我有理，但始終討不回公道。最後，我終於失去了勇氣，只好罷手，不了了之。

唯一對我態度惡劣的人，是貝桑瓦爾夫人。我怎麼也沒有料到她會這樣對待我。她滿腦子的階級特權觀念和貴族思想，總認爲一個大使是不會虧待他的祕書的。她接待我時的那個態度，表明她的這種成見非常之深。我很生氣，所以，從她那裡回到我的住處以後，便寫了一封我一生中寫的措辭最不客氣的信給她，而且從此以後就不再登她家的門。卡斯特爾神父對我的態度比較好，但是，一聽他那套耶穌會教士油腔滑調的話，我就發現，他遵循的還是社會上那種以強淩弱的老規矩。我生性高傲，而且認爲在這件事情上我沒有錯，所以對卡斯特爾神父的那種偏袒態度無法忍受，因而從此以後就不再去看他了，也不再到耶穌會去了（我在那裡本來就只認識他一個人）。再加上耶穌會的人各個都很專橫和陰險，與好心的埃默神父大不一樣，所以我對他們只好敬而遠之，從此以後就再也沒有見過他們當中的任何一個人。只有貝爾蒂埃神父例外，我在杜賓先生家見過他兩三次；那時候，他與杜賓先生一起在撰文猛批孟德斯鳩。

關於我和德·蒙特居先生之間的糾紛，就談到這裡爲止，以後就不再談它了。在我與他爭吵的那段期間，我曾對他說過，他需要的不是祕書，而是出納員。果然，我走了之後，他還眞的請了一個出納員；而那位出納員不到一年便貪汙了他三萬利弗爾。他把他趕走並把他送進了監牢，他還趕走了好幾個隨員；他和隨員們大吵大鬧，醜態百出；他到處與人發生爭執，遭到連一個僕人也無法忍受的侮辱。由於他做的荒唐事太多，他被召回國，解除了職務。在他所受到的宮廷譴責中，他與我的糾紛也沒有被遺忘，他回巴黎不久，就派他的管家來和我結算，把該給我的錢付給了我。那時候，我正缺錢用，我在威尼斯欠的債，都是憑信用借的，時時刻刻壓在我心頭，因此，我一收到德·蒙特居先生付給我的錢，便馬上把債還清了；札勒托·納尼那筆帳，我也了清了。人家願付給我多少錢，我不計較，但我欠人家的錢，必須分文不少的還清。把債還清之後，我雖然又與從前一樣一貧如洗，但總算擺脫了壓得我難以忍受的重負。此後，我就沒有聽誰談起過德·蒙特居先生；他逝世的消息，我還是從別人口中聽說的。願上帝寬恕這個可憐的人！他當大使，如同我少年時候當訴訟承攬人一樣，眞是入錯了行。不過，事在人爲，只要他好好做，在我的幫助下，他一定會成爲一個好大使，並很快的把我提拔到古豐伯爵在我青年時期準備分派的位置上；這個位置，今後只有靠我自己在年歲稍長時去爭取了。

我儘管有理，但申訴無門，這就在我的心中激起了對我們愚蠢的社會制度的憤恨。在這種社會制度裡，眞正的公眾利益和眞正的正義總是被某種我只看到它的表面但不明白其實質的秩序所犧牲，而這種秩序，實際上是破壞性的，它將摧毀一切秩序，任由官府壓迫弱者和袒護強者。有兩個原因阻止了我這一憤恨的種子，當時不像它後來那樣發芽生長。這兩個原因，一個是由於這件事情只涉及我個人，而個人利益是永遠不會產生偉大和崇高的效果的，因此它在我心中未能引發只有對正義和美好的事物抱有純潔的愛才能產生的聖潔的內心衝動。第二個原因是眞誠的友誼以一種美好的感情的影響力，緩解和平息了我的憤怒。我在威尼斯結識了一個比斯開人，他是我的朋友——卡里歐的朋友，同時也稱得上是一切善良的人的朋友。這個可愛的年輕人多才多藝，品德高尚，前不久爲了增長美術鑑賞力到義大利周遊了一趟後，覺得沒有什麼可學的了，便打算回到他的家鄉。我對他說，就他的天賦來說，他應當用他的天分來研究學問，而只能把藝術當作一種業餘的消遣。爲了培養他做學問的興趣，我建議他到巴黎去住半年。他信了我的話，果然到巴黎去了，我到巴黎時，他已先到達，正在那裡等我。他住的房間一個人住太大，讓我分住半間，我同意了。我發現他正在努力研究高深的學問，沒有一門學科是他無法弄懂的；他博聞強記，在短短的時間裡就讀了許多的書。他渴望求知，而他本人又不知道如何著手。現在，我向他提供了那麼多精神食糧，因此他很感謝我！我發現，這個性格堅強的人不但學識豐富，而且人品也很高尚；我需要的正是這樣的朋友，我們兩人不久就成了知已。我們的看法不同，老是爭辯；我們都很固執，所以對許多問題都各持己見。不過，儘管如此，我們兩人還是誰也離不開誰；我們雖不斷爭辯，但誰也不希望對方是一個有不同的看法卻不開誠布公說出來討論的人。

伊格納西奧．埃馬努埃爾．德．奧爾托納是西班牙才有的那種罕見的人；像他這樣爲國爭光的西班牙人眞是太少了。他沒有他那個國家普遍存在的偏激的民族心理；他頭腦不記仇，心裡沒有貪欲，他心胸非常豁達，不屑於記仇。我經常聽他十分冷靜的說：「世上的凡人休想惹得我生氣。」他風流倜儻，但不沉湎女色，他和女人們遊玩，就如同跟小孩子們遊玩一樣。他喜歡與朋友們的情婦在一起，但我從來沒有看見他有過情婦，他甚至連找一個情婦的念頭也沒有。他心裡強烈的道德觀念不允許他的感官欲念產生。他到許多國家遊歷之後就結婚了，他英年早逝，留下幾個孩子。我深信，甚至敢斷定，他的妻子是第一個而且是唯一一個使他感到兩情相悅之樂的女人。從外表上看，他是一個像西班牙人那樣的信徒，但內心裡卻有天使般的虔誠。除我以外，我這一生只見過他對信仰問題是持寬容態度的。他從來沒有打聽過任何一個人在宗教問題上的看法。他的朋友是猶太人也好，是新教徒也好，是土耳其人也好，是虔誠的信徒或無神論者也好，對他來說，都毫無關係，只要他爲人誠實就行了。雖然他對一些無關緊要的事情的看法非常固執，但一涉及宗教問題或道德問題，他便愼重起來，甚至閉口不談，或者只簡單說一句：「我只管我自己的事。」令人難以置信的是，他的心胸是那樣的開闊，但對一些小事卻精細入微。他每天幾點幾分做什麼事，都安排得如此嚴格，以致只要時間一到，鈴聲一響，即使書中的某段文字還沒有看完，他也馬上把書合上。他對時間的使用，事先都有一個分配：什麼時候研究這個問題，什麼時候研究那個問題，什麼時候思考，什麼時候與別人談話，什麼時候做日課，什麼時候讀洛克的著作，什麼時候念經書，什麼時候訪友、聽音樂或作畫，都是事先擬定好了的。任何娛樂之事或分心旁騖之事，都休想打亂這個次序；只有急待履行的職責才不受這個次序的約束。他把他的時間分配表給我看，要我也像他那樣做，我先是覺得好笑，後來竟佩服得流下了眼淚。他從不打擾別人，也不允許別人來打擾他。對於那些出於禮貌來看他的人，竟板著面孔，一臉不高興。他的性子急，但從來不和人家鬥氣。我經常看見他生氣，但從來沒見過他冒火。他成天都是樂呵呵的，從不計較別人對他開玩笑，他自己也喜歡開玩笑。他開的玩笑很精彩，他有說俏皮話的天分。他興致一來，講話就像連珠炮似的嘰哩呱啦沒個完，聲音老遠就能聽見。他一邊鬧鬧嚷嚷，一邊又面露微笑，情緒激動到極點時，會突然說出一句笑話來把大家樂得前仰後合，笑破了肚皮。他沒有西班牙人那種膚色，也不像西班牙人那樣對人對事物都很冷漠。他膚色白皙，臉色紅潤，頭髮棕色而近似金黃；他的身材高大，體態勻稱，他的身體就是爲了寄託他的靈魂才長得那麼魁梧的。

這個心地善良和頭腦聰慧的人，得到了大家的敬慕，因此成了我的朋友。我要以他爲例子，反過來說明那些不是我的朋友的人是何許樣人。我們相處得如此之好，以致計畫我們一生都要在一起，再過幾年我就到阿士科細亞他家裡。這個計畫在他離開巴黎前夕就安排好了，而我們無法安排的，是那些不以人的意志爲轉移的事情。這類事情，無論計畫多麼周密，都是難以避免的。果然，後來我遇到了大災難，他結了婚，最後，他去世了，終於把我們永遠的分開了。

天下的事情就是這樣：壞人的陰謀處處得逞，而好人美好的計畫反倒事事落空。我已經深感依附他人之苦，因此決定從此以後再也不去投靠任何人。以前，我在某些情況下制訂的宏偉計畫，往往是一開始就被推翻；我開頭進行得那麼順利的工作，人家不讓我繼續做下去，並把我逐出了大門。有鑒於這一切，我下定決心從此以後不再去依靠任何人，我要保持獨立，靠我自己的才能。我以前總是把我的才能估計得過低，而現在，我究竟有多大的才能，我已心中有數。我又把我在威尼斯沒有寫完的那部歌舞劇㉓重新拿出來繼續寫。爲了能全力投入這個工作，在奧爾托納走了以後，我又回到了我過去住的聖岡丹旅館。這家旅館在一個偏僻的社區，離盧森堡公園不遠，比住在鬧鬧嚷嚷的聖奧諾雷街更能讓我靜靜的工作。在那裡，有一個上天讓我在苦難中唯一得到的大安慰正在等我，正是由於有了這個安慰，我才度過了我的苦難。這不是一次匆匆相識又匆匆分離的偶遇，我要把我們結識的經過詳細訴說。

這家旅館的新老闆娘是奧爾良人，她從她家鄉僱了一個約莫二十二、三歲的小姐專做洗

㉓ 指《風流的繆斯》。——譯者

洗縫縫的工作。她也跟老闆娘一樣，與我們同桌吃飯。這個小姐名叫黛萊絲．勒瓦賽爾，出生在一個良好人家；她的父親曾擔任過奧爾良造幣廠的官員，母親做小買賣。他們家孩子多。造幣廠關門以後，他的父親就沒有工作，她的母親也因經營不善破了產，不再做生意，跟丈夫和女兒一起到巴黎。這一家三口，就靠女兒一個人的工錢生活。

我第一次看見這個小姐出現在餐桌上的時候，就被她那種害羞的樣子所打動，尤其是她那一對既溫柔又活潑的眼睛，在我看來，可以說是舉世無雙。同桌吃飯的人，除了博納豐先生以外，還有幾個愛爾蘭神父、加斯科尼人與另外幾個與他們相似的人。我們的老闆娘本身就是一個調情的老手；在餐桌上，只有我一個人言行還比較莊重。看見有人逗弄這個小小姐，我就護著她。於是，大家一個勁的嘲笑我。這樣一來，即使我對這個小小姐本來沒有興趣，但出於同情之心和對那些人的不滿，我也會對她產生興趣的。我的言談舉止歷來是很端莊的，尤其是對女人。我公開成了她的保護人，我發現她已經感覺到我對她的關心，她充滿感激之情（這種感情，她嘴裡不敢說）的目光就更加動人了。

她非常靦腆，我也很靦腆。我們兩人都有的這種秉性，似乎使我們不可能接近，然而事情的發展卻很快，我們不久就有了往來。老闆娘發現了我們的祕密，便大發雷霆。她這種粗暴的做法，反倒使這個小小姐對我的心事有進一步的理解。在旅館中，她只有我這個唯一的保護者，因此，她一見我出去，心裡便感到難過，巴不得我早些回來。我們心心相印、情投意合，很快就產生了情理之中的效果。她在我的一言一行中看出我是一個正派人，她沒有看錯。我從她的一舉一動中也看出她是一個心地單純、重感情但不風騷的女人，我也沒有看錯。我事先對她聲明我永遠不會拋棄她，但也永遠不和她結婚。我對她的愛、尊重和眞誠，是我成功的法寶；我的膽子不大但卻很幸運的原因，是她的心地忠厚和溫柔。

我擔心我會因在她身上找不到她以爲我一定要找到的東西而不高興，這種心理成了推遲我享受快樂的主要原因。在她獻身於我之前，我發現她成天惶惶不安，想說點什麼而又不敢大膽說出來，我不僅想不出她如此猶豫的眞正原因，反而既不正確而又有辱她的品德的認爲她這種表情是在警告我：如果和她接觸，我的健康就有受到損害之虞。我不知道如何才好，這種心理雖未妨礙我親近她，但有好幾天總使我感到悶悶不樂。由於我們互不了解對方心裡的想法，所以一談起話來句句都像是在打啞謎，吞吞吐吐，令人好笑之極。她幾乎以爲我完全瘋了，我也幾乎不知道如何看待她才好。最後，我們終於把話挑明了。她哭著向我說，她剛剛成年的時候犯了她一生中唯一的一次錯誤，由於她的無知和一個誘姦者的詭計，她失去了童貞。我一明白個中的原因，便樂得叫了起來：「什麼童貞不童貞的！在巴黎，一滿二十歲，哪個小姐還是黃花閨女？啊，我的黛萊絲呀，我占有了既誠實又健康的你，就夠幸福了！幹嘛還要去找我從來不想找的東西？」

我起初只不過是想和她玩玩而已，但後來我發現，我不只是想和她玩，我還想把她當作我的伴侶。在我和這個絕妙的小姐更熟悉並對我當前的境況稍加思考之後，我發現，我心中原本只不過是想尋求一點歡樂，但事情的發展卻大大有助於我的幸福。在我的雄心壯志消失之後，我需要有一種強烈的情感來塡補我的心，簡單說來就是我需要一個接替母親的人。既然我已經無法和她生活在一起了，那就需要另外一個人來和她生活在一起，而且在這個人的身上必須具有她當年在我身上發現的那種心靈的單純和溫柔。我需要我個人的和家庭的生活的美滿來補償我所失去的錦繡前程。當我是孤孤單單一個人的時候，我的心是空虛的，需要另外一個人的心來充滿它。大自然正是爲了使我得到那顆心而讓我誕生在這個世界上的，然而命運卻使我失去了它，或者說至少是使我遠遠的離開了它。不過，如今我雖孤身一人，但對我來說，要麼就完全得到它，否則就寧可什麼也不要，其間是沒有所謂的折衷辦法的。我在黛萊絲身上找到了我所需要的那種能夠代替華倫夫人的人。有了她，我就有了就當前的情況來說最大的幸福了。

我起初想培養她的智慧，結果卻白費勁，她的頭腦始終是大自然原先造成的那個樣子，無論怎麼教都沒有用。我毫不羞愧地承認，她雖然多多少少能識幾個字，但一直沒有養成讀書的習慣。當我住在新小田路朋沙特蘭旅店的時候，我的窗子對面有一個大時鐘，我花了一個月的工夫教她辨認時鐘的鐘點，但她直到現在還是不怎麼會；她始終無法按順序說出一年十二個月的名字。她不認識任何一個數目字，儘管我費了好大的勁教她，她還是不會。她既不會算帳，也不知道買東西究竟花了多少錢。她說話顚三倒四，不但詞不達意，而且往往把意思與她想表達的意思恰恰說反了。我曾經把她說的那些話編成一本小冊子送給盧森堡夫人取樂。她那些牛頭不對馬嘴的話已經在我經常出入的社交圈裡成爲笑柄了。可是，這個智力如此有限甚至可以說是如此愚笨的人卻往往能在關鍵時刻給我出許多好主意。在瑞士、英國、法國，每當我遇到極大的困難時，她都能看出我本人沒有看出的問題，並提出好的建議給我。她曾把我從盲目走入的險境中挽救出來。在高貴的夫人們面前，在王公貴族們面前，她的談吐、見識、應對和舉止，都爲她贏得了普遍的稱讚，許多人都對我誇獎她的優點，人們誇獎她的話都是出自眞誠的。

在我們所喜愛的人的身邊，感情就能潤育我們的智慧和心靈，而不需要到別的地方去尋求行事的指南。我與我的黛萊絲生活在一起，就如同和世上最聰明的天才生活在一起那樣愉快。她的母親以自己曾經和蒙比波侯爵夫人一起受過教育而感到驕傲，自以爲了不起，經常對她的女兒指指點點、亂說一番。她花樣百出，結果敗壞了我們兩人之間的淳樸關係。我原本不好意思帶黛萊絲出門，但由於討厭她母親那張碎嘴，便逐漸克服了我那種不好意思的心理，帶著黛萊絲到鄉間去散步、吃點心，這使我非常快樂。我發現她是眞心眞意愛我，這就使我對她更加溫存。對我來說，和她這樣親密相處就已經知足了，至於前途如何我已不再操心，這就是說，只要現在的狀況延續下去，便是我最美好的前途了。我別無他求，只希望現在的狀況能永遠保持下去就好。

有了對黛萊絲的這份愛戀之情，我覺得其他一切逸樂之事都是多餘的、淡而無味的。除了到黛萊絲的家，我便不出門，她的家幾乎成了我的家。這種深居簡出的生活方式對我的工作很有利，不到三個月，我就連詞帶曲把那部歌舞劇寫完了，剩下的只是再寫幾首伴奏曲和中音部了。這種難度不大的工作，我覺得做起來沒多大意思，便請費里多爾承擔，將來分給他一部分收益。他到我這裡來過兩次，在《奧維德》那一幕配了幾段中音部。但是，他對這個既艱苦而收益又遙遙無期的工作不感興趣，以後就不再到我這裡來了，最後還是由我自己完成。

這部歌舞劇終於全部寫好了，剩下的問題是如何想辦法使它能有演出機會；這比另寫一部歌劇還難。在巴黎，一個人與世隔絕，是什麼事也辦不成的。高福古上次從日內瓦到巴黎，曾帶我到拉．波普里尼埃爾先生家去過，因此我想借這位先生之力嶄露頭角。拉．波普里尼埃爾先生是拉摩先生的音樂事業的熱心支持者，他的夫人又是拉摩先生最忠實的學生。正如人們所說的，拉摩先生在拉．波普里尼埃爾先生家中享有巨大的威信，他說往東，大家就往東；他說往西，大家就往西。我見他很賞識他的學生的作品，便想把我的作品也給他看。他表示拒絕，說他不能看譜，看譜太累。拉．波普里尼埃爾先生說可以演奏給他聽，並表示願意替我去找幾個樂師來演奏幾個片段，我當然是求之不得了。拉摩先生也同意了，但嘴裡卻嘟嘟囔囔說什麼一個沒有經過名師指點全靠自學的人作的曲子是好不到哪裡去的。我趕忙挑了五、六段最精彩的曲子；他們找來了十幾個樂師，由阿爾貝、貝哈爾和布林波勒小姐擔任演唱。序曲一開始，拉摩就讚不絕口，但他讚美的口氣顯然是說這段曲子不可能是我作的，每演奏一段，他都表現出不耐煩的樣子。在演唱到那首歌聲既雄壯嘹亮且伴奏也非常精彩的男高音合唱曲時，他按捺不住了，他粗聲粗氣直呼我的名字，聲音高得使大家都吃了一驚。他對我說，他剛才聽的那段曲子，一部分是出自音樂界的高手，其餘部分則是一個根本不懂音樂的人作的。是的，我的作品品質很不均勻，有些地方非常出色，有些地方又很平庸。一個人全靠靈機一動而沒有扎實的基本功，寫出來的作品當然是這個樣子。拉摩說我是一個小剽竊者，既無音樂才能，又無音樂鑑賞力。在座的人，特別是主人，和他的看法卻不同。黎歇留先生那時常和拉·波普里尼埃爾先生見面，而且也常見到拉·波普里尼埃爾夫人。他曾聽人講起過我的作品，而且很想把我的全部作品都聽一遍，如果滿意的話，還打算拿到宮中去演出。後來，果然由宮中出資，請了一個大樂團和大合唱團，在宮廷遊樂總監波勒瓦爾先生家裡演出，指揮是弗蘭克爾。演出的效果好極了，公爵先生不斷叫好和鼓掌。在《塔索》那一幕的合唱曲結束時，他站起身來，走到我跟前，拉著我的手說：「盧梭先生，那段和聲眞令人聽得入迷，我從來沒有聽過這麼美的音樂。我要把這部作品拿到凡爾賽宮去演出。」拉·波普里尼埃爾夫人當時在場，但她一言不發；拉摩儘管也受到邀請，但他卻沒有來。第二天，拉·波普里尼埃爾夫人在她的梳妝室接待我，態度十分冷峻，一直貶低我的作品，說什麼儘管音樂中的那些花俏的調子開頭把黎歇留先生迷惑了一下，但後來卻醒悟過來了。她勸我不要指望這部歌舞劇會一炮而紅。過了一會兒，公爵先生也到了。他說的話，與拉·波普里尼埃爾夫人說的話完全不同，他對我的才能著實誇獎了一番。聽他的口氣，他依然是想把這部歌舞劇拿到宮中爲國王演出。他對我說：「只有《塔索》那一幕不適合在宮中表演，要另外寫一幕。」聽了這句話，我回家關起門來，花了三個星期另寫一幕來替換《塔索》。這一幕的主題是描述赫西奧德㉔如何受一位女詩神啓發的故事。在這一幕裡，我巧妙的把我的音樂天分發展的過程和拉摩對我的才華的嫉妒都用音樂表達出來了。這新寫的一幕，昂揚高亢的氣勢不如《塔索》，但渾厚凝重的音色則有過之，音樂很高雅優美，如果其他兩幕也這麼好的話，則全劇的演出一定會成功。可是，當我正要把這部歌舞劇最後修潤殺青的時候，另一件事情卻把演出推遲了。

豐特努瓦戰役㉕之後的那個冬天，在凡爾賽舉行了多次慶祝活動。在小賽馬廳演了幾次歌劇，其中有拉摩作曲和伏爾泰作詞的《納瓦爾公主》。這部歌劇經過改編之後更名爲《拉米爾的慶祝會》。這個新題材，要求把原劇的幾個幕間劇在歌詞和音樂方面都要加以修改，但問題是，要馬上找一個人來承擔這項雙重任務的工作是很不容易的。伏爾泰（當時在洛林）和拉摩兩人都在搞歌劇《光榮的聖殿》的創作，忙不過來，黎歇留先生想起了我，請我來承擔。爲了讓我考慮如何著手，他把歌詞和樂曲分開給我。我認爲，我應當先徵得歌詞作者的同意之後，才能動筆。於是，我寫了一封信給伏爾泰，信中的措辭很謙遜和恭敬，他

㉔ 赫西奧德（約西元前八世紀），與荷馬齊名的古希臘詩人。——譯者

㉕ 指一七四五年五月十一日法國薩克斯元帥在豐特努瓦大敗英國、奧地利、荷蘭和漢諾威四國聯軍之役。——譯者

的回信的原件見卷宗A，No.1，全文如下：

先生：

作詞和作曲這兩項工作，歷來是分別由兩個人承擔，而你一個人竟具有擔任這兩項工作的才能。有了這兩條充分的理由，我認爲，我應當欽佩你和仰慕你。我感到抱歉的是，你把這兩種才能用在這部作品上，實屬不值。幾個月前，黎歇留公爵先生一定要我在極短的時間內寫出幾場既乏味又支離破碎的戲的草稿，說是作爲歌舞劇的幕間劇，而這個幕間劇與全劇的情調又不太協調。我只好遵命照辦。我寫得很匆促，寫得很不好。我把那份匆匆寫成的草稿寄給了黎歇留先生，原以爲他不會採用，或者退回給我，由我加以修改。幸而他把它交給了你，如何處理，那就由你完全做主好了，因爲它的內容我早已忘記。在一份寫得如此匆促和簡略的初稿裡，必然有許多錯誤，我深信你一定會把它們改正過來，並補充一些不足之處。

我記得，在許多不足之處中，有這樣一個明顯的缺點，那就是：在場與場之間的幕間劇裡沒有交代格蕾納迪娜公主是如何從監牢裡出來，一下子就到了一座花園或宮殿裡。既然爲她舉行歡慶儀式的人不是魔術師而是一個西班牙的貴族，所以我覺得，劇中的一切都以不帶上魔術色彩爲宜。先生，這個情節我已經記不太清楚了，我請你再檢查一下。我請你斟酌是不是要加寫這樣一個場景：牢房的門一打開，公主就被人從牢裡請到特意爲她布置的金碧輝煌的宮殿。我知道，這一切都沒有多大的意義，不值得一個有思想的人把這些零零碎碎的事情當作主要的事情來做。不過，既然是要盡可能使人不感到不愉快，那就把它修改得盡可能合理一些，雖然它是一場不重要的幕間劇。

這一切，就拜託你和巴羅先生酌情辦理。我希望不久就有機會向你當面致謝。專此，順致敬意。

一七四五年十二月十五日

這封信寫得很客氣，和他後來寫給我的那些措辭傲慢的信對照起來一看，是多麼令人訝異啊！那時候，他以爲我在黎歇留先生那裡很受寵信，再加上他爲人十分圓滑（這是眾所皆知的），因此就對我這個新露頭角的人表現熱絡，等他摸清了我究竟有多大身分以後，態度就變了。

得到伏爾泰先生的授權以後，我就不再理會拉摩（他總是想盡辦法損害我），立即開始放手展現，花了兩個月工夫就全部完成了。歌詞方面改動不大，而且，即使有改動，也儘量使人感覺不到風格上的不同，我自信我在這一點上是做得很好的。我在音樂方面花的時間比較多，難度也較大，除了要另寫幾首包括序曲在內的幾個橋段以外，由我負責寫的宣敘調都非常困難，因爲有許多合奏曲和合唱曲的調子不一樣，要用短短的幾句歌詞和極快的轉調將它們連起來。爲了不讓拉摩說我篡改原作，我就沒有更改或挪動他的任何一段曲子。我作的那套宣敘調，音調高昂、氣勢恢弘、轉折十分自然。一想到人們看得起我，讓我與兩位高手合作，我的才情就迸發出來了。我可以說，在這個無名無利而且公眾全然不知內情的工作中，我幾乎總是全力以赴，可與我那兩位榜樣並駕齊驅的。

這個劇本就按照我改寫的樣子在大歌劇院彩排。三位作者中，只有我一人在場，伏爾泰當時不在巴黎，拉摩沒有來或者是故意躲開了。

第一段獨白很悲愴，開頭一句是：

死神啊！快來結束我這多災多難的一生。

情境如此，當然要配上與之相應的音樂，但拉·波普里尼埃爾夫人卻批評我，用尖酸的語氣說我寫的是送葬曲。黎歇留先生很公正，主張查一查這段獨白是誰寫的。我把他交給我的原稿拿給他看，證明是出自伏爾泰的手筆。他說道：「既然這樣，這過錯，要怪就怪伏爾泰一個人。」在彩排過程中，凡是我作的曲子，都受到拉·波普里尼埃爾夫人的批評，而得到黎歇留先生的首肯。然而，畢竟我遇到的對手太強大了，我接到通知說我的曲子中有好幾處要修改，而且一定要去請教拉摩先生如何修改。我不但沒有得到我所期待的稱讚（我理應得到人們的稱讚），反而得到這樣一個結果，我眞是傷透了心。我心灰意冷回到家裡；我精疲力盡，愁腸糾結，一下子就病倒了，足足六個星期，我出不了門。

拉摩只不過是負責修改拉．波普里尼埃爾夫人指出的那幾個地方，卻派人來跟我要那部大歌舞劇的序曲，說是用它來代替我這次寫的序曲。我感到其中必有蹊蹺而拒絕了。由於離正式演出只有五、六天時間，已來不及另外寫一個，所以只好仍舊用我寫的那首序曲。這是一首帶義大利風格的序曲；這種風格當時在法國還非常新穎，故而得到了普遍的好評。我的親戚穆薩爾先生的女婿瓦爾瑪勒特先生是宮廷總管，他告訴我說，音樂愛好者們對我的音樂都很滿意，聽眾沒有分辨出來哪些曲子是我作的、哪些曲子是拉摩作的。可是，拉摩和拉．波普里尼埃爾夫人串通一番，想了許多辦法不讓人們知道我參加了這部作品的寫作。在散發給觀眾的小冊子上，所有作者的名字通常都是要一個一個列出來的，但在這本小冊子上卻只有伏爾泰一個人的名字。拉摩寧願他自己的名字不寫上，也不願意把我的名字和他的名字並列在一起。

當我的身體一恢復到能出門的時候，我就想去見黎歇留先生。但爲時已晚，他已經動身去敦克爾克指揮開往蘇格蘭的部隊的登陸行動了。在他回巴黎後，我又懶病發作，心想現在去找他，爲時已晚了。自此以後，我就一直沒有再見到過他，以致使我失去了我的作品應當爲我贏得的榮譽和應得的報酬；我的時間、勞動、愁苦、疾病和我爲了治病所花的錢，全都由我自己承擔，而沒有得到一分錢的好處或補償。不過，我始終覺得黎歇留先生對我是眞誠的，對我的才能是讚賞的，只怪我倒了八輩子大楣和拉．波普里尼埃爾夫人的從中搗鬼，所以才使他的好心沒有對我產生好的效果。

我對這個女人曾百般討好，並經常去看望她，而她對我卻如此憎恨，我實在百思不得其解。後來高福古告訴了我其中的原因。他說：「這首先是因爲她與拉摩之間的友誼；她對拉摩佩服得五體投地，不容許任何人與他競爭。何況你是日內瓦人，單單這一點，就是你的一大罪過，在她看來就該打入地獄，永遠不會原諒你。」接著，他就講了于貝爾神父的故事給我聽。于貝爾神父也是日內瓦人，是拉．波普里尼埃爾先生的好朋友，他深知她的爲人，曾花了許多力氣想阻止他娶這個女人。因此，在結婚之後，她對貝爾神父便恨之入骨，而且恨所有的日內瓦人。高福古還說：「儘管拉．波普里尼埃爾先生對你很好，但依我看，你以後別再指望他會支持你了，因爲他很愛他的妻子，而他的妻子又恨你。她的心眼兒很壞，手段又高明，你和他們一家是永遠也相處不好的。」我把高福古的話牢記在心，我和那一家人的往來就到此爲止。

差不多也就是在這個時候，高福古在我正需要人說明之際幫了我一個大忙。我慈愛的父親前不久去世了，享年約六十歲。要是在我處境的艱難沒有如此使我困擾的情況下，我對父親的去世也許不會像現在這樣感到悲傷。當他在世的時候，我從來沒有提出過要分得我母親留下的一部分遺產，這一部分遺產的收益一直由他享用。現在他去世了，我就沒有什麼要顧慮的了，而麻煩在於關於我哥哥的死亡，迄今一直沒有弄到一個有效的證明。高福古答應幫我解決這個難題。他透過羅爾姆律師的協助，這個問題果然解決了。那時，由於我正急需這一小筆錢，而事情的進展情況我當時還不知道，所以我非常焦急的等待著最後的消息。有一天晚上，我從外面回家，收到了那封告訴我這個消息的信，我拿起信來就想拆開，急得手都發抖了，但突然心裡卻責怪我自己幹嘛這麼著急。「唉，怎麼啦！」我羞愧對自己說道，「我尚－雅克難道就爲了幾個錢急成這個樣子嗎？」於是我馬上把信放在壁爐臺上，脫下衣服，安安靜靜躺下，睡得比平時還香。第二天早晨很晚才起床，也沒有想起那封信，直到穿衣服的時候才看見它。我不慌不忙把信拆開，發現裡面有一張匯票，我很高興，而最令我感到高興的是：在昨天夜裡收到這封信的時候，我做到了控制我的心情。我一生中像這樣控制自己心情的事是很多的，但我實在太忙，就不一一詳述了。我從這筆錢拿出一小部分錢寄給我可憐的母親。回想起過去我有一次把全部所得交給她時的快樂情景，禁不住愴然淚下。她給我的每一封都談到了她的窘境，她寄來了許多配製藥劑的祕方給我，告訴我可以靠這些東西發財，也可以給她帶來好處。窮困已經使她心力交瘁，想不出別的辦法了。我寄給她的那一點錢，肯定會落入她身邊的那些騙子之手，她是完全享受不到的。一想到我這點活命錢竟讓那些壞蛋來分享，尤其是在我極力想把她從那些壞人手中救出而終歸無效的時候，我的心就沉痛之極。這一點，我在後面還要講到。

時光一天天過去，我手中的錢也隨著時光的流逝而花光。我們本該是兩個人生活，而實際上卻是四個人生活，更正確地說，是七、八個人生活。儘管黛萊絲毫無私心（像她這樣沒有私心的人是不多的），但她的母親就與她不一樣了。她一看有我接濟，境況稍好一點，就把她的全家搬來分享成果。什麼二姐、三姐呀，兒子、女兒呀，孫子、孫女呀，全都來了；只有她的大女兒因爲嫁給了昂熱市的一個車馬行的老闆沒有來。我爲黛萊絲添購的東西，全部由她的母親拿去分給那些餓鬼了。由於和我生活在一起的這個女人沒有貪心，而我也沒有被瘋狂的情欲所迷惑，所以我從來沒有因此便亂發脾氣。只要黛萊絲生活上過得好（但不奢華）、經濟上不緊張，我就滿足了。我同意她把她的全部勞動所得都交給她的母親，此外，我對他們還有別的照顧。可是，倒楣的事情一件接一件發生，母親㉖成了一群騙子掠奪的對象，而黛萊絲成了她一家人掠奪的對象。對她們兩個人，我都白幫助了，沒有一個人得到了我的好處。說來也眞奇怪，黛萊絲是勒瓦賽爾太太的最小的女兒，在女兒當中只有她沒有得到父母給的嫁妝。可是，她的父親和母親卻靠她一個人供養。這個可憐的孩子，不僅過去常挨她哥哥和姐姐們的打罵，甚至還受她侄女們的欺負，如今又遭到他們的掠奪。正如她過去無法抵禦他們的打罵一樣，現在也無法抵禦他們的掠奪。只有一個名叫戈

㉖ 指華倫夫人。——譯者

登．勒杜克的侄女兒性格比較溫和可愛，可是後來也跟著別人的榜樣學壞了，被別人教唆壞了。由於我常與她們兩人在一起，我也就跟著她們那樣稱呼她們兩個人：我叫戈登爲「我的侄女」，叫黛萊絲爲「姨媽」，她們兩人都稱我爲「姨父」。這就是我爲什麼一直叫黛萊絲爲「姨媽」以及我的朋友有時候也跟著我戲稱她爲「姨媽」的由來。

人們可以想像得到，在這種情況下，我必須趕快想辦法改變我困難的處境。鑒於黎歇留先生已經把我忘記，又不能指望宮中對我做些什麼，我就試圖把我寫的歌劇拿到巴黎去演出。但是，我遇到了一些困難，需要相當多的時間才能克服。我一天比一天著急；這時，我想起了我寫的小喜劇《納爾西斯》，打算把它拿到義大利歌劇院上演。劇本被接受了，我得到幾張免費入場券，這使我很高興，但也僅此而已，劇本始終無法演出。我天天去找喜劇演員們，弄得我都厭煩了，以後乾脆就不去找他們了。我又回到最後剩下的一條門路，也是我本來就該走的門路。當我常去拉．波普里尼埃爾先生家的時候，我就很少去杜賓先生家了。兩家的夫人雖說是親戚，但相處得很不好，彼此很少見面，兩家的客人也互不往來，只有迪埃利約兩家都去。他受託要想辦法把我拉到杜賓先生家去。那時，弗蘭克耶先生在學博物學和化學，辦了一個實驗室。我看得出來，他想一躍而進科學院。要達到這個目的，就必須要著一本書，他認爲我在這項工作中能對他有用。杜賓夫人也想寫一本書，在我身上也打著差不多同樣的主意。他們兩人想合請我做祕書之類的工作。這時我才恍然大悟迪埃利約先生之所以要我到杜賓先生家去，原來是爲了這件事。我首先要求弗蘭克耶先生利用他和耶爾約的影響力把我的作品拿到歌劇院去排演，他同意了。《風流的繆斯》先在後臺、後來在大劇場排演了好幾次。彩排那一天，到的人很多，有好幾段音樂都得到了觀眾的喝采。然而在演出過程中（雷貝爾指揮得很不好），我本人感到這個劇本是通不過的，沒經過大的修改是無法演出的，因此我什麼話也沒有說，就把劇本收回了，免得遭人家退稿給我。但是，有許多跡象使我很清楚的看出，我的作品即使寫得十全十美也是無法通過的。弗蘭克耶先生承諾的是拿去排演而不是演出。他嚴格遵守了他的諾言，我在這件事情和其他許多事情上看出，他和杜賓夫人都不想我在社會上出名，以免將來人們看他們寫的書的時候懷疑我是他們的捉刀人。杜賓夫人始終認爲我的才具平常，只讓我替她做一些筆錄她口授的文件或查找資料的工作。我這番話，對她來說，也許有失公平。

最後這次失敗，使我完全失去了信心，我完全放棄了一切進取和成名的計畫，再也不想什麼憑我的才能就能如何如何了，因爲不論我的才能是眞也好，是假也好，反正不會使我顯身揚名。從今以後，我要把我的時間和精力用來爲我和黛萊絲謀求生計。誰給我們飯吃，我就討誰的歡心。我今後要完全投靠杜賓夫人和弗蘭克耶先生。這當然不能生活得很富裕，因爲頭兩年他們每年只給我八、九百法郎，勉強只夠我生活的基本需要，何況我還不得不到離他們家近的地方租房子住，房間要裝修，那個地段的房租又貴，另外還要在巴黎城邊的聖雅克街的盡頭處租一套房子，不論晴天或雨天，我幾乎每天晚上都得回到那裡去吃飯。對於這種生活方式，我不久就習慣了，而且也喜歡上我的新工作。我對化學產生了濃厚的興趣，我跟弗蘭克耶一起到盧埃勒先生家去聽了幾次課之後，便開始對這門我們只學了點皮毛的學科深一句淺一句撰寫起論文來了。一七四七年我們到都蘭去度秋季，住在舍農索城堡。這座城堡是舍爾河畔的王家府第，是昂利二世爲狄亞娜·德·普瓦蒂埃修建的；用她的名字的起首字母組成的圖案還依稀可見。現在，這座城堡歸包稅人杜賓先生所有了。在這個漂亮的地方，我們玩得很開心，吃得也很好，我變成了一個像和尚似的胖子。我們天天做音樂，我作了幾首三重唱，音調相當和諧。如果將來我有機會寫補遺的話，我還要重提一下這幾首曲子。我們還演喜劇，我用十五天時間寫了一部三幕劇，題目叫作《冒失的婚約》。讀者可以在我的文稿中找到這個劇本；它除了讓大家歡樂一陣子以外，便沒有別的優點。我還寫了幾個小品，其中有一首詩，題名叫作《茜爾維的林蔭道》。這個名字取自舍爾河畔一座公園的一條林蔭小道。我寫這些東西，都沒有耽誤化學的研究工作與杜賓夫人安排我做的工作。

當我在舍農索發胖的時候，我那可愛的黛萊絲在巴黎也發胖了，只不過她是另外一種胖法。我回家時發現，我做的那件事竟比我估計的時間提前顯露出來了。以我當時的處境而論，要不是同桌吃飯的夥伴幫我想出了一個唯一能使我擺脫困境的辦法，我會被弄得焦頭爛額、不知如何是好的。這是我在書中要講述的重要事情之一，所以不能敘述得過於簡略，因爲，如果要我對此事加以解說的話，我只好要麼爲自己辯護，要麼責備自己，而我現在在這裡既不做前者，也不做後者。

在奧爾托納在巴黎期間，若我們沒有到飯館用餐，通常是就近吃飯，在歌劇院這條死巷對面一個裁縫師傅的妻子拉賽爾大娘家搭伙。她做的飯菜很差，但由於在她那裡吃飯的都是正派人，所以還是很受歡迎的。她不接受不相識的生人，必須要有一個平常在她家吃飯的人介紹，她才接納。格拉維爾隊長是個老風流人物，對人彬彬有禮，頭腦也很聰明，但說話總帶髒字。他住在那個裁縫家，經常招來一批衣著華麗的警衛隊和長槍隊的年輕軍官。諾朗隊長是歌劇院全體舞者的保護人，天天都要把那幫美人的新鮮事講給大家聽。杜·普勒西斯是一位退休中校，是一位秉性善良的老人；昂塞勒*是長槍隊的軍官。全靠他們兩人維持，那幫青年才守一點規矩。到這裡吃飯的，也有商人、經紀人和食品商；他們都很有禮貌、很正派，是各行各業中的體面人物，如貝斯先生和弗爾卡德先生；還有一些人的名字，我已經忘記了。總之，在這裡吃飯的，各行各業的人都有，只有教士和司法界的人例外，我一個

---

* 我爲這位昂塞勒先生寫了一部小喜劇，題名叫作《戰俘》，是在法國軍隊在巴伐利亞和波希米亞慘敗之後寫的。我一直不敢承認它是我寫的，也不敢拿給任何人看。我之所以這樣謹慎，其中的原因說來也很奇怪，那就是：法國的國王、法蘭西這個國家和法國人從來沒有受到過他們在這部喜劇裡受到的那種眞誠的稱讚，而我是一個徹頭徹尾的共和派和投石黨人，所以我不敢承認我是這個其信條和我的信條完全相反的國家的吹捧者。對於法國遭受的災難，我比法國人還要傷心。我在本書上冊已經談到了我從什麼時候開始和因什麼緣故使我對法國如此眞誠熱愛的。這種熱愛，我一直不好意思說，因爲我怕人家說我膽子小，想千方百計討好法國人。

也沒有見到過。不要把這類人介紹到這裡來似乎已經成了一種心照不宣的規矩。搭伙的人很多，大家談笑風生但不喧嘩，笑話連篇但不粗俗。那個老隊長的話，內容很花俏，但從來不失宮廷裡那種高雅的語氣。從他嘴裡說出來的每一句俏皮話，雖很風趣但無傷大雅，所以連女人也能原諒。他談話的方式給大家定了標準，所以那些青年在大談他們的豔遇時，話雖放肆，但用詞卻很文雅。涉及小姐們的故事是很多的，因爲拉賽爾大娘家所在的那條街正對著是著名的時裝商杜莎太太的店。她的店僱了許多漂亮的小姐，我們這幫年輕人飯前或飯後都喜歡去和她們聊天。如果我的膽子大一點，也一定會像他們那樣去尋開心的，只要敢跟他們一起去就行了，可是我從來不敢。在奧爾托納走後，我還是常到拉賽爾那裡去吃飯，我在那裡聽到了許多有趣的新鮮事，也逐漸學到了一些處世的箴言（多虧老天庇佑，我沒有學他們的那一套生活作風）。他們談得最多的是哪個老實人受了氣、哪個男人戴了綠帽子、哪個女人被誘姦、哪個女人有了私生子；他們還說什麼誰給育嬰堂送去的孩子最多，誰的功勞就最大。這句話很中我的意，因此我也打算採取這種在非常和藹可親的人當中流行的辦法。我對我自己說：「既然此地有這種風俗，我生活在這裡，就照此辦理好了。」我到處尋找的就是這個辦法。我毫不猶豫而且爽快的決定採取這個辦法。唯一要做的工作，是如何打消黛萊絲的顧慮。我費了九牛二虎之力也沒有說服她採取這個唯一能保全她的面子的辦法。她的母親擔心有了孩子會增添許多新的麻煩，也來幫我說話。黛萊絲終於被說服了。我們找了一個穩妥可靠的接生婆，名叫古安小姐，住在聖歐士塔什街的盡頭處。我們把這件事情交給她去辦理，到了生產那一天，黛萊絲就由她母親陪著到古安小姐家去分娩了。我到古安家去看了黛萊絲好幾次，我送了兩張卡片給她，把孩子的生辰年月日一式兩份分別寫在這兩張卡片上，其中一張放在嬰兒的襁褓裡，由接生婆按通常的辦法送到育嬰堂去。第二年又出現了同樣的難題，我如法炮製，同樣辦理，只不過忘了放一張記有孩子生辰年月日的卡片罷了。這一回，我依然不加考慮，而她也依然不贊同，最後還是唉聲歎氣聽了我的話，照我的話辦。各位讀者以後將不斷看到這一嚴重的錯誤行為在我的思想方法和命運產生的後果；至於目前，此事就暫時談到這裡為止。它的後果既十分慘重又完全非我的始料所及，竟一再使我不得不回過頭來談它。

在這裡，我要談一下我第一次見到埃皮奈夫人的經過。她的名字在本書中將經常出現。她原名德士克拉維爾小姐，不久前和包稅人拉里夫．德．貝勒加爾德先生的兒子埃皮奈結婚。她的丈夫，與弗蘭克耶先生一樣是一位音樂家，她本人也是一位音樂家，由於都喜歡音樂，所以三個人非常親密。弗蘭克耶先生把我介紹給埃皮奈夫人，我有時候與他一起在她家吃晚飯。她對人很親切，頭腦很聰明，辦事也挺能幹。和這樣一個女人相識，當然是件好事。不過，她有一位名叫艾特小姐的女性朋友，人們都說這個女人很壞。艾特和瓦羅里騎士同居，這個騎士的名聲也不好。我認為，與這樣兩個人交往，對埃皮奈夫人是有害的。埃皮奈夫人對人雖十分苛求，但她有許多優點足以調節或彌補行事過頭的地方。弗蘭克耶先生對我的友誼也感動了她，她因此對我也很友好。弗蘭克耶先生還向我講了他和她的曖昧關係。如果不是已經成了連埃皮奈先生也知道的公開祕密，我在這裡是不會提到的。弗蘭克耶先生還講了這位夫人的許多奇怪的隱私給我聽。這些隱私，她本人從來沒有向我講過，也從來沒有想到我會知道，因爲我無論現在或將來都不會向她或另外的人講的。由於她與弗蘭克耶先生對我都很信任，所以我的處境很尷尬，在弗蘭克耶夫人面前，因爲她對我很了解，所以雖然知道我和她的情敵有往來，但並不因此就對我有猜疑。我盡力安慰這個可憐的女人，她的丈夫的確辜負了她對他的恩情。這三個人的話我都聽，但我守口如瓶，不洩露他們的半點隱私。他們三個人當中的任何一個人都休想從我口中套出其他兩個人的祕密；我也不向兩個女人中的任何一個隱瞞我與她的情敵的友誼。弗蘭克耶夫人多次想利用我幫她辦事，都被我嚴詞拒絕了。埃皮奈夫人有一次想請我幫她捎一封信給弗蘭克耶先生，不但遭到同樣的拒絕，而且我還向她鄭重聲明，只要她再次要我替她辦這類事，我將從此不再進她家的門。應該替埃皮奈夫人說句公道話，我這種態度不但沒有使她感到不快，她反而向弗蘭克耶先生十分稱讚我，以後依然很熱情接待我。在這三個我必須不偏不倚對待的人的風波迭起的關係中，我就是這樣行事的。雖然我在某些方面要依靠他們，對他們都有深厚的情誼，但我處處表現得既親切又公正，所以贏得了他們的友誼、尊重和信任。儘管我外表上顯得又蠢又笨，但埃皮奈夫人還是讓我參加舍夫雷特的娛樂活動。舍夫雷特在聖丹尼附近，是德·貝勒加爾德先生的一處公館，公館裡有一個戲臺，他們時常演戲。他們讓我也擔任一個角色；我把這個角色的臺詞整整練習了六個月，但到演出的時候還是需要有人不斷提示。這次演出之後，他們就不再讓我擔任什麼角色了。

在認識埃皮奈夫人的同時，我又認識了她的小姑德·貝勒加爾德小姐。這位小姐不久之後就出嫁，成爲烏德托伯爵夫人。我第一次見到她，是在她結婚的前夕，她以她那種天生的親暱態度和我談了很久。我覺得她很可愛，但壓根沒有料到這個女人將來有一天會主宰我一生的命運，而且把我推進了（雖然是無心的）我今天仍深陷其中的萬丈深淵。

我從威尼斯回來以後，我雖然沒有談到狄德羅，也沒有談到我的朋友羅甘，但我既沒有忘掉前者也沒有忘掉後者，尤其是目前我與前者的友誼一天比一天更親密。就如同我有一個黛萊絲一樣，他也有一個納內蒂；這在我們兩人之間又多了一個共同點，但區別在於我的黛萊絲除了模樣長得與納內蒂一樣好看以外，脾氣還很溫和，性格非常可愛；而他的那個納內蒂，乃是一個成天碎嘴嘮叨、吵吵鬧鬧的潑婦，一看就是一個沒有教養的女人。然而他卻正式娶她爲妻，他這樣做，如果有約在先，當然好；至於我，我可沒有這樣事先許諾，所以我不急於照他那樣辦。

我還和孔狄亞克神父時有往來。他當時與我一樣，在文化界默默無聞，不過，就他的學識而論，他篤定是會成爲今天這樣的名人的。我也許是第一個發現他的才能並十分看重他的人。他也樂於與我交往；當我在歌劇院附近尙聖丹尼街的一家旅館的房間裡寫《埃西奧德》那幕戲的時候，他有時來和我一起吃頓便餐。他那時正在撰寫他的第一部著作《人類知識起源論》。寫完以後，很難找到一個書商出版。巴黎的書商對新手都是很傲慢的，再加上形而上學在當時也不時髦，無法引起人們的興趣。我對狄德羅談起孔狄亞克和他的著作，並介紹他們兩人互相認識；他們一見如故，十分投緣。狄德羅說服書商杜朗接受孔狄亞克的稿子，於是這位大玄學家的第一本書便爲他帶來了一百埃居的稿酬。這筆錢，幾乎等於是天外飛來之財，如果沒有我，孔狄亞克就得不到這一百埃居了。由於我們住的地方離彼此都很遠，我們三人約定，每個星期在羅亞爾宮聚會一次，並一起到一家名叫「大花籃」的飯館去吃飯。狄德羅非常喜歡這種每週一次的小聚餐會。他這個人是有約必爽的，但對這種小聚餐會卻從來沒有缺席過一次。在一次聚餐會上，我制訂了一個出版一份期刊的計畫，期刊的名稱叫作《嘲笑者》，由我和狄德羅輪流主編，第一期由我執筆，也因此我認識了達朗貝爾，因爲狄德羅與他談過此事。由於有許多預料不到的事情的干擾，這個計畫也就擱置了。

這兩位作家最近在著手編一部《百科詞典》。這本詞典，原來是打算把錢伯斯的《百科詞典》譯成法文，與狄德羅最近翻譯的詹姆士的《醫學詞典》差不多。他要我也爲《百科詞典》寫點什麼，並建議我寫音樂方面的詞條，我答應了。他對每個參加這項工作的作者規定的交稿期限是三個月，我只好匆匆忙忙、馬馬虎虎如期完成。後來我發現，像我這樣按時交稿的，只有我一人。這份稿子是我請弗蘭克耶先生的一個名叫杜邦的僕人謄清的，他字寫得很好，我自掏腰包給了他十個埃居。這十個埃居，後來一直沒有人補償我。狄德羅告訴我說書商將給我報酬，但後來他一直沒有再提此事，而我也沒有向他開口要。

《百科詞典》的工作也因狄德羅被抓進監獄而中斷了。他的《哲學思想錄》為他招惹了一些麻煩；這些麻煩後來也不了了之，沒有人再過問。這一次，他那封《關於盲人的信》，情況就不一樣了；其實，這篇文章除了幾句涉及個人相貌的話以外，就沒有其他可指責的地方。㉗但是，就是這幾句涉及個人相貌的話，得罪了杜普蕾·德·聖莫爾夫人和雷奧米爾先生，因此他被關進了萬森納監獄。我的朋友的這樁禍事，使我感到的焦急心情，簡直無法形容。我腦海中糟糕的想像力總是凡事都往壞處想，愈想愈壞。我認為他將在監獄裡關一輩子。我簡直急得暈頭轉向，差一點兒就急瘋了。我寫了一封信給蓬巴杜夫人㉘，向她求情，把狄德羅放出來，或者把我也關進監獄，讓我和他在一起。我一直沒有得到回信，這也許是因為我的信把道理講得太簡略了，所以沒有產生效果。所幸沒過多久，對可憐的狄德羅的看管就鬆了一些。這一點，我不敢自詡我那封信也起了點作用，但是，如果對狄德羅的看

㉗ 句中的《關於盲人的信》是簡稱。這篇文章的全題是：《供眼睛正常的人閱讀的關於盲人的信》。巴黎當局藉口文章對德·聖莫爾夫人那雙美麗的眼睛說了俏皮話，便把狄德羅抓進監獄。這是表面原因，而眞正的原因是狄德羅在文章中宣揚唯物主義，他以英國盲人數學家桑德森（一六八二—一七三九）為例，說這位數學家自幼雙目失明，沒見過天上的光明，因此意識不到上帝的存在；他對外界事物的認識，全憑感知。狄德羅在文章中反覆陳述感覺論的觀點，進而達到宣揚唯物主義無神論的目的。——譯者

㉘ 蓬巴杜夫人（一七二一—一七六四）：法王路易十五的情婦。——譯者

管再繼續那樣嚴厲的話，我敢斷言，我會傷心得死在那座可惡的監獄的牆腳下的。不過，雖說我的那封信沒有起多大作用，但我也沒有到處宣揚，我只向幾個人談過，就連狄德羅本人，我也沒有告訴他。

第八卷（一七四八—一七五五）

在寫完前卷之後，我要暫時歇一下。從本卷開始，我要從頭講述我一連串不幸的遭遇。

我曾在巴黎兩個最顯赫的人家生活過，雖然我不怎麼善於交際，但也結識了幾個人。我在杜賓夫人家裡結識了薩克斯戈特公國年輕的儲君和他的師傅圖恩男爵；在拉．波普里尼埃爾先生家裡結識了圖恩男爵的朋友塞基先生，他因編了一本精美的《盧梭①詩集》而享譽文壇。男爵邀請塞基先生和我到儲君在豐特奈．蘇布瓦的那座府邸玩一、兩天。我們兩人都去了。在經過萬森納時，一看見那座監獄，我的心就如同刀割般難過，男爵注意到我臉上的表情。在吃晚飯的時候，儲君談到狄德羅被關的事情，男爵批評狄德羅筆下太不謹慎。他這樣說，顯然是爲了挑動我發表意見，於是，我便爲狄德羅辯護，而且情緒非常激動。我的態度和言辭雖然偏激，但這是爲了一個遭難的朋友，所以他們也就原諒我並轉移了話題。當時，同席用餐的還有兩個隨侍儲君的德國人，一個名叫克魯普費爾，此人很有頭腦，是儲君的私人教堂的主管神父，後來還接替男爵成了儲君的師傅。另一個是一位年輕人，名叫格里姆，是儲君的侍讀，正在尋找機會另謀高就；他的穿著很寒酸，看得出來他是急需要找一份好工作。那天晚上，克魯普費爾和我談得很投機，我們不久就成了朋友。我與格里姆的友誼進展得沒有這麼快，他很少站在人前顯示自己，與他後來小有名氣時的那種趾高氣昂的樣

---

① 指詩人尚－巴普蒂斯特．盧梭。——譯者

子完全兩樣。第二天午飯時，大家談論起音樂，他發表了許多意見，我聽說他能用大鍵琴伴奏，便很高興。飯後，主人派人去拿樂譜來，我們就用儲君的大鍵琴演奏，玩了一整天，就這樣結下了我們深厚的友誼。我們的友誼開始是這麼甜蜜，後來竟變得那麼苦澀，我以後在這方面有許多話要說。

一回到巴黎，我就得到狄德羅已經不關在單間牢房裡的好消息，可以在萬森納監獄的看管區內和花園裡自由活動，而且，只要他不亂說話，還可以會見朋友。可是，我當時無法立刻去看他，心裡眞是難過極了！我在杜賓夫人家被一些非辦不可的事耽擱了兩、三天，急得我像過了三、四百年似的，隨後，我便馬上飛也似的跑到萬森納，一下子就投入我的朋友的懷抱。這一剎那之間的百感交集的心情，眞是難以形容啊！他當時不是單獨一個人，還有達朗貝爾和聖堂的司庫與他在一起，但我一進門，我眼睛裡只看見他一個人。我大喊一聲，衝過去緊緊抱住他，把我的臉貼在他的臉上，除了哭哭啼啼直流眼淚以外，什麼話也說不出來；我心情激動得連氣都喘不過來了。他掙脫我的胳臂以後，第一個動作是轉過身去對那位教士說：「先生，你看，我的朋友是多麼愛我。」我當時正心情激動，對他這樣利用我的友情來自誇的做法沒有怎麼多想，不過，後來有時候回想起此事，總覺得：如果我是狄德羅，從我嘴裡說出的第一句話，絕不會是如此。

我發現監獄生活對他的影響很大，牢房給他留下了可怕的印象。雖然他在監獄裡相當舒適，可以在花園裡自由自在散步，這個花園雖然連圍牆都沒有，但他需要朋友陪伴，才不感到鬱悶。當時，最同情他的苦惱的人，是我。我相信，只要他一見到我，他就會感到最大的安慰。所以，不管事情多麼忙，我每隔兩天就去看他一次，有時候我單獨一個人去，有時候與他的妻子一起去，跟他一起度過一個下午。

一七四九年的夏天特別熱。從巴黎到萬森納有兩法哩。我經濟拮据，沒錢坐馬車，所以，如果是我一個人去，我就步行。下午兩點出發，快步前進，以便早一點到那裡。按照當地的一貫做法，總是會把路邊的樹枝葉剪得禿禿的，幾乎沒有陰涼的地方。每當我又熱又累的時候，便躺在地上，全身都動不了了。爲了放慢腳步，我往往是隨身帶一本書，可是有一天，我隨身帶的是一份《法蘭西信使報》，我邊走邊看，突然看到第戎科學院刊登的下一年的有獎徵文題目：「科學與藝術的進步是助長了風俗的敗壞還是促進了風俗的淨化」②。在看到這個題目的那一剎那，我看到了另外一個世界，我變成了另外一個人。儘管我對當時得到的印象記得很清楚，但詳細情況，自從我在給瑪律澤爾布先生的四封信中的有一封信裡③講過之後，便完全忘記了。這是我的記憶力的奇特現象之一，值得在這裡講一下。

②一七四九年十月第戎科學院在《法蘭西信使報》上公布的原題是：「科學與藝術的復興是否有助於敦風化俗」。——譯者

③指盧梭寫給瑪律澤爾布四封信中的第二封信。（見盧梭：《一個孤獨的散步者的夢》，李平漚譯，商務印書

當我用它的時候，我能把我記得的事情回憶得清清楚楚，而一旦把我回憶的事情寫在了紙上之後，我的記憶便離我而去，一切都再也想不起來了。這種奇怪的現象，甚至在音樂方面也有。在開始學音樂以前，我能背許多歌曲，而在我一開始能按譜唱歌以後，我便一首歌也記不住了；我以前最喜歡的歌曲，今天我一個也背不出來了。

這件事情，我記得很清楚的是：我到萬森納時，心情激動得近似瘋狂。狄德羅看出了我的這種心情。我向他說明了原因，我把我在那棵橡樹下面用鉛筆寫下的那幾句法布里西烏斯④式的話讀給他聽。他鼓勵我大膽發揮我的觀點，把文章寄去參加比賽。我照他的話做了。然而，沒有料到的是，從那時那刻起，我就墜入了萬丈深淵；我一生不可避免的災難，就是從這一念之差開始的。

我的情感也以難以想像的速度昇華起來，與我的思想同步前進。我所有一切其他的欲望，都被我對眞理、自由和美德的積極追求打消了。而更令人驚訝的是，這種狂熱的狀態在我心中一連持續了四、五年之久，其高昂的程度也許在別人的心中還從來沒有過。

我寫這篇文章的方法也是很奇特的，這個方法，我後來在撰寫其他著作時也採用，我把

館二〇〇八年版，第一百九十頁）——譯者

④ 西元前三世紀羅馬政治家。——譯者

我的失眠之夜全都用來寫這篇文章。我閉著眼睛在床上沉思，我把文章的布局和各段的內容反覆琢磨，到滿意的時候我就把它們存在腦子裡，直到我認爲能寫在紙上爲止。但是，在我起床穿衣的時候，又全忘記了，等我拿起筆來要寫時，我編排好的段落竟一個也想不起來了。於是，我就想了一個辦法，讓勒瓦賽爾太太充當我的祕書。幸虧我早就讓她和她的丈夫與女兒搬到離我近的地方住了。爲了少用一個僕人，她每天早晨來生爐火和做些雜事。她一到，我就把我夜裡在床上想好的文章內容口授給她筆錄。這個辦法，我用了很久，使我少忘掉許多已構思好的詞句。

文章寫好後，我拿給狄德羅看。他很滿意，並提出了幾處修改的意見。不過，這篇文章儘管文字激昂，但缺乏邏輯，段落鋪敘的層次不夠分明。在所有出自我筆下的作品中，就數它推理的說服力最弱，詞句修飾的也參差不齊，不甚勻稱。可見一個人不論天資多高，寫作的藝術也無法一下子就能學好的。

我把文章寄出去以後，除格里姆以外，我就沒有對其他任何人說過。自從他到弗里埃茨伯爵家以後，我們就開始密切往來。他有一臺大鍵琴，這就成了我們聚會的地點。我有空就到他那裡去，由他用大鍵琴伴奏，我們一起唱義大利歌曲和威尼斯船夫曲，從早唱到晚，或者說得更確切一點，一刻不停的從晚上唱到早晨。那段時間，如果在杜賓夫人家找不到我，肯定可以在格里姆的住處找到我；即使不在他那裡，也是和他一起出去散步或者看戲去了。我有義大利喜劇院的免費入場券，因爲他不喜歡那個劇院，我只好和他一起到他喜歡的法蘭西喜劇院花錢買票進去看。那時，使我和這個年輕人交往密切的吸引力是如此之強，我變得和他須臾不可分離，以致我和可憐的黛萊絲也疏遠了；我說的「疏遠」，只不過是說我去看她的時候少了，而我對她的依戀之情，在我這一生中沒有一時一刻減弱過。

由於我空閒的時間不多，無法各方面都兼顧到，所以我又開始思考要如何安排，才能和黛萊絲經常在一起。其實，這個想法我早就有了，但因她家人口太多，尤其是因為我沒錢購置傢俱，便一直擱置這個計畫。現在有了在這件事做一番努力的機會，我就利用這個機會來實現我的計畫。弗蘭克耶先生和杜賓夫人覺得每年八、九百法郎不夠我的開銷，便主動把我的年薪提高到五十路易，而且，杜賓夫人聽說我要購置傢俱，也在這方面給了我一些幫助，加上黛萊絲原有的傢俱，我們便在格萊內爾－聖奧諾雷街的隆格多克公寓租了一套小房間。住在這座公寓的，都是正派人。我們盡所能的布置，住在那裡直到搬到退隱廬。黛萊絲的父親是一個脾氣很好的老人，性格很溫和，特別怕他老婆，因此他幫他老婆取了個綽號叫作「刑警隊長」，後來，格里姆還用這個綽號來戲稱我的黛萊絲。勒瓦賽爾太太不是不聰明，意思就是說她並不缺乏才能，她甚至還自誇懂得上流社會的禮儀和做派呢！但她有一種愛討好巴結人的詭祕樣子，這很令我受不了。她經常給她的女兒出壞主意，教她女兒不要對我說真話，見到我的每一個朋友都假意奉承，挑撥他們之間以及他們和我之間的關係。不過，她真的是一個好母親，因為她發現當一個好母親，對她是有利的。她想盡辦法掩飾她女兒的過失，從中得到好處。這個女人，儘管我無微不至關懷她和照顧她，送她許多小禮物，一心想討她歡心，但結果純屬徒勞。我這個小家庭中發生的許多不愉快的事情，唯一的罪魁禍首就是她。不過，我應當承認這六、七年間我還是享受到了脆弱的人心所能品嘗到的家庭幸福美滿。我的黛萊絲有一顆天使的心，我們的感情隨著我們關係的密切而增加，我們一天比一天更加強烈感覺到我們彼此是互相爲對方而生的。如果要把我們的快樂生活加以描寫的話，那簡直簡單得令人好笑。我們兩人經常肩並肩到城外散步，在小酒館裡花八、九個蘇吃點心。我們緊靠窗邊，把椅子放在一個與窗同寬的大木箱上，窗臺就是我們的飯桌，面對面坐在兩把小椅子上吃晚飯，我們呼吸著新鮮空氣，觀賞窗外的景色和行人，雖然是在第五層樓，但我們一邊吃飯，一邊感覺到是置身街中。我們的晚餐，吃的、喝的總共就是四分之一塊大麵包、幾顆櫻桃、一小塊乳酪和四品脫葡萄酒。我們吃得很開心，這種樂趣，誰能描寫得出和感覺得到呢？我們之所以吃得那麼津津有味，靠的是我們兩人之間的情誼、信任和心靈的親密與溫馨！有時候，我們在那裡一直待到半夜，如果不是她母親來提醒我們，我們還不知道時間已是深夜了。現在，讓我們放下這些細小的事情不談，因爲它們既乏味又令人好笑。我早就說過，而且也確實體驗到：眞正的樂趣，不是文字所能描寫的。

差不多也就是在這個時候，我還有過一次粗俗的享樂，也是我應該責備自己的最後一次這類享樂。我在前面曾經說過，克魯普費爾神父是很可愛的，我和他的交往之密切，不亞於與格里姆的交往，而且同樣親密。他們兩人有時在我家吃飯，我們的飯菜雖然簡單，但卻被克魯普費爾瘋瘋癲癲的玩笑話和格里姆帶德國口音的令人好笑的法語（那時候他還不是一個法語純正癖好者）逗得樂不可支。我們小小的聚會不在乎菜肴是否精緻，而在於大家吃得高興。我們相處得如此之好，以致大家都感到須臾不可分離。克魯普費爾在他常去的一個暗娼家包養了一個小姐，但她仍然可以接客，因爲他一個人養活不了她。有一天晚上，我們走進一家咖啡館，碰見他從咖啡館出來，準備到那個小姐那裡去吃晚飯。我們嘲笑他，於是他存心報復，邀我們與他一起到那個小姐家吃飯；這時，輪到他來嘲笑我們了，因爲他終於把我們像他那樣拉下了水。我發現那個可憐的女孩子天性相當善良，性格很溫柔，不像是從事那一行的人。有個老鴇和她在一起，正在努力調教她。閒談和酒足飯飽使我們樂得忘乎所以。好心的克魯普費爾不打算請客只光請吃飯，於是我們三個人便一個接一個哭笑不得的與那個可憐的小姐到隔壁房間去了。格里姆一再說他沒有碰她，說他之所以和她待那麼久，是拿我們開心，讓我們著急。可是，如果他眞的沒有碰她的話，這也不像是因爲他不好意思，因爲他在搬進弗里埃茨伯爵家之前就住在聖洛什區的一些妓女家裡。

我走出那個小姐住的穆瓦洛街時，和聖普樂⑤走出他被人灌醉的屋子時一樣的羞愧。我

---

⑤ 盧梭著《新愛洛伊絲》中的男主角。——譯者

寫他的故事時⑥，便回想到了我這段往事。黛萊絲從某些跡象，特別是從我慌亂的樣子，看出我好像是做了什麼對不起人的事情，爲了減輕我心中的負擔，我馬上向她坦白了一切。我這樣主動，還眞是做對了，因爲第二天格里姆一來就繪聲繪影地向她講述了我的醜行，而且從此以後，他一有機會就故意添油加醋向她重提此事。他不應該那樣做，因爲我是這麼信任他，我就有權利期待他不要做任何令我後悔不該那麼相信他的事。沒有任何事情是像這件事情如此令我感到我的黛萊絲心地忠厚。她對格里姆的那種做法的憎恨，比對我的不忠的責備更有甚之。她只含情脈脈批評了我幾句，而沒有絲毫惱怒的樣子。

這個好女人的頭腦與她的心地一樣單純。對她的頭腦的描述，單單這句就夠了。不過，有一件事情還是値得講一下的。我曾告訴她：克魯普費爾是薩克斯戈特公國儲君的私人禮拜堂的主管神父。在她看來，一個主管神父當然是一個特殊人物，以致令人好笑的把許多不相干的概念混淆在一起，認爲克魯普費爾就是教皇。有一天我回家時，她告訴我說教皇曾經來找過我。我乍聽還以爲她瘋了，請她把詳細的情況講給我聽，於是我才恍然大悟。我趕快跑去把事情的經過告訴格里姆和克魯普費爾。從此以後，我們就一直稱克魯普費爾爲「教

⑥ 這段故事，見盧梭：《新愛洛伊絲》卷二書信二六。（盧梭：《新愛洛伊絲》，李平漚、何三雅譯，譯林出版社二〇〇二年版，第二百八十五—二百八十九頁）——譯者

皇」，我們還把穆瓦洛街的那個小姐叫作「教皇皇后珍妮」。這個名稱，使我們笑得氣都喘不過來。有些人硬說我自己曾經在一封信中承認我生平只笑過兩次。他們顯然是既不了解那個時候的我，也不了解青年時期的我；如果了解的話，他們是不會這樣說的。

第二年，即一七五〇年，當我差不多已經忘記了我寫的那篇文章時，忽然獲悉它在第戎得獎了。這個消息使我回想起當初促使我寫那篇文章的那些思想，並賦予它們新的力量，使我的父親、我的祖國和普魯塔克在我童年時候在我心中播下的英雄主義和道德觀念的種子開始萌芽生長了。我從此認爲，人生在世，只有做一個自由的和有道德的人才是最偉大的和最高尙的。我一定要把財富與他人的評說不放在眼裡，一切靠自己的努力奮鬥。雖然我對他人的嘲笑仍然感到不應有的羞愧，因而妨礙了我按這些原則行事，並與我那個時代的處世信條毅然決裂，但我已下定決心，如果再遇到違背我心意的事情，我一定要意志堅定抱著必勝的信心，毫不遲疑按我的意志行事。

正當我從哲學的角度對做人的種種義務進行探討時，有一件事情使更加深入的思考自己的義務。黛萊絲第三次懷孕了，由於我對自己太眞誠，自尊心太強，無法以我自己的行爲來否定我自己的原則，我便開始仔細思考我的孩子們的命運和我與他們的母親的關係。我是本著自然的、正義的和理性的法則進行思考的，是按照這個與它的創立者同樣純潔、神聖和永恆的宗教的教義進行思考的。這個宗教，人們表面上說是要淨化它，實際上是在玷汙它，用他們的那一套辦法把它變成了盡說空話的宗教。他們規定了許多本來就不可能做到的規章，所以大家只好空談一陣，誰也不實行。

我對我的做法的後果的嚴重性固然是推測錯了，但我是懷著寧靜的心靈那樣做的，而且，當時心靈的泰然自若，簡直到了令人吃驚的程度。如果我生來就是惡人，從來不聽從大自然溫馨的呼聲，心中沒有萌生過眞正的正義感和人道感，那麼，這種鐵石心腸之所以產生的原因，就極其簡單了。然而，我的心是火熱的，我的感情是那樣強烈，那樣容易產生依戀之情，容易聽從這種感情的驅使，而在需要割斷這種感情時，我是感到如此椎心之痛的心碎；我對人抱有天生的同情心，我熱愛偉大的眞、美與正義，對任何邪惡都十分痛恨；我不記仇，不害人，甚至連這種念頭都從未產生過；我看到剛強、豁達和可敬的行爲，眞誠的仰慕之情便在我心中油然而生；這一切表現，能和那種肆意踐踏最崇高的義務的邪惡思想在同一個人的心靈中並存嗎？我認爲不能；我要坦率的說：這是不可能的。尚－雅克一生中沒有一時一刻是這種沒有心肝的人，沒有一時一刻是這種天性敗壞的父親。我也許是做錯了，但我的心絕非鐵石。如果要我講述我的理由的話，那說起來就話長了，何況這些理由既然能使我那樣做，它們當然也能使別人那樣做。我不想讓那些將來讀我這本書的年輕人犯同樣的錯誤。在這裡，我只想說明我的錯誤在於：由於我自己無力撫養我的孩子，因而把他們交給國家去教育，讓他們成爲工人或農民，而不成爲遊民或追逐錢財的人。我當時這樣做，還以爲我做的是一個公民和父親應該做的事，我把我自己當成是柏拉圖的書中描寫的共和國的一分子。而從那時以後，我內心的後悔曾不止一次使我意識到我當時的想法和做法是錯了。由於我那時的理智還沒有意識到這一點，所以我還常常感謝上蒼保佑了他們，由於我這樣做，他們才沒有遭到和他們的父親一樣的命運，才沒有因爲我迫不得已而拋棄他們，使他們很有可能淪落到和我一樣窮愁潦倒的境地。埃皮奈夫人和盧森堡夫人出於友誼，或者是出於慷慨或其他動機，曾表示願意替我撫養孩子，但是，他們是不是因此就會幸福，或者，至少成爲誠實的人呢？這，我不知道，但有一點我可以肯定，那就是人們將促使他們怨恨或背棄他們自己的父母。與其如此，那就不如讓他們不知道自己的父母是誰來得好。

因此，我把我的第三個孩子也像前兩個孩子那樣送到育嬰堂去了；後來，第四個和第五個孩子也照此辦理。我一共有五個孩子，我覺得這個辦法非常好，合情、合理又合法，而我之所以沒有公開宣揚，這純粹是爲了顧及黛萊絲的面子。但是，我向所有知道我們關係的人都講了。我向狄德羅和格里姆講過此事，後來又告訴過埃皮奈夫人，再後來還告訴過盧森堡夫人。我在向他們講這件事情的時候，態度非常坦率，沒有覺得有什麼不可告人之處。當時，如果我想保密，不告訴任何人，那也是很容易的，因爲古安小姐不會洩密，我完全信得過她。在我的朋友當中，我因有事求他而必須向他說出實情的，只有梯耶黎醫生一個人，因爲有一次黛萊絲在坐月子期間生病，我曾去求他來爲她治病。總之，我對我的行爲從來不保密，這不僅是因爲我從來就不知道我有什麼事該隱瞞我的朋友，同時還因爲我看不出我這樣做有什麼不妥當的地方。在通盤權衡利弊之後，我爲我的孩子選擇了最好的安置辦法，或者說我認爲是最好的辦法。我曾願意，而且現在還依然願意我小時候也受到他們那樣的撫養和教育呢！

當我這樣對人無話不談的時候，勒瓦賽爾太太也在對人無話不談，不過，其目的就不是沒有私心了。我曾把她和她的女兒帶到杜賓夫人家，把她們兩人介紹給夫人認識。夫人出於對我的友誼，對她們殷勤招待，十分歡迎。她把她女兒的祕密全都告訴了杜賓夫人，但她沒有告訴夫人儘管我的薪水微薄但已盡了我的全力供養她們一家。夫人爲人厚道大方，便另外給了她一些錢。這一點，黛萊絲受她母親的指使，在我住在巴黎期間一直瞞著我，等我搬到退隱廬以後，有一次在談別的事情時她才告訴我。我不知道杜賓夫人對我們的事情竟了解得那麼清楚，因爲她在我面前沒有表露過半點知道內情的樣子。我不知道她的兒媳舍農索夫人是否也知道我們的事，但弗蘭克耶夫人是知道的，她肚子裡留不住話，第二年就向我談起這件事情，那時我已離開她們家了。於是，我不得不就這件事情寫了一封信給她（這封信，在我的文稿箱中存有一份抄件）。我在信中說的，都是我可以說而又不傷害勒瓦賽爾太太和她家人的理由，而最關鍵的理由，我卻一字未提。

我對杜賓夫人的語言謹慎和舍農索夫人對我的友誼是深信不疑的；弗蘭克耶夫人對我的友情也是很眞實的，何況在我的祕密洩露之前她早就去世了。我這個祕密，只有那些私下聽我講過的人才能洩露出去，而且是在我與他們絕交之後才洩露的；單憑這一點，人們就可以看出他們的用心何在了。我不想逃避我應當受到的譴責。我寧可受這種譴責，也不願接受他們出於惡意而對我冷嘲熱諷的批評。我的錯誤雖大，但這只不過是一種過失。我雖然無視我的天職，但絲毫沒有傷天害理之心。我對我那幾個沒有見過面的孩子固然談不上有什麼慈父的愛，但是，他們那種背叛朋友的友誼，破壞最神聖的信義，故意洩露我心中的祕密，恣意詆毀一個雖然離開了但依然尊重他們的朋友的名譽的行爲，就不是錯誤或過失，而是靈魂的卑劣和邪惡了。

我向各位讀者承諾的是如實懺悔我做過的一切，而不是爲自己辯護，因此，關於這件事情，就談到這裡爲止。講實情在我，如何秉公評判在讀者；我永遠不向讀者提更多的要求。

舍農索先生結婚以後，由於新娘爲人賢慧，這就使得我在她婆婆家的生活更加愉快了。這個可愛的年輕女人對我特別關照，認爲在替杜賓先生辦理文書工作的人當中，我的工作做得最好。她是羅什舒雅爾子爵夫人的獨生女，羅什舒雅爾子爵夫人是弗里埃茨伯爵的好友，因此，透過伯爵，也成了格里姆的好友。而格里姆之所以能進她女兒家的門，還是我介紹的，但是，他們兩人的個性不大合得來，所以往後沒有進一步深交。從此，格里姆就開始討好權貴，一心想與她的母親來往，而不與她來往，因爲她的母親在上流社會中的交遊甚廣，而她的女兒的交友原則是脾氣要相投，人要老實，不搞陰謀，也不巴結權貴。杜賓夫人發現舍農索夫人不像她希望的那樣聽話和順從，便想盡辦法使她在家裡過冷冷清清的日子，而舍農索夫人也心高氣傲，也許是由於出身高貴，寧可獨自一人待在自己的房間裡，也不願意到社交界去尋找什麼樂趣，不願意受那種她天生就不喜歡的約束。她這種孤芳自賞的性格，使我對她更加敬慕，因爲我的天性歷來是對不幸的人十分同情的。我發現她愛空想、好思辨，雖然有時候有點兒喜歡強詞奪理。她的談吐一點也不像那些從女修道院出來的少女，我聽起來十分入耳。她那時還不到二十歲，膚色白嫩；如果她多注意一下儀態的話，她的身材是非常苗條動人的。她的頭髮金黃而略帶灰色，十分好看；這使我想起了我那可憐的母親⑦風華正茂時候的頭髮，因而使我心猿意馬，不得安寧。但是，由於我剛給自己制定了嚴格的行爲準則，必須不惜一切代價嚴格遵守，所以我保證不對她抱非分之想，不被她的美色所迷惑。整個夏天，我每天都要和她單獨待在一起三、四個小時，嚴肅認眞教她數學。雖然那些枯燥無味的數字弄得她很厭煩，但我從來沒有對她說過一句不正經的話或使過一個不正經的眼色。而五、六年後的我，就沒有這麼老實，或者說就沒有這麼傻了。這也是命中註定，在我這一生中只有一個讓我傾情相愛的女人：我心靈中最初的同時也是最後的萬縷情絲，不是向她，而是向另外一個女人吐露的。

自從我住進杜賓夫人家以後，我對我的生活已感到十分滿足，沒有產生過任何試圖進一步改善的心。她和弗蘭克耶先生一起增加我的薪水，完全是出於他們的主動。這一年，弗蘭克耶先生對我眞是一天比一天好，想讓我手頭再寬裕一些，處境不那麼窘迫。他是家裡的財

⑦ 指華倫夫人。——譯者

務總管，他的出納員迪杜瓦耶先生年事已高，而且家境富足，因此想退休。弗蘭克耶先生要我去接替他。爲了能勝任這個工作，我有幾個星期到迪杜瓦耶先生那裡去學習必要的知識。然而，可能是因爲我沒有擔任這個工作的才能，也或者是由於迪杜瓦耶想另外推薦一個他自己的人，因而不認眞教我，我進步得很慢，效果很糟，看到那一大堆被故意弄得亂七八糟的帳目，頭就疼。不過，雖說我沒有全盤掌握這個工作的訣竅，但對其中的要點倒也粗略學到一些，擔任這個工作是不成問題的。於是我就接手這個工作了。我既管記帳，又管日常的現金收支，還要核算和保存收據。儘管我對這個工作不感興趣，也缺乏這方面的才能，但我的年齡已大，因此也就逐漸安下心來，克服厭惡情緒，下定決心要做好這個工作。不幸的是，正當我的工作開始做得非常順手的時候，弗蘭克耶先生要到外地去旅行。在他離家期間，就由我負責掌管銀庫，款數大約有二萬五到三萬法郎之多。保管這麼多錢，使我日夜操心，擔驚受怕，精神十分緊張。因此，我深深感到我不適合出納工作。我很肯定，在他離家這段期間，我日夜不安的心情，是他回家之後我生病的原因之一。

我在本書的上篇已經說了，我生下來就是一個半死不活的孩子。我的膀胱有一處先天的畸形，使我幼年時候就時常尿排不出來（尿滯留症）。我的蘇珊姑媽照護我，爲了保全我的生命，眞是操盡了心。她把我的生命保住了。我健壯的體魄終於戰勝了疾病。我的健康竟是那麼的好，除了我在前面講過的那次虛弱症以及稍微受熱便感到頻頻尿急有點不舒服以外，我一直到三十歲就幾乎沒有再犯過我幼年時候的那種病。我的病第一次復發，是在我到威尼斯之後，旅途的勞累和氣候的炎熱，使我患上了尿道炎和腰疼，直到入冬以後才好。我和潘多阿娜小姐做那檔子事以後，以爲必死無疑了，但結果卻沒有感到身體有任何不適。我對茱莉達雖曾一度朝思暮想，茶飯不思，但畢竟只是心動而身體未受損害，單相思一陣之後，身體反而比以前更結實。只是在狄德羅被捕入獄之後，我在那可怕的大熱天常去萬森納看他，受了暑熱，才得了嚴重的腎絞痛，從那場病以後，我就一直沒有恢復得像我原先那樣健康。

在我目前談的這個時期，也許是由於保管那個令人煩心的銀庫，工作繁重而稍微勞累了一些，我又病倒了，病得比前幾次還厲害，在床上躺了五、六個星期之久，病情沉重的程度就可想而知了。杜賓夫人請名醫莫朗來看我的病。儘管他醫術高明，又十分細心，但也使我疼得難以忍受。他用探條探查，始終未能查出我的病因。他建議我去找達朗醫生。達朗用的探條比較柔軟，果然插進了患處。可是莫朗向杜賓夫人講述我的病情時，說我頂多只能活六個月。他的話傳到了我耳裡，這就使我開始認眞思考我的處境，我能活的日子既然不多了，爲了繼續擔任我本來就不喜歡的工作而犧牲我剩餘不多的日子的閒暇和樂趣，這的確是太愚蠢。還有，我自己制定的嚴格的行爲準則，和一個與這些行爲準則不相適合的職位，怎麼能調和呢？我當了財務總管的出納員，還有臉去向別人宣講做人要無私和安於貧窮與不慕名利嗎？這些想法，隨著高燒，在我的腦子裡翻來覆去的思考，而且，從此它們就在我的腦子裡扎根，再也無法消除。在我病癒之後的休養期間，我又冷靜的把我在高燒時所產生的這些想法重新思考了一遍，我認爲我的想法是完全正確的。我要永遠拋棄一切飛黃騰達和發財的念頭，並下定決心無論多麼貧窮都要獨立自持度過我的餘生。我一定要不顧他人的議論，毫不考慮他人的毀譽，勇敢做一切我認爲是美好的事情。爲此，我要克服的障礙，以及我爲了克服這些障礙而做的努力，眞是多得令人難以置信。我儘量做到了，而且成功的程度超過了自己的預期。如果我能像擺脫他人的議論的束縛那樣擺脫友誼的束縛，我的計畫就一定成功了。我的計畫，也許是世人從未有過的最偉大的計畫，或者，至少是最有益於培養道德的計畫。可是，當我一方面把庸俗的人們所說的大人物或賢者的一切荒謬的評說不放在眼裡的時候，另一方面卻被那些自稱爲朋友的人玩弄於股掌之間，使我像一個孩子似的聽憑他們的擺布。他們不願意看見我獨自一個人另闢蹊徑。他們表面上是在處處關心我的幸福，而實際上是在想盡一切辦法讓我成爲笑柄，首先讓世人看不起我，最後達到他們敗壞我的名譽的目的。引起他們忌恨的，不是我在文壇上的名氣，而是我在那時開始實行的個人生活方式的改革。我在寫作藝術上標新立異，他們是可以原諒我的，而他們不能原諒我的是我在生活方式上樹立了一個似乎使他們大爲不滿的榜樣。我是重視友誼的，我的個性隨和而文靜，是很容易增進友誼的。在我默默無聞的時候，凡是認識我的人，沒有一個不喜歡我，我沒有任何仇人，但我一出名，就一個朋友也沒有了，這眞是大不幸啊！而更糟糕的是，我周圍的那些自稱爲我的朋友的人卻千方百計借朋友之名，行置我於絕境之實。我將在本書的後面幾卷中揭露這個卑鄙的陰謀。我在這裡講的這番話，只不過是指出其中的原因。讀者不久即將看到第一個圈套是如何設置的。

要獨立生活，就需要有謀生的能力。我想出了這樣一個最簡單的辦法，替人抄寫樂譜，按頁數計酬。如果有什麼其他更好的辦法，我當然是會採取的，但這個辦法最適合我的興趣，也是唯一不受他人的約束而又天天可賺到買麵包的錢的辦法，因此我就決定採取這個辦法了。從今以後，我就用不著去考慮我的前途如何了，也沒有去追求虛榮之心了。我從財務總管手下的一個出納員變成了一個以替人抄寫樂譜爲業的人。我認爲我的這個選擇爲我帶來了許多好處，我從來沒有後悔過，即使將來被迫無法繼續做這個工作，但只要一有可能，我還是會回頭再做這一行的。我的第一篇論文⑧獲得成功，使我更加容易實行這個決定。獲獎以後，狄德羅便想辦法把它印了出來。那時我正臥病在床，他寫了一個便箋給我，告訴我文章出版的經過和產生的效果。他寫道：「這篇論文已造成轟動，像這樣成功的例子，以前還沒有過。」公眾對一個無名作家的好評，絕不是用欺世盜名的辦法就能獲得的。因此，這使我對自己的才能第一次產生了眞正的信心，而過去，儘管我內心有感於自己的才能，但一直是十分懷疑的。我發現，這次成功，對於執行我制訂的計畫是大有好處的。我很肯定一個在文壇上已有點名氣的樂譜抄寫員，是不會沒有工作可做的。

---

⑧ 指《論科學和藝術的復興是否有助於敦風化俗》（簡稱《論科學與藝術》）。——譯者

我一下定了決心，便寫了一封短信給弗蘭克耶先生，把我的打算告訴了他，並感謝他和杜賓夫人對我的關愛；請他們若有樂譜要抄寫，就來找我。弗蘭克耶先生不明白我這封信的意思，以爲我還在發高燒說瞎話，於是趕快跑到我家裡。但是，他發現我心意是如此的堅決，無法挽回，便立刻去告訴杜賓夫人和其他人說我瘋了。我任由他們去說，我照我的決定行事。我首先從我的穿戴上開始改革，我再也不戴鍍金的飾物，不穿白色襪子；我頭上戴頂圓假髮，摘下佩劍，把錶也賣了。我心裡格外高興的說：「我用不著看錶上是幾點鐘，只需看天色就知道是什麼時間了。」弗蘭克耶先生很厚道，等了許多日子，都沒有把出納工作交給別人。最後，他見我心意已決，才交給達里巴爾先生。達里巴爾先生是舍農索青年時期的老師，曾以《巴黎植物志》一書而享譽植物學界*。

不論我這宏偉的改革行動是多麼嚴厲，但開始的時候還沒觸及我的內衣。我的內衣很漂亮，數量也多，是我在威尼斯的時候添購的，我非常喜歡這些內衣。內衣一定要乾淨，爲了保持乾淨，我捨得花錢，因此，它們竟變成了一種奢侈品。幸虧有人幫忙，替我解除了

---

*我很肯定，弗蘭克耶先生和他那一夥人現在對這一切的說法已不一樣了。但我在這裡敘述的是他當時的說法，而且對大家都這樣講了許久，直到開始搞陰謀的時候爲止。對他原來的說法，誠信而有良心的人，想必是還記得的。

這一重負。耶誕節前一天的晚上，當勒瓦賽爾太太和她的女兒去做晚禱、我去聽聖歌大合唱時，有人撬開了頂樓的門，把剛洗乾淨放在裡面晾著的所有內衣全都偷走了，其中有我的四十二件襯衣，都是細布做的，是我的衣櫥裡存放的主要衣服。據鄰居們說，他們看見一個人提著幾大包東西走出公寓，時間正好是她們去做晚禱和我去聽大合唱的時候。黛萊絲和我都懷疑那個人是她的哥哥，大家都知道他是一個大壞人。勒瓦賽爾太太矢口否認我們的懷疑，但是，不管她怎麼說，能證實我們的懷疑的跡象是很多的。我不敢去仔細的調查，怕發現的證據超過我的推測。那個哥哥從此就沒有再到過我的家，最後竟完全失蹤了。我哀歎黛萊絲和我的命不好，怎麼會有這麼一個複雜的家庭。我極力勸她早日擺脫這個危險的家的束縛。這件意外的事情改正了我喜歡漂亮內衣的癖好。從此以後，我就只穿普通的內衣，這樣反倒與我的其他衣服更加協調。

我這樣落實我的改革計畫以後，就一心希望這個計畫的效果更加鞏固和持久。我不把別人對我的議論放在眼裡，只要我認定是好的或合理的事情，我就不怕別人指手畫腳批評。我的文章引起轟動，我的決心令人嘖嘖稱奇，這就爲我招攬了許多工作，一開張便相當成功。然而有好幾個原因使我無法像在其他情況下做得那樣更加出色。首先，我的身體不好，我前不久得的那場病帶給我的痛苦還沒有完全消除，因而無法恢復到從前那樣健康，而且我深信，幫我治病的那些醫生讓我受的罪，與疾病讓我受的罪是一樣的多。先後爲我治病的醫生有莫朗、達朗、愛爾維修斯、馬魯安和梯耶黎。他們都很有學問，都是我的朋友，每個人都按自己的方法診治，不僅未能減輕我的痛苦，反而使我的身體更加虛弱。我愈按照他們的方法吃藥，愈是變得面黃肌瘦，身體衰弱得不像樣子。他們說的話，句句使我膽顫心驚。我根據他們給我吃的藥來衡量我的病情，我發現，他們是要我把尿滯留症、腎結石和砂淋這一連串疾病給我帶來的痛苦受完之後才讓我死。對他人有效的辦法，如湯劑、藥水浴和放血療法，對我不但無效，反而加劇我的痛苦。我發現，只有達朗的探條對我還有點效果，能暫時減輕我的疼痛；如果沒有這種東西，我恐怕就沒命了，因此我花了許多錢買了一大堆探條存著，以備達朗萬一去世，我這一生都有探條可用。我一連用了八、九年，花在這方面的錢大約有五十路易之多。人們可以想像得到，這麼昂貴又這麼痛苦的醫療辦法是不可能不分散我的工作精力的。一個行將就木的人如何能精力充沛的每天工作賺錢呢？

我的文學活動是分散我精力的另一個原因，它對我日常工作的妨礙並不比疾病對我的妨礙少。我的論文一發表，文學界的衛道士們便一窩蜂似的向我發動圍攻。看見那些小小的若斯⑨先生連問題都沒有弄清楚就以大師的語氣亂發議論，我眞是氣憤極了，於是，我拿起筆來把其中的幾個人狠批了一通，使那些跟著他們叫囂的人再也不敢胡說一番。第一個被我批倒的，是一個名叫戈蒂埃的南錫人，我在寫給格里姆的一封信中把他批得體無完膚。第

⑨ 莫里埃的喜劇《醫生的愛心》中的一個銀器商，是一個典型的以私利爲重的僞善者。——譯者

二個被我批倒的，是斯坦尼斯拉斯國王本人⑩，我一炮就把他轟倒了，使得他不敢再與我繼續較量下去。他以國王之尊撰文批評我的文章，這是我的一大榮幸，因此我對他的回答也不得不改變筆調。我採取了一種行文更加莊重但筆鋒毫不減弱的寫法，一方面保持了對他的尊重，另一方面又全面駁斥了他對我的批評。我知道有一個名叫梅魯的神父對國王的文章提供了一些意見；我把國王的意見和那位神父的意見分辨得清清楚楚，對出自那個耶穌會教士之口的論調，我毫不留情集中火力猛批，而且還指出他把有一件事情發生的年代弄錯了；這個錯誤，我相信，只有那個神父才會犯。我對波蘭國王的回答，我不知道爲什麼不像我的其他文章那樣引起轟動，其實，它在論戰類文章中直到現在也是一篇獨一無二的作品。我抓住這個送上門來的機會，讓公眾知道一個普通的平民爲了捍衛眞理也敢於和一個君王對陣。對他的回答，要把文章既寫得很有聲勢，同時又顯得很敬重，這是相當難的。我感到高興的是，我向我心中充滿敬意的對手既表達了我的尊重而又未向他說任何阿諛奉承之詞。這一點，我做得很成功，而且始終保持了我的尊嚴。我的朋友們替我感到擔憂，認爲我一定會被抓進巴士底獄。我本人一點也不害怕，因爲我做得很對。這位氣量寬宏的國王看了我的回答

⑩ 指斯坦尼斯拉斯．勒辛斯基（一六七七—一七六六）：波蘭國王（一七〇四—一七〇九和一七三三—一七三六年在位）。——譯者

以後說：「我認輸，我以後再也不惹他了。」後來我又多次感受到他對我的好意，其中有幾次，我將來是會提到的。從此，我那篇文章便在法國和歐洲順利的廣爲流傳，誰也沒有從其中找出什麼可挑剔的地方。

可是時隔不久，我又碰到了另外一個我萬萬沒有料到的對手。這個對手名叫波爾德，里昂人。十年前他對我很友好，還幫過我許多忙呢！我從來沒有忘記他，但由於我的懶惰，便對他疏於問候。另外，由於沒有適當的機會，所以我也沒有把我寫的文章寄送給他；這，我當然是做得不對。他撰文攻擊我，不過，語氣還算平和；我對他的回答，語氣也同樣平和。接著，他又對我的答覆進行反駁，語氣就很強硬了，這就逼使我對他寫了一篇《我的最後回答》⑪。他對我的這篇答覆，雖然沒有進行反駁，但從此以後就成了最兇惡的敵人，在我倒楣的時候寫了許多誹謗性的文章攻擊我，而且，爲了達到損害我的目的，還特意到倫敦去了一趟。

這場論戰花費了我不少的精力，使我損失了許多抄樂譜的時間，既無助於眞理的弘揚，又沒有爲我的口袋進帳多少錢。書商皮索給我的文章的報酬一直是很少的，甚至常常是什麼也不給。就拿我的第一篇論文來說吧，我就沒有得到一毛錢，狄德羅是白送給他的。有時候

⑪ 這篇文章的全題是：《日內瓦的尚－雅克．盧梭的最後回答》。——譯者

即使給一點錢，也要等很長時間之後向他要，他才零零星星的給我。這時候，我抄樂譜的工作已陷於停頓，我同時做兩件事情，哪一件事情也沒有做好。

這兩種工作有時候還互相矛盾，逼得我不得不採取不同的生活方式。我剛開始的幾篇文章的成功，使我聲名大噪，我採取的生活方式引起了人們的好奇心，都想來一睹我這個萬事不求人的怪人是如何無憂無慮和自由自在按照自己的方式快快樂樂生活的。這一下糟了，我每天的安排全被打亂了。我的房間訪客不斷，以各種藉口來浪費我的時間。女士們還玩弄花招，想盡辦法請我去吃飯。我愈是對來看我的人不客氣，他們愈是纏著我不放。我總不能把所有的人都拒之門外吧？如果都拒絕就會招來無數的敵人；如果都笑臉相迎，我就會聽憑他們任意擺布。總之，不管我如何應付，每天就沒有片刻是屬於我自己的。

這時我感覺到要想過清貧和獨立的生活，並不是像人們想像的那麼容易。我想靠抄樂譜謀生，公眾卻不讓我這麼做。人們想了許多辦法來補償他們使我損失的時間，他們讓我像木偶戲中的小丑那樣出現在公眾面前，看我一次就得付幾個錢。我眞不知道世上還有什麼比這種做法更羞辱人和更糟蹋人的了。對此，我沒有別的辦法，只有拒絕一切大大小小的饋贈，對誰也不例外。殊不知，我這樣做，反而招來更多的送禮的人。他們都自鳴得意的以爲打消了我的拒絕，不管我願意或不願意，硬是強迫我領他們的情。有些人，過去即使我向他們要，他們一毛錢也不會給我的，如今卻不斷來糾纏，向我送各式各樣的東西。一看我把所有的禮物都退了，便指責我這樣做是矯情，是故作姿態。

我的決定和我採取的生活方式，當然是不合勒瓦賽爾太太口味的。雖然黛萊絲不貪私利，但也經不住她母親的慫恿。這母女兩人（高福古稱她們爲「管家」）對別人送來的禮物，就不像我這樣堅決拒絕了。她們雖然對我隱瞞了許多事情，但我還是看出了相當多的蛛絲馬跡，足以使我判斷其中的情形。我心裡非常難過。我難過的不是我預料得到人家會說我與她們母女兩人串通作假，而是我在我自己家裡做不了主，甚至對我自己也無法做主。我請求，我苦勸她們不要這樣做，甚至對她們大發脾氣，但全都沒有用。勒瓦賽爾太太說我成天嘮嘮叨叨，是個粗人。她們和我的朋友老是沒完沒了說悄悄話。我家裡的一切，對我來說，全都是謎，全都是祕密。爲了避免成天和她們吵吵鬧鬧過日子，家裡的事情我甚至不敢打聽。要擺脫這種困境，就必須果斷行事，可是我又辦不到。我只會嚷嚷，但沒有採取措施，因此就形成我嚷我的，她們照樣做她們的。

家中的人鬧得我不得安寧，加上每天不斷來訪的不速之客，終於使我感到待在家裡和住在巴黎，實在太不愉快了。當我的病體允許我可以出門，又沒有熟人硬拽我到各處時，我便獨自一個人出去散步，思考我那龐大的寫作計畫，取出我隨身帶的白紙本子和鉛筆，把我想到的要點寫在紙上。這就是爲什麼我自己選擇的職業所遇到的諸多未曾料到的煩惱使我爲了排遣鬱悶而重新把我推向文學這條道路的原因。我之所以把我心中的不快和惱恨全都寫進了我早期的作品，其原因就在這裡。

另外還有一個原因也發揮了作用。我不由自主的被拉進社交場合，然而我沒有那種善於交際的氣派，而且也不願意裝模作樣擺出一副派頭反而使自己處處感到拘束。因此我就採取了一種我自己特有的做法，而不去學他人的樣子。既然我無法克服愚蠢的羞澀心使我時刻害怕對人有失禮儀，我反而乾脆大著膽子無視禮儀。我心裡害羞，表面上反而裝出一副大大咧咧滿不在乎的樣子。我不懂禮節，反而故意蔑視禮節。這種與我的新的行爲準則相符合的粗魯態度，使我的心靈變得愈來愈高雅，敢於大膽實踐美德，而且，我敢說，正是由於它有那麼鞏固的基礎，這種違背我的天性而故意作出來的粗魯態度才保持得出人意料的好和長久。不過，儘管我的外表和樸實的語言使我在社交界的人看來是一個憤世嫉俗的人，但在個人交往中，我卻不是這樣的人。我的朋友和相識的人都把我這頭如此兇猛的熊像一隻羔羊似的牽著走。我說的那些帶針帶刺的話，儘管聽起來十分刺耳，但卻是普遍的眞理，我對任何人都沒有說過一句冒犯的話。

《鄉村巫師》這部歌劇使我更加成了一個風頭人物。在巴黎城中，誰也沒有我這樣受人追捧。這個劇本在我的一生中有里程碑的意義，它的故事與我當時結交的人有關係。其中的詳細情況，我必須在這裡講一講，以便使讀者了解後來發生的事情。

我認識的人相當多，但好朋友只有兩個，即狄德羅和格里姆。我一直想把我所喜歡的人都聚集在一起。我既然與他們兩人都好，當然也希望他們兩人很快成爲知交。我介紹他們兩人相識，他們一見就很投緣，而且他們兩人之間的來往比和我的來往還更密切。狄德羅認識的人不計其數，而格里姆是一個外國人，又是剛到巴黎，所以需要多交朋友。我當然願意多介紹一些人給他。我介紹了狄德羅和高福古給他，我還把他帶到舍農索夫人家裡，帶到埃皮奈夫人家裡和霍爾巴赫男爵家裡（順便說明一下：我與這位男爵的交往可以說是不甚情願的）。我所有的朋友也都成了他的朋友，這是最簡單不過的事。而他的朋友卻沒有一個成爲我的朋友，這當中的原因就不簡單了。當他住在弗里埃茨伯爵家的時候，他常常請我們到他那裡去吃飯，但我從來沒有見到弗里埃茨伯爵對我有任何友誼和親切的表示，他的親戚朔姆貝格伯爵（他和格里姆是非常熟悉的）對我也是如此。總之，凡是與格里姆交往密切的人，不論是男是女，對我都是如此。只有雷納爾神父是例外。這位神父雖然是格里姆的朋友，但對我也以朋友相待，在我經濟拮据時，還解囊相助，十分慷慨。在格里姆認識雷納爾以前，我早就與這位神父相識了；有一件事情，他還曾經對我有過非常親切的和尊重的表示，那件事情雖然不大，但我始終沒有忘記，對他一直抱有敬意。

這位雷納爾神父，的確是一個熱心的朋友，我可以舉出一件差不多就在這個時期發生的事情來證明。這件事情與格里姆有關，那時候雷納爾神父與他交往甚爲密切。格里姆與菲爾小姐來往一段時間之後，突然發瘋似的愛上了她，想把卡於薩頂掉。可是這個美人自炫貞潔，拒絕了這個新來的追求者。於是，這個追求者把這當成是一件悲傷的事情，打算一死了之。他突然生了一種誰也沒有聽說過的怪病，一連好幾天，無論白天和夜裡都一直神情麻木，眼睛睁得大大的，脈搏正常，就是不說話，不進食，不動彈，有時也好像能聽見人家說話，但不搭腔，連個示意的表情也沒有，既不煩躁不安，也不痛苦，也不發燒，躺在那裡就像死人似的。雷納爾神父和我輪班看護他；神父身體好，值夜班，我值白班，從來沒有兩個人都同時離開他，另一個人不來接班，這個人就不走。弗里埃茨伯爵認爲病情嚴重，便把塞納克請來。塞納克仔細檢查之後，說什麼病也沒有，連藥方也沒有開。出於對朋友的擔心，我仔細觀察了醫生的表情，我看見他出門時還面帶微笑呢！可是這個病人還是一連幾天躺在那裡一動也不動，連一口米湯也不喝，只吃了幾個蜜餞櫻桃。我把櫻桃一個一個放在他的舌頭上，他一下子就咽下去了。一天早晨，他忽然起床了，穿上衣服，恢復了他往常的樣子。他此後一直沒有對我，就我所知，也沒有對雷納爾神父和其他任何人再談起那場離奇的怪病，也沒有提起過他生病期間我們對他的照顧。

這件事情不免引起人們的議論。如果一個歌劇女演員板著面孔拒絕他，就令他絕望而死，那還眞是一條絕妙的新聞呢。這段美妙的愛情故事使格里姆出了名，不久就被大家看作是愛情、友情和種種依戀之情的奇蹟。人們的這種看法，使他在上流社會裡大出風頭，到處受人歡迎，也因此他疏遠了我，在他看來，我這個朋友是可有可無的了。我發現他準備澈底離開我。他到處誇口說他對我是多麼重感情，而我卻從來不像他那樣逢人便吹噓我對他的感情。我願意看到他在社會上取得成功，但我不願意看到他一成功之後便忘掉了他的朋友。有一天，我對他說：「格里姆，你疏遠我，我可以原諒你，但是，將來有一天，在你得意揚揚的成功使你產生的陶醉心情飄飄然的感覺過去之後，你感到空虛時，我希望你再回到我這裡來，你隨時都能找到我。至於目前，你也不必勉強，一切由你自己決定，我等待著你。」他說我說得對，就照我的話辦，而且露出一副滿不在乎的樣子。從此以後，除了與我們共同的朋友在一起時見到他以外，就再也沒有單獨與他見過面。

在他後來跟埃皮奈夫人交往密切之前，我和他見面的地點多半是在霍爾巴赫男爵家裡。這位男爵是一個暴發戶的兒子，家產富有，花錢很大方，經常在家裡招待文學界人士和社會才俊，而他自己也很有學問和智慧，與那班人相比並不遜色。他和狄德羅早有往來，在我成名之前，曾託狄德羅介紹想和我認識。但是，由於我對富人有一種本能的厭惡之心，所以遲遲沒有接受他的好意，後來，有一天他問我這當中的原因何在，我回答他說：「因爲你太富有了。」他依然堅持要和我交往，而且終於戰勝了我的拒絕。我最大的弱點是抵抗不住人家的百般殷勤。每一次屈服於他人殷勤的結果，都沒有落到好的收場。

另外有一個人，在我一有機會接近他時，便立刻成了朋友。這個人就是杜克洛。我第一次見到他是幾年以前的事了，地點是在舍夫雷特，在埃皮奈夫人家裡。他與夫人的交情甚厚，我們只是在一起吃過一頓飯，飯後交談了一會兒之後，他當天就離開了埃皮奈夫人的家。夫人曾對他談起過我和我的歌舞劇《風流的繆斯》，杜克洛本人很有才情，而且也很喜歡其他有才情的人。他對我早有好感，邀請我到他家去看他。不過，儘管我對他早有敬慕之心，而且不久前又有一面之緣，但是，由於我的膽怯和懶惰，所以一直沒有去看他，何況我覺得，單憑他的好意，而自己拿不出任何能證明我夠格做他的朋友的成就，是不宜於去見他的。後來，由於我的第一篇論文獲得了成功，而他對我的讚賞之詞又傳到了我的耳裡，我才鼓起勇氣去看他，他也來看我，於是我們兩人之間就開始結下了友誼。在我們的友好交往中，我感到他爲人非常和藹可親。正是在我與他的交往中發現爲人正直與坦誠有時候是與文學修養相輔相成的。

還有許多相識的人，但來往的時間不長，我在這裡就不一一列舉了，因爲他們都是由於我早先的成功而出於好奇之心來看我的，好奇心一滿足，他們就再也不來了。我這個人是一眼就可看透的，只要看過一次，第二次就沒有什麼新鮮之處可看了。但是，在這個時候，卻有一個女人想與我深交，其情意比其他任何人都更眞誠，這個女人就是克雷基夫人。她是駐馬爾他的大使弗魯勒大法官先生的侄女；大法官的哥哥是駐威尼斯的大使蒙特居先生的前任；我從威尼斯回來後，曾去看望過他。克雷基夫人寫了一封信給我，我就到她家去拜訪了。她對我很友好，我有時在她家吃飯，我在她家認識了好幾位文學界人士，其中有索罕先生。他是《斯巴達克斯》和《巴爾恩維爾特》等劇本的作者，後來成了我的敵人。他與我爲敵的原因，除了我與那個被他的父親卑鄙迫害過的人同姓⑫以外，我怎麼想也想不出來。

本來，一個以抄樂譜爲業的人是應當從早到晚都專心致志做他這一行的，可是我分心的事情太多，它們既無法增加我的收入，反而妨礙我做好工作，而剩下來的那一點時間又大都

⑫ 指詩人尙－巴普蒂斯特．盧梭。——譯者

用來修改我抄錯的地方，有時候甚至整頁重抄。這些煩心的事情使我一天比一天感到在巴黎的生活令人難以忍受，極力想到鄉下去。我有幾次到瑪律古西去住了幾天。勒瓦賽爾太太認識那裡的小教堂的神父，我們就住在他家，我們安排得沒有讓主人感到不便；格里姆也與我們一起去過一次*。那位神父的嗓子很好，唱得也不錯，他雖然不懂音樂，但學起來又快又準確。我們成天把時間都消磨在唱我在舍農索作的三重唱歌曲。我另外還根據格里姆和那位神父臨時編的歌詞作了兩、三首新曲子。我感到惋惜的是，這幾首在天眞無邪的歡樂氣氛中作的合唱的三重唱曲子的譜子和我的其他音樂作品都留在伍頓，也許達文波爾小姐把它們拿去當包裝紙了，然而，它們是値得保存的，用對位法作的那幾首曲子，大部分都寫得很好。在這幾次短途旅行中，我發現黛萊絲心情很舒暢、很快活，我也很快活。在一次短途旅行之後，我拿起筆一下子就洋洋灑灑寫了一首詩獻給那位神父。這首詩的底稿，在我的文稿箱裡可以找到。

在離巴黎更近的地方，我還有另外一個更合我意的去處，那就是穆薩爾先生的家裡。穆

---

* 既然我在這裡忘了敘述我與格里姆一起到聖汪德里耶溫泉去吃飯的那天早晨發生的一件雖然是很小但値得記憶的事情，我以後就不再提它了。不過，我後來一稍加回憶，便可斷定他從那個時候起就在心中策劃他後來執行得非常成功的陰謀了。

薩爾先生是我的同鄉，我的親戚，我的朋友。他在帕西修了一幢漂亮的別墅，我在那裡度過了許多寧靜的時光。穆薩爾先生原來是個珠寶商，人很精明，做買賣賺了一份家產。在把他的獨生女兒嫁給一個銀錢兌換商的兒子、宮中總務官瓦爾瑪勒特先生之後，便做了脫離商業和雜事的纏擾，在生活的忙亂與死亡之間安排一段時間專門用來休閒和享樂的決定。這位忠厚的穆薩爾先生是一個重實踐的哲學家，在自己修建的漂亮的房子裡無憂無慮生活著，每天在一個美麗的園子裡親手種花鋤草。在深挖園子的花畦時，他發現了貝殼化石，數量特別多，這使他興奮的想像力竟認爲自然界到處是貝殼，宇宙裡也到處是貝殼和貝殼的殘跡，整個地球是由含貝殼的泥土構成的。他成天都在思考這種東西、思考他這些奇怪的發現。他愈思考便愈興奮，最後在他的腦子裡竟產生了一套理論，一套胡說八道的話，如果死神不從他的朋友們手中把他奪走的話，他勢必會成爲瘋子。他的死，對他的理智來說是一大幸事，但對他的朋友們來說則是個大不幸，因爲他們都喜歡他，在他家裡小住，大家都感到非常愉快。他的病很奇怪，也很痛苦，他的胃裡長了一個瘤，不斷增大，令他無法吃東西。人們始終找不出他無法進食的原因，這個病把他折磨了幾年之後，終於使他餓死在病榻上。我一想起這個可憐而又可敬的人最後那幾天的情景，便十分傷心。那時候，他還非常高興接待勒涅普和我，在他病危期間，一直守在他病榻旁邊直到他生命最後一刻的，只有勒涅普和我兩個朋友。他看見我們吃他吩咐僕人爲我們送來的飯菜時，眞是饞極了，可是他連一點淡茶水都無法喝，喝了之後就馬上嘔吐出來。然而，在他病重之前，我在他家和他結交的那些好友中間度過了多麼多愉快的時光啊！在他的朋友中，最爲出色的是一位神父，名叫普列伏。他爲人和藹，很樸實；他的思想使他的作品富有生命力，足可成爲萬世不朽之作，而他的個性和他在社交界的表現，卻絲毫沒有在他的作品中所描寫的那種憂鬱色彩；普洛戈卜醫生很受女士們的寵愛，大家都稱他爲「小伊索」；布朗熱是《東方專制制度》（他死後才發表的）一書的著名作者，他曾試圖把穆薩爾的那一套理論用來說明地球存在的時間。在女士當中，有伏爾泰的侄女丹妮絲夫人，那時候，她還是一個很樸實的女人，從不裝出一副才女的樣子；汪努夫人當然說不上美，但模樣兒卻楚楚可人，唱起歌來聲音像個天使；瓦爾瑪勒特夫人也愛唱歌，雖然身材很瘦，但只要她不那麼裝模作樣，還是挺可愛的。經常在穆薩爾先生家聚會的，差不多就是這些人。他們使我感到相當愉快，如果不是穆薩爾先生老跟我談他那一套胡謅的貝殼學理論的話，我會更感到愉快。我可以說，我在他的書齋裡工作的那六個月中，我的心情之舒暢，不亞於他本人。

他早就跟我說過喝帕西的礦泉水對我的身體會有好處，並勸我到他家裡去喝。爲了躲避亂哄哄的城市生活，我接受了他的建議，到帕西去住了八、九天。我的身體確實大有起色，不過其中的原因更多的是由於我這八、九天是住在鄉下，而不是由於我喝了礦泉水。穆薩爾會拉大提琴，非常喜歡義大利音樂。有一天夜裡，我們在就寢前談義大利音樂談了很久，尤其是對我們兩人都在義大利看過的喜歌劇談得更起勁。我們兩人對這種歌劇眞是看入了迷。那天夜裡我翻來覆去睡不著，於是就開始思考如何讓法國人也了解這種歌劇的特點，因爲《拉貢德的愛情》⑬根本就不像義大利的這種歌劇。第二天早晨，我在一邊散步一邊喝礦泉水的時候，匆匆忙忙寫了幾行像詩句似的歌詞，配上我寫這幾句歌詞時想到的曲子。我在花園的高處那個穹隆式的小亭子裡趕快把這些靈感寫在紙上。早茶時，我情不自禁把我寫的歌曲拿給穆薩爾先生和他的女管家杜維爾努瓦小姐看，這位女管家是一個很可愛的女人。我匆匆忙忙寫的歌詞：第一段是獨白《我失去了我的僕人》，第二段是巫師唱的一首小曲《情人不安，愛情便會增長》，最後一段是一首二重唱《科蘭，我要你永遠……》等等。我自己並不認爲這點東西値得花工夫繼續寫下去，要不是他們二人的稱讚和鼓勵，我就把這幾張破破爛爛的紙扔到火裡，不再去想它們了，我寫了好多曲子，都與這幾段曲子一樣好，但都被我扔到火裡燒了。但是，他們積極的鼓勵我，於是我花了六天時間就把全部歌詞寫完了，只差幾行詩沒有寫；音樂部分也有了初稿，回巴黎之後再補充點宣敘曲和中音部就行了。我寫得如此之快，僅僅三個星期就把整個劇本的詞和曲都謄清，可以排演了；所缺的只是一段幕間劇，這個幕間劇是很久以後才寫出來的。

這部作品寫好後，我心中非常高興，巴不得馬上聽一遍。這時，我想起了呂利當年曾請

---

⑬ 一七四二年在法蘭西歌劇院上演的一部芭蕾舞劇，勒里戈德都什作詞，穆雷作曲。——譯者

樂師把《阿爾米德》單獨爲他一個人演奏一遍⑭，我希望我也能像他那樣花大錢請人按照我的心意把這部作品單獨爲我演奏一遍。由於我無力辦到這一點，我只好與公眾一起欣賞，讓巴黎歌劇院演出我這部作品。困難之處在於，這部作品的格調是全新的，公眾的耳朵當然不習慣，再加上《風流的繆斯》的失敗使我感到如果以我的名字把《鄉村巫師》拿去演，它還是註定要失敗的。杜克洛幫我解決了這個難題，他自告奮勇把這部歌舞劇拿去試演，而不讓觀眾知道它的作者是誰。爲了不暴露我，試演那天我沒有到場。領奏這部戲的「那兩個小提琴手」*也只是在全場一片掌聲證明作品確實是好之後，才知道它的作者是誰。凡是聽過這部作品的人都稱讚不已。第二天，各個社交場合談論的話題不是別的，全是這部音樂作品。宮廷樂坊總管居利先生聽過試演之後表示想把這部戲拿到宮中去演出。杜克洛是了解我的心意的，他看出，劇本一拿到宮中去，就不能像在巴黎這樣由我做主了，因此沒有把劇本交給他。居利仗勢硬要，杜克洛堅決不給。兩人爭執得那樣激烈，如果不是有人把他們拉開

---

⑭ 呂利（一六三二—一六八七）：義大利籍法國作曲家，文中提到的《阿爾米德》全名是《阿爾米德和雷諾》。一六八六年二月十五日此劇在法蘭西歌劇院上演，效果不佳，呂利便請樂師單獨爲他一個人再演奏一遍。法王路易十四知道此事後，下令將此劇在宮中重演，結果大獲成功。——譯者

* 這兩個小提琴手名叫雷貝爾和弗朗科爾，他們從年輕時候開始，兩人總是一起到各處去演奏，因而被人們稱爲「那兩個小提琴手」。

的話，他們會走出劇院去打起來的。有人來找我，我就把事情推給杜克洛去決定，因此他們又去找他。最後，阿蒙公爵先生親自出馬，杜克洛只好向權威讓步，交出劇本，準備拿到楓丹白露去演出。

我最滿意的部分，同時也是最不合常規的部分，是劇中的宣敘曲。我的宣敘曲以全新的調式決定聲音的抑揚，一開始就與歌詞韻味相一致。別人不敢這樣大膽革新，生怕那些聽慣了老調式的人聽起來刺耳。我同意弗蘭克耶和耶爾約特另寫一套宣敘曲，但我不願插手他們寫的東西。

當一切準備就緒並決定了排演的日期時，大家建議我到楓丹白露去一趟，至少要參加最後一次排練。我與菲爾小姐、格里姆，我記得還有雷納爾神父，同乘一輛宮中的馬車去的。最後這次排練還不錯，比我預料的還好。樂隊的人數很多，有歌劇院的樂師，還有國王的樂團。耶爾約特演科蘭，菲爾小姐演柯麗特，居爾維里耶演巫師。合唱團是歌劇院的合唱團。我沒有說多少話，一切由耶爾約特提調，我不願意更改已經安排好了的事情。儘管我的表情嚴肅得像個羅馬人，但在這一群人中間卻害羞得像個小學生。

第二天，即正式演出那一天，我到大眾咖啡館去吃早點。那裡的人很多，大家都在談論昨晚的彩排和入場的困難。其中有一個軍官說他沒有費多大的功夫就入場了，並且把場內的情況說了一遍，把作者描述了一番，並且有模有樣的將作者的動作和說的話大加渲染，而使我感到驚訝的是，他那段長長的敘述儘管語氣肯定和自然，但沒有一句是眞的。我看得出來：能將彩排的情況講得那麼詳細的這個人，當時根本就不在場，因爲他所描述的作者就在他眼前而他卻沒有認出來。更奇怪的反倒是那位軍官對我產生的影響。他的年齡相當大了，表情和語氣都不矜誇，而且像是一個有地位的人；他佩戴的聖路易動章證明他是一個老軍官。儘管他那麼胡說一番，儘管我也不樂意聽，但我對他這個人還是很感興趣的。他在那裡大吹牛皮，而我卻羞得一臉通紅，眞是如坐針氈。我在心裡想著要用什麼辦法把他的那番話看作是因弄錯了而說的，而不是存心吹牛。最後，我生怕我被人認出來，當面使他下不了臺，便趕快喝完我的那杯可可，一聲不響低著頭從他面前走過，趕快走出咖啡館，這時，在場的人還在對他講的情況津津有味的談論呢！到了街上，我發現我滿身大汗；我敢斷言，當時如果有人把我認出來，在我走出咖啡館之前叫出我的名字，使那位可憐的軍官因牛皮被拆穿而難爲情，我一定會心裡不安得像一個罪人。

現在，我正處在我一生中最嚴重的關鍵時刻之一，很難做到只單純的敘述事實，而不在敘述過程中幾乎是不可避免的要加上一些或褒或貶之詞。不過，我還是要嘗試一下不褒不貶只講述我當天的表現和我是出於什麼動機而那樣表現的。

那天，我穿的還是我日常穿的那套衣服，一臉大鬍子，假髮也梳得很不整齊。我把這種不修邊幅的打扮當作是一種勇敢的表現。我就這樣走進國王、王后、王室成員和宮中大小官員一會兒就要光臨的大廳。我坐在居利先生帶我去坐的那個包廂裡。這是他自己的包廂，是劇場中的一個大包廂，對面有一個位置較高的小包廂，國王和蓬巴杜夫人坐在那裡。我四周都是貴夫人，只有我一個男人坐在包廂前排的位子上。我毫不懷疑，他們把我安排在這裡，是讓大家都能看見我。燈光一亮，我立刻發現在那麼多打扮得非常漂亮的人當中，我竟穿這麼一身衣服；我開始感到局促不安。我心裡想著我是不是該坐在這裡？我的穿扮是否合適？但是，經過幾分鐘的不安之後，我以一種大無畏的心態做出回答：「是的，我該坐在這裡。」其實，我當時的這種心態來自無法脫身者多，來自心安理得者少。我對我自己說：「我該坐在這個位子，因爲演的是我寫的劇本，我是他們邀請來的。我寫這個劇本的目的就是爲了演出，而且，不管怎麼說，誰也不能比我更有權利享受我的勞動和才能的成果。我穿我平時穿的衣服，既不穿得更好，也不穿得更壞。如果我在某件事情上又聽從他人議論的話，我以後無論什麼事情都將聽別人的擺布了。我要始終保持我的本色，無論在什麼地方，我都不會因爲按照我選擇的職業穿扮而感到羞愧。我的外表雖然樸素、大大咧咧，但並不邋遢。我的鬍子也不難看，鬍子是大自然給我們的，按照時代和風尚的不同，它有時候還是一種裝飾品呢。你們覺得我可笑，不懂禮儀，哼！我才不在乎呢！如果別人的嘲笑和批評不是我應該得的，那我更要無視別人的嘲笑和批評。」經過這一段內心的自言自語之後，我馬上挺直腰桿，信心十足，如果必要的話，我甚至還敢做出神氣活現的樣子。不過，或者是由於國王在場，或者是由於心靈的自然傾向，人們雖然以好奇的目光看我，但都表現得很喜悅和尊敬。我深受感動，以致又開始對我自己和我的劇本的命運感到不安，擔心人們對它如此讚賞的表示不久就會消失，因爲大家都好像只是因爲我在現場才鼓掌罷了。對於他們的嘲笑，我是早有心理準備的；而對於他們的熱情，我是沒有預料到的，因此使我感到惶恐不安，很不好意思，以致在開始演出的時候，我竟像一個小孩子似的直發抖。

過了一會兒，我就定下心來了。演員的演技雖然不怎麼好，但就音樂來說，都唱得好，演奏得也好。第一場就十分動人。從第一場起，我就聽見包廂裡有人嘖嘖稱羨叫好。這樣的讚美聲，以前在這類演出中從未聽見過。人們的激動情緒很快就出現在整個劇場上，用孟德斯鳩的話來說就是：「用效果本身來提高效果。」在兩個情人對話那一場，這種效果達到了最高點。有國王在場，是不許鼓掌的，所以每一句臺詞和每一段音樂都聽得清清楚楚，這就使劇本和它的作者想達到的效果全都達到了，我聽見我周圍美若天仙的貴婦們在交頭接耳竊竊私語：「眞美啊，眞好聽，沒有一句歌詞不打動我的心。」那麼可愛的人兒都被我感動，我心中怡然自得，竟使我自己也激動得流下了眼淚，到第一段二重唱時，我實在控制不住，眼淚撲簌簌直流。我發現，當時淚流滿面的人，不止我一個。我有一陣子回想起過去在特雷托朗先生家開音樂會時的情形，於是感到飄飄然，就像奴隸忽然一下子戴上了勝利的桂冠。好在這一心態持續的時間很短暫，我又定下心來咀嚼我成功的滋味。我認為，此時刻使我如此衝動的是女士們的賞識，而不是作者的虛榮心。我敢肯定，如果場中都是男人我就不會那麼激動了。我恨不得用我的嘴唇去舔她們為我而流的甘美的淚水。我曾經見過有些戲劇贏得的讚美比這還要熱烈，但從來沒有見過哪一部戲是像我的《鄉村巫師》這樣使全場的觀眾全都陶醉、稱讚和感動之情洋溢著整個劇場，尤其是在王宮，又是首場演出。凡是見過這個場面的人，想必都還記得，因為它產生的效果之奇偉，是獨一無二的。

當天晚上，阿蒙公爵派人通知我，請我第二天上午十一點到宮中去，他要帶我去覲見國王。送這個口信給我的人是居利先生，他還補充一句話說他相信會賜給我一筆年金，而且由國王親自宣布。

誰會相信，在取得如此輝煌成就之日的那天晚上，對我而言竟然是一個焦慮和惶惶不安之夜呢？一提到要覲見國王，我首先想到的是，我今後就要經常出現在公眾面前。那天晚上我出現在劇場時候的情景已經使我夠受的了，還要第二天再去受這種罪，到長廊或國王的接見大廳裡，夾在那麼多顯要人物當中等候國王，這就更叫人難受了。這一心理上的弱點，是使我避免社交和不願意與女人老待在屋子裡的主要原因。一想到這種場面，我渾身就不自在，一被人家看見我的這種不自在，就至少會引起哄堂大笑，而我是寧死也不願意陷入這種令人難堪的局面的。只有經歷過這種情況的人才了解我不敢冒此危險的原因。

後來我又這樣想像了一下，我走到國王面前，被介紹給國王陛下，國王陛下惠然對我說話，這時候就需要鎮定和機智才能向國王答話。可是我這可笑的羞澀心理使我在最微不足道的生人面前也感到手足無措，到了法國國王面前還能讓我談笑自若從容對答嗎？我非常希望我能在既不改變我一貫莊重的表情和說話的語氣的情況下對如此偉大的國君給予我的榮耀表示感謝，在美好而又恰如其分的頌詞中包含一些偉大而有益的眞理。但是，爲了事先準備這樣一套巧妙的答詞，就必須準確掌握到他會向我說些什麼。我敢肯定，即使掌握到了，但一到國王面前，我也會忘得一乾二淨，一句也想不起來的。這時候，當著宮中官員的面，萬一我慌亂，又露出一、兩句我平時說的那些蠢話，會成什麼樣子呢？這種危險使我感到驚慌和害怕，甚至怕得全身發抖，因此，下定決心，無論如何不能去冒這個險。

是的，我失去了那筆可以說是已經到手的年金，但是，我也免掉了年金給我帶來的束縛。一領了年金，我就不敢說眞話，就失去了言行的自由，就不能勇敢行事了。我往後還能獨立自主和遠離名利嗎？一接受了年金，我往後就得阿諛奉迎，或者閉著嘴巴，什麼話也別說。還有，誰能保證年金一定會發到我手裡？要辦那麼多的手續和求那麼多的人，才能拿到手啊！何況爲了保有這筆年金，我要花多少心思和遇到多少不愉快的事情啊！與其如此，乾脆不要來得好。因此我認爲，放棄這筆年金，這個決定是符合我的行爲原則的；我要踏踏實實做人而不愛慕虛榮。我把我的決定告訴了格里姆，他毫不反對；對別人，我以我的身體不適爲由，於當天早晨就走了。

我離開楓丹白露的消息引起了人們的議論，受到了譴責。我提出的理由沒有得到大家的認同。有些人指責我此舉是出於愚蠢的驕傲，而那些自己不會這樣做的人卻巴不得我這樣做。第二天，耶爾約特寫了一封信給我，詳細敘述了我這部作品取得的成功和國王本人是看得多麼入迷。他告訴我說：「國王陛下用他在全王國最難聽的嗓子，把『我失去了我的僕人』和『我失去了我的全部幸福』這兩段歌詞唱了一整天。」他還說，不出半個月，《鄉村巫師》還要再演一次。這第二次演出，將對公眾再次證實第一次演出的圓滿成功。

兩天後，當我晚上九點左右正要走進埃皮奈夫人家吃晚飯的時候，忽然看見一輛馬車迎面而來，停在門口。馬車裡的人向我招手，示意我上車。我上車一看，原來是狄德羅。他向我談起年金的事情，表情十分熱衷。我沒有料到一個哲學家竟對這個問題談得如此起勁。他雖然認爲我不願意覲見國王算不上是什麼罪過，但不要年金，這罪過可就大了。他對我說，如果從我的角度考慮不要這筆年金，這也沒有什麼關係，但從勒瓦賽爾太太和她的女兒的角度考慮，那就不能這樣做；他認爲我應當採取一切可能而又正當的辦法爲她們賺錢買麵包。他還說，趁現在人家還沒有宣布我已經拒絕這筆年金，而且仍願意給我的時候，我趕快提出請求，不惜一切代價把它拿到手。儘管我感謝他的熱心，但我並不贊同他那番話。我與他發生了激烈的爭吵；這是我和他的第一次爭吵。我們兩人後來的歷次爭吵，都屬於這種類型，他硬要我做他認爲我該做的事，而我卻偏不做，因爲我認爲不應該那樣做。

我們分手時，時間已經很晚了。我想帶他到埃皮奈夫人家去吃飯，他不願去。我很想把我喜歡的人都聯結在一起，而且多次提出要他去看她，他都不去，甚至在我已經把她帶到了他的家門口，他也讓我們吃了閉門羹，不願意見她，而且一談起她，他總帶著一種鄙視的樣子，只是在我與她，後來又與他鬧翻之後，他們才開始有了來往，在談到她的時候，他才帶著尊敬的表情。

從那個時候起，狄德羅和格里姆似乎就在下工夫離間我和我的兩位女管家的關係，暗示她們說她們之所以生活得不寬裕，全怪我做錯了事，跟著我是永遠也不會有好日子過的。他們想盡辦法慫恿她們離開我，說什麼憑埃皮奈夫人的面子，可以幫她們在一個食鹽分銷店或煙草店找一份工作。他們還想把杜克洛和霍爾巴赫也拉進他們一夥，但杜克洛始終表示拒絕。當時，我已經看出了他們的這套陰謀一些端倪，但是在很久以後才了解得十分清楚。我經常抱怨我的朋友們的這種沒事找事的瞎操心。像我這樣病懨懨的樣子，他們還一心要把我推入孤苦伶仃的處境。他們以爲是在爲我謀幸福，但他們採用的方法將反而使我愈來愈不幸福。

一七五三年狂歡節，《鄉村巫師》在巴黎公演。在這之前，我抽空寫了一首序曲和一場幕間劇。這個幕間劇，正如印出來的那樣，從頭到尾都是以動作表演爲主，貫穿一個題材。據我看，這樣表現的場景是很好看的。可是，當我把這個設想向歌劇院提出時，他們連聽都不願意聽，因此只好照一般的做法穿插一些歌唱和舞蹈。這樣一來，儘管這個幕間劇充滿了美妙的情趣，也無損於正劇的氣氛，但成果並不突出，只能說是一般。我刪去了耶爾約特所寫的宣敘曲，而用我寫的宣敘曲，也就是歌篇上印出來的那一首。我承認，這首宣敘曲帶了點法國味，也就是說，由演員們拖腔拖調唱出來。不過，它不但沒有令聽眾感到不快而且效果並不亞於詠歎調，甚至在聽眾們看來至少和詠歎調一樣好，我把我的這個劇本獻給杜克洛，因爲他曾經保護過它。我要在此聲明：在我的作品中，向他人題寫獻詞的，這將是唯一的一次。⑮不過後來又破了例，在他的同意下，我又寫過第二篇獻詞。⑯我覺得，他將感到有這個例外比沒有這個例外更光榮。

關於這個劇本，有很多有趣的事情可講，但由於我還有其他更重要的事情要說，所以在這裡就沒有時間談它們，留待將來有一天寫一個補遺來敘述。不過，有一件事情我必須在這裡提一下，因爲它和以後發生的事情有關。有一天，我在霍爾巴赫男爵的小書房裡翻看他的樂譜，他向我展示了各種各樣的樂譜之後，指著一本大鍵琴的樂譜對我說：「這些曲子是人家專門爲我作的，每一首都寫得很好，很有特色。除我一個人以外，誰也不知道，也沒誰見過。你可以從其中選幾首用在你寫的那個幕間劇裡。」我腦子裡的歌曲與合奏曲根本就用不完，所以對他的那些曲子一點也不感興趣。但他再三要我選，礙於情面，我選了一首田園曲，稍加精簡後把它寫成一首三重唱，讓柯麗特的女伴們上場時唱。幾個月以後，當《鄉村巫師》上演的時候，有一天我走進格里姆的家，發現有許多人站在他的大鍵琴旁邊。他一看

⑮ 盧梭在《鄉村巫師》篇首寫給杜克洛的獻詞中說：「……這是我的第一篇也是唯一的一篇獻詞。」——譯者

⑯ 這「第二篇獻詞」，指盧梭在他的《論人與人之間不平等的起因和基礎》中所寫的「獻詞」：《獻給日內瓦共和國》。（見盧梭：《論人與人之間不平等的起因和基礎》，李平漚譯，商務印書館二〇〇九年版第十九－三十一頁）——譯者

見我，突然一下站起身來，我無意識的把他的樂譜架瞧了一眼，我發現，樂譜架上放的正是霍爾巴赫的那本樂譜，翻開的那一頁正是他再三要我選的曲子，而這首曲子，他曾經說過他是永遠不會讓其他人知道的。不久以後，埃皮奈先生家中舉辦音樂會，我發現他的樂譜架上放的也是霍爾巴赫的那本樂譜。無論是格里姆或任何其他人都沒有對我談過那首曲子，若不是不久後有人散布謠言說我不是《鄉村巫師》的作者，我在這裡是不會談這件事情的。我從來沒有自誇過我是「音樂大師」；我深信，要不是我有一本《音樂詞典》問世的話，有人也許會說我根本就不懂音樂呢！我沒有料到，在我的《音樂詞典》問世之後，還是有人在說。

在《鄉村巫師》演出之前不久，巴黎來了一批義大利滑稽劇團的演員。人們請他們在歌劇院演出，而沒有事先考慮到它將產生的後果。儘管演員們的演技很拙劣，樂團演奏得也不好，把他們演的戲搞得亂七八糟，但他們的演出還是讓法國的歌劇受到了衝擊，直到現在仍沒有恢復過來。人們同一天在同一個劇場聽了法國的音樂和義大利的音樂之後，一對比，便高下立判。聽了義大利音樂的那種活潑和節奏分明的曲調之後，沒有誰的耳朵還能忍受法國音樂的那種拖腔拖調了。義大利滑稽演員一表演完，觀眾們便紛紛走了。人們不得不改變演出次序，讓滑稽演員最後演出。歌劇院接連演出《艾格勒》、《皮格馬利翁》和《空中的精靈》，都不叫座，一個一個敗下陣來，只有《鄉村巫師》還能和義大利的歌舞劇唱對臺戲，雖然是排在他們的《當家女僕》演出之後才演，還是有人看，而且比看《當家女僕》的人還多。當我寫這個芭蕾舞劇的時候，我的頭腦裡是充滿了那類曲子的。但我沒有料到的是，竟有人把我作的曲子和那些曲子一一加以核對。如果我是一個剽竊者，我該有多少剽竊的樂段被揭露出來，他們將多麼幸災樂禍把這些把柄公諸於世啊！可是一個把柄也沒有，他們枉費心機。他們在我的作品裡連任何一點別人音樂的痕跡都找不出來。把我所作的歌曲，與那些所謂的文本一加比較，就可看出，我這次所作的歌曲和我以前的音樂作品都是全新的。如果把蒙東維爾⑰或拉摩也叫來接受這樣的檢驗的話，我看，他們將被人們指指點點，弄得體無完膚的。

滑稽劇團的義大利音樂，贏得了許多非常熱心的追捧者。全巴黎的人分成兩派，比爭論國家大事或宗教問題還吵得激烈。有一派的人數比較多，勢力也較強，都是達官顯宦、富豪和貴婦人。他們捍衛法國音樂。另一派人則比較活躍、更專業，都是些行家和有才學的人；這一派人都聚在歌劇院裡的王后的包廂下面⑱。另一派人在整個劇場和走廊裡到處都是，但核心人物都在國王的包廂下面。壁壘如此分明，於是便產生了當時頗爲風行的兩個著名的派別：「國王之角」和「王后之角」⑲，爭論愈來愈激烈，兩派的文章滿天飛，「國

---

⑰ 蒙東維爾（一七一五—一七七三）：法國作曲家和小提琴演奏家。——譯者

⑱ 這一派的核心人物有：狄德羅、達朗貝爾、格里姆和盧梭。——譯者

⑲ 此處的「角」原文爲「coin」，意爲「角落」。——譯者

王之角」用玩笑的口吻指斥對方，但馬上就遭到〈小先知〉⑳的嘲諷；他們想從理論上闡述他們的觀點，但被〈論法國音樂的信〉㉑批駁得啞口無言。這兩個作品，前一個是格里姆寫的，後一個是我寫的。在兩派爭論之後唯一流傳下來的，就是這兩個作品，其餘的文章便湮沒無聞了。

不過，〈小先知〉（很久以來許多人硬說是我寫的，儘管我再三否認）一直被人們當成是一篇戲謔文章，所以沒有給它的作者帶來任何麻煩，而〈論法國音樂的信〉卻受到了人們的認眞對待，全法國的人都發起行動反對我，認爲他們國家的音樂遭到了侮辱。這本小冊子產生了難以置信的效果，是値得用塔西佗㉒的史家之筆加以描寫的。當時，議會和教會正吵得不可開交；議會被解散，人心浮動的局面達到了頂點，大有爆發一場全國騷亂之勢。我的文章恰恰在這個時候發表了。文章一出來，其他的爭論馬上就被人遺忘，大家都把關注的重點轉移到法國音樂遭遇的危機上。群情激昂，都起來反對我，把矛頭對準我一個人。舉國上

⑳〈小先知〉：格里姆匿名發表的一篇諷刺性文章，全題是〈洛米施布洛達的小先知〉，仿照《聖經》的筆調描寫一個大學生在睡夢中被人從布拉格弄到了巴黎，結果被法國「咕噥咕噥的歌曲」吵醒。——譯者

㉑盧梭在〈論法國音樂的信〉這篇文章中指出，音樂的根本要素是悅耳的音調，而不是和聲。他認爲法國的音樂拖泥帶水靠和聲來「拼湊」，求助於複調，結果弄成一片「嘈雜的聲音」。——譯者

㉒塔西佗（約西元五五—一二〇）：古羅馬歷史學家。——譯者

下的憤慨之氣到現在依然沒有平息。當時法院已經在考慮是把我關進巴士底獄還是把我逐出法國。如果不是武瓦耶先生提醒他們這樣做會讓人看笑話的話，逮捕令就下達了。後來，我說我這篇文章也許阻止了一次全國性的大動亂，有些人還以爲這個話是誇大其詞的夢話，但這卻是千眞萬確的事實。全巴黎的人想必都還記得、都能證明，因爲這件稀奇的事情距今只不過十五年多一點。

人們雖然沒有剝奪我的自由，但卻沒有讓我少受侮辱，有些人甚至說要幹掉我的老命。歌劇院的樂團公然打算在我走出劇院的時候暗殺我。有人把這個消息告訴我，我反而愈常去歌劇院。我很久以後才知道：對我很友好的火槍隊軍官安塞勒先生在我看完戲走出劇場時，曾暗中派人保護我，因此歌劇院的陰謀才沒有得逞。當時，市政當局剛把歌劇院的管理權抓在手裡，市長做的頭一件大事就是取消我的免費入場券，而且手段極其惡劣：在我入場時，公然否定我入場的權利，以致我不得不買一張劇場正廳中的座票入場，才未遭到被拒門外的羞辱。這種不公正的做法之所以令人氣憤，是因爲我把劇本交給他們去演出的時候，我得到的唯一報酬就是一張永久免費入場券。這種免費入場券是所有的作者都享有的權利，而且我有雙重資格獲得這種權利，何況我還當著杜克洛的面向他們明確提過的。是的，歌劇院的出納員曾送來五十路易作爲酬金給我（不是我開口向他們要的）。但這五十路易不僅遠遠不夠按規定應給我的金額，而且與免費入場的權利毫無關係，因爲這項權利是有明文規定的，與酬金完全是兩碼事。他們的這種做法是如此的不公正和如此的粗暴，以致當時對我還抱有極大敵意的公眾都感到震驚，昨天還罵我的人，今天在大廳裡也嚷了起來，不僅指責這樣剝奪一個作者的入場權實在可恥，而且還說這個作者理應得到這種權利，甚至應當得到雙份權利。義大利的諺語說得對：每個人都能對別人的事情主持公道。

在這件事情上，我只有一個辦法，就是把我的劇本要回來。既然他們不給我約定的報酬，我就要索回我的劇本。爲此，我寫了一封信給主管歌劇院的達讓松先生，信中還附有一份備忘錄，例舉的事實和理由都是無可辯駁的，但始終沒有得到他的答覆，也不見他採取什麼措施，我那封信就這樣石沉大海。我對這個不公正的人表現出的沉默，始終耿耿於懷。我對他的人品和才能本來就不甚認同，現在他不回我的信，這就使我更加輕視他了。就這樣，他們把我的劇本扣留在歌劇院，而且不給我把劇本交給他們時所商定的報酬。弱者對強者這樣做，叫作搶劫，而強者對弱者這樣做，就只能叫作侵占他人的財產。

以金額來說，這部作品給我帶來的收入，雖然只有它在別人手裡可能獲得的金額的四分之一，但這樣也仍然是相當多的，足夠我幾年生活之用，完全彌補了我抄寫樂譜微薄收入的不足，因爲這項業務一直進行得很不順利，所以收入非常少。我從國王那裡得到了一百路易，又收到蓬巴杜夫人（她在美景宮的那次演出中親自扮演科蘭）給的五十路易，皮索出刻印本的五百法郎。這個劇本帶給我的收入是夠豐厚的了。雖然我的時運不濟，行事又笨拙，但我只花了五、六個星期時間寫的這個劇本所帶來的收入，差不多和後來的《愛彌兒》所帶來的收入一樣多，而《愛彌兒》卻花了我二十年心血思考和三年時間寫作，才全稿完成。不過，我對這個劇本帶來的經濟上的寬裕，也付出了很大的代價，因爲它招來了無窮無盡的煩惱。這是很久以後才爆發出來的暗中嫉妒的禍根。自從這個劇本取得成功以後，在狄德羅、格里姆以及和我相識的文化界人士身上，就再也見不到從前那種親切、坦率和樂於與我相見的表現了。只要我一走進霍爾巴赫男爵的家，大家就不聚集在一起談話，而是三五成群的小圈子交談，嘰嘰咕咕竊竊私語，撇下我單獨一個人不知道和誰談話才好。這樣令人難堪孤立我，我一直忍受著，因爲霍爾巴赫夫人非常和藹，始終親切接待我，只要她的丈夫那種粗暴態度不太過分，我就忍著。可是有一天，他毫無道理和毫無藉口當著狄德羅和瑪爾讓西的面攻擊我。那麼無禮的對待，無異於下逐客令，於是，我立即走出他家的門，決心從此不去他家。面對這種情形，狄德羅一句話也沒有說，而瑪爾讓西後來多次對我說他非常欽佩我當時的克制和對霍爾巴赫所說的那幾句頗有分寸的話。儘管發生了這件事情，但我在談到他和他的家人時，還是十分尊重的，而他談到我，總是帶著不屑的神情，措辭非常難聽。他一直稱我爲「小學究」，而他又說不出我對他和他的親朋有任何失敬的地方。這就證明了我當初的那些預言和擔心。在我看來，我的那些朋友會原諒我出書，會原諒我出好書，因爲這種光榮他們也能爭取到，而他們不能原諒我的，是我寫了一部歌劇和這部歌劇所取得的巨大成功，因爲他們當中沒有任何一個人能寫出這類作品，他們根本沒有得到這種光榮的可能。只有杜克洛沒有這一妒忌心，而且表現得更加深了對我的友誼，他帶我到紀蘿小姐的家，在那裡，我受到了尊重、眞誠和親切的接待，而在霍爾巴赫家裡，完全沒有過這些禮遇。

當歌劇院上演《鄉村巫師》的時候，法蘭西劇院也在談論它的作者，不過，說好話的人不多。由於我的《納爾西斯》在這七、八年的時間裡都沒有得到在義大利劇院演出的機會，我對這個劇院便不甚喜歡，覺得它的演員們用法語演出的效果極差，因此我就想把我的劇本拿給法國演員演，而不拿給義大利人演。我把我的想法告訴喜劇演員拉努。我與他早就認識，正如人們所知道的，此人的人品很好，又是一個作家。他覺得《納爾西斯》這部戲很有意思，於是答應設法演出，不過不說穿作者是誰，另外，他還答應幫我弄到免費入場券，這使我高興極了，因為我一直認為法蘭西劇院比另外兩家劇院好。於是劇本被鼓掌並演出，只是沒有宣布作者的姓名。不過，我有理由相信喜劇演員和其他人不是不知道的。戈桑和格朗瓦爾兩位小姐扮演多情女子。雖然在我看來全劇的精神並未表達入微，但不能因此就說演得不好。我對觀眾的寬厚感到吃驚，也深受感動。他們耐心的、靜靜的從頭看到尾，甚至還讓它再重演一次，而絲毫沒有表現出不耐煩。至於我，第一次演出時我已經感到如此厭煩，以致戲還沒有演完，我就走出劇場，到普洛歌普咖啡館去喝咖啡，在咖啡館裡，我見到了布瓦西和其他幾個人。他們大概也跟我一樣厭煩得不願意看，才到這裡來喝咖啡。我在咖啡館裡坦然指出我劇本中的那些「敗筆」，並謙卑或者說公開承認我是這個劇本的作者，並且發表了跟大家同樣的看法。我公開承認自己是一個糟糕的劇本作者，得到了大家的讚賞，而我自己也沒有因此而感到有什麼難為情的。我這種勇於認錯的表現，有助於增強我的自尊心。我相信，在這種情況下，直截了當自己評說，比因為害羞而不說反而痛快得多。這個劇本，演出的效果雖然平平，但讀起來還是很有特色的，所以我把它印了出來，前面加寫的那篇序言，是我的佳作之一。在這篇序言裡，我對我遵循的原理的闡述，比我在直到那時為止的其他文章中的闡述詳細得多。㉓

沒過多久，我又有機會在一部更為重要的作品裡把它們加以更詳細的發揮。我記得是一七五三年，第戎科學院公布了一則以「論人與人之間不平等的起因」㉔為題的徵文啓事。這個大題目使我深感震驚。我沒有料到這個科學院竟敢提出這麼一個題目。好嘛，它既然有

㉓ 盧梭說他給《納爾西斯》加寫的那篇序言是他的「佳作之一」。其實，那篇序言與這個劇本毫無關係，他只不過是借這個劇本出版的機會，寫那篇序言來回答人們對他提出的批評，進而結束他一七五〇年的獲獎論文《論科學與藝術的復興是否有助於敦風化俗》發表之後引起的一場大論戰。在那篇序言中，盧梭作為政治著述家的思想已開始顯露端倪。他說：「荒謬的社會制度極有利於富人找到聚集更多財富的手段，而一無所有的人想得到點什麼好處，簡直比登天還難；在這種制度下，善良的人無法走出困境，而壞人卻備受尊敬，不做好事，反倒成了好人！……這些弊病的根源不在人，而在於人被治理得不好。」（《盧梭散文選》，李平漚譯，百花文藝出版社一九九五年版，第一百四十二頁）——譯者

㉔ 第戎科學院公布的題目，全文是：「人與人之間不平等的起因是什麼；這一現象是否為自然法則所容許？」——譯者

膽量提，我就有膽量寫，於是我就著手寫了。

爲了靜下心來從容思考這個重大的題目，我帶著黛萊絲和我們的女房東（一個很正派的女人）及她的一個女友到聖熱爾曼去小住了七、八天。我把這次郊遊當成是我一生最愉快的旅遊之一。天空晴朗，萬里無雲，幾個女人負責安排每天的生活和掌管開銷。黛萊絲和她們一起玩，而我什麼事情也不管，到吃飯的時候和她們無拘無束說說笑笑，十分開心。我每天走進樹林深處，我在林中尋找，而且終於找到了遠古時候的情景，我奮筆疾書，描述當初眞正的史實。我要駁斥人們胡言亂語的謊言，我要如實展現原始的人性，充分揭露使人性丕變的時代和事物演變的過程。我要把生活在人類社會中和生活在大自然環境中的人加以比較，以便使人們看到他們在所謂人的完善化過程中所遭到的苦難的眞正原因。我的靈魂被這種高潔的沉思所振奮，幾乎可說上升到了神明的境界。從那裡，我看見我的同胞在那條充滿偏見、謬誤、苦難和罪惡的道路上盲目前進著。我以微弱到他們幾乎聽不見的聲音向他們說道：「你們這些冥頑不靈的人呀！你們天天抱怨大自然對你們不好，其實，你們應當知道，你們的痛苦都是自己造成的。」

這樣沉思的結果，遂產生了《論不平等》㉕這篇論文。這篇文章比我的其他作品都更合

㉕ 此處的《論不平等》是簡稱，這篇文章的全題是：《論人與人之間不平等的起因和基礎》。——譯者

狄德羅的口味；他對這篇文章提出的意見也很有用*。可惜的是，這篇文章在全歐洲只有少數幾個人讀懂了，而在讀懂的讀者當中，也沒人對它發表什麼意見。它是爲了參加有獎徵文競賽而寫的，所以我把它寄出去了。不過，我早已料到它不會得獎，因爲我知道各個科學院的獎品，不是爲我這樣的文筆和內容寫的論文而設置的。

這次郊遊和這篇文章的寫作，對我的心情和身體都大有好處。幾年前我深受尿滯留症折磨之苦。我完全聽從醫生的擺布；他們不但沒有減輕我的痛苦，反而耗盡了我的體力，敗壞了我的身體。從聖熱爾曼回來以後，我恢復了體力，身體比以前好多了。我按照這個辦法繼續下去，決心不論是死是活我都不去找醫生也不吃藥，永遠不與他們打交道，活一天算一天。如果無法出門，我就安靜的待在家裡；一有力氣活動，我就馬上出門去走動走動。在巴黎和那些自高自大的人在一起，實在不合我的個性。文學界人士黨同伐異，經常無恥的

* 在我寫這段話的時候，我還沒有覺察到狄德羅和格里姆的大陰謀；如果覺察到了，我就會很容易地看出狄德羅是多麼狡詐的濫用我對他的信任，以致使我的這篇文章的筆調十分尖刻。後來，當他不再指導我的時候，我的筆調就不是那個樣子了。在這篇文章中針對那位爲了不聽受難者的哭聲而捂著耳朵大發議論的哲學家寫的那段話，是按照他的筆調寫的。他還向我提供了許多措辭更尖刻的片段，我都沒有採用。我把這種怨氣十足的筆調歸因於萬森納監獄使他受到的委屈。這種情緒在他筆下的克雷爾瓦爾身上表現得相當明顯，我那時一點也沒有想到他在指導我的時候會懷有惡意。

爭吵；他們寫的書，沒有幾句是他們心裡的話，而且還擺出一副自以爲了不起的樣子。所有這些，在我看來實在是太醜惡和太可憎了。甚至在和我的朋友們的交往中，我也很少發現溫馨、坦誠和率眞的態度；我討厭這種烏煙瘴氣的生活環境，我急切想到鄉下去住。雖說我的職業不容許我眞的住在農村，但目前我至少要把我空閒的時間消磨在鄉下。因此，我一連幾個月，一吃過午飯便獨自一人到布洛涅森林中去散步，在那裡思考我準備寫的作品，直到夜裡才回家。

那時，我和高福古來往極其密切。他因爲有事要去日內瓦一趟，特邀我同行。我的身體不太好，需要黛萊絲照顧，於是決定她也跟我們一起去，留下她母親看家。一切安排妥當以後，一七五四年六月一日，我們三人便起程了。

我應當講述一下這次旅行，因爲這是我活了四十二歲第一次經歷的難忘的事情，它傷害了我對人毫無保留充分信任的天性。我們坐的是一輛四輪華麗馬車，途中不換馬，每天只走很短一段路。我經常下車步行，剛走了一半路程，黛萊絲就很不願意單獨一個人與高福古待在車裡。當我不顧她的阻攔，還是照樣下車步行的時候，她也要下車步行。我不明就裡罵她這樣任性，堅決不讓她下車，直到最後她才不得不向我說明了原因。當我聽說我這位已年過六旬、腳患痛風病、步履蹣跚，而且因尋歡作樂而戕害了身體的朋友高福古先生從我們一起程，就想勾引一個既不漂亮又不年輕而且是他的朋友的女人時，我簡直以爲自己是在做夢，好像墜入五里霧中。他採用的手段極其卑鄙可恥，甚至用金錢誘惑，拿他隨身帶的淫書和淫畫挑逗她。黛萊絲非常氣憤，甚至有一次把他的淫書從車窗扔了出去。黛萊絲還告訴我，在起程的第一天，在我因一陣劇烈的頭痛沒有吃晚飯就去休息的時候，他趁只有他們兩人的機會，對她動手動腳，樣子像個色鬼而不像一個受我信賴且託付我的女伴的正人君子，這是多麼令人吃驚啊！這對我來說，的確是一件前所未有的傷心事。在此以前，我一直認爲友誼和使友誼具有魅力的高尙情操是分不開的。現在，我生平第一次不得不認爲這個人的友誼是不可信賴的，不得不對這個我曾深深愛戴而且以爲他也愛我的人失去信任和尊重之情。這個可惡的傢伙還想在我面前隱瞞他卑鄙的行徑。爲了不讓他看出黛萊絲已向我講了他卑鄙的行爲，我只得佯裝若無其事的樣子，隱藏我心中對他的蔑視，把他尙未看出我對他的反感隱藏在我的內心深處。溫柔和神聖友誼的幻象啊！第一個向我揭開你面紗的是高福古。從那時後開始，又有多少殘酷無情的手不讓面紗把幻象重新遮擋起來！

到了里昂，我就和高福古分手，踏上了去薩瓦的那條路，因爲我不忍心經過離母親那麼近的地方而不去看她。我見到她了……天啊，她的處境是多麼糟糕啊！簡直糟糕到難以言喻了！她原先的那種風采到哪裡去了？她還是當年德．朋維爾神父介紹我去找的那個光豔照人的華倫夫人嗎？我的心都碎了！我看她沒有別的辦法，只有早日離開這個環境爲宜。我曾經多次在我給她的信中請她來與我一起安靜過生活，我和黛萊絲願意盡全力讓她安享幸福。這一次，我又再三表示了我的這個心願，但終歸無效。她捨不得她的年金（雖如數照發，但早已一毛錢也到不了她的手裡），她不聽我的話。我把我的錢分了一小部分給她。如果不是我斷定我給她的錢她一毛也享受不到的話，說什麼我都應當而且一定會多分給她一點的。當我在日內瓦期間，她曾到沙布勒一行，並到格朗日運河來看我。她沒有多住些日子，而我也沒有錢承擔這筆費用。一小時以後，我請黛萊絲送了點錢去給她。我慈愛的母親，她的心是多麼的有情有義啊！我要告訴世人，她當時剩下的最後一件首飾是一枚小戒指，她把它從手指上取下來戴在黛萊絲的手指上，黛萊絲立刻又取下戴回她的手指上，並流著眼淚親吻她那隻溫柔的手。唉，當時正是我償還欠她的債的好時機！我應當拋棄一切跟她走，與她朝夕相伴，直到她生命的最後一刻，不論她的命運如何，我都要與她同甘共苦，可是我沒有這樣做。現在，另一個人分了我的心，我對她的感情自然就有所減弱，對她就沒有多大作用了。我為她歎息，但沒有跟她一起走。在我一生所有應受譴責的事情中，就數這件事情最應受譴責，是一輩子也後悔不盡的。從這件事情可以看出，我此後不斷遭到的可怕的懲罰，的確是我罪有應得，願這些能贖償我的罪過！我做了忘恩負義之事，這種行為使我內疚到心都碎了，然而我的心絕不是一個忘恩負義的人的心。

在從巴黎起程之前，我已開始起草添加在《論不平等》的正文之前的「獻詞」，這篇獻詞，我是在尚貝里寫完的，並註明「一七五四年六月十二日於尚貝里」。因為我認為，為了避免有人瘋言瘋語說閒話，最好是既不註「寫於法國」也不註「寫於日內瓦」。一到了日內瓦，我就沉浸在我嚮往的這個城市的共和主義的激情之中。人們展現的歡迎，使我的這種激情更加高漲。我受到各界人士的盛情款待和關懷。這使我產生了滿腔的愛國熱忱，另一方面也使我因改信他教而被取消公民權感到羞愧，因此我決心公開回到我的先輩奉行的宗教。我認爲既然所有的基督徒讀的都是同樣的《福音書》，可見，不同教派的信條之所以不同，是由於人們對他們所不理解的地方所作的解釋不同。因此，在每個國家裡，只有主權者有權規定敬拜的儀式和難以理解的信條，而公民則有義務奉行由法律規定的信條，並按照法律規定的敬拜儀式行事。我與《百科全書》派的朋友們往來，不但沒有動搖反而堅定了我的信仰，因爲我對教義的爭論和教派的黨同伐異有一種本能的厭惡情緒。我對人與宇宙的研究的結果，使我到處都發現那主宰人與宇宙的終極原因和智慧。我讀了《聖經》之後，尤其是這幾年精研了《福音書》之後，我對那些根本就不理解耶穌基督的人對耶穌基督所作的荒謬的和愚昧的解釋感到鄙夷。總之，哲學使我深研了宗教的精髓，拋棄了人們用來曲解宗教的那些不値一駁的陳詞濫調。我認爲，一個有理智的人是無法有兩種當基督徒的方式的。因此，在每一個國家裡，凡是與形式和紀律有關的事情，都應按法律的規定辦理。儘管這個如此合乎情理、如此符合社會的要求和如此平易的眞理給我招來了許多殘酷的迫害，但我根據這個眞理得出的結論依然是：要想成爲公民，我首先就應當成爲新教的教徒，重新皈依我們國家奉行的宗教。我決心這樣做，而且還到我居住的那個堂區的教堂（那時候位於日內瓦城外）去聽取牧師的訓誨，只希望不到教務會議廳去接受「詢問」。雖然這一步驟在教士法中有明文規定，但人們特地爲我想了一個變通的辦法：指定一個由五、六個人組成的委員會單獨聽我發表一篇重新皈依新教的聲明就可以了。不幸的是，佩爾德利歐牧師（他爲人和藹，與我很有交情）特意向我透露說：他們以能聽到我在這個人數不多的會上發表聲明爲快，他們的期待使我感到非常害怕，以致我夜以繼日花了三個星期時間準備的那篇短短的聲明，到了會上竟慌亂得一個字也背不出來，在會上表現得像一個笨頭笨腦的小學生。雖然委員們一再替我打圓場，但我始終只能傻乎乎簡單回答「是」或「不是」。會後，我便被批准入教，恢復了我的公民權。作爲公民，我的名字也被登入了保安稅冊；這種稅，只有公民和有產者才繳納的。我還參加了一次小議會爲聽取穆薩爾議員㉖宣誓就任首席談判代表而召開的特別大會。小議會和教務會議對我表示的盛情，以及全體官員、牧師和公民對我表示的誠摯的和友好的態度，使我受到如此之大的感動，以致一方面在好心的德呂克的催促下，再加上我自己內心傾向的驅使，我眞想立刻趕回巴黎，把家中的東西通通處理掉，了結一切瑣碎的事情都，安置好勒瓦賽爾太太和她的丈夫，留下一些生活費給他們，然後帶著黛萊絲回到日內瓦安度餘年。這樣決定之後，我就把該辦的正事暫時停下來，以便和朋友們一直玩到起程的時候。在所有的玩樂中，最令我開心的是我和德呂克、他的兒媳和兩個兒子以及我的黛萊絲一起乘船環湖遊覽。這次環湖之遊一共花了七天時間。這七天的天氣非常好，我對沿湖景色的美留下了如此深刻的印象，以致幾年之後，我撰寫《新愛洛伊絲》時，就在書中詳細

㉖ 指皮埃爾·穆薩爾。——譯者

的描述了一番。

我在日內瓦交往密切的人，除了前面說的德呂克一家以外，還有年輕的牧師維爾納，我在巴黎就已經和他相識了，我當時對他的評價比後來對他的評價好；還有佩爾德利歐先生，他當時是鄉村牧師，現在是文學教授，和他交往充滿了樂趣，是永遠值得懷念的，雖然他後來故作姿態與我保持距離；還有雅拉貝爾先生，他當時是物理學教授，後來擔任議員和行政委員，我曾把我的《論不平等》讀給他聽（但沒有讀獻詞），他似乎很讚賞；還有呂蘭教授，我與他一直有書信往還，直到他去世才停止，他還曾託我爲日內瓦圖書館買過書；還有維爾勒教授，我曾多次向他表示親近和信任，這本或許應該能感動他（如果一個神學家能被感動的話，他應當是有所感動的），然而，他和別人一樣，後來也和我斷絕了來往；還有沙皮伊，他是高福古的夥計和接班人，他本來想接替高福古，但時隔不久，他自己倒被別人頂替了；還有瑪律賽·德·麥齊埃爾，他原是我父親的朋友，後來又與我結下友誼，他爲國家做了一些有益的事情之後，就從事戲劇寫作，還想當二百人院議員，自從有這個想法以後，他就改變了往日的作風，在臨死前還做了一件可笑的事情。不過，在我所交往的人中，我最器重的是莫爾杜，他很有才能，爲人幹練，確實是個大有前途的年輕人，雖然他對我的態度不明朗，而且與我最兇惡的敵人有聯繫，我還是很喜歡他的，並且深信將來總有一天他會爲我的所作所爲進行辯護，爲他的朋友抱不平的。

雖然和朋友們的交往十分頻繁，但我還是保持了獨自一人散步的愛好和習慣，經常在湖邊漫步，走得很遠很遠。在散步中，我這活動慣了的腦子總是沒有閒過，反覆思考如何撰寫我的《政治制度論》，關於這本書的寫作起因，我不久後會談到。另外，我還打算寫一部《瓦勒地方誌》，用散文寫一部悲劇，題目叫作《盧克萊修》㉗。儘管我明明知道這個不幸的女人的故事不能在任何一個法國劇場上演，我還是要寫。我相信，我這個大膽的題目一定會使那些嘲笑我的人大吃一驚。與此同時，我還拿塔西佗的作品來試水溫，把他的《編年史》第一卷譯成了法文，譯文收存在我的文稿箱中。

在日內瓦住了四個月之後，我於十月間回到巴黎。我沒有取道里昂，以免碰上高福古。按照我原來的安排是來年春天回日內瓦，所以這年冬天我又恢復了我的生活習慣和日常工作，主要是校對我的《論不平等》的清樣。這部作品，由我在日內瓦新認識的書商雷伊在荷蘭印刷。由於這部作品是獻給共和國的，㉘那篇獻詞不可避免的使小議會感到不快，因此，在回日內瓦之前，我想觀望一下，看它在日內瓦將產生怎樣的效果後再說。它產生的效果

㉗ 全題是《盧克萊修之死》。盧克萊修是古羅馬的一位貞烈女子，因遭羅馬皇帝塔爾昆尼烏斯之子的淩辱，憤而自殺，她的死引起了羅馬人民的起義，推翻了塔爾昆尼烏斯的統治。——譯者

㉘ 把書標明「獻給共和國」，這就表示是獻給由全體公民組成的大議會，而不是獻給由二十五人組成的實際執掌權力的小議會，因此引起了小議會的不滿。——譯者

果然於我不利，純粹是出於一片愛國熱忱而寫的這篇獻詞，在小議會中給我招來了許多敵人，在有產者中也招來了不滿。首席行政官舒埃先生寫了一封表面客氣但語氣卻很冷淡的信給我（原件見卷宗A，No.3）。只有少數幾個人說我的文章寫得好，如德呂克和雅拉貝爾，僅此而已。沒有任何一個日內瓦人感謝我在這部作品中所流露的由衷的熱忱。這種冷漠的態度使有識之士感到氣憤。我記得，有一天到克里西，在杜賓夫人家吃飯，同桌的有日內瓦共和國常駐法國代表克羅姆蘭，還有麥朗先生。麥朗先生當著滿桌的人說小議會應當爲這本書給我一件禮品，並公開表揚，若不這樣做，就有失體面。個子矮小、膚色黝黑的克羅姆蘭，人很陰險，他不敢當著我的面說什麼，便做了一個可怕的鬼臉，逗得杜賓夫人笑了起來。這部作品帶給我唯一好處，除了滿足我的心願以外，就是公民的稱號。這個稱號是我的朋友們給我的，接著，公眾也仿效我的朋友給予我這個稱號，但後來由於我太配享有這個稱號，反而失去了這個稱號。

不過，如果沒有其他對我的內心更有影響力的原因，單單這點挫折是不會使我改變我回日內瓦的計畫的。埃皮奈先生要把他在舍夫雷特的家的旁邊的方舍原先缺少的那個小屋整修起來，爲此，他花了很大一筆錢。有一天，我與埃皮奈夫人一起去看修建的情形，並順便散散步。我們往前大約走了四分之一哩，一直走到了鄰近蒙莫朗西森林的那個花園的蓄水池旁邊，那裡還有一個很漂亮的菜園和一座破爛不堪的小房子，人們稱它爲「退隱廬」。這個清幽宜人的地方，我上次去日內瓦之前第一次看見時，就喜歡上了。當時，我不知不覺隨口說出了我心中的喜悅：「啊！夫人，這是多麼美好的安身之地呀！眞是一個現成的供我隱居的地方嘛。」埃皮奈夫人當時沒有對我的話表示什麼態度。但這一次來，我吃驚的發現，這座破舊的房子已粉刷一新，布置得整整齊齊，足夠三口之家舒舒服服的住。原來，這是埃皮奈夫人默默叫人修的，花錢不多，從家中的工地抽出幾個工人和一點材料，就修起來了。這次重來此地，她看見我驚訝的樣子，便對我說道：「我的熊㉙啊！這座房子給你作隱居之地，這是你自己選擇的。出於我們的友誼，我把它奉獻給你。我希望這份情誼能打消你老想離開我的念頭。」就我的記憶所及，我這一輩子從來沒有經歷過比我當時更強烈和更愉快的感動。我的眼淚沾滿了我這位女友的慷慨之手。雖說我當時沒有立即接受她的好意，但我的心已極其動搖了。埃皮奈夫人巴不得她的願望馬上實現，於是便積極催促我，用了好多方法並託了好多人來勸說我，甚至透過勒瓦賽爾太太和她的女兒來強迫我。最後，她勝利了，終於使我改變了我的決心，放棄了回日內瓦定居的計畫，答應住進退隱廬。在等新修的房子乾燥期間，她忙著爲我準備傢俱，等一切準備妥當後，來年春天就可遷入了。

還有一件事情也大大促使我下定這個決心。這件事情是伏爾泰在日內瓦定居了。我很清楚，這個人在日內瓦一定會興風作浪，製造事端。我若回去，又會在我的祖國遇到我在巴黎極

㉙ 盧梭的朋友們對他的戲稱。——譯者

力躲避的那種烏煙瘴氣的氛圍和環境，我又要不斷和人爭吵不休。在這種環境裡，我為人處事，別無選擇，要麼做一個俗不可耐的鄉愿，否則就只好當一個膽小怕事的壞公民。伏爾泰針對我最近發表的那部作品寫的信㉚，使我有理由在我給他的回信中婉轉說明我的擔心㉛。這封信產生的效果，證實了我的隱憂㉜。從這個時候開始，我就認為日內瓦完了。我這個看法沒有錯。如果我有本事的話，我當然應當去抵抗這場暴風雨的。可是我孤身一人，既靦腆又木訥寡言，能去和一個傲氣十足、家財萬貫又有大人物撐腰的伏爾泰對陣嗎？能去與這個既

㉚「最近發表的那部作品」指《論不平等》這部作品發表後，盧梭寄了一本給伏爾泰。伏爾泰於一七五五年八月三十日寫信指責盧梭說：「從來沒有人像你這樣花這麼多心思使我們變成野獸。」——譯者

㉛盧梭一七五五年九月十日給伏爾泰的回信，措辭相當「婉轉」，他說：「……你為我的祖國帶來了榮譽，所以我和我的同胞們一樣，對你滿懷感激之情……我深信他們將從你給予他們的教誨中深深獲益，請你美化你所選擇的休閒之地，開導值得你去教誨的人們；請你這位善於描繪美德和自由的人教導我們如何在我們的城市裡也像在你的著作中那樣去珍惜美德和自由。……」（盧梭：《論人與人之間不平等的起因和基礎》，李平漚譯，商務印書館二〇〇九年版，第一百六十一頁）從這段話中可以看出，盧梭「擔心」的是信奉喀爾文教義的日內瓦淳樸的民風和美德將受到敗壞。——譯者

㉜果然，伏爾泰到日內瓦定居不久，就在他的新宅「諧趣精舍」的小型劇場演出他的《薩伊》邀請日內瓦的高層人士觀看，因此，遭到教規督導委員會的下令停演。——譯者

能言善道、辯才無礙，如今又成了仕女們和年輕人崇拜的偶像的伏爾泰一比高低嗎？我認爲，憑一時的勇氣去冒險，是於事無補的。在這件事情上，我是完全聽從我和平的天性和愛好寧靜的個性行事的；如果說我對寧靜的愛好當初曾使我做出了錯誤的決定，它今天在同樣的問題上也會使我做出同樣錯誤的決定。如果當初我回到了日內瓦隱居，雖說我可以免遭後來的許多大災大難，但我毫不懷疑，即使我有滿腔的愛國熱忱，我對我的國家也是做不出任何偉大而又有益的貢獻的。

特農香差不多也是在這個時候到日內瓦定居的，不久以後又到巴黎掛牌行醫，而且賺了一大筆錢。他一到巴黎，就和德·若古爾騎士一起來看我。埃皮奈夫人很想請他專門爲她診治，但求診的人太多，排不上。她來求我想辦法，我只好生拉硬拽，應要特農香去看她。他們在我從中牽線之下，就這樣開始了往來，沒有料到他們後來竟聯起手來整我。我的命運總是這樣的，一旦我讓兩個本來不相識的人成了朋友，他們肯定會聯合起來與我作對。不過，儘管特農香家族中的人從那時起就參與了使他們的祖國被奴役的陰謀，他們各個對我都恨之入骨，但特農香本人有很長一段時間還是對我很親切的。他回到日內瓦以後，還寫信給我，說他想推薦我擔任日內瓦圖書館榮譽館長之職，但我早就心意已決，我沒有被他的盛情所動搖。

也就是在這個時候，我又到霍爾巴赫先生家去看望他了，因爲他的夫人去世了。霍爾巴赫夫人和弗蘭克耶夫人都是我在日內瓦期間去世的。狄德羅把霍爾巴赫夫人去世的消息告訴我時，說她的丈夫是多麼的悲慟；他的哀傷感動了我的心，我自己也深深懷念這位可敬的夫人。爲此，我寫了一封信給霍爾巴赫先生。這件令人悲傷的事情使我忘記了他的過錯。當我從日內瓦回到巴黎的時候，他也與格里姆及其他幾位朋友爲了排遣心中的哀傷而周遊法國一圈之後回來，於是我就去看他，之後仍繼續去看他，直到我遷居退隱廬爲止。在他那個小圈子裡，當有人知道埃皮奈夫人（那時他和埃皮奈夫人還沒有往來）正在爲我準備房子時，一陣瘋言瘋語和挖苦嘲笑之聲就像風暴似的向我襲來，說我已經過慣了城市喧囂快樂的生活，連半個月的寂寞也熬不過，就得重新回到巴黎。我心裡明白他們的意思，我讓他們說他們的，我按我的主意行事，霍爾巴赫先生對我還是大有幫助的：*他幫勒瓦賽爾老頭找到了一個安置的地方。老頭已年過八旬，他的太太早已覺得他是個累贅，一再求我把他甩掉。他被送到一個慈善院去，一到那裡不久，衰老之年和思念家人之苦就把他送進了墳墓。他的老伴和另外幾個孩子都不怎麼懷念他，只有黛萊絲心疼他，對他的去世哀傷不已，後悔自己不

---

*這又是我的記憶力跟我開玩笑的一個例子。在我寫完這段話之後很久，有一天在和我的妻子談到她的老爸的時候，我才知道幫我安置她父親的，不是霍爾巴赫，而是舍農索先生。舍農索先生當時是聖堂的理事之一，是他派人把勒瓦賽爾老頭送到慈善院去的。這件事情的經過，我一點也不知道，我當時不知怎麼就一下子想到了霍爾巴赫，以爲是他幫我辦了這件事情。

該在他垂暮之年遠離他，沒有守在他身邊為他送終而抱恨終天。

差不多也就是在這個時候，有一個客人來拜訪我。雖然他是我的舊識，但他這次來，是我一點也沒有料到的。我說的這位客人，是我的朋友汪杜爾。有一天早晨，在我萬萬沒有想到的時候，他突然出現在我面前。另外還有一個人跟他在一起。他的變化是多麼大啊！不但昔日的風采盡失，而且一臉流氣像個無賴。這就使我不敢對他過多暢敘友情。這也許是因為我的眼光變了，也可能是浪蕩的生活消磨了他的才氣，再不然就是他當初的帥氣是青春的光彩，現在這道光彩已隨青春的逝去而消失。我幾乎是面無表情接待他。我們道別時，表情也相當冷淡。不過，在他走了之後，我們昔日的情誼又強烈勾起了我青年時期的往事；我把我風華正茂的青年時期眞誠獻給了那個天使般的女人㉝，而現在這個女人的變化之大，也不亞於他；我還想起了那段時期的許多歡樂的小故事，想起了在圖訥度過的那浪漫的一天，我是那麼天眞無邪而又滿心喜悅的和兩個迷人的女孩子在一起，而得到的唯一恩賜，就是其中的一個女孩子讓我吻了一下她的手。不過，儘管只是這麼一點點恩賜，也讓我留下了如此強烈、如此動人和如此持久的思念之情。我當時充分感受到的，是一個青年的心令人陶醉的痴情。現在，這幸福的時光已一去不復返了，所有這些溫馨的回憶，讓我不禁為逝去的青春和

㉝ 指華倫夫人。——譯者

失去的激情流下了眼淚。唉！如果這種銘心刻骨的激情再次發生，如果我能預見到它們將給我帶來多麼大的痛苦，我不知道又要流多少眼淚啊！

在離開巴黎之前，在遷居退隱廬前的那個冬天，有一件非常稱心的事情使我看到人們眞的是出於秉公之心在處理。南錫科學院院士帕里索以寫過幾本劇作而知名，最近又在呂勒維爾上演了他的一個劇本，波蘭國王也特地去看了這齣戲。戲中表演了一個敢於一手執筆宣稱要與國王較量的人。他以爲這樣可以討好國王。斯坦尼斯拉斯爲人雖寬厚，但不喜歡諷刺的言行，一看劇中竟敢這樣在他面前含沙射影譏笑他人㉞，便非常氣憤。特里桑伯爵奉這位國王之命，寫信給達朗貝爾和我，告訴我說，國王陛下認爲帕里索先生應當被逐出南錫科學院。我在給特里桑先生的回信中，再三請他向波蘭國王關說，求國王饒恕帕里索先生。國王果然饒了帕里索，但特里桑先生以國王的名義通知我說：這件事情應當記錄在科學院的檔案裡。我回信給特里桑先生表示反對。我說，那樣一來，不僅沒有饒恕帕里索先生，反而使他終生受懲罰，死後還要留下千古罵名。由於我的堅持，最後終於沒有把這件事記入檔案，沒有在公眾中留下任何痕跡。在辦理這件事情的過程中，無論是國王還是特里桑先生，都對我表示了敬意和尊重，使我深感榮幸。透過這件事情，我深深感到值得受人尊敬的人所表示的

㉞ 指盧梭。——譯者

敬意，在他人心中產生的影響，比虛榮心所產生的影響更加令人受到振奮和激勵。我已把特里桑的來信和我給他的回信的抄件收存在我的文稿箱裡，原件見卷宗A.No.9、10和11。

我深深知道，萬一我寫的這部回憶錄將來有朝一日得以發表，我反倒使這件我本想湮沒無聞的事情傳之後世。有什麼辦法呢？它們傳之後世，完全是迫不得已。我寫這部《懺悔錄》所始終追求的偉大目標，以及我要把一切事情都如實描述的不可推卸的責任心，不容許我瞻前顧後而偏離我的目的。在我所處的奇異而獨特的境遇中，我一心專注的，是事實的眞相，因而對任何人都顧不上那麼多了。爲了要澈底了解我，就必須從各個方面了解我，不論是好的方面還是壞的方面，都要了解。我懺悔的事情，必然和其他許多人有牽連。凡是涉及我的事情，我對我自己的敘述和對他人的敘述，都同樣坦率。無論是對我自己還是對任何其他人，我都不會筆下留情。我要永遠公平和眞實，盡可能說別人的好處，只有在別人對我確實做了不好的事情時，才會說別人的壞處，而且是在非說不可的時候才說。在別人迫使我所處的這個環境中，誰有權利對我提出更多的要求呢？我這部《懺悔錄》，既不準備在我在世之時發表，也不準備在有關的人在世之時發表。如果我的命運和這部著作能由我做主的話，它應當在我和他們過世很久以後才發表。那些有錢有勢迫害我的人怕我說出事實的眞相，因此千方百計想抹滅事實的痕跡，這就更加迫使我爲了保存這些痕跡而不得不採取最明確的權利和最嚴格的公理允許我採取的一切辦法。如果我死後就沒有人再談論我，我就寧願不牽連別人，毫無怨言忍受他們施加於我的不公正的和故意輕慢的恥辱。但是，既然我的名字要流傳後世，我就應當把我這個遭受奇恥大辱的不幸的人所經歷的事情按照事實的眞相而不是按照那些不公正的敵人胡說的那樣告訴後人。

第九卷（一七五六—一七五七）

我急於想遷居退隱廬，因此，房子一收拾好，我等不及來年春天就趕緊搬進去了。這就引起了霍爾巴赫一夥人的嘲笑。他們預言我耐不住三個月的孤獨就會難爲情的回來，而像他們那樣長居巴黎。至於我，這十五年來我已遠離了我的天性的愛好，現在又回到我喜歡的環境，對他們的嘲笑一點也不在乎。自從我不由自主進入社交界以來，我無時無刻不懷念夏梅特和在那裡度過的甜蜜的時光。我覺得，我生來就是適合於隱居生活和鄉間環境的，在別的地方是不可能幸福生活的。在威尼斯，我成天公務纏身，位列使節，極顯尊榮，腦子裡盤算的是迅速升遷；在巴黎，我出入於烏煙瘴氣的社交場合，觥籌交錯，遍嘗珍饈，目眩於劇院的五光十色，追求的是轉瞬即逝的虛榮；而對山林、小溪和孤身一人的散步的回憶，經常使我心亂如麻，萬般愁思，引起我一片嗟歎和無限嚮往。我過去迫不得已而做的那些工作、我出於一時的熱情而定的那些宏偉的計畫，目的無他，完全是爲了有朝一日能再過那種悠閒自在的鄉居生活。如今，我深自慶幸，這種生活即將開始了。我原來認爲只有家境富裕時才能過悠閒的生活，而現在，儘管我不富裕，但我認爲由於我的處境特殊，我用不著家境好轉也能從相反的道路達到同樣的目的。我沒有固定收入，但是我有名氣、有才能，生活簡樸，沒有爲了應付場面而非花不可的開銷。另外，雖說我很懶散，但在我願意勤奮工作的時候，我還是能勤奮做事的。我的懶散，不是一個遊手好閒的人的懶散，而是一個獨立自主的人的懶散，喜歡在該工作的時候拼命做事，我從事抄樂譜這一行，雖然不顯身揚名，收入又不多，但生活靠得住。許多人都誇我有選擇這門職業的勇氣。我不愁沒有工作，只要我好好作，吃飯就不成問題。《鄉村巫師》和我的其他作品給我帶來的收入，到現在還剩下兩千法郎。有了這筆錢，我就不會捉襟見肘，就不會經濟拮据，何況我還有幾部作品正在撰寫，用不著向書商索取高額報酬，只要他們略給我一些酬金，我就可以適度工作，不必過度勞累，甚至還可挪出時間去散步。我的小家庭只有三個人，各個都有事做，不需要花太多的錢就能維持生活。總之，我的收入是與我的需要和欲望相稱的，使我能忠於天性選擇想過的幸福和穩定的生活的。

我完全可以把我的全部精力用去賺大錢，不作抄樂譜這一行，全身心投入寫作。以我當時所有的而且自覺有能力繼續保持的幹勁投入寫作，把作家的技巧和出好書的期望稍微結合起來，就可以使我過寬裕的生活，甚至可以過富翁般的生活。但是我認爲：爲賺取麵包錢而寫作，這不久就會桎梏我的天分和扼殺我的才能的。我的才華不在我的筆上而在我的心裡；它完全是由一種高尙的思想產生出來的，只有這種思想才能孕育我的才華。一個爲金錢而寫作的作家是寫不出發人深省的偉大作品的。生活的壓力和貪財的心，也許會使我寫得更快，但不可能使我寫得更好。如果我一心追求成功，只要一產生了這個念頭，即使我不捲入拉幫結派的小集團，免不了也會使我少說有益世人的眞話，而多說嘩眾取寵的廢話，如此一來，我就不可能成爲卓越的作家，而只能當一個瞎編亂說的文痞。不，絕對不能這樣做。我始終認爲一個作家只有在他不以寫作爲職業的時候，才能發揮他的天賦和受到人們的尊敬。一個人如果是爲了生計而動腦筋思考，他的思想是不可能高雅的。爲了能夠和敢於闡述眞理，就不能計較成敗和得失。我把我的書呈獻在公眾面前，確信我是爲了公眾的利益而發言，其他一切就在所不惜了，如果我的作品不受公眾的青睞，那表示他們不願意從中受益，那就讓他們糊塗一輩子好了。至於我，即使他們不贊許我，我也照樣活得愜意；即使我的書賣不出去，我抄樂譜賺的錢也能養活自己。說來也眞奇怪，正因爲我抱定這個信念，我的書反倒賣出去了。

一七五六年四月九日，我離開了城市，從此以後，就再也沒有在城市裡居住過。此後，不論是在巴黎還是在倫敦或其他城市，我都是短暫停留或者是迫不得已而路過，所以不算是居住。埃皮奈夫人派她的馬車來接我們三個人，她的一名雇工負責運我們的行李，當天我們就在退隱廬安頓好了。我發現這個退隱的小房舍的布置和傢俱雖很簡單，但很整齊，甚至可以說很雅致。花了一番心思安排這套陳設的那隻手，使它在我的眼裡看來具有不可估量的價值。我覺得，作爲我的女友的客人，能住在我自己選擇的並由她特意爲我建造的房子裡，眞是太愜意了。

儘管天氣很冷，到處都還有殘雪，但大地已開始復甦，紫羅蘭和報春花已經開花，樹木已開始長出嫩芽。我住進退隱廬的當夜，站在窗口就能聽到旁邊一座樹林裡傳來的夜鶯的鳴叫。在迷迷糊糊睡了一覺之後，我忘記我已搬家，還以爲是在格萊內爾街呢！這時，突然一陣鳥兒的鳴囀使我大吃一驚，等回過神來才欣喜若狂大聲叫道：「我的願望終於全都實現了！」我首先想做的事情是漫步欣賞我周圍的鄉村風光，我不先收拾我的房間，而是去散步。到退隱廬的第二天，我就把我房子周圍的每一條小徑、每一座樹林、每一個灌木叢和每一個僻靜角落都轉了一遍。我愈欣賞這個迷人的幽居，愈是感到它的天造地設是爲我而存在的。這裡僻靜但不荒蕪，使我感到如同身居世外。它擁有那種在城市周圍難以找到的美麗景色，突然置身其中，絕不會相信這裡距巴黎只有四法哩。

盡情享受了幾天鄉村寧靜生活之後，我才想到要整理我的文稿，安排一下我的工作。和從前一樣，我把上午的時間都用來抄樂譜，下午帶著小白紙本和鉛筆去散步。我只有在露天之下才能自由自在思考和寫作，所以不想改變這個方法。我打算從今以後就把幾乎是在我家門口的蒙莫朗西森林當作我的工作室。我有幾部作品都已經開了頭，現在要把逐一檢查一下。我的寫作計畫很龐大，但在城市忙亂的生活中，一直進展得很緩慢。我打算在分心的事情少一點的時候，稍微加快速度。我認爲我確實有好好的實現了這個想法，因爲，儘管我那時經常生病，又經常要穿梭來往於舍夫雷特①、埃皮奈夫人的家②、奥波納③和蒙莫朗西④這

---

① 指包稅人拉里夫·德·貝勒加爾德在舍夫雷特的莊園。——譯者
② 指埃皮奈夫人在布里舍的寓所。——譯者
③ 指烏德托夫人在奥波納租住的一間農家小屋。——譯者
④ 指盧森堡元帥在蒙莫朗西度夏的府邸。——譯者

幾個地方，家中又常常有許多閒著沒有事幹的不速之客來糾纏，而且每天還要抽出半天時間抄樂譜，但是，如果人們計算一下我在退隱廬和蒙莫朗西度過的這六年時間所寫的作品⑤，我敢肯定，人們將發現：如果我在這段期間眞的浪費了光陰的話，那至少不是因爲我懶散而虛度了的。

在我開始撰寫的幾部著作中，我思考的時間最多、寫作起來最有興味並願以畢生之力從事，而且在我看來將使我獲得盛名的，是我的《政治制度論》，我第一次想寫這部書，是十三甚至十四年前的事了。那時我在威尼斯，有些事情使我看出那個被人們如此誇讚的政府竟有許多缺陷。此後，由於我從歷史的角度去研究倫理學，我的眼界便大爲開闊。我發現，所有一切問題的根本都出在政治上。不論從什麼角度看，任何國家的人民都因著他們的政府而造就他們成爲什麼樣的人的⑥。所以我覺得：「怎樣才是一個盡可能好的政府」這個

⑤ 光是《新愛洛伊絲》和《愛彌兒》這兩部作品，就有一百多萬字，足見盧梭在寫作方面是很勤奮的。——譯者

⑥ 盧梭在一七五五年出版的《百科全書》第五卷發表的《論政治經濟學》中有一段話行文的語氣和意思，與此處的這段話大致相同。他說：「可以肯定的是，人民終究總是政府想使他們成爲什麼樣的人，他們就將成爲什麼樣的人。政府想使他們成爲好戰的軍人、公民或一般的普通人，他們就成爲好戰的軍人、公民或一般的普通人；政府若一時高興，想使他們成爲無知無識的流氓或惡棍，他們也只好成爲無知無識的流氓或惡棍。」（盧梭：《論政治經濟學》，巴黎加尼埃—弗拉馬尼翁一九九〇年版，第六十九頁）——譯者

大問題，可以歸納成這樣一個問題：「什麼樣的政府才能培養出最有道德、最賢明和心胸最豁達的人民？」。總而言之一句話：什麼樣的政府才能培養出依照「最好」二字最廣泛的意義說來足可稱爲「最好的人民」？我還發現，這個問題與另外一個問題儘管有所不同但卻是極其相似的，那就是：「什麼樣的政府才能由於它的本性的驅使，行事處處都合乎法律？」由此還產生了「何謂法律」等一系列同樣重要的問題。我覺得，所有這一切正引領著我去發現有助於人類的幸福，尤其是有助於我的祖國的幸福的偉大眞理。我上次去日內瓦時，我發現那裡的人們對法律和自由缺乏足夠正確的和足夠清晰的認識，因此我認爲用這種間接的方式把這些概念提供給他們，是不會傷害他們的自尊心的；他們一定會原諒我在這些問題上比他們看得稍遠一點。

這部著作，我已經寫了五、六年，但進展不大。寫這類著作是需要沉思、悠閒和寧靜的，何況寫這部書，正如人們所說的，我是默默進行的。我不願意把這個計畫告訴任何人，甚至包括狄德羅，因爲我擔心，對於我寫書的這個時代和國家來說，這個計畫似乎太膽大了。我的朋友們的擔心，會妨礙我進行計畫*；何況我又不知道否能及時完成、是否能在

* 尤其是杜克洛那種謹小愼微的樣子使我感到害怕。至於狄德羅，我不知道爲什麼我每次和他商討之後，下筆就尖酸刻薄，已淩駕我天性允許的程度，正是因爲這樣，我才不敢去請教他。因爲在這部著作裡，我唯一要

我在世時問世。我希望我能毫無顧忌把我要敘述的問題全都加以詳細的闡述。我向來不諷刺誰也不攻擊誰。平心而論，我這個人眞是無可挑剔的。我既要充分利用我生來就有的思想的權利，又要始終尊重我生活在其治理之下的政府，絕不違背它的法律，尤其注意不違犯國際法，不過，也不要因爲怕觸犯國際法就放棄它提供給我的便利。

坦白說，雖然我生活在法國，但我是外國人，因此，我的地位特別有利於我放開膽子闡述眞理。只要按照我原先的計畫不在法國出版未經許可的書，那麼，不論我在書中說了些什麼，也不論它是在什麼地方出版，我都無須對任何人負責，如果我是在日內瓦，就沒有這麼自由了。因爲在日內瓦，不論我的書是在哪裡出版的，官方都有權審查我寫的內容。從這一點考慮，我便決心接受埃皮奈夫人的盛情，放棄去日內瓦定居的計畫。我發現，正如我在《愛彌兒》中所說的⑦，只要你不是陰謀家，你若想爲你的祖國的眞正幸福而著書，你就千

貫穿始終的，是條理分明的闡述理論，不能有任何一點情緒偏激的詞句。《民約論》就是從這部書中摘錄出來的；人們從《民約論》就可看出我在這部作品中所採取的筆調。

⑦ 盧梭在《愛彌兒》中說：「也有這樣一種情況，即一個人生活在國外，也許比在國內對他的同胞更有用處。在這種情況下，他便應當獨一無二聽從他的熱情的驅使，毫無怨言忍受亡命國外的痛苦；亡命國外這種做法的本身就是他的義務之一，……（如果他）擔負了向人類闡述眞理的艱巨使命的話。」（盧梭：《愛彌兒》，李平漚譯，商務印書館二〇〇七年版，第七百三十頁）——譯者

萬別在你的祖國的懷抱中寫。

我之所以感到我的處境對我特別有利，是因爲我深信：雖說法國政府也許對我並不怎麼歡迎，但它即使不保護我，也至少會把能讓我安安穩穩生活，當作是這個政府的光榮。我覺得，對無法阻止的事情大度寬容，是一種既簡單而又十分巧妙的政治手段。因爲，如果把我逐出法國（法國政府是有權這樣做的），我的書並不因此就不寫，而且說不定還寫得更無克制。反之，讓我安安靜靜的在法國寫，既可使作者成爲他的作品的擔保人，又可消除歐洲各國對法國政府根深蒂固的成見，從而獲得充分尊重人權的榮譽。

有些人根據事態的發展，認爲我的這種信任是錯的，其實，把問題看錯了的是他們自己。在那場使我遭受滅頂之災的暴風雨中，我的書只不過是他們整我的一個藉口，而他們眞正恨的，是我這個人。他們並不怎麼把作者放在心上，他們想置之死地的是我尚－雅克。他們在我的書中找到的最大罪惡，正是我的作品將帶給我的光榮。未來的情況如何，目前無法預料，我不知道這個謎（對我來說，這的確是一個謎）將來是否能被讀者的眼睛識破。我只知道，如果我闡述的那些原理會給我招來災禍的話，我早就成了那些災禍的犧牲品了。因爲在我的著作中，那本雖然不是最大膽但是是最明確闡述這些眞理的書⑧，在我遷居退隱廬之

⑧ 指《論人與人之間不平等的起因和基礎》。——譯者

前就已經發表並已經產生了它的影響了。當時誰也沒有就這本書的內容與我發生爭論，而只是不讓它在法國印行⑨，但它在法國與在荷蘭一樣，是公開出售的。後來，《新愛洛伊絲》也同樣順利出版了，我甚至敢說，它同樣受到歡迎，而且令人難以置信的是，這個愛洛伊絲臨終前的那番表白⑩，和後來薩瓦省的那個牧師的《信仰自白》⑪完全是一模一樣的。《民約論》中的那些大膽的言論，在《論不平等》中早就有了；《愛彌兒》中的那些大膽的言論，也早在《茱莉》⑫裡就有了。這些大膽的言論既然沒有為這兩部作品招來任何議論，可見，《民約論》和《愛彌兒》之招來議論，就不是因為這兩本書中的那些大膽的言論了。

我另外還有一項性質差不多的工作，雖然是最近安排的，但它在目前卻占用了我更多的時間。這項工作是：對聖皮爾神父的每一部著作做一個摘編。一支筆無法同時敘述幾件事情，所以這件事情直到現在我才提及。我從日內瓦回來以後，馬布里神父就想請我承擔這項

---

⑨ 這本書於一七五五年在荷蘭阿姆斯特丹印行。——譯者

⑩ 見盧梭：《新愛洛伊絲》卷六書信十一。（盧梭：《新愛洛伊絲》，李平漚、何三雅譯，譯林出版社二〇〇二年版，第七百一十七—七百五十二頁）——譯者

⑪ 指盧梭《愛彌兒》第四卷中的《一個薩瓦省的牧師的信仰自白》。（盧梭：《愛彌兒》，李平漚譯，商務印書館二〇〇七年版，第三百七十七—四百五十七頁）——譯者

⑫ 即《新愛洛伊絲》，茱莉是這部作品中的女主角。——譯者

工作。不過，他沒有直接跟我談，而是透過杜賓夫人向我提出的，因爲她也非常希望我接受這個工作。她是巴黎城中把聖皮爾神父當作「慣壞了的孩子」寵幸的漂亮女人之一；雖然她沒有獨占神父的偏愛，但至少是和黛姬容夫人一起分享的。這位年老的神父去世之後，她對他一直保持著一種敬愛之心，這使他們雙方都受到好評。如果她能看到她的朋友的遺著由她的祕書使它們公諸於世，她將感到很榮幸。聖皮爾神父的著作也的確包含許多很好的內容，但文字的表述是如此之差，以致讀起來非常吃力。令人驚訝的是，聖皮爾神父儘管把他的讀者個個都當成孩子，但對他們說起話來又把他們當作大人，一點也不考慮如何才能使人家看懂他的書。正是由於這個緣故，他們才要我來承擔這項工作，一則是因爲這項工作本身是有益的，再則是因爲它非常適合一個肯苦幹但懶於著書立說的人來做。自己動腦筋思考，這太辛苦了，所以我寧願對別人的著作（如果它們合我的口味）進行闡述和點評，而不願意另自創作。另外，既然允許我不把我的工作局限於闡述上，那就不能禁止我偶爾加進我自己的思想，使我筆下的作品具有這樣一種好處：讓許多重要的論點穿著聖皮爾神父的外衣出現在書中，比穿著我的外衣更能引人注意。不過，這項工作並不輕鬆：要仔細閱讀和琢磨並加以摘編的資料有二十三本之多；要從一大堆文筆散亂、冗長、充滿重複、膚淺和錯誤觀點的資料中摘錄某些的確是有眞知灼見的文字，是需要有忍受這種艱苦勞動的勇氣的。就我的本心來說，如果我能找到適當的理由反悔的話，我是眞想把這個工作推辭掉的。不過，既然這些資料在聖朗貝爾的懇求下，由神父的侄子聖皮爾伯爵交給了我，而我也收下了，我就應當對如何處置做出決定：要麼退回給他們，否則就好好加以摘編。我把聖皮爾神父這一大堆遺稿帶到退隱廬，就是做後者這個打算的，所以我準備把我閒置的時間首先用來進行這個工作。

我打算寫的第三部作品，是因爲我反省自己而想起來要寫的。如果工作的安排能按照我制訂的計畫順利進行，我便有可能寫出一本對世人眞正有益的書，甚至是最有益於人類的著作之一。我愈這樣想便愈有勇氣寫這部作品。我發現，大多數人在他們日常生活中的言行都不像他們本人，一舉一動彷彿完全變成了另外一個人似的。我寫這本書的目的，並不是論證一個大家都熟知的事實；我有另外一個更新的甚至是更重要的目的，那就是：我要探討這些變化的原因，尤其要探討那些可以由我們加以制約的原因，以便指出我們應當怎樣做，才能由我們對它們加以引導，從而使我們變得更好，變得對我們自己更有信心。因爲，不可否認的是：一個誠實的人要想克制已經形成的欲念，其難度是比他在那些欲念剛萌發時就加以防止、改變或糾正大得多的。一個受誘惑的人，第一次抵抗住了誘惑，因爲他是堅強的；而另一次就屈服了，因爲他是軟弱的，如果他能像前次那樣堅強的話，他就不會屈服了。

我透過對我自己的審視和對別人的觀察來探討這些不同的生活方式形成的原因，我發現，它們大部分都是由外界事物的先入印象決定的。我們不斷被我們的感官和器官所改變，因此不知不覺的在欲念、感情甚至行爲上受到這些改變的影響。我蒐集到的許多可靠的研究資料都是無可爭辯的，從資料中包含的那些科學原理來看，我覺得，它們可以向我們提供一種隨環境變化而改變的外在行為法則，從而使我們的心靈處於或保持在最有利於實踐美德的狀態。如果人們懂得如何使生理衝動向有利於它經常干擾的道德觀念發展，他們就可使理智少出偏差，少使邪惡之事發生啊！氣候、季節、聲音、顏色、黑暗、光明、環境、食物、喧囂、寂靜、運動和寧靜，所有這些對我們的身體和心靈產生影響的事物，都為我們提供了千百種幾乎是準確無誤的方法，使我們能對支配我們言行的感情在其萌生之時加以控制，這些就是我的基本思想，我已經草擬了一個寫作提綱。我希望它們能對天性善良、眞心熱愛道德而又想克服自己弱點的人產生有益的影響。我認為，按照這個思路去寫，一定能寫出一部作者愛寫和讀者愛讀的好書來的。可是，這部標題為「感性倫理學或智者的唯物論」的書，我一直沒有多少時間去寫。有許多事情讓我分心（讀者不久就會知道其中的原因），使我無法集中精力去寫。我草擬的那份提綱的命運如何，大家將來會知道的，它似乎與我自己的命運有密切的關係。

此外，我對教育問題也思考了一段時間。這是舍農索夫人請我在這方面下工夫的，因為她丈夫對兒子的教育方法不當，使她非常擔憂自己的兒子。儘管這件事情不太適合我的興趣，但友誼的力量使我對這件事情比對其他事情都更用心思考，所以，在我以上所說的幾部著作中，只有這部著作我是圓滿完成了的。在寫這部著作的過程中，我所期望的結果，我覺得應當帶來另外一種命運。不過，在這裡還是不要過早談這件令人痛苦的事情吧，因為在本書的以後幾卷裡，我將不得不一再談到它。

以上這幾部著作，都爲我散步時提供了思考的資料，因爲，我記得我在前面已經說過，我的腦筋是跟著我的兩隻腳一起行動的，我只能邊散步邊動腦筋思考，腳步一停下來，我就無法思考了。碰到下雨天無法出去散步時，我就在室內工作，寫我的《音樂詞典》。目前，這本詞典的資料十分零散，殘缺不全，不成樣子，差不多需要重新從頭做起；爲此，我帶了幾本需要參考的書，而且還花了兩個月時間從其他書中摘錄了許多資料。這些書都是從王家圖書館中借來的，其中有幾本，人家還允許我帶到退隱廬。如果天氣不好無法出門，或者抄樂譜抄累了，我就在室內做這個工作。這樣安排是如此的適合我，以致我無論是在退隱廬還是在蒙莫朗西，甚至後來在莫蒂埃我都這樣做，一方面做這個工作，同時又兼做其他工作。我發現，時時變換工作的內容，實在是一種消除疲勞的好辦法。

有段時間，我相當嚴格按照自己規定的作息進行工作，而且進行得很順利。但是，當美好的季節頻頻使埃皮奈夫人來到布里舍或舍夫雷特時，我就發現，有些事情雖一開始不怎麼干擾我，我也沒有在意，但後來卻大大打亂了我的生活和工作安排。我已經說過，埃皮奈夫人有許多可愛的優點，她愛她的朋友，熱心爲他們效勞，既不惜時間又不惜力氣，因此，她理應得到朋友們對她的回報。到此刻爲止，我一直對她恪盡這個義務而不覺得這是一項負擔。但後來我發現，我被套上了一條友情使我難以解脫的鎖鍊，再加上我歷來不喜歡和許多人交際應酬，因此我感到這條鎖鍊愈來愈沉重。埃皮奈夫人發現了我的這種情緒，便向我提出了這樣一個表面上是照顧我而實際上是照顧她的建議：每當她單獨一個人或者差不多是一個人在家的時候，她便派人來通知我，我同意了，而沒有看出我這一同意就意味著我承諾了某種義務。從此以後，我就不是在我方便的時候去看她，而是在她方便的時候由她召喚我去看她，因而我就沒有一天是能由我自己支配的了。這種約束大大損害了我以前去看她時感到的樂趣。我發現，她所許諾給我的自由，根本就沒有利用的可能。有一、兩次我試著利用，她立刻就派那麼多人來打聽消息，寫無數的短信來問我的身體如何，說十分擔憂我的健康。在這種情況下，我發現要想免掉我一聽她召喚就去看她的麻煩，我只好藉口說我病得臥床不起。這種約束我還非服從不可，我不但服從了，而且是我這個最痛恨仰人鼻息的人相當情願的服從的，因爲我當時對她的情誼是眞誠的，所以並不怎麼感到這一約束之苦。她就這樣在她的朋友不來陪她玩時，就要我去陪她，幫她打發無聊的時光。對她來說，這個辦法雖然不算好，但比絕對的寂寞好得多。她是受不了絕對的寂寞的。其實，她是有許多辦法可以消除寂寞的，因爲她早已有了想從事文學創作的念頭，她想寫小說、散文、喜劇、短篇故事和其他一些諸如此類的雜文。只不過她的興趣不在於寫，而在於把她寫的東西念給人家聽，她剛寫了兩三頁，就以爲寫出了偉大的作品，就想找幾個善於捧場的人來聽她念。我很少有榮幸被她選去聽她念，只偶爾有人推薦我，我才去參加。我這個孤獨的人，幾乎在任何事情上都是被人家當成是無足輕重的，不僅在埃皮奈夫人的社交圈子裡是這樣，在霍爾巴赫先生的社交圈子裡也是這樣。無論在哪裡，只要格里姆一露面，我幾乎就等於零了。這樣一種被人家不放在眼裡的情況，對我來說，反倒是挺好的，反而使我很自在，比和他人面對面交談好得多嘛。和他人交談，我反而手足無措，不知如何是好，既不敢談文學，因爲我沒有資格去評論，又不敢賣弄風情，因爲我靦腆，寧死也不願意被人家恥笑我是一個老風流。我在埃皮奈夫人身邊從來沒有產生過這種念頭，即使我一輩子在她身邊，這種念頭也是不會產生的。這倒不是因爲我對她這個人有什麼反感，恰恰相反，作爲她的朋友，我實在太愛她了，所以我不能以情人的身分去愛她。我一看見她，一和她談話，就感到十分高興。她的談吐，雖然在社交場中相當引人注意，但和人個別談話卻十分枯燥，而我的談吐也不風雅，也引不起她多大的興趣。有時候因爲兩個人乾坐著相對無言太久了，我便感到不好意思，而大著膽子無話找話說，這樣談話雖然很累但我並不感到厭煩。我喜歡對她獻些小殷勤，像兄長那樣輕輕吻她，我覺得這樣親吻，是不會讓她感到有肌膚之親的意味的，我和她之間，僅此而已。她很瘦，膚色很白，胸脯平得像我的手掌，單單這一缺陷，就使我涼了半截。我的心和我的感官從來就不喜歡乳房不豐滿的女人。另外還有一些不便說的原因使我雖在她身邊，但從來不把她當一個女人看待。

我就這樣下定決心忍受這無法躲避的束縛，不做任何抵抗。我發現，這種束縛在頭一年還不像我預料的那樣難以容忍。埃皮奈夫人通常整個夏天都是在鄉下度過的，而這一年卻只在鄉下住了一段時間，其中的原因，也許是由於她在巴黎有事情要辦理，也或許是由於格里姆不在舍夫雷特，所以她感到在鄉下沒多大意思。於是，趁她不到鄉下來，或者她雖然來了但有眾多的客人陪她的時候，我便盡情和黛萊絲與她的母親享受這寧靜的鄉村生活，感到這難得的心境寧靜之樂格外可貴。雖然最近這幾年我經常到鄉下，卻幾乎領略不到鄉村的風味，因爲每次到鄉下，都是和一些自命不凡的人在一起，感到十分拘束，因而敗壞了到鄉村的樂趣。這種情況更加刺激了我對鄉村的喜愛。我愈是近觀鄉村的景色，便愈感到失去鄉村生活的樂趣之苦。我對城裡的那些沙龍、人造噴泉、小樹林和花壇，尤其是那些對這一切津津樂道的令人討厭的傢伙，簡直是厭惡透了；什麼繡花織品啦、大鍵琴啦、紙牌戲啦，尤其是無聊的俏皮話、裝模作樣的媚態和捕風捉影的流言蜚語與鋪張擺闊的晚宴……。這一切，令我如此的看不順眼，以致，當我一瞧見鄉下的荊棘叢、農家的籬笆、糧倉和草地，在村子裡聞到蔥花炒雞蛋的香味，聽見遠處傳來的牧羊女唱的山村小曲，我便馬上把城裡的粉黛胭脂、金銀器皿和琥珀飾品拋到九霄雲外了。更令人生氣的是，我想吃家常便飯，想喝家釀的葡萄酒，而掌勺的大師傅和庫房總管，就是不讓我吃這種飯喝這種酒，使我恨不得給他們每人一耳光。他們硬要我在吃晚飯的時候吃午飯，在睡覺的時候吃晚飯，這就很不合道理嘛。尤其是那些聽差和僕役，他們的兩隻眼睛盯著我吃飯的動作，他們一見我渴得要死了，就把他們主人摻了假的酒給我喝，這比我在小酒館喝最好的酒花的錢多十倍。

現在，我終於安定下來了，住在一個幽靜宜人的地方，過著自由自在和平靜的生活。我感到我生來就是過這種生活的。在陳述這種生活狀況（對我來說，目前的這種狀況還是嶄新的）對我的心靈產生的影響之前，我應當扼要說明我內心深處對這種狀況是何等的喜愛，以便使讀者在一開始就能充分了解這些新的變化的進展。

我始終把我和黛萊絲結合那一天當成是穩定我精神生活的一天。我需要寄託我的愛，因爲原本可以使我感到滿足的感情被澈底破壞了。在男人的心中，對幸福的渴望是永遠不會消失的。母親衰老了，景況一天不如一天，事實證明，她今生再也不會幸福了。既然沒有再和她一起過幸福生活的希望，我就只好尋求我自己的幸福。有一段時間，我思前想後，訂了一個又一個計畫。我的威尼斯之行，如果與我打交道的那個人⑬是有心人的話，我是滿可以平步青雲進入政界的。我這個人是容易灰心喪氣的，尤其是在艱巨的和需要長期努力的事業上缺乏恆心。我那篇文章的成功⑭，給我帶來了許多麻煩，因而使我對其他一切都不感興趣了。按照我從前的看法，我認爲一切遙遠的目標都是使人誤入歧途的誘餌，所以我決定從今以後聽天由命，過一天算一天，在生活中再也看不到有什麼事物可以促使我努力上進了。

正是在這個時候，我們相識了。這個善良的女子，溫柔性格是如此的適合我，以致我對她的依戀之情是經得起時間和挫折的考驗的。一切看起來將使我對她的情意遭到喪失的事情，反而使我對她的情意更爲加強。讀者在後文可以看出我對她的愛戀之情是多麼眞誠，因爲，儘管我在文中揭示了她使我受到的創傷，敘述了她在我最艱難的時候做了一些令我痛心

---

⑬ 指法國駐威尼斯大使德．蒙特居。——譯者

⑭ 指他一七五〇年獲獎的應徵論文《論科學與藝術的復興是否有助於敦風化俗》。——譯者

的事，但直到我寫這段話的時候，我都未曾向任何人抱怨過一句。為了不和她分離，我曾做了種種努力，冒了各種風險。在與她一起生活了二十五年之後，我不顧命運的坎坷和人們的譏評，在垂暮之年終於正式娶她為妻。對她而言，既無此期待也未提出過這個要求；對我而言，既未承諾在先，也不是非這樣做不可。有些人以為我是被一種瘋狂的愛情從第一天起就弄昏了，因而使我逐步發展到最後做出如此荒唐之事。另外一些人則認為有許多本來可以阻止我一輩子也不和她結婚的特殊的和有力的理由，然而終於未能阻止我這樣做，可見我愛她真是愛得發了瘋。各位讀者，你們現在想必對我已經有所了解了，如果我實話實說告訴你們：從我第一次見到她直到今天，我未曾對她產生過絲毫的愛情火花；我對她也像對華倫夫人那樣，根本就不想占有她；我在她身上得到肉欲的滿足，純粹是性欲的需要，而不是出自對她的愛，如果我這樣坦誠告訴你們，你們將抱什麼樣的看法呢？你們一定會以為我是一個身心與眾不同的人，以為我根本就不懂什麼是愛情，因為我對我最喜愛的兩個女人雖親密相處，但絲毫沒有愛她們的心。各位讀者，先別急著這麼說，苦澀的時刻即將到來，那時你們將發現你們的看法完全錯了。

我知道，這是重複我之前說過的話；但必須重複。我的第一個需要，我最強烈的和難以消除的需要，完全在我的心裡。我需要的是內心親密的結合，而且是內心盡可能親密的結合。正是因為這個緣故，我才需要一個女人而不需要一個男人，需要一個女友而不需要一個男友。這種需要的奇特之處在於肉體的緊密結合還不夠，我希望能把兩個人的靈魂放在同一個軀體裡，否則，我就感覺到空虛。那時，我以爲我不再感到空虛的日子已經到來。這個年輕的女人有千百種討人喜歡的條件；在容貌方面，既不濃妝豔抹，也不故意賣弄風情。如果我能像我所希望的那樣把她的生活融入我的生活，她也可以把我的生活融入她的生活。我一點也不擔心有第三者插足，因爲我確信我是她唯一眞正愛的男人；她那寧靜如水的情欲，也不會促使她去找別的男人，甚至在我後來已經不能房事的時候，我也不擔心她會有不貞的行爲。我沒有親人，而她有一大家人。她家中所有的人的性格都與她的性格大不相同，因此我沒有辦法把她家中的人變成我家中的人，這就是造成我的不幸的第一個原因。我是多麼想成爲她母親的兒子啊！爲此，我費盡了心血，但始終沒有做到。我很想把我們的利益結合在一起，但結果純屬徒勞，我沒有辦法做到這一點。她的利益和我的利益總是不一樣，甚至和我的利益完全相反，與她女兒的利益也相反。後來，她女兒的利益與她的利益已經分不開了，她的幾個子女和孫子都成了吸血鬼，偷黛萊絲的東西，已經成了司空見慣的小事情了。這個可憐的女人逆來順受慣了，甚至連她的侄女也拿她出氣，所以她任由他們偷，聽他們擺布，自己一句話也不說。我看見我的錢花光了，忠告的話也說盡了，結果是完全發生不了作用，沒有使她得到任何好處，這眞令人痛心啊！我曾勸她脫離她的母親，但她不接受我的忠言。我尊重她的這種拒絕態度並因此更爲敬重她。不過，她這種態度到頭來不但使她自己遭殃而且也使我深受其害。由於她完全順從她的母親和她的家人，她的心就偏向他們而不偏向我，甚至超過偏向她自己。他們的貪婪雖使她的錢財遭殃，但與他們給她出的壞主意相比，其損失還是比較小的，他們的壞主意對她的危害可大了。總之，雖說由於她愛我，由於她的天性善良，因而沒有完全受制於他們，但至少已經使她受到足夠的影響，使我對她的忠言大部分都未能產生效果，無論我怎樣努力，我們依然是無法同心合力的兩個人。

這就是爲什麼在如此眞誠的相互依戀的情誼中，雖然我投入了我心靈全部的愛，我這顆心沒有得到充實，而依然感到空虛的原因。孩子出生了，這本可以塡補心靈的空虛，但情況反而更糟。我一想到要把孩子交給這樣一個亂糟糟的家庭去撫養，我就感到害怕。如果把孩子交給他們去教育，那必然會愈教愈壞，育嬰堂的教育比他們對孩子的危害小得多。這就是我決定把孩子送進育嬰堂的理由，這個理由比我在給弗蘭克耶夫人信中所說的理由更有力得多，但唯獨這個理由我不敢對她說，因爲，我寧可對這樣一個應受嚴厲譴責的行爲少做辯解，也要顧及我所喜愛的女人的家庭的顏面。不管怎麼說，人們根據她那個壞哥哥的惡行就可以判斷我該不該讓我的孩子去受他那種教育了。

既然無法充分領略我所需要的兩心親密結合的樂趣，我就只好另外去尋找替代的辦法。這種辦法雖然不能完全塡補我心靈的空虛，但至少可以使我空虛的感覺減少一些。由於缺少一個對我完全以心相交的朋友，我就需要一些其活力能克服我的惰性的朋友。正是由於這個緣故，我刻意加強了我和狄德羅與孔狄亞克神父的友誼。我和格里姆新建立的友誼，比和前兩個人的友誼更爲密切。最後，由於那篇給我招來許多麻煩的文章（我在前面已經講過這篇文章的來龍去脈了）的發表，我又出乎意料的被推上了我原本以爲永遠無緣的文壇。

我一登上文壇，便開始從一條新的道路進入另一個精神世界，面對這個精神世界樸實無華的莊嚴景象，我不得不產生許多感觸。由於我專心探索這個世界，不久就發現，在我們的哲人的學說裡充滿了錯誤與荒謬的言論，在我們的社會裡到處是壓迫和苦難。儘管我有點妄自尊大，但我自信我有能力驅散那些迷霧。我認爲，爲了使人們能聽從我說的話，我自己就必須言行一致，因而使我的行爲顯得有些古怪。人們不允許我繼續保持這種行爲，我的那些所謂的朋友也不原諒我樹立了這樣一個榜樣。這個榜樣，一開始雖然使我顯得可笑，但是，如果我能堅持下去，最終必將使我受到人們的讚揚。

在此以前，我只不過是一個善良的人，而自此以後，我就變成一個有道德的人了，或者說，至少是一個崇尚道德的人。我對道德的崇尚，是從我的頭腦裡開始的，現在已進入了我的心田。虛榮心已被連根拔除；最高尚的自尊心在被拔除的虛榮心的遺跡上已發芽滋長。我不裝模作樣，我表裡如一，我表面上是怎樣一個人，我實際上就是怎樣一個人。這種無比亢奮的狀態至少持續了四年之久。在這四年中，凡是人的心靈所能包容的偉大和美好的事物，我都能在上天和我的心靈交融中體驗到。我那行雲流水似的文采，就是從這裡產生的；那照耀著眞正的天國的火光就是從這裡散布到我早期的作品中的，而這道火光之所以在前四十年中一直沒有迸發出半點火星，是因爲那時它還沒有點燃。

我眞的變了。我的朋友、我的相識都不認識我了。我再也不是那個畏首畏尾的人了。從前，我靦腆多於謙遜，既不敢見人又不敢說話；人家隨便說一句笑話，就會弄得我手足無措；女人瞧我一眼，就會使我羞得面紅耳赤。如今，我既膽大又神氣，什麼都不怕，無論走到哪裡都充滿自信，我的這種自信是非常樸實的，它存在於我的內心而不表現在我的外表，因此是極其堅定的。我愈深深思考，便愈是對我們這個時代的風尚、陳規和偏見產生鄙夷之心，不把那些遵守這些風尚、陳規和偏見的人對我的嘲笑放在眼裡。我三言兩語就能駁倒他們的那些無聊、輕薄的話，就像用兩個指頭捏碎一隻小蟲一樣。這是多麼大的變化啊！今天，全巴黎的人都在傳頌我書中那些一針見血的警世名言；然而同是我這個人，在兩年以前和十年以後，就沒有說過一句寓意深遠的話，也沒有寫過一篇立論恢弘的文章。人們若想在這個世界上尋找一種與我的本性截然不同的狀態，我當時表現的就是這種狀態。人們若是想回憶我這一生中變成了另外一個人而不像原來的我的短暫時刻，他們在我所說的這個時期就能找到這一時刻，不過，它持續的時間不是六天或六個星期，而是持續了將近六年，如果不是特殊的情況使它停止，並使我回到我原想超越的環境，它也許還會持續下去。

這個變化，從我離開巴黎那一天就開始了，從我不再見到這個大城市的烏煙瘴氣的景象之時起就產生了。我不再看見人，我就不輕視人；我不再看見壞人，我就不再恨壞人。我的心對誰都不怨恨；它同情人們遭受的苦難，認爲人之所以變壞，是與他們遭受的苦難有密切關係的。這種思想狀態雖然很好但不崇高，因此不久就熄滅了我此前所抱有的慷慨激昂之情。這一點，不但別人沒有覺察到，連我自己也沒有覺察到。我又變得畏畏縮縮，又成了當初那個尙－雅克了。

如果這一巨大的變化只不過是使我又變回原來的我並到此爲止，那就好了。但不幸的是，它走得太遠了，不久以後就使我走到了另外一個極端。從此以後，我動盪的心就不再寧靜，擺盪不止，永不停息。這第二次劇變的詳細情況，我必須在這裡講一講，因爲在世人當中，我的命運是獨一無二沒有先例的，而這個時期又是我的命運經歷的最險惡和最可怕的時期。

在退隱廬中只有我們三個人，因此，生活的悠閒和寧靜自然而然使我們三人之間的關係非常親密。黛萊絲和我之間就是這樣生活的。我們兩人在樹蔭下依偎著度過最美好的時光，我從來沒有像我當時那樣感覺到這種生活之美。我覺得她也比從前對這種生活有了更多的感受。因此，她毫無保留敞開心扉，把隱瞞了多年的她的母親和她的家人的所作所爲通通告訴了我。她的母親和她家中的人都曾從杜賓夫人那裡收到許多本來是送給我的饋贈，可是，那個狡猾的老太婆，怕我知道後會生氣，便乾脆據爲己有並分送給她的子女，不僅一件也不給黛萊絲，而且還嚴厲禁止她告訴我，而這個孝順的女兒居然照她的話辦，對我一直守口如瓶瞞著我。

尤其是有一件事情令我大爲震驚。她告訴我狄德羅和格里姆兩人曾多次私下和她們母女談話，慫恿她們離開我，只是由於黛萊絲的堅決反對，他們的計畫才沒有成功。此後，他們時常單獨與她的母親密談，連她也不知道談了些什麼，只知道他們每次談話都要送她母親一些小禮物，悄悄的談、悄悄的走，神祕得很，讓她猜不出他們到底想幹什麼。在我們離開巴黎以前，勒瓦賽爾太太早就和格里姆有了聯繫，每個月要到格里姆那裡兩、三次；每次去，一談就是幾個鐘頭，十分祕密，連格里姆的僕人也經常被打發走，不讓他們在旁邊聽。

我當時以爲她們談的無非就是原來那個讓黛萊絲也參加的計畫——由埃皮奈夫人幫助她們開個食鹽零售店或煙草分銷店，對她們進行利誘。告訴她們說：我不但無力供養她們，而且由於有了她們，我自己也將陷入困境。由於我覺得他們的這一切都是出自好意，所以我也就沒有往壞處想也沒有怨他們，只不過對他們那種神祕兮兮的樣子感到不快。尤其是那個老太婆，她一方面一天比一天更加對我裝出一副討好的樣子，另一方面又私下責備她的女兒不該那麼愛我，不該什麼話都對我講，說她純粹是個傻瓜，將來會吃我的苦頭。

這個老太婆的手段很高明，最擅長兩面手法，無處不占便宜。她收了這個人的東西，便瞞著那個人；不論收了誰的東西，她都瞞著我。我可以原諒她的貪婪，但我不能原諒她對我事事隱瞞，因爲她非常清楚，我是以她女兒的幸福和她的幸福作爲我的唯一幸福的，既然這樣，她爲什麼要隱瞞我呢？我爲她女兒所做的一切，固然也是爲了我，但我爲她做的一切，也應當得到她的感謝，她至少應當感謝她的女兒。她既然愛她的女兒，她也應當愛她女兒所愛的人呀！是我把她從極度貧困的處境中救出來的，她是從我手裡獲得生活來源的，是我介紹她認識那些人，那些人才給她好處的……黛萊絲靠勞動賺錢供養她許多年，而她現在又靠我吃飯。她的一切都靠這個女兒，可是她對這個女兒卻一件好事也沒有做；她對她的其他幾個孩子，每人都給了一筆生活費，把她家中的錢花個精光，非但不贍養她，反而直到現在還在花她的錢和我的錢。我覺得，在這種情況下，她應當把我當成是她唯一的朋友和最可靠的保護人，不應對我隱瞞一切與我有關的事，不應在我的家裡處處與我作對，而應當把她比我早知道的與我有關的事情全都如實告訴我。對於她那種虛僞和詭祕的行爲，我應當怎樣看待呢？尤其是她向她女兒灌輸的那些想法，我應當怎樣消除呢？她教唆她的女兒忘恩負義，可見她這個人的忘恩負義之心是多麼嚴重！

由於有了這些看法，我便對這個女人感到寒心；一看見她我便感到厭惡。不過，我對我的伴侶的母親的敬重並未因此就有所減少，我對她依然處處表現出幾乎是親生兒子般的尊敬，只不過我不願意老是這樣與她長久相處，因爲我不願意老是這樣讓自己處於被動的地位。

這段期間，也是我一生當中幾次短暫的幸福時刻之一，我看見幸福已近在眼前，但我未能得到它，而我之未能得到它，並不是由於我的過錯。如果這個女人的人品好，我們三個人都會一生幸福的，只不過最後活著的那個人可憐罷了。可是事情的發展不是這樣，諸位看一看事情的發展，就可知道我是否能使她轉變了。

勒瓦賽爾太太見我贏得了她女兒的心，而她失去了她女兒的心，於是便千方百計想把她女兒的心奪回去，但她採用的方法不是透過她的女兒與我和好，而是試圖使她的女兒與我分離。她使用的方法之一，就是讓她全家的人都來幫她一起對付我。我曾經求黛萊絲不要讓她家的任何人到退隱廬來，她也答應了。可是勒瓦賽爾太太趁我不在的時候，就把她全家的人都叫來了，不但事前沒有跟黛萊絲商量，而且事後還不讓她告訴我。她的第一步成功了，以後的事情就好辦了。一個人只要有一件事情對所愛的人祕而不宣，以後的一切事情就會毫無顧忌的對他隱瞞。我一到舍夫雷特去，退隱廬就來了許多人，歡天喜地、吃喝玩樂。不過，雖說當母親的對天性善良的女兒總是處於支配地位，但不論這個老太婆使用什麼方法，都未能使黛萊絲贊同她的看法，未能使她跟他們一起聯合起來對付我。這個老太婆是下定決心要和我作對的。她發現：一方是她的女兒和我，她在我家裡只不過可以生活下去而已，而另一方是狄德羅、格里姆、霍爾巴赫和埃皮奈夫人，他們對她許了很多承諾，還給了她一些好處，所以她覺得，跟一個包稅人和一個男爵走，總是不會錯的。如果我的眼力好一點，我早就該看出我在自己懷裡養的是一條毒蛇。可是我對人盲目的信任當時還沒有改變，壓根兒沒有想到她會存心損害一個她應當喜愛的人。儘管我看出了他們在我周圍布下了千百個陷阱，但我只是暗自在我心中抱怨我的那些所謂的朋友們太操之過急，做事太專斷，硬要我按照他們的方式，而不讓我按照我自己的方式去謀求幸福。

黛萊絲雖然不加入她母親的那個小圈圈，但卻爲她母親保守祕密。她的動機是好的，我不敢斷定她這樣做是對還是不對。兩個女人有了共同的祕密，往往就愛湊在一起說東道西，因此她們兩個人愈來愈接近。黛萊絲兩邊都要照顧到，所以有時候就免不了令我感到孤獨，我已經不可能再把我們三個人當成是一家人了。到這時候我才深深知道我錯了，我錯在我們同居的頭幾年沒有趁她因愛我而對我百般柔順的時候培養她的才能和文化知識。如果我這樣做了的話，我們在退隱到鄉下時，兩人就會更加親密，就會使她的時間和我的時間得到充分利用，而不至於面對面坐著感到時間太長。這並不是說我們無話可說，也不是說她在我們兩人散步時感到厭煩，而是說我們兩人沒有共同的思想構成一個心靈幸福的源泉，以致我們談的全是生活瑣事，然而我們不能成天老談這些事情啊！出現在我面前的事物引起我的深思，而她對那些事物卻一點也不懂。十二年的恩情是不需要再用語言來表達了，我們彼此是太了解了，再也沒有什麼需要互相解說的了，因而只好談一些雞毛蒜皮和街坊鄰居的閒話。尤其是清靜的時候，我更加感覺到要和一個有思想的人生活在一起才有意義。我當然不需要有這種修養就能獲得與她談話的樂趣，而她則需要有這種修養才能領略得到與我交談之樂。最糟糕的是，我們兩人要單獨談話，還得找機會。她的母親老盯著我，逼得我不得不如此。總而言之一句話，我在我自己家裡處處感到拘束。我們表面上看起來相愛，但實際上沒有眞實的情誼；我們雖同處一室，但彼此並不是一條心。

自從我發現黛萊絲有時找藉口不願跟我一起去散步以後，我就不再向她提出一起去散步了。不過，我並不怨她不像我這樣出去享受散步之樂。樂趣是一件不能由他人強迫的事情。我知道她的心是向著我的這就夠了；只要我的快樂就是她的快樂，我就與她同樂；如果不是，我就寧可讓她高興，而不必要我高興。

雖然我過著適合我心意的生活，住在我自己選擇的住所，而且是與一個我心愛的人住在一起，但我的期望卻一半落空，其原因就在這裡，我依然感到孤獨的原因就在這裡。我缺少的是，她們對我的眞誠，因此，我雖擁有這一切，但我領略不到其中的樂趣。就幸福和享樂而言，我要麼這兩者都有，要麼就一個也沒有。談到這裡，各位讀者想必明白我爲什麼要談這些細節的原因了吧。現在讓我回過頭來繼續講我接手的工作。

我以爲聖皮爾伯爵交給我的那一大堆稿件裡必定有一些寶貴的資料。我仔細一檢查，發現它們只不過是他叔父已經刊印成冊的作品，由他加以注釋和校訂，另外還附了一些尙未發表的片段。我看了一下他在倫理學方面的著作，我認爲他的才情比克雷基夫人給我的幾封信中所描述的情況要大得多。然而一深入檢查他在政治學方面的著作，我發現他的看法是非常膚淺的，有些方案雖然有用，但不能具體實施，因爲他有一個一成不變的看法，即：人的行爲是受他們的知識引導而不受他們的激情引導。他對現代知識的高度評價，使他產生了這樣一個錯誤的論點：他認爲人的理性已經完善。這個論點是他的全部學說的基礎，是他的政治詭辯的根源。這個罕見的人物，是他那個時代和他那一類人的光榮。也許自從有人類以來，只有他一個人才這麼推崇理性。然而在他的著作裡，他的理論一錯再錯。他不依照人現在的樣子和將來的樣子來看待人，而是想把所有的人都變成他那個樣子。他心裡想的是爲他同時代的人寫作，而實際上是爲他頭腦裡想像的人寫作。

有鑑於此，我感到十分爲難，不知道應該採取什麼形式來寫。若是把作者的那些不著邊際的空想都原封不動保留，那我就是做了一件毫無意義的工作；若是通通嚴加批駁，那就會顯得我很不謙遜。既然人家把資料交給了我，而我也接受了，甚至是我要求做這個工作的，我就要尊重作者。最後我決定採取這麼一個我認爲是最恰當的和最有益的辦法，即：把作者的思想和我的思想分別表述。爲此，我要深入分析他的觀點，詳細加以闡述，鉅細靡遺的將它們的價值顯現出來。

這樣一來，我的文章就應當截然分成兩部分：一部分按照我剛才所說的辦法闡述作者提出的各種計畫，另一部分（這一部分應當在第一部分已經在公眾中引起反響之後才發表）是我對作者的那些計畫的評論。這樣一來，我承認，有時候很可能使那些計畫遭到與《厭世者》中的那首十四行詩同樣的命運。⑮在全書的開頭，應當寫一篇作者的小傳。爲寫這篇小傳，我已經蒐集了一些很有用的資料，我有把握能好好的運用它們。在聖皮爾神父晚年的時候，我曾見過他，我對他的緬懷和敬仰，可以爲我保證伯爵先生不會對我評述他叔父的作品的方式感到不快。

⑮《厭世者》是莫里埃寫的一部喜劇。盧梭在這裡說聖皮爾著作中的那些計畫很可能「遭到與《厭世者》中的那首十四行詩同樣的命運」意爲：這位神父的著作將無人閱讀，被放入故紙堆中，爲世人所遺忘。——譯者

我先從《永久的和平》⑯試做起。在聖皮爾神父的著作中，要數這部作品的篇幅最長，花的工夫也最多。在我思考如何下筆之前，我曾鼓起勇氣把這位神父關於這個重大題目所寫的文章一篇不漏的讀了一遍，從來沒有因爲它的文字太長和重複的地方太多而氣餒。大家想必已經讀過這部著作的《摘要》⑰，所以我也沒有什麼可說的了。至於我爲它寫的那篇評論，雖然是與《摘要》同時殺青的，但一直沒有付印，我不知道將來是否有出版的日子。後來，我就開始摘編《多部委制》或稱《部委聯席會議制》，這是一部在攝政時期寫的作品，是專門爲了支援攝政王採用的行政制度而作的，但結果卻使聖皮爾神父被逐出了法蘭西科學院，因爲書中的有些論點對從前的行政制度頗多批評，使麥納公爵夫人和波里尼亞克大主教大爲惱怒。我也比照前一部作品，對它既有摘要也有評論。對於聖皮爾神父的著作，就到此爲止，不再繼續做下去，其實這個工作我是原本就不該接受的。

我之所以放棄這個工作，理由是很明顯的，但使我感到驚訝的是，我沒有早點看出聖皮爾神父的著作大部分對法國政府的某些部門是持批評態度的，或者說包含有批評性的論點，有些論點甚至是非常膽大的；他能發表出來而沒有受到懲罰，還眞是幸運。在各個大

---

⑯ 全題是《永久的和平計畫》。——譯者

⑰ 這個《摘要》的全題是：《聖皮爾神父的〈永久的和平計畫〉摘要》。——譯者

臣的辦公室裡，人們都把聖皮爾神父當成是傳道士一類的人物，而沒有把他看作是一個眞正的政治家，因此，讓他愛怎麼說就怎麼說，反正說了也沒有人聽。但如果經過我的手加以詮釋，使得人們聽他的了，那情況就不一樣了。他是法國人而我不是法國人，如果我重複他對法國政府的批評，儘管是以他的名義說的，那也會引起人家來質問我爲什麼要插手這件事情。人們的質問雖有點過分，但不是沒有道理的。幸虧我進行不久就發現我將招來的麻煩，於是趕快打住不再繼續下去。我很清楚，我孤零零的一個人生活在人們當中，他們個個都比我有勢力。不論我用什麼方法，我都難以躲避他們想施加於我的打擊。在這件事情上，只有這麼一點是可以由我做主的，那就是：如果他們想加害於我的話，他們就只能採取不正當的手段。我放棄評述聖皮爾神父的作品所根據的這個理由，後來也使我放棄了許多比這個工作還更有意義的工作。我知道有些人一見人家倒楣便說人家犯了罪；如果他們發現我在這件事情上如此謹愼，他們一定會大吃一驚的。我一生謹愼，在這件事情上，也是如此；我沒有做使我倒楣的事，沒有給他們機會衝著我說：「你這是活該。」

這個工作一脫手，我有一段時間就猶豫不定下一步該做什麼。這段無所事事的間歇期可把我毀了，沒有外界事物占據我的心，我的心就不斷反省我自己。我已經沒有任何一個能使我的想像力感到滿足的長遠計畫，我也不可能制訂什麼長遠的計畫，因爲，儘管我當時的一切願望都已滿足，別無他求，但我的心仍然感到空虛。正是由於我看不到有更好的境地可以觸及，我對我當前的處境更感痛苦。我把我所有的溫情都集中在一個稱心如意的人的身上，而她對我也情意綿綿。我和她生活在一起，無拘無束，甚至可以說是隨心所欲。然而，不論我在不在她身邊，我心中總有一種揮之不去的隱痛。我占有了她，但又感到她不屬於我；只要一想到她不把我當成是她的一切，我便覺得她在我心中也幾乎是個零。

我有男朋友，也有女朋友，我以最純潔的友情愛他們，敬重他們，我希望他們也這樣對我。我從來沒有懷疑過他們對我是不是眞誠。然而這種友情，對我來說，苦惱的時候多，快樂的時候少，因爲他們是那麼固執，甚至是刻意反對我的一切愛好、想法和生活方式，以致每當我想做一件只與我個人有關而與他們毫不相干的事情時，他們也立刻聯合起來硬要我放棄做這件事情的念頭。不論我有什麼想法和做法，他們都是那麼固執的硬要控制我，而我對他們的想法和做法，卻從來不控制，甚至連問都不問。這樣兩相對比，可見他們對我很不公平，使我感到他們對我的控制竟變得如此之令人難以忍受，以致每當我接到他們的來信，還沒有拆開，我便預感到一種恐懼；直到把信拆開一看，果然不出所料，信中的話句句使我感到不快。我覺得，他們都比我年輕，反倒把本該是他們自己非常需要的教訓拿來教訓我，這簡直是把我當小孩子看待嘛。我常常對他們說：「你們要像我愛你們那樣愛我。我不管你們的事，你們也別來管我的事。我要求於你們的，僅此而已。」在這兩點要求當中，如果他們做到了一點的話，那絕不是後面這一點。

我在一個景色優美的地方有一個僻靜孤立的住處，我可以按照我自己的方式生活，別人用不著來管我。但是，這個住處也給我帶來了既樂於履行而且又是無法免除的義務。我的自由無法保障；我要比服從命令更爲溫馴的聽從別人的驅使。我這麼順從，完全是我的本性使我如此。沒有哪一天我在起床的時候能夠說：「今天全天由我自己支配。」可氣的是，除了聽從埃皮奈夫人的安排以外，我還有另外一個更加令人討厭的麻煩，那就是，聽任公眾和一些不速之客隨便來打擾我。我住的地方雖遠離巴黎，但每天都有一大群閒著沒事作的人來看我。他們既不知道如何利用他們的時間，又毫不在乎的來浪費我的時間，我經常在意料不到的時候受到他人毫不客氣的干擾，我一天的生活和工作安排很少有不訪來客打亂的。

總之，我雖身處我所嚮往的美好環境中，但我一點也享受不到其中的樂趣，因此，我又回想起我青年時期的那些寧靜的日子，有時候難免不唉聲歎氣的大聲說道：「唉！這裡可比不上夏梅特呀！」

對我一生當中不同時期的回憶，使我想到了我現今達到的生命階段，我發現我已經到了垂暮之年，全身都是病，行將就木，而我的心靈所渴望的那些愉快的事情，卻幾乎一件也沒有領略過。我還沒有使我心中蘊藏的激情迸發出來，我覺得我內心潛在的令人陶醉的欲念不但沒有得到滿足，甚至連約略品嘗一下的希望也沒有了。由於沒有具體的對象，所以這種欲念老是壓抑在心頭，除了發出幾聲歎息之外，便沒有其他宣洩的辦法。

我生來就有一副感情外露的性格，對我來說，生活就是愛。然而，像我這種性格的人，爲什麼直到那時還沒有找到一個全心愛我的朋友呢？像我這樣一個生來就是重友情的人，爲什麼一直沒有找到一個眞正的友人呢？我的感情是那麼的易於激發，我的心中充滿了愛，我的心怎麼就沒有一次為一個特定的對象燃起愛的火焰呢？我需要得到人家的愛，我深受這種需要的折磨，而沒有辦法得到滿足，眼見我已到了晚年，還沒有眞正的生活過就要死了。

這些既悲傷而又令人激動的看法，使我懷著雖然遺憾但也不無樂趣的心情反思我自己。我覺得命運似乎欠了我某種東西，雖然它並未事先承諾一定要給我。它雖讓我生來就具有這麼多優異的才能，可是直到我晚年也不讓我施展，這又有什麼用呢？我對我的內在價值的度量，雖使我感到我受到了不公平的對待，但同時也使我因為具有這些才能而感到欣慰；我這樣一思忖，不禁潸然淚下，痛痛快快的哭了一場。

我是在一年當中最美好的季節（那年六月）在小樹林裡，一邊聽夜鶯的鳴囀和小溪的淙淙水聲，一邊這樣反省沉思的。那時，我又陷入了令人迷醉的懶洋洋的狀態：我雖然生來就喜歡這種狀態，但我此前在那段長時間的亢奮情緒中形成的嚴謹的生活態度是本該使我永遠也不會產生這種狀態的。我懷著憂傷的心情回憶與那兩個美麗的少女邂逅和在圖訥午餐的情景，時間也是在這個季節裡，環境也與我此刻所在的環境十分相似。回想當時我與那兩個少女天眞無邪的談話，心裡不僅格外感到甜蜜，而且還勾起了我對其他許多類似的往事的回憶。我突然看到在我青年時期曾使我產生激情的美人都來到了我的身邊：嘉莉小姐、格拉芬麗小姐、布萊耶小姐、巴西爾夫人和拉爾納日夫人以及我那幾個漂亮的女學生，還有那個我永遠無法忘懷的勾人魂魄的茱莉達。我發現我身處一群天仙和女友的包圍之中，像我這樣對她們如此強烈的懷戀的表現，這已不是第一次了。我的血液在沸騰，在閃閃發光，儘管我的頭髮已經花白，但我的心依然感到迷醉。我這個表情素來莊重的日內瓦公民，我這個持身嚴正的尙-雅克，在年近四十五歲的時候，突然一下又變成了瘋狂的情郎。這樣一種使我突然一下產生的如醉如痴的心情，持續的時間是那麼長，是那麼強烈，直到它使我遭到前所未見的可怕的災難，才使我醒悟過來。

這種如醉如痴的心態，不論發展到什麼程度，都不至於使我忘記我的年齡和我的處境，不至於使我還能得到女人的愛，不至於使我妄想把我從童年以來就感到徒然燒毀我的心的強烈的愛情的火花傳遞給我心愛的人，我不抱此希望，甚至想都沒有這樣想過。我深深知道我談情說愛的時期已經過去，那些老風流鬧的笑話我見得太多了，所以我不會像他們那樣成爲笑柄。我在青年之時都不怎麼風流，到現在年老體衰的時候就更不會去談情說愛了，何況我喜歡安靜，我怕引起家庭風波，我眞心眞意愛著黛萊絲，我不願使她看見我移情別戀而感到傷心。

在這種情況下，我該怎麼辦呢？讀者只要稍微注意一下我在前面的敘述，就可以猜出來。由於我不願置身現實的環境，我便一頭栽進虛幻的夢鄉，既然見不到與我幻想相符合的眞實存在的對象，我就到一個理想的世界去尋找，而我富於創造性的想像力便用一些讓我稱心如意的人把它充實起來。這個辦法隨時可以採用，而且變化無窮。在我持續不斷的心醉神迷的狀態中，我領略到了人心最溫馨的情感。我完全忘掉了芸芸眾生，我與之歡快的都是一些無論在道德和容貌上均可與天仙相比擬的人，都是一些在塵世從未有過的忠實可靠的朋友。我是如此喜歡遨遊太空，置身於一群可愛的人的包圍之中，流連忘返，不知度過了多少時日，其他一切，我全都不去想了。我匆匆吃了幾口飯，便急急忙忙往小樹林跑去。當我正向那美妙的幻境奔跑的時候，卻來了一幫可惡的凡夫俗子想把我留在塵世。我抑制不住，也掩蓋不住我的惱怒，我控制不住我自己，我板著面孔，甚至可以說是以粗暴的態度對待他們，因此，人們便更加認爲我是一個憤世嫉俗的人，其實，如果人們對我的心多一些理解的話，反而會發現我與憤世嫉俗的人恰恰是相反的。

正當我這樣高度興奮的時候，我突然像被一根繩子拽回來的風箏那樣被拽回原來的地方，因爲我的舊病復發了，痛苦萬分。我唯一能採用減輕我的痛苦的方法是使用探條，這個方法也把我的那些單相思的幻想打破了，因爲，除了在生病的時候不能談戀愛以外，我只有在鄉間和樹林中才能活躍起來的想像力，在房間的天花板下就顯得遲鈍而陷於停滯了。我最感遺憾的是世上沒有山林仙子，如果有的話，我肯定會在她們當中找到一個讓我在她身邊依偎終生。

恰恰在這個時候，家中又有好些煩心的事情來增添我的苦惱。勒瓦賽爾太太在表面上對我百般討好的同時，又想盡辦法離間她的女兒與我的感情。我從我的老鄰居給我的信中得知這個老太婆瞞著我以黛萊絲的名義借了好幾筆債。黛萊絲是知道的，但她從不告訴我。借錢要還，這倒不怎麼讓我生氣，讓我生氣的是她們對我隱瞞。唉！我對她從來不隱瞞的，她爲什麼要對我隱瞞呢？她怎麼能對她所愛的人隱瞞事實呢？霍爾巴赫那一夥人見我從此不到巴黎去，便擔心我愛上了鄉村，怕我會糊塗到一直在鄉下住下去。因此，他們便製造麻煩，想用這個間接的辦法促使我回城裡去。狄德羅不願意這麼早就親自露面，便在德賴爾身上下工夫，讓德賴爾疏遠我，而德賴爾之得以認識狄德羅，還是我介紹的。現在，他把狄德羅對他說的那些話轉告我，而他自己卻未識破狄德羅的眞正目的。

一切想使我脫離這恬靜的和令人陶醉的鄉村生活的怪事，全都湊在一塊兒了。我的病還沒有好，就收到一首標題爲《里斯本大災難詠》的詩，我猜想它是作者特意寄給我的⑱，這就迫使我必須有所答覆，跟作者談一談他這首詩。我是用書信的方式答覆他的。這封信，如後文所述，是時隔許久以後未徵得我的同意而印發給公眾的。

看見這個可以說是功成名就和滿身榮耀的可憐人對人生的苦難惡狠狠的大肆詛咒，把一切都看得很糟糕，我感到十分驚訝。因此，便產生一個大膽的想法，想寫封信叫他反觀他自己並向他證明一切都是美好的。伏爾泰表面上信仰上帝，但他實際上始終相信魔鬼，因爲他所說的上帝就是一個無惡不作的魔鬼，依照他的說法就是：以作惡爲樂的妖魔。他這套理論的荒謬，是一眼就可以看出來的，尤其是因爲它出自一個備享各種尊榮的人，所以便更加令

---

⑱ 一七五五年十一月一日，葡萄牙首都里斯本發生大地震，繼之又發生了一場大火和海嘯，使幾萬人喪生，伏爾泰當時在日內瓦，得到這個消息後，寫了這首《里斯本大災難詠》，把災難的責任歸咎於上帝。——譯者

人厭惡。他自己沉浸在幸福之中，卻千方百計使別人悲觀失望，把他自己沒有遭受到的災難描寫得十分可怕。我比他更有資格訴說人生的苦難，並對它們作一個公正的評論。我要向伏爾泰證明，在人生遭受的苦難中，沒有一個可怪罪上帝，沒有一個苦難的起因不是由於人們濫用他們的才能者多，由於大自然造成者少。在這封信裡，我行文的語氣對他十分尊敬、十分婉轉，可以說是恭敬到了極點。由於我知道他非常自負，動不動就發脾氣，所以我沒有把信直接寄給他本人，而是寄給他的私人醫師和朋友特農香大夫，授權他轉交這封信或者毀掉這封信，他覺得怎樣合適就怎樣辦。特農香把信轉交給他了，伏爾泰回了我一封只有短短幾句話的信，說他自己病了還要照顧另外一個病人，並說改日再詳細回覆我，而對我信中陳述的問題，隻字未提。特農香把伏爾泰的信轉寄給我時，還附有他自己給我的信，信中的有些話，對託他轉信的人很不客氣。

這兩封信，我既未公開發表，也沒有給任何人看過，因爲我不喜歡宣揚這種小小的勝利。原信收存在我的文稿箱裡（卷宗A，No.20和21）。後來，伏爾泰把他答應寫給我的覆信發表了，但他沒有把信寄給我。其實，他對我的眞正答覆，是他那本小說《憨第德》⑲。我無法談這本小說，因爲我沒有看過。

---

⑲ 伏爾泰一七五九年發表的一部小說，盧梭認爲，書中的故事充分反映了伏爾泰的懷疑論觀點。——譯者

所有這些令我分心的事情，是相當能從根本上治好我荒唐的單相思病的，這也許是上天賜予我的一個防止單相思病的悲慘後果的方法。然而，我的惡運當頭，在我剛剛能勉強出門走動時，我的心、我的頭腦和我的腳，又走上了原來的老路。我說「老路」，是指就某些方面而言，因爲，我的思想雖然不像以前那樣亢奮，這一次是停留在路上，但要進行挑選，對路上所有一切可愛的事物都要加以嚴格的挑選，以致所挑選出來的精華，其虛幻的程度不亞於我已經拋棄的那個想像的世界。

我把愛情和友誼（我心中的兩個偶像）想像成爲最動人的形象，我刻意用我崇拜的女性所具有的種種美來裝飾它們。我設定兩個女朋友而不設定兩個男朋友，因爲兩個女人之間友愛的事例比較稀少，所以就愈加可愛。我賦予她們相似而不相同的性格，兩個雖不十全十美，但卻合乎我的愛好的面容，一看就知道是心地仁慈和富於同情心的人。她們兩人一個是棕髮，另一個是金髮；一個活潑，另一個文靜；一個頭腦機靈，另一個性格軟弱，但軟弱得楚楚動人，似乎更顯示其賢慧。我讓其中的一個有情人，而另一女人又是這個情人的朋友，甚至還有些超出朋友的程度，但我又不讓她們之間發生爭風吃醋和吵鬧嫉妒之事。因爲任何令人不快的情感，我都難以想像，同時，我也不願以任何敗壞本性的東西來玷汙這幅美妙的圖畫。我愛上了我這兩個嫵媚的模特兒，我儘量想像我就是那個情人和朋友，不過，我把他寫成年輕的和可愛的，另外再加上我覺得我自己具有的美德和缺點。[20]

爲了把我筆下的人物放在一個適合於他們居住的環境，我就把歷次旅行途中所見過的最美麗的地方一個個加以細細回憶，然而我竟找不到任何有一片鬱鬱蔥蔥叢林簇擁的景色宜人之地。色薩利山谷[21]很可能使我感到滿意，但我未曾親眼見過，所以不能選用。我的想像力已疲於創造，只想找一個眞實的地方作爲藍本，讓我能按照這個藍本的眞正的樣子想像我將安排住在其中的人。我對波若美四小島考慮了很長一段時間，它美麗的景色使我入了迷，但我後來發現，對我筆下的人物來說，這幾個小島上的裝飾品和人造景觀太多，所以不甚合適。我一定要有一個湖，我最後選定了我的心一直嚮往的那個湖，[22]我就定居在那個湖的某一處岸邊；我早就想安家於此，享受我的命運，限定我只能享受的那種幻想的幸福。我那可憐的母親的家鄉對我依然有它特別令我偏愛的美。她的家鄉有山有水，景色變化多姿，極目遠眺，湖光山色相映成趣，周圍的景物美不勝收，令人賞心悅目，昇華了人的靈魂，因

---

[20] 盧梭在這裡勾勒的，是他的小說《新愛洛伊絲》中的三個主要人物：頭髮金色的，是書中的女主角茱莉；頭髮棕色的，是她的表妹克雷爾；具有盧梭的「美德和缺點」的，是茱莉的情人聖普樂。——譯者

[21] 色薩利山谷位於希臘中部，北有奧林波斯山，西有品都斯山，風景甚美。——譯者

[22] 指瑞士沃州韋維的萊蒙湖。——譯者

此，我最後決定讓我筆下的那幾個年輕人就定居在韋維。我動筆之初所能想像到的就是這些，其餘的情節都是後來逐步添加的。

有很長一段時間，我就只寫了一個粗略的概要。有了這個概要，我就可以用可愛的人物去充實我想像的情節，使我的心充滿喜歡的情感。這些虛構的情節不斷出現在我的腦海裡，逐漸形成了一個明確的輪廓。這時候，我活躍的想像力使我立刻執筆把我所想到的幾個情節寫在紙上。我仔細回憶了我青年時期所感受到的一切，我要盡情抒發我以前未能滿足而現在還依然使我感到十分苦惱的愛的欲望。

我開始洋洋灑灑寫了幾封零零散散、彼此毫無關聯的信。當我想把它們串聯起來的時候，我往往感到無從著手。令人難以置信而又千眞萬確的是，開頭兩卷幾乎都是這樣寫成的；事先既沒有如何通篇布局的安排，後來也沒有料到有一天會把它們放在一部正式出版的作品裡，因此，人們可以看出這兩卷書的內容是拼拼湊湊組成的，不但筆法不連貫，而且也缺乏與它們在書中所占的地位相匹配的極爲洗練的句子，文字冗長、篇幅太多、廢話很多；這種廢話在其他幾卷就沒有。㉓

正當我沉溺於夢幻、甜蜜的遐想時，烏德托伯爵夫人來訪。這是她第一次來看我，但不

㉓《新愛洛伊絲》共六卷，的確，在後四卷裡，筆法活潑，文字十分簡潔。——譯者

幸的是，這也不是最後一次。這一點，讀者在後文就可看到。烏德托伯爵夫人是已故包稅人貝爾加爾德先生的女兒，埃皮奈先生、拉里夫先生和拉布里舍先生的妹妹；後面兩位先生都擔任過外交部的禮賓官。我在前面已經說過，我在她還沒有出嫁前就和她相識了。她結婚以後，我只是在她的嫂子埃皮奈夫人家裡和舍夫雷特的幾次宴會上見過她。在舍夫雷特或者在埃皮奈夫人家，我曾經有好幾次一連幾天都和她天天相見，所以我不僅發現她非常可愛，而且還深信她對我也有好感。她喜歡和我一起散步，她和我都健於步行，我們之間有說不完的話題。不過，我從來沒有到巴黎去看過她，儘管她多次邀請我去，甚至請求我去，我都沒有去。她與聖朗貝爾先生的關係密切；那時，由於我和聖朗貝爾先生已開始交往，所以我對她也更加喜歡。我記得聖朗貝爾先生當時在馬翁，她就是爲了給我帶來有關她的這位朋友的消息，才到退隱廬來看我的。

她這次來訪，有點兒像是一部小說的開場。她走錯了路，她的車夫不走那條拐彎的大路，而走那條由克萊弗磨坊到退隱廬筆直的小路。結果，她的馬車在山谷裡陷入了泥沼。於是，她決定下車步行，一直步行到我這裡。她那雙鞋不久就磨破了，她自己也陷進了爛泥，僕從們費了很大的勁才把她拉出來，因此她只好穿著一雙靴子來到退隱廬。她一進門就哈哈大笑，我也跟著她一起大笑起來。她全身的衣服都要換，黛萊絲就拿自己的衣服給她換，請她將就吃點鄉村的菜飯。她吃得很香，覺得很好吃。當時天色已經不早了，她沒有待多久就走了。這次會晤讓她感到很開心，從她的表情看得出來她還想再來。她再來看我，已經是第二年的事了。唉！儘管推遲到了第二年，也沒有使我忘掉前一次的印象，她的身影時時出現在我眼前。

整個夏季我都忙於做一件誰也猜想不到的事——爲埃皮奈先生看管果園。退隱廬位於舍夫雷特園林裡的幾條小溪的匯合處。這裡有一個大果園，四周有圍牆，沿牆一帶都種有果樹和其他樹木。這裡結的果子，儘管被人偷了四分之三，也比埃皮奈先生在舍夫雷特那個園子裡結的果子多。爲了不當一個毫無用處的住客，我主動擔負起管理果園和監督園丁的工作。直到結果子的季節，一切都很順利。但是，隨著果子一天天成熟，我發現果子一天比一天少了。我也弄不清楚是怎麼一回事。園丁告訴我說是被山老鼠吃掉了，於是，我就向山老鼠開戰。山老鼠雖然被打死了很多，但果子依然一天比一天減少。我暗中觀察，結果發現園丁本人就是一個大山老鼠。他家住在蒙莫朗西，夜裡帶著老婆和孩子來，把他白天摘下來藏在一邊的果子扛走，大搖大擺運到巴黎菜市場賣，就好像果子是他自家園子裡結的似的。我曾給這個壞蛋許多好處，黛萊絲還送了許多衣服給他的孩子穿；他那個到處討飯的父親，也差不多是靠我養活的，可是他還是厚顏無恥放肆偷我們的東西，而我們三個人都不夠警惕，沒有提防。有一次，他竟然一夜就把我地窖裡的東西全偷走了，第二天，我去一看，什麼也沒有了。如果他只是偷我的東西，也就算了。但果子減少，我總得說明是什麼原因，因此，我只好揭發這個偷果子的賊。埃皮奈夫人叫我付清他的工錢，把他辭掉另外找一個園丁，我照辦了。這個大壞蛋天天夜裡在退隱廬周圍轉來轉去，手裡拿著一根狼牙棒似的棍子，後面還跟著幾個與他一夥的無賴。這個傢伙的這種行動，可把黛萊絲和她的母親嚇壞了。爲了給她們壯膽，我請新來的園丁天天夜裡都住在退隱廬，但這還不能讓她們放心，於是，我派人去向埃皮奈夫人要了一支槍，放在園丁的屋子裡，並囑咐他只能在不得已時，例如有人試圖衝門或翻牆而入時，才能使用，而且只裝火藥不裝彈丸，嚇唬一下小偷就行了。我這麼一個病人，要帶著兩個膽小的女人在樹林中過冬，爲了大家的安全，這是我應採取的最起碼的防範措施。後來我又買了一隻狗當衛兵。有一天，德賴爾來看我，我把我的情況告訴了他，在談到我的武器裝備時，我們兩人都笑了起來。

他回到巴黎，便把這件事情告訴了狄德羅，使狄德羅也樂了。就這樣，霍爾巴赫一夥便知道我眞的要在退隱廬過冬了。我能這樣堅持，是他們沒有料到的，因此感到錯愕，於是，他們便另想辦法，使我在鄉下住得不痛快。他們讓狄德羅慫恿德賴爾戲弄我，這個德賴爾開頭還說我的防範措施太簡單，但接著便接連在幾封信中用尖酸的語氣大開玩笑，說什麼我的防範措施與我奉行的行爲準則不符合，不僅可笑而且很糟糕。他這樣說的目的，就是故意惹我生氣。如果當時我的心情不好的話，我眞的會被他們弄得生氣的。好在那時我心裡充滿了愛和溫馨的情感，不受任何其他情感的干擾，因此，他那些刻薄話我只當作是開玩笑，在別人看來也許認爲他說話太放肆，而我只不過認爲他有點輕浮罷了。

由於我提高了警惕，加倍提防，我終於把果園管理得很好。雖然這一年的水果收成不佳，但產量還是達到了前幾年的三倍。眞的，爲了保護好收摘的水果，我是費盡了心血的，甚至親自運送水果到舍夫雷特和埃皮奈夫人家裡，親自卸車和搬水果筐。我記得有一次，筐子實在太沉，我和黛萊絲一起抬，被壓得幾乎直不起腰來，每走十幾步就得放下籮筐歇一會兒，弄得渾身大汗才抬進了他們的家裡。

當天氣不好的季節來臨，使我不得不待在屋裡時，我就想做一些我喜歡做的室內工作。但我的這個想法無法實現，因爲，無論在什麼地方，我都看到我那兩個迷人的女友，看到她們的那個男朋友㉔和她們周圍的人及她們住的地方與我的想像爲她們創造的或美化的各種事物。我無時無刻不由自主的想她們，使我一直處於如醉如痴的狀態。我曾經做過許多努力，想擺脫我所想像的那些情節，但都枉然，而且最後竟被它們完全迷住了，使我只好把它們加以整理和編排，使之連貫起來，寫成一本小說似的作品。

我最感到爲難的是，我眞的怯於這樣毫無保留公開暴露我自己的矛盾。我曾經那麼大鳴大放制定了許多嚴厲的行爲準則，那麼大聲疾呼宣講了許多寓意深長的箴言，那麼聲色俱厲譴責那些專寫男歡女愛、滿篇情話綿綿的作品。現在，人們突然看見我親手把自己推進了那些被我嚴厲批評過的作家們的行列，難道不感到太出人意料，太令人吃驚嗎？我完全感到這

㉔「兩個迷人的女友」指盧梭在《新愛洛伊絲》中安排的女主角茱莉和她的表妹克雷爾；「她們的那個男朋友」指男主角聖普樂。——譯者

種自相矛盾之處，我責備自己，我感到羞愧，我對我自己也很生氣。但這一切都不足以使我恢復理智；我完全屈服了，我甘冒一切風險。不論人們怎麼說，我都決心要把這部作品繼續寫下去，至於將來能否出版，那就等到以後再說，因爲當時我還沒有考慮是否把它公開發表呢！

決心一下，我便全身心投入我夢幻似的想像中，在腦子裡翻來覆去思考，最後終於形成了一個完整的寫作計畫。這個計畫執行的結果，人們現在已經看到了。毫無疑問，我是充分發揮了我那活躍的想像力的。美好事物的愛，始終沒有離開過我的心，它把我的想像力導向美好的目標，使之能對世道人心有所裨益。在我構思的美妙圖景中，如果缺少天眞無邪的柔和色彩，便會失去它的全部魅力。一個弱女子雖然是憐憫的對象，但她的愛心能博得人們的同情；她也不會因爲她的軟弱而減少其可愛的程度。如今的世道誰不感到憤慨呢？如果一個不守婦道的妻子認爲沒有讓她的丈夫當場捉住她的姦情，就已經是保住了他的顏面，他便應當感謝她，請問：世上難道還有什麼事情比這種不貞潔的妻子得意揚揚的樣子更令人氣憤的嗎？世上沒有完人，完人對我們的教導已經離我們很遠了，但是，面對書中的那個生來就有一顆既善良又溫柔的心的年輕女子，她婚前雖然被愛情征服，但婚後卻恢復了頭腦的清醒，反過來又戰勝了愛情，成爲一個貞潔的賢妻，面對這幅畫像，誰要是說就其整體而言是有傷風化和無益於世道人心的，誰就是一個說謊者，一個僞君子，大家不要相信他的話。

除了要達到這個在根本上與整個社會秩序有關的培育風俗和夫妻間的忠誠這個目標之

外，我還有一個更重要的目標，那就是要達到促進社會的和諧。這個目標本身，也許比前一個目標更偉大，至少在我們目前所處的這個時代是這樣。《百科全書》所引起的那場風暴還沒有平息，當時正鬧得沸沸揚揚。對立兩派都不遺餘力互相攻擊，簡直就像發瘋的豺狼那樣互相撕咬，而不是像基督徒和哲學家那樣互相啓發、互相說服和互相引向眞理。也許雙方都缺少能統攬全域而有威信的領袖，才沒有把這場爭論演變成一場內戰，否則，天曉得這兩個內心深處都懷有極嚴重排除異己的思想的派別將使這場宗教內戰造成什麼樣的後果。我生來就仇恨一切宗派偏見，我對雙方都坦誠講述了牢不可破的眞理，而他們就是不聽。於是，我就想到了另外一個在我單純的頭腦看來是很好的辦法。這個辦法是：消除偏見，緩和互相之間的仇恨，雙方都互相稱道對方所具有的値得公眾欽佩和敬仰的優點和美德。當然，這個辦法純屬空想，因為它是以人人皆善這樣一個假設為基礎的。這樣一種設想，使我自己也犯了我責備聖皮爾神父所犯的那種錯誤，因此，它的效果就可想而知了。它不僅沒有使雙方互相接近，反倒使他們聯合起來反對我。儘管經驗使我明白我的想法實在太天眞，但我還是照樣努力去做。我敢說，我的熱忱是無愧於驅使我這樣做的動機的。正是由於這個緣故，我用心刻畫了沃爾瑪㉕和茱莉這兩個人物。我滿心喜悅一心想把這兩個人都寫得很可愛，尤其要使

㉕ 茱莉的丈夫，一個不信教的無神論者。——譯者

他們兩人互相襯托而彰顯他們各自的可愛之處。

我把我的寫作計畫這樣粗略定下來以後，便回過頭去考慮我所設想的那些細節。對這些細節編寫的結果，遂產生了《茱莉》的頭兩卷。我是懷著一種難以形容的喜悅心情在那年冬天撰寫和謄清這兩卷的。用的是最好的金邊紙，吸墨用的是天藍和銀色粉末，裝訂成冊用的是藍色細絲帶。總之，對這兩個我像皮格馬利翁㉖那樣喜愛的嫵媚的少女該用來打扮她們的高雅美好的東西，我全都用上了。每天晚上，坐在火爐旁邊，我把這兩卷一遍又一遍讀給黛萊絲和她的母親聽。黛萊絲一句話也沒有說，感動得與我一起啜泣。她的母親根本聽不懂，靜靜待在那裡一點表情也沒有，又找不到什麼話說，只好在大家默默無言的時候，翻來覆去重複對我說：「先生，寫得眞好呀！」

埃皮奈夫人很不放心我一個人冬天住在樹林中的一座孤零零的房子裡，時時派人來問我的近況如何。她對我的友誼，只有在這段期間表現得非常眞誠，而我也只有在這段期間對她的友情的回應是極其強烈的。在我們的友情中，有一件事情如果不特別提一下，那我就做得不對，她曾派人把她的畫像送給我，並問我是否可以把拉都爾所畫的我的畫像送給她。這

㉖皮格馬利翁是傳說中的賽普勒斯國王，擅長雕刻。他求神賜給他一個與他雕刻的少女一模一樣的仙子，於是，神就賦予那個雕像生命，成爲一個美人，嫁與皮格馬利翁爲妻。——譯者

張畫像在沙龍展出時，她曾看過。她對我還有過一次親切的表示，我也不能略而不提。這件事情似乎很可笑，但從它給我留下的深刻印象也可看出它對我的性格的演變的影響。有一天，天凍得很厲害，她派人送來一個包裹給我，裡面是她親自為我準備的幾樣東西，其中有一件用英國法蘭絨做的小襯裙，她說她已經穿過，她要我把它修改成一件我可以穿的背心。她寫給我的那張便箋措辭很動人，充滿了親切的情誼和天眞。這樣關心我，已超過了友誼，我感覺到她的脈脈柔情，這等於是把她身上的衣服脫下來給我穿，以致使我感動得流下了眼淚，把她的便箋和襯裙吻了一、二十遍，黛萊絲以爲我瘋了。說來也眞奇怪，在埃皮奈夫人對我許多次友情的表示中，沒有哪一次是像這一次這樣深深的感動我，甚至在我與她絕交以後，每憶及此事，我依然感到心酸。我把她的那張便箋保存了很久，如果它不遭到與我的其他信件同樣命運的話，我到現在還會把它保存著呢。

雖然我的尿滯留症一到冬天就嚴重，尤其是這年冬天，有一段時間我又不得不使用探條，但總的說來，這是我定居法國以來所度過的最甜美和靜謐的一個冬季。惡劣的天氣使我有四、五個月之久都沒有遭到不速之客的干擾。在此以前和以後，我都未曾品嘗過這種獨立、寧靜而又淳樸的生活之美。我愈享受這種生活，便愈感到這種生活的價值。當時我別無其他的伴侶，只有現實中的兩個女管家和想像中的兩個表姐妹㉗。那時候，我一天比一天更加慶幸我不顧那些見我脫離了他們強加於我的束縛便不高興的朋友們的流言而明智做出了這個決定。當我聽說一個瘋子行刺的消息時㉘、當德賴爾和埃皮奈夫人來信告訴我說巴黎已亂成一團時，我是多麼感謝上天使我遠離了那些恐佈與罪惡的情景啊！否則它們必將使我由於社會的混亂而養成的暴烈脾氣更加乖僻的。現在，在我隱居之地的周圍，舉目一看，都是賞心悅目的景色，我的心感到溫馨完全陶醉了。我謹在此十分高興的記下我一生經歷的最後一段寧靜的日子裡的心情。在隨著這寂靜的冬天而來的春天裡，我在後文要描述的災難已開始露出苗頭。在一個接一個的災難中，我就再也沒有能讓我喘息一下的時刻了。

我記得，在這段平靜的日子裡，即使在我偏僻的隱居之地，我也沒有完全躲過霍爾巴赫一夥對我寧靜生活的干擾。狄德羅就製造了好多麻煩給我。除非我完全記錯了，他的《私生子》就是在那年冬天出版的。這本書我等一下就會談到。由於後文即將說明的種種原因，我在那個時期留下的可靠的資料爲數不多，即使留下的，日期也不甚準確。狄德羅寫信是從來不寫日期的；埃皮奈夫人和烏德托夫人在她們的信中往往只寫明是星期幾，德賴爾也跟她

㉗「兩個女管家」指黛萊絲和她的母親；「兩個表姐妹」指《新愛洛伊絲》中的茱莉和克雷爾。——譯者

㉘指一七五七年一月四日達米安謀刺國王路易十五事件。——譯者

們一個樣，當我想把這些信件按照順序整理的時候，只能大概估計，補上一些不準確的日期。因此，當我無法確定那些爭吵煩心的事究竟是從哪天開始的時候，我就只好把我所能回憶得起來的情況合併在一起敘述。

春回大地，使我甜蜜的、夢幻似的想像更加活躍。在情意纏綿的衝動下，我又爲《茱莉》的後面幾卷寫了幾封信。我寫信時的激情躍然紙上。我要特別提到那兩封描寫極樂園和泛舟湖上的信（如果我沒記錯的話，這兩封信是在第四卷的末尾），誰看了這兩封信而不感到他的心也沉浸在當時我寫這兩封信的溫情裡，那就趕快把書合上，因爲他的心是不可能懂得什麼叫人間眞情的。

恰恰在這個時候，出乎我的意料，烏德托夫人第二次來看我。她的丈夫是近衛軍的軍官，她的情人也在軍中服役，她就趁這兩人都不在的時候到奧波納來了，在蒙莫朗西的幽谷深處租了一棟相當漂亮的房子。這一次就是從奧波納到退隱廬來的。她穿一身男裝騎馬來的，雖然我不喜歡這種喬裝打扮，但她如此浪漫的裝束我一見就很喜歡，一下子就讓我跌入了情網。由於這在我一生中是第一次也是唯一一次眞正動了情愛之心，加上它的後果在我的記憶裡既永難忘懷又十分可怕，所以請允許我把這段愛情故事講得詳細一點。

烏德托伯爵夫人那時候將近三十歲了，一點也不美，臉上還有雀斑，皮膚也不細嫩，眼睛近視，略成圓形，然而她顯得年輕，又活潑又溫柔，一舉手一投足都楚楚動人。她一頭烏黑的頭髮自然鬈曲，長及膝彎。她的身材嬌小，動作雖顯得有點兒笨拙，但很有風韻。她的表情非常自然，令人十分喜歡，愉快、天眞和漫不經心的樣子在她身上結合得極爲完美。她說話心直口快，想到什麼就說什麼。她多才多藝，會彈大鍵琴，舞也跳得很好，還能作相當美的詩。至於她的性格，那眞是天使般的性格，溫柔的本性是她的好性格的基礎。除了行事欠謹愼與果斷以外，其他美德她全都有。特別是在與人交往方面，她是那麼可靠和那麼忠實，以致連她的敵人做事也不瞞她。我所說的「她的敵人」是指那些恨她的男人，尤其是女人，而她是沒有任何恨人之心的。我認爲，正是由於她和我有這一相同之處，才使我對她產生了強烈的戀情。在親切友好的交談中，我從來沒有聽她背後說過人家的壞話，就連對她的嫂子，她也沒有說過一句壞話。她對任何人都不掩飾她心裡的想法，她有什麼想法，從來就藏不住。我深信，她甚至對她的丈夫也曾坦然談她的情人，就像對她的朋友、熟人和其他人談她的情人一樣。最後，能無可辯駁證明她善良的本性是非常單純和率直的，是她有時候竟那樣不動腦筋，甚至輕率到可笑的程度，以致行事往往欠考慮，給自己招來麻煩，雖然她從來不存心冒犯任何人。

她在年紀很輕的時候就由父母做主嫁給了烏德托伯爵。這位伯爵身世顯赫，是個好軍人，但就是愛賭博、愛惹事，一點也不可愛，而她也從來沒有愛過他。她發現聖朗貝爾先生不僅有她丈夫的一切優點，另外還有許多可愛的條件，既聰明又有德、有才。在本世紀的風俗中，如果有什麼事情可以原諒的話，那就是這種兩相愛慕的戀情，它愈持久便愈變得純潔，因而愈令人欣羡，而要它能持久便需要雙方的互敬互愛，互相尊重。

據我的觀察，她之所以來看我，固然是有點出於一時的興之所至，但更多的還是爲了讓聖朗貝爾先生感到高興，因爲他曾叫她來看我，他認爲我們之間剛開始建立的友誼會使我們三人都對這樣來往感到愉快。她知道我了解他們之間的親密關係，所以毫無顧忌的談他，這就顯示她是樂於與我交談的。她來了，我看見她了，當時我正沉醉在沒有對象的愛情之中，愛情的沉醉使我的眼睛看入了迷，於是，我就把她當成愛的對象，我把烏德托夫人當成我的茱莉。從此刻起，我便情不自禁傾心於烏德托夫人，我看見她身上具有我用來打扮我的偶像的種種美。她存心使我神魂顚倒，特意用熱戀中的情人的口吻講聖朗貝爾的消息給我聽。愛情的力量是多麼感人啊！聽她說話的時候，我彷彿覺得我是依偎在她身邊，心中的美妙使我全身都顫抖起來，這是我在別的女人身邊從來沒有經歷過的。她所談的情況也使我爲之感動；我不僅對她談的話感興趣，而且也產生了與她相同的感情。我大口大口吞下這毒汁，可當時還覺得它挺甜美呢！總之，我沒有覺察到，她也沒有覺察到，她竟使我對她本人也產生了她對她的情人的那種深情。唉！對一個心中已別有所戀的女人竟燃起雖然是熾熱的但卻是不幸的愛情之火，這實在是太晚了，太令人痛苦了。

儘管我在她身邊已經感受到了異常的衝動，但我沒有首先覺察到我心中發生了變化，只是在她走了以後，當我思考如何描寫茱莉的時候，我才吃驚的發現，在我腦子裡頻頻出現的是烏德托夫人。這時候，我睜開眼睛，一種痛苦的感覺湧上心頭，我無法預料此事的後果。

我今後應當以何種態度看待她，我考慮了很久都拿不定主意，眞正的愛情是讓人有愼重考慮的時間的。正當我猶豫不決的時候，不料她又再次來看我。這一下，我心裡明白了，與痛苦伴隨而來的羞澀之心令我一句話也說不出來，在她面前戰戰兢兢，不敢抬起頭來。我慌亂的樣子眞是難以形容，而她是不可能看不出來的。於是，我決定向她承認我心中的慌亂，讓她去猜想我慌亂的原因，這樣一來，就等於是把原因全盤的告訴她了。

如果那時我又年輕又俊美，而烏德托夫人也經不起誘惑，我在這裡就要譴責她。但事情不是這樣的，因此，我在這裡對她只能表示讚賞，她當時表現得非常大方，非常謹愼。是聖朗貝爾請她來看我的，因此，她不能在未向聖朗貝爾說明原因的情況下就突然與我保持距離，因爲這樣就有可能使兩個朋友斷絕往來，就有可能招人議論，這是她一定要避免的。她對我很尊重也很親切；她對我對她的痴情雖深表同情，但不助長它的發展並盡力糾正。她想爲她的情人和她本人保留一個受她敬重的朋友。她認爲，當我頭腦清醒以後，我們三人之間一定會結下親密的友誼。每當她談到這一點時，她便顯得很高興，她不只是對我進行這種友好的勸告，並在必要時也對我進行我應當受到的嚴厲責備。

我也責備我自己，當我單獨一個人的時候，我的頭腦便清醒了；把該說的話向她說了以後，我心裡就比較平靜了。只要她知道我的情意是由她激起的，我心裡就滿足了。我對我自己的責備是非常嚴厲的，是確實能使我得到糾正的。我列舉了許多強而有力的理由來扼止我的愛情！例如我的本性、修養和立身處世的原則，都不允許我這樣做，這樣做是可恥的、是不忠於朋友的、是犯罪的、是有負朋友的重託的，最後，像我這把年紀還對一個女人這麼發瘋痴心的愛，是可笑的，何況她的心早已許給別人，既不能對我的情意有所回報又不能給我任何希望，而且這樣的愛情即使耐心等待，也終將得不到任何結果，最後一定會一天比一天變得更難忍受。

最後這個理由本來是可以給所有其他的理由增添說服力的，但恰恰相反，反而把其他理由全都推翻了。這一點，誰相信呢？我心裡想：既然我這麼瘋狂的愛只對於我個人有害，那還有什麼可顧慮的呢？我難道是一個讓烏德托夫人不放心的花花公子嗎？別人見我這樣痛心疾首責備自己，難道不說我是在故作姿態、在裝模作樣博取她的同情嗎？唉！可憐的尚－雅克，你想愛就痛痛快快的去愛吧，只要於心無愧，就別擔心你對她的痴情會給聖朗貝爾帶來傷害。

各位讀者是知道的，我在年輕的時候就一直是自視甚高的。我剛才所說的那些看法，完全符合我的思路，它促使我的激情更加高漲，使我毫無保留沉溺於激情之中，甚至笑我的那些多餘的顧慮是出於虛榮而不是出於理智。誠實的人們應當牢記：邪惡的念頭是從來不公開進攻的，它總是想盡辦法突然襲擊，戴著假面具，甚至還往往披著道德的外衣。

我犯了罪，不僅毫無後悔之意，而且不久以後更是毫無節制的做有罪之事。請各位讀者細細觀察我的激情是如何循著我的本性的足跡一步步的最後把我拖進深淵的。開始的時候，為穩妥起見，我還有些拘謹，後來便大著膽子把拘謹的態度一變而為言行放肆。烏德托夫人不斷提醒我注意我的身分，要我保持冷靜，對於我的痴情，她從未表示過贊成，儘管她對我一直是那麼溫存，那麼友好。我敢保證，如果我當時能看出她那種友好的表示是出自眞誠的話，我也就到此爲止了，可是我生了疑心，我覺得她的表示過於熱情，反倒不像是出自眞正的友誼。這樣一思慮，我便難免不產生種種想法，因爲，就我的年齡和外表來說，談情說愛之事對我已經很不合適，在烏德托夫人的眼睛裡，我一定會受到輕視。這個狡黠的少婦肯定會拿我這個老頭的溫情尋開心，她肯定會把她心裡的想法告訴她的情人聖朗貝爾；而聖朗貝爾恨我對不起朋友，肯定會與她串通起來捉弄我，把我弄得暈頭轉向，好讓大家嘲笑我。我這種愚蠢的想法曾經使我在二十六歲那年在我所不了解的拉爾納日夫人身邊說了許多傻話和做了許多傻事，而如今我已四十五歲，面對烏德托夫人，雖然也說了許多傻話，做了許多傻事，但是是可以原諒的，因爲我不知道她和她的情人都非常誠實，是不會存心拿我取樂的。

後來，烏德托夫人又繼續來看我好多次，而我當然也要去看望她。她喜歡散步，我也喜歡散步；我們兩人常常在一個景色迷人的鄉間漫步田野。我敢愛也敢於說出我心中的情意。如果不是由於我荒唐的言行破壞了其中的樂趣的話，我當時的心態是極其歡暢的。她起先不明白我在接受她的溫情時爲什麼會表現出那麼一副傻相。由於我的心從來不隱瞞我的想法，所以不久我就把我當時的猜疑告訴她了。她本想一笑置之，但覺得這樣做不妥，很可能使我不高興，於是便改變話鋒，用溫柔和同情的忠言感動我，她對我的責備令我心服口服；她對我沒來由的疑慮表示擔憂。這時，我趕緊抓住她的這種心理，向她發動進攻，我要求她用事實來證明她沒有戲弄我。她知道，除了用事實證明以外，沒有別的辦法能讓我相信她的話。我一步一步逼她，儘管每一步都達到了意想的效果，但這個被逼得只好討價還價的女人最後還是擺脫了困境，而且是輕輕鬆鬆擺脫的。這不得不令人讚嘆，這也許是世上獨一無二的例子，凡是能讓我感到溫柔友情的話，她都說，而任何一個可能使她失身的舉動她都沒有做。我感到羞愧的是，她稍微輕輕一愛撫我，我的感官便十分衝動，而她的感官卻一點動靜也沒有。

我曾經在某處說過：如果你不想讓感官享受什麼東西，你就千萬別讓它知道那個東西。㉙要想知道我那句話是多麼不適用於烏德托夫人，要想知道她是多麼能控制自己的情感，就必須詳細了解我們兩個人頻繁祕密會晤的情形，就必須詳細了解我們兩個異性朋友在那四個月中是多麼親密聚在一起而又從來不超過應當保持的界限。唉！等我感受到眞正的愛

㉙這段話的意思，盧梭在他的《新愛洛伊絲》卷三第十八封信中說過。他說：「我在克拉朗的小樹林中發現，我對我是太自信了。當一個人不讓感官享受某種東西的時候，就不應當給感官以任何刺激。有一會兒，也只有一會兒，我的感官被任何力量也無法抑制的情欲所衝動，雖然我的理智還在抵抗，但我的心從這個時候起，就已經被敗壞了」。（盧梭：《新愛洛伊絲》，李平漚、何三雅譯，譯林出版社二〇〇二年版，第三百三十八頁）——譯者

情時，已爲時太晚了。我的心和我的感官將爲償還這筆情債付出多麼大的代價啊！單相思的愛情尚且令人神魂顛倒，在一個既愛我們同時又爲我們所喜愛的人的身邊，我們所感受到的喜悅心情又將如何呢？

不過，如果我說我現在的愛情完全是單相思，那就不對了，因爲它只是從某種意義上說來是那樣的；我現在的愛情雖不能說是互相的，但可以說雙方都是相同的，我們兩人都陶醉在愛情中，她愛她的情人，而我愛她；我們的歎息、我們的熱淚都交融在一起了。我們彼此都是多情人，我們的感情有許多共同之處，不可能不兩心相印，不過，在這種危險的陶醉心情中，她並沒有一時一刻忘乎所以，而我，我敢保證，雖然我有時被感官的衝動迷糊了頭腦，企圖使她失身，但我從來沒有眞正想得到她。我強烈的愛她之心本身就控制了這種妄念。欲念的節制，洗滌了我的靈魂，美德的光輝裝飾了我心中的偶像，玷汙她那神聖的形象，就等於是在毀滅她。我很有可能犯這個罪，我在心中已無數次犯了這個罪。但是，要我敗壞蘇菲㉚那是絕對不可能的！這個話，我已經向她本人說過一百次。即使我有滿足我的欲望的機會，即使我有辦法挑動她的春心，除偶爾有短暫的狂熱的表現以外，我都不願意以這種代價來得到一時的快樂，因爲我太愛她，所以不想玷汙她。

㉚「蘇菲」是烏德托夫人的名字。——譯者

從退隱廬到奧波納差不多有一法哩路，由於我經常到那裡去，所以有時候也在那裡過夜。有一天晚上，月光皎潔，我們晚飯後便到花園散步。在花園深處有一個相當大的矮樹叢，我們穿過矮樹叢直接走進一個茂盛的樹林，樹林裡還按照我給她出的主意修建了一個人工瀑布。天眞無邪的快樂心情令人終生難忘啊！在樹林裡，我和她在一棵花兒盛開的槐樹下邊的草地上剛一坐下，我便情不自禁說出一段眞正無愧於我的感情的話語。這是我一生當中第一次也是唯一一次說話那麼得體，而且表情十分高雅，如果可以把一個男人出自內心表達既溫存又熾熱的愛稱爲高雅的話。我在她的膝上流下了多少令人心碎的眼淚啊！她也像我一樣流下了多少情意綿綿的眼淚啊！最後，她抑制不住自己的感情，用激動的聲音對我說道：「從來沒有見過哪一個男人是像你這麼可愛，從來沒有見過哪一個情人是像你這樣表達愛情！可是，你的朋友聖朗貝爾是永遠與我們在一起的，我的心不能移情他人。」我長歎一聲，便什麼話也不說了。我擁抱她，緊緊擁抱她！僅此而已。她單獨一個人生活，也就是說遠離她的情人和她的丈夫已經有六個月之久，其中有三個月我幾乎天天都去看她，這三個月，愛神總是側身在她和我之間作見證。我們面對面吃晚飯，我們兩人在月光下到樹林中去散步，高高興興交談兩個小時後，她才離開她的朋友的懷抱。走出樹林時，她的身和她的心都與走進樹林時一樣的白璧無瑕，未受半點玷汙。各位讀者，我不多加一詞，你們自己去想一想，就可知道這樣的幽會是多麼的高潔。

不過，諸位也不要以爲我的感官一點也不衝動，就像在黛萊絲和華倫夫人身邊那樣漠然無動於衷。我已經說過，這一次是愛情，是全身心迸發出來的狂熱的愛戀之情。至於我不斷感覺到的激動、顫慄、心跳、慌亂和神魂顚倒，我就不描寫了，因爲，所有這些，你們單單從她的身影對我產生的影響就可以想像出來。我已經說過，從退隱廬到奧波納是相當遠的，中間要翻過昂迪利的幾道山坡，那裡的風景非常迷人。我一邊走，一邊就在心裡想我即將見到的那個人，想像她將如何親熱的接待我，想像她見到我時的那一親吻，單單這一吻，這要命的一吻，只是想像到而尚未接受到就已經使我的血液沸騰起來，頭腦發暈、兩眼發花、雙腿發軟、身子站立不住，不得不停下腳步坐在地上，全身癱軟得幾乎昏厥過去了。我早已料到會出現這種危險的情形，所以一出門就儘量分散心思去想別的事情。可是，還沒有走二十步，我便又想起那些情景，它們在我的腦子裡轉來轉去，使我無法擺脫，而且，不論我採取什麼辦法都不可能一個人輕輕鬆鬆走完這段路程。到達奧波納時，我已精疲力盡，幾乎連站都站不穩了，可是一見到她，我的精神便馬上振奮起來；不過，這時候我也感到很苦惱，因爲我不知道如何使用我振奮起來的無窮精力。在去的路上，到了能望見奧波納的地方，有一個風景優美的山岡，名叫奧蘭普。有時候，我們兩人約定各自從家裡出發到奧蘭普相會。如果我先到，我便在那裡等她；在等待她的這一段時間裡，我心裡是多麼著急啊！爲了消磨這著急的時光，我便用我隨身攜帶的鉛筆匆匆寫情書給她。這些情書儘管字跡潦草，難以辨認，但字字句句都飽含著我心中的血。當她在我們兩人約定的隱祕的地方找到我寫的情書時，她除了從中想像得到我寫情書時的可憐模樣以外，我的其他心情她當然就想像不出來了。這種狀態持續了很長一段時間，在整整三個月裡，我既受到愛情的不斷激勵，同時又受到愛情的苦苦熬煎，把我弄得形銷骨立，好幾年都恢復不過來，最後還使我得了疝氣。將來，我是肯定會把這種病帶進墳墓，或者說它是肯定會把我送進棺材的。我這個人的氣質，也許是大自然所能創造的既最容易衝動同時又是最怯懦的氣質；像我這種氣質的人所能享受到的愛情，只能如此。我在人世上最後的美好日子也只能如此。從此以後就要開始我一生中不斷遭遇的一連串苦難了。

人們已經看到，在我這一生中，我的心一直是如水晶般的透明，絲毫沒有隱瞞我內心開始衝動的感情。請大家判斷我能否把我對烏德托夫人的愛情長久的隱瞞起來。我們的親密關係，誰都能看出來，我們既不保密也不搞得很神祕，這種親密的關係用不著保密。烏德托夫人對我懷著她認爲無可指責的親密友誼，而我對她也懷著誰也沒有比我更清楚的敬重的心。她爲人坦率，舉止大方，有時候還帶點孩子氣，而我爲人誠實，舉止笨拙，性情高傲、急躁，有時候還愛發脾氣。在我們自以爲心地坦然的交往中，往往招來比我們眞正做了壞事還多的口實。我們常到舍夫雷特去，常在那裡見面，有時候甚至就事先約好一起到那裡去。我們在那裡的一切活動都一如往常，兩人天天都到埃皮奈夫人房間對面的園子裡去散步，有時候甚至就在她房間的窗邊談我們相愛的情誼，談我們應該做的事情，談我們的朋友，談我們天眞無邪的一些想法；沒有料到埃皮奈夫人不斷從窗口觀察我們，以爲我們是故意做給她看，因此便怒從心上起，對我們產生了一肚子的怨恨。

女人們各個都有一套掩飾她們憤怒之心的本領，尤其是在她們憤怒到極點的時候。埃皮奈夫人雖然脾氣暴烈，但行事十分愼重，掩飾內心感情的本領很高強。她不但假裝什麼也沒有看見、什麼也不懷疑，而且對我比從前更加關心、更加殷勤，甚至近似於故意逗弄我，但對她的弟妹，她卻故意刁難和鄙視，似乎是想讓我也用同樣的態度對待烏德托夫人。大家可以想像得到，她這種做法雖然是不會成功，但使我感到十分爲難。我的心被兩種相反的感情撕碎了，我一方面被她向我表示的關懷所打動，但另一方面看到她那樣對待烏德托夫人又感到非常氣憤。烏德托夫人溫柔得像天使，忍受這一切而沒有說過一句怨言，甚至對她的嫂子沒有露出過半點不高興的樣子，依然是那樣大大咧咧，似乎對這些情況毫無覺察，沒有發現她嫂子對她的態度有了變化。

當時，我完全沉醉於狂熱的愛，所以，除了蘇菲（這是烏德托夫人的名字之一），其他一切我都沒有放在眼裡，甚至連我已經成了埃皮奈夫人一家和來訪的客人聊天的話題，我也沒有覺察出來。就我所知，霍爾巴赫男爵以前是從來不到舍夫雷特來的，而現在他也加入了來訪的客人的行列。如果當時我像後來那樣多個心眼的話，就會猜想到這是埃皮奈夫人特意請他到舍夫雷特來看我這個多情的日內瓦公民的笑話的。可是我當時是那樣的愚蠢，以致連這明擺著的伎倆也沒有看出來。不過，我雖然愚蠢，但也看出了霍爾巴赫男爵的表情比平時顯得更高興、更得意，不僅不像以前那樣板著一副面孔看我，而且還說了許多逗趣的話，弄得我不明白他到底在說些什麼，只好瞪著兩隻大眼睛，一句話也答不上來，而埃皮奈夫人則笑得前仰後翻，好像是中了什麼邪似的。由於這一切都沒有超過玩笑的範圍，所以我覺得最好的辦法就是跟他們一起湊熱鬧，開個玩笑算了。但事實是，透過霍爾巴赫的那種得意的樣子，從他的眼神就可以看出他心中是幸災樂禍，懷有惡意的。如果當時我能像後來回想起來那樣發現這一點的話，他這種幸災樂禍的表現會使我大爲不安的。

有一天，當烏德托夫人剛從巴黎回奧波納的時候，我去看她，發現她面帶憂容，好像是哭了一場似的。我不得不克制自己，因爲她丈夫的妹妹布蘭維爾夫人就在旁邊。但是，一有機會，我便向她表示我心中的不安。她歎口氣對我說：「唉！我擔心你對我的痴情會使我這一輩子都不得安寧了。有人把我們的事情告訴了聖朗貝爾，但告訴他的話都不符合事實。不過，他雖然冷靜對待，認爲我沒有什麼大錯，但心裡總有點不高興，而糟糕的是，他有些話又藏著不說出來。幸虧我沒有向他隱瞞我們之間的關係，何況我和你之間的來往還是他首先提出要我來看你的。我在給他的信上通篇談的都是你，就好像我心中裝的全是你似的。我只是向他隱瞞了你瘋狂的戀情，因爲我想把你慢慢糾正過來也就了事了。不過，對於你向我示愛的表示，他雖然沒有發表什麼意見，但我看得出來，他認爲是由於我的過錯造成的。很顯然，有人向他說了我們的壞話。既然事已至此，要麼，我們從此分手，否則你就要謹守本分，我不願意再做任何需要隱瞞我的情人的事情了。」

到這個時候我才意識到我的過錯，開始感到羞愧。在一個我本該充當其導師的少婦面前受到如此嚴厲的責備，眞是滿面羞慚，無地自容啊。我恨我自己，如果不是受到傷害的烏德托夫人令我十分同情，因而軟化了我的心，我這種自怨自艾的憤慨心情是足以克服我的痴情的。唉！正是在我的心被淚水完全淹沒的時候，它一下就堅強起來了。我軟弱的心轉眼間就對那些卑鄙的告密者感到憤怒，因爲他們把我們雖然有罪但是是不由自主的情感盡往壞的方面去想，而沒有看到，甚至也想像不到我們心地的眞誠和清白已補償了我們的過錯。好在我們被蒙在鼓裡的時間不長，我們很快就發現了隱藏在幕後的黑手。

我們兩人都知道埃皮奈夫人和聖朗貝爾常有書信往來。這已經不是她第一次給烏德托夫人製造風波了。她曾經千方百計想使聖朗貝爾疏遠烏德托夫人，她有好幾次還眞的得逞了，所以烏德托夫人處處對她保持戒心。此外，還有格里姆，我記得那時他跟隨卡斯翠先生到軍隊中去了，與聖朗貝爾一樣，駐紮在威斯特伐倫，他們兩人有時候能見到面。格里姆曾經打過烏德托夫人的主意，但試過幾次都沒有成功，他很生氣，從此不再見烏德托夫人。現在他獲悉她不愛他而去愛一個年紀比他大的人，何況他格里姆自從與大人物交往以後便把這個人一直當成是受他保護的人，請大家想一想，儘管他「處事平和」是出了名的，但在這種情況下，他是否還能保持冷靜泰然處之？

我對埃皮奈夫人開始只是懷疑，而在我知道發生在我家裡的事情以後，我便確信無疑了。當我在舍夫雷特的時候，黛萊絲也常到舍夫雷特來，有時是來送寄到我家裡的信，有時是來照顧我的病軀。埃皮奈夫人曾問她在烏德托夫人和我之間是否互通書信，一聽說我們互通書信，埃皮奈夫人就逼迫她把烏德托夫人的信交給她，保證把信拆閱之後會重新封好，讓人看不出拆過的痕跡。對於埃皮奈夫人說的這個辦法，黛萊絲既沒有當場反對也沒有告訴我，只是在給我送信的時候仔細藏起來。幸虧黛萊絲提高了警惕，因爲埃皮奈夫人派人在她來的時候監視她，有好幾次竟大膽到搜查她的圍裙。更有甚者，有一天，她與瑪爾讓西先生不請自來的到退隱廬來吃午飯（這是自從我住進退隱廬以來的第一次），趁我和瑪爾讓西先生去散步的時候，她和勒瓦賽爾太太與黛萊絲竟進我的書房去，逼她們把烏德托夫人的信給她看。如果勒瓦賽爾太太知道信在什麼地方就交給她了；幸虧只有黛萊絲知道，並告訴埃皮奈夫人說一封也沒有保留。這個謊撒得好，是忠誠和深明事理的撒謊，反之，如果說了真話，那倒成了背離原則的行爲了。埃皮奈夫人見黛萊絲不上當，便力圖挑動她的嫉妒心，她用責備的口吻說黛萊絲對男人太放心、太糊塗。她說：「你怎麼沒有發現他們之間有一種見不得人的關係呢？如果明擺在你眼前的事情你都不相信，還需要別的證據，那你就想辦法去找呀。你說他把烏德托夫人的信看過之後馬上就撕碎了，你就把撕碎的碎片蒐集起來交給我，由我來把它們拼湊還原。」這就是我的女友給我的女伴出的主意。

黛萊絲很謹慎，把埃皮奈夫人的這些陰謀隱瞞了很久都沒有告訴我。後來，她見我是那樣困惑不解的樣子，才不得不把前後經過一五一十告訴我，讓我知道搞鬼的人是誰，以便採取措施，預防對我玩弄的陰謀。我當時火冒三丈的樣子眞是難以形容。我不像埃皮奈夫人那樣假裝還不知道是她在搗鬼，也不以狡計破她的狡計。我按照我一貫暴躁和想怎麼做就怎麼做的脾氣，公開的大吵大鬧起來。人們從以下幾封信中就可看出我行事是多麼欠考慮，同時也可以充分看出在這件事情上，她和我的做法是多麼不同。

埃皮奈夫人的來信

（卷宗A，No.44）

親愛的朋友，是什麼原因這些日子我就見不到你了？我爲你感到不安。你曾多次答應我只來往於退隱廬和這裡！這一點，我一直是讓你自由安排的，而現在一個星期過去了，你一次也沒有來過。如果不是有人告訴我說你身體很健康，我還以爲你生病了呢。我前天和昨天都盼望你來，可是你沒有來。我的天哪！你怎麼了？你目前既沒有什麼大事要處理，也沒有什麼煩心的事情纏著你，因爲，如果有的話，你早就到這裡來告訴我了。可見你一定是生病了！快來看我，好讓我放心。我求你了。再見，我親愛的朋友；我說「再見，」希望你對我說一聲「你好」。

覆信

星期三上午

我現在什麼話都不能說，我希望能把情況了解得更詳細一些。這件事情，我早晚一定會弄清楚的。不過，你必須明白，那個無辜的被誣陷的人必將找到一個熱心的辯護者爲她洗雪冤情，讓那些誣陷她的人，不論他們是誰，都會感到後悔的。

埃皮奈夫人的第二封來信

（卷宗A，No.45）

你知道嗎？你的信使我感到驚愕，信中的那些話指的是什麼事情？我把信看了又看，一共看了二十多遍，說實話，我一點也看不明白。我只看到你心裡感到不安和煩惱，那你就等到它們都消失以後才告訴我。親愛的朋友，我們就這樣約定了，好嗎？我們的友誼和信任到哪裡去了？我怎麼會失掉朋友的信任呢？你的火氣是對我而發還是爲我而發？無論如何你今天下午一定要來，我求你了。你要記住，你曾答應我什麼話都不藏在心裡，無論什麼事情你都會立刻告訴我。你說這個話，到現在還不到一個星期呢！親愛的朋友，我對朋友是信任的……我又把你的信讀了一遍，我還是讀不明白，它使我感到不安。我覺得你好像非常激動，我很想用什麼辦法使你平靜下來。可是我又不知道你這麼激動的原因在哪裡，因此我就不知道對你說什麼才好了。現在我只能告訴你，在見到你之前，我心裡也和你一樣，是非常難過的。如果你今天下午六點還不到我這裡來，那麼，不論天氣如何也不論我的身體狀況如何，我明天一定要去退隱廬，因爲我實在忍受不了心裡不安的折磨了。再見，親愛的朋友。請允許我斗膽向你進獻一句忠言（我不知道你是否需要我的忠言）：千萬別讓你心中的不安在你孤寂的生活中得到發展，一隻蒼蠅會變成一個魔鬼的，我經常有這種體會。

覆信

星期三下午

只要我不安的心情還存在，我就不能去看你，也不能接待你的來訪。你所說的那種信任，已經沒有了；你想恢復也很難了。現在你之所以表現得這麼著急，我覺得只不過是你想從別人的談話中得到合乎你心意的資料。我的心，對一個以誠相見的人馬上就會敞開心扉，而對於玩弄詭計和狡詐手段的人就會立刻關上大門。你說你看不懂我的信，這恰恰表明你在玩弄假裝糊塗的鬼把戲。你以爲我眞的傻到相信你看不懂我的信嗎？不，我沒有那麼傻。我要以我的坦率戰勝你的小聰明。我要明明白白向你解釋，以便使你了解我的意思。

兩個親密的、無愧於他們彼此相愛之情的情人都是我的好朋友。我推測你不知道我指的是哪兩個情人，除非我把他們的名字說出來。我覺得有人在試圖拆散他們，並利用我來使他們當中之一產生嫉妒心。選擇這個人來做這種事，雖不十分妥當，但對於那個心懷叵測的人來說，似乎比較容易。那個心懷叵測的人，我懷疑是你。我這樣說，夠清楚了吧！

請問：我最欽佩的那個女人，在我完全知道他們的感情的情況下，能無恥到把她的心和她的身分給兩個男人嗎？我能無恥到成爲這兩個卑鄙的男人之一嗎？如果我能查出你這一生中曾在某個時候有些想法，我會恨死你的。不過，我現在要責備你的，不是你曾經這樣想過，而是你曾經這樣說過。我不明白，在這種情況下，在我們三人當中你想傷害的究竟是誰。如果你愛安寧的話，你就應當知道，如果你眞成功了，你反而會遭到不幸的。對於我所覺察到的我和她這樣交往的不妥之處，我既沒有向你也沒有向她隱瞞過半點。既然我和她之間的交往的起因是正當的，我就要用與起因同樣正當的方式來結束，使不當的相愛之情變成永恆的友誼。從無害人之心的我，能愚蠢到被人利用去害我的朋友嗎？不可能。如果你想利用我，我將永遠不原諒你的，而且會成爲你的不可和解的敵人。不過，你那些不可告人的祕密，我還是十分尊重，不予洩露的，因爲我不是那種不講良心的人。

我並不認爲我目前的這種困惑心情會持續很久，我很快就會知道我是不是弄錯了。那時，我也許有很多重大的過錯要彌補，能彌補我的過錯，那是我生平最衷心願意做的快意事。不過，你是否知道在我還將在你身邊度過的爲日不多的時間裡，我將彌補什麼過錯嗎？我將做一件除我之外其他任何人都辦不到的事：我將如實告訴你，人們是如何看待你的，如實告訴你，你的名聲受到了哪些損害需要消除。儘管你有那麼多所謂的朋友圍繞在你身邊，但只要我一離開你，你就永遠聽不到眞話，就再也沒有人對你實話實說了。

埃皮奈夫人的第三封來信

（卷宗A，No.46）

我看不懂你今天上午寫的信，我已經對你說過了，因爲這是事實。你今天下午寫的信，我看懂了。別擔心我會與你爭論，相反，我急於想把它忘掉。儘管我覺得你可憐，但我還是不得不承認它使我的心也感到痛苦。我！對你玩弄詭計、玩弄狡詐的手段；我！竟被你指責做了最可恥的事！算了吧，我很惋惜你竟然……算了吧，我不知道我該說些什麼……再見，我很想原諒你。你想什麼時候來就什麼時候來！你將受到很好的接待而不必有什麼顧慮。不過，請你不要爲我的名聲操心。別人怎麼說我毫不在乎，我知道我行端品正，這就夠了。還有，那兩個對你和對我都同樣親愛的人的近況如何，我眞的一點都不知道。

最後這封信，雖使我擺脫了一個可怕的困境，但同時也使我碰上了一個其可怕的程度一點也不稍減的難題。雖然這幾封來信和覆信都是在一天當中匆匆寫的，但是，其中短暫的間隔時間也足以使我在一陣陣大發雷霆的怒火中發現我行事是多麼的欠考慮。烏德托夫人曾一再告誡我要保持冷靜，讓她一個人去處理這件事情，尤其是在當時，要儘量避免把事情弄僵，鬧得滿城風雨，而我竟用破口大罵的惡毒語言去招惹一個生性多忌的女人，因此我推測她給我的回信語氣必定很高傲，必定會以輕蔑的口吻斥責我，逼得我如果不馬上離開她的家，就顯示我是最可恥的懦夫。然而她很機靈，不像我這樣一團火氣。她的覆信語氣很婉轉，沒有一句話逼我走向極端。因此，我當前應當決定的是要麼與她決裂，要麼立刻就去看她，二者必擇其一。我採取了後面這個辦法，而在見到她時我應當採取什麼方式解釋，這倒眞叫我十分爲難，因爲我不知道要如何解釋才既不牽連到烏德托夫人又不牽連到黛萊絲。我一說出誰的名字，誰就必然會倒楣啊！一個詭計多端和心腸狠毒的女人，要想報復的話，那是什麼事情都幹得出來的；這實在令我爲那個將成爲報復的對象的人擔心啊！正是爲了預防這種不幸的事情的發生，所以我才在我給她的信中說我只是懷疑，而沒有提出任何具體的證據。當然，即使我這樣做，也很難使我大發雷霆的表現得到她的原諒，因爲，任何單純的懷疑都不可能使我如此對待埃皮奈夫人那樣的女人，尤其不能那樣對待一位女友。幸而在這關鍵時刻我把這件事情處理得既漂亮又十分得體，我主動責備自己犯了許多嚴重的錯誤（其實那些錯誤我是不可能犯而又從來沒有犯過的），這個給自己扣大帽子的辦法一筆帶過我隱瞞起來的過失和錯誤。

有了前面所說的那層鋪陳，我才沒有碰上我所擔心的那種尷尬場面，才消除了我心中的恐懼。我一到，埃皮奈夫人就快步過來摟著我的脖子，大把大把直流眼淚。沒有料到這位老朋友如此熱情接待我，使我感動得也像她那樣哭了起來。我對她說了幾句沒有多大意思的話；而她回答我的話，比我的話還更沒有意思。我們見面時說的話，就這樣結束了。飯菜已經擺好，我們就入席用餐；我想對她進行解釋的話，只好留待飯後再說了。席間，我的臉色很不好看，因爲只要我心裡稍微有點不安，我的臉上就掩飾不住，就連最粗心的人也看得出來。我這種尷尬的樣子，本可使她乘機向我興師問罪的，但她沒有冒冒失失這麼做。晚餐之後與晚餐之前一樣，她都沒有要我進行解釋，第二天也沒有。我們兩人面對面坐著，只談了一些無關緊要的小事情，或者由我說幾句平平淡淡的話，向她表示我的懷疑目前還沒有找到可靠的根據，並向她眞心實意保證，如果發現我的懷疑沒有根據，我將用我的一生來彌補我的過錯。她臉上沒有露出想知道什麼的樣子，對於我究竟懷疑什麼，以及我的懷疑是如何產生的，她似乎一點也不感興趣。因此，我們的和好如初，無論是她還是我，都以爲在我們見面時的那一擁抱中完成了。既然我冒犯的只是她一個人（至少在表面上看來是如此），我覺得，她本人都沒有要求我進行解釋，我就不必多此一舉了。於是，我是怎樣來的，也就怎樣回去了。我繼續像從前那樣與她來往，不久就把這場爭吵忘得一乾二淨，而且傻乎乎的以爲她也忘得一乾二淨，因爲她好像已經不再回想這件事情了。

正如人們即將看到的，這並不是我的懦弱給我招來的唯一煩惱。我還有其他一些煩惱，它們使我難過的程度並不比之前任何一個煩惱輕，而且這些煩惱都不是我自己招來的，而是由於狄德羅和霍爾巴赫一夥人想折磨我，想使我脫離目前離群索居的生活而蓄意製造的。＊自從我住進退隱廬以後，狄德羅便不斷來打擾我，有時候是他自己出面，有時候是透過德賴爾。根據德賴爾幾次嘲笑我在叢林中到處轉悠的表情來看，我不久就發現，他們已經把我這個隱士當作笑料，把我醜化成一個風流情人了。不過，在我與狄德羅的爭吵中，關鍵的問題還不在此，這當中另有更重大的原因。在他的《私生子》㉛出版以後，他寄了一本給我。對於一個朋友的著作，我是讀得既饒有興趣也十分仔細的。但是，當我讀到那段關於詩歌的對話時，我很吃驚甚至是有點痛心的發現他有好些怪話都是針對離群索居的人而說的，好在語氣不重，尚可容忍，但後來讀到「只有惡人才孤獨生活」這句話，就覺得他說得太武斷、太刻薄了。這句話的意思很模糊，我覺得它可以有兩種含義：一種含義是正確的，而另一種含義則是錯誤的，因爲一個人既然自願過孤獨的生活，那麼他不僅不可能，而且也不會產生傷

＊這就是說，他們想把勒瓦賽爾老太太拉到他們一邊，以便利用她來對我搞陰謀。令人驚訝的是，在這場風暴持續那麼長的時間裡，由於我對那些人如此愚蠢的信任，竟沒有看出他們要拉回巴黎的不是我，而是她。

㉛狄德羅一七五七年發表的一部五幕喜劇。——譯者

害他人之心，因此他就不可能成爲惡人。可見狄德羅的這句話本身就需要加以解釋，尤其是他在發表這個論斷時，明明知道他有一個朋友在過孤獨的生活，就更需要加以解釋了。我覺得，無論怎麼解釋，他這句話聽起來都令人不快，是懷有惡意的，因爲，不論他在發表這個論斷時是忘記了這個過孤獨生活的朋友，還是當時即使想到了這個朋友，但在發表這個帶普遍性的論斷時，忘了指出這個朋友以及古往今來許許多多喜歡在隱遁生活中尋求寧靜的賢哲之人是可敬的例外，我認爲，不論屬於哪種情況，他都不應當自有史以來第一個公然以作家的身分用他的筆打擊一通，不分青紅皀白的把他們全都說成是惡人。

我很喜歡狄德羅，我眞心實意的尊敬他，而且也眞誠希望他對我也抱有同樣的情感。但是，對於他一而再、再而三老是與我的脾氣、志趣和生活方式，尤其是在只與我個人有關的事情上與我唱反調，我實在受不了了。看見一個比我年輕的人竟硬把我當小孩子管教，我心裡便很不痛快。對於他那種說話不算數，輕於許諾而疏於踐約的壞毛病，我是很厭惡的。他有約必爽，而且喜歡爽約了又約，約了又爽約，使我吃盡了苦頭。每個月都有三、四次白白在他約定的日期等他，甚至跑到聖丹尼去接他，但等了一整天，還是不見他來，我只好回家，一個人吃悶飯，這眞叫人氣惱。總之，他的缺點和壞毛病一大堆，我都快氣炸了。我覺得，最後這一次最爲嚴重，最使我痛心。我寫了一封信給他，表達我難過的心情。我信中的措辭委婉和懇切，連我自己都感動得流下了眼淚。我想，他大概也會感動得流眼淚。對於我這封信，他是怎樣回答的，人們是怎麼也猜不到的。現將原信抄錄如下（原件見卷宗A，

No.33）：

我很高興我這本書使你感到很喜歡，而且感動了你。既然你不贊同我關於隱居之士的那段話，那你就愛怎麼稱讚他們就怎麼稱讚他們好了。在這個世界上，你是我唯一想說讚美之詞的隱士，而且，如果你聽了不生氣的話，我要說的讚美的詞句多得很呢！一個八十歲的老太太等等。有人告訴我，埃皮奈夫人的兒子的信中有一句話曾經使你很難過。眞的，要不是他那句話提醒了我，我對你的內心深處還眞不了解呢！

這封信的最後兩句話，需要解釋一下。

在我住進退隱廬之初，勒瓦賽爾太太似乎覺得這座房子太孤獨，因此不甚喜歡。她的話傳到我耳裡以後，我便向她提出，如果她覺得巴黎更適合她，就送她回巴黎，房租由我付，我會與她和我在一起時一樣的照顧她，可是她拒絕了，並向我聲明說她住在退隱廬很舒服，說鄉下的空氣對她有好處。人們可以看出，她說的都是實話，因爲她到鄉下以後，樣子顯得年輕了，可以說她的身體比在巴黎時好多了。她的女兒甚至對我說，如果我們眞的離開退隱廬的話，她心裡將感到十分難過的，因爲退隱廬的確是一個很漂亮的住處，她非常喜歡整理菜園和管理果樹，同時，她也把人家要她慫恿我遷回巴黎的話告訴了我。

他們的這個企圖沒有成功，便改變了方式，試圖用嚇唬人的辦法來取得他們殷勤勸說未能取得的效果。他們責備我把這個老太太弄到鄉下去，離開她那樣年紀需要照顧的地方，是在造孽。可是他們沒有看到她和許多其他的老年人呼吸了這裡的新鮮空氣都得到延年益壽的好處，何況我們一出門幾步路就到了蒙莫朗西，馬上可以得到必要的救助。照他們的說法，好像老年人只能生活在巴黎，而到其他地方就活不下去了。勒瓦賽爾太太的飯量很大，十分貪吃，所以常吐酸水、老拉肚子，拉幾天肚子，她的病也就好了。在巴黎的時候，她對這點小病從來不在意，等它自己好；在退隱廬，她還是用這個老辦法，因爲她知道，除此以外，是沒有其他更好的辦法的。可是狄德羅那一夥人卻不管這些。儘管勒瓦賽爾太太在鄉下身體很好，但他們依然說鄉下沒有醫生和藥劑師；讓老太太到鄉下去，就是想讓她死。請問狄德羅：老年人到了多大年紀就不許到巴黎以外的地方去生活，難道說讓他們住在鄉下就是想害死他們嗎？

這就是他嚴厲指責我的兩個罪狀之一。由於他認爲我犯了這個罪，所以就不把我列在「只有惡人才孤獨生活」這句話所斥責的範圍之外。他那個「一個八十歲的老太太」聽起來十分動人的感歎句和「等等」二字的含義，就在於此。

我覺得，對於狄德羅的這種指責，最好是由勒瓦賽爾太太本人來回答。我請她寫封信如實把她的意見告訴埃皮奈夫人。爲了讓她自由自在的寫，我向她保證不看她的信，另外，我還把我寫給埃皮奈夫人的信抄了一份給她看，其內容是談我針對狄德羅的另外一封措辭更強烈的信而寫的回信。埃皮奈夫人把這封回信看了以後，阻止我發出去。

星期四

我的好友，勒瓦賽爾太太要寫信給你，我請她把她的感受如實告訴你。爲了讓她自由自在的寫，我已向她保證不看她的信，我也請你不要把她信中的內容告訴我。

既然你不贊成，我給狄德羅的信就不寄出去了。不過，由於我覺得我受到了極大的侮辱，如果我承認我錯了，那就顯然證明我行事十分卑鄙和虛僞，所以我絕對不能這樣做。《福音書》上雖然叫人左臉挨了耳光之後，再把右臉伸過去，但它並沒有叫挨耳光的人去請求原諒。你還記得那齣喜劇中的那個一邊用棍子打一邊又使勁叫嚷不要打的人嗎？㉜那位哲學家㉝扮演的，就是這個角色。

㉜ 指莫里埃的喜劇《斯卡潘的詭計》中的惡僕斯卡潘。斯卡潘向其主人的父親熱隆特謊稱有歹徒正在搜尋他；讓熱隆特躲藏在一個大布袋裡，然後一邊用棍子打熱隆特，一邊又大聲嚷嚷說別打了。——譯者

㉝ 指狄德羅。——譯者

雖然天氣這麼差，你也別以爲你能阻止他來。你憑友誼去請他，他就說他沒有時間和精力來；而他一生氣，他就有時間和精力來了。這將是他生平第一次照他自己約定的日子來；即使累死，他也會來親口把他信中罵我的那些話對我再說一遍的，而我只有耐心忍受。他一回到巴黎也許就會病倒，而我，照例在他眼中是一個可恨可憎的人。有什麼辦法呢？只好忍受。

你難道不佩服這個人的花招很多嗎？他曾經對我說他將派馬車接我到聖丹尼並共進午餐，餐後用馬車送我回家（見卷宗A，No.33），可是一個星期之後（見卷宗A，No.34）他又說他的經濟條件只允許他步行到退隱廬來。當然，他這個話也不絕對是不可能的由衷之言。不過，要眞是這樣的話，那一定是他的經濟條件在一星期中發生了奇特的變化。

對於你母親的病給你帶來的憂愁，我深爲同情，但是，你可以看出，你的憂愁畢竟不如我的憂愁大，因爲，看到我們親愛的人生病而感到的痛苦，總是比因遭到不公正的和殘酷的對待而感到的痛苦輕得多的。

再見，我的好友，這是我最後一次向你談這件不幸的事情了。你勸我：如果到巴黎來的話，那就一定要保持冷靜。這個話，我會記住的，因爲它將使我以後回想起來感到很愉快。

根據埃皮奈夫人的建議，我把我在勒瓦賽爾太太問題上採取的做法，寫信告訴了狄德羅。人們也許認爲既然勒瓦賽爾太太自己選擇留在退隱廬，她在這裡身體很好，經常有人陪伴，生活得很愜意。這樣，狄德羅就找不到什麼理由給我羅織一個罪名了吧！殊不知他另外找藉口把我這樣防止外人說三道四的做法也當作一樁罪行，把勒瓦賽爾太太之所以繼續留在退隱廬也說成是我的罪過。儘管繼續住在退隱廬是她自己的決定，何況過去和現在，只要她願意，隨時可以馬上回巴黎去；我照樣供養她，跟在這裡與我住在一起完全是一樣的。

對於狄德羅來信中的第一個指責（見卷宗A，No.33）要說明的問題，就是這些。對於他提出的第二個指責，我就用他自己的原信（卷宗A，No.34）來說明：

> 那位天才（這是格里姆對埃皮奈夫人的兒子的戲稱）大概已寫信告訴你了：在城頭上有二十多個窮人凍得快死了，正等著你向他們施捨里亞㉞呢。這是我們閒聊的內容的一個例子……如果你聽到其他那些話，你也會與聽到這個話一樣的樂起來的。

㉞ 法國古代的一種小銅錢。——譯者

狄德羅似乎以爲拿出這個論據，就會擊中我的要害。我對他這個嚇唬人的論據的答覆如下：

我記得我已經答覆過那位天才了，也就是說，已經答覆一位包稅人的兒子了。我告訴他：我並不憐憫他在城頭上看到的那些等我去施捨里亞的窮人。他大概已經對他們慷慨解囊了吧！我已經請他代替我做這件事情了。巴黎的窮人對於由他來代替我，是不會有怨言的。要替蒙莫朗西的窮人找這麼一個好替補者，還很不容易呢！因爲蒙莫朗西的窮人比巴黎的窮人更需要這麼一個替補者。這裡有一位受人尊敬的老人勞苦一生之後，現在無法工作了，在垂暮之年即將餓死。我的良心告訴我：寧可每星期一給這個老人兩個蘇㉟，也不要拿一百個里亞去分給城頭上的那些乞丐。你們這些哲學家眞會開玩笑；你們只把居住城裡的人看做是人，你們才關心他們，然而，只有在鄉村，我們才能眞正學會如何愛他人和如何服務人類，而在城裡，那是只能學會如何蔑視旁人的。

㉟ 法國古時的一種輔幣。——譯者

一個像狄德羅那麼聰明的人竟有如此荒謬的奇談怪論；他竟愚蠢到公然疾顏厲色的把我遠離巴黎說成是一樁罪行，並以我為例來證明一個人如果生活在首都之外就絕對會變成一個惡人。今天想來，我當時怎麼就那麼傻，還寫信回答他，還嘔了一肚子氣而不是一笑置之。然而埃皮奈夫人的決定和霍爾巴赫一夥人的叫囂，把人們的思想竟迷惑得都認為他有理，都認為我做得不對。烏德托夫人是很賞識狄德羅的，她要我到巴黎去看他，要我先向他表示希望和解。然而，儘管我是十分的眞心誠意，我們的這次和解並未持續長久。她向我提出的站得住腳的理由是狄德羅那時正處在困難時期，除了《百科全書》引起的那場風暴之外，他的那個劇本㊱還遇到了更大的麻煩。儘管他在那個劇本的前面加寫了一篇《簡介》，但有些人還是指責他通篇都照抄哥爾多尼㊲的作品。㊳狄德羅比伏爾泰還經不起批評；他當時感到十分苦惱。格拉菲妮夫人甚至故意散布謠言，說我為了這件事情已經與狄德羅斷絕往來了。我認為，對於這種無中生有的說法，應當堂而皇之加以駁斥。於是，我就到巴黎去

㊱ 指狄德羅的《私生子》。——譯者

㊲ 哥爾多尼（一七〇七—一七九三）：義大利劇作家。——譯者

㊳ 此句中的「有些人」，指當時的文藝批評家弗雷隆和帕里索；兩人說狄德羅的《私生子》是照抄哥爾多尼的《眞實的朋友》。對於這兩個人的無端指摘，狄德羅在他的《家長》後邊加寫了一篇《論戲劇詩》來回答。——譯者

了，不僅和狄德羅一起整整待了兩天，而且就住在他家裡。這是我遷居退隱廬以後第二次去巴黎。第一次是去看可憐的高福古，那時他得了中風，而且之後一直沒有痊癒。在他初病期間，我一直守在他的床邊，直到他脫離生命危險才離開。

狄德羅很熱情接待我，所有恩怨，兩個朋友一擁抱就全都化解了！擁抱之後還有哪些話留在心裡，我們兩人都沒有說，互相對罵的話，是用不著解釋的。現在只有一件事情可做，那就是把罵人的話全都忘掉。他沒有暗中耍花招，至少據我所知他沒有。他跟埃皮奈夫人完全不同。他把他的《家長》的寫作提綱給我看；我對他說：「好極了，這是對《私生子》的最好的辯護書。先別告訴任何人，好好寫這個劇本。寫好後，就衝著你敵人的臉扔過去，用這個方式回答他們最有力。」他這樣做了，效果很好。大約在半年前我就把我的《茱莉》的頭兩卷寄給他看，想徵求他的意見。他連一個字也沒有看。於是我們兩人就在一起讀了第一卷。他覺得太「拖沓」（這是他的原話），也就是說廢話太多，文字太冗長。這一點，我自己也感覺到了。不過，那些廢話都是我在病中發高燒時寫的，以後又沒有修改，而後面幾卷就不是這樣了，尤其是第四卷，還有第六卷，就是精心之作了。

我到巴黎的第二天，他硬要拉我到霍爾巴赫先生家去吃晚飯。我們兩人心中各有各的打算。我很想去收回我關於校訂那本化學書的譯稿的承諾[39]，因爲我討厭和那個譯者打交道，不願意對他承擔這個工作。這一次，狄德羅又戰勝了，他向我保證說霍爾巴赫的確是眞心愛我的，對於霍爾巴赫說話的態度，應該原諒他，因爲他對任何人說話都是那個樣子，因此，作爲他的朋友，就該比別人多忍受一點。他還說，那部稿子的酬金，兩年前就預付了，現在要拒絕不幹的話，這對於付稿酬的人來說，是個侮辱，這是很不應當的，甚至還會引起誤會，似乎是想暗中讓別人去責怪霍爾巴赫把早先約定的事情拖這麼久都沒有完成。他說：「我天天都和霍爾巴赫見面，對於他心中的想法，我比你更了解。即使你有理由對他不滿意，難道你還以爲你的朋友會讓你去做一件有失身分的事情嗎？」總之，由於我的性格一貫軟弱，我又被他說服了。於是，我們一起到男爵家去吃晚飯，他也像往常那樣接待我，但他的夫人[40]對我很冷淡，而且可以說是不客氣。我已經認不出那個在出嫁前對我很友好的可愛的卡諾琳了。我早就感覺到，自從格里姆常去艾納家以後，艾納家的人對我就沒有好臉色看了。

㊴ 盧梭這句話是指他曾答應霍爾巴赫，校訂霍爾巴赫所譯德國化學家格勒的《冶金化學》的法文譯稿。——譯者

㊵ 指霍爾巴赫續弦的妻子卡諾琳·蘇·艾納。——譯者

當我在巴黎的時候，聖朗貝爾也從部隊回巴黎了，因爲我當時不知道，所以直到我回鄉下以後，才先是在舍夫雷特見到他，後來又在退隱廬見面。他是和烏德托夫人一起到退隱廬來要我請他們吃飯的。人們可以想像得到我是多麼高興的歡迎他們啊！見到他們兩人是那麼的心心相印、情投意合，我心裡眞是高興極了。我以我不曾破壞他們的幸福而感到欣慰；看見他們幸福，我自己也很幸福。我敢發誓：在我那段痴情期間，尤其是在這個時候，即使我能把烏德托夫人從他手裡奪過來，我也不願意，甚至根本不會動此念頭。我發現她愛聖朗貝爾的表情是那麼的可愛，以致我很難想像她在愛我時也有此表情，也如此可愛。我不想影響他們的結合，在我的狂熱中，我眞正希望於她的，也只是她能讓我愛她而已。總之，不論我對她抱有多大的熱愛之情，我覺得，做她的知己或成爲她的戀人，都是一樣的甜蜜。我在任何時候都沒有把她的情人當成是我的情敵，而總是把他視爲我的朋友。人們也許會說：這不能算作愛情。是的，但這樣的情誼比愛情還更爲珍貴。

至於聖朗貝爾，他的表情依然是那樣的眞誠和大方。在這件事情上，只有我一個人是有罪的，所以也只有我一個人該受懲罰，而我也欣然接受懲罰。他對我的態度雖然嚴峻，但很友好。我發現，他對我的敬意雖稍有減少，但對我的友情仍依然如舊。對此，我感到很欣慰；是的，對人的敬意是比對人的友誼難於恢復的，何況他這個人深明事理，是不會把不由自主的一時糊塗與本性的邪惡混爲一談的。雖說在過去那段時間我有過錯，但過錯並不大。是我主動去追求他的情婦嗎？不是他叫她來看我的嗎？我能不接待她嗎？我有什麼辦法呢？錯在他們而不在我。我是受害者。要是他處在我的地位，他也會這樣做的，也許比我做得還壞，因爲，不論烏德托夫人是多麼忠貞和多麼可敬，但她畢竟是女人呀，而他長時間不在她身邊，讓人有機可趁的機會多得很，外界的誘惑力大得很。如果遇到一個膽大的男人，她就很難像對付我這樣對付那個男人了，而她和我，我們兩人在這樣的情況下始終沒有越軌行爲，這的確是很了不起的。

儘管我在內心深處認爲自己是光明正大的，但從表面上看，許多現象對我都是不利的，以致我難以克服的羞恥心總使我在他面前顯得畏畏縮縮像個罪人，而他也抓住我這個弱點捉弄我，使我感到難堪。只舉一個例子就可以看出我們之間的互動態度。飯後，我把我去年寫給伏爾泰的一封信讀給他聽（這封信，他很可能已經聽別人說過了），在我念信的時候，他竟然睡著了，而我，以前是那麼驕傲的我，那天竟如此愚蠢，明明看見他已入睡，大打呼嚕，我還是繼續朗讀，不敢停止。我委屈遷就的態度已到了如此程度，他竟用這種辦法來報復我。好在他爲人還算厚道，也只有在我們三人在一起的時候，他才這樣對待我。

他離開巴黎以後，我發現烏德托夫人對我的態度大大改變了。我感到吃驚。其實，這種情況我是應當早就料到的；我吃驚的心情也超過了我應有的程度，因此使我非常痛苦。我原來希望她能治好我的創傷，哪知她竟然使那支不但沒有拔出反而折斷了的箭往我的心裡扎得更深了。

我下定決心要自己戰勝自己，要不遺餘力的把我的痴戀之情變成純潔而持久的友誼。爲此，我制訂了一套周密的計畫，而這套計畫的執行，則需要烏德托夫人的配合。當我向她談這個計畫的時候，我發現她時而表現得心不在焉，時而又面露難色。我感覺到她已經不願意和我在一起了。我很清楚看出，這當中好像發生了什麼事情，她不願意跟我說，而我後來也一直無法知道。這一變化使我很難過，我也無法從她口中得知原因。她要我把她寫給我的信退還給她，我一封不少的全退還給她了，而她曾一度懷疑我是不是全退還了。她對我的懷疑使我的心又受到一次料想不到的創傷，我的心，她不是應當充分了解的嗎？後來她雖然承認她的信我一封也沒有少退，但她不是當時承認的，她是在檢查了我交給她的那一包信之後才感到她對我的懷疑是錯誤的。我看出她對此感到內疚，而我的心才稍稍舒服了一點。她不能只要回她給我的信而不退回我給她的信。她說她把我給她的信全都燒了，現在輪到我來懷疑她了，而且，我直到現在還懷疑咧！不，這樣的信，她是絕不會全燒掉的。人們已經看到《茱莉》中的信每封都充滿了火一樣的激情。唉，上帝啊！對於我給她的信，該怎麼辦呢？不，不，有這樣一種激情的人，是永遠不會有勇氣把她的激情的證據燒掉的。不過，我也不怕她濫用這些證據，我不相信她會做出這種事，何況我早有提防呢。我有一種雖然是愚蠢的但是很強烈的怕人恥笑之心，所以一開始和她通信，措辭就很謹慎，以免有什麼不妥當的話傳到別人的耳朵裡。我在如醉如痴的狀態中給他寫信時竟用「你」稱呼她；這個

「你」字包含了多麼親熱的情誼啊！用「你」字稱呼她，她不應當生氣嘛。㊶雖然她有好幾次表示不高興，但我還是用「你」字稱呼她。不過，她不高興的樣子倒是提醒了我，今後給她寫信要多加小心和注意。但是，在這一點上，我是絕不遷就她的。如果這些信還在，有朝一日能公諸於世，人們就知道我是如何愛她的了。

烏德托夫人的冷淡態度帶給我的痛苦，以及我認爲我不該受到的這種對待，這兩種因素加在一起，遂使我做出了一個奇特的決定：直接寫信給聖朗貝爾本人訴說個中原委。在等待他的回信期間，我就儘量做一些我早就該做的事情來消遣。在舍夫雷特經常有一些盛大的聚會，由我負責爲到會的人準備音樂。烏德托夫人喜歡音樂，我巴不得趁此機會向她展示我的音樂才能。另外還有一個原因使我的興致大爲高漲，那就是我想展示一下《鄉村巫師》的作者是懂音樂的，因爲長久以來我發現有人暗中製造流言，懷疑我是否懂音樂，尤其懷疑我是否會作曲。其實，我早期在巴黎的那些音樂作品，以及我在杜賓先生家和拉·波普里尼埃爾先生家經過的那麼多次考驗，還有十四年來我在最著名的音樂家中間當著他們的面譜寫的那些曲子和《風流的繆斯》這部歌舞劇中的音樂與《鄉村巫師》中的音樂，再加上我專門爲菲爾小姐創作並由她在宗教音樂會上演唱的經文歌與我在有音樂大師們參加的許多次關於音樂

㊶ 按一般的禮貌用語，應當用「您」；盧梭沒有用「您」稱呼，故烏德托夫人有點「生氣」。——譯者

的討論會上的發言，這一切早就該遏止或驅散這種懷疑了，但這些懷疑至今還依然存在，甚至在舍夫雷特也如此，就連埃皮奈先生也不例外。我假裝沒有覺察到這一點，答應爲他寫一首在舍夫雷特小教堂的命名典禮上演唱的經文歌。歌詞由他選擇，選好之後就告訴我。他委託他兒子的老師里朗選，里朗把適合這次盛典的歌詞選好之後交給我，而我只用了一個星期就把曲子寫出來了。這一次，我心中的惱恨就是我的阿波羅㊷。在我譜寫的曲子中，就數這一首最氣勢磅礴，歌詞的開頭一句是「此處乃雷神的殿堂」*。樂曲開始時肅穆低沉的音調完全符合歌詞的內容，而全曲的聲調之美，使在場的人無不大爲讚歎。我要求用大樂團，埃皮奈先生把最好的交響樂師都請來了。義大利女歌手布魯娜演唱經文歌時，樂團伴奏得非常好。這首經文歌非常成功，後來又拿到宗教音樂會去演唱。雖然有人暗中搞鬼，樂團的演奏技巧也不如人意，但還是兩次博得全場的掌聲。我又爲埃皮奈先生舉辦的一次宴會提供了一個半正劇半默劇的劇本，埃皮奈夫人依照我提供的劇本的大意編成歌詞，由我配樂。格里姆一來就聽見人們在談論我在音樂方面的成功，但一小時後，大家就突然停止不再談論了，不過，據我所知，至少從此以後也就沒有人再懷疑我是不是會作曲了。

㊷ 希臘神話故事中的太陽神，掌管世上的藝術和文學，是他的諸多權能之一。——譯者

* 後來我獲悉，這段歌詞是桑特耶作的，而里朗對它稍加修改就說成是他自己作的。

我早就不喜歡待在舍夫雷特，格里姆一來，他那副傲慢的樣子便更加使我感到在舍夫雷特實在令人難以忍受，他那副樣子，我在別人身上從來沒有見過，甚至連想都沒有想到過。他到舍夫雷特來之前的一天，主人就叫我搬出我住的那間大客房，這間大客房是與埃皮奈夫人的房間緊挨著的，他們要我騰出來給格里姆住，把我搬到另外一個較遠的房間去。我微笑著對埃皮奈夫人說：「你瞧，新人一來就趕走了舊人。」她顯得有點尷尬。當天晚上我就把叫我換房的原因弄清楚了。原來，在她的房間和這個房間之間有一道暗門，而她從來沒有告訴我這道暗門。她與格里姆的關係，無論是在她家還是在社會上，已無人不知，甚至連她的丈夫都知道。儘管我是她的知交，她曾把許多更爲祕密的事情告訴了我，認爲我這個人靠得住，但她百般辯解，始終否認她與格里姆的關係。我很清楚，這是格里姆要她這麼做的，格里姆知道我的一切祕密，而他的祕密卻一個也不讓我知道。

我與他昔日的感情尚未完全消失，對他的才能依然尊重，因此我對他仍然抱有一點好感。但是，這僅存的好感是經不起他蓄意摧殘的，他那副裝模作樣的德性，與杜菲耶爾伯爵[43]完全一個樣。他對我總是一副不屑於理睬的樣子，也沒有主動對我說過一句話。我主動跟他說話，他連理都不理，這樣一來，我也不願意和他說話了。他到處都搶先、到處都占首

㊸ 法國劇作家德杜舍的喜劇《自命不凡的人》（一七三二）中的那個自以爲了不起的「大貴族」。——譯者

位，從來不把我看在眼裡。如果他不擺出那麼一副令人討厭的神氣樣子，這倒也罷。現在從許多事情中只舉一件事情爲例，人們就可看出他是怎樣一個人了。有一天晚上，埃皮奈夫人微恙，叫人把飯菜送到她房間裡，她上樓去坐在火爐旁邊吃，她叫我跟她一起到樓上去，我跟她去了，隨後格里姆也上樓來了，小桌子已經擺好，只有兩份餐具。僕人把飯菜端上來，埃皮奈夫人坐在火爐的一邊，格里姆端一把扶手椅坐在另一邊，把小桌子拉過去放在他們兩人中間，打開餐巾，大口大口的吃起來，連一句話都不跟我說。埃皮奈夫人的臉紅了，爲了暗示格里姆自己糾正粗魯的行爲，埃皮奈夫人請我坐到她那個位子，而格里姆竟一句話也沒有說，甚至連看都不看我一眼。我無法挨近火爐，只好在房間裡踱來踱去，等僕人再拿一副餐具給我，他就這樣讓我坐在離火爐很遠的地方吃，不僅對我一點禮貌也沒有，更絲毫不考慮我身體不好又比他年長，與這一家人的交往也比他早，而且是我介紹他到這裡來的。現在，他雖然成了女主人的寵幸，但也應當對我保持應有的禮貌才對。他在其他地方對我的態度，也和這個例子完全一樣。他不但把我當成比他低一等的人，甚至把我當成空氣。我很難想像他就是當年在薩克斯戈特親王家中以得我一顧爲榮的那個窮書生了。他一方面對我擺出一副不理不睬和盛氣淩人的樣子；而另一方面卻又在所有他知道與我有關係的人中間大肆吹噓他對我是如何如何的友好。我眞不知道怎樣才能把他這兩種表現連結起來。實際上，他對我的所謂友好，只不過是他顯示他憐憫我窮，而我從來沒有抱怨過我窮；他說他憐憫我的命苦，而我對我的命運非常滿意。他故意唉聲歎氣說什麼他想對我大施恩惠而我卻堅決表示拒絕。他想用這種手段讓大家稱讚他為人慷慨，譴責我性情孤僻，不通達情理，使大家久而久之便認為在他這樣一個保護人與我這樣一個窮人之間只能有他施恩和我感恩的關係，而認識不到即使這種關係是可能的，也還要講一點雙方平等的朋友關係呀！對我來說，我實在想不出我在什麼事情上應當感激這位新的大人物，我曾經借過錢給他，而他從來沒有借過錢給我。他生病的時候，我照護他，而我幾次生病，他一次也沒有來看過我。我把我的朋友都介紹給他，而他的朋友，他一個也未曾向我介紹過。我逢人就誇他的才學淵博，而他雖然有時候也誇我，但不那麼公開，而且方式也不一樣。他從來沒有幫助過我，而且連提都未曾提過要幫我。他怎麼能說他是我的麥凱納斯呢[44]？我怎麼會是受他保護的人呢？這一點，我過去不明白，現在依然不明白。

是的，格里姆對任何人都或多或少表現出一副傲慢的樣子，但他對任何人都不像對我這樣粗暴。我記得有一次聖朗貝爾差一點要拿菜盤子砸他的頭。起因是他當著全桌的人說聖朗貝爾撒謊，粗聲粗氣的說：「這不是眞話。」他不僅說話的語氣非常武斷，而且臉上總表現出一種暴發戶的得意神情，一舉一動簡直放肆到了可笑的程度。他和達官貴人們經常

---

[44] 麥凱納斯（約西元前六九－前八）：古羅馬的騎士，詩人賀拉斯和維吉爾的摯友，是一個以熱心支援和資助文學與藝術事業著稱的賢士。——譯者

往來，因而也沾染了那些人的習氣，時時擺出一副狂妄暴發戶才有的臭架子。他叫他的僕人時，總是大著嗓門喊一聲「喂，來個人啦！」好像他的僕人很多，讓他這位老爺不知道是哪個僕人當班似的。他叫僕人去買東西的時候，總是把錢扔到地上，而不交到僕人手裡，他完全忘記僕人也是人。他總是那麼輕蔑和粗暴對待僕人，以致使那個可憐的孩子（一個很好的孩子，而且是埃皮奈夫人介紹給他的）終於辭職不幹了。他沒有別的抱怨，只是抱怨格里姆那樣對待他，他實在無法忍受。他成了這位新的「自命不凡的人」的拉弗勒爾德㊺。

他好虛榮，自以爲了不起；他天生一雙目光混濁的大眼睛，一張肌肉鬆垮的臉。就他這個長相，他還一個勁兒去追逐女人呢！他和菲爾小姐鬧了那場笑話以後還眞的在好幾個女人眼裡成了有情有義的男人了。從那個時候起，他就開始講究時髦，像女人那樣愛整潔，一心想充當美男子，梳妝打扮成了他每天必做的一件大事。大家都說他臉上是搽了粉的。我過去不相信，現在相信了，因爲我不但發現他的膚色比過去美了，而且還親眼看見他梳粧檯上的那個粉盒。有一天早晨，我到他房間裡去，看見他用一個特製的小刷子刷指甲，而且當著我的面愈刷愈起勁。我推測一個一天花兩個小時刷指甲的男人很可能也要花一些時間用香粉去

㊺ 杜什的喜劇《自命不凡的人》中因屢受那個自以爲了不起的「大貴族」杜菲耶爾伯爵輕蔑對待便憤然辭職的僕人。——譯者

塡他皮膚上的皺紋的，難怪那個說話向來敦厚的好人高福古也相當風趣地幫他取了個綽號叫作「粉面郎君」。

以上所述，雖然只不過是一些可笑的小事，但與我的性格太格格不入了，因而使我對他的性格產生了懷疑。我很難相信一個思想如此乖張的人他的心能有多正當！他見人就吹噓他的心胸是多麼寬宏，他的感情是多麼強烈，可是他的那些缺點都是心胸狹窄的人才有的，這實在無法和他所吹噓的話相呼應！心胸開闊的人總是熱情奔放，對外界的事物時時關注的，是不會把心思全投注在自己渺小的身上的！啊！我的上帝呀！感到自己的心被天國神聖的火光照耀的人，是必然會敞開心扉，展示他的內心的，是會把他心中的一切想法表露在他的臉上，絕不會喬裝打扮示人以假面的。

我想起了他奉行的行爲準則，這是埃皮奈夫人告訴我的，而她也像他那樣辦的。這個準則只有一條，那就是：人唯一應遵循的法則是我行我素。這句話，我曾聽了以後爲之一驚，儘管我當時只把它當作一句笑話來看待，但不久後我就看出這的確是他的行爲準則，從我後來吃的那麼多苦頭來看，就可證實這一點。這也是狄德羅曾多次對我談到的那個祕訣，不過，那個祕訣的詳細內容，他從未對我解釋過。

我還想起幾年前人們就曾多次提醒我格里姆很虛僞、表裡不一，尤其特別告訴我說他不喜歡我。我還記得弗蘭克耶先生和舍農索夫人對我講的幾個有關格里姆的小故事。他們兩位都不怎麼瞧得起他，對他的爲人是相當了解的，因爲舍農索夫人是已故弗里埃茨伯爵的摯友羅什舒雅爾夫人的女兒，而弗蘭克耶先生當時與波里尼亞克伯爵過從甚密。當格里姆初到王宮區的時候，弗蘭克耶先生已經在那裡住了很長一段時間了。全巴黎的人都知道格里姆在弗里埃茨伯爵死後所表現的那種失魂落魄的樣子，這是因爲他當時要保持他在遭到菲爾小姐嚴詞拒絕之後所博得的名聲。如果我那時不是那麼遲鈍的話，對於他爲了博得那種名聲而玩弄的花招，我比誰都看得更清楚。人們把他送到卡斯翠公館，他在公館裡尋死覓活表現得好像痛不欲生，他每天上午都到花園裡痛哭一場，用浸有淚水的手巾捂著眼睛，一看見公館的房子就哭個不停，可是一轉彎進了一條小巷，他馬上就把手巾塞進衣服，從衣服裡取出書來看。這種情形，他以爲人家沒有看見，其實人們早已看見過好多次了，而且很快就傳遍了巴黎，只不過後來大家也就忘記，不再提起罷了，就連我自己也同樣忘記了。可是有一件與我有關的事情卻使我想起來了。我在格萊內爾街住的時候，有一次病重，他當時在鄉下，有一天早晨他來看我，上氣不接下氣的對我說他是剛從鄉下趕來的。過了一會兒就有人告訴我說，他第一天就到了，當天晚上就有人在劇院裡看見過他。

這一類事情是很多的，可是有一點令我特別吃驚，連我自己都納悶怎麼會這麼晚才察覺出來。我把我所有的朋友都介紹給格里姆認識，他們都成了他的朋友，而我當時也幾乎與他形影不離。我不願意有哪一個人家我能進去而他不能進去，只有克雷基夫人拒絕接待他，而我從那之後也不去她家了。格里姆也交了一些朋友，有的是他自己結交的，有的則是弗里埃茨伯爵介紹的。可是，他的這些朋友沒有任何一個成了我的朋友，他從來沒有說過讓我與他的那些朋友至少要認識一下。我有時候在他家遇見他們，他們當中也沒有一個人對我表示好感，就連弗里埃茨伯爵也沒有對我表示過好感。他是住在弗里埃茨伯爵家裡的，因此我樂於和伯爵交往。至於弗里埃茨伯爵的親戚朔姆貝格伯爵，他也沒有對我表示過友好的樣子，而格里姆和他的關係也是非常密切的。

更有甚者，由我介紹給他的我自己的朋友，在與他相識以前，個個對我都很眞誠，而在與他相識之後，全都明顯的變了。他從來沒有把他的朋友介紹給我，而我卻把我的朋友全都介紹給他，到最後，他把我的朋友全都奪去了。如果這就是友誼的結果的話，則仇恨的結果又將如何呢？

在開始的時候，狄德羅本人也曾幾次提醒我說：儘管我那麼信任格里姆，但格里姆並沒有把我當朋友。後來，當狄德羅不再是我的朋友的時候，他的話就完全變了。

我以前處理我那幾個孩子的方式，是不需要任何人認可的，而我之所以把這件事情告訴我的朋友，唯一的目的是讓他們知道這件事情，以便使他們不要把我這個人看得好像是過去沒有做過錯事。我一共告訴了三個人：狄德羅、格里姆和埃皮奈夫人。杜克羅雖然是最值得我傾訴祕密的人，但我卻沒有告訴他，可是他竟然知道了，是誰告訴他的？我不知道。這種洩露他人隱私的事，看來不像是埃皮奈夫人會作的，因爲她知道我也掌握了她的一些祕密。如果她洩露我的祕密，我也會如法炮製洩露她的祕密，加倍報復她。剩下來的，只有格里姆和狄德羅了。那時候，他們兩人在許多事情上都聯手起來，尤其是聯起手來對付我，因此很可能是出自他們兩人的共謀。我敢說，唯一替我保守祕密的，只有杜克洛，儘管我沒有把我的祕密告訴他，而他也沒有替我保守祕密的義務。

格里姆和狄德羅在實施他們唆使勒瓦賽爾太太和黛萊絲離開我的計畫過程中，曾多次遊說杜克洛加入他們，但都遭到了杜克洛的嚴詞拒絕。他們三人之間在這件事情上未達成一致的經過，我是後來從杜克洛那裡知道的。不過，我從黛萊絲那裡知道的情況就已經足夠使我看出狄德羅和格里姆在搞陰謀，即使不是與我的想法相違背，但至少是瞞著我，想盡辦法使我聽從他們的擺布，或者利用勒瓦賽爾太太母女去作什麼見不得人的事情。總之，他們的那一套，都不是什麼正大光明的事情。杜克洛的反對，就無可辯駁的證明了這一點。要說他們是出於友誼才那樣做的，誰想相信就讓誰去相信好了。

這種所謂的友誼，使我在我家裡也與我在外面一樣，事事都不順心。這幾年來，他們經常和勒瓦賽爾太太長談，使這個老太太對我的態度非常明顯的轉變了。這當然是對我不利的，他們為什麼要那樣鬼鬼祟祟密談？密談了些什麼？為什麼要那樣神祕？這個老太婆說的話難道就那麼有趣，以致使他們那麼喜歡她嗎？她的話難道就那麼重要，以致非保密不可嗎？這三、四年來他們經常這樣密談，一開始我還覺得可笑，後來回頭一想便感到驚訝，如果那時我知道了她是準備對我搞鬼，我驚訝的心情會有多焦慮不安呢！

格里姆向不明眞相的人吹噓他對我是多麼熱情，但他所吹噓的熱情和他對我採取的態度是極不一致的。我沒有從他那裡得到過任何一點好處，他說他很同情我，但實際上，他對我的同情不但無助於我，反而有害於我。他甚至無所不用其極把我所從事的這門職業的活路堵死，他到處說我的樂譜抄得不好，不過，即使我抄得不好，這個話也不該他來說呀。他自己另外用了一個抄譜人，想以此來證明他說的話不是在開玩笑，他把他能從我這裡拉走的顧客一個不留的全拉走了，可見他的目的是要使我依靠他，要依靠他的名氣才能過活，他想把我謀生的來源完全斷絕，企圖逼我去求他。

簡短回顧了一下我和他之間的關係以後，我的理智告訴我：從今以後別再像從前那樣抱什麼幻想了。我認爲他的性格至少是可疑的，至於他的友誼，我敢斷定是虛僞的。根據許多無可辯駁的事實（這些事實我現在已經忘記了），我決定從此不再見他，我把我的決定通知了埃皮奈夫人。

她極力反對我的這個決定，但對我提出的理由一句話也沒有談到（因爲她當時還沒有與格里姆商量）。可是第二天，她不來對我當面解釋，而是寫了一封由他們兩人共同起草的措辭美妙的信給我。信中對我陳述的事實一字未提，相反，對格里姆的性格卻大加辯護，說他的性格歷來是內向的，說我懷疑他對朋友不忠是錯誤的，並要我與他言歸於好。這封信（見卷宗A，No.48）使我動搖了。在我們隨後的一次交談中，我發現她比上次談話有更多的準備，不僅使我完全被她說服了，甚至使我認爲我的判斷很可能錯了。如果是這樣的話，我就太對不起朋友了，我應當想辦法彌補才對。於是，我又像我多次對狄德羅和霍爾巴赫男爵做過的那樣，一半出於自願，一半由於我的懦弱，採取了本該我有權要求對方採取的和解步驟。我像喬治・當丹㊻那樣，到格里姆家去對他說我錯怪了他對我的那些侮辱，請他原諒。在我這一生中，由於我總以為好心好意，和氣待人，便沒有化解不開的冤仇，因而使我在那些假朋友面前做了許多卑躬屈膝的事。其實，惡人的仇恨心正是由於他們找不到仇恨的理由而更加強烈的；正是由於他們自己錯了，他們反而對對方更加懷恨。單單以我自己的經驗，就可以在格里姆和特農香兩人身上找到說明這個論斷的有力證明。這兩個人完全是由於他們的癖性和怪異的思想而成為我的死敵的，他們根本說不出我在什麼事情上對不起他們*。他們的火氣一天比一天大，像老虎一樣，愈發怒便愈兇猛。

我以為格里姆看見我這麼謙卑和主動和解的樣子會感到慚愧，會張開雙臂以最熱烈的友情接待我。不料他竟像羅馬的皇帝那樣擺出一副我在別人身上從來沒有見過的傲慢態度。我對他這樣的接待方式，毫無心理準備。當我忐忑不安走到他跟前，帶著羞怯的樣子，用

㊻法國劇作家莫里埃的喜劇《喬治・當丹》（又名《窩囊丈夫》）中的主角。喬治・當丹是一個家境寬裕的農民。他娶了一個破產的鄉紳之女為妻。此女甚兇悍，與人私通，被喬治・當丹當場發現，不但不認罪，反而叫她的姦夫用棍子打喬治・當丹，逼喬治・當丹認錯，向他們表示歉意，求他們原諒。——譯者

*我是後來在特農香公開宣布與我為敵，並在日內瓦和其他地方煽動人們對我無情迫害之後很久，才給他取了一個「老狐狸」的綽號。但不久以後，我就不用這個綽號稱呼他了，因為，雖然我發現我已完全成了他的犧牲品，但任何卑鄙報復的手段都是不能存在我心裡的，仇恨的種子是永遠不會在我的心中生根發芽的。

簡短幾句話說明我的來意以後，他不但不捐棄前嫌，反而擺出一副很神氣的架勢，對我說了一大段事先準備好的訓誡之詞，列舉了一大堆他的優點，尤其是在友誼方面的優點。他囉唆反覆強調一件使我感到吃驚的事，說他的朋友從來都是與他一交到底的，當他說這個話的時候，我悄悄對我自己說：「如果我成了這條規則唯一的例外，那才令人難堪呢！」他裝腔作勢誇誇其談，這就使我想起他奉行的法則是「我行我素」，所以他在交友方面是不會那麼認眞的，只有他認爲有利於他的前途發展的朋友，他才深交。直到那時爲止，他對我就是這麼做的，而我一直是保住了我所有的朋友的。從我的童年時候起，我就沒有失去過任何一個朋友，除非他死了。然而我並沒有把這當作是可以吹噓的事情，並沒有把這一點說成是我的交友準則。既然我和他都有這個共同的優點，如果他不是爲了突顯說明我沒有這個優點的話，他爲什麼要那樣自吹自擂？後來，他又故意使我難堪，拿出證據來表示我們共同的朋友都愛他而不愛我。這一點，我也與他一樣清楚：朋友的偏愛，是難免的，但問題在於他爲什麼能獲得他們的偏愛？是由於他的品德高尙還是由於他玩弄了手段，抬高自己而貶低我？最後，當他盡情把自己誇讚一番並把我大大奚落一陣之後，他才勉強表示饒恕我，輕輕擁抱我一下，給我一個表示和解的親吻，那架勢，就像國王擁抱新受封的騎士一樣。我的腦袋轟的一聲就暈了，我張口結舌，一句話也說不出來。整個這一幕，就像一個老師訓斥一個學生之後便饒了他一頓打似的。我每想起這一幕就感到：根據表面來判斷，是多麼容易判斷錯誤啊！而世人卻偏偏重視表面，有罪的人趾高氣揚，膽大妄爲，而無罪的人反而畏畏縮縮，不敢大大方方的行事；這種情況，已屢見不鮮了。

我們總算和解了，這對於我來說，總算是了卻了一樁心事，因爲爭爭吵吵之事總是會使人的心感到痛苦的。人們可以想像得到，這樣一種和解，不僅不會改變他對我的態度，反而會使我今後無法再對他口出怨言，因此，我只好逆來順受，什麼話也不說了。

令人難過的事情一樁又一樁接踵而來，簡直使我感到苦悶極了，快要失去自制的力量了。聖朗貝爾沒有回信，烏德托夫人也不理我，我再也不敢向任何一個人說我的心裡話了。我開始感到害怕，怕我把友誼作爲我心中崇拜的偶像來對待，其結果會把我一生的命運葬送在對友誼的幻影的追求中。經過一連串考驗之後，在我的朋友當中只剩下兩個人還受到我的尊敬和衷心信任。這兩個人，一個是杜克洛，自從我住進退隱廬以後，我就沒有見到過他了；另一個是聖朗貝爾。我覺得，要彌補我對不起他的地方，最好的辦法莫過於把我心中的話毫無保留地向他全說出來。因此我決定在不牽連他的情人的情況下，向他如實傾訴一切。我完全知道，我這樣做，又將使我陷入感情的陷阱，使我再次與烏德托夫人接近，而另一方面，我也的確是眞心誠意想成爲她的情人的知已，聽從他的指導，坦率的把我的心交給他。正當我準備再寫一封信給他，深信他對我的第二封信一定會回信時，突然獲悉他對我的第一封信沒有回信的令人難過的原因——他在那場戰役中累垮了身體。埃皮奈夫人告訴我說他半身不遂，烏德托夫人也因此憂傷成疾，所以無法馬上寫信給我。隔了兩、三天，她才從巴黎（她當時在巴黎）來信告訴我說他已經被送到埃克斯——拉沙貝爾去接受溫泉浴治療了。我雖然不敢說這個不好的消息使我也像她那樣悲痛欲絕，但我深信，我難過的心情並不亞於她的痛苦和憂慮。獲悉他病成那個樣子，我心裡十分焦愁，深恐這是由於他憂傷過度所致，因此我心情非常沉重，比我以前所受到種種打擊更加令我心緒不寧，深深感到我實在沒有足夠的力量承受這麼多煩惱。幸而這位氣量寬宏的朋友沒有使我一直陷於這種苦悶的心情，儘管他病了，但他沒有忘記我，我不久就從他親筆寫給我的回信中看出，他的心情和病情並沒有我想像得那麼壞。現在，話分兩頭，把聖朗貝爾的病情暫且擱下不說，讓我把我的筆用來敘述我一生命運中的大變動：現在是到了敘述那場把我的一生分爲兩個截然不同的兩部分的大災難的時候了。誰也沒有料到那場災難，是由於一個小小的原因，而產生了如此可怕的後果。

有一天，出乎我的意料，埃皮奈夫人派人來叫我到她那裡去。一進門，我就從她的眼神和動作中看出一種慌張的表情。這使我吃了一驚，因爲她比誰都更善於控制自己的情感和舉動，所以她這種表情顯得特別異乎尋常。她對我說道：「我的朋友，我要到日內瓦去，我的胸部難受，身體垮了，不得不把一切事情都放下，去找特農香診斷一下。」當時正值入冬之時，她突然決定要去日內瓦，而三十六個小時之前我在她家時，根本不曾聽她提過這件事，因此使我感到十分驚訝。我問她打算帶誰和她一起去，她說她帶兒子和里朗先生一起去，然後又漫不經心加上一句：「還有你，我的熊，你不也跟我們一塊兒去嗎？」我不相信她說這個話是認眞的，因爲她明明知道我在這個季節連房門都很少出，所以我就用開玩笑的口吻說：由病人護送病人，是不行的。她本人也好像並非眞的想要我和她一起去，所以也就沒有繼續談這個問題。接著，我們就談她這次旅行的準備工作，她忙著收拾行李，決定半個月之後動身。

我用不著深入思考就能看出她此行一定有不可告人的原因。這個祕密，除了我以外，家中的人全知道，而且第二天就被黛萊絲發現了，是總管德西埃洩露給她的，而德西埃是從埃皮奈夫人的隨身侍女口中知道的。雖然這個祕密不是埃皮奈夫人告訴我的，我沒有替她保守祕密的義務，但是它與那些把這個祕密告訴我的人牽連太大，所以我不得不考慮他們的利害關係，因此，我對此事便閉口不談。但是，這個祕密雖然過去不是，將來也不會從我的口中或從我的筆下洩露出去，但它早已被許多人知道，所以想讓埃皮奈夫人圈子裡的人不知道，已經是不可能了。

我一知道她這次旅行的眞實原因之後，便看出其中必然有一隻黑手在暗中操縱，企圖使我陪埃皮奈夫人去日內瓦。不過，她並沒有怎麼堅持，我也就不把他們的企圖當眞。我只是暗中好笑，如果我當時眞的蠢到貿然答應的話，我就當上了那個好看的角色啦。不過，正是由於我的拒絕，她也撈到了很大的好處——她終於說動了她的丈夫親自陪她去。

幾天之後，我收到了狄德羅的這封抄錄如下的信。這封信只那麼對摺了一下，以便讓信中的內容讀起來更清楚一些。信是送到埃皮奈夫人家裡，託她的親信里朗先生（她兒子的家庭教師）轉交給我的。

狄德羅的來信

（卷宗A，No.52）

我是很愛你的，但也會帶給你一些煩惱。我聽說埃皮奈夫人要去日內瓦，但聽說你沒有陪她去。我的朋友，如果你喜歡埃皮奈夫人，你就應當陪她去；如果你不喜歡她，那就更應當陪她去。你不是說過你對她要感恩圖報嗎？這正是報答她一部分恩情和減輕你心中一部分負擔的好機會。在你這一生中，你還能找到另外一個機會表達你對她的感激之情嗎？她到一個完全陌生的國家，她病了，需要娛樂和消遣。可是你說什麼冬天已經來臨！你以你的健康爲由表示拒絕。不過，我不相信你的身體有壞到那種程度。你的身體今天比一個月以前更壞嗎？到來年開春的時候也很糟糕嗎？你三個月以後去旅行就比今天更好些嗎？如果是我，我告訴你，即便不能坐車，我拄著手杖步行也要跟她一起去。你不怕人家誤解你的行爲嗎？人家或者會懷疑你忘恩負義，也可能懷疑你另有不可告人的動機。我當然知道，不論你是什麼打算，你都會以你的良心作證。不過，單單以良心爲證就足以或者說就可以對別人的議論等閒視之，毫不在乎嗎？我的朋友，我之所以寫這封信給你，既是爲了盡我對你應盡的義務，也是爲了盡我應盡的職責。如果你不願意看，就把它扔到火裡燒掉，就當我沒有寫這封信，以後不再提它就是了。我向你致意。我愛你，擁抱你。

我讀著這封信，直氣得全身發抖，頭暈目眩，幾乎讀不下去了。我看出了狄德羅的花招，他在這封信中咬文嚼字說的話，比他在給我的其他信中說的話都更親切、更動聽、更鄭重其事。他在給我的其他信中頂多稱我爲「我親愛的」，從來不稱我爲「朋友」。我一眼就可看出這封信爲什麼要故意託他人轉交給我的目的，何況信封上的位址、信紙摺的方式和投遞的方法就已經相當笨拙的暴露了他的這個花招的用意何在。通常，我們通信都是郵寄或者託蒙莫朗西的專人送交，而他這次透過這種途徑給我來信，這還是第一次，也是唯一的一次。

當我起初的那一陣怒氣開始平息之後，我便馬上寫了如下一封回信給他，寫完後立即從我當時所住的退隱廬到舍夫雷特去告訴埃皮奈夫人，並怒氣沖沖親口把我的信和狄德羅的信念給她聽。

我親愛的朋友，你既不可能知道我對埃皮奈夫人有多麼深厚的感激之情，也不可能知道這種感激之情使我對她應負何種義務，更不知道她此次去日內瓦之行是否眞的需要我，是否眞想我陪她；至於我是不是能陪她去以及我不陪她去的理由，你就更不知道了。我並不排斥和你討論這些問題，但是，你要知道，如果你不事先做好如何判斷我該如何行事的思考邏輯，就武斷的說我應該怎麼做，那麼，我親愛的哲學家，我只能說你是在胡亂發表意見了。我覺得，在這件事情上，最糟糕就是你的意見不是出自你本人。我不願意有第三者或第四者假你之手牽著我的鼻子走。此外，我覺得你這樣故意託人轉信給我，顯示這當中有與你平常的坦率態度不一致的祕密。爲了你和爲了我，我勸你以後別再這麼做了。

你擔心有人會誤解我的行爲，不過，我敢說，像你那樣的一顆心，是不會把我的行爲往壞的方面想的。如果我也像有些人那樣的話，他們也許會說我好的。願上帝保佑我不去尋求他們的讚揚。惡人要窺探我和說我的壞話，就由他們去說吧。我盧梭是不怕他們的，你狄德羅也是不會聽信他們的。

你說：如果我不願意看你的信，就把它扔到火裡燒掉，就當你沒有寫這封信！你以爲這樣我就可以忘記你在信中所說的那些話嗎？我親愛的朋友，你曾經要我按照你說的辦法調養身體，結果反而傷害了我的健康，擾亂了我的生活，這一次也一樣，你又給我帶來許多煩惱，你三言兩語就使我流了許多眼淚。如果你能改正這種做法，你對我的友誼就更加使我感到甜蜜，我也就不會變得這麼可憐了。

我一進埃皮奈夫人的房間，就發現格里姆和她在一起。我高興極了，我馬上把這兩封信大聲讀給他們聽，而且表情嚴峻得出乎我自己的想像。讀完之後，我又補充了幾句話，使他們感到我嚴峻的態度是因爲我眞的生氣了。一個平時那麼膽怯的人今天竟出乎意外那麼大膽，因而把他們兩人都鎭懾住了，他們目瞪口呆，一句話也說不出來；尤其是那個一向盛氣淩人的格里姆一直低著頭，不敢正視我的炯炯發光的眼睛，但與此同時，他在內心深處也在盤算如何置我於死地。我敢斷定，他們在臨別之前必將商量好如何置我於死地的辦法。

差不多也就是在這個時候，我終於從烏德托夫人手中收到了聖朗貝爾對我那封信（它在路上耽擱了很多日子）寫的回信（見卷宗A,No.57）信上依然是註明寫於沃爾芬比台爾，是他開始生病之後幾天寫的。他這封信帶給我當時非常需要的安慰，信中充滿了尊重和友情，給我勇氣和力量，使我不會辜負他對我的期望。從這個時候起，我的生活又步入常軌，我想做什麼就做什麼。不過，話又說回來，如果聖朗貝爾不是那麼通情達理，不是那麼氣量寬宏和忠厚待我，我早就意志消沉，永遠也振作不起來了。

天氣愈來愈差了，人們開始準備離開鄉村。烏德托夫人把她打算離開山谷的日期通知了我，並約我在奧波納會面。這一天碰巧是埃皮奈夫人從舍夫雷特到巴黎去完成她旅行準備工作的日子。幸好她是早晨走，所以我送走她之後還有時間去和她的弟妹烏德托夫人共進午餐。我衣服裡裝著聖朗貝爾的信，我邊走邊把他的信取出來看了好幾遍。對我來說，這封信好似一面盾牌，可以防止我再犯優柔寡斷的毛病。我一定要下定決心，從此把烏德托夫人只當成是我的女友和我的朋友的情人。我做到了這一點，我與她面對面待了四、五個小時，心中非常喜悅和平靜，比我以前在她身邊所感到的那種狂熱的激情和樂趣更美妙無數倍。她很清楚：我的心沒有變。她看出了我爲了控制自己的情感而做的努力，因此更加敬重我。我也很高興發現她對我的友情沒有熄滅。她告訴我說聖朗貝爾不久就要回來，說他病後雖然恢復得很不錯，但還是承受不住戰爭的勞苦，因此準備退役回來平靜的和她生活在一起。我們擬訂了一個我們三個人親密相處的美妙計畫。我們預計這個計畫是可以長期執行的，因爲它有一個能把重情重義的心聯合在一起的感情基礎，何況我們三人都有足夠的才幹和知識，使我們的生活能自給自足而不需要任何別人的援助。唉！我沉醉在一種如此美好的生活的希望之中，而沒有想到我將遭遇什麼樣的生活折磨。

現在讓我們回過頭來談我那天在埃皮奈夫人面前的表現和說了些什麼話。我把狄德羅的來信和我的回信給她看，並把此事的詳細經過告訴她以後，便向她宣布我要離開退隱廬的決心。她極力反對，而且舉出的理由都是足以說服我的。她說她是多麼希望我與她一起去日內瓦，因爲她推測人們多少會議論她爲什麼遭到我的拒絕。這一點，狄德羅的信就已經提到了。不過，由於她和我一樣，知道我的理由是無可辯駁的，所以也就沒有堅持。不過，她要我不惜一切代價避免把事情鬧得沸沸揚揚，要我把拒絕的理由說得更婉轉一些，以免別人胡亂猜疑我的拒絕是衝著她這個人。我告訴她，她要求我做的事情是不容易辦到的，不過，既然我決心甚至不惜我自己的名譽也要彌補我的過失，只要在名譽容許的情況下，我一定會把她的名譽放在第一位。人們不久就可看到我是否實踐了這個諾言。

我可以對天發誓，我心中可憐的熱情不僅沒有稍減，而且我從來沒有像那天那樣親切和強烈的愛過我的蘇菲。但是，聖朗貝爾的信、我的責任感和對不道德行爲的憎惡，這三者給我的印象是如此之深，以致在這次整個會晤過程中，我的頭腦使我在她身邊都始終保持平靜，甚至連想都沒有想到要吻一下她的手。臨別時，她當著僕人的面吻了我一下，我對她這一吻的感受，與我以前在樹蔭下有時候偷偷摸摸吻她時的感受大不相同。這證明我已完全恢復了自我控制的能力。我深信，只要我的心能一直這麼平靜，用不了三個月，我就可以徹底治好我心裡的創傷。

我與烏德托夫人之間的單獨來往，到這裡就結束了。對於我和她的單獨來往，每個人可以根據自己的認識從表面上去判斷；而在我們的單獨來往中，這個可愛的女人向我表達的情誼（也許任何人都不曾像我這樣感受到的情誼）在普天之下都是值得讚揚的，因爲我們兩人爲了做人的義務，爲了榮譽、愛情和友誼，都做出了艱難的和痛苦的犧牲。我們彼此都互相在對方的心目中占有極高的位置，因此是不可能隨意汙辱自己名聲的。一個人除非自甘墮落，否則是不願意失去如此寶貴的聲譽的。感情的力量本身雖可能使我們犯罪，但也可以防止我們成爲罪人。

與這兩個女人之一保持了如此之久的友誼，並與另一個女人產生了那麼強烈的戀情之後，就這樣在同一天與她們分手了。其中一個，我這一生以後就再也沒有見到過；而另一個，只有在我在後面即將談到的場合中見到過兩次。

她們走了以後，我暈頭轉向，忙得不可開交，因爲，由於我的考慮不周和行事欠條理，所以有許多非常緊迫而又互相衝突的事情需要加以解決。如果我的心境一如平日，則在我拒絕她提出的日內瓦之行以後，我只需安安靜靜過我的生活也就沒事了。但是，由於我已經很愚蠢的把這件事情搞得不可收拾，因此，除非我遷出退隱廬，否則我往後就不得不對人們做一番解釋。可是我又答應了烏德托夫人不遷，至少在目前不遷。此外，她還要求我向我的那些所謂的朋友說明我拒絕去日內瓦的理由，以免他們把我的拒絕說成是她慫恿的。然而，如果我說出眞正的原因，就不得不有辱埃皮奈夫人，而夫人對我曾百般照顧，我對她是懷有感激之情的。從各方面權衡，我發現，我目前已面臨一個不可避免的艱難選擇：要麼就把事情往埃皮奈夫人身上推，否則就往烏德托夫人身上推，再不然就把事情全攬在我自己身上。我選擇了後者，我毫不畏縮的懷著不惜犧牲一切的決心坦然承認一切把我逼到這種絕境的過錯都是我造成的。這種犧牲，我的敵人當然會加以利用；我這樣做，說不定還正合他們的心意呢！不過，儘管它毀壞了我的名聲，使我完全失去了公眾對我的尊敬，但它使我恢復了我的自尊，使我在痛苦中得到了安慰。正如人們即將看到的，這不是我最後一次做出這樣的犧牲，也不是我的敵人最後一次利用我的犧牲打擊我。

從表面上看，格里姆似乎是唯一與這件事情無關的人；我決定向他說明這一切。我寫了一封長信給他，我在信中指出：有些人認爲我陪埃皮奈夫人去日內瓦是我應盡的義務，這種看法是可笑的，何況我去了，不僅無用，反而會給埃皮奈夫人添麻煩，對我本人也不利。我在信中還忍不住說了幾句故意讓他看出我知道內情的話，使他知道我已看出讓我去日內瓦的目的是爲了使他擺脫其中的關係；還有，沒有一個人提議讓他去，這就顯然很離奇。由於我無法在信中明白說出我不去的理由，所以在許多地方都含糊其辭，因此這封信很可能使公眾認爲過錯在我，但對格里姆那樣完全知道內情並充分了解我的行爲方式的人來說，這封信可以說是措辭委婉含蓄和字斟句酌的典範。我甚至在信中還提出了一個對我極爲不利的說法，說我的其他朋友也有狄德羅那樣的看法，暗示烏德托夫人和狄德羅的看法相同（她起先確實和狄德羅的看法相同，但後來聽了我說的理由以後，她的看法便改變了）我要幫她打消別人懷疑她站在我這一邊，最好的辦法莫過於在表面上裝得在這一點上對她十分不滿。

這封信洋溢著對人的充分信任，任何人看了都會受感動的。我請求格里姆仔細審閱我提出的理由，並把他審閱之後的意見告訴我。我還明確告訴他，不論他的意見如何，我都一定照辦。我說的是眞話，即使他的意見是要我陪埃皮奈夫人到日內瓦去，我也照辦，因爲有埃皮奈先生與他的妻子一起去，我雖同往但扮演的角色就大不一樣了。他們原先是想把這個差事交給我，而在我拒絕之後，才讓他去的。

格里姆的回信，我等了很久才收到。他信中的話，非常奇怪。我把它抄錄如下：（原件見卷宗A，No.59）

埃皮奈夫人啓程的日期推遲了。她的兒子病了，要等她的兒子病癒以後才能成行。我將仔細看你的信，你安安靜靜在退隱廬等著吧，我將及時把我的意見告訴你。既然她在這幾天之內不會動身，那就不用著急。不過，如果你認爲合適的話，你可以向她提出你願意爲她效勞。但我覺得這件事情並不重要，因爲我和你一樣是了解你的情況的，所以我毫不懷疑她對你的提議會做出適當的答覆的。我覺得你這樣做，對你有好處：你可以向那些主張你去的人說你之所以沒有去，這不能怪你沒有主動提出來。此外，我不明白你爲什麼硬說那位哲學家是大家的代言人，爲什麼因爲他主張你去，你就以爲你所有的朋友也如此主張。如果你寫信給埃皮奈夫人，她的回信就可以作爲你對所有這些朋友的反駁，這不就正合你急於想反駁他們的心意了嗎？再見，問候勒瓦賽爾太太和隊長。*

讀完這封信，我非常吃驚，深感不安的疑惑他究竟是什麼意思。我思索了半天，也沒有

* 勒瓦賽爾太太對勒瓦賽爾先生的管束有點過嚴，因此他稱她爲「刑警隊長」。格里姆開玩笑，把這個稱號送給她的女兒黛萊絲。爲簡便起見，他把這個稱號的前面二字去掉，只稱「隊長」。

弄明白。怎麼啦？他不簡單明瞭直接回答我的信，卻說什麼還需要花時間去思考一番，好像他花的時間還不夠似的。他甚至要我在退隱廬等他的再次來信，好像有什麼重大的問題有待解決似的，要不然，就是他有什麼想法，在他決定向我宣布他的想法以前，不讓我有任何辦法識破他的玄機，究竟是爲什麼把事情搞得這麼神祕？對於我的信任，他就是這樣回應的嗎？這種做法，是正大光明的和出自善意的嗎？對於他的這套做法，我儘量往好的方面想，但始終想不出一個合理的解釋。不論他的意圖如何，如果他想整我的話，處在他那個地位，那是很容易的，而我所處的地位，卻使我無法對付他。他在一個顯赫的親王家受到寵信，在社交界很有名氣，說出話來有一言九鼎之勢，像個大權威似的，再加上他的手段高明，可以輕而易舉的發動他整人的手段來對付我，而我呢，孤零零一個人在退隱廬，遠離一切，沒有人幫我出主意，沒有人跟我來往，因此，沒有別的辦法，只好等待、靜靜的等待。在此期間，我只是給埃皮奈夫人寫過一封信，問他兒子的病情，信的措辭十分委婉，但我沒有中格里姆的圈套，沒有在信中提出跟她一起去日內瓦。

在這個陰險的人使我忐忑不安等了許久之後，過了十來天，我才獲悉埃皮奈夫人早已動身。這時，我收到了他的第二封信，只有七、八行字，我沒有看完……這是一封絕交信，信中的措辭只有懷著極端的仇恨之心的人才寫得出來。不過，正是由於他想把話說得很兇狠，反而更顯他的愚蠢。他不允許我出現在他面前，彷彿他所在的地方就是他的莊園，不允許我進去。其實，在讀他的信的時候，只要稍微冷靜一點，便會啞然失笑的。我沒有把他的信抄錄下來，甚至沒有把他的信看完，就立刻把它退了回去，並附上如下一張短箋：

我對你的懷疑雖早已有之，但直到現在才把你看透了，可惜爲時已晚。你花許多時間思考的，竟然是這麼一封信，我把它退還給你：我拒絕接受它。你可以把我的信拿給全世界的人看，並公開恨我，你這樣做，才能表明你不虛僞。

我之所以說他可以把我的信公諸於世，是針對他信中所說的一句話有感而發的，人們從他那句話中可以看出他在整個這件事情中的微妙作用。

我已經說過，對於不明白事情眞相的人來說，我的信是很可能讓人抓住我的把柄的。他很得意的看出了這一點。但如何利用這個把柄而又不牽連他自己呢？如果他眞的把這封信給人家看，他就會遭到人家的指責，說他濫用朋友的信任。

爲了解決這一難題，他便使用了盡可能傷人的口吻來信與我絕交，並且說什麼不公開我的信，是爲了顧全我的面子。他已看準了：我一生氣，就會反對他那種虛僞的謹愼行事的表現，就會允許他把我的信向世人公布，他想達到的目的就是如此，而且事情的發展果然如他的預期。他把我的信到處傳閱，由他胡亂評說，不過並未取得他所想像的效果。人們認爲，儘管我上了他的當，允許他把我的信公開，但他不該那麼輕率照我的話辦，以致使我受到了傷害。人們要問個究竟，想知道我究竟有哪些事情對不起他，以致使他對我如此仇恨。人們認爲，即使我有對不起他的地方，使他不得不和我絕交，朋友之情雖然斷了，但我總還有一些權利，他應當予以尊重。但不幸的是，巴黎人不明白事理、不長記性，當時的眞相很快就被忘記了。隱居鄉下的受害人遭到忽視，而走運的人到處受人追捧。陰謀在繼續，壞招一個接一個花樣翻新，他的那些手段不斷收到效果，把過去的一切全都抹殺了。

這個人欺騙了我那麼長時間之後，以爲他的安排進行得很順利，沒有再戴假面具的必要了。我過去還擔心我對這個傢伙的看法有失偏頗，現在不擔心了。我讓他去捫心自問，我再也不想他了。我收到他的信之後隔了一個星期，我又收到埃皮奈夫人從日內瓦寄來她回答我上一封信的覆信（見卷宗B，No.10）從她信中的口氣（這是她平生第一次使用這種口氣）可以看出：他們以爲他們兩人聯起手來互相配合，他們的計策必然成功，以爲我這一下全完了，沒有辦法了，他們從此以後可以高枕無憂放開手腳妄爲，一直到把我置於死地才甘心。

那時候，我的情況也的確糟糕到了極點。我看到我的朋友都疏遠了我；我既不知道他們爲什麼要疏遠我，也不知道他們是如何疏遠的。狄德羅自誇他是我僅剩下的一個朋友，三個星期前就說要來看我，但一直沒有來。人們已經開始感到冬寒了，隨著冬天的到來，我的舊病又復發了，我的身體雖然結實，但也頂不住那麼多煩心事的襲擊；我身心疲憊，再也沒有力量和勇氣去抵抗狂風驟雨的來臨了。雖然我話已出口，而且狄德羅和烏德托夫人也贊同我此刻就搬出退隱廬，但我不知道搬到哪裡去，也不知道我如何才能把家搬到那裡去。我傻乎乎的待在退隱廬，無計可施，既不能行動也不能用腦筋思考。一想到有某件事必須做，有一封信必須寫，有一句話必須說，我就全身發抖，但是我又不能對埃皮奈夫人的信不加駁斥，如果不駁斥，那就等於是承認我該受她和她的朋友對我的攻擊。於是，我決定把我的想法和我的決定寫信告訴她，深信她通達情理、氣量寬宏和行事厚道，以及我認為她具有對人的善意（儘管有時候也有惡意），所以會欣然表示贊同。我的信如下：

一七五七年十一月二十三日

於退隱廬

如果一個人會因憂愁傷身而死的話，我早已沒命了。不過，我終於做出了我的決定。夫人，我們之間的友誼雖已經消失，但不復存在的友誼依然有一些權利，我當然會尊重這些權利，我一點也沒有忘記你對我的關照。你大可放心，我對一個我不應當再愛的人是依然抱有衷心的感激之情的。其他的解釋都是沒有用的。我憑我的良心，你也問問你的良心。

我打算遷出退隱廬，我也應當遷出退隱廬，但是，有人認為我最好是等到春天才遷出。既然我的朋友們這樣認為，如果你也同意的話，我就在這裡待到來春。

我把信寫好並寄出去之後，就靜靜地待在退隱廬調養身體，以便恢復體力做好準備，等春天一到便不聲不響的搬走，儘量避免絕交之事傳揚出去，然而，正如讀者即將看到的，格里姆先生和埃皮奈夫人卻另有打算。

過了幾天，狄德羅在屢約屢爽之後終於來看我了。他這次來看我，眞是再及時不過了。他是我最老的朋友，也幾乎是我唯一剩下的朋友。人們可以想像得到，在這種情況下，我見到他的時候心中是多麼高興啊。我有滿腹的話要說，我要向他盡情傾訴，我要向他詳細解釋人家向他隱瞞的、歪曲的和捏造的許多事實。過去的一切，凡是我能想到的，我全都對他說了。我沒有向他隱瞞他已深知其詳的事實：一場既不幸又十分糊塗的戀愛是導致我落到如此下場的禍根，但我始終沒有承認烏德托夫人知道我愛她，也沒有承認我曾向她明白表示過我有愛她之意。我告訴他：埃皮奈夫人曾用卑鄙的手段企圖從黛萊絲手中騙取烏德托夫人給我寫的充滿純潔感情的信。我請他去見一見埃皮奈夫人企圖誘騙的那兩個女人，當面從她們口中聽取詳細情形。黛萊絲如實的對他詳細說了，而令我吃驚的是，輪到勒瓦賽爾太太說的時候，她竟然矢口否認，說她什麼都不知道，而兩三天以前她還原原本本的把詳細經過對我說了一遍，可是現在，當著我朋友的面竟全盤否認了。她這樣做，我覺得她一定有她的原因。我此時才深切的感到我眞不該把這樣一個女人留在我身邊這麼久。我也懶得去罵她，連蔑視她的話，我也沒有說。我對她的女兒心存感激，女兒的忠誠和正直與她母親的卑鄙和怯懦恰成鮮明的對比。從那時起，我便下定決心要攆走這個老太婆，只等機會一到，就開始執行。

這個機會來得出乎意料的快。十二月十日我收到埃皮奈夫人對我上一封信的覆信。全文如下：

一七五七年十二月一日

於日內瓦

（卷宗B，No.11）

我盡我之所能對你保持友好與關懷之情，已經好幾年了，如今要做的事情只剩下憐憫你了。你是多麼不幸啊，我希望你的良心也與我的良心一樣平靜，這對你安寧的生活是必要的。

你既然想遷出退隱廬，而且你也應當遷出退隱廬，我就不明白你的朋友爲何要留你。如果是我，我就不會去問我的朋友我該怎麼做。至於你該怎麼做，那就用不著我來告訴你了吧！

這出乎意料而又明明白白下的逐客令，不容許我再有片刻的猶豫。不論天氣如何，也不論我的身體狀況如何，即使搬到樹林裡睡在一片積雪的土地上，也不論烏德托夫人怎麼說或怎麼做，我都必須立刻搬出退隱廬。儘管我願意事事都聽她的，讓她高興，但不能因爲想討得她的高興，就賴著不走，讓人恥笑。

我陷入了我一生中最艱難的困境，但我的決心已下，我發誓，不論情況如何，到第八天我就絕不在退隱廬過夜。我開始行動：首先把我的傢俱和衣物搬出去，即使搬到露天田野裡，也不會拖到第八天還不交還鑰匙，我要搶在有人寫信到日內瓦和收到她的回信之前把一切都處理完畢。我從來沒有感到過我有這麼大的勇氣，我又恢復了全身的力氣；自尊和憤怒之心使我產生了埃皮奈夫人未曾料到的精力。我時來運轉，有貴人相助，因此我的勇氣倍增。孔岱親王的財務總管馬塔斯先生聽人談起我的困境，便把他在蒙莫朗西城郊蒙路易果蔬園中的一間小房子提供給我住，我懷著感激的心情馬上接受了。條件很快就談妥，我趕快叫人去買了幾件傢俱，連同舊有的傢俱，供我和黛萊絲兩人住宿之用。我花了許多力氣和費用雇人用小推車把東西搬過去。雖然地已結冰，又下著小雪，我的家兩天就搬完了，於十二月十五日把園丁的工錢結算之後，便交還了退隱廬的鑰匙；至於房租，我實在是無錢付了。

至於勒瓦賽爾太太，我向她宣布，她必須搬走，不能和我們再住在一起。她的女兒想要我改變主意，我心意已決，堅決不動搖。我請她帶著她的衣物以及她和她的女兒共有的傢俱，坐驛車到巴黎去。我給了她一些錢並答應不論她是與她的兒女們住在一起，還是另外獨居，她的房租都由我付。她的生活費，我也將盡我所能供給她，只要我有飯吃，就不會讓她挨餓。

我搬到蒙路易的第三天，就寫了一封信給埃皮奈夫人，如下：

一七五七年十二月十七日
於蒙莫朗西

夫人，你不同意我繼續住你家的房子，那就再也沒有什麼事情比搬離你家更簡單和更必要的了。

一知道你不讓我在退隱廬度過今冬的最後幾天，我便於十二月十五日搬出了退隱廬。我的命運聽人擺布：搬進去不由我，搬出去也不由我。我在退隱廬雖然是你主動讓我住的，我也衷心感謝，但是，如果我付出的代價不那麼大，那我就更加感謝了。是的，你說得對，我是很不幸的，在這個世界上，誰也不像你這麼清楚我是多麼的不幸。如果說擇友不當是不幸的話，從甜蜜的錯誤中醒悟過來，也同樣是不幸的，而且，其嚴重的程度並不亞於前者。

以上是我當初住進退隱廬和後來爲什麼又搬出退隱廬的原因的忠實記述。這段記述，我不能不寫，而且前後的經過必須記述得非常準確，因爲在我的一生中，這段時間發生的事情，其影響所及，將持續到我臨終那一天。

第十卷（一七五八—一七五九）

爲了搬出退隱廬而爆發的一時衝動使我產生的無窮力量，在我遷出之後便馬上消失了。我在新居一安頓好，我的尿滯留症又嚴重復發，疼痛難忍，再加上又得了疝氣；這一新的痛苦儘管已經折磨了我好些時候，但我還不知道它是一種病呢！我一下子就陷入了最令人憂傷的境地。我的老朋友梯耶黎大夫來診斷，把病情詳細告訴了我。什麼探條、鑷子、綳帶呀，所有這些治老年病所使用的東西，在我身邊擺了一大堆，使我深深感到，當身體已經衰敗的時候，縱然有年輕的心，也是很痛苦的。我的精力並沒有因爲美好的春天而得到恢復。整個一七五八年我都是在病懨懨、委靡不振的狀態中度過的，我感到我即將走到生命的盡頭。我懷著盼望的心情等待末日的來臨，我從友誼的幻象中清醒過來了，一切使我熱愛生命的覊絆，我都擺脫了，再也沒有什麼能使我感到生命可貴的了。我的心屢遭苦難，有數不盡的痛苦，使我無法享受生的樂趣，我盼望獲得解脫和逃出敵人魔掌的時刻早日到來。不過，事情的發展有先有後，還是讓我們依序一一訴說吧！

我搬到蒙莫朗西，這似乎使埃皮奈夫人大感意外，她沒有料到我能如此順利的搬走。我身體不好，天氣又那麼冷，再加上眾叛親離，這一切使她和格里姆以爲會把我逼得走投無路，低聲下氣的向他們求饒，求他們允許我留住在我的名譽驅使我立刻遷出的房子裡。我搬得太突然了，他們來不及採取措施防備我這一手，因此打算對我軟硬兼施：或者使狠招，一下子叫我澈底完蛋；或者好說歹說，勸我再搬回退隱廬。格里姆主張採取前一個辦法，我覺得埃皮奈夫人是偏向採取後一個辦法的。這個結論，我是從她上一封給我的回信中得出的，因爲她信中的語氣比她前幾封信的語氣緩和多了，似乎向我打開了和解的大門。我等了整整一個月才收到她的回信，她拖了這麼久，顯示出她對於在信中如何措辭感到十分爲難，因此必須再三考慮。她如果把話說得太明顯，必定有損她自己。現在，人們將發現：在她的前幾封信寄出之後，她沒有料到我一下子就搬出了她的房子，因此這一次她非常小心，在這封信中一句難聽的話都沒有說。這裡，我把她的信全文抄錄如下，請各位讀者評論：（卷宗B，No.23）

一七五八年一月十七日
於日內瓦

先生，你十二月十七日的信，我昨天才收到，它是放在一個裝有各種雜物的箱子中寄出的，在路上耽擱了許多時間。我只能回答你信末加寫的那句話，至於信的本身，我還有點看不明白。如果我們能當面解釋一下，我希望把過去的一切當做是一場誤會。現在讓我來談你加寫的那句話吧！先生，你想必還記得我們已經商定，退隱廬園丁的工資要經過你的手付給他，以便使他更清楚明白他是歸你管的，不至於像頭一個園丁那樣跟你鬧出一些不成體統的笑話。可以證明這一點的事實是：他頭幾個季度的工資我都是交給你付給他的，而且在我啓程之前不久還與你約定，將來你墊付的工資，我一定如數歸還你。我知道你曾說過不必歸還，但是，既然是我請你墊付的，便理當奉還，這一點，是我們已經商定了的。卡烏埃告訴我說你拒不收這筆錢，這當中必定有什麼誤會。現在，我派人再把這筆錢送去給你。既然我們有約在先，我就不明白你爲什麼要替我付園丁的工資，甚至把你住在退隱廬那一個季度以後的工資也都付了。因此，先生，我相信當你想起我向你說的那些話以後，你將不會拒絕收下我歸還你替我墊付的工資。

經過以往的那些事情之後，我對埃皮奈夫人已不再信任，因此，我不願意與她恢復友情。我沒有回她的信，我們的通信就到此爲止。她發現我下定了決心，她也就下定了她的決心。她完全贊同格里姆與霍爾巴赫一夥人的意見，和他們通力合作，一心想把我打入深淵。他們在巴黎活動，而她則在日內瓦活動。後來，格里姆到日內瓦與她會合，開始執行她所擬訂的計畫。特農香被他們輕而易舉的拉入了夥，大力支持他們，最殘酷無情的迫害我。其實，他和格里姆一樣，根本就沒有半點可以對我抱怨的地方。這三個人勾結在一起，暗中在日內瓦撒下種子。人們可以看到，他們撒下的種子，四年以後果然發芽了。他們想在巴黎大肆活動，就比較困難了，因爲我在巴黎比較知名，巴黎人的心不大對人產生仇恨，因而不會輕易聽信他們的那些話。爲了更巧妙的打擊我，他們到處胡說是我要離開他們的（見德賴爾的信，卷宗B，No.30）。他們假惺惺的說他們始終是我的朋友，他們到處散布流言，指責我行事不公，這就使得有些不大動腦筋的人相信了他們的話，對我加以譴責。他們在指控我忘恩負義和背叛朋友方面，措辭既含蓄也很巧妙，因而收到了很大的成效。他們強加於我，硬說我作了許多見不得人的壞事，但我究竟作了什麼壞事，他們始終沒有拿出可靠的證據來詳細說明，而我從公眾的傳聞中所能歸納出來的，不外乎這麼四條罪狀：一、我隱居到鄉下去，二、我愛戀烏德托夫人，三、我拒絕陪埃皮奈夫人去日內瓦，四、我搬出退隱廬。如果他們還有別的對我不滿的話要說，只要他們確實有理，就讓他們說好了。至於我，我是一點也不知道他們的理在哪裡的。

我認為，那些主宰我命運的人後來實施的那套辦法，就是在這個時候制定的。他們的那套辦法，很快就奏效而成功，以致在那些不知道一切罪惡之事是多麼容易進行的人看來，似乎是一個奇蹟。現在讓我把我在他們那套用心險惡的辦法中所見到的幾個要點簡略講一下。

儘管我已名揚全歐，但我依然保持著我青年時期的樸實作風，對於所謂的小團體、小圈圈的行為，我深惡痛絕，十分厭恨，因此我能保持我的自由與獨立；除了我心靈的愛以外，便沒有其他的束縛。我獨自一個人，一個外國人，離群索居，無依無靠，又無家庭，只要我能依照我行事的準則和我應盡的天職，我就可以勇敢的挺起胸膛做人，無須吹牛逢迎，更不會無視正義與眞理而討好任何人，何況我離群索居已經兩年，既不與外界通消息，也不與世人來往，不想知道什麼，也不打聽什麼，雖然我住的地方離巴黎只有四法哩，但由於我閉上眼睛，塞住耳朵，就好像是住在提尼安島上①，與這個首都遠隔重洋。

格里姆、狄德羅和霍爾巴赫則恰恰相反，他們住在權力中心，生活在上流社會裡，交遊廣闊，幾乎各霸一方，使整個上流社會成了他們的天下。他們本領通天，把達官顯宦、文學精英、知名人士和名媛淑女全都攏絡得服服貼貼，聽從他們花言巧語的擺布。大家可以看得很清楚，這三個人聯起手來對付我這孤軍一人，他們是大占優勢的。是的，狄德羅和霍爾巴赫並不是（至少在我看來不是）愛搞陰謀的人：前者的心沒有那麼壞*，後者沒有搞陰謀的本事。但唯其如此，他們反而配合得很好。全部計畫都裝在格里姆一個人的腦袋裡。他只把爲了讓他們兩人執行而需要讓他們知道的細節告訴他們。他比他們兩人都高明，因而能夠把他們兩人使喚的團團轉，從效果看來，此人的本領的確比他們大。

他憑藉他高超的本領，再加上他在我們雙方懸殊的地位中占據的優勢，便制訂了一個澈底敗壞我名聲的計畫，使我身敗名裂而又不暴露這一切都是出自他的策劃。他在我周圍築起了一道陰暗的牆，使我無法透過這道圍牆看穿他的陰謀，無法揭開他的假面具。

不過，他這套辦法實行起來也很困難，因爲他必須蒙蔽那些參與他這個陰謀的人的眼

---

① 介於太平洋中印尼與菲律賓之間的馬利安納群島中的一個小島。——譯者

* 我承認，在我寫完本卷之後，我從我周圍發生的那些奇奇怪怪的現象看，我覺得我對狄德羅還缺乏了解。

睛，不讓他們看出其中不正當的手段，必須使所有的人都疏遠我；凡是我的朋友，不論是誰，一個也不留給我。他這套把戲，我哪裡會不知道呢？他不能讓半句眞話傳到我的耳裡，只要有一個深明事理的人來對我說：「你固然是行端品正，可是你瞧人家是怎麼說你的，有些人就根據他的話來評判你，你該說的話爲什麼不說呢？」眞理就會勝利，格里姆就會完蛋。他知道這一點，他探測過他自己的心，他看人只看那個人對他有什麼利用價值，他的計算是那麼準確，使我不得不遺憾的認爲這是有傷人類的名譽的。

他在私底下的小動作必須慢，才能走得穩。他的計畫雖然已進行了十二年，但欺騙整個社會這個最困難的部分還沒有完成。社會上還有許多人的眼睛盯著他，其嚴密的程度完全出乎他的預料，他很怕這一點，怕他的陰謀暴露在光天化日之下。*但是，他也找到了一個不太困難的辦法去拉攏那個掌握著我的命運的大人物。②有這個大人物的支持，他就可以少冒風險的向前邁進。這個大人物的走卒們平日的作風就很不正派，更談不上誠實了，因此，格

---

* 我寫完了這段話之後，他已經跨過了這一步，而且已經有意想不到的成功。我認爲，讓他能邁出這一大步的勇氣和方法的人，是特農香。

② 這裡所說的這個「大人物」，從《懺悔錄》卷十一和卷十二看，是指先後擔任過外交大臣和陸軍大臣的舒瓦瑟爾。舒瓦瑟爾對《百科全書》派人的活動，是抱支持態度的。——譯者

里姆不擔心這些有錢有勢的人會洩露他的祕密。他當前最要緊的事情是在我周圍築起一道密不透風的牆來擋著他的陰謀，永遠不讓我看見其中的祕密。他知道得很清楚，不論他的陰謀布置得多麼嚴密，我也能一眼看穿。他最陰險的花招是既敗壞了我的名聲而又在表面上做作得好像是在保全我。他毒辣的伎倆具有樂於助人的假象。

霍爾巴赫一夥人暗中到處散布流言，這使我感到格里姆的那套辦法已經取得了初步的成功。但是，我既無法知道也無法推測他們散布的流言內容。德賴爾來信告訴我說他們講了我許多壞話；狄德羅也來信告訴我，但措辭吞吞吐吐，顯得十分神祕。當我要求他們說詳細一點的時候，這兩個人講的都不外乎我在前面提到的那幾條罪狀。我在烏德托夫人的幾次來信中感到她對我逐漸冷淡了。我無法把她對我的冷淡歸咎於聖朗貝爾，因爲他在給我的信中依然表現得十分友好，而且在他回來以後還來看過我。我也不能歸咎於我自己，因爲我們分手時彼此都很高興，而且，自從我搬出退隱廬以後，在我這方面什麼事情也沒有發生，何況她也認爲我應搬出退隱廬。由於我搞不清楚她何以有這種冷淡態度（儘管她不承認，但我是感覺到了）我對一切都感到不安。我知道她對她的嫂子和格里姆都是極其謙順的，因爲他們與聖朗貝爾都有聯繫。我擔心他們又在搗什麼鬼，這種不安的心情又揭開了我的傷疤，因而在給她的信中語氣竟如此粗魯，導致她不願意看我的信。我覺得這當中彷彿發生了什麼不愉快的事情，但又弄不清楚究竟是什麼事情。我陷入了一種想像力極其活躍的人難以忍受的境地。如果我完全與世隔絕，如果我什麼都不知道，我的心反倒安寧了，可是我的心中還有許多難以割捨的舊情，正是這一點成了我被敵人集中火力進攻的弱點。透進我的隱居之地的那一點點微光已經使我依稀看到他們背著我搞的那套神祕的陰謀將要達到的惡毒目的了。

我心胸開朗，爲人眞誠，從不向任何人隱瞞我的情感，如果別人向我隱瞞他們的情感的話，我將十分不安的。正是由於我的天性如此，所以我當時的心情眞是太痛苦、太難以忍受了。如果不是幸而有一些相當有趣的事情引起了我的注意，使我找到了一件有益的消遣解悶的工作做，從而擺脫那些我不得不想的煩心事，我很有可能會被他們的花招害死的。狄德羅上次到退隱廬來看我時，談到了達朗貝爾給《百科全書》寫的《日內瓦》。他告訴我說，這個詞條是和日內瓦的高層人士商量妥當之後寫的，其目的是爲了在日內瓦修建一座喜劇院。而且已著手籌備，不久即可動工。看來，狄德羅很贊成這件事情，而且相信一定會成功，由於我和他之間發生的爭論已經很多了，所以不願意再與他爭論這件事情。雖然我當時什麼話也沒有說，但對於他們想在我的祖國誘惑人們做這件事，我是很生氣的。因此我急於想收到載有這個詞條的《百科全書》，以便看一看是否有辦法阻止這件壞事的進行。我搬到蒙路易之後不久便收到了這卷《百科全書》③，讀到了這個眞不愧是出自高手撰寫的詞

③ 指一七五七年年末出版的《百科全書》第七卷。——譯者

條。④不過，他的文章雖然寫得好，但這也不能打消我要批判他的決心。儘管我當時的心情十分消沉，多愁多病，天氣又那麼冷，剛遷入新居又遇到許多不便，來不及安排和收拾，但我還是懷著克服一切困難的滿腔熱忱撰文駁斥他們。

---

④ 在十八世紀，日內瓦是一個共和國，尚-雅克．盧梭一七一二年誕生在這個共和國。這個共和國的名字，頻頻出現在《懺悔錄》裡。它是怎樣一個共和國？達朗貝爾在《百科全書》卷七中所撰寫的《日內瓦》對它有一個生動的描述，現摘錄幾段如下，對我們了解這個城邦式的共和國的歷史概貌，是有用的：

「這是一件非常奇怪的事情：一個僅有兩萬四千公民的城市，在它零零散散的土地上總共不到三十個村莊，也算是一個主權國家，是歐洲最繁榮的城市之一。它以享有自由和善於經商貿易而成為富國。在它的周圍，戰爭從來沒有間斷過，但它一點兒也沒感到戰火頻仍之苦；那些震撼歐洲的大事件，在它看來只不過是一場戲，它袖手旁觀，從來不參加。它和法國有條約和貿易關係，它和英國有宗教和貿易關係，但它十分明智，在這兩個大國互相攻打的時候，從來不站在任何一邊，它不偏不倚的主持公道，評判各國的君主，既不吹捧誰，也不傷害誰，更不怕誰。……

我們對其他比日內瓦大的君主國，也許還寫不出這麼長的條目。……也許正是在小國身上，我們可以找到一個完善的政府施政的模型。如果宗教不允許我們說日內瓦人沒有很好地為他們的天堂生活積福的話，理智卻使我們不得不認為他們在這個世界上享受到了人間可能享受到的幸福。」（《法國散文精選》，李平漚選編，北嶽文藝出版社一九九九年版，第二百零七—二百零八頁）——譯者

在寒冷的嚴冬，在二月間，儘管我處於我在前面所說的狀態，但我還是每天到我新居的花園盡頭處的一間四面通風的小屋去寫作。上午兩小時，下午也兩小時。這個小屋位於一道土坡路的盡頭，面向蒙莫朗西山谷和水塘，極目望去，可以看見威名遠揚的卡蒂納⑤隱居的簡樸而幽雅的聖格拉迪安莊園。這個小屋，四壁冰涼，無法擋風、無法避雪，除了我心裡的熱情以外，便沒有其他暖身的火。我用了三個星期的時間就寫完了我那封《就戲劇問題致達朗貝爾的信》。在我的著作中，這是第一個我在整個寫作過程中感到非常得意的作品（當時《茱莉》連一半也沒有寫完）。此前，對道德的崇敬，是我的阿波羅；而這一次激勵我的，則是心靈的仁厚。以前，我以旁觀者的身分見到不義之事時，心裡的感受是憤慨；而現在，我作爲不義之事的受害者，心裡的感受則是悲哀。這種不是由於憤慨之情而產生的悲哀，就其性質來說，是一顆過於仁厚之心因受到它原以爲是與萬物種類相同的心的欺騙而不得不埋藏在內心的悲哀。當時，我心中充滿了我所遭遇的令人苦惱的事情，許多強烈的悲憤之情尚縈繞在我的心裡，因此我就把我的悲憤與我思考主題時所產生的種種想法混合在一起。在這封信中隨處可見這種混合的痕跡。我不知不覺的在信中描述了我當時的處境，我還描繪了格里姆、埃皮奈夫人、烏德托夫人、聖朗貝爾和我自己。在寫作過程中我流了多少甜

⑤ 卡蒂納（一六三七—一七一二）：法國陸軍元帥。——譯者

蜜的眼淚啊！唉！信中表述愛情的地方太多了。我極力想醫治的那份令人神傷的愛情，至今還沒有從我的心中消失。在所有這些感觸中，還摻雜了對我自己的憐惜之情。我感到我即將死去，以爲這就是我向公眾最後的告別之作，我不僅不怕死，反而巴不得它早日來臨。我感到惋惜的是：我即將離開我的同胞，而我的同胞還沒有認識到我的全部價值。如果他們對我有更多的了解的話，他們將發現我是多麼的值得他們愛戴啊！這部作品之所以隨處可見那種奇怪的筆調，其祕密的原因就在於此。這種筆調與前一部作品*的筆調恰成鮮明的對比。

正當我在修改和謄清，並準備付印這封信的時候，忽然收到烏德托夫人在久無音訊之後寫了一封信給我。這封信使我的心又陷入了悲傷，陷入了我平生未曾感受過的悲傷，她在信中說（見卷宗B，No.34）我對她的戀情全巴黎的人都知道了，她斷定是我告訴了什麼人之後才傳出去的。她還說，這些流言蜚語已傳到了她情人的耳裡，差點送了他的命；最後，他總算了解了她並已和她和好如初。不過，她認爲，爲了對他負責，對她本人和她的名譽負責，她必須與我斷絕一切來往。她向我保證，他們兩人將繼續關心我，在公眾中爲我辯護，並不時派人來了解我的情況。

「你，狄德羅，原來也是這號人，也是一個虛僞的朋友！……」我大聲叫了起來。不

---

* 指《論人與人之間不平等的起因和基礎》。

過，我一時還無法斷定是他。我作的這件蠢事，其他人也知道，也可能是那些人傳出去的。我現在只不過是懷疑……但我的懷疑很快就變爲肯定了。不久以後，聖朗貝爾主動採取了不愧君子風範的行動。他充分了解我的心，知道我目前的處境不佳，被一部分朋友出賣了，又被另一部分朋友拋棄了。他來看我，第一次他待的時間不長；第二次，不幸得很，我不知道他要來，所以我出去了，沒有在家等他。黛萊絲在家，與他談了兩個多小時，兩人都講了許多有關我的事情。當我從他那裡得知社會上沒有人懷疑我曾經像格里姆現在這樣與埃皮奈夫人一起生活過時，我感到非常吃驚，我吃驚的程度，與他得知這個流言毫無根據時感到吃驚的程度是一樣的。聖朗貝爾也曾使埃皮奈夫人大爲不快。他現在與她的關係，和我與她的關係是一樣的。他這次和黛萊絲談話的結果，使我完全打消了我與埃皮奈夫人決裂之後感到的後悔心情。關於烏德托夫人，他還告訴了黛萊絲一些不僅黛萊絲不知道，連烏德托夫人本人也不知道，而只有我一人知道的細節。這些細節，我只告訴過狄德羅一個人，並請他以友情爲重，務必保密，然而他卻偏偏把這些祕密告訴了聖朗貝爾，這就使我下定決心與他絕交。至於採取什麼方式絕交，我要仔細考慮，因爲我發現，不聲不響的絕交，這對我反而不利，這樣會把友誼的假面具留給那些最陰險的人。

社會上關於絕交的一般規則，似乎都是針對欺騙和出賣朋友的行爲而定的。已經不是某人的朋友還裝出一副朋友的樣子，這種手法，顯然是一方面想蒙蔽老實人，另一方面是想害某人。我記得大名鼎鼎的孟德斯鳩和圖爾納米納神父絕交之後，便公開聲明，告訴所有的人：「不論是圖爾納米納神父談我或我談圖爾納米納神父，你們都不要聽，因爲我和他已不再是朋友了。」孟德斯鳩的這個聲明受到人們的讚賞，因爲這表明孟德斯鳩是誠實的，坦坦蕩蕩的。我決定如法炮製，用這個辦法對付狄德羅。但是，要怎樣才能從我隱居之地把我與他絕交之事堂而皇之的公開出去而又不至於鬧得沸沸揚揚呢？我決定引用《教士書》中的一段話，以「註腳」的形式寫進我的這部作品裡⑥。這段話不僅宣布了絕交，甚至相當清楚的把絕交的原因都說明了，凡是知道內情的人，一看就明白，而對於不知道內情的人，就毫無意義了。此外，我還特別注意到，在這部作品裡，每當我提到我所拋棄的這個朋友時，雖然我們之間的友情已經熄滅，但我依然對他保持著對舊友應有的敬意。這一切，讀者在這部作

---

⑥「這部作品」指《就戲劇問題致達朗貝爾的信》。盧梭在這部作品的序言裡說：「我曾經有過一個嚴厲而又明白事理的批評家，但現在沒有了，我也不想再有了。」⑦他對「我也不想再有了」這句話，引用拉丁文本《教士書》中的如下一段話作爲「註腳」，宣布與狄德羅絕交。這段話（原文爲拉丁文）是這樣說的：「即使你刺了你的朋友一劍，你也不用傷心，因爲以後可以想辦法彌補；即使你說了什麼話使你的朋友感到不快，你也不用擔心，因爲以後可以想辦法和好。但是，如果你存心侮辱你的朋友，無端誣衊，洩露他的祕密和出賣他，你的朋友就會一去不再回來了。（《教士書》，第二十二章，第二十六—二十七節）」——譯者

⑦見盧梭：《就戲劇問題致達朗貝爾的信》，巴黎弗拉瑪尼翁出版社一九六七年版，第四十九—五十頁。——譯者

品中是可以看到的。

在這個世界上，有些人走運，有些人倒楣。人一倒楣，即使行事光明正大，人家也會說你不該那樣做。同樣的做法，孟德斯鳩做起來就受到稱讚，而我做起來就遭到譴責和非難。我的《就戲劇問題致達朗貝爾的信》一出版，我就寄了一本給聖朗貝爾。可是這位前天還以烏德托夫人和他自己的名義給我寫了一封充滿友情的信（見卷宗B，No.37）的聖朗貝爾卻把書退還給我，還附了一封信。現在，我把他的信（見卷宗B，No.38）抄錄如下：

一七五八年十月十日

於奧波納

眞的，先生，我不接受你贈送給我的書。當我看到你在書的序言裡針對狄德羅引用《傳道書》（他弄錯了，是《教士書》）上的那段話時，書就從我的手中掉下去了。經過今年夏天的幾次談話之後，我覺得你已經相信狄德羅沒有做你所指責的那些所謂的洩密之事。他即使做了一些對不起你的事情（這，我並不知道），但你不能因此就有權公開侮辱他。你不是不知道他目前正遭受到各方面的迫害，而你竟把一個老朋友的話與那些嫉妒者的胡言亂語混為一談。先生，我不瞞你：我對你這種粗暴的做法感到氣憤。我與狄德羅的來往不多，但我很尊敬他。你以前曾對我說他有點軟弱，而現在你竟給這樣一個人帶來這些麻煩，對此，我深感不平。先生，我們在爲人處世的原則上的分歧太大了，因此很難取得一致。請你把我忘掉好了。這做起來並不難。我對人既沒有做過什麼值得永遠記憶的好事，也沒有做過什麼使人永遠懷恨的壞事。先生，對你，我要實話告訴你：我將把你這個人忘掉，而只記住你的才能。

一七五八年十月十一日
於蒙莫朗西

讀完這封信，既感到憤慨也感到痛心。儘管我當時的心情極其惡劣，但還是打起精神寫給他如下一封回信：

先生，讀完你的信，我既感到高興，因爲它使我吃了一驚，同時又感到我實在太蠢，因爲我竟被你信中所說的話所感動，但最後，我覺得你的信實在不值得答覆。

我不願意繼續替烏德托夫人謄寫那些東西。如果她認爲已經謄好的部分不宜於保存，就請她退還給我，我把錢退還給她。如果她願保存，那也請她派人來把剩下的紙和錢取回去，並把我交給她保管的那份提綱還給我，別了，先生。

在身處逆境之時所表現出來的勇氣，使心靈卑怯的人感到震驚，而心靈豁達的人則感到喜悅。看來，我的信使聖朗貝爾有所醒悟，對他所做的事情感到後悔。但他太驕傲，不願意公開承認，因此他極力想尋找機會來緩和他對我的打擊。兩個星期之後，我收到埃皮奈先生如下一封信（卷宗B，No.10）：

二十六日，星期四

先生，贈書已收到，我正懷著喜悅的心情拜讀。你所有的作品，我讀起來都非常高興。請接受我的謝意。如果我的時間能安排過來，可以在你附近住一些時候的話，我早就親自登門致謝了。可惜我今年在舍夫雷特住的時間很少。杜賓先生和夫人要我下星期天請他們吃飯，我已邀請聖朗貝爾先生、弗蘭克耶先生和烏德托夫人做我的客人。先生，如果你也能來的話，我將感到十分高興；我所邀請的這幾位客人都希望你來，如果那天他們能與你一起度過一部分時間，他們必將與我一樣感到十分愉快的。順致敬意。

這封信使我的心跳得很厲害。由於我這一年來成了巴黎的新聞人物，所以一想到要去與烏德托夫人面對面的在一起讓人家觀看，我就戰慄，就很難鼓起足夠的勇氣去承受這次考驗。不過，既然她與聖朗貝爾都希望我去，而且埃皮奈先生以所有被邀請的客人的名義請我，何況沒有一個客人不是我不想會見的，所以我覺得我可以說是被大家邀請的客人，我去參加這次宴會，也沒有什麼不妥，因此我就答應了。星期日那天，天氣很壞，埃皮奈先生派他的馬車來接我，我就去了。

我一到埃皮奈先生的家，所有的人都高興得不得了，我從來沒有受到過如此熱情的接待。看來，所有在場的人都感到我是多麼需要他們的安慰啊。只有法國人的心才懂得這種感情的感人之深。那天的客人比我預料的還多，其中有我從來沒有見過的烏德托伯爵和他的妹妹布蘭維爾夫人。其實，這位夫人，我以不見爲妙：她去年曾到奧波納來過幾次，在我與她的嫂子烏德托夫人單獨散步的時候，她在一旁等得乾著急，她早就對我有意見了。這次在宴席上她可稱心如意了，因爲有烏德托伯爵和聖朗貝爾在場，我當然會受到大家的冷嘲熱諷，何況我這個人在和人極其平常的談話中也往往被弄得手足無措，在這次宴席上就更是被弄得尷尬萬分了。我的心從來沒有這麼難受過，我的表情也從來沒有這麼難看過。因此，一散席我便趕快離開這個潑婦。我很高興的看到聖朗貝爾和烏德托夫人來到我跟前，我們在一起消磨了那天下午的一部分時間，談的雖然都是些無關緊要的事情，但氣氛與我誤入歧途之前一樣親切。這次談話的情景將永遠留在我的心中。如果聖朗貝爾能看出我的心情的話，他也必然會感到滿意的。我可以發誓：儘管在到達的時候我一看見烏德托夫人，我的心便跳動得幾乎使我暈了過去，但在我回家的路上，我連想都不想她了，我心裡想念的只是聖朗貝爾。

我雖然受到了布蘭維爾夫人的惡意嘲弄，但這次宴會對我還是有很大的好處。我深深慶幸我沒有謝絕埃皮奈先生的邀請。我在宴席上不僅看出格里姆與霍爾巴赫一夥人的陰謀並未使我的老朋友們與我疏遠*，而且更感到高興的是：烏德托夫人和聖朗貝爾感情的變化並沒有我想像的那麼大。我發現，他之所以要她與我保持距離，是出於嫉妒，而不是由於看不起我。這使我感到安慰，使我的心得到了平靜。由於我深深感到我所敬重的人對我都無蔑視之意，我便按照我自己的心意加緊工作，並獲得了成功。雖說我還沒有完全克服埋藏在我心中的有罪的和不幸的戀情，但我至少控制得如此之嚴厲，因而從那個時候起，我就沒有犯過任何一個錯誤。我繼續為烏德托夫人謄抄她要我抄寫的資料。我的新作一出版，就寄去給她；她收到這些東西後，便不時給我寫封簡短的回信，告訴我一些新的消息，雖然都是一些無關緊要的消息，但也足夠使我感到欣慰了。正如人們在後文即將看到的，她不只是寫短信給我，而且還有其他的表示。我們三人之間的關係足以成為誠實的人們分手之後應當仿效的楷模：我們雖不再互相來往，不宜再相見，但彼此之間仍保持著昔日友好的情誼。

* 我把問題看得太簡單了，以致在我寫《懺悔錄》時還是這樣認為。

這次宴會還給我帶來另外一個好處，那就是，在巴黎到處都有人在談論它，這就替我澈底駁斥了我的敵人散布的那些謠言：他們說我和所有參加宴會的人，尤其是和埃皮奈先生已無可挽回鬧翻了，現在，這個謠言已不攻自破了。事實上，在搬出退隱廬以後，我還寫過一封很眞誠表示感謝的信給埃皮奈先生，他給我的回信措辭也同樣眞誠。我們的友情從未中斷過。他的弟弟拉里夫先生還到蒙莫朗西來看過我，並把他作的版畫寄送給我。除了烏德托夫人的嫂子和小姑⑧以外，我同她家的人都相處得很好。

我的《就戲劇問題致達朗貝爾的信》獲得了很大的成功。我所有的作品都很成功，而對我最爲有利的，就要數這部作品了。它使公眾知道了霍爾巴赫一夥人散布的那些謠言是無中生有的。當我搬進退隱廬的時候，他們舉出許多理由預言我在退隱廬待不了三個月；後來，當他們看見我在退隱廬竟待了二十個月，而且在被迫搬出之後，依然住在鄉下，他們就改口說我純粹是由於我的脾氣執拗，說我在鄉下悶得要死，只不過是因爲我驕傲成性，所以才硬著頭皮頑固到底，寧可悶死在鄉下，也不願表示後悔，不願回到巴黎。《給達朗貝爾的信》通篇洋溢著來自心靈的美好情感，這不是故作姿態佯裝寫得出來的。如果我在隱居生活中眞是憂憂鬱鬱，悶得要死的話，我的心情就必然會見之於筆端。我在巴黎寫的作品，就隨

---

⑧「嫂子」指埃皮奈夫人；「小姑」指布蘭維爾夫人。——譯者

處流露出這種心情，而我在鄉間寫的這第一部作品裡，就沒有這種心情。對於有觀察能力的人來說，這一點是很重要的。大家都可看到：我在鄉下，才眞正是適得其所呢！

然而，這部作品雖然充滿了美好的感情，但由於我考慮不周，常做傻事，並一直在走衰運，所以我在文學界招來了一個新的敵人。我在拉．波普里尼埃爾先生家就和瑪律蒙特爾相識了，後來又在男爵⑨家多次見到過他。他當時是《法蘭西信使報》的主編。我心高氣傲，不願意把我的作品送給雜誌的編輯，而這一次卻破例把這部作品送給他，但又不讓他以爲我是把他當作編輯而送他的，也不希望他在《信使報》上談論這部作品，所以我在送他的那本書上註明不是送給《信使報》主編而是送給瑪律蒙特爾先生。我以爲這樣表達對他最爲恭敬。可是他卻認爲這對他是最大的侮辱，從此便成了與我合不來的敵人。他寫了一篇文章攻擊我的《致達朗貝爾的信》，措辭雖很禮貌，但字裡行間處處都透露出一股憤恨的語氣。從這個時候起，他一有機會便在公開場合中傷我，並在他寫的文章中間接批評我。由此可見，文人的那種易受刺激的自尊心是多麼難於應付；你對他們說話，即使是恭維他們的話，也千萬要小心，不可有一言半語在表面上看來含有可另作其他解釋的意思。

現在，我的生活在各方面都安定下來了，於是我就利用閒暇和獨立無羈絆的心情，重新

---

⑨ 指霍爾巴赫。——譯者

按部就班的寫作。這年冬天，我寫完《茱莉》之後，便寄給雷伊。他在第二年就把這本書印出來了。不過，這個工作被一件相當不愉快的小事中斷過一次。我獲悉巴黎歌劇院準備再次上演我的《鄉村巫師》。眼見那幫傢伙隨便擅自使用我的作品，我很生氣，便把我寫給達讓松先生而他始終沒有答覆的備忘錄找了出來，加以修改之後，寄給日內瓦常駐巴黎的代表賽隆先生，並附上一封信，請他轉交接替達讓松先生管理歌劇院的聖弗洛朗丹伯爵。伯爵雖然答應回我的信，但一直沒有下文。我把這些情況寫信告訴了杜克洛。杜克洛與歌劇院的小提琴手們談了此事之後，他們說劇本不還給我，但可以像從前那樣給我免費入場券，而免費入場券，這時對我已無用處。眼見我投訴無門，到處都得不到公正的對待，於是便放棄此事；而歌劇院的主管者對我提出的要求根本不理睬，一直不答覆，繼續像使用他自己的財產那樣用《鄉村巫師》牟利，而事實上，這部歌劇無庸置疑是屬於我一個人的。*

自從我擺脫了那些暴君的控制以後，我便過著相當平靜的生活。雖然我失去了強烈愛戀之情的快樂，但也解除了愛戀之情給我戴上的沉重的枷鎖。我的那些以保護人自居的朋友們硬想主宰我的命運，不管我願不願意，他們都企圖給我所謂的恩惠，藉此達到奴役我的目的。我對他們的這種做法眞是厭煩極了，因此我決心從此以後只和人保持君子之交，眞誠相

---

* 歌劇院最近和我簽訂了一個合約，現在這部歌劇已屬於它了。

待，互不妨礙自由，彼此平等，共用生活的樂趣。有很多人以這種方式與我交往，他們足以使我領略到生活的樂趣而又不感到依附他人之苦。我一嘗到這種生活的甜蜜，便立刻感到它最適合我這樣的年紀，讓我在平靜的生活中度過我的餘生，遠離前不久差一點使我身敗名裂的風波、爭吵和煩心的事情。

我在退隱廬居住期間，以及我搬到蒙莫朗西以後，我在附近認識了好幾個和我投合的人，他們都不曾使我感到過任何拘束。在他們當中，頭一個要提到的是年輕的盧瓦索·德·莫勒翁。那時他剛開始當律師，不知道自己將來在他這一行中會有何種地位，我沒有他這種憂慮，我告訴他：從他今天的情況就可看出他將來是一定會有輝煌的成就的。我還告訴他，如果他慎重選擇承辦的案件，全力伸張正義和道德，他的天分在這種崇高的思想哺育下，必將和最偉大的雄辯家相媲美。他聽從了我的忠言並確實得到了效果。他替德·波爾特先生所做的辯護，其雄辯的氣勢之有力，並不亞於狄摩西尼[10]。他每年都要到離退隱廬四分之一法哩遠的聖布里斯村的莫勒翁莊園度假。這是她母親的產業，著名的博絮埃曾經在這裡住過。像這樣一個相繼有幾位大師住過的莊園，其高貴的名聲使其他的莊園很難與之相提並論。

---

⑩ 狄摩西尼（西元前三八四—前三二二）：古希臘雄辯家和政治家。——譯者

我在聖布里斯村還認識了書商格蘭。他很聰明也很有學問，爲人和藹可親，在他那一行是個出色的人物。他還將他的朋友阿姆斯特丹的書商尙．勒奧姆介紹給我。後來，我的《愛彌兒》就是這位尙．勒奧姆替我出版的。

在比聖布里斯村更近的格洛萊村，我還結識了該村的司鐸馬托爾先生。此人最適合於當政治家和大臣，而不適合於當鄉村司鐸。如果是按才能分配職務的話，至少也應當派他去掌管一個大教區。他當過德呂克伯爵的祕書，和尙－巴普迪斯特．盧梭很熟識。他對這個著名的被放逐的人的眞誠敬仰，與他對陷害這個人的惡棍索蘭的深惡痛絕恰成鮮明的對比。關於這兩個人，他知道許多有趣的故事，這些故事，在賽基所寫的《尙－巴普迪斯特．盧梭傳》裡都是沒有的。他告訴我說，德呂克伯爵不僅對他沒有任何不滿的地方，而且直到臨終時都與他一直保持著親密的友誼。他所住的這座房子，就是他的老東家去世後，由凡蒂米勒先生贈送給他的。馬托爾司鐸以前在好幾個地方任職過，現在他年紀雖然已經大了，但記憶力仍非常清楚，談論起來還頭頭是道，很有條理。他的談話既有趣又有教益，完全不像一個鄉村司鐸，既有上流社會的那種風度，也有政界人士的那種口才。在我的鄰居當中，和他交往我最感愉快，離開了他，我最感遺憾。

我在蒙莫朗西還結識了幾位奧拉托利會的教士，如物理學教師貝蒂埃神父，他雖然有點學究氣，但我還是很喜歡他的，因爲我發現他的確像個老好人的樣子，然而我又很難把他的這種樸實的樣子與他到處鑽營的思想和手段連結起來。他經常出入達官、貴婦、虔誠的信徒和哲學家之門，見什麼人說什麼話。我很喜歡和他在一起，我到處都誇他交遊廣闊、長袖善舞。看來，我的話傳到了他的耳朵裡了，有一天，他嘴角掛著一絲冷笑，感謝我誇他是個老好人，我在他那刹那間的微笑中發現有一種難以形容的譏諷之意。這一下，我完全改變了他在我心目中的形象，並從那時起還時時回想起他那種表情。我覺得，把他當時的那一絲微笑比喻爲巴呂治⑪去買丹德洛的羊時，面帶的微笑是最恰當不過了。我住進退隱廬不久，就和他結識了。他常到我家來看我，我搬到蒙莫朗西之後，他就離開蒙莫朗西遷居巴黎了。他常去看勒瓦賽爾太太，有一天，我怎麼也沒有料到他代表這位老太太寫信跟我說格里姆先生願意供養她，希望我能同意她接受這份贈與。我一打聽，得知格里姆供給她的是一筆年金，每年三百利弗爾，條件是：勒瓦賽爾太太必須遷到舍夫雷特和蒙莫朗西之間的德耶。我在這裡不談這個消息帶給我什麼印象，我只想說明：如果格里姆自己每年有一萬利弗爾的年金，或者，他與這位老太太有什麼更容易讓人理解的關係，如果他們當初不說我把這個老太太帶到鄉下是一大罪惡，那麼，我就不會感到吃驚的。而現在，他卻要她搬到鄉下，好像她如今返老還童，變年輕了似的，這就不得不令人感到奇怪了。我很清楚：這個老太太之所以要求我同意（其實，即使我拒不同意，她也會不顧我的反對，照樣接受格里姆的贈與），完

⑪ 法國小說家拉伯雷（一四九四—一五五三）的《巨人傳》中的一個笑裡藏刀、詭計多端的人物。——譯者

全是爲了不失掉我給她的接濟。儘管這一善舉在我看來有點出奇，但當時並不像它後來那樣令我驚訝。不過，即使當時我能像後來那樣洞察其中的玄機，我也不會不同意的。我當時這樣做了，而且不得不這樣做，因爲，如果我不同意，別人也許還認爲我嫌格里姆贈與的錢太少了。在此以前，我認爲貝蒂埃神父是一個老好人，而從那時以後，我對他的這一看法便稍微有點改變，因爲，這個看法，在他看來有點可笑，而我也確實愚蠢，不該對他有這種看法。

這位貝蒂埃神父有兩個朋友想結識我。我不知道他們爲什麼想結識我，因爲我們的愛好沒有多少共同之處。這兩個人是麥基喜德的後裔，誰也不知道他們原籍何處、家庭狀況如何，就連他們的眞實姓名也無人知道。⑫他們好像都是冉森派教士，大家都認爲他們是僞裝的神父，因爲他們佩帶片刻不離身的長劍的方式是十分可笑的。他們的一舉一動都顯得很神祕，這會讓人們不禁認爲他們很可能是什麼教派的領袖，而我卻一直懷疑他們是《教士通

---

⑫ 麥基喜德是《聖經》〈創世記〉中所說的「撒冷王」；在〈新約全書．希伯來書〉中說麥基喜德「無父、無母、無族譜、無生之始、無命之終」。這就是說他的身世不詳。盧梭在這裡所說的這兩個人，他們的籍貫、家庭狀況甚至連他們的眞實姓名，都無人知道，也就是說他們的身世不詳，身分不明，因此盧梭把他們比喻爲「麥基喜德的後裔」。——譯者

訊》⑬的編輯。其中一個名叫費朗先生，他身材高大，面目和善，說話也很溫和；另一個名叫米納爾先生，身材矮胖，動不動就傻笑，喜歡和人抬槓。他們自稱是表兄弟，他們原來與達朗貝爾一起住在巴黎達朗貝爾的奶媽盧梭太太的家裡，現在在蒙莫朗西租了一間小屋過夏。他們親自做操持家務，沒有僕人，沒有採購日用品的代辦，他們每人一星期輪流上街採購、煮飯和打掃屋子，生活過得相當舒適，我們有時候也互相請吃飯。我不知道他們為什麼對我感興趣，至於我，我之樂於和他們來往，只不過是因為他們會下棋。為了能與他們下一盤棋，我往往要苦等四個鐘頭。由於他們到處都想插一手，愛管閒事，黛萊絲稱他們為「住海邊」，這個綽號在蒙莫朗西已傳得無人不知了。

以上這幾個人和我的房東馬塔斯先生（他的確是個好人）就是我在鄉下常有往來的人。我在巴黎也有朋友，如果我願意的話，我到巴黎也是能生活得很愉快的。不過，他們都不是文學界的人。在文學界，我只有杜克洛一個朋友了，至於德賴爾，他畢竟太年輕，儘管他在看穿了那幫哲學家對我玩弄的手段以後已經離開了他們（至少我是這樣認為的），但我還是無法釋懷他輕易就上人家的當，充當那幫傢伙反對我的代言人。

我涉世之初結交的可敬的老朋友，是羅甘先生。他是我生活幸福時候的朋友，是由於我

⑬ 當時冉森派教士辦的一份反對耶穌會的地下刊物。——譯者

的為人而不是由於我的寫作活動而結交的朋友。正是由於這個緣故，我始終保持著與他的交情。我還有我的同鄉勒尼普先生和當時還健在的他的女兒朗貝爾夫人。我還有一個年輕的日內瓦同鄉名叫果安德，我覺得他是個好小夥子，辦事很細心，很認眞，對人也很熱情；他的缺點是無知、過於自信，好吃、好喝、自以為了不起。我剛住進退隱廬，他就來看我。過了不久，他不請自來，不管我願不願意，就住在我家裡了。他喜歡畫畫，也認識不少畫家。在《茱莉》一書的插圖方面，他對我還是很有幫助的，他自告奮勇，擔任繪圖和製版的指導工作，而且任務完成得很好。

還有杜賓先生一家，那時候，他家雖不像杜賓夫人盛年時那樣豪華，但由於主人的威望和對於來他家的人的愼加選擇，所以杜賓先生的家仍不失為巴黎最有名望的人家之一。由於我不是因為另攀高枝而只是為了過自由的生活才離開他們，所以他們依然眞誠的對待我。我深信，無論什麼時候我都會受到杜賓夫人的親切接待的。自從他們在克里西購置了房子之後，我就把她當作我的鄉村鄰居之一。我有時候還到她家去住一兩天，如果杜賓夫人和舍農索夫人相處得融洽一些的話，我還會多住一些日子的。由於在同一個家庭裡的兩個性情不相投的女人之間左右為難，所以我總感到在克里西太受拘束。由於我和舍農索夫人彼此都平等相待，非常隨便，所以我很喜歡到德耶去（德耶幾乎就在我的家門口，她在這裡租了一間小房子），她也常到我家來看我。

還有克雷基夫人，自從她虔誠信仰宗教之後，便與達朗貝爾和瑪律蒙特爾之流及大部分文學界人士不再來往了。據我所知，只有特魯布勒神父是例外。他當時是一個半眞半假的虔信者，所以克雷基夫人對他也是相當厭惡的。至於我，她曾主動與我交往，我一直受到她的關心，常與她通信。在過新年的時候，她曾送我幾隻芒斯雞，並計畫來年年初來看我，只是由於盧森堡夫人來看我的時間與她來看我的時間相衝突，她才沒有來。我在這裡對她要特別提一筆：她在我的記憶中將永遠占有一個特殊的位置。

除了羅甘，我還有一位朋友是應當排在第一位的。這個人是我的老同事和老朋友卡里歐。他先是在西班牙駐威尼斯使館當祕書，後來到瑞典擔任代辦，最後被派到巴黎擔任祕書。有一天，萬萬沒有料到他突然到蒙莫朗西來看我。他身上佩戴了一個西班牙勳章（勳章的名稱我已忘記了）勳章上面有一個用寶石鑲成的十字架。戴上了這個勳章，他證件上的名字「卡里歐」就不得不添加一個字母「n」，將「卡里歐」改爲「卡里榮騎士」。我發現他還是老樣子，還是那麼一副熱心腸，神態比以前更加可愛了。如果不是果安德在我們之間瞎摻和，我與他還會像從前那樣親密的。果安德以我離巴黎太遠爲由，常代表我去看他，說是熱心爲我效勞，這樣便取得了卡里榮的信任，取代了我在卡里榮心目中的地位。

想起卡里榮，我就聯想到我在鄉下的另一個鄰居，如果我不談一談他，那就對不起他了，因爲我對他做了一件不可原諒的事，必須懺悔。這個人就是誠實的勒布隆先生，他曾經在威尼斯幫過我的忙。他有一次帶著他的家眷來到法國，在離蒙莫朗西不遠的拉布里舍鄉下租了一間房子。*當我一得知他與我毗鄰而居時，我滿心歡喜，當時不僅是應當去看他，而且還把去看望他當作一件賞心樂事。第二天我就去拜訪他了。可是，我在半路上碰到幾個來看我的人，因此不得不與他們一起往回走。兩天之後，我又去看他，可是那天他與他家裡的人到巴黎去了，連晚飯都是在巴黎吃的。第三次去，他在家，可是我聽見他家裡有好多女人的聲音，門口還停著一輛四輪馬車，這使我感到害怕。我想，久別重逢，和他見面自然是應當輕輕鬆鬆暢敘友情。就這樣，我把我對他的拜訪一天一天往後推，以致最後感到這麼晚才去看他，實在是不好意思，因此決定索性作罷，不去看他，我敢一拖再拖，遲遲不去拜訪他，卻不敢去見他的面。這種疏忽，使勒布隆理所當然感到不快，認爲我懶得去看他，顯然是忘掉老朋友的舊情。然而我認爲這的確不是出自我的本心，我的心是無罪的，如果我能做點什麼事情讓勒布隆先生感到開心，即使是不讓他知道，我敢肯定，他絕不會認爲我是一個懶人。的確，懶惰、疏忽，在一些小事情上拖拖拉拉，這的確比大惡習對我還更加有害。我最大的缺點是懶散，我很少做不該做的事，而糟糕的是，我更少做我應該做的事。

既然談到了我在威尼斯的那些老朋友，其中有一個與那些老朋友有關的人，我不該忘記。這個人，我和他中斷往來的時間晚得多。這個人是容維爾先生，他從熱那亞回來以

* 當我寫這段話的時候，心裡充滿了過去那種對人的盲目信任，沒有懷疑他此次巴黎之行的眞正動機與結果。

後，一直與我很友好，常常來看我，喜歡和我談義大利的情況和蒙特居先生作的荒唐事。他在外交部有許多熟人，所以從外交部那裡知道很多有關蒙特居先生的事情。我在他家又見到了我的老夥伴杜邦，他在他家鄉花錢買了一個官職，因而有時候爲辦理公務到巴黎來。容維爾先生對我愈來愈過於殷勤，常請我到他家去吃飯，以致我感到有點兒受不了。雖然我們住的地方相距甚遠，但是，如果有一個星期不到他家去吃飯，我們之間彼此都要發幾句牢騷。有一次在容維爾家一住就住了一個星期，我覺得住的時間太長了，所以後來我就不願意再去他家了。容維爾先生對人很誠懇也很風雅，在某些方面甚至是很可愛的，但他不夠聰明。他面孔長得很漂亮，他時常像那爾喀索斯⑭那樣愛自己、欣賞自己的美，這就有點兒令人看不慣了。他有一套很奇怪的收藏品，也許是世界上唯一的一套。他自己很喜歡也拿出來讓客人欣賞，但客人們有時候卻不像他那樣感興趣。這是一套很完整流行於五十年前的宮廷和巴黎的鬧劇圖片，從中可以看到許多在其他地方看不到的人物情景，用這種方式記錄的法國歷史，在其他國家是沒有的。

---

⑭ 希臘神話故事中的一個美男子。有一天，他在一清水池邊看見水中有一個與他同樣俊美的少年，便深深愛上了這個少年（其實是他自己在水中的倒影），日夜思念成疾而死，死後化作一株美麗的花。後人爲紀念他，遂稱這株花爲「那爾喀索斯」（水仙花）。——譯者

正當我們過從甚密的時候，有一天，他竟十分冷淡的接待我，一點也不像他平時那個樣子。我要求他，甚至請求他給予解釋，但他閉口不談，接著，我便走出他家，決心從此不再進他家的門。無論是誰，只要我受到一次冷淡的對待，我就絕不會再去，何況在容維爾家沒有狄德羅這樣的人替他辯護。我當時在腦子裡百思不解，想不出我到底做了什麼對不起他的事。我敢自信，我跟人家談到他和他家中的人時，總是非常尊敬的，因爲我的確是眞誠的喜歡他，說的全是讚美的話。我有這麼一條始終遵循的原則：凡是我常去的人家，我談到時一定要心懷敬意。

我左思右想，終於推測出了是怎麼一回事。我們最後一次見面的時候，他請我到他熟識的幾個妓女家去吃飯，同席的還有幾位外交部的官員。這幾位官員都是正派人，言談舉止絲毫沒有浪蕩漢的那種樣子。我可以對天發誓，那天晚上，我心中非常痛苦思考的是那幾個小姐可憐的命運。我沒出聚餐費，因爲這是容維爾先生請我們吃飯，我也沒有給那幾個小姐錢，因爲我沒有像對潘多阿娜那樣向她們提供賺錢的機會。我們走出那裡時，大家都很高興，心情十分輕鬆，這次晚餐之後，我就沒有再到那幾個小姐家裡去過，也沒有再見到過容維爾先生。過了三、四天，我到他家裡去，就受到我在前面講的那種接待。除了那次聚餐時的那些誤會以外，我實在想不出還有什麼別的原因，而他本人也不願意解釋，因此我便決定從此不再見他了。不過，我還是繼續把我出版的新書寄贈給他，他也常常託人問候我。有一天，在喜劇院的烤火間碰見他時，他還用親切的語氣責怪我不去看他，但是，我毫不動搖，沒有因此就重新登他家的門，因此這件事看起來是在賭氣而不是絕交。從那以後，我就沒有再見到過他，也沒有聽人說起過他。斷絕往來幾年之後若再去看他，那爲時已經太晚了。我之所以沒有把容維爾先生列在我的知交的名單裡，其原因就在這裡，儘管我曾經有相當長的一段時間常到他家裡去。

我不想再列舉許多不那麼親密的人的名字，而使得這份名單顯得冗長。我和這些人之間之所以不那麼親密，其原因，或者是由於我不在巴黎，所以與他們來往的次數不那麼多；或者是由於只是有時候與他們在鄉下我家裡或鄰居家裡相見，如孔狄亞克和馬布里兩位神父、麥朗先生、拉里夫先生、布瓦日努先生、瓦特萊先生和昂塞勒先生，還有其他許多人，如果一個個都列舉出來的話，那就太多了。不過，我還是要簡短提一下我與瑪爾讓西先生的交往。他是國王的近侍，曾是霍爾巴赫一夥中的一分子，後來和我一樣，脫離了霍爾巴赫小集團；他也是埃皮奈夫人的老朋友，後來也像我一樣，離開了埃皮奈夫人。還有他的朋友德馬伊，我在這裡也要順便提一下：他是喜劇《冒失鬼》的作者，曾名噪一時，但曇花一現，不久便被人忘記了。瑪爾讓西是我的鄉下鄰居，他住的地方離蒙莫朗西很近；我們是老相識，加上毗鄰而居和生活經歷的某些相似之處，所以我們的交往便更加投緣。德馬伊不久之後就去世了，他有才能，也有天分，但他有點兒像他自己的喜劇中描寫的人物那樣，在女人面前愛吹牛，所以他去世後人們並不怎麼思念他。

在這個時期，我和一個人的通信往來絕不可以略而不提的，因爲它對我後半生的影響實在太大了，所以我要從開頭說起。這個人名叫拉穆瓦尼翁·德·瑪律澤爾布。他是稅務法庭的庭長，並兼任圖書審查總監。他對圖書審查工作的領導，既很開明又很溫和，文學界人士對他都十分滿意。儘管我在巴黎居住期間一次也沒有見過他，但我經常感到他對我的著作的審查十分寬容。我知道他曾不止一次的批評那些撰文反對我的人。在《茱莉》的出版問題上，我又感到他對我的關愛，因爲這樣一本大部頭作品的校樣從阿姆斯特丹交郵局寄，要花很多錢。他有免費郵遞權，所以答應把校樣先寄給他，然後再蓋上他父親的掌璽大臣的關防免費寄給我。在印刷的時候，他不管我願不願意，就命人另外印了一版，收益歸我。這一版售完之後，才准許另外一版在法蘭西王國發行。由於我的稿子已經賣給雷伊了，這樣做，就等於竊取了雷伊的利益，因此，沒有他的明確批示，我是不收這筆錢的。他慷慨批示了，這筆錢一共一百皮斯托爾，我想和他平分，但他一毛也不要。不過，這一百皮斯托爾也給我帶來許多不快，因爲我發現我的作品被他大刪大改了（這一點，他事前沒有通知我），而且直到這版被刪改得支離破碎的書賣完之後，才准許完整的版本開始在法國銷售。

我始終認爲瑪律澤爾布先生是一個經得起任何考驗的正派人。在與我有關的事情上，沒有一件事情曾使我對他的爲人正直產生過片刻懷疑。然而，由於他爲人既眞誠又軟弱，有時候正是因爲他極力想保護他所關心的人，結果反而害了他們。他不僅在巴黎版的《茱莉》中刪掉了一百多頁，而且在他寄給蓬巴杜夫人的那個完整版本中又擅自刪去了好多文字。在我這本書的某個地方有一句話說：「一個燒炭工人的妻子，也比一個王侯的情婦更值得尊敬。」⑮這句話，是我當時寫得正高興的時候信筆加上去的，並不影射任何人。這一點，我敢對天發誓；而有些人卻認爲我是暗中有所指而說這句話的。我有一個大膽的原則，那就是：在我寫文章的時候，只要我問心無愧，不是故意影射任何人，我就不會因爲別人說我含沙射影有所指便刪掉這句話，因此我沒有將它刪去，而只是把原來的句子中的「國王」一詞改爲「王侯」。可是瑪律澤爾布先生認爲這樣改還不夠。他乾脆把整個句子都刪掉，請人另外印了一頁，在他送給蓬巴杜夫人的那本書裡盡可能逃無破綻的貼在有這句話的那一頁上。可是她還是知道了這個鬼把戲，因爲有些好心人告訴了她。至於我，我是很久之後開始感到此事的嚴重後果時才知道的。

另一位貴夫人⑯與蓬巴杜夫人的情況很相似。她之所以暗中恨我入骨，其主要的原因，不同樣是因爲這句話嗎？其實，當我寫這句話的時候，我根本就不認識她，因此，她怎麼能怪我呢？書出版以後，我和她相識了，心裡非常不安，我把此事告訴了羅朗齊騎士，他笑我太多心。他說：這位貴夫人並不感到有被冒犯，甚至根本就沒有注意，沒有把這件事情放在

---

⑮ 見盧梭：《新愛洛伊絲》，李平漚譯，卷五，書信第十三，譯林出版社二〇〇二年版，第六百四十四頁。——譯者

⑯ 指孔迪親王的情婦布弗勒伯爵夫人。——譯者

心上。我信了他的話而放心了，但後來的事實證明，我太輕信羅朗齊騎士的話了，我不該以為萬事大吉，可以放心了。

入冬的時候，我又再次受到瑪律澤爾布先生的關愛，雖然我認為不宜接受，但我還是十分感激的。《學者報》當時有一個空缺，瑪爾讓西寫信告訴我說他已提議我去接這個位置，但是，從他信上的措辭便可一目了然看出（見卷宗C，No.33），這是人家授意他給我寫信談這件事情的。果然，他自己後來來信告訴我（見卷宗C，No.47）說他是受人之託向我提出這個建議的。這個位置的工作不多，每月只需寫兩篇新書摘要。有人會送書給我，用不著我到巴黎去取，也不需要到主管的官員那裡去致謝。他還說，擔任了這個工作，我就可以躋身麥朗、克勒賀、基涅士三先生與巴爾德雷米神父這些第一流文人的行列。前面兩人我早已認識，而後面兩人能借此機會認識一下，也是好的。何況這項工作不太困難，做起來很容易，而且還有八百法郎的酬金。在做出最後決定之前，我考慮了好幾個鐘頭。我可以發誓，我之所以要考慮，唯一的原因是怕瑪爾讓西先生生氣，怕瑪律澤爾布先生不高興。但是，最後我考慮到擔任了這個職務，我便無法按照我自己的安排工作，而要按照他人的安排交出兩篇稿子，這種硬性規定叫我受不了，再加上我沒有做這項工作的把握，所以我最後決定不接受這個我不適於擔任的職位。我知道我的全部才華都來自我對我要寫作的文章的熱情，只有對偉大的、眞實的和美好的事物進行思考，才能激發我的天分。要我摘錄的那些書，所討論的問題，甚至那些書的本身，與我有什麼關係呢？既然我對它們毫無興趣，我寫的文章就不流暢，才思就不敏捷。他們以爲我也像其他文人那樣爲謀生而寫作，而不知道我永遠是爲了我心中有想法要抒發才寫作的。《學者報》需要的當然不是我這種人。因此我寫了一封措辭非常婉轉的信給瑪爾讓西表示感謝，並把我的理由陳述得如此詳細，以致無論是他還是瑪律澤爾布先生都不可能認爲我拒絕他們的建議是含有不高興和驕傲的因素，因此，他們沒有露出絲毫不高興的樣子而同意了我的拒絕。對這件事情的保密工作是做得那麼好，所以沒有半點風聲透露給公眾。

這個建議也來得不是時候，因爲許久以來我已制訂計畫要完全脫離文學，尤其是不從事作家這門職業。我不久前經歷的種種事情，使我對文人們簡直是厭惡透了。我感到與他們一樣做這一行，就不可能不與他們打交道。我也厭惡社交界的那些人，對於我前不久過的那種一半屬於我而另一半根本就不適應的社交圈子的混合型生活，我也是很反感的。透過我這些年來的經驗，我比以往任何時候都更加清楚知道一切不平等的交往都是不利於弱者一方的。與地位懸殊的富人們生活在一起，雖然不敢像他們那樣起居豪華，但在好多事情上也不得不學他們的樣子。有些花費雖然爲數不多，對他們來說算不得什麼，但對我來說，既負擔不起，而且又無法可省。別人到鄉下的朋友家去住，無論是吃飯或歇息，都有自己隨身的僕人侍候，需要什麼就叫僕人去取什麼，與主人的僕人沒有任何直接接觸，甚至見不到他們，所以給他們的酬金就很隨意，愛什麼時候給就什麼時候給，愛給多少就給多少。而我呢，孤身一人，沒有自己的僕人，只好事事靠主人的僕人，就得看他們的臉色行事才能少吃苦頭。既然我被當成是與他們的主人地位平等的人，我就得把他們當僕人看待，甚至要比別人給他們的酬金更多一些，因為事實上我也的確比別人更需要他們侍候。要是那家的僕人少，那也好辦，可是在我去的人家中，僕人多得很。他們個個都很傲慢、狡猾、機靈（我指的是他們在爭取他們的利益方面很機靈）。這些傢伙想盡辦法要我一個接一個找他們幫我辦事，以便一個接一個等我給他們賞錢。巴黎的女人雖很聰明，但對他們的這種花招毫不知情。她們想替我省錢，結果卻使我把口袋裡的錢花個精光。如果我到離我家稍遠一點的城裡去吃飯，女主人總是不讓我自己雇馬車，而要用她自己的馬車來接我去又送我回來。她以為替我省了二十四個蘇的馬車錢，卻不知道我給她的僕人和車夫的賞錢是一個埃居。一個女人從巴黎發一封信到退隱廬或蒙莫朗西，若是交郵差送，我就只付四個蘇的郵資，而她為了替我省這四個蘇，便派她的僕人送來。僕人步行而來，滿身大汗，我得請他吃飯，另外還要給一個埃居的酬金。當然，他得這一個埃居，也是問心無愧的。如果她請我到她鄉下的家裡去住十天半月，她以為這十天半月的飯費不讓我付，便替我這個窮小子省了許多錢，可是她哪裡知道在這十天半月裡我無法工作，而我家裡的開銷、房租和裡裡外外的衣服都照樣花錢，一分也不能少；在她家請人刮鬍子的錢，比在我家要多花一倍。總之，在她家住不但不省錢，反而比在我自己家裡花的錢多得多。雖然我只是對我常去的幾家人的僕人才給酬金，但我還是負擔不起呀。我算了一下，我在奧波納的烏德托夫人那裡只住了四、五次，但卻足足花了二十五個埃居之多。而在埃皮奈夫人家和舍夫雷特那裡，由於我在那五、六年裡常常去，因此花的錢就更多了，總共花了一百多個皮斯托爾。像我這樣的人，什麼都不會自己料理，不會想辦法又不願意看那幫僕人在侍候我時的那副一臉不樂意的樣子，所以這筆錢還是非花不可。即使是在杜賓夫人家裡，儘管我可以說我是她家的人了，而且還幫過僕人們許多忙，我也是花了許多錢才得到他們的服務的。後來我不得不完全停止給僕人的賞錢，因爲我的境況已經不容許了。這時候，我才深深感到與地位比自己高的人來往是不適宜的。

當然，如果這種生活適合我的胃口，即使花大錢去買快樂，那也值得。但是，花大錢去買罪受，那就太不值了。我深深感到這種生活方式對我的壓力是如此之大，以致使我決心利用我當時能得到的那一段自由生活時間繼續過這種自由生活，徹底離開社交界，不著書、不參加一切文學活動，關起門來在我自己感覺最合我心的小小天地裡安穩過我的晚年。

我的積蓄在退隱廬時已經快花光了，幸而收到《致達朗貝爾的信》和《新愛洛伊絲》這兩部著作的酬金，我的經濟狀況才有了好轉，手中的錢大約有一千埃居。我寫完《新愛洛伊絲》之後，馬上就投入寫《愛彌兒》，現在已經寫得差不多了。估計它給我帶來的收入，至少比我手中現有的錢多一倍。我預備把這筆錢存起來作爲一筆小小的養老金，再加上我抄樂譜賺的錢，就可以維持我的生活而不必再從事寫作。我手頭還有兩部作品，一部是《政治制度論》；我檢查了一下這本書的寫作情況，發現還需要花好幾年時間才能寫完。我沒有勇氣繼續寫下去，不能等到把這本書寫完之後才執行我的決定。因此，我決定放棄這部著作，只把其中可以獨立成篇的資料抽出來加以整理，而把其餘部分通通付之一炬。我懷著滿腔的熱情繼續寫這本書，同時又不間斷《愛彌兒》的寫作，不到兩年，我就把《民約論》寫好了。

除此以外，我還有《音樂詞典》。這是一個可以靈活掌握的工作，隨時都可以做，目的只是用它賺一點錢。我可以根據其他收入加起來看這項工作是必要的還是多餘的，是放棄它還是加快完成它。至於《感性倫理學》，這只是個初稿，我已完全放棄了。

我還有最後一個計畫，那就是：如果我能完全不靠抄樂譜謀生，我就遷到遠離巴黎的地方去住，因爲在巴黎，經常有不速之客來訪，不但令我的生活開銷太大，而且又浪費了我賺錢的時間。人們說，一個作家輟筆不寫作，就會陷於無聊，十分苦悶。因此，爲了防止我陷於苦悶，我安排了一項可以用來打發我孤獨中的閒暇時光的寫作計畫，不過不打算在我有生之年出版。我不知道雷伊怎麼會有這麼一個奇怪的想法：他很久以前就再三要我寫一本我這一生的回憶錄。儘管到那時爲止，我還沒有什麼事情使我對寫這樣一本書感興趣，但我覺得，由於我在書中坦然寫我自己，這本書就可以讓別人感興趣。因此我決定，我要以前無先例的眞實性把這本書寫成一部獨一無二的作品，以便世人至少能有一次從一個人的內心活動看出他是怎樣一個人。我認爲蒙台涅的假天眞實在令人好笑。他表面上好像是在承認他的缺點，但他卻小心翼翼盡挑一些可愛的缺點說。而我，從整體上看，我過去認爲現在仍依然認爲我是最好的人。任何一個人的內心不論多麼純潔，也難免沒有某些可憎的缺點。我知道有些人在公眾中把我描繪得完全不像我本來的樣子，有時候甚至歪曲得面目全非。但我認爲，儘管我把我壞的一面毫不隱瞞的全盤托出，但我仍能因如實描繪自己而有所得而無所失，何況在揭露我本來面目的同時，也不得不把其他一些人的本來面目也揭露出來。因此，這部作品便只能在我和其他一些人都去世以後才發表，這就使我更加鼓起勇氣，放開膽子寫這部《懺悔錄》。我將永遠不會在任何人面前爲這本書而赧顏。經過這番考慮之後，我決定把我閒暇的時間用來好好的寫這本書，並開始蒐集一切能喚起我的回憶的信件和資料，後悔我在此之前不該把一些信件和資料撕掉、燒掉或丟掉。

這個絕對避世隱居的計畫，是我生平做出的最明智的計畫之一，它已深深刻畫在我心裡。然而，正當我開始爲執行這個計畫而做準備工作的時候，上天卻爲我安排了另一種命運，把我投入了一個新的漩渦之中。

蒙莫朗西莊園，原本是著名的蒙莫朗西家族的祖產。自從莊園被沒收以後，那座古樸典雅的豪宅就不再屬於這個家族了。後來，由昂利公爵的妹妹傳給了孔岱家族。孔岱家族把蒙莫朗西改名爲昂簡。現在，這塊公爵的領地上已經沒有任何府邸，只剩下一座舊碉樓，裡面存放著一些檔案和文件，所以仍然受到過去的附庸們的敬仰。在蒙莫朗西（即昂簡）有一座由綽號「窮人」的克瓦薩修建的私人住宅，其氣派之恢宏，幾乎能與最漂亮的公館相媲美，稱得上是一座「府邸」，而且也眞的被當地人稱爲「府邸」。這座豪宅雄偉的外觀、屋前的那塊臺地、周圍的那片也許在世界上是獨一無二的景色、那個由專業工匠裝修的寬敞的大廳、那座由著名的勒．羅特爾規劃布置的花園，所有這些構成了一個既威嚴壯觀又具有難以形容的樸素風貌的整體，眞是令人嘖嘖稱羨、歎爲觀止。盧森堡公爵元帥當時擁有這座豪宅的產權，每年都要到他的祖先做過主人的這片領地兩次，每次住五、六個星期。雖然是以普通居民的身分來到這裡，但其儀從之氣派並不亞於他家平日的豪華。在我到蒙莫朗西以後，他第一次來，他和元帥夫人就派一個貼身僕人來向我致意，並請我在方便的時候到他家去吃飯。後來，他們每一次到蒙莫朗西，都派人來問候我並請我到他們家做客。這使我想起了貝桑瓦爾夫人叫我到她家僕人用餐的地方去吃飯的往事。物換星移而我卻依然是當初那個樣子，我雖然不願意被人家打發去與僕人一起吃飯，但我也不太願意與大人物同桌用餐。我希望他們讓我保持我的本色，既不捧我，也不輕視我。我對盧森堡先生和夫人對我的殷勤問候，表示由衷的感謝，但我沒有接受他們的邀請。我疾病纏身又生性靦腆，加上又不善言辭，因此一想到要與那麼多達官貴人相見，我就渾身不舒服；我連到他家登門拜謝都不願意去，因爲我知道他們雖巴不得我到他們家，但他們之所以頻頻邀請我，是出於好奇之心，而不是眞正的敬重我。

然而，他們依然繼續邀請我，而且次數更頻繁。布弗勒夫人與元帥夫人十分要好。她一到蒙莫朗西，便派人來打聽我的消息，並問是否可以來看我。我很禮貌的回答了，但是沒有鬆口。羅朗齊騎士是孔迪親王府上的紅人，也是盧森堡夫人的好友。他第二年（一七五九）復活節到蒙莫朗西後，來看過我好幾次，我們已互相都很熟悉了。他竭力勸我到元帥府上去，但我還是沒去。最後，完全出乎我的意料，有一天下午，盧森堡元帥忽然到我家來了，後面還跟著五、六個人，這樣一來，我就沒有辦法再推託了。除非我是一個沒有教養的狂人，否則，我就得回拜訪他們，去向元帥夫人致意，因爲元帥曾多次代表她向我親切問好。就這樣，在不祥的徵兆籠罩下就開始了我們之間無法推辭的往來。我有一種頗有道理的預感：這種迫不得已而開始的交往總是吉凶難卜的。

我特別害怕盧森堡夫人，我也知道她這個人是很可愛的。大約十年或十二年前，我在劇院裡和杜賓夫人家裡見過她好幾次。那時候，她還是布弗勒公爵夫人，光豔照人，滿身散發少婦之美。人家都說她心眼兒很壞，一個這麼高貴的女人有了這樣的名聲，使我感到不寒而慄。可是那天我剛一見到她就爲之傾倒了，我發現她儀態優美，有一種經久不衰、處處都打動我的心的綽約風姿。我以爲她說話必定是很尖酸刻薄的，但實際上，不但不刻薄而且還相當溫和。她的談吐雖不風趣，而且嚴格說來也不高雅，但有一種令人感到娓娓動聽的魅力；雖不語驚四座，但聽起來使人十分愉快。她誇讚人的話，如此質樸，所以聽起來令人心醉；可以說它是不假思索，脫口而出的，是她眞心的流露。她的話之所以那麼動人，唯一的原因就是由於她心中的感情是眞實的。第一次拜見，我就看出，儘管我的動作笨拙，木訥寡言，但她並不嫌棄我。宮中的貴婦人，在她們高興的時候，不論她們是眞是假，都能讓你對她們產生這種好印象。但她們並不是每一個人都能像盧森堡夫人那樣讓你對這種印象感到那麼眞實，以致一點懷疑也不產生。要不是她的兒媳蒙莫朗西公爵夫人（一個瘋瘋癲癲的少婦，相當調皮，而且據我看，還有點愛找人家的麻煩）試圖討好我，在她婆婆誇獎我的時候，一再插嘴說些虛情假意的話，使我疑心她們是在嘲弄我，我從第一天起就對盧森堡夫人百分之百的信任了。

如果不是元帥先生極其眞誠的態度向我證實了她們對我也十分眞誠的話，我對這兩個貴婦人的疑懼也許是很難消除的。我的膽子向來很小，但僅憑元帥先生三兩句話便立刻相信他能平等對待我，這可以說是很令人吃驚的，而更令人吃驚的是，他也僅憑我三兩句話便完全相信我眞的是願意過完全獨立的生活。他們夫婦兩人都充分相信我有理由對我目前的境況感到滿足，而不願意加以改變。因此，無論是元帥還是元帥夫人都沒有一言半語表示他們關心我的口袋和財產，儘管我相信他們兩人對我這方面的情況是非常關心的，他們也從未透露過要爲我謀一官半職和提供其他幫助的口風。只有一次，盧森堡夫人似乎希望我進法蘭西科學院，我以宗教信仰不同爲由推辭了。她說這算不上是什麼大障礙，她願意幫我排除。我回答說，雖然進這麼一個如此著名的學院當院士能給我帶來極大的榮譽，但由於我曾拒絕過特里桑先生，也可以說是拒絕了波蘭國王希望我進南錫科學院當院士的建議，所以我就不能進任何其他科學院。盧森堡夫人沒有堅持，此事也就擱下不談了。盧森堡先生眞不愧是國王的摯友。我與這樣一位能在各方面關照和提攜我的大人物相交，而且如此樸實，這令我回想起我前不久離開的那些以保護人自居的朋友，他們不但不幫助我，反而想盡辦法貶低我；表面上是在關心我，而實際上是在干擾和強迫我。這兩相比較，差別實在太大了。

元帥到蒙路易⑰來看我的時候，我很不好意思的在我那唯一一間臥室裡接待他和他的隨從。我之所以說我不好意思，倒不是因爲我請他們坐在我那些充滿髒盤子和破罐子當中，而是因爲破爛的地板往下陷，生怕他的隨從人多重量大，而把它壓得完全塌下去了。我不怕我自己遇到危險，但我怕這位仁厚的大人物因將就坐在這間臥室裡會遇到危險。於是，我趕快請他隨我走出房間，儘管天氣很冷，我也把他帶到那間四面通風，又沒有壁爐的小屋裡去。等他走進小屋之後，我才把我不得不把他領到那裡的原因告訴他。他把這原因告訴了元帥夫人，於是，他們兩人都一再請我在修房間的地板期間，搬到他們家裡去暫住，或者，如果我願意的話，搬到一座孤立的房子裡去住。這座房子位於園林的中心，人們稱它爲「小公館」。這個迷人的住所，值得談一談。

蒙莫朗西莊園，不像舍夫雷特那樣地勢平坦。整個莊園起伏不平，中間有許多小丘和凹地。技藝高超的園藝師就利用這些地形使園中叢林和流水的千變萬化來裝點園中的景色，憑天才的藝術手法把本來很局促的空間擴大了許多倍。園林的高處是一片臺地和府邸的房舍，下面有一個向山谷延伸和逐漸開闊的山窪，轉彎處有一塊大池塘，水塘四周是小坡，被

---

⑰ 盧梭在蒙莫朗西居住的那間小屋所在的地方叫蒙路易，在習慣上，當地人也把這間小屋稱爲「蒙路易」。這間小屋現在已擴建爲盧梭博物館。——譯者

小樹林裝點得非常漂亮。在山窪的開闊處有一個橘樹園，橘樹園與池塘之間就是那座我要描述的「小公館」。這幢建築和它周圍的土地，過去屬於著名的勒．布倫⑱。這位大畫家在修建這座房屋時，把他在裝飾和建築方面的精深造詣發揮和運用到了極致。這座房子後來又按原來的圖樣重新修葺過一次。房子不大，十分簡樸，但非常漂亮。由於它位於園林深處，在橘樹園和大池塘之間，很容易受潮，因此在房子當中加修了一道對柱式的明廊，上下兩層排柱，使房子的空氣流通，所以地勢雖低，但仍保持了乾燥。當你從對面的高處看這座房子時，彷彿它周圍都是水，好像是位於水中的一個迷人的小島，簡直就好像是馬熱爾湖內的波若美三個小島當中的那個名叫「美人島」的最美的小島。

這座僻靜的房子一共有四套居室，底層有舞廳、撞球間和廚房。主人要我在這四套居室中任選一套，我選了最小又最簡單的那一套，它位於廚房的上層，我連廚房也占用了。這套居室很乾淨，傢俱都是白色和藍色的，我就是在這個一邊是樹林、一邊是池水的幽靜環境裡，在各種各樣鳥兒的鳴囀聲中，聞著橘樹的花香，心醉神迷的撰寫《愛彌兒》第五卷的。這卷書中的清新色彩，大部分都來自我寫作的那個環境給我的鮮明印象。每天清晨日出時，我是多麼迫不及待的跑到明廊裡去呼吸帶有花香的空氣啊！在明廊裡

⑱ 勒．布倫（一六一九—一六九〇）：法國畫家，巴黎凡爾賽宮中的許多壁畫都出自他的畫筆。——譯者

和我的黛萊絲面對面坐著，喝味道極美的咖啡，是多麼愜意啊！我的那隻貓和那條狗陪伴著我們；我這一生有它們作伴就足夠了、就不寂寞了。在這座房子裡，我感到如同住進了人間的天堂，過著無憂無慮的生活，享受著無憂無慮的幸福。

盧森堡先生和夫人這年七月到蒙莫朗西小住期間，對我備致關懷，對我是那麼的親切，讓我感到住的是他們的房子，又受到他們優厚的款待，我就不得不經常去看望他們，作為對他們盛情的回報。我經常去，幾乎頃刻不離他們。上午去問候元帥夫人，就在她那裡吃午飯；下午與元帥一起去散步，但我不在他那裡吃晚飯，因為他的賓客太多，加上吃飯的時間又太晚。直到這時為止，一切都很順利，如果我能到此為止的話，就不會出現麻煩了。但是，在感情方面，我總不知道保持適中，應當適可而止，只簡單做一些一般社交應酬中應做的事就可以了。我對人處事，一向是要麼全心投入，否則就一點也不投入。不久以後，我開始全心投入了。眼見我受到那麼高貴的人的寵愛和稱讚，我便忘乎所以，對他們表示了一種只有與他們地位平等的人才能展現的友誼。我按照我的方式對他們表現得愈來愈親熱，而他們則按照他們的方式像往常那樣對我依然保持一般的禮數。我與元帥夫人在一起的時候，總感到不太自在，雖然我對她的性格還沒有摸透，但我對她的性格並不像我對她的才智那樣感到害怕。她使我又敬又怕的，是她的頭腦機敏過人，我知道她對與她談話的人十分苛求（她是有權這樣做的）。我知道：女人，尤其是貴婦人，都是希望人家取悅她們的，因此，與她們打交道時，寧可冒犯她們，也不可使她們認為你是一個令她們討厭的人。根據客人走了以後她對客人們的談話的評論就可以判斷出她對我不善言談的看法，似乎不佳。我想出了一個補救我在她面前說話遲鈍的辦法，這個辦法是：我讀書給她聽。她聽人談起過我的《茱莉》，她知道這本書正在印刷中，她急於想看到這部著作，我主動提出念給她聽，她同意了。每天上午十點左右我到她房間去，盧森堡先生也來，把房門關上，我坐在她床邊念。我對朗讀的時間和頁數都做了細緻的安排，即使後來不得不中斷*，也是夠他們這次小住期間聽的。這個辦法的成功，超過了我的預期。盧森堡夫人對《茱莉》和它的作者都入了迷，她口中談的盡是我，心裡想的也只是我，整天都對我說些誇獎的話，一天要擁抱我好幾次，在吃飯的時候，她一定要我坐在她旁邊。當某個客人想坐這個位子時，她就會告訴他那是我的位子，請他到別的位子去坐。我這個人，只要人家對我稍微有一點親切的表示，我就會感到受寵若驚，而盧森堡夫人用這麼親切的方式對待我，請大家想一想我心中將產生怎樣的感想啊！她愈是對我展現親切，我對她的敬愛之情便愈濃厚。不過，我也有我的擔憂，她雖對我這樣入迷，但我沒有足夠的使她永遠入迷的才情，因此我擔心她對我將由入迷變爲討厭。不幸的是，我的這種擔心是太有根據了。

在她的性格與我的性格之間，有一種本然的矛盾。除了在談話和信件中我說了許多蠢

---

* 由於一場大戰役的失敗，國王感到十分憂慮，因此立刻把盧森堡先生召回宮中去了。

話以外，即使在我和她相處得很好的時候，我發現也有一些事情使她感到不快，其中的原因，我想了很久也沒有想出來。在這裡，我只舉一個例子（其實，這樣的例子我可以舉出一、二十個）：她知道我正在給烏德托夫人抄一份《新愛洛伊絲》，按頁數付酬，她也想要一份，也是按頁數付酬。我答應了，並由此便把她視為我的顧客之一。我用非常眞誠的措辭寫了一封表示感謝的信給她。我的確是眞心感謝她，可是她的回信卻使我如墜五里霧中，不明白她到底是什麼意思（見卷宗C，No.43）。

星期二，於凡爾賽

我很高興，我很滿意，你的信使我高興極了，所以我馬上回信，向你表示感謝。

你信中有一段話說：「儘管你是一個很大方的顧客，我也不大好意思收你的錢。按理說，應當由我花錢買為你工作的樂趣才對。」對於這段話，我不想多說什麼。我感到遺憾的是，你信中一字未提你的健康狀況如何，再也沒有什麼事情比你的健康更讓我關心的了。我眞心喜歡你。眞的，用寫信的方式告訴你這些話，我心裡是很難過的。如果我能當面和你談，那該多好啊。盧森堡先生愛你，並衷心問候你。

一接到她這封信，我未細加思索便趕快寫了一封回信，對她誤解我的話表示不高興。在可想而知的不安的心情下，我仔細考慮了幾天之後，始終沒有弄懂她信中的意思。最後，我給她寫了如下一封信，作爲最後的答覆。

一七五九年十二月八日
於蒙莫朗西

上封信發出後，我又反覆把你信中提到的那段話思考了千百次，既按它本來的和自然的意思思考，也按別人可能的意思思考。我老實告訴你，元帥夫人，我不知道現在是我該向你表示歉意，還是你該向我表示歉意。

這幾封信，到現在已經時隔十年了。從那時以後，我還經常回憶它們，可是一直到今天，我對這件事情依然疑惑，看不出那段話中有什麼使她不快的地方，更看不出有什麼地方冒犯了她。

關於盧森堡夫人所要的那部《愛洛伊絲》手抄本，我要在這裡敘述一下我想了哪些辦法試圖使它具有比其他手抄本顯得更好的特點。我早先寫的那篇《愛德華·博姆斯頓紳士的愛情故事》是否作爲附錄全文收入我的《新愛洛伊絲》或者只摘錄其中的一部分，我是考慮了很久的。由於我覺得這篇東西寫得不太好，它的格調與書中的其他部分不甚協調，如果把它收入這部著作，便很可能損害書中動人、淳樸的愛情故事，所以我最後決定不收入⑲。自從我認識盧森堡夫人以後，我就又有了另外一個不收錄這篇文字的強有力的理由。這個理由是：在這篇愛情故事裡有一位羅馬的侯爵夫人，她的性情十分乖戾，這種性情的某些特點雖不能說盧森堡夫人身上有，但很可能被那些只聽說過夫人名字的人認爲是在影射她。我深深慶幸我做了這個決定並照辦了。但是，由於我一心想在給她的這個手抄本中添加一些其他手抄本中沒有的東西，於是，鬼使神差，我又想起了這篇糟糕的愛情故事，想把它摘要添加進去。這個想法眞糊塗透頂啊！若問我何以會做出這種荒唐事，那就只能用使我倒楣透頂的不由自主的宿命來解釋了。

邱比特想毀滅誰，就先使他頭腦發昏。

我簡直是傻透了，居然花那麼多工夫，非常細心的編寫這個故事的摘要，把它當作一個舉世罕見的珍本寄送給她，而且特意告訴她說原件我已燒毀，這個摘錄只供她一人看，除非

---

⑲《愛德華．博姆斯頓紳士的愛情故事》後來在《新愛洛伊絲》的各種版本中都作爲附錄全文收入。（見盧梭：《新愛洛伊絲》，李平漚譯，譯林出版社二〇〇二年版，第七百八十一—七百九十四頁）——譯者

她本人拿給別人看，其他任何人都是看不到的。然而，我這番聲明，不僅沒有達到表明我做事細心謹愼的用意，反而使她以爲我自己覺察到故事中的那些情節是有所指的，讓她對號入座知道那些話是衝著她說的。我竟蠢到了這種程度，還覺得我這樣做會使她感到高興呢！然而，使我大爲驚訝的是，她不僅沒有像我預期的那樣誇獎我，而且對於我寄給她的那份摘錄始終無一句話提及。而我，在這件事情上的做法一直是感到非常滿意的，只是在很久以後，從其他跡象才看出它產生的後果。

爲了把給她的這個手抄本做得更好，我還有另外一個想法。這個想法雖然比較合理，但從長遠的後果來看，對我還是不利的。一個人命中註定該倒楣，一切掃興的事全都來了！我想給這個手抄本配上幾幅《茱莉》插圖中的木刻畫（它們的尺寸與這個手抄正好一樣）。於是，我就向果安德索要那些插圖的原稿，因爲，無論從哪方面說，它們都歸我所有，何況我已經把十分暢銷的木刻畫的收益全都給他了。果安德很狡猾，而我卻不狡猾。他見我多次催畫稿，便知道我要拿原稿去做什麼，因此藉口要爲這些畫增加裝飾，就把它們留在他那裡，最後由他本人交給元帥夫人。

作詩的是我，而坐收名利的是別人。

這樣，就使他可以以某種身分進入盧森堡元帥府邸。自從我搬進小公館以後，他經常來看我，特別是盧森堡元帥和夫人在蒙莫朗西的時候，他總是一大早就來。因爲要陪他待一整天，我就沒有時間到元帥那邊去。他們責怪我，我就把原因告訴了他們，於是，他們讓我把果安德也帶去，我照辦了。這正是這個狡猾的傢伙要達到的目的，這個在德魯松的店鋪裡只是在主人沒有客人的時候才偶爾讓他與主人同桌用餐的小夥計，由於人家對我特別好，便愛屋及烏也請他一同入席，就這樣，他一下子就與法蘭西王國元帥、親王、公爵夫人和宮中的官員同桌用餐了。我永遠也不會忘記，有一天他有事要一早回巴黎去。於是，元帥飯後對所有在座的人說：「我們到聖丹尼那條路上去散散步，送一送果安德先生。」這小子受寵若驚，被弄得暈頭轉向，不知道如何應答才好。我也很受感動，激動得一句話也說不出來。我跟在後面，像一個小孩子似的哭了起來，眞想去吻一吻這位好元帥的腳印。一談到這個手抄本前後經過的故事，就連帶把一些後來發生的事情也提前在這裡敘述了。現在，還是讓我們回過頭來就我的記憶按時間順序敘述其他的事情。

我在蒙路易的那間小房子一修好就搬回去住了。我把它布置得整整齊齊，十分簡樸。在離開退隱廬時，我就下了一個決心：我要有一套屬於我自己的住所。這個決心我永遠不會改變，但我同時又捨不得丟下我在小公館的那幾間屋子，因此我把小公館的鑰匙留下。由於我常常回想起在明廊裡吃別有風味的早點，我就常到那裡過夜，有時一連住兩、三天，把小公館當作了我的鄉間別墅。那段時間，我也許是歐洲居住得最好和最舒適的老百姓了。我的房東馬塔斯先生是世界上最好的好心人。他把蒙路易的修繕工作完全交給我作主，並由我安排他的工匠的工作，他一概不過問。於是，我決定把二樓那個大房間改成一個臥室、一個套間和一個衣帽間；一樓是廚房和黛萊絲的臥室，花園盡頭處的那間小屋就是我的寫作室，有一扇很好的玻璃窗，還有一個壁爐。我安頓好以後，因一時高興，在已經有兩排枝葉繁茂的椴樹的高地上又再種了兩排。這樣，在我的寫作室的周圍都有綠蔭環抱。我還在高地上放了一個石桌和幾個石凳，周圍種了丁香、山梅和忍冬。我還砌了一個很漂亮的花壇，與兩排樹平行。這塊高地比府邸中的那塊高地略高一些，景色很漂亮，招來了許多小鳥。它成了我的客廳，可以好好的接待盧森堡先生和夫人、維爾赫瓦公爵、丹格里親王、阿爾芒蒂埃爾侯爵、蒙莫朗西公爵夫人、布弗勒公爵夫人、瓦朗蒂路瓦伯爵夫人、布弗勒伯爵夫人和其他一些同樣顯赫的客人。他們不惜力氣走那麼一段很累人的山路，從元帥家到蒙路易來看我。他們之所以多次來看望我，都是出於盧森堡先生和夫人對我的關懷。我感覺到了這一點，我的心對他們表示由衷的感激。有一次在激情衝動難以控制的情況下，我抱住盧森堡先生對他說：「啊！元帥，在認識你之前，我本來就是恨大人物的；在你使我深深了解他們原來是那麼善於欺世盜名之後，我就更恨他們了。」

凡是在這個時期同我交談過的人，我都要問一問他們：他們可曾見過我有一時一刻被這種耀眼的光焰迷惑過？人們對我的恭敬可曾有一時一刻沖昏了我的頭腦？他們可曾見過我為人不表裡如一了？可曾見過我的舉止言行就不那麼樸實、對人就不那麼和藹、對左鄰右舍就不那麼親切了？可曾見過我因為那些川流不息的不速之客曾經給我帶來許多麻煩，我在能幫助他們的時候也不幫助他們了？儘管我對蒙莫朗西那座府邸中的兩位主人有一種眞誠的愛戴之情，因此我的心常促使我到元帥家中去，但是，我的心也同樣促使我常常到鄰居家去品嘗那種平靜和簡樸的生活。對我來說，離開了這種生活，我便無幸福可言。黛萊絲和一個泥瓦匠（我的鄰居皮耶爾）的女兒成了朋友，我也和那個泥瓦匠締結了友誼。上午，爲了使元帥夫人高興，我在她家中拘謹用完午餐之後，下午便急忙跑去看皮耶爾；而且，有時候在他家裡，有時候在我家裡，與這個忠厚的泥瓦匠家的人一起吃晚飯。

除了這兩個住所以外，我不久以後在盧森堡府中又有了第三個住所。府中的主人催我去看望他們，有時候是那麼急切的催我，以致使我儘管不喜歡巴黎也不得不去。自從我到退隱廬以後，我就只有已經在前面說過的那麼兩次去過巴黎，是按約定的日期去的，而且純粹是爲了與友人共進晚餐而去的，第二天上午就離開巴黎回家。我進出都是經過面對大街的那座花園，所以嚴格說來我的腳沒有踏上巴黎的街道。

正是在這短暫的諸事如意的順利時期，那場宣告這一時期即將結束的災難已在醞釀之中。我搬回蒙路易不久便新結識了一個人。和以往一樣，這個人也不是由我主動結識的，而且，和這個人相識，在我的一生中具有里程碑的意義。各位讀者可以根據我在後面的敘述判斷我與這個人的交往對我到底是福還是禍。我的這個新交，是我的鄰居韋爾德蘭侯爵夫人，她的丈夫最近在斯瓦西買了一幢鄉間別墅，離蒙莫朗西很近。她出嫁前的原名叫達爾斯小姐，是達爾斯伯爵的女兒。這位伯爵雖有地位，但家境很窮，便把他的女兒嫁給了韋爾德蘭先生。這個韋爾德蘭又老又醜、耳朵又聾、性情粗暴、還愛吃醋，臉上有個刀疤，還瞎了一隻眼睛。不過，只要順著他的脾氣與他打交道，他還眞是一個好人。他每年有一萬五到兩萬利弗爾的收入，達爾斯伯爵就是衝著他這筆收入而把女兒嫁給他的。這個老傢伙成天嚷嚷發脾氣叫罵不停，弄得他的妻子終日以淚洗面，然而到最後，還是一切由她說了算，她要他做什麼，他就做什麼，這時就輪到她發火了，她硬要他承認是他願意這麼做的，而不是她要他這麼做的。我在前面提到過的瑪爾讓西先生是韋爾德蘭夫人的好朋友，後來又成了韋爾德蘭先生的朋友。幾年前，他把他在奧波納和昂迪利附近的瑪爾讓西莊園租給他們。我與烏德托夫人相戀那段期間，他們就住在那裡。烏德托夫人和韋爾德蘭夫人相識，是由她們兩人共同的朋友多布德爾夫人介紹的。由於烏德托夫人喜歡到奧蘭普山去散步，必須經過瑪爾讓西莊園的花園，所以韋爾德蘭夫人便給了她一把鑰匙，讓她打開花園的門，從那裡過路，有了這把鑰匙，我和烏德托夫人便經常路過花園。不過，我不喜歡碰見什麼人，所以，當偶爾在路過花園的時候碰見韋爾德蘭夫人，我就讓她們兩人走在一起，我一句話也不跟她說，一直往前走，這不太禮貌的態度，當然不會使她對我有好的看法。然而，在她搬遷到斯瓦西以後，她還是主動到我家來看我，她到蒙路易來了好幾次，我都不在家，沒有見到我，而我又沒有去回拜她。於是，她想了這麼一個逼我非去回拜訪她不可的辦法：她送來了幾盆花給我，讓我裝點那塊高地。這一下，我只好到她家去向她表示感謝。麻煩就從此開始了，因爲我們這樣一來一往便打上了交道。

我們的來往一開始便麻煩多多，凡是我身不由己而進行的交往，都是如此。韋爾德蘭夫人的性情和我的性情格格不入。她的怪話和俏皮話往往脫口而出，必須時時注意，才能察覺到你是不是被她嘲弄了。這對我來說，眞是防不勝防，挺累人的。我想起一件小事，就足以說明這一點。她的哥哥最近被任命爲一艘三桅戰艦的艦長，在海上巡邏，防範英國人，因此，我就談到如何裝備這艘戰艦而又不影響它的輕快。她以極平淡的聲調說道：「是呀，裝上幾座夠打仗用的大砲就行了嘛。」我很少聽到她在背後說一個朋友的好話而不同時加進幾個譏諷的詞。對人對事，她不是往壞處想，就是往可笑之處想，就連對她的朋友瑪爾讓西也不例外。我覺得她還有這麼一點是令我受不了的，她總是三不五時或者捎個口信，或者是寫封短信，或者送點小禮物給我，弄得我不堪其煩，必須花許多時間和精力回信給她；至於她送我的禮物，我眞不知道是收下還是拒絕，搞得我左右爲難。不過，由於我經常與她見面，結果使我愛上了她。她有苦無處說，我也是有苦無處說，於是，我們覺得兩人幽會相互吐露衷腸是很有興味的。再也沒有什麼東西是比相對而泣流下的熱淚更能把兩個人的心聯繫在一起的了。我們時時相見，互相安慰，而讓我把許多不愉快的事情都忘記了。我對她雖然非常眞誠，但態度有些生硬，有時候甚至不夠尊重；我深深知道要非常尊重她，然後才能使她眞正原諒我。我有時候也寫信給她，而她在回信中從來沒有一句話表示她生我的氣。我從我寫給她的信中舉一個例子如下：

一七六〇年十一月五日

於蒙莫朗西

夫人，你對我說你沒有把話說清楚，其實，你的意思是要我知道我的話沒有說清楚。你在信中談到了你做了一些所謂的蠢事，實際上是要我明白我做了蠢事。你自誇你是一個老實膽小的女人，好像你擔心別人眞的把你看做一個老實膽小的人。你向我表示歉意，目的是要我知道我該向你表示歉意。是的，夫人，我很清楚，愚蠢的人是我，糊裡糊塗的人是我；如果可能的話，更糟糕的是，我不善於斟酌詞句，不能使你這樣一個注意人家的談吐而自己又善於詞令的漂亮的法國貴婦人聽了高興。不過，你要知道，我歷來是按照語言的一般意義來使用它們的。我不懂而且也不想懂巴黎上流社會給它們添加的高雅含義。如果有時候我的話意思含混、不夠清楚，那麼，我就一定會儘量用行動來表達它的意思。……

這封信的其餘部分，也是這種語氣。請各位看一看她對我這封信的回信（卷宗D，No.41）就可看出這個女人的心是多麼令人難以置信的冷靜。她沉得住氣，對我這樣一封信竟毫無慍意，不但信上沒有怨言，而且當面也沒有向我表露過不滿的臉色。果安德是什麼事情都做得出來的，他竟膽大到不知羞恥的程度。凡是我的朋友，他都千方百計找機會去巴結，他以我的名義跑到韋爾德蘭夫人家去，而且背著我到她家去的次數比我去的次數還多。這個傢伙眞不害臊，他以我的名義到我的朋友家去，一去就不走，厚著臉皮要飯吃。他說他滿腔熱忱爲我效勞，一談起我就直流眼淚，可是他在見到我時，卻對他到我朋友家去的情況一字不提；對我想知道的事情，更是守口如瓶，不僅不把他聽見的或看見的有關我的事情告訴我，反而來向我打聽、問這問那。巴黎的事情，除了我告訴他的那些以外，他什麼也不知道。雖然大家在我面前都談到他，而他在我面前卻不談任何一個人。我是他的朋友，而他對我總是表現出一副很詭祕的樣子。好了，現在讓我們把果安德和韋爾德蘭夫人暫時撇在一邊，等到以後再談。

我回蒙路易不久，畫家拉都爾來看我，並把他用粉筆畫的我的畫像也帶來了。這幅畫像幾年前曾經在展廳裡展覽過，他想把它送給我，我當時沒有接受。埃皮奈夫人把她的畫像送給我，並要我把拉都爾畫的我的畫像送給她，因此要我去把這幅畫像要回來。爲此，拉都爾又花了一些時間把畫像修改了一番。就在這期間，我與埃皮奈夫人決裂了。我把她的畫像退還給了她，而我的畫像也就自然不給她了。後來，我在小公館居住期間，我把它掛在我的臥室內。盧森堡先生看見了，認爲畫得很好，於是我表示願意把它送給他。他接受了。我派人把畫像送到他家。他和盧森堡夫人都覺得我一定會喜歡有一幅他們的畫像，於是請繪畫高手畫了兩幅小畫像，嵌在六個用水晶石製作的金邊糖果盒上，作爲一份珍貴的禮物送給我，我高興極了。盧森堡夫人不怎麼喜歡把她的畫像嵌在盒子的上方，她多次責備我愛盧森堡先生勝過愛她；對此，我並未否認，因爲這是事實。她在嵌放畫像的位置上做文章，很婉轉但是很明白的向我表示她對我偏愛盧森堡先生是有意見的。

差不多也就是在這個時候，我又做了一件不利於我保持她對我的恩寵的蠢事。儘管我從來沒有與希魯埃特先生⑳見過面，對他毫無喜愛之意，但對於他採取的措施，還是很佩服的。當他開始對金融家施加壓力的時候，我雖然看出他的這一舉動作得不是時候，但我還是十分希望他成功。當我得知他被撤了職，我還憑我的一股傻勁寫了如下一封信給他。這封信，我抄錄在這裡，當然不是爲了表明我做得對。

一七五九年十二月二日

於蒙莫朗西

先生，請惠於接受你不認識的一個離群索居的孤獨的人對你表示的敬意。這個孤獨的人，你雖不認識，但他對你的才能十分讚賞，對你採取的措施非常欽佩。他早就料到你採取的那些措施將使你的任期不會長久。由於你

⑳ 希魯埃特（一七〇九—一七六七）：一七五九年三月至十一月只擔任了九個月的財政總監，便被路易十五免職。——譯者

知道首都的豪奢使國家陷於困境，不削減首都的靡費，就不能挽救國家。因此，你不顧那幫唯利是圖的人的叫囂而大膽採取那些措施。此前，看見你打擊那些壞蛋，我羨慕你身居這個位置作出了一番事業；如今看見你離開這個位置，我不改初衷，仍然甚至更加對你十分欽佩。先生，你應當感到高興，因爲你這一任官職爲你帶來了永遠享受不盡的盛名，而無人與你競爭。壞人的咒罵乃是正直的人的光榮。

盧森堡夫人知道我寫了這麼一封信以後，在復活節到蒙莫朗西來時，便和我談起這件事。我把信稿給她看了，她要我抄一份給她，我照辦了。但是，在我把抄件給她的時候，我不知道她就是我信中所說的「唯利是圖的人」之一，正是這些人反對希魯埃特提出的土地轉租的辦法，因而聯合起來把他趕下了臺。從我做的這許許多多蠢事來看，人們也許會說我是存心招惹一個既和藹可親而又有勢力的女人恨我。但事實上，我對這個女人是一天比一天更加敬愛。雖然我做了許多傻事，使我很有可能失寵於她，但我絕對沒有故意惹她生氣的意思。現在，我認爲用不著多費筆墨，人們從我在本書上冊中講的特農香先生的鴉片製劑那個故事，就可推測到她對我的態度；故事中提到的另外一個貴婦人，是米爾普瓦夫人，她們兩人對我都沒有再談過這件事情，絲毫沒有把這件事情放在心上。不過，盧森堡夫人是否眞的把這件事情完全忘記了，我覺得，從以後發生的事情來看，就很難說了。至於我，對於我做的那些蠢事的後果一直是糊裡糊塗，從來沒有考慮過，因爲我心裡明白，沒有一件事情是爲了故意冒犯她而做的。我萬萬沒有料到女人是永遠不會原諒這樣的事情的，即使她們明明知道人家是無心做的，她們也不會原諒。

是的，儘管她表面上好像什麼也沒有看到，什麼也沒有感覺到；儘管我發現她對我依然是那麼殷勤，在態度上也沒有任何變化，但我有一種愈來愈有根據的預感：她對我關懷備至的感情將變成對我感到厭煩。一想到這點，我就害怕不已。這麼一個顯赫的貴婦人，我能指望她對我行事的愚蠢永遠忍耐嗎？我不知道我是否應當把這種忐忑不安、悶悶不樂的隱憂永遠埋在心裡，永遠不告訴她。讀者從下面這封包含著一個奇特的預言的信中就可看出我是多麼的愚蠢。

〔注：這封信的草稿上沒有標明日期，至遲是一七六〇年十月寫的。〕

……你們對我的盛情是多麼有害啊！一個遁世者之所以拋棄生活中的樂趣，爲的是擺脫生活中的煩惱。你們爲什麼要打擾他的安寧呢？我花了畢生之力尋求堅實的友誼，但結果是徒勞無功。既然我在我能夠接觸的社會環境中都未曾獲得這種友誼，難道在你們這種環境中我能獲得嗎？我沒有野心，也不貪戀錢財；我既不好虛榮，也無所畏懼。我什麼都能抵抗，就是抵抗不住友情的關懷。你們兩位爲什麼要針對我這個應當加以克服的弱點進攻呢？我們的地位如此懸殊，你們雖然待我以眞情，但也無法使我的心和你們聯結在一起。對於一顆不知道有兩種表達方式而只能感受友誼的心來說，單有感激之情就夠了嗎？友誼難尋呀，元帥夫人，唉！這正是我的不幸！對你和對元帥來說，這個詞兒用起來雖然是很漂亮的，但如果我信以爲眞，我就太糊塗了。你們逢場作戲，而我卻眞心實意，戲終人散，平添幾多愁悵。你們的那些頭銜，我簡直是恨透了，我眞遺憾，你們竟擁有那麼多頭銜！我覺得你們能領略一下平民生活的樂趣，才好啊！你們要是住在克拉朗就好了！你們住在那裡，我就會到那裡去尋找我的幸福了。可是你們住在蒙莫朗西元帥家，住在盧森堡公館，這哪裡是我尚－雅克應去的地方呢？一個愛平等的人能把多情的心中的愛帶到這些地方去嗎？用這種方式對人家向他表示的敬意給予回報，就與他所受到的愛相等了嗎？我知道而且也親身體驗到你們是很慈祥的和重感情的。我感到惋惜的是我未能早日體驗到這一點。但是，在你們所處的這個地位，按照你們的生活方式，任何事物都是不可能留下持久的印象的，許多新奇的事物是那麼必然的要互相抵銷，以致任何一種事物也不可能長久存在。夫人，在你使我無法仿效你們那種生活方式之後，請你把我忘掉。我的不幸，大部分是你造成的，因此，你是不可原諒的。

我在信中把盧森堡先生與她拉扯在一起，是想使她對信中的話不至於感到太生硬。我對盧森堡先生是非常有信心的，對他的友誼的持久性從來沒有片刻的懷疑。元帥夫人使我感到的疑懼並未使我因此便疑懼元帥本人。我從未對他有半點不信任的感覺，他的性格雖軟弱，但卻是喜怒不形於色，十分平和的。我既不擔心他對我會變得冷漠，也不指望他對我有狂熱的感情。我們在一起的時候，彼此都感到無拘無束，這就顯示我們是多麼的互相信賴啊。我們兩人都做得對，我在有生之日將永遠尊敬和愛戴這位德高望重的大人物。儘管有些人想離間我們，但我深深相信他至死都是我的朋友，而我也將在他臨終之時守在他身邊。

在他們一七六〇年第二次到蒙莫朗西小住期間，我爲他們把《茱莉》全部朗讀完了。爲了能常在盧森堡夫人身邊，我接著便爲她朗讀《愛彌兒》，但不甚成功。推究其原因，不是由於這部書的內容不大合她的胃口，便是由於讀得太多，使她感到乏味了。她常常責備我甘願受書商的欺騙，她要我把這本書的出版工作交給她去做，以便使我可以多得一些收益，我同意了，但提出了一個明白具體的條件，那就是：不在法國印刷。在這一點上，我們爭論了很久。我的看法是，我認爲此書的出版不可能得到官方的默許，甚至連請求默許也是不明智的；我不願意未經許可便在法蘭西王國印刷。而她的看法是，按照當時政府制定的辦法，即使正式送去審查，也是不會遇到什麼麻煩的。她居然使瑪律澤爾布先生也贊同了她的觀點。瑪律澤爾布先生就這件事情親筆寫了一封長信給我，說：《一個薩瓦省的牧師的信仰自白》㉑是一篇到處都將得到贊許的文章，因此，從各方面看，也將得到宮廷的贊許。我看到這位一向事事較眞的官員在這件事情上竟變得如此好商量，眞有點吃驚。既然一本書的出版只要經他批准便是合法的，我便不再提什麼意見了。不過，爲了以防萬一，我仍然堅持這本書稿也要拿到荷蘭去印刷；我不僅指定了由書商勒歐姆承印，而且還把這件事情直接寫信告訴了他。此外，爲了照顧法國書商的利益，我還同意這一版一印出，便可在巴黎或任何其他地方開始發行，因爲它的銷售與我無關。盧森堡夫人和我商定的，就是這些，商量妥當之後，我就把書稿交給她了。

她這次到蒙莫朗西，把她的孫女兒布弗勒小姐（即現在的洛贊公爵夫人）也帶來了。她的名字叫阿梅麗，人長得非常漂亮，身材苗條，性格溫柔，表情帶著童貞的羞怯。再也沒有誰的面貌比她的面貌更清秀和更可愛的了；再也沒有哪個小姐比她更能引起人們更溫馨和更純潔的愛憐了。那年，她不到十一歲，還是個孩子，元帥夫人覺得她過於靦腆，便想盡辦法使她變得更活潑一些。夫人幾次要我吻她，我就帶著平時那種呆呆板板的樣子吻她。要是換成另外一個人，在吻她的時候一定會做出一些高雅的表情和說出一些好聽的話，可是

㉑ 見盧梭：《愛彌兒》，李平漚譯，商務印書館二〇〇七年版，下冊，第三百七十七—四百五十七頁。——譯者

我卻呆若木雞，一句話也說不出來。我不知道是誰更感到害羞，是那個可愛的小小姐呢？還是我？有一天，我在小公館的樓梯上碰見她。她剛去看過黛萊絲，她的保姆還在和黛萊絲聊天。由於我不知道該對她說什麼，便提議吻她一下。儘管當天早晨她奉她祖母之命並當著她祖母的面已經接受過我的親吻了，但她一片天眞，沒有拒絕我再次吻她。第二天，我坐在元帥夫人的床邊爲她讀《愛彌兒》時，正好讀到有一段話所批評的就是我昨天所做的事情。㉒夫人覺得那段話講得很好，而且發表了一些很中肯的意見，這使我羞得滿臉通紅，我咀咒我這不可饒恕的愚蠢行爲，儘管我只是因爲愚蠢和一時不知道如何應對才不得已而做的，但它在別人看來就是一種卑鄙的犯罪行爲；人們甚至會把這種「愚蠢行爲」說成是一個聰明人爲掩飾其罪行而編造的推託之詞。我可以斷言：在這如此之應受譴責的一吻中，與其他的親吻一樣，阿梅麗小姐的心和感官也並不比我的心和感官更純潔；我甚至可以發誓，當

㉒ 盧梭此次吻這個小小姐，不是當著元帥夫人的面吻的，嚴格說來，這是背著元帥夫人做的「放肆行爲」。在《愛彌兒》第五卷中有一段話批評的，就是這種行爲。這段話是這樣說的：「你（指愛彌兒）問一問你的朋友（指愛彌兒的老師），請他告訴你有哪些應守的規矩；他將告訴你，在父親和母親當面許可的嬉戲的行爲和背著他們放肆胡鬧的行爲之間有什麼區別。背著他們胡鬧，不僅濫用了他們的信任，而且還把濃厚的情誼變成了一種害人的陷阱。……」（盧梭：《愛彌兒》，李平漚譯，商務印書館二〇〇七年版，下冊，第六百四十九頁）——譯者

時，如果我能躲開她，我是一定會躲開她的，這倒不是因爲我不願意見到她，而是因爲我臨時找不到一句得體的話對她說。一個小小姐怎麼就把一個連國王的權威都不怕的人嚇成這個樣子呢？這怎麼得了呢？沒有一點臨機應變的能力，怎麼辦？如果硬要我與路上碰見的人說話，我肯定是會說出許多傻話的。如果我一句話不說，人家就會把我當成是一個性格孤僻的人、一頭野獸、一隻狗熊。如果我眞的是一個百分之百的白痴，這反而對我有利；而我在交際場合中缺乏的才能，反而把我獨有的才能變成了毀滅我的工具。

在這次小住快要結束的時候，盧森堡夫人做了一件好事；其中我也盡了一份力。狄德羅太不小心了，竟然得罪了盧森堡先生的女兒羅伯克王妃。因此，王妃所庇護的帕里索便寫了一部題爲《幾個哲學家》的喜劇，替她報復。在這部喜劇中，我成了一個被人嘲笑的角色，而對狄德羅更是挖苦到了極點。帕里索之所以沒有那麼挖苦我，據我揣測，其原因倒不是由於他對我心存感激，而是由於他怕得罪他的保護人的父親㉓。他知道他的保護人的父親是很喜歡我的。書商杜什納（那時我還不認識他）在這部喜劇出版以後寄了一本給我。我懷疑這是帕里索叫他寄給我的。他以爲我看到我與之決裂的那個人㉔被攻擊得體無完膚會感

㉓ 指盧森堡元帥。——譯者

㉔ 指狄德羅。——譯者

到高興。他錯了。其實，狄德羅這個人並不壞，他的缺點是說話和做事往往欠考慮，性格比較軟弱。我雖與他分道揚鑣了，但我心中對他依然保持著依戀之情，甚至還抱有敬意，對我們昔日的友誼仍然是十分珍惜的。我深深知道，我們的友誼在很長一段時間裡彼此都是很眞誠的。格里姆就完全不同了，此人極其虛僞，從來沒有愛過我，他甚至根本就不懂得什麼叫愛。他沒有任何一個可以抱怨我的理由。他之所以戴著假面具肆無忌憚的惡毒誣衊我，純粹是出於他那邪惡的嫉妒心。對我來說，格里姆早已從我心中消失，而狄德羅則始終是我的老朋友。因此，在看到這個可惡的劇本時，我火冒三丈，愈來愈生氣，沒有看完，我就把它退還給杜什納，並附上如下一封信：

先生，我匆匆翻閱了一下你寄給我的這個劇本。看到我在劇中受到稱讚，簡直把我氣得全身發抖。我不能接受這個可憎的禮物。我深深相信，你寄贈給我並不是爲了侮辱我。但是，你不知道，或者你忘記了，我曾經很榮幸的是那個在這個劇本裡遭到惡毒歪曲和誹謗的可尊敬的人的朋友。

一七六〇年五月二十一日

於蒙莫朗西

杜什納公開發表了這封信。狄德羅本應受到感動，可是他反而大爲光火。他氣量狹窄，不能原諒我這種心胸寬闊以友情爲重的做法。他的妻子到處說我的壞話，語言雖惡毒，但我並不生氣，因爲我知道她是一個人盡皆知的說話粗野的女人。

現在輪到狄德羅來還擊了。他找到了一個替他出氣的人。這個人就是莫赫勒神父。這位神父模仿《小先知》的筆調寫了一本攻擊帕里索的小冊子，標題是《幻想》㉕。他在這本小冊子中出言不遜，冒犯了羅伯克夫人。夫人的朋友們便把神父關進了巴士底獄。其實，羅伯克夫人並不是一個報復心很強的女人，何況她那時已臥床不起，病得很重，我深信她沒有插手這件事情。

達朗貝爾和莫赫勒神父的關係非常密切。他寫了一封信給我，要我請盧森堡夫人從中關說，釋放莫赫勒，並承諾在《百科全書》裡撰文稱頌夫人。這封信，還有其他一些信，在盧森堡公館遺失了。當時，我的文稿和書信都是存放在那裡的。以下是我的回信：

先生，在收到你的來信之前，我已經向盧森堡元帥夫人表達過我對莫赫勒神父被關押一事所感到的難過心情。她知道我對這件事情很關心，也知道你對這件事情很關心；只要她知道莫赫勒神父是一個有德有才的人，她本人

㉕《幻想》是簡稱，全題是《喜劇〈幾個哲學家〉的序言，或：夏爾·帕里索的幻想》。——譯者

就會主動對此事表示關心的。不過，雖然她和元帥先生對我禮遇甚周，足慰一生；雖然一提到你的朋友的名字就足以引起他們的注意，而對莫赫勒神父表示關懷，但我不知道他們這一次將如何利用他們的地位和威望才有利於這件事情的解決；我眞的不相信這次報復行爲是你想像的那樣與羅伯克王妃有關係，即使有關係，也不是像你想像的那麼大，更不能說報復之樂是只有哲學家才有的；既然哲學家行事像女人，那麼，女人行事也會像哲學家的。

等我把你的信給盧森堡夫人看過之後，看她如何表態我再告訴你。不過，以我對她的了解，我可以預先告訴你，即使她願助一臂之力，使莫赫勒神父早日獲釋，但她絕不會同意你在《百科全書》中撰文感激她，儘管她會引以爲榮，因爲她做善事，不是爲了贏得人家的讚美，而是爲了滿足她的善心。

我不遺餘力地想盡辦法鼓動盧森堡夫人的熱心和同情，去爲那個可憐的囚徒奔走呼籲，結果成功了。由於她要回凡爾賽專程去和聖弗洛朗丹伯爵商談此事，所以她縮短了她在蒙莫朗西小住的時間，而元帥也要在這個時候離開蒙莫朗西到盧昂去，國王已任命他擔任諾曼第的總督，因爲那裡的議會有些騷動，需要派人去加以控制。以下是盧森堡夫人在啓程之後的第三天給我寫的信（卷宗D，No.23）：

星期三於凡爾賽

盧森堡先生已於昨天早晨六點動身。我不知道我是不是也要去那裡。我等他的消息，因爲他本人也不知道在那裡要待多長時間。我已和聖弗洛朗丹先生談了，他已滿口答應幫莫赫勒神父的忙。不過還存在一些障礙，他希望下周晉見國王時能加以消除。我還替神父求情，不要把他趕出巴黎，因爲已經有人提出要把他放逐到南錫。先生，我得到的結果就是這些。不過，如果事情不像你希望的那樣解決，我是不會讓聖弗洛朗丹先生停止努力的。現在我要告訴你的是，我那麼早就離開你，心中是很難過的；不過，我感到慶幸的是你對這種難過的心情是不會沒有同感的。我衷心愛你，我這一生永遠愛你。

過了幾天，我收到達朗貝爾如下一封信，使我感到滿心歡喜（卷宗D，No.26）：

八月一日

親愛的哲學家，由於你的努力，神父已從巴士底獄出來了。他雖被關押了一些時候，但無其他後果。他明天要到鄉下去，他和我一起向你表示衷心的謝忱和敬意。再見，祝你諸事順利，並請時時想到我。

幾天之後，神父也給我寫了一封感謝信（卷宗D，No.29），我覺得他這封信似乎不是出自眞心實意寫的，而且對我給他幫的忙，好像有不值一提之意。又過了一些時候，我發現達朗貝爾和他在盧森堡夫人面前雖說不上是已取代我，但可以說是也占有了與我同樣的位置。我在她面前失去了多少寵愛，他們在她面前就爭取到了多少寵愛。不過，我並不認爲這是莫赫勒神父從中搞鬼，因而使我失寵。我太敬重他了，因此我不會懷疑他。至於達朗貝爾先生，我在這裡暫時不談，等到以後再說。

就在這個時候，我又遇到了另外一件事情，它牽扯到我以前給伏爾泰先生寫的一封信。他對那封信大爲不滿，怨氣沖天，好像是受了什麼大侮辱似的，但他又從不把那封信給人家看。現在，讓我在這裡替他做他不願意做的事情。

我和特魯布勒神父認識，但不怎麼熟，見面的次數不多。一七六〇年六月十三日他給我寫了一封信（卷宗D，No.11），告訴我說他的朋友福爾梅先生在其主編的刊物㉖上刊登了我就里斯本大災難㉗一事寫給伏爾泰的信。特魯布勒神父向我打聽這封信是在什麼條件下發表的，並問我如果再次發表，我有何意見，但他又不把他的意見告訴我。由於我對這些玩弄

㉖ 指德國柏林科學院常務祕書福爾梅主編的《科學與風俗的現狀通訊》。——譯者

㉗ 指一七五五年十一月一日發生在里斯本的一場大地震。——譯者

花招的傢伙簡直是恨透了，所以在回信中把該表示的感謝之類的客套話說完以後，其他的話就不甚客氣了，而且語氣之強硬，他是一定會感覺得到的，但這也未能阻止他厚著臉皮又給我寫了兩三封信，直到他打聽到了他想打聽的一切情況爲止。

我很清楚，不管特魯布勒神父怎麼說，福爾梅得到的那封信都不是印刷的。第一次印那封信的人就是福爾梅。我早就知道他是一個厚顏無恥的剽竊者，雖說他還沒有膽大妄爲到把已經出版的書的作者的名字換成他的名字，但他的確曾肆無忌憚用別人的作品去牟利。* 不過，那封信的原件是怎麼到他手裡的呢？問題就在這裡。不過，這個問題不難解決，只怪我頭腦簡單，所以才覺得十分麻煩。儘管伏爾泰在那封信裡備受稱頌，儘管他爲人處事不大忠厚，但是，如果我沒有得到他的同意就讓人發表那封信，他還是有充足的理由大發牢騷的。因此我決定寫信跟他談這件事情。這封信的全文如下。對於這封信，他一直沒有回信，這封信必然會惹他生氣而使他不高興的，他很可能氣得火冒三丈，七孔生煙的。

一七六〇年六月十七日

---

* 他後來用《愛彌兒》去牟利，就是一例。㉘關於福爾梅用《愛彌兒》去牟利的問題，請參見商務印書館二〇〇七年出版的《愛彌兒》上冊第六頁譯者所加的註腳①。——譯者

於蒙莫朗西

先生，我本來是不想和你有書信往來的。但是，由於獲悉我一七五六年寫給你的那封信在柏林向外界公開發表了，因此，我應當把我當時在這件事情上的做法既眞實又簡要的寫信告訴你。

那封信是不供發表的，因爲它已清清楚楚表明是寫給你個人的。我曾以保守祕密爲條件，抄送給了三個人。由於友誼的驅使，我不得不這樣做。同樣，由於友誼的驅使，這三個人也沒有權利違背他們的承諾而濫用我抄送給他們的信。這三個人是：杜賓夫人的兒媳舍農索夫人、烏德托夫人和一個名叫格里姆的德國人。舍農索夫人曾希望發表這封信；她徵求我的意見，我告訴她這要由你決定。她問過你，你拒絕了，這件事情也就作罷了。

我與特魯布勒神父沒有任何聯繫。最近他寫信給我，以非常關切的語氣告訴我說他收到了福爾梅先生寄給他的一份刊物，刊物上登載了那封信，並在編者一七五九年十月二十三日加的按語中說是幾個星期前在柏林的幾家書店裡發現的，還說什麼由於這類活頁式的印刷品很快就會消失得無影無蹤，因此他認爲他應當把它登載在他主編的刊物上。

先生，關於這件事情，我知道的情況就是這些。可以肯定的是，到現在爲止，在巴黎還沒有任何人聽說過那封信，同樣可以肯定的是，落在福爾梅手中的那一封，無論是原件還是印刷本，只能是從你（這似乎不大可能）或者是從我前面提到的那三個人中之一傳出去的。尤其可以肯定的是，那兩位夫人是不可能做這種違背諾言的事的。我在我隱居的鄉間無法知道更多的情況。你交遊甚廣，如果你願意的話，而且認爲值得查個水落石出的話，你可以利用你的各種關係把這件事情追根溯源，查個一清二楚。

特魯布勒神父還在信中告訴我，他將把他手中的那份刊物保存起來，未經我的同意就絕不外傳。我當然是不會同意的，不過，這個刊物在巴黎並不是只有他那一份。先生，我希望那封信不要在巴黎印行，我將盡我的一切力量加以阻止。但是，如果我無法阻止它在巴黎發表，如果我能及時知道我有權優先發表的話，我將毫不猶豫的由我自己印行，我覺得這樣做，既合理又很自然。

至於你對那封信的覆信，我沒有給任何人看過，你大可放心。沒有你的允許，是絕對不會向外發表的。很顯然，我也不會冒失到請求你允許，因爲我深知這是一個人寫給另一個人的，而不是寫給公眾的。不過，如果你願意另寫一封供發表之用的信，把它寄給我，我便做出承諾，將它原封不動的和我的信一起發表，絕不添加任何一個評說的詞句。

先生，我一點也不喜歡你，因爲你給我（你的門徒和追捧者）造成了許多很可能有嚴重後果的痛苦。你受到日內瓦的庇護，而你對日內瓦的回報是把這個城市搞得烏煙瘴氣，亂得不成樣子。我在我的同胞面前曾爲你鼓掌叫好，而你對我的回報是：你鼓動他們與我作對；是你使我無法居住在我的國家，使我葬身異域，使我得不到一個臨終之人應當得到的安慰，落得個橫屍街頭，而你卻在我的國家獲得一個人可能獲得的最大榮譽。因此，我恨你；這是你自找的，不過，我是由本來愛你轉變成如今恨你的。在我心裡以往對你懷抱的感情中，現在只剩下對你的天分和作品不得不表示的敬佩和喜愛了。如果說我認爲你這個人除了才能值得稱道以外，其他便一無可讚美之處，這過錯不在我。對於你的才能，我將永遠對它們懷有配享的敬意，並以符合這種敬意的方式尊重它。再見，先生。

文學活動造成的這些小風波，使我愈來愈感到我的決定是正確的。正當這些風波鬧得沸沸揚揚的時候，我得到了我的文學活動帶給我的不勝欣喜的最大榮譽：孔迪親王曾兩次光臨我的蝸居來看我，一次是到小公館，另一次是到蒙路易。他這兩次都是特意趁盧森堡夫人不在蒙莫朗西的時候來的，以此表明他是專門來拜訪我的。我從來沒有懷疑過這位親王之開始關注我，是由盧森堡夫人和布弗勒夫人介紹的；同樣，我也從未懷疑過親王之所以從那時之後就不斷榮寵我，是出自他的眞情厚誼和對我的人品的賞識。請看我是多麼盲目和愚蠢的信任啊！在我受到種種足以使我醒悟的對待的時候仍然堅信不疑，直到一七七〇年我回到巴黎以後才停止。

由於蒙路易的房間太小，而花園盡頭處的那間小屋周圍的環境很美，我便領親王到那間小屋去。親王爲了表示熱忱，要我與他下一盤棋。我知道他曾經贏過棋藝比我高超的羅朗齊騎士。不過，不論羅朗齊和在旁觀戰的人如何向我打手勢和遞眼色，我都假裝沒有看見。我們下了兩盤棋，兩盤棋我都贏了。在結束的時候，我以尊敬但很莊重的語氣對親王說：「先生，我雖然敬重殿下，但既然是兩軍對壘，那就別怪我不客氣了。」這位高貴的親王才智過人，向來不喜歡聽阿諛奉承之詞。我這句話使他眞正感到（至少我是這麼認爲的），在場的人只有我把他當成一個普通人，因此我有理由相信他對我的表現是眞的很滿意。

即使他不滿意，我也不會責備我自己沒有花言巧語糊弄他，我更不會責備自己在心中對他的盛情沒有報以相應的熱忱，而且有時候態度還有些生硬。親王對我始終是那樣的體貼入微，過了幾天，他派人送來了一籃子野味給我，我收下了。幾天之後，他又派人送來一籃子。有一位陪他打獵的官員還奉他之命寫一個字條說「這是親王殿下打獵的收穫，是他親手打到的野味。」我還是收下了。不過，我寫信告訴布弗勒夫人：如果再送，我就不收了。這封信受到人們的一致譴責，而且也眞的該受譴責。親王的禮物只是一些野味，而且是眞心實意送的，而我竟然表示拒絕，這與其說是一個想保持獨立的品格高尚的人注意小節，還不如說是一個無自知之明的狂人行事魯莽。後來，每當我在文稿中再看到這封信時，便慚愧得滿臉通紅，後悔我不該寫這封信。既然我這本書題名爲《懺悔錄》，我就不能在書中對我做的這件蠢事略而不提。這件蠢事太使我羞慚得無地自容了，所以更不能加以隱瞞。

雖說我沒有做另一件蠢事而成爲親王的情敵，但那也只是差一點兒罷了。布弗勒夫人那時候是他的情婦，但我一點也不知道，她常和羅朗齊騎士一起來看我，而且還來得相當勤。那時她還年輕貌美，常裝出一副古羅馬女人的樣子，而我始終是放浪不羈的，這就使我們在感情上相當接近了。我差一點兒被她迷住了，我相信她看出來了，騎士也看出來了。他與我談起過，而且沒有任何一句話要我死了這條心的意思。不過，這一次我非常謹愼，行年已經五十，是該收心的時候了，何況我在前不久發表的《致達朗貝爾的信》中還著實把那些花心老頭兒教訓了一番呢！因此，如果我本人不收斂，那就太不像話了。現在既然已經知道了我此前不知道的情況，我就更應當頭腦清醒，不要去跟地位那麼高貴的人爭寵了。何況我對烏德托夫人的那段戀情還沒有完全消失，我覺得哪個女人也不能在我心中代替她。因此，我在我的後半生就與愛神永訣了。在我寫這段話的時候，又有一個年輕的女人向我頻送秋波，向我進行危險的挑逗，兩隻眼睛露出很著急的神色。不過，雖說她假裝忘記了我這一大把年紀，可是我自己記得。這一步我沒有走錯路，以後就再也不怕摔跤了，我這一生從此就可高枕無憂了。

布弗勒夫人既然能察覺到她使我動了心，當然也能察覺到我戰勝了我心中的情欲。我不會那麼傻，也不會那麼痴心妄想到以爲我已經把她勾引得對我這個老頭兒感興趣。不過，從她對黛萊絲所說的某些話中可以看出我的確是已經使她對我產生了好奇心的。如果眞是這樣的話，如果她對我沒有滿足她的好奇心而不肯原諒我的話，那我就應當承認，我生來就命中註定我會成爲我的弱點的犧牲品，因爲，如果愛情戰勝了我，我固然要大吃苦頭，而如果我戰勝了愛情，我吃的苦頭那就更大了。

在這兩卷書中，我用來引領我追述往事而必須轉錄的信件，到此就結束了。今後便只有順著我記憶的線索前進了。在這段風波迭起的時期，我的記憶是如此的清晰，印象是那樣的深刻，所以，我雖然迷失在我的災難的汪洋大海裡，但我沒有忘記我第一次沉船的詳細情形，儘管我對沉船的結果只有一些模糊的記憶。因此，在下一卷中，我的步子就走得比較穩當。如果再走遠一點，我就只好一步一步的摸索著前進了。

第十一卷（一七六〇—一七六二）

《茱莉》雖早已付印，但到一七六〇年年底仍未出版。不過，這本書的消息已在巴黎廣泛傳開了。盧森堡夫人在宮中談過它、烏德托夫人在巴黎談過它，後者還得到我的允許，讓聖朗貝爾把手抄本讀給波蘭國王聽，國王十分欣賞；我也讀給杜克洛聽過，他在科學院向院士們也談過這本書。全巴黎的人都急於想看到這部小說。聖雅克街上的幾家書店和王宮近旁的那家書店，天天都有人來打聽這本書的消息。最後，它終於出版了！它的成功，非比尋常，沒有辜負人們殷切的希望。太子妃是最早讀到這本書的人之一，她告訴盧森堡先生說這本小說真使她讀得入迷。文學界人士對這本書的看法不甚一致，不過在上流社會卻只有一種意見，尤其是上流社會的女士們，無論是對這本書還是對它的作者，都為之傾倒，以致只要我願意，即使是上層社會的女人，幾乎沒有一個不會被我征服的。在這一點上，我有許多證據，只不過我不想把它們公開出來就是了。這些證據，無須加以調查，就能證明我的論斷。說來也很奇怪，這本書在法國比在歐洲其他國家都更為成功，儘管法國人，無論男人或女人，在這本書中都沒有得到很好的評價。瑞士人對這本書的評價甚糟，這與我的期望相反，而巴黎人對這本書的評價卻非常之高，難道說友誼、愛情和美德在巴黎比在任何其他地方都更受到人們的讚美嗎？不見得。不過，巴黎人確有一種細膩的想像力，使人心嚮往友誼、愛情和美德的形象，使我們喜愛我們沒有而別人有的純潔的、溫馨的和真誠的感情。今天，到處都已腐敗成風，良風美俗在歐洲已蕩然無存；如果說迄今還有某些人熱愛善良的風俗的話，這種人只有在巴黎才能找到了。*

必須透過許多偏見和虛假的激情，並善於分析人心，才能辨別眞正自然的感情。我在這裡斗膽直言：必須具有只有受過上流社會的教育才能獲得的細緻入微的觀察力，才能感覺得到洋溢在這部作品中的心靈的美。我敢拿它的第四卷與《克萊芙王妃》①相比。我敢斷定，如果這兩部作品的讀者都是外省人的話，他們是永遠也領會不到它們的全部價値的，因此這部作品之所以在宮中最受欣賞，就不足爲奇了。書中到處可見文字生動但意思含蓄的段落。宮中的人非常喜歡這種寫法，因爲他們比一般人更有素養，能體會出其中的深意。不過，在這裡必須區別一下，有一種人詭計多端，他們的城府雖深，但只能看出惡事之惡，而對善事之善就一點也看不出來了。舉例來說，如果《茱莉》是在我推測的某個國家②出版的話，我認爲，而且敢斷定：沒有一個人能把它從頭看到尾的，書一出版就會遭到封殺的。

我把人們就這本書寫給我的信，大部分都蒐集在一個卷宗裡，交給拉達雅克夫人保管。如果有朝一日這些信件能公諸於世的話，人們將看到許多奇奇怪怪、莫衷一是的評論。看

---

* 這段話，是我一七六九年寫的。

① 法國拉法耶特夫人（一六三四—一六九三）寫的一部描述愛情故事的心理小說。——譯者

② 指信奉喀爾文教義的日內瓦。——譯者

法分歧的評論，我們應當注意的是公眾中存在的問題。人們在這本書中最未覺察到的、並將永遠使這部書成爲獨一無二的作品的，是它題材的簡單和中心思想的連貫，全部思想都集中在三個人物身上，貫穿六卷，既無題外的插曲，也無浪漫的奇遇，而且，無論在人物或情節方面都沒有任何邪惡的描寫。狄德羅大肆吹捧理查森③的小說中的場面變化多，登場的人物多。不錯，理查森有他的長處，他把場面和人物都描寫得很細緻，然而，正是由於他書中的場面和人物的眾多，他犯了一般缺乏才情的小說家的通病，用大量的人物和場景來彌補他們的思想的貧乏。接二連三用新奇的事件和走馬燈似的一晃即過的新面孔來吸引讀者的注意，這是很容易的，而要不添加其他稀奇古怪的情況渲染，從而使讀者的注意力始終集中在同一個對象上，這就十分困難了。在其他各方面都相等的情況下，如果題材的簡單有助於作品的美的話，那麼，即使理查森的作品在許多方面都高人一等，但在這一點上，他的作品便很難與我的作品並駕齊驅了。我這部作品現在已經死亡，這我知道，而且知道其中的詳細原因何在，不過，它將來是會復活的。

我唯一擔心的是，由於題材的單純，故事的進展緩慢，因而會使人們感到沉悶，加上我

③ 理查森（一六八九—一七六一）：英國小說家，主要作品有《潘蜜拉》和《克拉麗莎·哈爾羅》等。——譯者

又無法爲它添加其他有趣的東西，使讀者能津津有味地從頭讀到尾。幸好有一件事情比這部作品所獲得的其他稱讚更使我感到欣喜。

這部作品是狂歡節剛開始的時候出版的。一個挨戶兜售貨品的商販把它送到塔爾蒙王妃*手裡，那天，歌劇院正要舉辦舞會。晚飯後，她請僕人們爲她上妝，準備去跳舞。這時她拿起這本新出版的小說，開始讀了起來。夜半時，她一邊命人準備馬車，一邊又繼續閱讀。僕人來告訴她說馬車已經準備好了。她沒有答話。僕人們見她讀得入神，便提醒她時間已經深夜兩點了，她回答說：「別著急。」說完又繼續讀個不停。過了一會兒，發現她的錶停了，她按鈴問幾點鐘了，僕人告訴她說已經四點了。她說道：「既然如此，去參加舞會的時間已經太晚了，把馬卸下吧！」說完，她便讓僕人爲她卸妝，一直讀到天亮。

自從人家把這件事情告訴我之後，我就想見一見塔爾蒙夫人，不僅是爲了想從她本人那裡知道人家告訴我的事情是否屬實，同時也因爲我始終認爲一個人如果沒有第六感覺，是不可能對《新愛洛伊絲》有如此濃厚的興趣的。這第六感覺，就是道德的感覺。具有這種感覺的人不多；沒有這個第六感覺，就不可能了解我的心靈。

婦女們之所以對我如此青睞，是因爲她們認爲我這本書寫的就是我本人的故事，我就是

*不是她，而是另外一位我不知道其姓名的貴婦人。

這部小說中的主角。她們的這種看法是如此堅定，以致波里尼雅克夫人寫信給韋爾德蘭夫人，託她求我讓她看一看茱莉的肖像。所有的人都認爲如果我沒有親身經歷過那些感情，就不可能把那些感情描述得那麼生動，就不可能根據自己的心靈把愛的激情描繪得那麼眞切。在這一點上，人們的看法是對的，因爲這部小說的確是在我心醉神迷的那段熱戀期間寫的。不過，如果以爲必須有眞實的對象才能產生這種感情，那就錯了。人們永遠也想像不到我對我想像中的人物是多麼熱情奔放的愛戀。如果沒有我青年時期的某些往事和烏德托夫人，我所感受到的和我所描寫的愛情便只能是以空中飄浮不定的女精靈爲對象了。我既不肯定也不否認任何一個曾經給我帶來教訓的錯誤。人們從我另外發表的那篇對話體序言④就可看出我是如何讓公眾自己去猜測這個問題的。那些行事一板一眼的道德學家們認爲我應當把眞相痛痛快快、原原本本的說出來，而我卻認爲沒有這個必要。在沒有必要的情況下這樣做，這與其說是坦率，還不如說是愚蠢。

差不多也就是在這個時候，《永久的和平》⑤出版了。我是去年把稿子交給一個名叫巴

---

④ 見盧梭：《新愛洛伊絲》，附錄二《第二篇序言，或：關於小說的談話》，李平漚譯，譯林出版社二〇〇二年版，第七百六十一—七百九十四頁。——譯者

⑤《永久的和平》是簡稱，全稱是：《聖皮爾神父的〈永久的和平計畫〉摘要》。——譯者

士蒂德的先生的。他是《世界報》的主編，他不管我是否願意，硬要把我的稿子在他的報紙上發表。他是杜克洛先生的朋友，他以杜克洛的名義要求我在他的《世界報》寫文章。他聽人談起我的《茱莉》，便要我把將它發表於他的報紙上。他還要我的《愛彌兒》，如果他打聽到我還有一部稿子叫《民約論》的話，他肯定也會要我把這部稿子交給他呢！最後，我被他糾纏得實在沒有辦法，便決定以十二個路易的代價，把《〈永久的和平〉摘要》給了他。我們商定的合約是：這部稿子只能在他的報紙上發表。可是稿子一到他的手裡，他認爲，把圖書審查官要求刪節的段落刪節之後出單行本更爲有利，所以他就出了單行本。幸虧我沒有告訴巴士蒂德先生我對這本書還寫了一篇評論，因此我們商談時沒有提到它。如果我把這篇評論也一起給了他，那將產生怎樣的後果呢？這篇評論現在還是手稿，與我的其他文稿存放在一起，如果將來有朝一日能發表的話，人們將看到伏爾泰對這個問題發表的那些插科打諢的話和自以爲是的見解曾經使我感到多麼好笑。⑥這個可憐的人在政治問題上發表的

⑥ 盧梭對聖皮爾神父的《永久的和平計畫》是持批評態度的。他在他寫的評論中指出這個計畫純粹是神父一相情願的空想。伏爾泰只看了《世界報》上刊登的《〈永久的和平〉摘要》，便於一七六一年五月一日在《〈百科全書〉報》上發表了一篇遊戲文章，題爲《中國皇帝的詔書》，對盧梭大加嘲諷，說盧梭只知道給歐洲以「永久的和平」，而不知道世界上還有東方，還有中國；說盧梭的計畫如果讓中國的皇帝看了的話，中國的皇帝一定會龍心大悅，將它頒行天下，使各國君王共用太平。伏爾泰的文章通篇都是調侃的詞句，沒有

那些胡說一番的言論，我認爲眞是不値一駁。

正當我在社會上獲得成功，並得到貴婦們的青睞之際，我感到我在盧森堡府中受到的禮遇一天比一天減少了；倒不是盧森堡元帥對我的態度有了變化，因爲他對我的盛情與友誼似乎還在日益增加，而是元帥夫人對我不如以前那樣熱情了。自從我不再有什麼作品讀給她聽之後，她的房間就不像從前那樣對我敞開了。她到蒙莫朗西小住期間，雖然我還是常常到她府上去，但除了在吃飯的時候與她同桌用餐以外，其他時間便很少和她在一起，而且，我在餐桌上的位置也不再安排在她旁邊了。既然她不願意把這個位置給我，很少與我說話，我也沒有什麼話可說，我就寧願坐在另一個位置，這樣反倒更舒服一些，尤其是在晚上，久而久之我便不知不覺養成了坐在元帥身邊的習慣。

提到晚上，我記得我曾經說過我是不在他們府上吃晚飯的，這在我與他們相識之初是這樣的。由於盧森堡先生向來不吃午飯，甚至不到午餐席上坐一坐，因此，我雖然已經到他府上走動了好幾個月，與他們已經相當熟了，我卻沒有和他一起吃過飯。這一點，他自己也講過好幾次，這就使我決定：當賓客不多的時候，我就偶爾在他府上吃晚飯。我覺得這樣很好，因爲他們的午飯差不多都是在露天吃，而且是像人們所說的隨便吃點東西就完事的，而

一句嚴肅談論政治問題的話，盧梭看了，只好付之一笑。——譯者

晚餐吃的時間特別長，因爲長時間散步之後要一邊吃飯一邊休息。盧森堡先生在吃的方面很講究，而盧森堡夫人又殷勤待客，所以晚飯席上大家都吃得很開心。不先說明這些情況，讀者就很難懂得盧森堡先生在一封信的末尾所說的那段話的意思（見卷宗C，No.36）。他說他一回想起我們散步時的情景就感到十分高興，尤其是晚上回到大院時已經看不到車輪的痕跡時，心裡更高興。每天上午僕人們都要用耙把院子裡的沙耙平，我根據新的車轍的數目，就可判斷當天下午來的客人多不多。

自從我榮幸的認識這位和藹可親的高官以來，他就接連遭受喪失親人的痛苦，而一七六一這一年，他的這一痛苦達到了頂點。好像命運給我安排的種種苦難就是要從這位我最敬愛而且也值得敬愛的人遭受的痛苦開始。第一年，他失去了他的妹妹維爾赫瓦公爵夫人，第二年失去了他的女兒羅伯克王妃，第三年失去了他的獨生子蒙莫朗西公爵和孫子盧森堡伯爵。從此，他這個家族就斷了後嗣。他表面上是十分平靜的忍受著親人的離去，但他晚年心裡卻一直不斷在淌血。他的身體一天不如一天，十分明顯的衰弱了。他的兒子的突然去世之所以那麼令他感到悲傷，是因爲那時國王剛告訴他要繼續委派他的兒子去擔當重任，任近衛軍司令，並許諾這個職位將來可以由他的孫子繼承。看見他這個最有前途的孫子身子一天天衰弱，最後瘦弱得終於病死，他眞是痛心之極。這要怪孩子的母親盲目信任醫生的主意，把藥當飯吃，以致營養不良，使這個可憐的孩子身體虛弱而短命早死。唉！如果他們當初聽我的話，這祖孫二人也許至今還依然健在。醫生主張忌口，這也不讓他的孫子吃，那也不讓他的孫子吃，我認為這是不妥當的。關於這一點，我不知道跟元帥先生談過多少次，也寫過多少信啊！我也費盡唇舌的對蒙莫朗西夫人講解過這種飲食禁忌有太多的危害，可是她依然盲目聽從醫生的話。盧森堡夫人的看法與我是一致的，但她不願意濫用她當婆婆的權威，不願意強迫兒媳違抗醫生的話，而盧森堡先生又為人軟弱，不願意強迫別人改變主意。蒙莫朗西夫人對波爾鬥的話深信不疑，結果使她的兒子斷送在他的手裡。有時候這個可憐的孩子獲得允許跟布弗勒夫人到蒙路易來，並得到允許吃黛萊絲給他的食品，他狼吞虎嚥一下子就把東西嚥進了他饑餓的肚子。你看他吃得多麼高興啊？！我看到一個偌大家業、偌大門第和許多頭銜與地位的唯一繼承人竟餓得像乞丐那樣不加咀嚼就把一小塊麵包吞進了肚子，我對人世浮華的虛幻真是感慨萬千啊！最後的結局是：我的忠言他們不聽，我的努力白費了，醫生勝利了，孩子餓死了。

對江湖醫生盲信的結果，先是葬送了孫子，接著又為祖父挖掘了墳墓。這一次，除了對醫生的盲目信任以外，還有諱言年老體衰的羞怯心理在作祟。盧森堡先生每隔一段時間就感到大腳趾有點疼，他在蒙莫朗西曾犯過一次，疼得他徹夜難眠，而且還發燒。我大著膽子說這是痛風病。盧林堡夫人不以為然，還狠狠地批評了我一頓。元帥先生的侍從外科大夫硬說這不是痛風病，僅僅敷了點止痛膏，把大腳趾包紮起來。不幸的是，痛是暫時止住了，而在再痛的時候，又照老辦法治，體質折損了、疼痛增加了、藥量也隨之愈來愈加大。最後，盧森堡夫人終於意識到元帥得的是痛風病，便開始反對醫生的錯誤的治療方法。可是大家瞞著她，依然用那個外科大夫的處方。結果，元帥先生由於自己盲信醫生頭痛醫頭、腳痛醫腳的老辦法，沒過幾年便去世了。現在，讓我們把這方面的許多不幸的事情放下不談，轉而敘述其他不幸的事情。

說來也很奇怪，凡是我認為該說的和該做的事情，似乎都使盧森堡夫人感到不快，儘管我是衷心想博得她的歡心。由於盧森堡先生接二連三遭受到那麼多痛苦，因而使我更加愛戴他，也更加愛戴盧森堡夫人，我始終認為他們兩人是那麼真誠的結合在一起，因此我對這個人的感情必然要延伸到另一個人。元帥先生年事已高，經常在宮中忙於公務，事情很多，還要常常陪國王打獵，尤其是每年有三個月在軍中工作的勞累，這一切，都需要有一個年輕人的精力才行。從他的精力看，他已經不適合再擔任這個職務了，他那幾個顯要的官職終歸是要由別人接替的，他辛勤工作的主要目的，是想得到國王的恩寵，蔭及子孫，可是他的兒子和孫子已相繼故去，因此已經沒有必要再繼續那麼枵腹從公了。有一天只有我們三個人在一起，他訴說他在宮中是多麼辛苦，臉上流露出失去親人的悲傷，我便大膽勸他退休，向他講述西內阿斯對皮魯士⑦進獻的忠言。他歎了一口氣，未置可否。後來，當盧森堡夫人單獨和

⑦ 皮魯士（西元前三一八—前二七二）是古埃皮魯斯國國王。他野心很大，想征服全世界；他不聽他的謀臣西內阿斯的勸告早日罷兵息戰，結果在西元前二七二年攻占希臘阿爾果城時，被一個老婦從屋頂上向他扔下的

我在一起的時候，她就把我責備了一番，說我提出的建議不合時宜。看來，我對元帥先生提出的忠告曾使她感到不安。她舉出的理由，我認爲是很正確的，使我決定從此不再提讓元帥退休的事。她說：宮中生活的長期習慣已經變成了一種眞正的需要，甚至在目前對盧森堡先生來說還是一種排憂解悶的辦法。我勸他退休，這對他而言不是休息，而是放逐，使他遠離宮廷，終日閒散無聊，憂憂鬱鬱，很快就會使他悶得要死的。雖然她已經看出她說服了我，而且相信我向她許下的諾言，不再提退休之事，但她還是不大放心。我記得，就是從那個時候起，我單獨與元帥先生在一起的時候便愈來愈少了，而且差不多總是有人來打斷我們的談話。

我處事的笨拙和命運的不濟，使我在元帥夫人面前愈來愈失去她的青睞，而她經常見面和最喜歡的人又不給我以援手。尤其是布弗勒神父，這個鋒芒畢露的年輕人從來沒有對我有過好感，不但在元帥夫人的社交圈子裡是唯一不怎麼搭理我的人，而且我發現，他每到蒙莫朗西來一次，我在元帥夫人那裡就要倒一次楣。是的，即使他不故意損害我，但只要他在場，他那風度翩翩、能說會道的樣子，就會把我這笨嘴笨舌的傻相比下去。頭兩年，他很少到蒙莫朗西來，因此，承元帥夫人對我的厚愛，我在蒙莫朗西過的日子還算可以；然

瓦片擊中頭部而死。——譯者

而，自從他經常到蒙莫朗西來以後，我的好日子就一去不復返了。我本想依靠他，求他助我一臂之力，並待我以友誼，但用我這副呆頭呆腦的樣子去博取他的歡心，反而使我更加無法成功。最後，既澈底失去了元帥夫人的寵愛，又無助於我在他心目中的地位。他那麼聰明，本來是無論做什麼都是可以做出一番事業的，但是，由於他事事都不專心，又耽於遊樂，因此使他在各方面都只是個半吊子。是的，他有了這半吊子，到社交界去出風頭，已經足夠了。他的小詩做得很好，豆腐塊似的文章也寫得不錯，也會拉幾下四弦琴，畫幾筆彩筆劃。他爲盧森堡夫人畫了一幅畫像，畫得眞難看。她認爲這幅畫一點也不像她，她說得不錯，的確是一點也不像她。這個狡猾的神父來問我，而我裝瘋賣傻說假話，說這幅畫畫得很像。我討了神父的好，卻沒有討元帥夫人的好，她在她的記事本上記了我這一筆，而神父套出我這句話之後，反而嘲笑我。我吃了這次虧之後才知道：千萬別不顧事實而胡亂吹捧，這種犯傻的事千萬不能做。

我的才能是以相當辛辣的文筆和相當勇敢的精神向人們闡述牢不可破的和有益世人的眞理見長。我必須堅定不移的這樣做下去。我生來就不會吹牛拍馬屁，也不會歌功頌德。當我想說幾句歌功頌德的話的時候，我這笨嘴笨舌的模樣給我帶來的麻煩比我因批評人家而給我招來的災禍還多。我在這裡僅舉一例爲證，這個例子是如此可怕，以致這個後果不僅影響了我的後半生，而且說不定還會影響我身後的名聲。

在盧森堡先生夫婦來蒙莫朗西期間，舒瓦瑟爾先生有時候也到元帥府來吃晚飯。有一天，他到元帥府來，正碰上我從府中出去。他們談起了我，盧森堡先生把我在威尼斯跟蒙特居先生相處的經過告訴了他。舒瓦瑟爾先生認爲我丟了這份工作，實在太可惜。他說，如果我願意再從事這種工作的話，他願意幫我的忙。盧森堡先生把舒瓦瑟爾先生的話轉告了我。我非常感動，因爲我迄今還從來沒有受到過任何一個大臣的關照。不過，我是早已下了決心的，即使我的健康狀況能允許我考慮這件事件，我也是不會傻到接受舒瓦瑟爾先生的好意的。我這個人，即使沒有別的嚮往占據我的心，追求功名利祿的念頭在我心中也是會轉瞬即逝的；當然，就是這短短的一瞬間也是有可能促使我走進名利場的。舒瓦瑟爾先生的這番好意使我對他產生了感激之情，進而加深了我對他的敬意。自從他當大臣以來，他有好幾個措施都令我十分欽佩，尤其是那個《家族協定》⑧顯示出他的確是一個第一流的政治家。他在我的心目中之所以那麼崇高，還有一個原因是因爲我一直看不起他的幾位前任，就連蓬巴杜夫人也不例外（我總是把她當作首相看待的）。當謠傳他們兩人互相排擠、總有一個要倒臺的時候，我便認爲：預祝舒瓦瑟爾先生的勝利，就是預祝法國的光榮。我對蓬巴杜夫人歷

---

⑧ 法國、西班牙和那不勒斯三個由波旁家族統治的國家爲了對抗英國的海上實力而於一七六一年簽訂的軍事協定。這個協定是由時任法國海軍大臣的舒瓦瑟爾提出並一手推動而簽訂的，故盧梭在這裡十分讚賞他。——譯者

來沒有好感，在她風光耀眼，不可一世之前，我在拉．波普里尼埃爾夫人家見到她時（那時她還名叫德蒂奧爾夫人），就不喜歡她。後來，她對狄德羅的問題保持沉默，這就使我對她更加不滿了，再加上幾件與我有關的事情，例如她對《拉米爾的慶祝會》、《風流的繆斯》和《鄉村巫師》的做法，就使我對她更有意見了。無論從哪一方面說，《鄉村巫師》都沒有爲我帶來與它的成功相稱的收益。我還發現，無論在什麼事情上，她都不願意幫我的忙。可是羅朗齊騎士還一直鼓吹建議我寫點文章頌揚這個女人，說這樣做對我有好處。這個建議，使我憤慨極了，因爲我看得很清楚，這不是他自己提出的。他這個人，沒有別人的授意是想不到這一點的，更不會主動向我提出這個建議的。我太不控制自己的感情了，以致讓他看出我的臉上露出了對他的建議不屑一顧的神情。我對那個受國王寵幸的女人缺乏好感，沒有瞞過任何一個人；我敢肯定，她自己也知道。這幾件關於我切身利益的事情湊合起來，再加上我天生的個性，當然就使我巴不得舒瓦瑟爾成功。我對他的才能（我對他的了解也只是限於他的才能）早有敬佩之心，我對他的好意十分感謝，再加上我在隱居之地對他的愛好和生活方式一點也不了解，因此便有了先入之見，認爲他在公眾面前替我報了仇，出了氣。那時我正在對《民約論》進行最後的修改，就順筆在書中寫了一段話來表達我對前幾任大臣和這位現任大臣的評論⑨。寫這段評論的時候，我沒有按我一貫的原則行事，尤其是，

⑨ 這段評論是這樣說的：「如果由於某種幸運的機緣，一個天生治國的人物居然，在一個幾乎被一群矯揉造作

我沒有考慮到在同一段文字裡強烈的稱頌或譴責某些人而又不指出他們的姓名時，就必須使稱頌之詞明確表明它稱頌的是誰，以免那些多猜疑的人張冠李戴，弄錯了對象。在這一點上，我當時太大意了，以為不會有問題，完全沒有想到有人會誤解。大家不久就可看出我說得對還是不對。

我還遇到了另外一個麻煩，這個麻煩是我總是和女作家打交道。我以為至少在大人物當中可以避免的這個麻煩，卻總跟著我。就我所知，盧森堡夫人是沒有這個壞毛病的，而布弗勒伯爵夫人卻有。她用散文寫了一齣悲劇，開頭是在孔迪親王的社交圈子裡朗讀和傳閱，並得到了人們的讚賞。得到了那麼多人的稱讚，她還不滿足，還要來問一問我的意見，指望我也稱讚她幾句。她得到了我的讚詞，但我的讚詞平平，因為她這個作品只能得到這樣的評語。此外，我認為還應當向她指出，她這個標題為《忠厚的奴隸》的悲劇，跟一個英國劇本很相似。這個劇本不太出名，但已經有人將它譯成了法文，題名叫作《奧努洛科》。⑩布弗

的執政者們弄得舉國昏沉愚昧的國君制裡執掌了國政的話，他所發揮的才能一定會使人們大為驚訝；這就會給那個國家開闢一個新時代。」（盧梭：《民約論》，何兆武譯，商務印書館二〇〇三年版，第九十三頁）——譯者

⑩ 指根據英國小說家阿芙娜·布恩的《奧努洛科的故事》改編的劇本。這個劇本於一七五一年由杜·博嘉日譯成法文，在巴黎出版。——譯者

勒夫人感謝我提的意見，並保證說她的劇本和那個劇本毫無相似之處。這一模仿別人的做法，除了對她一個人講過以外，我沒有向任何其他人談過。而我之所以告訴她，也只是爲了做她要求我做的事罷了。這件事情從此以後就在我的頭腦裡迴盪，使我回想起吉爾·布拉斯向大主教說了他該說的話而得到的不幸結果。⑪

不只是布弗勒神父（他根本就不喜歡我）和布弗勒夫人（我在她面前犯了許多不論是女人還是作家都不能原諒的錯誤），我覺得元帥夫人的其他朋友都不願意和我交朋友，如埃諾議長，自從他加入了作家的行列之後，便染上了作家的那種通病；還有杜德芳夫人和勒庇納絲小姐。這兩個女人和伏爾泰的關係很密切，又是達朗貝爾的密友，後者甚至還與達朗貝爾同居了，而且相處得很好，很體面。對於他們之間的關係，我只能這麼說，其他的就不置可否。起初，我曾經非常關心杜德芳夫人，因爲她雙目失明，因而在我的心目中是一個値得同情的人。但她的生活習慣與我的生活習慣恰恰相反，我起床的時間差不多就是她剛就寢的時間。她非常喜歡那些小機靈鬼，簡直喜歡得了不得，他們隨便發表一篇胡謅的文章，她就認

---

⑪ 吉爾·布拉斯是法國小說家勒薩日的《吉爾·布拉斯》中的主角。大主教格內拉德問吉爾·布拉斯聽了他的講道詞以後有何感想，吉爾·布拉斯說了實話，說主教的講道詞並不怎麼好，結果被主教訓斥一通，趕出了教堂。——譯者

爲了不起，是好是壞全由她說了算。她說話非常武斷和專橫，無論什麼事情，無論是贊成或是反對，她都愛走極端，一說起話來便全身抽搐。她的偏見甚深，又十分固執；明明無理她也硬說她有理。所有這一切，我都很討厭，不久以後，我就不再關心她了。我疏遠她，她也覺察到了，於是大生我的氣。儘管我知道這樣一種性格的女人是非常可怕的，但我還是寧可忍受她的忌恨帶給我的害處，也不願意接受她的友誼帶給我的麻煩。

說我在盧森堡夫人的社交圈子裡沒有交到什麼朋友，這個話還不夠全面，因爲我在她的家裡甚至還有敵人。我只有一個敵人。不過，就我今天所處的境況而言，這一個敵人就可以當一百個。這個敵人當然不是她的兄弟維爾赫瓦公爵先生，因爲他不僅曾來看望過我，而且還幾次邀請我到維爾赫瓦去。由於我回答他的邀請的覆信措辭十分婉轉和客氣，他便根據這種含糊的措辭認爲我是同意了，於是便安排盧森堡先生和夫人到他府上去住半個月，並要我同行，也在他府上住半個月。從我當時的健康狀況看，出門遠行很可能發生危險。於是，我請盧森堡先生代我婉言謝絕。人們從他的回信（卷宗D，No.3）就可看出他對我是非常體諒的。維爾赫瓦公爵也不因此就不像從前那樣友好對我，而他的侄子兼繼承人維爾赫瓦侯爵，這個年輕人就不像他的叔叔那樣殷勤對我了。而我，我承認，我也不像對他叔叔那樣敬重他。他輕浮的樣子，我看不慣，而我冷淡的態度也招得他討厭我。有一天晚上在吃晚飯的時候我還被他捉弄了一番，由於我應付得不好，結果弄得我很狼狽。因爲我的頭腦很笨，缺乏機智，一生氣，不但語言不犀利，而且腦袋瓜也不聽使喚，連一個恰當的應對方法也想不出來。我有一隻狗，是別人在牠很小的時候，也就是我剛住進退隱廬的時候送我的。我給它取名叫「公爵」。這隻狗雖不漂亮，但卻是不多見的稀有品種。我把牠當作我的夥伴和朋友，而牠也的確比大多數自稱爲我的朋友的人配稱爲「朋友」。牠在蒙莫朗西很出名，因爲牠脾氣好，對人很親熱，我和牠都互相喜愛。後來，由於我的膽子小，怕得罪人，便把牠的名字改爲「杜爾克」。其實，有很多狗的名字都叫「侯爵」，沒見哪一個侯爵爲此而生氣的。維爾赫瓦侯爵知道我給狗改名字的事情以後，便硬要我講一下其中的原因，於是我只好當著滿桌的人把前後的經過講了一遍。在這件事情上，「公爵」這個詞兒在這裡之所以有侮辱的意味，不在於給狗取這個名字，而在於取消牠這個名字。最糟糕不過的是，在同桌用餐的人當中有好幾位都是公爵，盧森堡先生是公爵，他的兒子也是公爵，維爾赫瓦侯爵即將成爲公爵（他今天已經是公爵了）。他看見把我搞得如此尷尬，簡直高興得樂不可支。第二天，有人告訴我說，他的姨媽爲此事狠狠的把他批評了一番。大家可以想像一下，如果他眞的挨了一頓批評的話，這頓批評是否有助於改善我與他的關係。

面對這一切，無論是在盧森堡先生府上還是在聖殿⑫，都只有一個人支持我，這個人就是羅朗齊騎士。他說他是我的朋友，但他與達朗貝爾的關係更爲密切，靠達朗貝爾替他宣

⑫ 指孔迪親王的府第。聖殿原爲古時聖殿騎士團駐紮的一個城堡式建築，後來成爲孔迪親王的府第。——譯者

傳，他才在女人的圈子裡被視爲大幾何學家。此外，他還是一個女人的跟屁蟲，說得更確切一點，他乃是布弗勒伯爵夫人的應聲蟲，而布弗勒夫人與達朗貝爾過從甚密，因此，羅朗齊騎士的一言一行都完全聽她的。這樣一來，我不但在外界沒有誰來替我笨拙的表現打圓場和說好話、幫我維持我在盧森堡夫人心目中的地位，而且，她身邊所有的人似乎全都聯合起來挖苦我。不過，她在這個時期除了自願幫我出版《愛彌兒》以外，還給了我另外一個關懷，進而使我深信，雖然她對我已經感到厭倦，但她依然保持而且將永遠保持她對我多次許諾的終生不渝的友誼。

我一看出並堅信她對我的友誼的確是堅定不移以後，便決定把我從前的一切過錯全都向她坦白說出來，以減輕我心中的愧疚。我有一個永不違背的原則，那就是：在朋友面前，我是怎樣一個人，就如實的表現我是怎樣一個人，既不表現得比眞實的我更好，也不比眞實的我更壞。我向她坦白了我和黛萊絲的關係與由此產生的後果，連我是如何處置我那幾個孩子的事情，也一點不漏全都說了。她非常耐心的聽我懺悔，耐心極了，對我該受譴責的過錯，一句責備的話也沒有說。尤其使我感動的是，她對黛萊絲的那種無微不至的關懷，經常給她送些小禮物，派人來看望她，還邀請黛萊絲到她那裡去，親切的接待黛萊絲，並當著眾人的面一再擁抱她，黛萊絲眞是高興極了；她衷心感謝夫人的盛情，我也感謝夫人對她的厚愛。盧森堡先生和夫人因愛我而愛黛萊絲，這種愛屋及烏的友情，比他們直接愛我，更使我感激萬分。

這件事情對他們談過之後，有很長一段時間沒有再提。後來，元帥夫人提出想幫我找回一個孩子。她知道我在大孩子的襁褓裡塞了一張寫有孩子生辰年月日的紙片，她要我把這個紙片的底本交給她，我給她了。她派她的隨身僕人和親信拉羅舍去尋找，但拉羅舍找了好幾個地方都沒有找到。不過，事情到現在也只不過相隔十二、三年，如果育嬰堂的記錄保存完好，或者尋找得仔細一些，應該是能找到的。不管怎樣，我對這次沒有找到孩子一事並不感到多麼不快，因爲，如果我從這個孩子出生之後就一直關心他的命運，那才令我不快而感到麻煩。再說，如果根據某個線索，育嬰堂隨便領一個孩子給我，我一定會懷疑他是否眞的是我的孩子；如果出現這種情形，那才令我心裡疑神疑鬼，難受得很，根本就領略不到自然親情的甜蜜，要想領略這種甜蜜，就必須從孩子童年時候起就與他朝夕相處。你不認識的孩子，與你是那麼陌生，這就會削弱並最終導致當父親和當母親的人完全失去對孩子的感情。對於一個由別人養大的孩子，總是不如由自己養大的孩子那麼疼愛的。我在這裡說的這些話，雖可以開脫我的過錯所造成的後果應負的罪責，但卻加深了我對做的事情的動機的自責心。

有一件事情在這裡提一下，也許是有用的。由於黛萊絲的介紹，這個拉羅舍認識了勒瓦賽爾太太。這時，她仍由格里姆供養，住在德耶，離舍夫雷特很近，離蒙莫朗西也不遠。我離開蒙莫朗西之後，便託拉羅舍轉交我給這位老太太的錢，一直沒有斷過。我知道他也不時替元帥夫人捎一些禮物給老太太。可是這個老太太還是經常訴苦，儘管她沒有訴苦的理由。至於格里姆，由於我不願意談起我所憎恨的人，所以只是在不得已時才向盧森堡夫人談起他。但是，她曾經好幾次故意在我面前把話題轉到格里姆身上，而又不講一講她對這個人的看法，不告訴我她和這個人是否相識，我的性格不允許我對我所喜歡的人吞吞吐吐不實話實說，特別是在他們對我們無話不談的時候，我們就更不能在與他們有關的事情上不坦述實情。因此，從那個時候起，我有時候就想起她當時並未對我暢所欲言。當然，這也只是因爲有其他一些事情才使我自然而然聯想到這一點。

自從我把《愛彌兒》的稿子交給盧森堡夫人以後，已經有好長時間沒有得到有關這本稿子的消息了。後來我獲悉：事情已經在巴黎與書商杜什納談妥，並透過杜什納與阿姆斯特丹的書商勒歐姆也談妥了。盧森堡夫人把我和杜什納待簽的合約一式兩份寄給我，要我簽字。我一看筆跡就知道是那個在瑪律澤爾布先生不親筆寫信時替他代筆的人草擬的，因此深信這份合約是經過這位官員過目和同意的，於是便馬上簽了字。對於這本稿子，杜什納付給我六千法郎，先付一半，另外還給我一百或兩百本書。我把這一式兩份的合約簽字之後，便按照盧森堡夫人的意思寄給了她；她給杜什納一份，她自己留下一份，沒有寄給我，而我以後也一直沒有見過。

自從我和盧森堡先生及夫人相識以後，我離群索居的計畫雖多多少少受了一些影響，但我並未因此就放棄這個計畫。即使在我最受元帥夫人寵愛的時候，我始終認爲，只是由於我對元帥和夫人眞誠的敬重，我才忍受了他們周圍的人對我的態度。我感到困難的是，要如何才能把我對他們的敬愛與符合我的風格而又不損害我的健康的生活方式協調起來。雖然他們無微不至的關心我的身體，但他們家中的拘束之多和晚宴的時間之長，仍然使我的健康狀況不斷惡化。在這方面，如同在其他方面一樣，他們對我的關懷簡直到了無以復加的程度。舉例來說：每天晚飯後，元帥先生要早睡，他不管我同意或不同意，總是要我也早早就寢。他對我的這種關心，直到我的災禍臨頭之前不久才停止，至於停止的原因，我始終不清楚。甚至在發覺元帥夫人對我的態度開始冷淡之前，我就認爲：若不想忍受她的冷面孔，我就只有繼續執行我原先的計畫。但是，我沒有辦法這樣做，我必須等《愛彌兒》的合約的簽訂。在等待期間，我對《民約論》進行了最後的修改，改完之後，就把稿子交給了雷伊，商定的稿酬是一千法郎，他也照付了。有一件與這本稿子有關的小事，我認爲有必要在這裡說一下。我是把這本稿子包裝得嚴嚴實實，並在封皮上蓋了圖章之後交給杜武瓦贊的。此人原先在沃州當牧師，後來在荷蘭駐法大使館當經師，他有時候會來看我。他與雷伊有聯繫，所以答應代我把稿子交給雷伊。這本稿子是用小字寫的，所以整個稿子的體積不大，還裝不滿他的袋子。但是，在過關卡的時候，我不知道爲什麼包裹就落到了關卡官員的手裡。官員把包裹打開進行檢查，當他以荷蘭大使的名義索要包裹的時候，那位官員便把包裹還給了他，這就使他有機會看這本稿子。後來，他坦率告訴我，他的確看過我的稿子並滿口稱讚，沒有說任何一句批評或指責的話。其實，他當時就已經心懷鬼胎了，打算等這部書一出版，他便撰文批駁，替基督教報仇。他把稿子照原樣封好之後，交給了雷伊。他在給我講述這件事情的信中所說的情況，大致就是這些，而我知道的情況也只有這些。

除了這兩部書和我的《音樂詞典》（這本詞典，我一直是寫寫停停的），我還有幾個次要的作品都已撰寫完畢，隨時可以出版，或者出單行本，或者，如果我出我的全集的話，就收入我的全集。這些已經定稿的作品，大部分都存放在迪佩魯手裡。其中最主要的是《論語言的起源》。這本稿子，我給瑪律澤爾布先生看過，也給羅朗齊騎士看過，他說寫得很好。我推測，這些作品的收益加起來，除了必要的開支以外，至少有八千到一萬法郎。我要以我和黛萊絲兩人的名義存起來，作爲終身年金。此後，我將像我以前說過的，我們兩人一起到外省的一個偏僻地方生活，不再讓大家爲我操心，而我本人也不操心任何事情，只求平平靜靜度過我這一生，就我的力之所能，在我的周圍做一些好事，悠閒的寫我思考已久的回憶錄。

我的計畫就是如此。這個計畫之能順利進行，多虧了雷伊的慷慨幫助，這一點，我是必須要提的。這個書商，我在巴黎的時候曾聽到許多人說他的壞話。其實，在所有我曾打過交道的書商中，他是唯一値得我稱道的好人。*是的，我們經常在有關我的作品的出版方面

---

* 在我寫這段話的時候，我萬萬沒有料到，而且也很難令人相信，他在出版我的作品時也玩弄過花招；這一點，他也被迫承認了。

發生爭執。他做事不細心，而我的脾氣很暴躁，但在錢財以及與錢財有關的事情方面，儘管我從來沒有與他訂過正式合約，但我認爲，他的確是一絲不苟，十分誠實的。在那麼多與我打交道的書商中，只有他曾坦然承認與我打交道最順利，而且經常對我說，他之所以能發財，要歸功於我，願意把他賺的錢分一部分給我。他不直接向我表示感激之情，而是在黛萊絲身上表達他對我的情意。他贈給她每年三百法郎的終身年金，在契約上訂明是爲了感謝我給他帶來的好處。這件事情，是他主動向我提出的，既沒有對他人炫耀，也沒有大事聲張，要不是我先逢人便說這件事，誰也不會知道。我太受感動了，所以從那時起，我與雷伊便結下了眞正的友誼。不久以後，他請我當他的一個孩子的教父，我同意了。在有些人迫使我所處的境遇裡，我感到遺憾的是，我沒有辦法在今後使我的情誼有益於我的教女和她的雙親。我爲什麼對這個書商的小小的慷慨幫助是如此的感激，而對那麼多有錢有勢的人大肆宣揚的濃情厚誼卻無動於衷呢？他們喋喋不休向全世界的人說他們對我如何如何好，而我心裡爲什麼對他們吹噓的那一套一點也不受感動呢？是他們的過錯，還是我的過錯？是他們虛情假意，還是我忘恩負義？各位賢明的讀者，請你們自己分析和判斷，而我，我什麼話都不說。

這筆年金，對維持黛萊絲的生活是大有幫助的，也大大減輕了我的負擔。但是，我從來沒有從她的這筆年金中抽取過一分錢花在我身上。凡是人家送她的禮物，我一件也不動用，一切由她自己支配。當我替她保管錢的時候，我一定會把每筆帳目向她詳細的說清楚。即使在她比我富有的時候，我也從來不用她一分錢作我們共同的開支。我對她說：「我的錢是屬於我們兩個人的，而你的錢則是屬於你一個人的。」這句話，我經常對她說，而且一直就按這個原則行事。有些人很卑鄙，說我利用她的手接受我表面上拒絕接受的錢財。他們簡直是以小人之心度君子之腹，太不了解我了。我可以高高興興的和她一起吃她勞動賺來的麵包，但我絕不吃人家送給她的麵包。這一點，我現在就可以讓她來為我作證。如果按照自然的規律我死在她前面，她也是可以為我作證的。不幸的是，她在各方面都不懂得節約亂花錢。這倒不是因為她好虛榮和貪吃，而是因為她不動腦子。世上從來沒有十全十美的完人，既然她的一些絕好的優點必須有所抵消，那我就寧可讓她有一些缺點，而不願意她有惡習，儘管這些缺點會給我們兩人帶來許多害處。就像從前對她母親一樣，我總想為她積蓄一點，以備她日後之用。我在這方面操的心是難以想像的，但全都白費了。她和她母親都不會精打細算；儘管我拼命賺錢，但總是我賺多少，她們就花多少。雖然黛萊絲穿得很簡樸，但雷伊給她的那筆年金還是不夠她買衣服。我每年都要用我的錢貼補她。無論是她還是我，我們兩人生來都沒有發財的命。不過，我並不把這一點看做是我的許許多多不幸的事情之一。

《民約論》的印刷工作進行得相當快，而《愛彌兒》的印刷工作進行得就不那麼快了；而我是要等到這本書出版之後才執行我的退隱計畫的。杜什納時不時寄來一些樣張給我，讓我選擇。我選好之後，他還是不開機印刷，又寄來一些別的樣張給我。當我們對版本的大小和採用的字體都最後商定並已經印出幾頁之後，我只是在校樣上稍稍做了一點改動，他就要我全都重新校訂，以致費時半年之後，印刷工作的進展還不如開頭一天。我從歷次試印的過程中發現，這本書既在法國印，也在荷蘭印，同時出兩個版本，我有什麼辦法呢？我已經不是這部書稿的主人了，我不僅無法插手法國版的印刷工作，甚至還反對在法國出版。既然這本書不管我是否願意都要在法國出版，而且還要用它作爲荷蘭版的樣本，那麼，我就不得不親自看一下樣張，以免這本書被搞得亂七八糟不成樣子。我要特別指出的是，這本書是經過主管官員批准才印刷的，甚至可以說整個工作都是由他主持，他還經常寫信給我，並曾親自來與我商談此事。至於在什麼情況下來找我商談，我稍後再敘述。

杜什納像烏龜那樣爬行，勒歐姆受到他的牽制，進度就更慢了。杜什納並不是樣張一出來就寄給他的；他看出杜什納在搗鬼（也就是說居伊在搗鬼，因爲印刷工作是由他承擔的），不履行合約，於是便一封又一封寫信向我訴苦，而我也有一肚子苦沒地方訴，對他眞是愛莫能助。他的朋友格蘭常來看我，並一再對我談起這本書，但他的話總是呑呑吐吐，欲言又止。他好像知道又好像不知道這本書在法國印刷；他好像知道又好像不知道是主管的官員在主持此事。他對這本書將給我帶來的麻煩感到擔憂；他似乎在責備我行事太欠考慮，而又不說明我欠考慮的是什麼問題。他拐彎抹角好像是在套我說出點什麼。我那時覺得我的靠山挺硬，一切沒有問題，覺得他在這件事情上說的那些陰陽怪氣的話實在好笑，認爲他經常和大臣與官員們來往，沾染了他們說話打官腔的怪毛病，所以才對我這樣東一句西一句亂說一番。我很放心的以爲這部作品在各方面都符合出版的規定，不僅得到了主管官員的同意與保護，而且實際上也的確受到了主管部門的支持，所以我深深相信我有把握把這件事情辦好。我笑那些爲我擔心的朋友，杜克洛就是其中之一。我承認，如果我不深信這部作品對世人有益和它的保護人都是辦事認眞的人，我見杜克洛那樣嚴肅和聰明的人都感到驚惶不安，我也會跟著像他那樣驚惶不安的。當《愛彌兒》正在印刷的時候，他從巴耶先生家裡來看我，對我談起這本書，我就把《一個薩瓦省的牧師的信仰自白》讀給他聽。他聽得很仔細，似乎很欣賞。可是我一讀完，他就對我說道：「好傢伙，公民，在巴黎印的一本書中竟有這麼一段文字？」我對他說道，「是的，這本書値得國王下令拿到羅浮宮去印呢！」⑬他對我說道，「你說得對，可是，請你千萬別告訴別人說你讀給我聽過。」他這個話說得如此的鄭重其事，雖使我吃了一驚，但並沒有使我感到害怕。我知道杜克洛經常與瑪律澤爾布先生見面，我眞想像不出在這同一件事情上，他的看法爲什麼竟和瑪律澤爾布先生的看法迥然不同。

我在蒙莫朗西已經居住四年多了。在這四年多的時間裡，我的身體每天都是病懨懨的。雖然這裡的空氣很好，但水不好，也許這就是使我的老毛病一天天加重的原因之一。到

---

⑬ 指拿到王家印刷局去印（當時的王家印刷局設在羅浮宮）。——譯者

一七六一年秋末時，我澈底病倒了，整個冬天幾乎都是在病痛中度過的。不僅我的身體不好，而且還有許多煩心事加重我的病情。有一些不祥的預感已經隱隱困擾我一些時候了，但又不知道這究竟是爲什麼。我收到許多相當奇怪的匿名信，而有些署名信也很奇怪。我收到巴黎議會一位參議員的信，他說他對當前的社會狀況不滿，他預料長此下去，後果將很糟糕。他問我到哪裡去找一個安全之地，是舉家遷到日內瓦還是遷到瑞士，問我哪一處更適宜。我還收到某法院的首席法官某某先生的來信，他請我爲該法院（它當時正與宮中鬧矛盾）草擬一份呈送國王的陳情表和諫書，並願向我提供一切必要的文件和資料。當我臥床不起的時候，我容易發脾氣，因此，我看到這封信的時候，一下子火氣就上來了，給他的回信語氣就很不客氣，斷然拒絕他請求我做的事。在這件事情上，我至今感到抱歉，不是我拒絕了他的要求，因爲這些信也許說不定是我的敵人所設下的陷阱*，而且他們要求我做的事也與我堅定不移奉行的原則相違背；我感到抱歉的是，本可婉言謝絕的事，我卻以粗暴的態度來處理。我錯就錯在這裡。

人們在我的文稿箱中還可以找到我在上面提到的那兩封信。其實，那位參議員給我的信，我一點也不感到驚訝，因爲我的看法和他的看法與其他許多人的看法都是相同的，腐

---

* 例如，就我所知，某某議長就和《百科全書》派的那些人及霍爾巴赫一夥關係十分密切。

朽的制度正威脅著法蘭西，使它不久就將崩潰。由於政府的決策錯誤，一場不幸的戰爭，給法國帶來了種種災難。⑭國家的財政狀況簡直混亂到了令人難以置信的程度。政府至今依然由兩三個大臣掌管，他們分庭抗禮、你爭我鬥、彼此攻訐、互相拆臺，使王國陷入了無底的深淵。民眾和全國各階層人士的不滿情緒日益高漲，再加上還有一個脾氣執拗的女人，⑮她把她僅有的一點點聰明全都糟踏在追逐享樂上了。她固執己見，硬把所有能幹的官員全都一腳踢開，安插上自己最寵信的人。所有這一切，都證明了那位參議員以及公眾和我本人的擔憂不無道理。這一預見，甚至曾多次使我猶豫不決，拿不準是否應當在威脅王國的動亂來臨之前就跑到王國之外去尋找一個安全的棲身之處。然而，鑒於我只是一個小人物，又秉性平和與世無爭，因此深信在我自願生活的這片隱居之地，任何暴風雨都是不會波及到我這裡來的。我唯一遺憾的是，在這種形勢下，盧森堡先生竟接受了一些對他有害無益的任務。我希望他在那個龐大的機器像人們擔憂的那樣垮臺之前早做抽身之計。即使是現在，我還是覺

---

⑭ 指英、法兩國一七五六－一七六三年的「七年戰爭」的結果，使法國失去了印度和加拿大兩個殖民地。——譯者

⑮ 指蓬巴杜夫人，這位夫人，正如盧梭在前面說的，參與朝政，儼如「首相」。——譯者

得，如果政府的一切權力不落在一個人⑯的手裡的話，法蘭西王國今天早已陷入絕境了。

當我的身體一天天垮下去的時候，《愛彌兒》的印刷工作也一天天慢下來，到最後竟完全停頓了。我打聽不到停頓的原因，居伊既不寫信給我也不回我的信。我無法得到任何人的消息，也不知道究竟發生了什麼事情，因爲那時瑪律澤爾布先生正在鄉下。其實，我這個人無論什麼不幸的事情，只要我知道是怎麼一回事，我都沉得住氣，不會慌亂的。但是，我天生就怕黑暗，我害怕而且憎恨黑暗陰森的樣子；我對神祕莫測的事情總是感到不安的；我生性坦率，甚至坦率到行事往往欠考慮的程度。神祕的氣氛和我的天性是永遠不相容的。最猙獰的魔鬼我不怕，而在夜裡見到一個用白布蒙頭的人，我卻十分害怕。因此，這麼長時間得不到一點消息，這就使我的想像力活躍起來，覺得此事凶多吉少，到處是幽靈的影子。我愈是擔心我最後的也是我最好的這部著作的出版，我便愈是苦苦思索使出版工作陷於停頓的原因。我遇事總愛往壞處想，眼見這本書的印刷工作陷於停頓，便以爲它一定是被禁止出版了。由於我猜想不出是什麼原因被禁止和如何被禁止，我便一封又一封地寫信給居伊、瑪律澤爾布先生、盧森堡夫人，但始終不見他們回信，或者不按我計算的時間收到回信。我惶惶不安，著急得發瘋。更糟糕的是，這時候我獲悉耶穌會教士格里費神父曾和人家談論

---

⑯ 指舒瓦瑟爾。——譯者

過《愛彌兒》，而且還引用了書中的一些話。於是，我的想像力立刻便像閃電似的來回翻騰，滿腦子想的都是敵人的祕密勾當：我把他們的行爲看得清清楚楚，就好像發生在我眼前一樣。我彷佛看見那些耶穌會教士看見我用輕蔑的詞句談論他們的教學方法便大發雷霆，便扣壓我的稿子，百般阻撓出版工作的進行。他們從朋友格蘭那裡得知我當時的病情，以爲我即將死去（連我自己也認爲我的死期已近），因此打算把出版工作推遲到我死了之後才進行。這樣，他們就可以閹割和篡改我的作品，把他們胡亂塞進去的論點說成是我的論點。令人驚訝的是，我的腦筋一開始回想，就發現可以用來印證我這種胡思亂想的事實和情節眞是多得很；我愈想愈覺得是眞的。豈止是眞的，而且是明擺著的，是歷歷在目的！格蘭已經完全倒向耶穌會教士一邊，這我知道。我認爲，他過去之所以向我做出友好的表示，就是出於耶穌會教士的授意。我深信，正是由於耶穌會教士的推動，他才一再催促我和勒歐姆簽訂合約。透過這個勒歐姆，他們獲得了我這部作品的開頭幾頁。後來，他們又想辦法阻止杜什納的出版工作的進行，說不定還把我的原稿拿去篡改，在我死之後，按照他們的方式出版發行。不論貝爾蒂埃如何花言巧語和虛情假意，我總覺得耶穌會的教士對我是不喜歡的，這不僅是因爲我是《百科全書》派的一分子，而且還因爲我的觀點和他們的教義與信仰是完全相反的，而且相反的程度比我的那些朋友們的不信神的論點還嚴重。無神論的狂熱與信徒們的狂熱有一個共同點，那就是：他們都是不寬容的和排斥異己的，因此，他們是互相接近的，甚至是可以聯合在一起的，他們過去在中國是這樣，他們現在聯合起來反對我，也是這樣。反之，一切合乎理性和道德原則的宗教是不主張任何人有決定他人信仰的權威的，是不讓掌握這種權威的專斷者有行使這種權力的可能的。我知道掌璽大臣先生[17]是耶穌會教士的忠實的朋友，我擔心那個當兒子的人[18]在他的父親的威嚇之下，會被迫把他所保護的這部作品交給耶穌會教士。我從人們對我這部書的頭兩卷的那些故意找麻煩的做法就可看出他撒手不管的後果。在頭兩卷裡，他們爲了微不足道的問題就要求改版重寫，而另外兩卷中的犀利的詞句和論點更多（這一點他們當然是知道的），如果都像頭兩卷那樣審查的話，那就非全部重新改寫不可。此外，我還知道，而且瑪律澤爾布先生也曾親自告訴過我，他是委託格拉夫神父去監印這部書的，而這位神父恰恰是耶穌會的支持者。我發現到處都有耶穌會的人；真沒有想到他們已處於被取締的前夕，正忙於保護他們自己，竟還有功夫去干預一本與他們無關的書的出版工作。我說「真沒有想到」，這個話其實說得不對，因爲我是早就想到了他們會這麼做的。正是在這一點上，瑪律澤爾布先生一知道我在胡思亂想，便寫信來批評我。當然，一個深居簡出的人若想對他一無所知的國家機密大事做出判斷，那必然會判斷錯誤的。那時，我根本沒有料到耶穌會已處於風雨飄搖、朝不保夕之中。我把社會上的那些傳

---

⑰ 指吉堯姆．拉穆瓦尼翁．瑪律澤爾布（一六八三—一七七二）。——譯者

⑱ 指擔任法國圖書總監的克雷蒂安．吉．拉穆瓦尼翁．瑪律澤爾布（一七二一—一七九四）。——譯者

言當成是他們玩弄的詭計，目的在麻痹他們的敵人。他們曾連連得手、節節勝利，從來沒有失敗過，因此我對他們的勢力十分害怕，對議會的必將失敗感到歎息。我知道舒瓦瑟爾先生曾經在耶穌會辦的學校裡讀過書，蓬巴杜夫人與他們的關係也不壞。他們與宮中的寵信和大臣結成同盟，在反對他們的共同敵人方面，對他們是有利的。宮中似乎不願意插手這些事情，因此我認爲，即使將來有一天耶穌會受到沉重的打擊，那也不是議會，儘管議會相當強大，足以打擊他們。我根據宮中袖手旁觀的態度，斷定耶穌會的教士們是信心十足的，他們的勝利是指日可待的。⑲然而，我當時雖然看出社會上流傳的種種謠言是他們故意散布的，是他們布置的陷阱，但我認爲他們一定會平安無事、從容應對，不久就會打垮冉森派，擊敗議會和《百科全書》派，摧毀一切不願受他們奴役的人的反抗。最後，即使他們能讓我的書出版，那也只是在篡改得面目全非，爲了以它作爲他們手中使用的武器之後，利用我的名字去欺騙讀者。

我覺得我快要死了。我眞不明白我的這一連串荒謬的想法怎麼沒有使我憂愁而死。一想

---

⑲ 盧梭的這些揣測和推測是錯誤的。事實上，法國官方對耶穌會的活動早已不滿，認爲它的教義是「荒謬的和有害的」。一七六一年八月六日巴黎高等法院下令解散耶穌會，並關閉該會開辦的學校和其他機構。——譯者

到我寫得最好的這部書將使我身後名譽掃地時，我便不寒而慄。我從來不怕死，但是，如果我是在這種情況下死，我是死不瞑目的。雖然今天我發現敵人爲敗壞我的名聲而玩弄的惡毒陰謀依然毫無阻礙的在進行，但我也將死得十分平靜，比我那時候死安詳得多，因爲我知道在我的著作中已經留下了遲早會戰勝敵人陰謀的證據。

瑪律澤爾布先生獲悉我這麼不安和焦躁，便想盡一切辦法使我安下心來。他在這方面所做的努力，足以證明他的心是多麼善良和厚道。盧森堡夫人爲這件事情也花了不少力氣，她曾多次到杜什納那裡去了解情況。最後，印刷工作終於又開始了，而且進行得相當順利，而過去爲什麼停頓下來，我始終沒有搞清楚。瑪律澤爾布先生曾專程到蒙莫朗西來安慰我，他的力氣沒有白費，我的心終於安定下來了。我對他爲人正直，完全信任，這就克服了我可憐的頭腦中的那些胡思亂想。他見我是那樣的憂慮和心神不安，自然就覺得我是很可憐的，因此對我十分關切。他又提到了他周圍的那一幫哲學家不斷在他耳邊嘮嘮叨叨講的那些話。我已經說過，自從我住進退隱廬以後，那幫哲學家就放出風聲，說我在那裡住不長久。乃至看見我要堅持住下去，他們又說這是由於我生性固執、驕傲、不好意思反悔，還說我實際上在退隱廬悶得要死，生活得很糟糕。瑪律澤爾布先生信了他們的話，並寫信把他們的話告訴我。看到我那麼尊敬的人也有這種錯誤的看法，我十分痛心，便接連寫了四封信給他，向他闡明我此舉的眞正動機，並向他如實講述了我的愛好、我的習性、我的性格和我心中的一切想法。這四封信沒有打草稿，奮筆疾書，想到什麼就寫什麼，寫完之後連看都沒有再看一遍就發出去了；這也許是我一生中唯一信筆寫來、直抒胸懷的作品，尤其令人驚訝的是，它們都是在我疾病纏身，心情十分低沉的時候寫的。[20]我感到我的身體一天不如一天；一想到我在人們的心中會留下一個對我誤解的看法，我便不寒而慄，因此，我打算用我在這四封信中倉促陳述的梗概來暫時代替我計畫中的回憶錄。瑪律澤爾布先生看了這四封信，很高興，還在巴黎拿給別人看過。它們可以說是我在這裡詳細敘述的內容的摘要，是值得保存的。他應我的要求抄寫了一份給我，幾年後他把抄件寄給我了，現在收存在我的文稿箱中。

在我死期將臨之際，唯一使我感到難過的事情是，我找不到一個可以信賴的有文學修養的人替我保存我的文稿，並在我死之後分門別類加以編訂。我上次去日內瓦，與莫爾杜結下了友誼，我對這個青年很有好感，我希望他能爲我送終，我曾把我的這個願望告訴過他。如果他的事務和他的家人允許的話，我相信他是樂於做這件充滿仁愛之心的事情的。由於我目前見不到他的面，因此我決定，在《愛彌兒》出版前，先把《一個薩瓦省的牧師的信仰自白》寄一份給他，以表示我對他的信任。他看了這篇文章雖很滿意，但他在回信中似乎不像我這樣對文章將產生的效果充滿信心。他希望我再寄去幾篇別人沒有看過的文章給他，我

---

[20] 這四封信，見盧梭：《一個孤獨的散步者的夢》，李平漚譯，商務印書館二〇〇八年版，第一百八十五—二百零七頁。——譯者

就把《致奧爾良公爵的悼詞》寄給了他。這篇悼詞是我替帕蒂神父寫的，但他沒有拿去宣讀，因爲出乎他的意外，被派去致悼詞的人，不是他。

《愛彌兒》的印刷工作恢復以後，就一直持續下去，而且相當順利完成了。不過，我注意到了這樣一個奇怪的現象：人們對頭兩卷的審查極其嚴格，而對後兩卷什麼話也沒有說就放過去了，這本書的內容沒有給出版工作造成任何障礙。但是，我還是有點擔心，應當在這裡提一下：我起初是怕耶穌會教士搗鬼，後來又怕冉森派教士和那幫哲學家㉑耍花招。我歷來是反對什麼幫呀、派呀、或集團之類的。我從來沒有想過要得到這個幫或那個派的人的好感。那兩個「住海邊」㉒早已遷離他們原來住的地方，搬到我旁邊的一棟房子裡了。他們住的地方與我住的地方近在咫尺，在他們的房間裡就可以聽到我房間裡和花壇上的說話聲；從他們的園子輕易就可翻過那道把他們的園子和我的花壇盡頭處的那間小屋隔開的矮牆。我把這間小屋當作我的工作室，在裡面放了一張桌子，桌子上堆滿了《愛彌兒》和《民約論》的校樣和樣張。人家陸續把樣張寄來，我就隨收隨裝訂成冊，所以在書正式出版以前，我早就有了一本完整的書。由於我的粗心和麻痹大意，再加上我對馬塔斯先生的信任（我住的

㉑ 指《百科全書》派的狄德羅和霍爾巴赫等人。——譯者

㉒ 指本書第十卷中所說的那兩個「愛管閒事」的冉森派教士。——譯者

地方是圈在他的花園裡的），所以晚上我經常忘記鎖上我的工作室的門，第二天去一看，門是敞開著的，如果沒有發現有人翻動我的文稿，我倒也不會感到不安。自從有好幾次發現翻動的痕跡之後，我晚上就把門鎖起來。但門上的鎖不好，鑰匙只能轉半圈。後來我比較細心了，發現桌上的東西比讓房間門大開著的時候還被翻動得厲害。我裝訂成冊的書，有一冊不見了，有一天兩夜我都無法知道它到哪裡去了，直到第三天早晨才在我的桌上發現。我不懷疑馬塔斯先生，也不懷疑他的侄子杜姆蘭先生，因爲我知道他們兩個人都愛我，我完全信任他們。可是我對那兩個「住海邊」就不那麼信任了，儘管他們是冉森派教士，但我知道他們和達朗貝爾有密切的聯繫，並曾經住在同一棟房子裡。

這就使我心裡有點不安，使我要更加小心提防。我把我的文稿全都拿回到我的臥室裡。我曾經一時不愼，把《愛彌兒》的第一卷借給他們看過。我知道他們曾把這卷書拿到好幾個人的家中去展示過。因此，我決定從此不再和他們見面。儘管在我離開蒙莫朗西以前，他們都一直住在我旁邊，是我的近鄰，但我從那時以後，便和他們無任何往來。

《民約論》比《愛彌兒》早一兩個月出版。我早就告誡過雷伊，叫他千萬別悄悄把這本書運到法國，而他卻向主管官員申請，請批准他將書從海路運至盧昂報關進入法國；他沒有得到批復。㉓他托運的包裹在盧昂被扣留了好幾個月，原是要沒收的，只因他大吵大鬧，人家才把包裹發還給了他。有幾個好奇的人在阿姆斯特丹買了幾本，於是就在法國悄悄流傳開了。摩勒翁聽說過這本書，而且還看過幾頁。他見到我，與我談起這本書時，呑呑吐吐，這使我吃了一驚。要不是我確信這本書的出版在各方面都符合規定，無可挑剔，因而按照我一貫的行事原則放下心來的話，他那種神祕的樣子會使我心裡大爲不安的。好在舒瓦瑟爾先生對我早有好感，對我在書中對他的讚揚一定會十分感激，因此他在這件事情上必然會幫助我對付蓬巴杜夫人使出的壞招。

我在這個時候比在其他任何時候都更加相信盧森堡先生在必要時會幫助我，因爲他給予我的友好的表示不但比以往任何時候多，而且更加感人。他在復活節來蒙莫朗西期間，我因身體不好，沒有到他府上去拜望他，而他卻天天來看我。他見我病痛難忍，便極力勸我請科姆修士來診治，他派人去請科姆，並親自帶他到我家裡，而且在科姆給我動手術時（那次手術的時間很長），他一直陪著我。像他那樣顯赫的高官這樣做，確實是很少的，令人十分欽

㉓ 詳細的情況是：一七六二年四月十三日，雷伊從阿姆斯特丹發了兩大包《民約論》，從海路運至敦克爾克，然後由敦克爾克經河道運至盧昂，四月三十日雷伊寄了一本《民約論》給法國圖書總監瑪律澤爾布；五月七日瑪律澤爾布透過盧梭轉告雷伊，不許將此書運到法國銷售。——譯者

佩的。不過，這次手術只不過是用探條探查了一下病因，而我受不了這種手術給我帶來的疼痛。過去，莫朗曾試過幾次，都沒有成功。科姆的手很巧，技術高明，他用一根很細的探條插進尿道。儘管我在這次兩個多小時的手術時間裡痛得死去活來，但我還是忍著，一聲也沒有呻吟，以免使心慈的元帥爲我焦心。第一次檢查，科姆修士告訴我說探查到了一個大結石，而第二次檢查，又說沒有探查到，於是再做第三次探查。這一次，做得很仔細，花的時間也特別長。手術完畢之後他宣布說沒有結石，而是前列腺患硬性腫瘤，腫塊特別大。他還說我的膀胱特別大，但情況良好。他最後的結論是：我將來要吃不少苦頭，但我的壽命將活得很長。如果他的第二個預言也像第一個預言那樣實現的話，我的痛苦很可能這一生都沒有完的時候了。

就這樣，我一直不斷求醫問藥，前前後後經過了許多年。醫生診斷出來的病，不下二十種之多。其實，我什麼病都沒有。最後，我總算明白了：我的病雖然是永遠也治不好，但不會要我的命。我活多少年，就得痛多少年。我的想像力便停留在這一點上，不再爲我將來因結石病而疼死預先擔憂。至於很久以前斷在我尿道裡的那一小截探條是否會成爲結石的結核，我也不再害怕了。這些想像的病比眞正的病還更令人難受。擺脫了它們，我反而能平靜對待眞正的病。的確如此。從那時起，我對我的病的痛苦的感覺比以前輕多了。因此，我每一想起盧森堡先生，便心懷感激，因爲我的病痛之所以能減輕，都得益於他對我的關懷。

我現在可以說是又恢復了生的樂趣，於是又開始籌畫我安度晚年的計畫，等到《愛彌兒》一出版，就開始實行。我想搬遷到都蘭。我曾經去過那裡，很中我的意，不但氣候宜人，而且那裡的居民也很淳樸：

此處的土地肥沃，易耕作，
居民與它的風光一樣美。㉔

此前，我已經把我的計畫向盧森堡先生談過。他希望我打消這個念頭。我對他說，這件事情已經決定，不能更改。於是他建議我到離巴黎十五法哩的梅爾魯莊園，認爲那裡很適合我。他們夫婦兩人都希望我住在那裡。他們的話使我很受感動，我對他們向我提出的建議也很滿意。現在，要做的事情是，先去看一看那個地方。我們約好了日子，元帥派他的親隨駕車帶我去。可是到了那天，我的身體很不舒服，不得不把此事往後推遲；接著又接二連三遇到許多不巧的事，以致最終沒有去成。後來我打聽到梅爾魯那片產業不是元帥的，而是元帥夫人的，因此，我對於我沒有去成，就不怎麼感到歉然於心了。

最後，《愛彌兒》終於出版了，我沒有聽說它遇到什麼改版和其他方面的困難。在出版

㉔ 塔索：《被解放的耶路撒冷》，第一章，第六十二節。——譯者

前，元帥要我把瑪律澤爾布先生關於這部著作的信全都交還給他。由於我對他們兩人都非常信任，再加上我感到我自己一切順利，沒有什麼特別的事情，因此絲毫不覺得他們向我要那些信有什麼特殊的地方，更沒有想到其中必有令人不安的原因。我把全部信件都交還給了他們，只有一兩封信因疏忽而壓在我的書堆裡沒有交還。此前不久，瑪律澤爾布先生來信告訴我說，他將把我在爲耶穌會教士的事情而憂心忡忡的時候寫給杜什納的信全都收回來。應當承認，那些信都是不會令人佩服我的理智的。我回信告訴他說，在任何事情上我都不願意被人家認爲比我的實際情況更好，因此他盡可以讓那些信留在杜什納手裡，不必要回。後來他是否要回了，我就不知道了。

這本書出版以後，並不像我的其他著作那樣贏得人們的一片喝彩聲。從來沒有哪一本書是像這本書這樣獲得的私下讚揚是那麼多，而獲得的公開稱許卻那麼少。最有資格評論這本書的人對我說的話和寫的信都明確指出：這是我寫得最好的一本書，同時也是最重要的一部書。但他們在發表這些意見的時候，都帶有一種非常奇怪的謹慎樣子，好像要說這本書好，就非悄悄說不可似的。布弗勒夫人來信告訴我說，這本書的作者值得人們爲他塑一尊銅像，對他表示崇敬，但在信末卻毫不客氣要我把信看過之後退還給她，達朗貝爾來信對我說，這本書顯示了我高人一等的才華，顯示我有資格居於文學家的首位；但他在信的末尾卻不署名，而他在此前給我的信中都是署了名的。杜克洛是一位眞誠可靠的朋友，行事十分謹愼，他雖然很欣賞這本書，但不白紙黑字把他欣賞的話寫信告訴我。拉孔達米納非常仔細的把《信仰自白》看了一遍又一遍，但在一談論這篇文章時，卻東拉西扯，不直截了當說出他看得那麼仔細的原因。克勒賀也只是看了書中的《信仰自白》，但他在給我的信中卻敢於述說他讀後受到的感動。他以明白無誤的詞句告訴我，這篇文章溫暖了他衰老的心。在我寄贈這本書的人當中，只有他一個人毫無保留坦然告訴人們他對這本書的好評。

在這本書公開銷售之前，我也送了一本給馬塔斯。他把書借給斯特拉斯堡地方長官的父親、參議員布雷爾看了。布雷爾先生在聖格拉蒂安鄉下有座別墅，馬塔斯是他的老熟人，有空就去看望他，所以在《愛彌兒》公開銷售之前，就讓他先讀為快，可是，布雷爾在把書還給他的時候，卻說了這麼一句話：「馬塔斯先生，這是一部非常好的書，但它不久就會引起一場軒然大波，議論紛紛，對它的評說之激烈，將遠遠超過作者的想像。」當馬塔斯向我轉述這句話的時候，我只是好笑，認為這只不過是一個當官的人在打官腔，不論談什麼事情都要帶一點神祕的色彩。所有一切傳到我耳朵裡的令人不安的話，都沒有布雷爾先生的這句話給我的印象這麼深。當時我不僅沒有預見到大禍即將臨頭，反而深信這本書既對世人有益，而且又寫得那麼美，又完全合乎出版的規定，再加上有盧森堡夫人的支持和主管官員的庇護，因此，我深自慶幸，我所作的決定是完全正確的，把所有一切嫉妒我的人打垮之後，在大獲全勝的凱歌聲中退隱山林。

這本書出版之後，只有一件事情令我擔心。我擔心的不是我的安全，而是心靈的平靜。在退隱廬，在蒙莫朗西，我非常氣憤的親眼看到親王們只顧自己行樂，使可憐的農民遭殃，聽任獵物在他們的田裡毀壞莊稼。他們不敢用別的辦法保護他們的作物，只能用敲打響器之類的東西嚇跑它們。他們帶著小鍋、小鼓和鈴鐺之類的東西在蠶豆田和豌豆田裡守夜，用這些東西嚇跑野豬。我目睹沙賀萊伯爵那麼野蠻的對待那些可憐的農民，便在《愛彌兒》的末尾含沙射影把這種暴行罵了幾句㉕。這幾句違背我出言要厚道的原則，後來使我吃了不少苦頭。我聽說孔迪親王的官員們在親王的田產上也是那麼野蠻的對待農民，我生怕我深深敬愛和感激的這位親王把我出於人道之心罵他叔叔的話誤認爲是罵他而生我的氣。然而我的良心一再告訴我不要對這件事情那麼掛懷，於是我放下了心，泰然處之。至少，我從來沒有聽人說過這位親王注意到了那段話。事實上，那段話是我榮幸的和親王相識之前寫的。

在這本書正式出版之前或之後幾天（我記不清楚了），出版了另外一本同樣題材的書。一看它的內容，除逐字逐句照抄我的第一卷以外，還夾雜了一些庸俗無聊的文字。這本書的作者署名叫巴勒克塞爾，是一個日內瓦人；在書的標題下還注了一行字說是獲得了哈勒姆科學院的獎金。我一看就明白，這個科學院和獎金是憑空捏造的，其目的是爲了對公眾掩蓋他的剽竊行爲。但是，我也看出其中有我當時還不清楚的陰謀。我既不明白我的原稿是怎樣傳

㉕ 見盧梭：《愛彌兒》，李平漚譯，商務印書館二〇〇七年版，下卷，第五百二十一頁。——譯者

出去的（原稿不傳出去就不會被人剽竊），也不明白他爲什麼要僞造這個所謂的獲得獎金的故事，因爲這多多少少總要有點根據才行嘛。只是在多少年以後，從狄費爾盧瓦無意中洩漏出的一句話，我才看穿了其中的奧祕，也大概知道盜用「巴勒克塞爾」這位先生的大名出書的是哪些人。

暴風雨來臨之前的隱隱約約的雷聲，已開始傳入我的耳裡。凡是稍有頭腦的人都看得很清楚，一場針對我這本書和我本人的陰謀正在醞釀，不久就要展開。而我，竟然是如此的泰然和愚蠢，以致，不僅沒有預見到我的災難，而且在感到了災難的後果之後，也猜不出其中的原因。有些人開始鼓噪，說什麼在嚴厲懲辦耶穌會教士的同時，也不能放過那些攻擊宗教的書和它們的作者。人們責備我不該在《愛彌兒》這本書上署名，好像我過去在我的其他著作上沒有署過名似的，但事實上，我過去在我的其他著作上都署了我的名字，而誰也沒有說什麼不對。大家似乎很擔心，形勢將迫使人們不得不採取一些本來不想採取的必要的措施，而我行事又不謹愼。這就給有心人提供了機會。我雖聽到了這些傳言，但並不感到驚慌。我心裡完全沒有想到這件事情與我本人有什麼關係。因爲我覺得我是無可指責的，既有可靠的後盾，又一切都是按規矩辦的。我一點也不擔心盧森堡夫人會讓我因某一過失而陷入困境，何況這一過失如果眞有的話，那也是她一個人造成的。我知道，在這類事情上，歷來的做法是嚴懲書商而不追究作者。因此，我非常擔心可憐的杜什納，萬一瑪律澤爾布先生拋棄他不管的話，他的處境就岌岌可危了。

我很沉著冷靜，但傳言一天比一天多，而且不久就鬧得沸沸揚揚。公眾，尤其是議會，似乎對我沉著冷靜的態度很生氣。沒過幾天，風雲突變，攻擊的矛頭直接指向我頭上來了。議會裡已經有人公開主張把我的書都燒了，不但要燒書，而且還要把書的作者扔到火裡燒死。當這樣一種像果阿的宗教裁判官說的而不像一個議員說的話第一次傳到我耳裡的時候，我還認爲是霍爾巴赫一夥耍的花招，其目的是想把我嚇得逃跑。因此我覺得這種小孩子玩的伎倆實在可笑，根本就沒有把他們這一套傳言當回事，我對自己說，如果他們知道這件事情的來龍去脈的話，他們一定會想別的辦法嚇唬我的。可是後來傳言愈來愈像眞話，他們似乎眞的要這樣做。這一年，盧森堡先生和夫人第二次來蒙莫朗西的時間比往年早，六月初就來了。雖然我那兩部新出版的書在巴黎已經鬧得沸沸揚揚，但在這裡卻很少有人談論；盧森堡先生和夫人在我面前更是一字未提。然而有一天上午，當我單獨和盧森堡先生在一起的時候，他問我：「你在《民約論》中是不是說了舒瓦瑟爾先生的壞話？」「我說他的壞話？」我吃驚得往後退了一步說道，「沒有，我敢向你發誓。恰恰相反，我還說了他的好話。我這枝從來不恭維任何人的筆，還對他寫下了任何一個大臣都沒有受到過的高度讚揚。」我立刻把那段話述說給他聽。「在《愛彌兒》中呢？」他又說道。我回答道，「也沒有，在《愛彌兒》中沒有一句話涉及他。」他以比平時更激動的聲調說道：「唉！你在那本書裡也最好是沒有任何一句話涉及他，但是，如果你眞是想說，那就把話說清楚嘛。」我說道，「我認爲我是說清楚了的，我相信他也會看明白的。」他好像又要說什麼。我見他想把他心裡的話全都說出來，可是剛一張嘴，便把話又吞了回去，一句話也不說了。這就是在朝爲官的人的政治警惕性。有話不敢說，眞可憐啊！它在最仁厚的人的心中也壓倒了友誼。

這次對話雖然很簡短，但至少在某些方面使我看清了我的處境，使我看出那些人是針對我。我歎息我的命不好，倒楣透了，它把我說的好話和做的好事全都變成了我的禍根。不過，我覺得在這件事情上有盧森堡夫人和瑪律澤爾布先生做我的護身符，人家就沒有辦法繞過他們而直接攻擊到我頭上。但是，從那時起，我也看得很清楚，現在已經不是談公正和法理的時候了，人家是不會花力氣去審查我的書是不是眞的錯了。風聲愈來愈緊，就連勒歐姆也在他嘮嘮叨叨的談話中向我表示他悔不該承印這本書，而且確信那種威脅這本書和它的作者的禍事已經是不可倖免的了。但是，有一件事情使我放下了心，我發現盧森堡夫人還是那麼平靜，甚至很高興，始終是一副笑容。這表明她深深相信這件事情她做得對，所以才用不著爲我擔心，用不著對我說什麼同情或抱歉之類的話，才那麼冷靜注視著事態的發展，就好像她與此事無關似的，對我的命運也用不著擔憂似的。不過，使我感到驚訝的是，她對我什麼話也不說，而我覺得她倒是應當對我說點什麼。布弗勒夫人就不顯得那麼平靜了，她焦躁不安的來來去去，相當忙碌。她告訴我說，孔迪親王正在多方想辦法消弭人家準備給我的打擊。她認爲這都是由於當前的形勢造成的，因爲巴黎地方法院必須採取一些措施，才不會被耶穌會教士指責他們對宗教問題無動於衷。然而，對於親王和她自己的活動，她好像並沒有多大的成功的把握。她幾次和我談話的語氣，不但無法使我安心，反而使我憂心，每句話都傾向於勸我遠走高飛，他勸我到英國去，她可以向我介紹許多英國的朋友，例如她的老朋友、大名鼎鼎的休謨。她見我安安靜靜待在原地不動，便採取了另外一個能動搖我決心的說法。她讓我了解到，萬一我被逮捕並受審訊，我就必然會把盧森堡夫人供出來。從夫人和我的友誼出發，我是絕對不能把她牽連進去的。我回答說，在這種情況下，她盡可放心，我是不會連累她的。她反駁我說：這個話，說起來容易，做起來難。在這一點上，她說得對，因爲像我這樣一個人，不論說眞話將帶來多大的危險，我在法官面前都是絕對不會發僞誓或說假話的。

她發現她的話雖然對我產生了一定的作用，但還無法使我下決心逃走，便對我提到巴士底獄，說到巴士底獄去待幾個星期，這也是逃避地方法院司法管轄權的辦法，因爲地方法院是管不到國事犯的。對於這種奇怪的恩典，只要不用我的名義去乞求，我就不反對，可是她後來又不提這件事情了，所以我認爲，她提這個建議只不過是爲了試探我，人家並沒有用這個辦法把事情就這樣不了了之的打算。

幾天以後，元帥收到德耶神父一封信。這位神父是格里姆和埃皮奈夫人的朋友。他在信中說，他從可靠的管道獲悉法院將採取極嚴厲的措施對付我，並註明某月某日就要下令逮捕我。我認爲，他這個話是霍爾巴赫一夥揑造的，因爲，據我所知，法院是嚴格按照程序辦事的，在這件事情上，不先按司法程序弄清楚我是否承認我寫過這本書、是否眞的是這本書的作者，不先弄清楚這些問題就貿然下令逮捕，是違反程序的。我對布弗勒夫人說：「只有危害公眾安全的犯人，法院才能根據一點點犯罪的跡象下令逮捕，以防他逃跑。至於懲罰像我這樣只能算是過錯的行爲（其實我的所作所爲是應當得到榮譽和獎賞的），便只能對書起訴，而盡可能不牽連作者。」關於這一點，她指出了一個微妙的區別（我現在忘記了）以表明對我不先傳訊就下令逮捕，已經是對我的一種照顧了。第二天，我收到居伊一封信，信上說：他那天到檢察長那裡去，在檢察長的辦公桌上看見一份對《愛彌兒》和它的作者的起訴書的草稿。需要指出的是，這位居伊是杜什納的合夥人，書就是他印製的。他本人倒不感到什麼，而只是出於惻隱之心通報消息給我。人們可以想像得到，他的話怎能叫我相信呢？一個書商竟能到檢察長的辦公室去，從容翻看檢察長辦公桌上那一堆文件和草稿，這簡直是天方夜譚嘛！而布弗勒夫人和其他一些人也告訴我說確有其事，證實居伊的話是眞的。根據人們不斷向我說的那些聽起來十分荒謬的話，我認爲所有的人都成了瘋子。

我看得很清楚，這裡邊一定有人家不願意告訴我的祕密。我很安靜等待著事態的發展，深信在這件事情上我清清白白，一切都是按正當的程序辦的。不論我將遭到什麼樣的迫害，我爲眞理而受苦，這對我來說，還眞的是極大的光榮呢！我不但不害怕，不躲藏，而且每天都到元帥家，下午照常去散步。六月八日，即逮捕令下達的前一天，我還和奧拉托利會的教士阿拉馬尼神父和芒達爾神父一起去郊遊。我們帶了許多點心到尙波去吃，吃得很開心，我們忘了帶酒杯，就用麥稈從酒瓶裡吸，每個人都挑選最粗的麥稈管，比賽看誰吸的酒多。我這一生從來沒有像那天那樣快樂過。

我已說過，我青年時期是常常失眠的。從那時起，我就養成了每天晚上在床上看書的習慣，一直看到眼睛發睏，才吹熄蠟燭，勉強眯一會兒。我通常晚上是讀《聖經》，我用這個辦法讀《聖經》，至少來回通讀了五、六遍。那天夜裡，我比平常更興奮，睡不著，我就延長了閱讀的時間，把結尾是講以法蓮山地利未人的故事那一卷從頭到尾讀了。如果我沒有記錯的話，這一卷是《士師記》（從那以後，我就沒有再讀過這卷書）。這段故事使我很受感動。正當我迷迷糊糊回憶這段故事時，忽然一陣響聲和一道燈光把我驚醒了。黛萊絲掌著燈帶著拉羅什先生。拉羅什先生看見我突然坐起身來，便對我說：「別緊張，是元帥夫人派我來的。她寫了一封信給你，還有孔迪親王的一封信，也一起給你。」在盧森堡夫人的信裡，我見到了親王派專人送給她的信，告訴她說：儘管他做了許多努力，但法院還是決定要嚴厲懲辦我。他對她說：「情況已危急萬分，誰也無法阻擋。宮裡主張嚴辦，法院也決定嚴懲，早晨七點鐘就將簽發逮捕令，並立即派人捉拿他。我已央求人家答應，如果他走了，就不追捕了。如果他執意不走，願意讓人家抓住，他是一定會被捉拿歸案的。」拉羅什還說，元帥夫人請我立刻起床去和她商量。當時已是深夜兩點，她剛就寢。拉羅什說道：「她在等你，不見到你，她就不去睡覺。」於是，我趕快穿好衣服，跑步到元帥家。

她顯得焦慮不安，這種樣子還是第一次。她慌亂的神情感動了我。在這出乎意料的時刻，又是在深夜，我本人也免不了有點激動。但是，一見到她，我就忘了我自己而只想到她，想到如果我被捕，她將擔任的可悲的角色。因爲，雖然我覺得我有足夠的勇氣說實話，即使說實話於我不利，會毀掉我，我也要說，但我沒有足夠的機智和應變的能力和毅力，在被嚴厲的追問下不把她供出來。這就使我決心要爲她的安全而犧牲我的榮譽。在這件事情上，我一定要爲她做我怎麼也不願意做的事。我的決心一下，便立刻告訴她，我所做的犧牲是應該的，絕不會讓她替我爲難。我相信她是不會誤解我的意思的，然而她一句感謝的話也沒有說。我對她這樣滿不在乎的態度極爲不滿，以致使我猶豫起來，差一點兒就想改口收回我剛才的承諾。這時，元帥來了，不一會兒，布弗勒夫人也從巴黎趕來了。他們做了本應該由盧森堡夫人做的事，我得到了他們的稱讚，於是便不好意思改口。現在，剩下的問題是研究逃往何處，什麼時候動身。盧森堡先生建議我改名換姓，在他家躲幾天，以便從容商討下一步的措施。我不同意，也不同意悄悄到聖殿躲起來。我堅持當天就走，不願到任何地方去藏匿。

我知道我在這個王國有許多勢力強大的隱祕的敵人，所以我認爲，儘管我喜歡法蘭西，但還是以逃出法國才比較安全。我起先是想逃到日內瓦，但稍一思索，便看出這是個蠢主意，因爲我知道法國的內閣在日內瓦比在巴黎更有威信，如果它決定要迫害我的話，是不會讓我在日內瓦比在巴黎更安寧的，何況我的《論不平等》已經招惹了日內瓦小議會對我的憤恨，雖然它沒有公開說出來，但它愈是悶在心裡不說，對我的仇恨之心便愈兇狠。我還知道，我的《新愛洛伊絲》出版以後，在特農香醫生的鼓動下，小議會便趕緊下令禁止發行，但一看連巴黎也沒有人學他們的樣子，便自慚愚蠢，收回了禁令。我毫不懷疑，他們覺得這一次對他們有利，他們一定會利用這個機會整我；儘管他們表面上很大度，但所有的日內瓦人對我都懷有一種嫉妒心，一有機會就會對我發洩出來。儘管出於對祖國的愛，我願意回到我的祖國去，如果我能在祖國平平靜靜生活，我是絕不猶豫一定會這樣做的，但是，榮譽和理智不允許我以一個逃犯的身分回去，因此我只能到離日內瓦盡可能近的地方，到瑞士去看看，看日內瓦對我採取什麼態度。讀者不久就可看到，我猶豫不決的時間是不會持續太久的。

布弗勒夫人極不贊成這個決定，再次苦口婆心勸我到英國。我不爲她的話所動搖。我既不喜歡英國，也不喜歡英國人。無論布弗勒夫人多麼會說，她不但沒有使我消除對英國和英國人的厭惡心理，反而使我更加討厭他們。這當中的原因，我也不知道是爲什麼。

雖然是決定當天動身，但從大清早起便對外說我已經動身走了。我派拉羅什到我家去取我的文稿，並叮囑他對黛萊絲也不要明確說明我是否已經動身。自從我決定將來要寫我的回憶錄之後，便蒐集了許多來往信件和其他資料，要來回好幾次才能拿完。我把已經挑好的那部分資料單獨放在一個地方，早上剩下的時間就忙著挑選其他的資料，以便把有用的資料都帶走，把其餘的資料都燒掉。盧森堡先生樂於幫我做這個工作，幫我挑選，但需要的時間太多，早上挑不完，哪有時間去燒那些不帶走的資料呢。元帥對我說：剩下的資料由他來幫我挑選，以後打包寄給我，把不要的資料全都燒掉，不交給任何人。我很高興接受了他的建議，因爲由他去辦，我就可以把剩下不多的時間用來和我即將永別的最親愛的人待在一起。他拿去我存放那些資料的房間鑰匙。我請他派人去把黛萊絲找來；她此刻正焦急得要死，既不知道我怎麼樣了，也不知道她將來會怎麼樣，更不知道法院的人來了她該怎麼辦，該怎麼回答他們的話。拉羅什把她帶到了元帥家，一句話也沒有對她說。她原以為我已經走了，現在一見到我，便呼天搶地大聲喊叫，一下撲到我的懷裡。啊！友誼、心靈的結合、朝夕相處的習慣和親密無間的感情，在這一剎那間全都表現出來了！在這甜蜜而又悲傷的剎那間，我想起了我們在一起生活的幸福、美好和寧靜的時光，我們形影不離在一起生活了將近十七年，兩人別離，這還是第一次，如何叫我不感到撕心裂肺的痛苦啊！元帥見我們這樣擁抱在一起，也流下了眼淚，遠遠走開。黛萊絲不願意離開我。我告訴她這個時候跟著我走，是很不恰當的，而且，她也必須留下來收拾我的東西、收取我該收的款子。按慣例，逮捕一個人，首先就是收繳他來往的信件和文件、查封他的財產並開列清單，指定一個人保管，因此她必須留下來辦理這些事情，盡可能妥善處理。我答應她不久以後就來接她，元帥也保證我一定會實踐諾言。但是，我對她閉口不談我準備到哪裡去，以便在來抓我的人問她時，她可以如實說不知道。在臨別擁抱她時，我內心有一種異乎尋常的感觸，我情緒激動的（唉！豈止是激動，其實就是在預言似的）對她說：「親愛的，鼓起勇氣來。在我順利時你曾與我共安樂，往後，既然你願意，那就要與我一起共患難了。從今以後，你也將跟我一起遭受欺淩和苦難。從今天這個可悲的日子開始為我安排的命運，將一直把我追逼到我最後一息。」

現在是到了該動身的時候了。法院的執達吏本該上午十點到，可是在我下午四點動身時，他們還沒有來。我原來是決定坐驛車的，因爲我自己沒有車。這時，元帥決定送給我一輛兩輪小篷車，並借給我一匹馬和一名車夫，把我送到第一個驛站；到了那裡，由於他事先的安排，自然有人向我提供拉車的馬。

由於我沒有到餐廳吃午飯，也沒有在府中的其他地方露面，夫人們便到我一整天都沒有離開的底樓來向我送別。元帥夫人擁抱我好幾次，面容十分憂愁。但是，在她這幾次擁抱中，我已經不再感到兩、三年前她擁抱我時的那種親切之情了。布弗勒夫人也擁抱我，並對我說了許多囑咐的話，米爾普瓦夫人也在場，她對我的擁抱當時眞是使我吃了一驚；因爲她素來對人極其冷淡，態度總是那麼端莊和矜持，沒有完全擺脫洛林家族的那種天生的高傲習氣。她從來沒有向我表示過熱情。至於我，也許是由於我沒有料到她會擁抱我，因而有受寵若驚之感，所以對她給我的這一擁抱特別感到珍貴；也或者是在這一擁抱中確實傳遞了心靈高尚的人天生的憐憫心，所以我才在她的動作和眼神中看到了一種難以形容的強大的感染力。後來，每當我回想起當時的情景時，便這樣猜測：正是由於她知道我未來的命運，才情不自禁在剎那間對我的命運起了憐憫之情。

元帥不發一語，臉色蒼白得像個死人。他堅持要把我送到停在飲馬槽旁邊的車子那裡，看著我上車。我們穿過花園，一句話也沒有說。我身上帶有花園的鑰匙，用鑰匙把門打開之後，默默無言把鑰匙交還給他。他接過鑰匙的那一剎那間，情緒之激動，令我十分吃驚。從那時以後，我經常情不自禁回想當時的情景，我這一生中還從來沒有經歷過我和他離別時的那種痛苦心情。我們兩人沉默不語長時間擁抱。我們兩人都感到這是我們今生的最後一次擁抱了。

在巴爾和蒙莫朗西之間，我碰見了一輛四輪大馬車，車上坐著四個穿黑色衣服的人，他們一邊微笑，一邊舉手向我致意。根據黛萊絲後來向我講述的法院執達吏的面孔樣子和他們到達的時間與說話的神情，我敢斷定，他們就是我碰見的那四個人。後來我還獲悉，下達逮捕令的時間不是人們所說的上午七點鐘，而是中午十二點。我的車子要穿過整個巴黎城，在一輛敞篷小馬車裡，當然不可能藏得很嚴密。我看見街上有幾個人向我打招呼，好像是熟人，可是我又一個也不認識。當天晚上我繞道經過維爾赫瓦莊園。在里昂，來往的驛車通常都要被帶到城防司令部去盤查，這對一個既不願意也不會撒謊或使用假名的人來說，是一件很麻煩的事情。我帶著盧森堡夫人的信去見維爾赫瓦先生，請他設法使我免掉這一麻煩的手續。他寫了一封信給我，但這封信我沒有使用，因為我沒有經過里昂。這封信現在還封得好好的，放在我的文件箱裡。公爵先生一再留我在維爾赫瓦莊園住一晚上，但我想繼續趕路，當天我又走了兩站路。

我的小馬車的座位很硬，我的身體又不好，不能多趕路，加之我的外表又不夠神氣，無法讓人家好好的聽我使喚。而在法國，大家都知道，馬跑得快還是跑得慢，全由車夫操縱。我以為多給車夫錢，就可以彌補我外表難看和不善言辭的缺點，然而結果卻反而更糟：他們以爲我是奉主人之命去辦事的下人，是平生第一次坐驛車，因此他們用來幫我拉車的馬，全是劣馬。我只好耐著性子聽車夫的擺布，什麼話也不說，他們愛怎麼辦就由他們怎麼辦。其實，我一開始就應當採取這種態度。

我這一路上也有排憂解愁的辦法，那就是對最近發生的事情加以思考和分析。不過，這不合我的性格，我沒有這個興趣。說來也很奇怪，我這個人，災難一過去，我是很快就會把它忘記的，儘管它是不久前才發生的。在災難發生之前，我稍一想及便驚惶失措，而在它發生之後，我對它的記憶便一天天淡薄，甚至不久就會消失。我活躍的想像力無止無休的思考如何防止未來的災禍，因而分散了我的記憶力，使我無法集中精神回憶過去的事情。其實，事情既然已經過去，就用不著再擔驚受怕，就用不著再去回想它了。從某一方面說，我的苦早已受完了。我受的苦愈大，我愈容易忘記，反之，我愈回憶我過去的幸福，便愈感到它有甜蜜的回味。可以說，我什麼時候願意，我什麼時候就可以重新再享受一次過去的幸福。我覺得，正是由於我有這種美好的稟賦，我才從來沒有產生過仇恨心，因爲，如果對受到的傷害老是耿耿於懷的話，那首先就會使自己感到痛苦，結果是敵人尚未受到報復，自己就受到了一番仇恨心的熬煎。我天生就是一個容易激動的人、愛發脾氣，甚至動不動就火冒三丈，但我從來沒有記仇報復之心。別人對我的冒犯，我很少記在心裡，因而也很少去理會那些冒犯我的人。我之所以有時候回想他人對我的傷害，只是爲了防備他再次給我以傷害。如果我確信他不再傷害我了，我立刻就會把他對我的傷害忘掉的。有些人對我們嘮嘮叨叨的說教，要我們寬恕別人對我們的冒犯。他們的說法當然是好，但對我卻沒有用處。我不知道我的心是否能抑制仇恨的念頭，因爲它還從來沒有產生過這種念頭。我從來不把我的敵人記掛在我的心裡，因此也就不會產生什麼對他們是否寬恕的問題。我的敵人爲了折磨我而首先使他們自己勞神費力到何種程度，這我不知道。我是聽他們擺布的，他們手中有種種權力，他們正在使用這些權力。但有一件事情是超出他們的權力之外的，我敢說，他們對這件事情是無能爲力的。這件事情是：他們爲了整我，冥思苦想，傷透了腦筋，但他們沒有辦法使我爲了整他們而傷我自己的腦筋。

從動身之後的第二天起，我就完全忘記了剛剛發生的一切。我把法院、蓬巴杜夫人、舒瓦瑟爾先生、格里姆、達朗貝爾和他們的陰謀與同夥，全都忘得一乾二淨。在整個旅途中，除了注意應當小心提防的事情以外，那些敵人，我連想都不去想他們。這時候，縈繞在我腦際的，是我動身前夕所讀的那段《聖經》。我還想起了格士納的《牧歌》，這是不久前這本書的譯者於貝爾送給我的。《聖經》上的故事和格士納的《牧歌》是如此清晰浮現在我腦海裡，以致使我想把它們結合起來，用格士納那樣的筆調寫一篇《以法蓮山地的利未人》。不過，用田園詩的那種樸素筆調來描寫一個如此悲壯的故事，似乎不太合適，何況以我當時的處境，我也沒有多少輕鬆的心情用活潑的筆調來描寫。不過，我還是盡力而爲，唯一的目的是在車中消遣，而不抱任何成功的希望。然而，我剛一試寫，我便驚訝的發現我的思想是那麼活躍，信筆寫來，十分順手，三天功夫我就把這首短詩的前三章寫好了，其餘部分是後來在莫蒂埃完成的。我敢說，雖然這篇作品的內容是可怕的，甚至是令人憎恨的，但我還是克服了旅途中的種種困難，寫出了我一生中從未有過的如此哀豔、如此清麗和充滿天眞與古樸的筆調的作品。《以法蓮山地的利未人》雖不能說是我最好的作品，但是我最喜歡的作品。我過去是，也許將來還是，每次重讀這篇作品都感到一種無怨無恨的內心的喜悅。我的心，不僅沒有因爲遭受許多災難便怨天尤人，反而自己寬慰自己，在我本身找到一種能抵消災禍帶來的痛苦的慰藉。讀者諸君，請你們把所有那些雖說在莫大的逆境中也曾寫過許多好作品的大哲學家都召集起來，把他們放在我這樣的處境裡，在榮譽受到侮辱的悲憤中，也寫一部這樣的作品，看他們怎樣落筆。

從蒙莫朗西啓程到瑞士時，我便決定要到伊弗東我的老朋友羅甘先生家去住幾天。他在伊弗東已退休好幾年了，曾多次來信請我去看他。我在路上聽說從里昂去，要走許多彎路，因此我便決定不經過里昂。但是，不經過里昂，就要經過貝藏松。貝藏松是一個要塞之地，所以也將遇到許多麻煩事。最後，我決定繞道薩蘭，藉口說是去看麥朗先生。他是杜賓先生的侄子，在薩蘭工作，曾幾次來信邀請我去看他。這個辦法很成功，我沒有見到麥朗先生，因此也就用不著停留，我繼續趕我的路，誰也沒有盤問我。一進入伯恩的邊界，我就叫車夫停下來。我走下馬車，跪在地上，俯身親吻大地，激動得大聲叫喊道：「上天啊！你是美德的保護者，我現在可算是到了自由之地了！」我歷來是這麼傻，稍稍有點希望便以爲萬事大吉，對即將成爲我的災難之地也充滿了激情。我的車夫見我那樣激動，以爲我瘋了。我又登上馬車，幾小時以後，我就被可敬的羅甘緊緊的抱在懷裡，心裡感到無比的欣慰和快樂。啊！我需要在這位賢明的主人家裡歇息歇息，我需要在這裡恢復我的勇氣和精力，並籌畫如何儘快使用它們。

在以上的敘述中，我之所以對我所能記得的事情講得那麼詳細，不是沒有理由的。雖然那些事情的細節似乎不夠清楚，但一抓住了其中的線索，就可對整個事情的來龍去脈有一個大致的掌握。舉例來說，雖說它們對我提出的問題無法說明最初的起因，但它們可以大大幫助我們解答問題。

現在假定：爲了施展以我爲目標的陰謀，人家非要迫使我遠走不可，一切差不多都是像實際經過的情況那樣進行，才終於迫使我離開了蒙莫朗西，但是，如果我不被盧森堡夫人半夜派來的人嚇一跳，不被她那種焦慮不安的樣子弄得六神無主，而是繼續像以往那樣保持鎮定，不留在她的家中，而是回到我自己家裡的床上安安靜靜睡到大天亮，我眞的會被逮捕嗎？這是個關鍵問題，其他許多問題的解答，都將以這個問題爲轉移；而要研究這個問題，就必須弄清楚警告性的譴責令下達的時間和眞正的逮捕令下達的時間。這是一個淺顯的但是很有啓發性的具體事例。它說明在事實的陳述中，若想找出其中祕密的原因，就連最微小的細節也應當加以注意，最後用歸納法把祕密的原因揭示出來。

第十二卷（一七六二—一七六五）

黑暗的陷阱從這裡開始了。我在這個陷阱裡被幽禁了八年，不論我用什麼方法，都沒有弄清楚這黑暗的奧祕。在我身陷其中的痛苦的深淵裡，我感受到了一連串的打擊。我雖然看出了用來打擊我的直接工具，但我始終未看見那隻使用這個工具的手和它採用的方法。恥辱和災難好像是自動降臨到我的頭上，而且總是在我猝不及防的時候降臨到我頭上的。當我破碎的心發出幾聲哀鳴的時候，人家還把我當成是無病呻吟的人。那些使我身敗名裂的人有一套令人難以窺透其奧祕的伎倆，因而使公眾不知不覺成了他們的同謀。公眾既不了解那些人的詭計，更看不出他們的詭計將產生的後果。當我敘述那些與我有關的事情以及我遭受的種種迫害和遇到的奇怪現象時，我無法追根溯源找到那隻操縱這一切的黑手，不能在說明事實的同時指出其中的原因。始初的原因我在前三卷書中已經講過了，與我有關的問題和其中祕密的動機也都一一陳述了，但是，要我說明那些不同的原因是如何結合起來使我遇到那麼多離奇的事情，那我實在無法說清楚，甚至連猜也猜不出來。如果在我的讀者中有人願意深究其中的祕密，找出眞相，那就請他們仔細把前三卷書再讀一下，以便以後每讀到一個事實，便利用他們手中掌握的資料進行分析，從一個陰謀追溯到另一個陰謀，從這個參與陰謀的人追溯到另一個參與陰謀的人，最後追溯到元兇。我當然知道他們的探索將達到什麼樣的終點，可惜我本人在那些引導他們達到終點的幽暗而曲折的地道裡卻始終是暈頭轉向找不到走出黑暗的方向。

在伊弗東居住期間，我與羅甘先生一家人都熟識了，也認識了他的侄女布瓦·德·拉都爾夫人和她的幾個女兒。我記得我在前面已經說過，我在里昂與這幾個女孩子的父親曾經見過面。拉都爾夫人這次到伊弗東，是來看她的叔叔和姐姐的。她的長女約十五歲，很聰明，脾氣也很好，我很喜歡。我與這位母親和她的長女結下了很好的友誼。這個女孩子已由羅甘先生做主許配給他的一位當上校的侄子。這位上校年紀已經不小了，對我也很敬重，不過，儘管羅甘先生很熱衷於這門婚事，他的侄子也很樂意，我也希望他們兩人都能如願以償，但由於年齡的懸殊和那個女孩子的極端厭惡，遂使我和她的母親聯合起來勸阻，使這樁婚事終於沒有成功。上校後來娶了他的親戚狄蘭小姐，這位小姐的脾氣和容貌都很好，必可成為上校的賢內助並為他生兒育女。儘管如此，羅甘先生始終因為我在這件事情上拂逆他的意願而對我耿耿於懷，但我心裡很坦然，感到無論是對他和對他的家人都盡到了我作為一個朋友應當盡的最神聖的義務。這種義務，不是事事都順他的心，而是事事都要從最好的方面為他著想，向他進獻忠言。

我如果真的回到了日內瓦，日內瓦將對我採取什麼態度，那是用不著太傷腦筋就可做出回答的。我的書在日內瓦被當眾焚毀。六月十八日，即巴黎下令逮捕我之後九天，日內瓦也下令逮捕我。在日內瓦發布的逮捕令裡，荒謬絕倫的話太多了，連教會的法令也公然遭到如此嚴重的違背，以致我剛一聽到這個消息時，還不敢相信是真的。及至消息證實之後，我很擔心這樣一種明目張膽和駭人聽聞的違法行為，首先將敗壞日內瓦人的良知，使日內瓦人黑白顛倒、好壞不分的。對於這一切，我只好處之泰然，靜觀其變。雖說在一般的小民當中有些傳言，那也只是對我說些閒言碎語而已，可是那些唯恐天下不亂的人和一幫老學究卻公開斥責我，把我視爲一個沒有背好教理問答課本的小學生，口口聲聲說要拿鞭子打我。

這兩道逮捕令是信號，把全歐洲的人都鼓動起來罵我。那種氣勢洶洶的勁頭，還從來沒有見過，所有的報刊和雜誌都連篇累牘發表文章批我。尤其是法國人，這個原本那麼溫和、那麼講究禮儀、氣量寬宏、對受苦的人們心存仁厚的民族卻一反常態，忘記了他們最好的美德，一窩蜂似的爭先恐後對我大聲咆哮，罵我褻瀆宗教，罵我是無神論者，是狂人、瘋子、野獸、豺狼。《特雷夫日報》的副主編撰文說我患有妄想變狼症。從他語無倫次的文章看來，他本人倒眞的是患了妄想變狼症。特別是在巴黎，情況竟發展到這種程度：無論就什麼事情寫文章，如果不在文章裡罵我幾句，就會遭到員警的騷擾。爲什麼會這樣異口同聲的罵我，我百思不得其解。因此，我覺得他們說不定全都是瘋子。咳！說《永久的和平計畫》的編訂者挑起紛爭、《一個薩瓦省的牧師的信仰自白》的作者是一個褻瀆宗教者、《新愛洛伊絲》的作者是一隻狼、《愛彌兒》的作者是一個狂人，這簡直是一派胡言嘛！我的天啊！如果我發表了一本《精神論》[1]或其他類似的著作，我又將被罵成什麼人呢？然而，在針對那本書的作者的那場風暴中，公眾不僅沒有和那些迫害者唱一個調，反而對作者

①愛爾維修（一七一五—一七七一）一七五八年發表的一部唯物主義哲學著作。——譯者

極力稱讚，替他打抱不平。請大家把他的書與我的書做個比較，把兩本書受到的不同的對待和歐洲各國對兩位作者不同的態度比一比，從中找出能使一個有頭腦的人感到信服的理由，我所要求的，就是這一點；其他的話，我就不說了。

我在伊弗東過的日子很好，所以，在羅甘先生和他全家人的強烈要求下，我決定就在這裡住下去。這個城市的大法官穆瓦利·德·冉先生也盛情勸我留在他管轄的地方。上校在他的庭院與花園之間有一座小樓；他再三邀請我就住在小樓裡。我同意了，於是他馬上就去忙著擺放傢俱和配置我的小居室所需用的一切。旗牌官羅甘②更是成天圍著我轉來轉去，寸步不離。我對所有這些人的殷勤照護，非常感激，不過有時候也感到他們過於殷勤，有點煩人。我遷居小樓的日子已經選定，而且也寫信告訴了黛萊絲，叫她來與我會合。這時，突然聽說在伯恩掀起了一場針對我的風暴，據說是那些虔誠的信徒挑動起來的，而其中最初的原因，我始終沒有弄清楚。參議院不知道是受了誰的鼓動，好像也不願意讓我安安穩穩的住下去。大法官先生一聽到這個風聲，就寫信給好幾位政府官員為我辯護，批評他們不該不問青紅皂白就對我採取不寬容的態度，說他們容許那麼多匪徒留在他們管轄之地，卻不讓一個受壓迫的才俊之士在他們的治下尋求庇護，實在可恥。據有些人推測，他那番嚴厲批評

---

② 指羅甘的一個遠房親戚喬治·弗朗索瓦·羅甘。——譯者

的話，不但沒有發揮作用，反而惹惱了那班人。不管這種推測對不對，總之，他的威信和辯才都沒有辦法阻止那些人對我的打擊。他一聽到針對我的命令即將下達的消息，便趕快通知我。爲了不坐等這道命令，我決定第二天就動身。困難在於我不知道往哪裡去，日內瓦和法國已經對我關上了大門。我看得很清楚，在這件事情上，每個國家都會仿照鄰國的辦法做的。

布瓦·德·拉都爾夫人建議我到一個傢俱齊全的空房子安身。這是她兒子的房子，在納沙泰爾邦特拉維爾山谷中的莫蒂埃村，翻過一座山就到了。她的這個建議好極了，因爲在普魯士國王的各邦裡，我會自然而然得到保護，不遭迫害，至少宗教問題不會成爲一些人迫害我的藉口。但是，我的心裡有一個爲難之處，又不便說出來，因而使我猶豫不決。我天生就愛正義，這種愛，一直滲透到我的心靈，再加上我暗中對法國頗有好感，因此對普魯士國王[3]有一種厭惡之心。我覺得從他的行事原則和所作所爲來看，他是不尊重自然法的，是無視人類的一切義務的。在我以前用來裝飾蒙莫朗西那間小屋的帶框的版畫中，有一幅這位國王的肖像，我把一首二行詩的第二句抄寫在他的肖像下邊，詩曰：

---

③ 指普魯士國王弗雷德里克二世（一七一二—一七八六）。——譯者

他的思想像哲學家，但行事乃十足的君王。

這首二行詩，若是出自別人的筆下，是一句相當美妙的讚詞，但出自我的筆下，它的意思就是另有所指，因爲它的上一句④已經把它所指的意思明白無誤說出來了。這首二行詩，凡是到我家來看我的人都見過，而且見過的人是不少的。羅朗齊騎士還把它抄送給了達朗貝爾。我毫不懷疑，達朗貝爾會把這句貌似恭維的話轉送給那位國王。我一錯再錯，後來在《愛彌兒》裡又寫了一段話影射他；那段話裡所說的多尼人的國王阿德臘斯特，大家一看就知道我指的是誰。⑤事實上，它也眞的沒有逃脫那些心明眼亮的人的眼睛，布弗勒夫人就曾多次向我談起這件事情，因此我深信我的名字已經被這位國王用紅色筆記在他的記事本上了。如果他行事的原則眞像我說的那樣，我的著作和我本人肯定是會招他討厭的，因爲大家都知道，惡人和暴君沒有一個不是把我恨之入骨的；即使他們不認識我，單單讀我的書，他們也會咬牙切齒恨我的。

---

④ 這首二行詩的第一句是：「光榮和利益，是他的上帝和遵循的信條。」——譯者

⑤ 盧梭在《愛彌兒》中把普魯士國王弗雷德里克二世比作多尼人的國王阿德臘斯特的話，見盧梭：《愛彌兒》，李平漚譯，商務印書館二〇〇七年版，下卷，第七百一十八—七百一十九頁。——譯者

然而，我還是大著膽子去，看他怎樣對我，因為我相信風險並不大。我知道：只有卑劣的人才是小肚雞腸，而性格豪邁的人（我一直認爲他是這種人）是不會氣量狹小的。我認爲，從他治國的才能看，在這件事情上，他一定會表現得雍容大度，做個樣子給人看。就他的性格來說，做到這一點並不難。我推測在他的頭腦裡，卑劣的報復心是不會戰勝他對光榮的追求的。我設身處地替他想過，他肯定會利用這次機會以他的慷慨表現來征服一個曾經在背後說他壞話的人。經過這番考慮之後，我便決定到莫蒂埃居住，充分相信他是能感到他的這一行為之於他的意義的。我對我自己說：「我尙－雅克都能像寇里奧蘭那樣行事，難道他弗雷德里克還不如沃爾斯克人的那位將軍嗎？」⑥

羅甘上校堅持要陪我翻過山去，幫我在莫蒂埃把住處安頓好。拉都爾夫人的一個小姑名叫吉拉爾迪埃夫人，我去住的那間屋子原來也歸她使用，見我突然來了，便有點不高興，不過，她還是很殷勤讓我住下了，而且，在等待黛萊絲到達期間，我就在她家吃飯。從我離開蒙莫朗西之時起，我就知道我今後在這個世界上將四處飄零，居無定所，所以

---

⑥ 寇里奧蘭是西元前五世紀羅馬的一員勇將，多次戰勝沃爾斯克人的首領圖魯斯·奧西第烏斯。後來，寇里奧蘭在羅馬遭人陷害，被處以流刑，逐出羅馬，他毅然投奔他原來的對手圖魯斯·奧西第烏斯，奧西第烏斯不記前仇，對他表示熱烈歡迎。——譯者

我很猶豫，是否讓黛萊絲來和我一起過這種我註定要過的流浪生活。我覺得，由於這次大禍臨頭，我們的關係必將改變，以前是我照護她和保護她，今後將由她來照護我和保護我了。如果她對我的感情能經得起這場災難的考驗，她會因我的遭遇而傷心的，而她的傷心反過來又會加深我的痛苦。如果我的不幸使她對我的感情冷淡下來，她將覺得她照樣跟著我，對她就是一種損失，不僅不會感到與我分享最後一塊麵包的樂趣，反而會居功自傲，以爲她不論我的命運逼使我到哪裡她都跟我到哪裡，是一大美德。

我一定要有什麼就說什麼，把話全都說出來。我過去沒有隱瞞我那可憐的母親⑦的過錯和我的過錯，我對黛萊絲也不會格外留情。不論我多麼想稱道一個我如此疼愛的人，我也不願刻意隱瞞她的過錯，如果一個人的心中的情感不由自主起了變化也算作一種過錯的話。很久以來我就發現她對我的感情冷淡了，我感到她再也不像當初那樣對我親熱了。我愈是像以前那樣愛她，她反而對我愈冷淡。我又陷入了我在母親身邊的那種力不從心的尷尬處境。我在黛萊絲身邊也出現這種力不從心的情形。我們不要去尋求不屬於自然的完美。這種情形，不論發生在哪個女人身邊都是一樣的。我對我那幾個孩子的做法，不論我當時覺得考

---

⑦ 指華倫夫人。——譯者

慮得多麼周全，都未能使我始終感到問心無愧。在我專心對我那本《論教育》⑧進行構思的過程中，我已意識到我未盡到沒有任何理由可以使我免除的義務。我的後悔之心竟變得如此強烈，以致我在《愛彌兒》的開頭便公開承認我的過錯，而且是講得那麼清楚，誰要是看了那段話⑨之後還責備我，那就太奇怪了。我當下的情況和過去的情況是一樣的，甚至比過去更糟，因為我的敵人正在千方百計尋找我的錯誤，伺機對我進行迫害。我生怕再犯過去的錯誤，不想再冒此危險。我寧可忍受戒絕房事之苦，也不願意讓黛萊絲再受那種罪。此外，我還注意到房事使我的健康狀況愈來愈明顯的下降。這兩個理由曾使我屢下決心不和她同房，但有時未能堅持；不過，最近三、四年裡我比較能夠堅持了。也就是從這個時候起，我發現黛萊絲對我愈來愈冷淡。她雖然從女人的天職出發，對我還是那麼依戀，但她對我已經

---

⑧ 即後文所說的《愛彌兒》；「論教育」三字是《愛彌兒》的副標題。——譯者

⑨ 那段話是這樣說的：「一個做父親的，當他生養了孩子的時候，還只不過是完成了他的任務的三分之一。他對人類有生育人的義務；他對社會有培養合群的人的義務；他對國家有造就公民的義務。凡是能夠償付這三重債務而不償付的人，就是有罪的。……讀者諸君，請你們相信我這一番話。凡是有深情厚愛之心的人，如果他忽視了這些如此神聖的職責，我可以向他預言，他將因為他的錯誤而流許多辛酸的眼淚，而且永遠也不能從哭泣中得到安慰。（盧梭：《愛彌兒》，李平漚譯，商務印書館二〇〇七年版，第二十六—二十七頁）——譯者

沒有情愛的要求了。這必然會使我們的共同生活減少情趣。因此我猜想，說不定由於她深知無論她在哪裡都能得到我的供養，她也許還寧可留在巴黎而不願意跟我一起顛沛流離。然而，鑒於她在我們分別的時候表現得那麼難過，要求我明確許諾我們兩人一定要重逢，而且在我走之後，她又向孔迪親王和盧森堡先生再三表示了這個願望，這就使我不僅沒有勇氣向她說從此永別，甚至連想都不敢往這方面想。當我心裡意識到我說什麼也不能沒有她的時候，便心急如焚想把她接到我這裡來。我寫信去叫她立刻動身，她來了。儘管我離開她還不到兩個月，但這是我們相處多年之後第一次分居兩地，我們兩人都深深感到離別之苦，我們緊緊的擁抱在一起！啊，悲喜交加的眼淚是多麼甜蜜！它使我的心深深陶醉！這樣的眼淚，人們爲什麼竟讓我流得那麼少呢？

一到莫蒂埃，我就寫信給納沙泰爾邦總督、蘇格蘭元帥凱特先生，通知他我已退隱到國王陛下的領土，請求他對我提供保護。他以人所共知的而且也是我所期待的慷慨態度答覆我，他邀請我去見他。我與馬迪內先生一起去了，馬迪內先生是特拉維爾山谷的領主，是總督的好友。這位德高望重的蘇格蘭人可敬的風度深深感動了我的心，我們兩人之間立刻就產生了互相傾慕之情。這種感情，在我這方面是始終如一的，而在他那方面，如果不是由於那些使我失去一切人生慰藉的宵小欺負他年紀衰邁，辨別能力欠佳，便趁我不在他身邊的時候使勁歪曲我在他心目中的形象，他也會始終如一的。

喬治・凱特是一位蘇格蘭的世襲元帥，是那位赫赫有名的戰死沙場的凱特將軍的弟弟。

他青年時期就離開了他的家鄉，因投效斯圖亞特王室而被他的祖國放逐。後來，他發現斯圖亞特王室不行正義，以專橫暴虐爲能事，便對它產生了強烈的反感，棄之而去。他在西班牙待了很長一段時間，最後與他的兄長一起投效普魯士國王。國王慧眼識人，給了他們應得的接待。國王的熱忱接待也得到了回報，凱特元帥爲他屢立戰功，尤其可貴的是，與他締結了眞誠的友誼。這位可敬的人的偉大胸懷服膺的是澈底的共和主義，但他素重友情，一旦成了朋友，便全心全意爲友人效力。因此，儘管他與國王的思維是那樣不同，但他一投效了弗雷德里克，便忠誠於弗雷德里克。國王委他以重任，派他到巴黎、到西班牙，最後，見他年事已高，需要頤養，便任命他爲納沙泰爾邦的總督，讓他在這個閒適的崗位上用他的餘年來爲這個小邦的居民造福。

然而，納沙泰爾人重視花俏的外表而不識眞才。他們把誇誇其談的人當作才俊，把元帥穩重的舉止看作是拿官架子，把他坦率的態度當作是對人粗魯，把他說話的簡略看作是笨嘴拙舌，因此對他施政的寬厚反而大爲不滿，而他只知道造福人民而不善於迎合人們的心理，不知道如何博取那些他所不理解的人的歡心。佩蒂皮埃爾牧師因爲反對地獄永恆說，便被他的同事逐出了教會。在這樁可笑的案子裡，元帥先生不贊成那些牧師們的越權行爲而遭到全邦人民的反對；實際上，他是從全邦人民的利益出發的。當我到納沙泰爾的時候，這種愚昧的反對聲浪還沒有完全平息。人們都說他是一個固執己見的人。在他受到的一切責難中，也許這條責難還不算不正確。我看到這個可敬的老人時，第一個感覺是憐惜他身體的瘦削，歲月已經使他成了一個乾癟老頭。但是，抬眼一看他那高貴、開朗和神采奕奕的面容，我心裡便油然對他產生了敬意，對他有一種勝過其他感情的信任感。他聽完我初見面時的那幾句寒暄話之後，竟對我談別的事情，好像我已經在他跟前待了一個星期似的。他甚至連「請坐」這句客套話都沒有對我們說，那位拘謹的領主只好直挺挺一直站著，而我，我從元帥銳利而慈祥的目光中看出了一種難以形容的親切感，因此也就毫不客氣走過去與他並肩坐在那個長沙發椅上。一聽他說話的音調很平和，我便知道我這種大方的舉動使他感到很喜歡，他心裡一定認爲「這個人不是納沙泰爾人」。

性格相投的效果眞是奇妙啊！一般人在他那樣的高齡，心中的自然情感已經消失，而這位仁厚的老人的心竟爲我動了使世人都感到驚訝的眞情。他到莫蒂埃來看我，說是來打山雞，可是他待了兩天，連槍都沒有動一下。在我們之間建立了一種眞實的友誼，使我們感到誰也離不開誰。他夏天住在科隆比埃府，離莫蒂埃只有六法哩。我頂多隔兩個星期就到他家住一天一宿，然後又步行回到我自己的住處。我人回到了我自己的家，但心總惦記著他。我當年在退隱廬與奧波納之間來來去去時的感覺，當然與現在的感覺有所不同，但它並不比我走到科隆比埃府時的感覺更爲甜蜜。我每次在去科隆比埃的路上一想到這位可敬的老人對我慈父般的愛，一想到他高尚的美德和敦厚的對人態度，我便感動得流下了眼淚！我稱他爲「父親」，他稱我爲「孩子」。這兩個親切的稱呼雖部分表達了把我們聯繫在一起的親密情誼，但還不足以表達我們彼此都有互相需要時時相見的意願。他一再要我搬到他家中去住，就住在我每次去住的那套房間裡。我對他說：我住在自己家裡比較自由，寧願我這一生都這樣去看他。他很讚賞我這種坦率的態度，以後就再也沒有提這件事了。啊！忠厚的長者啊！我可敬的父親！我一想到你，我的心便依然是那麼激動！那班別有用心的人！他們想盡辦法離間我們，這對我是多麼大的打擊啊！不，不，你這位偉大的人在我的心目中，現在是，將來也會是和從前一樣的，我也將永遠是和從前一樣的。他們欺騙了你，但他們未能改變你。

元帥先生並不是沒有缺點，他是賢者，但他也是一個普通人。他頭腦聰慧，有極敏銳的洞察力，行事的手腕也十分靈活，知人善任，但他有時候也受人欺騙，而且受了人家的欺騙還不覺醒。他的性情很古怪，心中有許多奇特的想法。他好像把天天見面的人忘記了，但在他們萬萬沒有料到的時候又想到了他們。他對人的關心照顧很少做得恰合人意，送人家的禮物都是些花俏的小玩意兒，也不管別人合不合用。他頭腦一熱，就馬上把一件東西送給人家或者寄給人家，也不管那件東西值錢或不值錢。有一個想投效普魯士國王的年輕日內瓦人來見他，元帥先生給他的不是一封用公文紙寫的推薦信而是一小袋蠶豆，叫他拿去交給國王。國王一收到這個奇怪的推薦信，還真的立刻就給那個青年安排了一個職務。天分出眾的人之間有他們的特殊語言，是一般的凡夫俗子永遠無法理解的。這些小小的怪癖，雖有點兒像美女的故意作態，但在我看來卻覺得元帥別有風趣。我敢斷定，而且也實地體驗到他的那些怪癖不會在重大的事情上影響他對朋友的感情和關心。是的，在幫忙人家的方式上，他的做法也非常奇特。在這裡只舉一個例子說明他在無所謂的小事情上所表現的奇特之處。從莫蒂埃到科隆比埃府要一天走到，我實在感到太累，所以往往分兩天走。午飯後啓程，到布洛特歇一夜，恰好走了一半路。我住的那家客棧的主人名叫桑鐸茨，需要向柏林請求一個對他來說是很重要的恩准；他託我請總督閣下替他關說。我滿口答應，於是便領著桑鐸茨到總督的府第，請他在客廳等著，由我一人進去向總督陳述事由。可是，我把事情講完之後，總督卻一聲不吭。整個上午過去了，在我們經過客廳去吃午飯的時候，我看見可憐的桑鐸茨在那裡等得焦躁不安。我以爲元帥把這件事情忘了，於是在入席前又對他說了一遍，可是他還是默不作聲。當時我雖然看出他是用這種方式來讓我明白這件事情有點令他感到厭煩，但總覺得他這種方式未免過於生硬。在這種情況下，我沒有別的辦法，只好閉口不談，暗中替可憐的桑鐸茨叫苦。第二天，我回到布洛特時，桑鐸茨向我表示感謝，這使我大感驚訝，一問才知道他在總督的府第受到了很好的款待，還留他吃了一頓豐盛的午餐，而且總督閣下還收下了他的呈文。三個星期之後，元帥就派人把桑鐸茨所請求恩准的批文送交給桑鐸茨。批文是經國王簽署，由一位大臣發出的。這件事情直到辦完，元帥對我和桑鐸茨都一直一字未提，而我還以爲他不願意幫這個忙呢！

我很想一直不停的談喬治．凱特，因爲我最後的美好回憶全都來自同他相處的日子，而我一生的其他時間全都充滿了苦惱和令人痛心的事情，對於這些事情的回憶，是如此的令人傷感，心亂如麻和茫無頭緒，因此不可能條理清晰、層次分明的講述。往後，我只能想到什麼就說什麼了。

我在莫蒂埃避難，時時都懷著不安的心情，但不久之後，國王給元帥的一道批覆便把我不安的心情全都打消了。各位讀者，我告訴你們，元帥眞是我的一個好律師；國王不但批准了他做的事，而且還託他（我必須把全部情況都說出來）送我十二個路易。好心的元帥覺得這項差事很難辦，不知道怎樣做，才做得冠冕堂皇而不傷我的尊嚴。他把錢換成實物，說是奉國王之命幫我買點柴和炭，以便把我的小家庭建立起來。他還說（這也許是出自他個人的意思）國王願意替我蓋一座小房子，樣式由我定，地點由我選。這後一個饋贈使我很感動，抵消了前一個使我感到國王吝嗇的饋贈。雖然這兩項饋贈我都沒有接受，但我也把弗雷德里克當成是我的恩人和保護者，而且是那麼眞誠的敬仰他，以致使我此後關注他的光榮心情之殷切，亦如我過去對他的成就之感到憤慨。此後不久，當他簽訂和平條約⑩的時候，我做了一個非常好看的燈飾來表示我的高興，我用一大串花環來裝飾我住的房子；在這一套裝飾上，我出手大方，不像他那樣小氣。我有意和他賭氣——他吝嗇，我大方。在燈飾上我花的錢差不多與他打算贈我的錢一樣多。和約一簽訂，我便以爲他在軍事上和政治上的成就已

⑩ 指一七六三年二月十日在巴黎簽訂的和平條約。這個條約一簽訂，就結束了一七五六年—一七六三年法國和奧地利爲一方、英國和普魯士爲另一方的「七年戰爭」。——譯者

達頂峰，會轉而爭取另外一種光榮——致力於使他的各個邦的居民休養生息、振興商業和農業、開墾土地、安置移民並保持與鄰國的和平，由歐洲的霸主變爲歐洲的仲裁人。他滿可以放下寶劍，坐享太平，因爲從今以後誰也不會再迫使他從事戰爭。然而，鑒於他不願意解除武裝，因此我很擔心他不知道如何利用他的優勢，只能成爲半個偉人。我大著膽子，用他那種性格的人樂於接受的語氣寫了一封信給他，談這個問題，以便把世上沒有幾個君主能聽到的神聖的眞理的聲音傳到他的耳裡。我這封直言不諱的信是祕密寫的，只有我和他知道，我甚至連元帥都沒有說。我把信封好之後交給他轉呈國王，他沒有問信的內容就把信發出去了。國王一直沒有回信。過了些時候，元帥到柏林去，國王也只是告訴他說我把他狠狠訓斥了一頓。由此可見，我那封信使他很不高興，我的忠言被他當成是顚倒是非的話。說不定他的看法是對的，因爲我說了不該我說的話，用了不該我用的語氣。不過，憑良心說，我之所以寫那封信給他，完全是出自一片至誠。

我在莫蒂埃定居之後不久，便感到今後可以安安靜靜過日子了，因此便穿上亞美尼亞人的服裝。這不是新主意，想穿這種衣服的念頭在我這一生中曾經產生過好幾次，尤其是在蒙莫朗西期間經常想穿這種衣服，因爲那時我需要常常使用探條，必須待在臥室裡；在臥室裡穿這種長袍式的服裝比較舒服。正好有一個亞美尼亞裁縫師時常到蒙莫朗西來看他的親戚，我就請他做了幾件這種衣服給我。人家對此說些什麼，我也不在乎。不過，在做這種衣服以前，我也徵求過盧森堡夫人的意見，她表示完全贊成，於是我便做了一箱這種衣服。時隔不久，衝著我來的那場風暴來了，我又不得不收起來，等到風暴過去平靜時候再穿。幾個月之後，由於我的舊病復發，不得不使用探條，必須穿這種衣服，我覺得在莫蒂埃穿這種衣服，沒多大關係，尤其是徵詢了當地牧師的意見，他說即使穿這種衣服進教堂，人家也不會說這有什麼不妥。於是我便大著膽子身穿長袍、頭戴圓皮帽、腰繫絲條帶。我穿著這身衣服參加了聖事之後，覺得就這身裝束到元帥家去也無妨。元帥閣下看見我這身打扮，只簡單打了一聲招呼說「你好」，沒有說別的。於是，從此以後我就不再穿別的服裝了。

我既然不再從事文學活動，我就一心一意過著由我自己安排的寧靜而美好的生活。當我單獨一個人的時候，我從來沒有感到過厭煩，即使在完全閒著無事的時候也一樣恬適。我的想像力可以海闊天空馳騁。單單有了它，我就夠忙的了，如果待在房間裡瞎聊天，與幾個人坐在那裡耍嘴皮子，那才叫我受不了呢！出門去走走、散散步，這也不錯，至少腿和眼睛都在活動，而抱著胳臂坐在那裡說什麼今天天氣好呀、蒼蠅在飛呀，或者，更糟糕的是，互相吹捧、你恭維我，我恭維你，這對我來說，簡直是苦刑。爲了不像無所事事的野蠻人那樣生活，我就去學編織絲帶。我帶著我的坐墊去拜訪鄰居，或者像女人那樣坐在門口幹點手工活兒或者與過往的行人聊天；儘管說的也是廢話，但我還能忍受。與女鄰居們在一起消磨時光，我並不感到無聊；其中有幾個女鄰居也是很可愛的，很聰明的。有一個女鄰居名叫伊薩貝爾・狄維爾盧瓦，是納沙泰爾邦的檢察長的女兒。我覺得她是一個很令人欽佩的人，所以我與她建立了很好的友誼，她也樂於和我交往，因爲我常給她一些有益的忠告，並在一些重大的事情上幫她的忙。現在她已經是一位賢妻良母了，而她之有這樣好的才智、丈夫和好的生活與幸福，也許還得自我對她的開導。至於我，我也很感謝她對我的溫馨的安慰，尤其是在一個寒冷的冬天，我病情加重，特別痛苦的時候，她經常來和黛萊絲與我一起度過漫長的夜晚，與我們談心。她語言高雅、活潑健談，使我們感到漫漫長夜也彷彿成了匆匆即逝的時光。她稱我爲爸爸，我稱她爲女兒，我們現在還這樣互相稱呼。我希望這兩個稱呼在她和我的心中將永遠成爲珍貴的記憶。爲了使我編織的絲帶能派上用場，我就在那些女孩子們結婚的時候當作禮物送給她們，但她們必須答應我將來一定要親餵她們的孩子。伊薩貝爾的姐姐在結婚時就收到了作爲結婚禮物的一條絲帶；她沒有辜負這份禮物。伊薩貝爾也收到了一條，她本心也很想不辜負這份禮物，但她沒有實現這個願望的幸運。我給她們兩人送絲帶的時候都寫了一封信。給姐姐的信已到處流傳，但給妹妹的信就沒有那樣廣爲人知了，好在友誼並不需要大事張揚。

在我家附近結交的那些朋友，我就不一一講述了，但其中有一個人，我必須談一下。這個人就是普利上校；他在山上有一棟房子，每年夏天都到這棟房子住。我本來不想跟他認識，因爲我知道他和朝廷與元帥的關係都不太好；他根本不想見元帥的面。然而，由於他常來看我，而且十分誠心，所以我也去看他。我們一來一往，有時候還在他家或我家吃飯。我在他家中認識了迪佩魯先生。後來我與迪佩魯先生的交往變得如此密切，以致我在這裡不能不談一談這位迪佩魯。

迪佩魯是美洲人⑪，是蘇利南一位司令官的兒子。司令官死後，繼任者納沙泰爾人尚布里埃就娶了司令官的遺孀。後來，她又再度寡居，便帶著她的兒子到她後夫的家鄉定居。迪佩魯是獨生子，十分富有，從小就受到母親的疼愛和細心培養。他後來的成就，都得益於他母親的教育。他有很多知識，但他在各方面的知識都是半吊子。他也喜歡藝術，尤其愛自詡善於推理。他那一副荷蘭人的派頭，冷漠的表情，低頭沉思的姿勢，黝黑的皮膚，沉默寡言的內向性格，使許多人都認爲他眞的善於推理。他年紀雖然很輕，但已兩耳重聽，又患痛風病，這就使他的舉止動作顯得很穩重。儘管他也愛爭論，有時候還爭得面紅耳赤，但他平時說話不多，因爲他耳背，聽人家談話很吃力。他這副外表令我肅然起敬，我對自己說：「這是一位思想家，一位賢士，有這樣一位朋友，眞是幸運。」他經常與我交談，但從來不對我說一句恭維話，他很少談到我，也很少談論我的書，也很少談他自己。他很有見地，他說的話都相當正確，他的語言是那麼簡練，態度是那麼穩重，這就使我對他產生了敬意。雖說他的思想不像元帥那樣高超，但一舉一動都像元帥那樣樸實，從某種程度上說，他眞有點像元帥。我並沒有對他入迷，但我由衷敬佩他，由敬佩而逐漸產生友情。在他面前，我完全忘記了我當初之所以不願意與霍爾巴赫交朋友的原因。這個原因是：他太富有了。現在看

---

⑪ 迪佩魯一七二九年生於荷屬圭亞那的帕拉馬里勃。——譯者

來，我錯了，我不該忘記這一點，因爲我從經驗中得知，一個擁有巨大財富的人，不論他是誰，是不大可能喜歡我和我在書中提出的那些言論的。⑫我有相當長一段時間沒有見到迪佩魯了，因爲我不到納沙泰爾去，而他每年只到普利上校山上的房子一次。我爲什麼不到納泰爾去呢？說來雖有點像耍小孩子脾氣，但不得不在這裡提一提。

儘管我受到普魯士國王和元帥的保護，在我的隱匿之地逃脫了敵人的迫害，但我並沒有逃脫公眾、政府官員和牧師們的暗中議論。自從法國對我揮舞大棒以後，誰要是不罵我幾句，就不算好漢；誰要是不像那些迫害我的人那樣迫害我，就會被當成是不與他們一條心。納沙泰爾的高層人士，即那個城市的牧師們，首先起哄，試圖策動邦議會反對我。他們的企圖沒有成功，就去找市政府的官員，官員們便立刻下令禁止我的書，而且一有機會就攻擊我，甚至放出風聲，說什麼：如果我想到城裡去住的話，他們對我是不會客氣的。牧師們在他們的《信使報》上連篇累牘發表的那些荒謬絕倫的言論，雖然使稍有頭腦的人都笑掉了

⑫盧梭對迪佩魯的這段評論有失公允，是他在處於焦慮不安的狀態下寫的。實際上，迪佩魯是他的一個最眞誠的朋友，在他身後竭力維護他的名聲。一七七八年七月二日盧梭去世後，第二天迪佩魯就與莫爾杜與吉拉爾丹侯爵一起承擔編輯《盧梭文集》的工作。——譯者

牙，但他們的那一派胡言亂語卻煽動了一般的民眾起來反對我。不過，儘管他們那樣搖旗吶喊，大聲鼓噪，但我還是得感謝他們，因爲他們畢竟手下留情，讓我在莫蒂埃住下去（實際上是他們的權力達不到莫蒂埃）。他們恨不得要我出高價才讓我一小口一小口呼吸此地的空氣。他們想要我感謝他們的保護，但事實上，這種保護是國王不顧他們的反對給我的，而他們還暗中想盡辦法要取消呢！最後，在眼見他們無所不用其極害我和罵我都不奏效之後，他們不但不明白他們的無能爲力，拿我無可奈何，反而吹噓他們是如何對我大發善心，允許我住在他們這個地方。對於他們的這一套，我本該嗤之以鼻，置之不理，但我竟蠢到生了一肚子氣，說什麼也不到納沙泰爾城裡去，而且堅持了將近兩年之久。事實上，他們對我的態度不論是好是壞，我都不能怪他們，因爲他們完全是聽人家支使的，我若是太計較了，反倒抬高了他們，何況那幫既無教養又無眼光的人，是只知道權勢和金錢的，他們哪裡懂得尊重人才的大道理。他們根本就不知道侮辱人才就是侮辱自己。

有一位因營私舞弊而被撤職的村長對伊薩貝爾的丈夫、特拉維爾山谷的警官說：「大家都說那個盧梭很聰明，你把他帶來讓我看看，看他是不是眞的聰明。」說這種話的人的不滿情緒，當然是不會讓遭受這種情緒打擊的人聽了生氣的。

根據我在巴黎、日內瓦、伯恩和納沙泰爾受到的對待來看，我是不可能指望這裡的首席牧師給我好臉色看的。布瓦·德·拉都爾夫人曾帶我去見這位首席牧師，他當時對我表示很歡迎。不過，在這個地方，誰對誰在表面上都是很親熱的，因此他口頭上的那番客氣話，是不能當眞的。但是，既然我已正式重新皈依新教，又生活在一個信奉新教的國家，我就不得不參加我所信奉的宗教的公開活動，不得不去參加聖事，否則我就會違背我的誓言和做公民的義務。而另一方面，我又擔心在我走到聖餐臺的時刻遭到人家的拒絕，使我難堪。而且很有可能，在日內瓦的議會和納沙泰爾的教會中的上層人士發出一片叫囂之後，這位首席牧師想在他主管的教堂舉行聖體瞻禮的時候狠狠的訓我一番。眼見舉行聖體瞻禮的時刻即將到來，我便決定寫信給蒙莫蘭先生（這是那位首席牧師的名字）表示一下我的意願，說明我是始終誠心皈依新教的；而且，爲了避免關於宗教信條的無謂爭論，我還同時告訴他：我不願意聽任何人向我講解什麼信條問題。信一發出，我就靜下心來做我的事情，以爲蒙莫蘭先生一定會表示拒絕，因爲他不會讓我不事先聽一下他的講解，便讓我去參加聖體瞻禮的，而我又不願意聽他講解，事情就會這樣擱下來，不了了之，而且過錯不在我。哪知事情的發展不是這樣的，在我萬萬沒有料到的時候，蒙莫蘭先生到我家來告訴我：他不但允許我照我提出的條件去參加聖體瞻禮，而且還說他和教堂的幾位執事都以能有我這樣一位教友感到莫大的光榮。在我這一生中，我從來沒有這樣驚訝過，也從來沒有這樣欣慰過。我當時的感覺是：我在此之前總是孤單的生活在這個世界上，的確是很淒涼的，尤其是身處逆境的時候更是如此，而現在，在屢遭排斥和迫害之後，我終於能極其開心的說一聲：「我至少是與我的教友們在一起的。」我心情激動，眼中噙著熱淚去參加了聖體瞻禮。我的心和我的眼淚也許是我能帶給上帝的最美好的晉謁禮物。

過沒幾天，元帥送來一封布弗勒夫人給我的信。我推測是達朗貝爾託元帥轉給我的，因爲他認識元帥。這是我離開蒙莫朗西以後，布弗勒夫人寫給我的第一封信。她在信中嚴厲批評我不該給蒙莫蘭寫那封信，尤其不該去參加聖體瞻禮。我眞不明白她爲什麼發這麼大的火，因爲自從我上次去日內瓦之後，我已一再公開表明我是新教徒，而且還公開參加過荷蘭使館禮拜堂的活動，當時誰也沒有說我做得不對。布弗勒伯爵夫人想在宗教問題上教訓我，這未免太可笑了，不過，我不懷疑她的用心是頂好的，雖然我不明白她的用心到底是什麼。我對於她的這種沒來由的責備，一點兒也不生氣，心平氣和回了她一封信說明我的理由。

這時，譴責和辱罵我的文章一篇又一篇出現在報刊和雜誌上。這些文章的大作者們都批評當局對我太心慈手軟了。這一幕亂哄哄的大合唱的指使者們還在幕後不斷使勁鼓動，因而還眞有些陰風逼人的可怕樣子呢。而我，我巋然不動，由他們叫囂。有人告訴我說巴黎索爾邦神學院發表了一篇批判我的文章。我一開始根本不相信，因爲在這件事情上，索爾邦神學院有什麼話可說的？它想宣布我不是天主教徒嗎？而大家都早已知道我不是天主教徒了嘛。它想證明我不是一個好喀爾文信徒嗎？我是不是好喀爾文信徒，這關它什麼事？它這是多管閒事，越俎代庖，替我們的牧師們辦事嘛。在沒有見到那篇文章以前，我還認爲是別人假索爾邦神學院之名發表，用這個辦法來開它一陣玩笑，而在看了那篇文章之後，我便更相信是這樣了。然而在最後，當我弄清楚它的確是索爾邦神學院發表的之後，我不得不得出這樣一個結論：應當把索爾邦神學院的那幫人通通送到瘋人院去。

不過，另外有一篇文章使我非常痛心，因爲它是出自一個我一貫敬仰的人的筆下。他對宗教的虔誠我很欽佩，但他行事的鹵莽，使我感到十分惋惜。我說的這篇文章，是巴黎大主教針對我發表的那道「訓諭」。對這道訓諭，我覺得必須予以答覆，我要不卑不亢答覆他，就像我以前回答波蘭國王一樣⑬。我從來不喜歡像伏爾泰那樣粗聲粗氣的爭吵，我要十分嚴肅的進行鬥爭，所以，只有在確信那個攻擊我的人硬要迫使我加以還擊的時候，我才和他過招。我毫不懷疑那道訓諭是出自耶穌會教士的主意，雖然他們當時已自身難保。我從那道訓諭的語氣中已經看出他們對受苦受難的人落井下石的一貫作風，因此我也按我一貫的行事原則，在尊重那個名義上的作者的同時，對那道訓諭狠狠的予以駁斥。我這樣做，確信是做得很成功的⑭。

---

⑬ 一七五〇年，盧梭的《論科學和藝術的復興是否有助於敦風化俗》發表後，引發了一場持續一年之久的大論戰。在這場論戰中，波蘭國王斯坦尼斯拉斯．勒辛斯基也撰文批評盧梭。針對這位國王的批評，一七五一年九月盧梭發表了一篇《答斯坦尼斯拉斯．勒辛斯基的駁難》。這篇文章，語氣平和，析理透澈，是論戰類文章中的一個典範。——譯者

⑭ 巴黎大主教博蒙的那道訓諭發布於一七六二年八月二十日。盧梭對他的訓諭的答覆發表於一七六二年十一月十八日，標題是：《日內瓦公民尚－雅克．盧梭致巴黎大主教克里斯托夫．德．博蒙》，這個標題就頗有聲

我在莫蒂埃的生活非常愜意，因此我決定我要終老於此。唯一缺乏的是可靠的生活來源。這裡的東西很貴，我的家拆散了，因此我原來的計畫也打亂了；現在要重新安一個家，原來的傢俱有的扔了，有的賣了，再加上離開蒙莫朗西之後又花了不少錢，所以我手裡的那一點點積蓄一天天減少，如果不想其他辦法貼補，再過兩、三年就會全花光的，而辦法只有一個，那就是再從事寫作、寫文章出書，然而這個使我倒楣的職業，我早已放棄了。

我深深相信情況不久就會向著於我有利的方向發展。公眾在經過一段時間的狂熱之後就會頭腦清醒過來，使當權的人也將因自己的胡亂措施而感到羞愧。有了這個信念之後，我就想盡辦法節省開支，讓剩下的錢足夠我用到情況好轉之時，以便在那些可能尋找的謀生的辦法中挑選一個來賺錢吃飯。爲此，我又拿起了我那部《音樂詞典》。這部詞典，我寫了十年，已大體上完成，只差最後一次修改和謄清了。不久前朋友寄來給我的書，爲我完成這部詞典提供了所需要的資料。他們寄來給我的文稿，在我開始寫我的回憶錄時，也派上了用場。從此以後，我要把我的全部精力用來寫這部著作。我首先準備把那些可以用來按照

勢。他問大主教「爲什麼全歐洲的國家都聯合起來與一個鐘錶匠的兒子作對。」他向大主教明確表明：「我是基督徒，但我不是教士的門徒，而是耶穌基督的門徒。」盧梭對以博蒙爲代表的教士們所持的鄙夷態度，溢於言表。——譯者

一定的順序引導我回憶過去的事情和時間的信抄在一個本子上。我早已把我在這方面用得著的信件都挑出來了，前後銜接差不多有十年沒有間斷，然而當我重新整理和準備抄錄的時候，我發現有一段時間是空的，一封信也沒有。這令我十分吃驚。這段空無一信的時間（從一七五六年十月到隔年三月）差不多有六個月之久。我清楚的記得我已經把狄德羅、德賴爾、埃皮奈夫人和舍農索夫人等人的信都挑選出來了，這些信正好是這段時間寫的，現在都不見了。它們到哪裡去了？我的文稿存放在盧森堡公館那幾個月裡有人動過嗎？這不可能，因爲我親眼看見元帥把存放文稿的那個房間的鑰匙已經取走了。由於幾位夫人寫給我的信和狄德羅寫給我的信都沒有寫日期，我只好憑記憶補上日期，以便按時間的順序排列。現在出現了這個問題，我開始還以爲是我把日期弄錯了，因此又特地把那些沒有日期和我代爲補上日期的信拿出來重新檢查一遍，看是否能找到那些能塡補這段空白時間的信，結果一封也沒有找到。於是我確信這段時間的信一定是被人偷走了，是被誰偷走的呢？他爲什麼要偷那些信呢？這，我實在不明白。這些信，是我和那些人大爭吵之前，也就是說，是在我沉醉於撰寫《茱莉》之時寫的，跟誰也沒有關係，信的內容頂多也只是狄德羅的一些牢騷話、德賴爾的玩笑話和舍農索夫人與埃皮奈夫人對我表述的友誼（那時候我和埃皮奈夫人的關係好得無以復加）。這些內容對誰有用呢？他偷這些信去幹什麼呢？一直到七年之後，我才猜想到這一偷盜行爲的醜惡目的。

由於信件的短缺，我又檢查了一下我的文稿，看是否也有短缺。我發現缺少了幾份文稿，由於我的記性不好，因此我覺得在那堆文稿中還眞的缺少好些稿子，例如《感性倫理學》和《愛德華紳士的愛情故事》都不見了。這後一部稿子，後來由盧森堡夫人的隨身侍從拉羅舍寄給了我，因此我當時懷疑稿子是盧森堡夫人拿去的。是的，在這個世界上對這些用破破爛爛的紙張起草的稿子感興趣的人，只有她。而另一部稿子和那些信件爲什麼也引起了她的興趣呢？即使她懷有惡意，她也無法利用它們來害我呀，除非她加以篡改。至於元帥，我很了解他，他是非常正直的，對我的友情也是很眞誠的，我不能對他有半點疑心，甚至對元帥夫人也不能有此懷疑。我花了許多時間和精力都沒有發現誰是竊賊之後，我覺得，只有一個推測合乎情理。這個推測是：這件事情是達朗貝爾幹的，他想了一個辦法混進盧森堡夫人的家，去看那些文稿和信件，把其中他感興趣的全都拿走，不管是稿子也好，信件也好，拿去造謠生事，或者把對他有用的資料據爲己有。我看，他是被《感性倫理學》這部稿子弄昏了頭腦，以爲是發現了一部眞正的唯物主義哲學著作的寫作提綱。不難想像，他是想從其中找出破綻來攻擊我。我敢肯定，只要他仔細一看那部稿子，他很快就會發現他的想法錯了。既然我已決定離開文壇，因此對於這類盜竊我的文稿的事情，也不怎麼在乎，因爲這種行爲已不是此人第一次幹了*，過去幾次，我全都忍著，沒有說過一句怨言。我很

* 我在他的《音樂初階》中發現有許多論點都是從我在《百科全書》寫的有關音樂的詞條中抽取出來的。這些詞條都是在他的《初階》出版之前好幾年交給他的。我不知道他在那本標題爲《藝術詞典》的書中承擔了多

快就把別人的這種不忠厚的行爲抛到一邊，不去想它，就好像從來沒有發生過這種事情似的。我集中精力開始整理剩下的資料，以便安下心來寫我的《懺悔錄》。

我很久以來就以爲日內瓦的宗教界人士，或者，至少是公民和市民，會對那道逮捕我的命令中的違反教會法的地方提出異議，但一切都很平靜，至少在表面上是如此。其實，在日內瓦暗中有一種普遍的不滿情緒，一有機會就會爆發出來。我的朋友們，或者說那些自稱爲我的朋友的人，一封又一封不斷寫信來催我回日內瓦去領導他們，並向我保證，公眾一定會糾正小議會的錯誤。由於我擔心我一出現在日內瓦就會引起騷動和混亂，所以我沒有接受他們的請求。我始終忠於我過去的誓言：絕不參與我國的任何一種內部紛爭。我寧可讓人們對我的侮辱繼續存在，我繼續在國外流亡，也不願意用暴烈和危險的手段回到我的祖國。的確，我曾期望市民們用合法的與和平的方法對一個與他們有極大利害關係的違法行爲表示反對，但他們迄今一點表示也沒有。市民階層的領袖們不致力於替不平之事伸張正義，而是千方百計尋找機會顯示他們是不可或缺的人物。他們明知有人在搞陰謀，但他們卻默不作聲，讓那些假虔誠或自稱虔誠的人大喊大叫，把日內瓦鬧得烏煙瘴氣。其實，這些人都是小議會放出來製造輿論的，目的是使無知的小民把我當成是一個可憎的壞人，而把他們的胡作

少工作，但我發現有些條目是逐字逐句抄自我早在《百科全書》中發表的詞條。

非爲說成是出自對宗教的熱忱。

我白白等了一年多，一直沒有人站出來抗議這一沒有經過法律程序而發布的逮捕令，於是，我終於下定了我的決心：既然我的同胞拋棄了我，我也就決心放棄我那無情無義的祖國。我從來就沒有在這個國家好好生活過；我沒有得到過它的任何好處和愛護。我曾努力爲它爭光，而它竟這樣惡毒的對待我，而且是舉國一致的這樣對待我。那些應該站出來說話的人，都一個個不吭聲。因此我寫了一封信通知那一年的首席執行官法弗爾先生：我正式放棄我的市民權。不過，我在信中的措辭還是彬彬有禮的，是很有分寸的。在我落難的時候，我的敵人往往是殘酷的對待我，而我對他們的那些行爲始終是泰然處之，有禮有節的應對。

我的這一行動終於使公民們覺醒起來，意識到他們錯了，他們撒手不管，不爲我辯護，這不符合他們自身的利益，因此他們立刻挺身出來爲我鳴不平，雖然爲時已晚。除這件事情以外，他們還有一些其他不滿意的事情。他們多次向小議會提出非常合情合理的申訴，但小議會自恃有法國政府的支持，對公民們的申訴毫不留情嚴詞拒絕。這樣一來，遂使他們感到小議會將更加強硬的壓迫他們。他們爲了自身的利益，不得不擴大和加強他們繼續申訴的行動。爭吵的雙方都發表了許多小冊子，大打筆墨仗。正當雙方打得難解難分之時，《鄉間來信》這本支持小議會的小冊子突然問世，一下子就把反對派打得啞口無言，有一段時間幾乎潰不成軍。這本小冊子寫得實在好，文筆的巧妙堪稱上乘，不愧是作者罕見的才能的不朽之作。它出自總檢察官特農香之手，此人聰明幹練，對共和國的法律和重大國策十分精通。

反對派消沉一段時間之後，又振作起精神，寫了一篇反駁的文章，花的時間不少，寫得也還可以。但是，他們都把眼睛轉過來望著我，認爲只有我才能與那樣的對手較量，並把他打倒在地。我承認，我當時也是這樣認爲的。我的老同胞們認爲，我用我這枝筆幫助他們走出這個因我而產生的困境，是我的一個義不容辭的義務。在他們的敦促下，我便答應了承擔這個批駁《鄉間來信》的工作。首先，我要在文章的標題上與他唱對臺戲，我針鋒相對地用《山中來信》作我的文章的標題。這項工作，我進行得如此祕密，以致我在托隆與反對派的領隊人商談這件事情時，儘管他們把那篇反駁文章給我看了，我也一字不提我的文章（當時已經寫好了初稿），因爲我怕走漏風聲，讓官員們或我的敵人知道之後，就會製造印刷工作上的麻煩。然而，我還是未能避免這部作品在出版前在法國就已經有人看到了。他們允許這部作品出版，但始終不讓我知道他們是如何發現我的祕密的。關於這件事情，我把我所知道的情況已全都陳述如上。我所知有限，知道多少就說多少，至於純屬猜測而未經證實的情況，我隻字不提。

在莫蒂埃期間，來看望我的人，差不多和我在退隱廬與蒙莫朗西期間一樣多，只不過來看望我的目的，與從前來看望我的目的大不相同。以前來看我的人，多半都是在工作、愛好和信念方面有共同點，他們以此爲藉口來看我，因此，一見面就開門見山談我能夠與他們交談的事情。在莫蒂埃就不是這樣了，從法國來的人尤其如此，來的人都是些軍官，或者是一些對文學毫無興趣的人，甚至大部分人都沒有讀過我的作品。據他們說，他們之所以不惜走四十法哩、六十法哩甚至一百法哩來看我，來拜訪我，是因爲我是一個名人、大名人、特大名人和特大偉人……等等。從這以後，人們就不斷當面對我大吹大捧，說許多庸俗不堪的奉承話。而在此以前來看我的人都是懷著敬意的，是從來不對我說那麼多恭維話的。由於這些不速之客大部分都不通名報姓，也不說明他們的身分，再加上他們關心的事情和我關心的事情都不相同，他們又沒有研究或者看過我的著作，所以我不知道與他們談什麼才好。我等他們自己先開口，因爲只有他們自己知道他們爲什麼來看我，應當由他們道明來意。不言而喻，我對這種談話是不大感興趣的，也許他們覺得很有趣，這就看他們想知道什麼了。我這個人歷來不耍心機，我毫無保留回答他們向我提出的問題，因此，他們回去的時候，對我的情況的了解，大體上都和我一樣清楚。

舉個例子：我就是用這個辦法接待范斯先生的。他是王后的騎士級侍從兼王后衛隊的騎兵隊長。他很有耐性，在莫蒂埃待了好幾天，而且牽著他的馬和我一起一直步行到拉費里耶爾，而我們兩人，除了都認識菲爾小姐和都會玩抛球遊戲以外，便沒有其他的共同點。在范斯先生之前或之後，我還接待過另外一次更爲古怪的來客。有兩個人步行而來，每一個人都牽著一頭驢，馱著他們的小行李包。他們在旅店住下，親自把驢刷洗乾淨之後，便登門來看我。人們一看他們的那身驢夫裝束，便以爲他們是走私販。這個消息立刻傳開了，說是有走私販到了我家。但是，從他們走進我家時的那種神情就可看出他們不是那種人。不過，雖說不是走私販，但很可能是闖蕩江湖的，因此我對他們保持了一段時間的戒心，但不久後我就放下心來。這兩個人，一個是蒙鐸邦先生，又稱拉都爾·杜·班伯爵，是多菲勒省的一位紳士；另一個是達士蒂埃先生，卡爾邦特斯人，曾任軍職，他把聖路易勳章放在衣服口袋裡，不顯示出來。這兩位先生對人都挺和氣，很有才華。他們的談吐不俗，令人很感興趣。他們的旅行方式很合我的胃口，他們的舉止不像法國紳士的那種派頭，因此使我對他們產生了好感，愈談愈投緣。我們的交情到現在也沒有結束，還在繼續。他們後來又來看過我幾次，不過不是步行（第一次是步行，不失爲一件很有雅趣的事）。後來，我愈觀察這兩位先生，我便愈發現他們的情趣和我的情趣之間很少有共同之處，他們的行事原則不同於我的行事原則；我發現他們並不熟悉我的著作，在他們和我之間沒有任何眞正的感情交流。然則，他們爲什麼來拜訪我呢？爲什麼穿那身衣服來看我呢？爲什麼要在我這裡盤桓好幾天呢？爲什麼後來又來了好幾次呢？爲什麼一再希望我到他們家去做客呢？我當時並沒有想到這些問題，這些問題是我後來偶然想起來的。

他們的盛情感動了我，我就不假思索的把我的心交給了他們。尤其是達士蒂埃先生，我覺得他的性格開朗，很討我喜歡，我後來甚至一直和他通信。當我準備把我的《山中來信》送去印刷的時候，我還想請他幫忙，以便瞞過那些打算在去荷蘭的路上竊取我的稿件包裹的人。他與我幾次談到（也許是有某種企圖）在阿維尼翁出書非常的自由。他說，如果我有什麼作品要印的話，他可以幫我的忙，所以我就陸續把我的頭幾本稿件寄給他了。稿件在他手裡放了很久之後，他寄還給了我，說沒有任何一個書商敢承印。於是，我只好去找雷伊。我仔細安排，一本一本地寄，沒有接到前一本已經妥收的回條，便不寄下一本。在這部作品尚未正式出版之前，我知道有人曾經在幾位大臣的辦公室裡見過這部稿子。納沙泰爾人德士舍爾尼對我談到一部叫作《山中來人》的書；他說，霍爾巴赫告訴他說是我作的。我向他鄭重申明我從未寫過這樣一個標題的書。當我的《山中來信》出版的時候，他很生氣，說我對他撒了謊，雖然我告訴他的全是眞話。從以上情況看，我敢斷定，我的稿子的確被人家看過。由於我確信雷伊是忠實的，所以我只好另作推測。我推測：我寄稿子的包裹在郵寄途中被人打開看過。

差不多也就是在這個時候，我又結識了另外一個人。不過，在開始的時候，我們只是互相書信往返。這個人名叫拉里先生，是尼姆人。他從巴黎寫信給我，要我寄一張我的側面像給他。他說他準備用我這張側面像請勒．穆瓦納照著雕一個大理石半身像放在他的書房裡。雖說這是爲了籠絡我而別出心裁想出來的一個討好我的辦法，但我覺得：一個人願意把我的大理石半身像放在他的書房裡，此人必定是熟讀了我的著作，信奉我的學說的；他一定很愛我，他的心靈和我的心靈是相通的。他的這個想法當然是很有誘惑力的。後來，我見到了拉里奧先生。我發現他很想幫我一些小忙，插手我的一些小事情，但我懷疑在他這一生中所讀過的爲數不多的書裡是否眞有一本是我的著作。我不知道他是否眞有一個書房，說不定他所謂的書房只不過是一張他常用的書桌而已。至於那個半身像，其實是勒．穆瓦納用黏土捏成的，做工很粗糙，而且還在上面附帶雕了一個很難看的人頭像。他用我的名字到處吹噓，好像那個人頭像和我真有幾分相像似的。

我覺得真正出於對我懷有敬意和喜歡我的著作而來看我的唯一法國人，是利穆贊團的一位青年軍官，他的名字叫賽吉埃·德·聖布里松。他曾經以他的出眾才能和過人的智慧在巴黎名噪一時，而且也許現在在巴黎還十分活躍。他在我大禍臨頭前的一個冬天到蒙莫朗西來看我。我發現他熱情奔放，我感到十分喜歡。後來他寫信到莫蒂埃，不知道他是為了討好我還是真的讀《愛彌兒》讀入了迷，他在信中告訴我說他想離開軍隊去過獨立的生活，還說他已開始學木工。他有一個哥哥，與他在同一個團裡，是上尉；他說他的母親特別偏愛他的這位哥哥。他的母親是一位過分虔誠的信徒，不知道受了哪個偽善的神父的教唆，對小兒子很不好，指責小兒子不信宗教，還說他與我來往是一樁不可饒恕的罪過。由於有這些苦處，他想和他的母親斷絕關係，去過我在前面說的那種獨立的生活，當一個小愛彌兒。

接到這封訴說內心話的信以後，我趕緊回信，請他改變主意。經過我苦口婆心勸說，他終於回心轉意，繼續像從前那樣對他母親盡兒子的天職，並從團長那裡收回了他的辭呈。幸虧他的團長很慎重，收到他的辭呈後並沒有立即批准，留下時間讓他考慮。聖布里松從他的這個糊塗念頭清醒過來之後，又動了另外一個糊塗念頭。這第二個糊塗念頭雖不像前一個那麼荒謬，但不大合我的口味；他想當作家。他接連寫了兩三本薄薄的書，從這兩三個小小的作品看，他並不是一個沒有才華的人，所以我以誇讚的語氣鼓勵他繼續寫下去。我這樣做是問心無愧的。

過沒多久，他來看我，我們一起到聖彼埃爾島遊覽。在這次旅行中，我發現他跟從前到蒙莫朗西來看我時有明顯的不同。他有一種難以形容的裝模作樣的樣子。我當時雖未感到太大的不快，但後來卻時時回想起。後來，當我去英國途經巴黎時，他又到聖西門大樓⑮來看我一次。我在那裡聽人家說（他本人並沒有對我說）他經常出入上流社會，並相當殷勤去拜見盧森堡夫人。我到特里之後，他就杳無音信，也不託他的親戚賽吉埃小姐（她是我的鄰居，但對我始終沒有好感）給我捎個口信。總之，聖布里松先生對我的傾慕，就像范斯先生與我的交往一樣，突然一下就結束了。不過，范斯先生並不欠我的情，而聖布里松曾得過我的幫助；莫非我阻止他做的那些傻事，是他故意做出來跟我鬧著玩的？看來很可能是這樣。

從日內瓦來看我的人就更多了。德呂克父子二人就先後讓我當他們的護士，老德呂克是在路上病倒的，而小德呂克是從日內瓦一動身就生病了。他們兩人都住在我家養病，除這兩人以外，在此期間，什麼牧師呀、親友呀、裝模作樣的虔誠信徒和各種各樣的人都從日內瓦和瑞士一窩蜂似的來了。他們不像從法國來的人那樣，有的是因為仰慕我、有的是專門來嘲弄我；從日內瓦和瑞士來的人，則是為了責備我和向我宣講教義。在這些人當中，唯一使我

---

⑮ 孔迪親王在巴黎居住的聖殿中的一座當教堂用的大樓。——譯者

感到高興的是莫爾杜，他和我一起待了三、四天，而我很想留他多住些日子。此外，在他們當中，最有耐性、最固執而且糾纏得使我不得不聽他擺布的，是迪維爾盧瓦先生。他是日內瓦商人，是一個法國難民，是納沙泰爾總檢察長的親戚。他每年從日內瓦到莫蒂埃來兩次，都是專程爲了看我而來的，每次在我家都要一連待好幾天，從早晨到晚上寸步不離，和我一起散步，帶各式各樣的小禮物給我，對我的情況總是追根究柢，最後逼得我非說不可。可是，在他和我之間根本就沒有什麼共同點，無論是性格、感情和學識都不是同一個類型。我懷疑他這一生中是否眞的讀完過我的任何一本書，我看他根本就不知道我在書中談了些什麼問題。我去採集植物標本的時候，他也跟我一起去，其實他對這件事情一點興趣也沒有。一路上，他對我一句話也不說，而我對他也一句話不說。他甚至有耐心和我在古穆瓦納一家小酒館裡面對面的待三個整天。我以爲用這個辦法會使他感到膩煩，並讓他感受到我對他是多麼討厭。但這一切都未能使我戰勝他那令人難以置信的耐心，也猜不透他這樣做的動機是什麼。

在所有這些我無法推辭而不得不接待的人當中，我不應當略而不提那個唯一使我感到愉快並眞正銘記在心的人。此人是一個年輕的匈牙利人，住在納沙泰爾，後來從納沙泰爾來到莫蒂埃。這是我在莫蒂埃住定之後幾個月的事。當地的人都按照他從蘇黎世來的時候用的名字稱他爲索特恩男爵。他身材高大，體態勻稱，長得很俊，待人接物也挺隨和。他對大家都說，而且使我本人也從他的話中聽出他是因爲我才到納沙泰爾來的，其目的，是想透過與我交往，以便在他的青年時期培養品德。我覺得，他面部的表情、說話的聲調和一舉一動都與他話中的意思是相符合的。一個如此可愛的青年懷著這樣一個美好的願望來求我，我若拒之門外，那是有虧做人的最大天職的。我與人交往，從來不虛情假意；他很快就得到了我的友誼和信任，我們兩人不久就變得形影不離了。我每次徒步旅行，他都跟我一起去，他也很喜歡徒步旅行。我帶他到元帥家，元帥也很喜歡他。由於他不大會說法語，他便用拉丁語和我交談和寫信，而我則用法語回答他。儘管我們兩人是混合使用這兩種語言，但我們的談話依然十分順暢，十分高興。他向我談到他的家庭、事業和經歷的事情；他還談到了維也納宮廷，他似乎對維也納宮廷的內幕很熟悉。在我們親密相處將近兩年的時間裡，我發現他的性格一直是那麼平和，經得起各種各樣的考驗。他爲人不但誠實，而且品行高尚，衣著整潔，語言極其文雅。這一切顯示他的確是一個世家子弟，令人十分欽佩，使我無法不喜歡他。

正當我們兩人相處得十分融洽的時候，迪維爾盧瓦從日內瓦寫信告訴我，叫我提防這個住在我家的匈牙利青年，因爲有人告訴他說，這個年輕人是法國政府派到我身邊的密探。這個消息，在我所在的這個地方，當然是有點令人不安的。大家都叫我多加小心，說有人在監視我，準備把我誘入法國領土就處置我。

爲了一下子就封住那些造謠生事的人的口，我向索特恩建議到蓬塔利埃去做一次徒步旅行，但不向他透露去那裡旅行的原因，他同意了。一到蓬塔利埃，我就把迪維爾盧瓦的信給他看。我使勁擁抱他，對他說：「索特恩不需要我證明我對他的信任，但公眾需要我證明我信任你。」這一擁抱使人感到十分溫暖。這種暖人心田的情誼是那些迫害者們既無法理解，也無法從被壓迫的人們的心中奪走的心靈的快樂之一。

我從來不相信索特恩是密探，也不相信他會出賣我，但他欺騙了我。當我毫無保留向他敞開心扉的時候，他卻經常向我緊緊關上他的心，用許多謊言來欺騙我。他對我瞎編了一段故事，使我認為他需要回國去，我催他趕快動身，他動身了。當我以為他已回到匈牙利的時候，我獲悉他在斯特拉斯堡，這不是他第一次到斯特拉斯堡。他曾在那裡給一個人的家庭製造不和。那家的男人知道我和他很熟，便寫信給我，我也盡我的一切力量規勸那個當妻子的要守婦道，我還寫信給索特恩，勸他對自己的行為應多加檢點。當我以為他與那個女人已完全斷絕關係的時候，他們兩人反而更親近了。那個當丈夫的，還大獻殷勤，把索特恩請到他家裡去。這樣一來，我就無話可說了。我還發現這個所謂的男爵編了許多謊言騙我，他的名字根本不叫「索特恩」，他眞實的名字是索特士海姆。至於「男爵」這個頭銜，是他在瑞士的時候人們這樣稱呼他的。這，我不怪他冒用，因為他從來沒有以「男爵」自稱。不過，我不懷疑他是一個眞正的紳士，就連善於識人並到過匈牙利的元帥也這麼認為，一直把他當紳士看待。

他剛一動身，他在莫蒂埃經常去吃飯的那個小客棧的一個女傭便說懷孕了，懷的是他的孩子。那個女傭既長得醜，而且一身髒得要命，而索特恩在這個地方是一向以他的良好品行受到大家的尊敬的，而且他素來愛清潔，所以這個壞話一傳出去，大家都感到很氣憤。當地最漂亮的女人（她們都曾想盡辦法勾引他，但都沒有成功）都快氣瘋了。我也氣得不得了。我曾竭力阻止那個不要臉的女人再嚷嚷，答應負擔她的一切費用，並且替索特士海姆作擔保。我寫信告訴他說，我深信那個女人的肚子不但不是他搞大的，而且是假懷孕，是他的敵人和我的敵人搞的鬼把戲。我希望他回到莫蒂埃來，當面拆穿那個又醜又邋遢的婆娘和幕後指使她的人。他回信的語氣閃閃爍爍，這使我感到吃驚。他還寫信給那個女人的教區牧師，請牧師想辦法平息這件事情。既然他這樣做，我就撒手不管了。不過，我心裡一直納悶：這麼一個放蕩的人怎麼能如此克制，在我們最親密無間的時候，居然以他紳士的外表騙過了我。

後來，索特士海姆從斯特拉斯堡到巴黎去尋求發展，但他在巴黎陷入了困境。他寫信跟我說他已眞誠的意識到他自己的罪過。一回想到我們舊日的友誼，我便寄了一點錢給他。第二年，我路過巴黎時見他還是那樣窘迫，不過，他已成了拉里奧的好朋友。我不知道他是怎麼認識拉里奧的，不知道他們是新交還是舊友。兩年以後他又回到了斯特拉斯堡，從斯特拉斯堡寫過幾封信給我，後來他就死在那裡。以上就是我們交往的簡單經過和我所知道的他經歷的一些事情。儘管這個可憐的年輕人的命運令人惋惜，但我還是相信他是出生在一個良好的家庭，他行爲的放蕩，是他所處的環境造成的。

我在莫蒂埃交往和結識的人就是這些。這是我的收穫，但願這樣的收穫能補償我在這段期間遭到的慘痛損失！

我的第一個損失是盧森堡先生的去世，他是被醫生長期誤診，被疾病折磨死的。他得的是痛風病，而醫生硬說不是，說他患的是一種他們可以治好的病。如果盧森堡夫人的親信拉羅舍給我的信中講述的情況是可信的話，我們應當從這個慘痛難忘的事例中看出：一個人不論多麼偉大，也會遭遇令人扼腕歎息的苦難。

我之所以對失去這位仁厚的長者感到如此悲傷，是因爲他是我在法國唯一的朋友。他的性格是那樣隨和，以致使我完全忘記了他顯赫的地位，把我當成是與他平等的人。我逃亡之後，我們的聯繫也沒有因此而中斷，他和從前一樣，繼續與我通信。不過，我也覺察到，由於我遠遁他方，或者是由於我的不幸，因而使他對我的眷顧之情明顯的減弱了。當然，要一個朝中大臣對一個他知道是不受各國君主喜歡的人永遠保持那份情誼，對他來說也的確是很難做到的。此外，我還發現，盧森堡夫人對他的影響肯定是對我不利的。她將趁我不在他們身邊的時候向他說我的壞話。至於她，雖然有時候對我也裝出一副親切的樣子，但這種表情是愈來愈少，很難掩蓋她對我的感情已經起了變化。我在瑞士的時候，她斷斷續續寫過四、五封信給我之後，便杳無音信。看來我當時對她確實是太信任了，盲目的相信她對我的友情，所以才沒有看出她對我的態度早已冷淡。

杜什納的合夥人、書商居伊，在我走之後，經常到盧森堡府上去。他寫信告訴我說，在元帥的遺囑上列有我的名字。這是很自然的，十分可信的，我對此毫不懷疑。這個消息使我在心裡思索對於這份遺贈，我應當持何種態度。經過通盤考慮之後，我決定不論是什麼遺贈，我都接受，以此表達我對一個正直的人的敬意。因爲，像他這樣地位的人，一般是不重友誼的，而他竟對我有這麼一份眞正的友情，這的確是出自眞心的。不過，我這個想法並未實現，因爲後來就再也沒有聽人談起這項或眞或假的遺贈。說實話，如果眞有其事，如果我眞的利用了一個我所敬仰的人的死亡而獲得某種好處，那是有違我一貫遵循的道德原則的，我會感到十分難過的。在我們的朋友穆薩爾病危期間，勒涅普建議我趁這位朋友對我們對他的照料感激在心的時候，請他對我們做出有利的安排。我對他說道：「啊，親愛的勒涅普，切莫使利欲之心來玷汙我們對這位垂死的朋友應盡的傷心而又神聖的義務。我不願意我的名字出現在任何一個朋友的遺囑上。」也就是差不多在這個時候，凱特元帥向我談到他的遺囑，說他打算在他的遺囑裡對我有所餽贈，我對他的回答，已經在本書上篇中說過了。我的第二個損失，使我更傷心、更無法彌補的損失，是那位最善良的女人和最慈愛的母親[16]的去世。她已年紀衰邁，疾病纏身，十分窮困，終於離開了這人間苦海，到那善人居住的樂土去了。在那裡，她將享有人們對她在世上所做的善事的美好回憶，作爲對她的永恆的回報。去吧！高潔而慈愛的靈魂，到費納隆、貝爾奈和卡蒂納這樣一些人的身邊去吧！到那

---

⑯ 指華倫夫人。——譯者

些雖然地位卑微但與他們一樣誠心行善的人的身邊去吧！去享受你的善行所結的果實，並為你的學生⑰準備他盼望有朝一日能站在你的身邊的位置！你眞幸運啊，因為上天結束了你的厄運，免去了你看到你的學生的悲慘命運！由於擔心她會為我先前那些不幸的遭遇感到痛苦，所以從我到瑞士以後就一直沒有寫信給她，但我曾寫信給孔濟埃先生打聽她的消息。孔濟埃先生告訴我說，她已經無法關心那些受苦的人了，而且她自己也不再在人世受苦了。我本人也許不久也將不再在人世受苦，但是，如果我不相信我在另一個世界會見到她，我這微弱的想像力也就不會去想像我將在那裡獲得的完美幸福了。

我的第三個損失，也就是我的最後一個損失（因為在這個損失之後，我就沒有朋友了），是我再也沒有機會和凱特元帥重逢。他沒有死，但他已倦於為那些忘恩負義的人服務，離開了納沙泰爾，從此以後，我就沒有再見到過他。他現在還健在，我希望他的壽命比我活得長。幸虧有他健在，我在世上的依戀之情才沒有完全斷絕，在這個塵世上畢竟還剩下這麼一個人配享我的友誼，因為友誼的眞正價值，在心中感覺到的時候比在頭腦裡回憶的時候珍貴得多。我已經不可能再獲得他的友誼給予我的甜蜜感覺了；我只能把他當作我依然敬愛但不可能再有聯繫的人看待了。他要到英國去接受國王對他的赦免，並收回他過去被沒

⑰ 指盧梭本人。——譯者

收的財產。我們在分別的時候是有制訂重逢的計畫的；這個計畫，他和我都同樣感到很美好，他打算定居在亞伯丁附近的凱特莊園，我將來就到那裡去看他。但是，這個計畫在我看來是太過於樂觀，所以反倒難以實現。後來，他並沒有留在蘇格蘭，應普魯士國王的盛情邀請，他又回到了柏林；人們不久即將看到我是如何被迫不能到柏林去與他相見的。

他在離開納沙泰爾之前，就已經預料到有人將鼓動一場反對我的風暴，所以主動派人送來一份入籍證書給我。有了這份證書，似乎就可以防止別人把我逐出這個地方。特拉維爾山谷的古維教會也仿效總督的做法，發給我一份入會證，同入籍證一樣，也是免費的。這樣一來，無論從哪方面說，我都是這個國家的公民，誰也無權趕走我，即使是國王，也無此權力。但是，要想迫害一個最尊重法律的人，歷來都是不採取合法的途徑的。

我認爲，我不能把馬布里神父之死當成是我在這個時期的損失之一。我在他的哥哥家住過，所以和他有些來往，但不親密。我有理由相信，自從我的名氣比他大以後，他對我的態度就變了。他對我的惡意表現，是在《山中來信》出版之後，我才感覺到的。在日內瓦流傳著一封致薩拉丹夫人的信，據說他是寫的。他在信中說我的這部作品通篇都是一個唯恐天下不亂的狂徒煽動暴亂的言論。我對馬布里神父是很敬重的，對他的學識是很欽佩的，所以一開始我完全不相信那封荒謬的信是他寫的。我坦率的按照我的想法辦事，我把那封信抄了一份寄給他，並告訴他有人說是他寫的。他一直沒有給我回信，他保持沉默，不回我的信，這已經使我吃驚了，及至接到舍農索夫人來信告訴我說那封信確實是神父寫的，還說我的信使他感到很難堪，這時候，請大家想一想我吃驚的程度是多麼大啊！因爲，即使他在那封信中說的全有理，他爲什麼要那樣大張旗鼓公開嚷嚷呢？他那封信並不是人家強迫他非寫不可嘛，他爲什麼竟欣然命筆大寫特寫呢？其目的，若不是趁一個不曾辜負過他而又一向對他有好感的人在突遭橫禍之時落井下石置之死地，又是什麼呢？不久以後，他出版了一本書，標題爲《弗西翁的言論》⑱。我發現，這本書完全是他不知羞恥的從我的著作中東抄一點西抄一點拼湊而成的。一翻開這本書，我就感到此書的作者是衝著我而寫的。像他這樣兇惡的敵人，還沒有第二個。我深深感到，他既不會原諒我寫了一本遠非他能力所能撰寫的《民約論》，也不會原諒我寫了一本《永久的和平》。他以爲我只能從聖彼爾的著作中摘錄幾句，而沒有想到我居然寫得那麼好。

我愈往下寫，便愈難於按事情的先後次序寫。我這一生中，經受的風風雨雨太多，不允許我有足夠的時間在腦子裡把事情一件件的按順序排列。事情太多又錯綜複雜，令人十分煩惱，所以敘述起來不免顯得零亂。它們給我留下的唯一深刻印象是：發生這些事情的原因非常神祕，它們已經把我逼到了絕境。我往後的敘述只能是信筆寫來，想到什麼就寫什麼。我記得，就在我所說的這個時期，我正忙於寫我的《懺悔錄》，但我很不謹愼，向大家都說起

⑱這是簡稱，馬布里這本書原標題的全稱是《弗西翁關於道德和政治的關係的言論》。——譯者

這件事情，壓根兒就沒有料到居然有人對這件事情感興趣，沒有料到他們有能力並打定主意要橫加阻撓。不過，即使我料到了，我也是不在乎的，因爲我天生就不會隱瞞我所做的和我想做的事情。根據我的判斷，人們之所以掀起那場風暴，其中的眞正原因是想把我趕出瑞士，把我交給那些有能力阻止我寫這本書的人，使我無法進行這項工作。

我還有一項工作，也是那些怕我做前一項工作的人十分嫉妒的。這項工作是編印一部我的《全集》。在我看來，這項工作是完全必要的，目的是向公衆表明，在那些標有我的名字的書中，哪些書眞正是我寫的，使公衆能夠識別哪些書是我的敵人爲了敗壞我的名聲而冒用我的名字出的。此外，出這部全集，也是使我有錢買麵包的既簡單而又誠實的辦法，而且也是唯一的辦法。因爲我已放棄寫作，不再另撰新書，而我的回憶錄又不能在我生前出版，再加上我又沒有其他的辦法賺錢，每天的開銷又無法減少，我最後幾部著作的收入一花完，吃飯的錢就沒有了。正是由於這個原因，我不得不把我的《音樂詞典》的稿子賣給書商，儘管它當時還不夠完善。這部書使我得到了一百路易的現款和一筆一百埃居的終身年金。但是，我一年要花六十多個路易，這一百個路易不久就會花完的；而那一百埃居的年金也經不起花，因爲總有那麼一幫窮鬼像麻雀似的跑來揩我的油，所以這一點點年金也是杯水車薪，無濟於事的。

這時候，從納沙泰爾來了一夥商人想承印我的全集，另外，從里昂也來了一個名叫雷基亞的印刷商或書商。我不知道他是怎麼一下子就鑽到那一夥商人中間去主持起這項工作了。合約還訂得比較合理，滿足了我的要求。我的作品，已經印出的和尚未印出的合在一起編成四開本六卷。編輯工作由我負責，他們每年付給我一千六百法國利弗爾的終身年金和一次付清的一千埃居現款。

合約訂了但沒有簽字，這時，我的《山中來信》出版了。聲討這部邪惡的著作和罪不可赦的作者的洶湧浪潮襲捲而來，嚇壞了那些書商，出全集的工作便就此擱置。我把這部作品產生的後果與《論法國音樂的信》產生的後果做了一個比較，雖說《論法國音樂的信》給我招來了一些人的仇恨和使我處於危險境地，但它同時也給我帶來了另外一些人的欽佩和尊敬。而《山中來信》一出版，在日內瓦和凡爾賽，人們似乎認爲讓我這樣一個魔鬼活在人間眞是一件不可思議的事情。日內瓦的小議會在法國常駐代表的鼓動和總檢察官的支使下，立即對我的作品發表了一個公告，不但以最惡毒的字眼宣稱我這本書應當讓劊子手拿去燒掉，而且以調侃的語氣說：凡是看過甚至聽說過這本書的人都應當感到羞恥。我很想把這篇令人好笑的奇文轉錄在此，可惜我手頭沒有，而且連一個字也記不得了。我熱切希望在我的讀者中有人能出於對眞理和正義的熱愛把我的《山中來信》全文再讀一遍。我敢斷言，他讀過之後一定會感到：儘管這部作品的作者橫遭人們的侮辱，但他全書的行文不急不躁，筆調十分平和。需要指出的是，由於小議會的那些人既不能破口罵我，因爲我的書中根本就沒有一句罵他們的話；也不能批駁我，因爲我提出的論據都是不可辯駁的，他們便裝出一副十分惱怒的樣子，說什麼不願意駁斥我對他們的指責。的確，有一點倒是眞的，那就是：如果他們把不可辯駁的論據當成是罵他們的話，他們可眞的被我狠狠痛罵了一頓啊！

然而，反對派的領袖們不僅沒有對那份胡謅一番的公告表示不滿，反而照著公告說的話做；不僅沒有把《山中來信》當做進攻的武器，反而遮遮掩掩，躲之唯恐不及。他們竟那樣怯懦，對這部爲保護他們而且是應他們的請求才寫的作品，既不表示稱讚，又不說一句公道話；既不引用，甚至連提都不提，儘管他們暗中從這部作品裡摘取了許多論點，而且，他們之所以能獲得安全與勝利，唯一的原因，就是他們完全遵循了這部作品在結尾中向他們提出的忠告。他們要求我盡的職責，我盡到了，我鞠躬盡瘁的爲祖國和他們的事業盡到了我的力量。我希望他們在爭吵中不要涉及我，而只涉及他們自己，他們照我的話做了。我一再提醒他們要採取和平的辦法來處理這件事情，因爲我毫不懷疑，如果他們堅持用他們的辦法，他們一定會被法國打敗的。後一種情況沒有發生，我知道其中的原因，不過，這裡不是談這個原因的地方。

在納沙泰爾，《山中來信》最初引起的反應很平靜，我送了一本給蒙莫蘭先生，他欣然接受，而且，看了之後，也沒有提什麼反對的意見。他當時和我一樣也在病中，而在病癒之後還很友好的來看我，什麼話也沒有說。然而傳言四起，有人說騷亂已經開始了，我的書被當眾燒了，但我不知道是在哪裡被燒的。騷亂的中心很快就從日內瓦、從伯恩、從凡爾賽移到了納沙泰爾，尤其是移到了特拉維爾山谷。在特拉維爾山谷，甚至在宗教界還沒有任何明顯的行動以前，就已經有人在暗中鼓動民眾了。我敢說，我是應當像我在所有我居住過的地方受到民眾的愛戴那樣受到這個地方的民眾的愛戴的，因爲我曾大把大把的布施金錢，讓我周圍的任何一個窮苦的人得到幫助。我從來不拒絕向任何一個人提供我力所能及的正義的聲援。我和所有的人都相處得十分融洽，盡力避免顯示任何一點足以引起他人討厭的文人習氣。然而這一切都未能阻止當地的無知小民在某些人的暗中鼓動下，逐漸對我產生的不滿情緒，以致後來竟發展到瘋狂的仇視，在大庭廣眾之下公開侮辱我，不僅在鄉下、在路上甚至在大街上也如此。尤其是那些曾經得到過我的許多好處的人表現得最激烈。至於那些還繼續得到我的好處的人，雖不敢公開出面反對我，但也在挑動其他人反對我，好像不這樣做，就難以洗刷他們曾受過我的恩惠的恥辱。蒙莫蘭假裝什麼也沒有看見，也不露面表示他的態度。但是，由於即將舉行一次聖餐禮，他到我家來勸我不要去參加，並向我保證說他對我毫無意見，不會對我有什麼舉動。我覺得他這番話簡直是莫名其妙，猜不出他是什麼意思。他還提到布弗勒夫人的那封信，我眞不明白，我去不去領聖餐，這與誰有關係？我認爲，如果我一聲不吭的就這樣聽從了他的話，那是一種怯懦的表現，何況我不願意給那幫小民一個新的口實，說我蔑視宗教的禮儀，因此我斷然向他表示拒絕。他露出一副滿臉不高興的樣子走了，他這副樣子是在警告我要趁早識相，否則會後悔的。

單憑他那點權力，是不能禁止我去參加領聖餐禮的；這要由那個接納我重新皈依新教的教務會議說了才算數，而教務會議什麼話也沒有說，因此我大可放膽去參加，不怕遭到拒絕。這時，宗教界人士交給蒙莫蘭一個任務，請他傳喚我到教務會議說明我的信仰到底是什麼，如果我拒絕去，就把我開除出教，而開除出教一事，只有教務會議才能辦理，而且要由教務會議多數人表決通過才行。但是，這裡的教務會議是由一些被稱爲「老教友」的鄉民組成的，是受牧師指揮的，他們當然不會發表與牧師不同的意見的，何況牧師的意見主要是依據神學，那些鄉民對神學沒有他知道得那麼多，他們哪裡能提出不同的意見呢？果然，我被傳喚了，我決定去面對他們。

如果我有口才，如果我的嘴也像我的筆那樣善於表達我的意思，這是多麼好的機會，讓我打一次多麼漂亮的勝仗啊！我將以多麼大的優勢輕而易舉的當著他那六個鄉民的面把這個沒多大學問的牧師搞得狼狽不堪啊！這位新教的牧師一心想制服我，竟公然踐踏宗教改革的原則。爲了提醒他尊重這些原則，我只需把《山中來信》中的頭幾封信端出來解說一番就行了，而他竟那麼愚蠢，還要用那幾封信作爲攻擊我的資料呢。我那幾封信就在我手裡，只稍加發揮就可以把我的對手搞得無言以對。我是不會傻到只採取守勢的，我很容易採取攻勢，既不讓他看出我攻他哪一點，也不讓他有辦法預防。教會的那幫無名小卒，既輕率又無知，竟拱手把我想獲得的最有利於擊潰他們的地位奉送給我。唉！要想利用這個有利的地位，那也要能說會道才行呀！要當場口若懸河，在關鍵時刻找到恰當的字眼和措辭，侃侃而談，頭腦清醒，保持冷靜，一點兒也不慌張才行呀！我自己深知我沒有臨機應變的能力，不能出口成章，這叫我怎麼辦呢？以前在日內瓦，面對那些支持我並已決定接納我的人，尚且被弄得張口結舌，滿面羞慚，而現在的情況卻恰恰相反，我面對的是一個善耍花招的傢伙。他的學問不大，但會使詭計，善挑毛病；他能布置一百個陷阱給我，而我一個也看不出來。我愈思考這種形勢，便愈覺得風險太大，我根本就沒有取勝的可能。因此我便另外想了一個不得已的辦法，我準備寫一份在教務會議宣讀的發言稿，不承認他們有處分我的權力，因而也就用不著回答他們提出的問題。寫發言稿是一件很容易的事情。我把發言稿寫好後，便使出全身的力氣一遍又一遍的背誦。黛萊絲見我嘴裡嘰哩咕嚕翻來覆去老是重複那幾句話，想把它們塞進我的頭腦裡，便取笑我。我希望我能把發言稿的全文背出來，我知道此地的領主作爲國王任命的官員是一定會參加教務會議的。雖然蒙莫蘭詭計多端，但大部分「老教友」還是偏向我的，而且我有道理，有眞理和正義做後盾，再加上有國王的保護、邦議會的權威和一切關心這種宗教裁判制度的正確運用的愛國人士的支持，總而言之，所有這一切都在鼓舞我。

在預定舉行教務會議的日期的前夕，我把我的發言稿的全文已熟記在心，背得滾瓜爛熟，一字不差。我通宵都在腦子裡反覆默誦，可是一到早晨，我又全忘記了，背完一句之後，要等好一會兒才想得起下一句；我感到我好像是已經身在教務會議，心裡發慌，說話結結巴巴，頭也暈了，到了即將從家裡去的時候，我的勇氣完全消失了。我待在家裡，決定寫一封信給他們，用兩三句話說明一下我不去的理由是因爲身體不適。的確，在當時的情況下，我的身體也的確是支撐不了的。

牧師接到我的信以後，感到很難辦，便把教務會議改期舉行。在此期間，他和他的同夥四處活動，到那些按自己的良心而不按他的意思行事的人中間去遊說，但這些人依然不聽他那一套，堅決不跟他唱一個調。不論他從他的舊書堆中找出來的論據對那些人是多麼的娓娓動聽，除了兩三個已經投靠他充當打手的人以外，他就沒有說動任何其他人。那位國王的官員和普利上校（他在這件事情上是積極主持公道的）一再敦促其他的人要忠實履行自己的職責。當蒙莫蘭提議表決把我開除出教的時候，教務會議的多數人都乾脆拒絕他的提議。這樣一來，他就使出了他的最後一招——煽動無知的群眾。他和他那一夥人公開在人群中活動，而且活動得那麼成功，以致，儘管國王接連頒發了幾道詔書，邦議會也發布了幾道命令，我還是不得不離開那個地方，以免使國王的官員因保護我而有被暗殺的危險。

關於這件事情，我的記憶已非常模糊，理不出一個前後連貫的線索，只能零零散散想到一點寫一點。我記得我與宗教界人士舉行過一次談判，這次談判是由蒙莫蘭開的頭，他謊稱人們擔心我的文章會擾亂地方的安寧，怕有人會責怪地方當局讓我自由自在的亂寫。他暗示我說，只要我答應以後不寫了，以前的事就不提了。其實，我本人早有從此輟筆的打算，因此便毫不遲疑答應了宗教界人士的要求，不過有個條件，那就是：只是不寫涉及宗教問題的文章。他要求我在文字上做些改動，並寫成一個書面保證，一式兩份。可是這個條件被宗教界人士否定了，於是我就向他要回我寫的保證，而他只還了我一份，他留了一份，說是搞丟了。從此以後，那幫愚民在牧師的公開煽動下，竟無視國王的詔書和邦議會的命令，肆無忌憚攻擊我。牧師在講道壇上宣布我是一個反基督者，鄉民們像驅趕狼妖那樣驅趕我。我這身亞美尼亞人的衣服成了那幫無知小民辨認的標記。我感到穿這身衣服給我帶來了麻煩，但是，在這種情況下脫掉它，又顯得是一種怯懦的表現，所以我決定照樣穿這身衣服，戴著皮圓帽，從容在街上走來走去。周圍的那些壞蛋都大聲罵我，有時候還扔小石子打我。有好幾次我從人家門前經過，聽見屋裡有人說：「把我的槍拿來，讓我給他一槍。」但是，我並不因為他這麼一嚷就趕快跑掉，因此他們便愈來愈生氣。不過，他們也只是嚇唬嚇唬我，並沒有眞正開槍。

在這場騷亂中，也有兩件令我感到非常欣慰的事情。第一件事情是，由於凱特元帥的關照，我受到了值得感激的對待。納沙泰爾的正直的人們對我受到的侮辱和遭到的攻擊十分氣憤，恨透了那幫牧師，認為他們是受了外來勢力的支使，他們只不過是那些幕後操縱的人的爪牙，是那些人的走狗。關心我的人都擔心這件事情會導致一次實行宗教裁判的惡劣先例。官員們，尤其是繼迪維爾盧瓦先生之後擔任檢察長的默隆先生更是不遺餘力的為我辯護。普利上校雖然現在只是個平民，也努力為我的事情多方奔走，收到了很大的效果，他說服了那幾位「老教友」堅決履行他們的職責，把蒙莫蘭在教務會議上搞得狼狽不堪。他很有威信，他利用他的威信防止了暴亂；不過，他只能運用法律、正義和公理的力量來對抗金錢和酒肉的勢力。雙方的力量不對等，所以最後還是蒙莫蘭戰勝了他。我對他的熱心和努力十分感激，很想以同樣的熱心和努力報答他，用某種方式感謝他對我的恩情。我知道他很想在邦議會裡擔任一個職務，但由於他在佩蒂皮埃爾事件中的表現使宮廷感到不滿，因此使他在國王和總督面前失去了寵信。儘管如此，我還是冒險寫信給總督，爲他說情，甚至直言提出他想擔任的那個職務。眞幸運啊！出乎大家的預料，國王馬上就批准他擔任那個職務。這全都是命運在起作用，命運既把我抬得太高，又把我貶得太低，不斷把我從這個極端推到另一個極端。當那些無知小民給我滿身抹黑和大聲咒罵我的時候，我卻幫一個人當上了邦議員。

另一件使我欣慰的事是韋爾德蘭夫人帶著她的女兒到布林朋溫泉療養之後特意繞道莫蒂埃來看我，在我家住了兩、三天。她對我是那麼的關心和照顧，終於消除了我對她長時間的反感。我被她的情誼征服了，我的心回報了她長期以來對我懷抱的友誼。她這次來看我，使我很受感動，特別是在當時的環境裡需要朋友的安慰來支援我的勇氣。我擔心她因我受到無知小民的侮辱而難過，我很想不讓她看見這種情形，免得她爲我傷心，但我辦不到。儘管有她與我一起散步便使那幫暴徒收斂了一些，但她所看到的情景足以使她想像得到其他時候的情景是什麼樣子。就在她住在我家期間，我夜裡在我自己的屋子裡也受到攻擊。有一天早晨，她的侍女發現我的窗臺上有許多石頭，都是那幫人夜裡扔來的。街上有一個很大的長石凳，原來是安放在我家的大門旁邊的，而且是固定了的，可是卻被人搬來靠在我家的門上，如果不是被我們發現了的話，誰第一個開門走出去，一定會被石凳砸死的。韋爾德蘭夫人對發生的這一切非常清楚，因爲，除了她親眼看見的以外，她的一個心腹僕人在村子裡結識了許多人，甚至有人還看見他和蒙莫蘭談過話。然而，她對我遭遇的一切好像並不怎麼在意。她對我既不談蒙莫蘭，也不談其他人。我有時候對她談，她也很少搭話。不過，她似乎認爲我到英國去住，比在任何其他地方住更合適。所以她老是一個勁兒對我談休謨先生（休謨先生當時在巴黎），說他對我很友好，很想在英國能爲我效勞。現在是該談一下這位休謨先生的時候了。

休謨先生在法國很有名氣，尤其是在《百科全書》派那幫人中間的名氣更大，因爲他寫了一些關於商業和政治的論著，最近又出版了一本《斯圖亞特家族史》。在他的著作中，我只粗略讀過這部由普列伏神父譯成法文的作品。由於我沒有讀過他的其他著作，所以我只能根據別人告訴我的情況判斷。我認爲他有澈底的共和主義思想，但又摻雜了英國崇尚奢侈的怪習氣。根據這一點，我認爲他爲查理一世寫的那篇讚詞是非常公平的。此外，我對他的道德和才情也很欣賞。布弗勒夫人是休謨的好朋友；她勸我到英國去，我也很想結識這個罕見的人物，獲得他的友誼。因此，在布弗勒夫人的敦促下，我也就很想去英國了。我到瑞士之後，收到他透過布弗勒夫人轉給我的一封信，信中除對我說了許多仰慕和高度稱讚我的天分的話以外，還非常急切的邀請我到英國去，說他願意盡他的力量使我在英國生活得很愉快，並把他所有的朋友介紹給我。我曾經問過凱特元帥（他是休謨的同鄉和朋友），元帥認爲我對休謨的看法是不錯的。元帥還告訴了我一則關於休謨的文學活動故事，這個故事使他很受感動，也使我很受感動：華萊士曾撰文批評休謨關於古代人口問題的錯誤論述，當這篇文章付印時，華萊士不在，休謨便自告奮勇替他看校樣，並監督印行。這種做法，我打心眼兒裡佩服。我也這樣做過：有人曾經寫了一首歌來攻擊我，我就去幫他賣那首歌，六個銅子一份。所以，當韋爾德蘭夫人來和我談休謨時，我是懷著對他十分欽佩的先入之見聽的。她反覆告訴我，說休謨對我十分友好，說他殷切希望能在英國爲我效勞，她的原話就是這樣說的。她催我趕快利用休謨先生的熱忱寫信給他。不過，由於我生來就對英國沒有什麼好感，不到萬不得已的時候，我是不會給他寫信的，所以，我不僅當時拒絕寫，而且也不許諾以後寫。我讓她自己拿主意，覺得怎樣才不辜負休謨先生的美意，就怎樣做。由於她把這位大名鼎鼎的人說得那麼好，所以在她離開莫蒂埃的時候，我便把休謨當成是我的朋友了，而她更是我的朋友之中的好朋友了。

她走之後，蒙莫蘭便加緊活動，而那些無知小民更是肆無忌憚胡作非爲。不過，在他們的辱罵聲中，我照樣閒適的散步。我在和迪維爾盧瓦醫生⑲相處的日子裡，開始對植物學產生了興趣。這門學問在我散步時帶來了一種新的樂趣。我走遍了這個地方的每一個角落去採集植物標本，根本就不去理睬那幫傢伙的叫囂。我這種鎮靜態度，簡直把他們氣得幾乎發了

⑲ 指尙－安托萬·迪維爾盧瓦醫生，這位醫生是納沙泰爾一位著名的汝拉山系草藥學家。——譯者

瘋。在使我痛心的那些事情中，最使我難過的是看見我的朋友*和自稱是我的朋友的家屬也相當公開的加入了那些迫害我的行列，例如迪維爾盧瓦一家，連我的伊薩貝爾的父親和哥哥也不例外；還有我那位女友的親戚布瓦．德．拉都爾和她的弟妹吉拉爾迪埃夫人。有一個名叫皮埃爾．布瓦的傢伙，不但頭腦愚笨，而且行事極其粗魯。對於這樣一個人，我不僅不生氣，反而拿他開玩笑。我仿照《小先知》那樣的筆調寫了一篇只有幾頁紙的短文，標題叫作《號稱通靈者的山中皮埃爾的幻覺》。當時對我的迫害的主要藉口是我在宗教奇蹟問題上發表的言論。我便針對他們所說的宗教奇蹟，以詼諧的詞句大肆揶揄。迪佩魯在日內瓦把這篇文章印了出來，這篇文章在這裡產生的作用不大，因為納沙泰爾人的那一點點才智，既看不懂文章中的那些措辭文雅的俏皮話，也領會不了那些幽默語言的意思，只要把文字寫得典雅一點兒，他們就看不懂了。

---

*在我住在伊弗東的時候，迫害我的陰謀就開始了。羅甘騎士在我離開那個城市之後一、兩年就死了。羅甘老伯為人正直，他很痛心的告訴我說，他在他的這個親署的文件中發現了他參加了那個試圖把我逐出伊弗東和伯恩的陰謀的證據。這就很清楚的表明，這場陰謀的關鍵並不是像有些人所說的是一種信仰問題，因為羅甘騎士不僅不是一個虔誠的信徒，而且還把唯物論和無神論發展到了不容異己和瘋狂的程度。在伊弗東，誰也不像這個羅甘騎士那樣表面上對我十分關心，百般殷勤，說了許多誇讚和奉承的話，而暗地裡卻積極參加了那些迫害我的人精心策劃的陰謀。

在這期間，我還寫了另外一段短文（稿子存放在我的文稿箱中）。這段短文，我花的心思比較多，因此需要在這裡談一談寫這段短文的起因。

在通緝令和對我的迫害活動鬧得甚囂塵上的時候，日內瓦人表現得特別起勁，拼命大喊大叫。在那些叫囂得最激烈的人當中，有我的朋友維爾納。他擺出一副神學家的樣子，特意在這個時候拋出了幾封攻擊我的書信，⑳想以此證明我不是基督徒。那幾封信的文筆很好，但推理並不高明，雖說博物學家博奈還幫他修改過。這位博奈儘管是一個唯物主義者，但一旦在問題涉及我的時候，他馬上就變成了一個不容異端的正統派教徒。我當然是不會理睬這種文章的，因此只是趁著寫《山中來信》的機會，在這部作品中以輕蔑的語氣加寫了一個註腳表明我的態度㉑，結果把維爾納氣得火冒三丈。他在日內瓦到處亂嚷亂叫，據迪維爾盧瓦說，他已經氣得快發瘋了。不久以後，又出現了一份匿名傳單。這份傳單似乎不是用墨水寫的，而是用地獄裡的河水寫的。作者在傳單中說我把我的幾個孩子都拋棄在大街上，說我包

---

⑳ 維爾納以與友人通信的方式撰文攻擊盧梭的幾封信的標題是：《關於盧梭先生的基督教信仰問題的通信》。——譯者

㉑ 這個註腳，見《山中來信》第三封信。盧梭在註腳中疾言厲色的告訴維爾納：「……人們可以允許一個碎嘴嘮叨的人愛怎麼胡說就怎麼胡說，但不允許一個好基督徒惡意誹謗他人。」——譯者

養了一個隨營娼妓，被酒色淘壞了身子，染了一身梅毒等胡說八道的話。要判斷這張傳單的作者是誰並不難。當我看到這張傳單的時候，我的第一個反應是：必須努力捍衛人世上所說的名譽和尊嚴，必須弄清楚那個作者爲什麼要把我說得如此不堪。我一輩子都沒有逛過妓館，而且向來靦腆得像一個處女，如今竟被他說成是一個愛尋花問柳的人。我不僅從來沒有得過梅毒之類的性病，而且醫生們都說我的體質強健，不會染上這種病，而他竟說我得了一身性病。經過愼重考慮之後，我覺得，要批駁這張傳單，最好的辦法莫過於把它拿到我曾長期居住過的城市印出來公之於眾。於是我便把它寄給杜什納，請他照樣付印；我加了一個按語，指名道姓的說傳單是維爾納寫的，另外加了幾個短短的注釋，說明事情的眞相。我不但讓杜什納把它印出來，而且還抄了幾份分別寄給幾個人，如路易．德．武騰貝格親王；親王待我以誠，我們常有書信往來。親王、迪佩魯和其他人似乎都不相信傳單是維爾納寫的，批評我不該輕率的點名。經他們這樣一提醒，我心裡感到不安，於是寫信給杜什納，叫他不要印了。居伊回信告訴我說已經不印了。我不知道他是不是眞的不印了；我曾發現他好幾次撒謊，這次再撒一回謊也是不無可能的。從此以後，我被陰沉的黑暗籠罩，我沒有辦法透過黑暗識破眞相。

維爾納先生以相當克制的態度忍受我對他的指責，一個人在一陣狂怒之後竟然對不該受到的指責如此克制，這的確是令人非常吃驚的。他寫了兩封措辭很平和的信給我。我覺得他的目的是試圖透過我的回信看出我究竟知道些什麼和我手裡是否眞有不利於他的證據。我寫了兩封簡短的回信給他，直截了當表述了我的意思，但措辭並不生硬。他對我這兩封信並沒有生氣。在收到他的第三封信時，我看出他是希望與我長期保持通信關係，因此我就沒有回他的信。於是他就託迪維爾盧瓦向我進行解釋。克拉默夫人曾寫信給迪佩魯說她也認爲那張傳單不是維爾納寫的。這一切都無法改變我的看法。不過，我也可能弄錯；如果我真的弄錯了，我就應當正式向維爾納賠禮道歉。所以我請迪維爾盧瓦轉告他：如果他能指出那張傳單到底是誰寫的，或者至少證明不是他寫的，我就向他道歉，直到他滿意爲止。我還採取了另外一個做法，那就是：由於我認爲如果傳單眞的不是他寫的話，我就無權要求他證明什麼，因此我決定寫一份相當詳細的備忘錄闡述我認爲是他寫的理由，請一個連維爾納也無法拒絕的仲裁者來評判。人們是怎麼也猜想不到我所挑選的仲裁者是誰，我挑選的是日內瓦的小議會。我在備忘錄的末尾鄭重聲明：如果小議會仔細審查了我的備忘錄，並且做了它認爲必要的和力所能及的調查之後宣布維爾納先生不是傳單的作者，我便立刻心服口服不再認爲維爾納先生是傳單的作者，並立刻跪在他腳前乞求他的寬恕，直到得到他的寬恕爲止。我敢說我追求公正的熱心、我的心靈的正直與寬厚、我對人人皆生而有之的對正義的愛，在這份明智而又感人的備忘錄裡已表現得淋漓盡致，以致毫不遲疑的請那個對我絕不手下留情的敵人當誣衊者和我之間的仲裁人。我把備忘錄讀給迪佩魯聽，他不贊成提交，我也終究沒有提交。他建議我等待維爾納答應提出的證據；我就等待著，直到現在我還在等。他勸我在等待期間什麼話也別說，我就什麼話也沒有說，而且終生不說，心甘情願的聽任人家罵我毫無根據的冤枉維爾納，罵我把這麼大的一個罪狀加在他頭上，儘管我內心深處就像確信我自身的存在那樣確信那份傳單是他寫的。我這份備忘錄現在還在迪佩魯手裡。萬一有朝一日能公諸於世，人們將看到我在其中陳述的理由；我希望後世的人們能從中認識我和世代的人一直不願意認識的尙－雅克的心靈。

現在該談一談我在莫蒂埃遭遇的那場大災難，談一談我在特拉維爾山谷住了兩年半並接著以不屈不撓的精神忍受了八個月[22]最惡劣的對待之後是如何離開那個地方的。我在這段不愉快的時期中經歷的詳細情況，我已無法很清楚的回憶，但在迪佩魯發表的那篇《大事紀要》中是可以看到的；關於這篇《紀要》，我在後文還要談到。

自從韋爾德蘭夫人走後，騷亂便愈來愈激烈，儘管國王頒發了幾道詔書，邦議會也發布了幾道命令，當地的領主和官員也出面干涉，但那幫鄉民還是把我當成是一個反基督者。他們眼見威脅不起作用，便準備下手來眞的。在大路上有人開始向我扔石頭，不過是從遠處扔，打不著我。最後，在九月初的一次莫蒂埃集市的夜裡，我住的屋子受到襲擊，住在屋子裡的人都有生命危險。

半夜時分，我聽見房屋後面的長廊裡有人大聲嚷嚷，石頭像冰雹似的扔向面對長廊的

---

[22] 盧梭在莫蒂埃共住了三年又兩個月。——譯者

門和窗子，乒乒砰砰落了一地。睡在長廊裡的那條狗，一開始還汪汪叫，後來嚇得不敢叫了，躲在角落裡，扒住板壁又咬又抓，拼命要逃出去。一聽見從長廊傳來的嘈雜聲，我就起床。正當我要從臥室去廚房時，有人使勁扔進一塊石頭，打壞了窗子，撞開了我的房間門，落到我的床腳下。如果當時我的腳步快一秒鐘，石頭就會打在我的肚子上了。我推測，他們在門外大聲叫嚷，是想引我出去，以便我一出去，就當頭扔那塊石頭來打我。我猛跨一步就衝進了廚房。我看見黛萊絲也起來了，她渾身顫抖，跑到我跟前。我們兩人趕快把身子緊緊貼著牆，遠離窗戶，以免被石頭打著並商量下一步怎麼辦，因爲，如果出門去呼喚求援，那肯定會被那幫人用石頭砸死的。幸虧我樓下住著一個老頭兒；他的女僕一聽見嘈雜聲就起來，趕緊跑去叫領主先生（他的房子和我們是門對門）。領主馬上起床，披上睡衣，帶著警衛隊趕來，因爲有集市，警衛夜裡要巡邏，所以一下就趕來了。領主一見這破壞的情形，嚇得臉色刷白；看見走廊裡遍地是石頭，便大聲叫道：「我的天啊！這簡直成了採石場嘛！」在查看樓下的院子時，他發現小院子的一扇門被撞開了，有人試圖從走廊衝進屋裡。在追查警衛隊爲什麼沒有發現或阻止這場騷亂發生時，結果發現那夜的巡邏任務本已輪到另一個村的警衛隊，但莫蒂埃的警衛隊卻堅持由他們自己來擔任。第二天，領主把情況報告了邦議會，邦議會下令讓他對這件事情進行調查，並懸賞舉報肇事者，還答應爲檢舉人保守祕密，同時，由公家出錢，在我的房屋周圍和與我的房屋毗連的領主的房屋周圍設置警衛。

第二天，普利上校、檢察長默隆、領主瑪律蒂奈、稅務官居耶奈和司庫迪維爾盧瓦與他的父親，一句話，這個地方的頭面人物都來看我，一致勸我暫避風頭，至少要暫時離開這個我再也不能安全的和體面的居住的教區。我發現領主被暴民們嚇壞了，擔心他們會遷怒到他頭上，所以巴不得我趕快走，以免除他承擔保護我的艱巨任務，而他自己也打算離開這個教區。我走之後，他真的離開了那裡。我沒有辦法，只好走，不過，心裡是有點難過的，因為那幫暴民表現的仇視樣子，真叫我傷透了心，實在無法忍受。

可供我選擇去的地方，不止一個。韋爾德蘭夫人回巴黎之後，有寫了幾封信給我，說一位名叫華爾波爾的先生（她稱他為「紳士」）很關心我，願意在他的莊子裡為我提供一個住處。她把他的莊子描寫得很優美，並把我在那裡的吃住安排也講得很詳細，可見她是和這位華爾波爾紳士商量過的。凱特元帥一直勸我到英國或蘇格蘭去，他也願意在他的莊園裡提供一個住處給我，後來他又向我提供了另外一個更好的地方，在波茨坦，就在他身邊。前不久他還把國王和他談到我的話轉達給我，表明國王有意邀請我去。薩克斯戈特公爵夫人以為我肯定會去，竟寫信給我，一定要我順道去看她，在她那裡住些日子。但是，我對瑞士是如此的喜歡，只要我能在瑞士住下去，我就不想離開它，而且要利用在瑞士的時間執行我幾個月前制訂的一個計畫。這個計畫，我為了不打斷我敘事的連貫，所以到現在還沒有談它。

這個計畫是：到聖彼埃爾島去居住。這個島是伯恩醫院的產業，位於碧茵納湖中心，去年夏天，我和迪佩魯徒步旅行時，曾去觀賞過這個島，我對它簡直喜歡得入了迷。從那時以後，我就不斷想辦法，想把家安在這個島上。最大的障礙是它屬於伯恩人所有，三年前他們曾十分粗暴的把我驅逐出境。他們用那樣惡劣的態度對我，如果我再回到他們那裡去，不但面上無光，而且還擔心他們不會讓我在島上有片刻的安寧，這情況比我在伊弗東還糟。我曾就這件事情徵求過凱特元帥的意見，他也和我有同樣的看法，那就是：說不定伯恩人巴不得我到這個島上去住，好把我像囚徒似的限制在那裡，以免我再對外界發表文章。他請他在科隆比埃的一個老鄰居斯圖爾勒先生去試探過伯恩人的態度。斯圖爾勒先生去找過伯恩邦的幾位首腦人物。根據他們的答覆，斯圖爾特先生寫信給元帥說伯恩人對他們過去的做法感到羞愧，所以非常樂意看見我把家搬到島上去，並保證讓我安安穩穩住在那裡。爲愼重起見，在冒險把家搬去之前，我還請沙耶上校去打聽了一下，他向我證實了斯圖爾勒的說法屬實，島上的稅務官也接到了他的上級發給他的允許我住在島上的通知。在這種情況下，我覺得，既然伯恩邦的最高當局和這個島的主管者都默許了，那麼，我住在稅務官的家就一點危險也沒有了。能得到他們的默許，就很不錯了，我哪裡還敢指望伯恩的那些先生們公開承認他們過去對我的做法是不公正的，更不敢指望所有的當權者們違背那條不可違背的原則。

聖彼埃爾島，納沙泰爾人稱它爲拉莫特島，位於碧茵納湖中心，周緣長約半法哩。但是，在這塊狹小的面積上卻能生產人們生活所需要的一切主要物品。島上有農田、草地、果園、樹林和葡萄園等等。整個島是一片丘陵地，地勢變化多樣，因而形成了一個非常好看的景觀。島上有些地方被樹木遮擋，有些地方又十分空曠，一覽無遺，它們互相輝映，使人覺得這個島的面積比它的實際面積大。島的西部是一個很高的臺地，正對著格拉赫斯和波納維爾兩個小鎮。臺地上種了很長一排樹，中間有一塊大空地。在收穫葡萄的季節，人們每個星期天都從沿湖一帶的各個地方聚集在空地上跳舞和娛樂。島上有一幢又大又氣派的房子，坐落在一處風吹不到的低地，房子的主人是這個島上的稅務官。

在離島南邊五、六百步遠，有另外一個小島，比聖彼埃爾島小得多，非常荒蕪，既無人耕種，也無人居住，似乎是從前由於一場大風暴的襲擊而從聖彼埃爾島分離出來的。在一片礫石地上只生長著一些柳樹和春蓼。不過，這裡的地勢較高，地上長滿了嫩綠的細草，非常好看。這個湖的形狀是一個很完整的橢圓形，湖岸雖不像日內瓦湖和納沙泰爾湖的湖岸那樣壯觀，但也構成了一個相當秀麗的美景。尤其在西岸，居住的人很多，山腳下有一連串一個接一個的葡萄園，有點兒像科特霍迪㉓，只不過出產的酒沒有那裡出產的酒好。在湖西，從南往北走，有法院所在的聖讓鎮、波納維爾、碧茵納和位於湖的盡頭處的尼多鎮。在這幾個小鎮的中間星羅棋布到處是美麗的小村莊。

這就是我為我自己早就選好了的避難地，並決定在離開特拉維爾山谷*後就到這裡定

㉓ 科特霍迪：里昂南邊羅納河畔一處著名的葡萄種植地。——譯者

* 有一件事情在這裡說一下，也許並不是沒有用處的。我在此地留下了一個特殊的敵人，此人名叫杜特羅，是

居。這個選擇是如此的適合我喜歡寧靜、孤獨和懶閒的性格，以致我把它當成是我夢寐以求的福地。我覺得，我住在這個島上便可以和世人更加隔絕，避免他們的侮辱，令他們淡忘。總而言之一句話，我可以盡情享受優哉遊哉終日沉思的生活。我甚至希望我被嚴嚴實實禁閉在這個島上，從此不和任何人往來。當然，我也會採取一切可以想到的辦法，使我儘量沒有接觸他人的必要。

最大的困難是如何解決生活問題。生活來源問題是個大問題。這裡的食物很貴，運輸又困難，生活費用在這個島上是很高的，一切開銷都由稅務官來安排。好在由迪佩魯和我商定的辦法，總算把生活來源問題解決了：由他來代替那幫先接手然後又放棄出版我的全集的商人，由他來擔任我的全集的出版人。我把全集的全部資料交給他，編排工作由我負責。此外，我還答應他將來把我的回憶錄也交給他，由他擔任這部稿子的保管人。不過，我明確提出了一個條件，那就是：稿子只能在我死之後才能付印，因爲我想安安靜靜度過我的餘生，不想讓世人再想起我。經過這番安排之後，他負責每年向我提供一筆足以在島上生活的

維利埃爾村的村長。他在當地並不怎麼受到人們的尊重，但他有一個兄弟，據說是一個很誠實的人，在聖弗羅朗丹先生的事務所工作。我在這次遭難之前不久，村長曾去看過他。這類小事，本身並沒有什麼可說的，但日後很可能有助於我們發現許多祕密的活動。

年金。凱特元帥收回了他的全部財產之後，想送我一筆每年一千二百法郎的終生年金，我只答應收一半，他要把錢全都寄給我，我拒絕了，因爲存放很困難。他把這筆錢交給迪佩魯（到現在這筆錢還在迪佩魯手裡），按迪佩魯和饋贈人商定的數字以年金的形式支付給我。這樣，把我與迪佩魯訂的合約上定的年金、元帥贈我的年金（其中三分之二是準備在我死後支付給黛萊絲的）和杜什納給我的三百法郎年金加在一起，我就可以在島上過一個滿像樣的生活了。而且，我死之後，黛萊絲的生活也不成問題，因爲，把雷伊提供的年金和元帥提供的年金加在一起，我就爲她留下了七百法郎的年金。這樣，我就不用擔心她和我的生活無以爲繼。但是，一切都是命中註定了的，註定了榮譽將迫使我放棄幸運和我的勞動帶給我的生活來源，註定我死之時將和我在生之日一樣貧窮。大家可以想像得到：如果有人處心積慮想用切斷我的一切生活來源的辦法迫使我去做不顧榮譽的事，我能接受他們爲了使我丟盡顏面而做出的安排嗎？如果我接受了，我豈不成了一個最無恥的人了嗎？他們豈能料到我的二者取一的時候所做的選擇呢？他們總是拿他們的心來試探我的心。

我在生活費用有了著落之後，在其他方面就沒有什麼可擔憂的了。我聽任我的敵人在這個世界上到處去自由活動，而讓我高尚的寫作熱情和一貫的行事原則爲我的靈魂留下一個讓世人看得見的證據，證明我的一切行爲是與我的天性相符合的。我不需要用其他的辯護方法去批駁那些誹謗我的人。他們盡可以盜用我的名字，把我描繪成另外一個人，但他們只能欺騙那些甘願受騙的人。我可以把我的一生行事拿給他們去從頭到尾進行批判，但我深信，透過對我的過失、弱點和我無法忍受任何羈絆的天性的分析，人們終將發現我是一個正直的人，一個善良的人。我對任何人都無仇恨和嫉妒之心；我勇於承認我自己的過失，更容易忘記別人對我的不當行爲。我在愛和甜蜜的激情中去尋求我的幸福；我對待任何事物的態度都十分眞誠，甚至眞誠到憨直和令人難以置信的毫不計較個人得失的程度。

我現在要向我的時代和與我同時代的人道別了，向所有的人道別了；我將把我禁錮在這個島上度過我的餘生，我已下此決心。在此以前我把上天賦予我的那一點點活動能力都用盡了也未能實現的過閒散生活的美好計畫，我只有到這個島上去才能最終實現。這個島將成爲我的巴比瑪尼島，成爲我終日酣睡的幸福之地：

這裡更自在，這裡什麼事情都不做。㉔

㉔ 巴比瑪尼島是法國小說家拉伯雷《巨人傳》中描寫的一個傳說中的小島。據寓言作家拉封登在《巴普菲格的魔鬼》中說，這個島上的人最懂得終日酣睡的樂趣：

弗朗索瓦先生說：巴比瑪尼

這個地方的人最幸福，

他們終日大睡而特睡……

盧梭所引的這句詩，是拉封登的這首故事詩中的第七句。——譯者

我要的就是這個「更自在」。我一向認爲，睡不睡得著覺，這沒多大關係，只要能懶懶閒閒過日子，這就夠了。只要我什麼事情都不做，我便寧可醒著做夢，也不願意沉睡在夢鄉。追求浪漫的年齡已經過去，虛榮的雲煙曾使我一度興奮，但並未使我心醉神迷，因此，我最後的希望是無拘無束的生活，永遠悠游自在。這是另一個世界的有福之人的生活。從此以後，我將把它作爲我最大的幸福而在這個世界上終身享受。

那些責備我有許多矛盾的人難免又要責備我再一次自相矛盾了。我以前曾說社交場中的閒散使我感到無法忍受，而現在我又要使勁追求孤獨的生活，唯一的目的就是要成天懶懶閒閒無所事事。我天生如此，如果這是矛盾的話，那也是大自然造成的，而不能怪我。實際上，這裡並沒有多大矛盾，而且恰恰要這樣才能表明我之所以是我，社交場中的閒散是有害的，因爲它是被迫的，非那樣拘拘束束不可，而孤單生活中的閒逸則是令人心曠神怡的，因爲它是自由的和自願的。在高朋滿座的大庭廣眾中，若我無事可做，我便感到苦不堪言，因爲我是被迫的，我待在那裡死死板板坐在一把椅子上，或者直挺挺站在那裡，像一根木樁似的，手不動、腳也不動，既不敢跑、也不敢跳，不敢唱、不敢大聲說話，更不敢向人打手勢，甚至連做夢都不敢。在這種場合，不僅無聊而且很累，何況一方面還要聚精會神聽那些人言不及義的傻話和客套話，另一方面還要不斷傷腦筋瞎編一套場面話，以便在輪到我時才能大放厥詞，胡謅一番謊話。你們說說：這是「閒逸」嗎？不，這是苦刑。

我所喜歡的悠閒，並不是像懶漢那樣成天無所事事，抱著胳臂，什麼事情也不幹，既不動腦也不動手。我所喜歡的悠閒，是兒童的悠閒；兒童成天動個不停，但並不是在做什麼事情。我所喜歡的悠閒，是幻想家的悠閒；幻想家的腦子海闊天空亂想，但兩隻手卻一動也不動。我喜歡做一些無聊的小事，什麼事情都做，但什麼事情也不澈底完成。我喜歡隨興之所至東遊西蕩，並時時改變主意，一會兒看蒼蠅飛來飛去，一會兒又掀開一塊石頭看下面有什麼東西。我喜歡做要十年才能完成的工作；開頭幹勁十足，但做不到十分鐘我便毫不惋惜的把它放在一邊不做了。最後，我還喜歡成天既無次序又不連貫的東想想、西想想，做了這件事又做那件事。總而言之一句話，無論做什麼事情，我都只憑一時的高興。

在我看來，植物學是最適合於悠閒的人研究的一門學問。它現在已經成了我的一種愛好，占據了我全部的空閒時間，既不給我活躍的想像力留一點兒發揮的餘地，也不讓我閒得無聊的厭煩心情乘隙產生。我漫不經心在樹林和田野裡轉悠，時而在這裡，時而在那裡，隨手採一朵花或者摘一條小樹枝，幾乎是看見什麼就採摘什麼。同樣的植物，我雖然觀察它已經千百次，但始終是懷著同樣的興趣觀察，因爲我看過之後，一會兒便忘記了，所以就是看它千百年也不會感到厭膩。植物的組織無論多麼奇妙和變化無窮，都是不會引起無知的人的興趣和注意的。植物的組織雖然是既相類似而又變化萬千，但只能使對植物的結構已經有了一定概念的人才對它感到驚奇。其他的人看到大自然的這些財寶雖連聲叫絕，但又說不出它們絕在什麼地方。他們既看不出其中微妙的差異，因爲他們根本就不知道應當仔細觀察什麼；他們也看不到整體，因爲他們對各種關係和組合之間的關係毫無概念。然而，正是這種關聯的神奇才使觀察家們嘖嘖稱羨讚歎不已。由於我的記憶力很差，一會兒就忘記，所以這反倒使我經常處於一種興奮的狀態，再加上我本來就所知有限，覺得所看到的植物全是美妙無比的新品種。這個島雖然面積很小，但有好幾種不同的土壤。不同的土壤向我提供的各種植物足夠我研究一輩子、快樂一輩子。我對島上的一草一木都要詳加研究，一個也不漏掉，以便將來寫一本厚厚的《聖彼埃爾島植物志》。

我叫黛萊絲來的時候把我的書和衣物全都帶來了。我們寄宿在島上的稅務官的家。他的妻子有幾個妹妹在尼多，她們輪流來看她，與黛萊絲成了朋友。我開始過著恬靜的生活，我希望在這種生活中度過我的一生。然而，這種生活的樂趣也使我深深感到即將到來的那種生活的辛酸。

我歷來是喜歡水上的景色的，一見到水上的景色，我就陷入了美妙的遐想，儘管沒有明確的目標。天氣晴朗時，我一起床就跑到小土崗上去呼吸早晨有益健康的新鮮空氣，極目眺望美麗的湖上風光；湖岸和沿湖一帶的山巒景色使我愈看愈入迷。我不知道要用什麼恰當的詞句才能描述這天工造化之美。在靜觀神的創造物時，我內心激起的無言的讚歎，是難以用文字所能表達的。我知道城市中的居民之所以沒有多少宗教信仰，是由於他們所看到的只是房屋的牆壁、街市和人們的罪行，但是，我就不明白鄉村的居民，尤其是那些與世隔絕的人，爲什麼也沒有多少宗教信仰，他們的心怎麼不天天千百次的悠然神往讚美他們眼前的這些神奇景色的創造者呢？至於我，特別是在起床之後，儘管因一宿未能安眠而感到困倦，但已養成了習慣，總是對那些不讓我有思索之苦的美景心嚮往之的。但是，要做到這一點，就必須要我的眼睛看到大自然的奇觀。我是不喜歡待在屋子裡禱告的，即使禱告，也只是念幾句乾巴巴的禱告詞。然而一看到湖光山色和鄉村景象，我便激動得不知道如何讚歎才好了。我記得一本書上說有一位賢明的神父去巡視他的教區，發現一位老太太在禱告時只會說一聲「啊！」他就對她說：「老太太，你就這樣繼續禱告吧！你的禱告詞比我們的禱告詞都好。」這個好的禱告詞，也是我的禱告詞。

早飯後，我抓緊時間匆匆寫幾封不得不寫的信（我希望不需要再寫信的快樂時光早日到來），然後繞著我的那些書和文稿轉來轉去，目的是爲了打開包裝，把它們拿出來整理，而不是爲了讀它們。這已經成了一種我永遠也做不完的工作，帶給我消磨時間的快樂。整理一會兒之後，我便感到厭倦，扔下這個工作，把上午剩下來的那三、四個小時用來研究植物學，尤其是研究林內所著的《自然體系》這本書，我簡直是讀得愛不釋手，即使後來感到它有點兒空泛，我也喜歡讀它。這個偉大的觀察家，據我看，是到現在爲止唯一一個（在他之後還有路德維格）以博物學家和哲學家的眼光研究植物學的學者。不過，他在標本室和植物園裡研究的時間多，而到大自然研究的時間少。至於我，我要把整個聖彼埃爾島當做我的植物園。當我需要觀察或驗證某種植物的時候，我就跑去樹林和草地，胳臂下夾著林內的那本書；到了那兒，就在我要研究的植物旁邊蹲下，詳細的從它在地上生長的狀態開始研究。這個方法非常有助於我在觀察植物未經人工培植或改變性質之前在自然環境中的樣子。人們說，路易十四的首席醫師法貢能認識王宮花園中所有的植物，並叫得出它們的名字，但他一到了鄉下便那麼無知，什麼都不認識了。我與他恰恰相反，對大自然中的植物還略知一二，而對園丁栽培的植物便一無所知了。

下午，我隨我懶散的性情行事，沒有一定的規律，想做什麼就做什麼。如果不颳風，我通常是吃完午飯便馬上離開餐桌，跑到湖邊，獨自一人跳上一隻小船（稅務官已教會我用單槳划船了）一直划到湖中心。當我隨水波漂蕩的時候，我簡直高興得渾身都舒服極了。我說不清楚也不明白我這樣高興的原因，也許是暗自慶幸我這時已遠離壞人魔掌的緣故。我獨自在湖上蕩漾，有時候也接近湖岸，但從不上岸。我讓我的小船隨風漂蕩，水波把它推到哪裡就到哪裡。我在船中沉醉於漫無目標的遐想。這樣遐想，雖然有點近似呆傻，但並不因爲這樣就不甜蜜。我有時候內心感動得大聲喊道：「啊，大自然啊！我喜愛的大自然！我現在在你的單獨保護下，這裡沒有任何一個奸詐邪惡的人插身在你和我之間。」我就這樣漂蕩到離陸地半法哩遠。我巴不得這個湖是一個大海洋，然而我的狗卻不喜歡像我這樣老待在水上。爲了討它的歡心，我通常有一個遊覽地，那就是登上那個小島，在島上溜達一、兩個小時，或者走上臺地，躺在綠油油的細草上，盡情欣賞這個湖和它周圍的風光，觀察或剖析近在我身邊的小草；我想像魯濱遜那樣，在這個小島上爲我建造一個想像的小屋。我非常喜歡這個小山丘。當我帶黛萊絲、稅務官的妻子與她的幾個妹妹來這裡散步時，我是多麼自豪的擔任她們的嚮導啊！我們像辦慶典似的送幾隻兔子到這個島上生活。這對我尚-雅克來說，是一件大事，因爲這幾個居民使我感到這個小島更有情趣。從這時起，爲了觀察那幾個新的居民的生活情況，我便經常到那裡去，愈去，興趣愈濃。

除了這些消遣之外，在收穫的季節來臨時，我還有另外一種消遣；它使我回想起從前在夏梅特的那段甜蜜的生活。我說的這種消遣是做農事、收穫蔬菜和水果。黛萊絲和我都以能和稅務官的妻子與他的全家一起勞動爲樂。我記得有一個名叫基爾克柏格的伯恩人來看我，看見我爬上一棵大樹，腰帶繫一個大口袋，口袋裡已裝滿蘋果，以致無法動彈了。我對基爾克柏格的來訪和其他幾位類似的客人的來訪並不感到生氣。我希望伯恩人看見我怎樣利用我的閒暇之後，不要再來打擾我的安寧，讓我平靜的過離群索居的生活。我眞願意他們主動把我幽禁在這個島上，這比我自己主動好得多，因爲這樣，我就更可安心，不會有人來打擾我平靜的生活。

寫到這裡，我料到有些讀者是不會相信我的這番眞心話的，因爲，儘管他們已經在我的一生中看到無數的內心感受與他們的內心感受迥然不同，但他們總是以自己的心度我的心。更奇怪的是，他們一方面不承認我有他們所沒有的好的和公正無私的感情，另一方面卻把一些壞到根本不可能在人心裡產生的感情強加在我身上。他們認爲，要貶損我，最簡單的辦法就是說我的言行與我的天性相矛盾，說我是一個世上從來沒有過的惡魔。當他們想抹黑我的時候，他們便以爲任何荒謬的話都是可以使人相信的，而在他們想誇我的時候，他們總覺得我特立獨行的行爲沒有一樣是可能的。

不過，不論他們怎麼說和怎麼想，我依然要不折不扣忠實陳述尙－雅克．盧梭是怎樣一個人，陳述他做了什麼和思考了什麼。對於他的思想和感情的奇特之處，我既不解釋也不辯護，也不去思索別人是否與他一樣想法。我對聖彼埃爾島是如此喜愛，感覺到住在這個島上是如此的適合我，以致我決定把我的一切欲望都限制在這個島上，下定決心不走出這個島。我對我因事不得不到附近、不得不到納沙泰爾或碧茵納、伊弗東和尼多去辦事，感到十分厭倦。到島外去一天，我覺得我的幸福生活便少一天；走出這個湖的範圍，我就覺得是離開了我的福地，何況過去的經驗已經使我變得非常膽小，任何一個好的事物只要一稱了我的心，我便生怕失去它。所以我想在這個島上了此一生的願望是與我怕被迫離開它的擔憂分不開的。我已經養成習慣，每天傍晚坐在湖灘上，特別是有風浪的時候，看見波濤沖打我的腳，水花四濺，我便感到一種難以形容的樂趣。我覺得，這種景象是人世的紛亂和我住所的寧靜的象徵。我有時候一想到這一景象心裡便一陣辛酸，禁不住直流眼淚。我懷著強烈的感情享受這份寧靜，我唯一擔心的是怕失去它。我這種擔心甚至發展到損害了心靈的平靜。我感到我的處境是那樣的不穩定，那樣的沒有長久的把握。我長歎一聲：「唉！我寧願拿自由出入此島的權利（我一點兒也不希望有這種權利）去換取永留島上的保證。我不希望人們恩准我住在這裡，而是希望他們把我禁錮在這裡，因為那些恩許我住在島上的人是隨時可以把我趕走的，那些迫害我的人見我在島上生活得很愉快，能讓我繼續在這裡悠游自在嗎？啊！人們容許我住在島上，這還不夠；我希望他們把我關押在這裡。若要對我採用強制手段的話，我希望他們強要我留在島上，而不要強迫我離開這個島。」我以豔羨的目光看米舍里·杜克雷，他安靜的待在阿爾貝格城堡裡，想怎麼快活就怎麼快活。總之，由於我一再這樣思前想後的考慮，時時忐忑不安的感到新的風暴即將向我襲來，因此，我眞心希望人們不只是容忍我住在這個島上，而要把我終身監禁在這裡。我敢發誓：如果可以由我決定讓人們這樣判處我的話，我將以最喜悅的心情這樣做，因爲我是衷心希望人們強迫把我拘禁在島上度過我的餘生，而不願他們把我逐出這個小島。

我擔心的事情，不久就發生了。在我萬萬沒有料到的時候，尼多的法官先生（聖彼埃爾島就屬於他管轄的地區）發了一個通知給我，轉達邦政府官員的命令，要我離開這個島和他們的轄區。我讀著這個通知，以爲是在做夢。再也沒有什麼事情比這道命令更不合情理和更出人意料的了。因爲，我一直認爲我的預感只不過是一個被苦難嚇破了膽的人的不安的心情，而不是任何有根據的預見。我曾採取種種步驟獲得主管官員的默許，島上的人也讓我平平安安把家安置在島上，好幾位伯恩人和法官先生本人都曾來看望過我，對我關懷備至，何況時值寒冬，把一個體弱多病的人驅逐出境，這實在是太不近人情、太野蠻了。這一切使我和許多人都認爲這道命令是出於某種誤會，完全是那些心懷叵測的人趁收葡萄的季節和參議院休會期間給我來這麼一下突然的打擊。

如果憑我一時的氣憤行事，我會馬上就走的。但是，走到哪裡去呢？在此入冬之際，既沒有去處，又沒有準備、沒有車夫和車輛，怎麼辦呢？除非把我的書和文稿與衣物全扔掉，我才能走，否則，他們就該給我時間準備，但命令裡沒有說給不給我時間。接二連三的不幸事情已開始削弱了我的勇氣。在我這一生中，這是我天生的驕傲心第一次被客觀的現實情況壓倒了。儘管我的心不願意，但我還是低三下四請求推遲一些時間。命令是格拉芬里德先生送來的，我請他轉達我的要求。從他的回信看，他對這道命令是不贊成的，但這是命令，他只好懷著十分遺憾的心情送達給我。他的信中充滿了痛心和敬仰的詞句，表明他是誠心要我把我心裡的想法告訴他的；我告訴他了。我毫不懷疑我的信一定會使那幫無義之人頓然醒悟，認識到他們不該這樣野蠻對待我，即使他們不收回那道殘酷的命令，至少也應當往後推遲一個合理的時間，推遲到整個冬天過了之後，讓我準備退路，選擇一個去處。

在等待回信的時候，我開始考慮我的處境和應當採取的對策。我發現各方面的困難很多，使我一籌莫展，加之我當時的健康狀況是那麼糟糕，以致不由自主陷於情緒消沉，十分灰心，我心中僅存的智謀完全消失，對我悲慘的處境想不出一個比較好的解決辦法。很顯然，不論我逃到什麼地方去避難，我都逃脫不了人們採用的兩種驅趕我的方式中的一種。這兩種方式：一種是暗中鼓動一幫無知小民轟趕我，另一種是公開用強力驅逐我而不說明什麼理由。因此，除了到更遠的地方去尋找退路以外，我是無法找到一個更安全的辦法的。然而，從我的體力和當時的天氣看，這是辦不到的。這一切又使我回到原先的想法了，我大著膽子請他們甚至求他們判我終身監禁，而不要使我在世上到處流浪，一次又一次把我逐出我所選擇的避難處。我的頭一封信發出兩天之後，我又寫了第二封信給格拉芬里德先生，請他向他的上司轉達我的請求。伯恩對這兩封信的回答是以最明確的措辭和最冷酷的語氣寫的一道命令，限我二十四小時內離開聖彼埃爾島和該共和國直接或間接管轄的領土，永遠不許我再回來，否則定予嚴懲。

當時的形勢是很可怕的。我曾經有過莫大的憂慮，但從來沒有遇到過比這更束手無策的困難。不過，最令我痛心的是，我不得不放棄我想在聖彼埃爾島上過冬的計畫。現在該談一下那件命中註定要發生的事情了；這件事情使我的災難達到了頂點，而且使一個不幸的民族與我一樣慘遭毀滅，而這個民族一天天正發揚光大的美德，已經預示著它終將有朝一日可與斯巴達人和羅馬人並駕齊驅。

我曾在《民約論》中談到科西嘉人，㉕認為他們是新興的國家，是歐洲唯一不曾衰敗而可為之立法治國的民族；我還指出，如果他們能找到一個賢明的立法者，人們就應當對這樣一個民族寄予莫大的希望。我這部作品被幾個科西嘉人讀過了，他們對於我用讚美的詞句談

㉕ 盧梭在《民約論》中談到科西嘉人的那段話是這樣說的：「在歐洲有一個國家是有立法的能力的，這個國家就是科西嘉島。勇敢的科西嘉人民在恢復和保衛自由方面所表現的英勇氣概和堅韌不拔的毅力，是值得一位智者去教導他們如何保護他們的自由的。我有某種預感：這個小島將來總有一天將震撼全歐洲。」（盧梭《民約論》第二卷第十章）——譯者

論他們，感到十分欣慰。他們當時正致力於建立一個共和國，因此他們的領袖們便來徵求我對這一偉大事業的意見。有一位出身該國名門之一的布塔弗科先生當時在法國王家義大利團隊任上尉，就這件事情寫信給我，並按照我的要求向我提供了許多有關該國的歷史和現狀的資料。鮑利先生也寫過幾封信給我。儘管我覺得這項工作遠非我的能力所能承擔，但我認爲，當我手中有了爲進行這項工作所需要的資料之後，我就不能拒絕他們，就不能不和他們一起爲這一如此美好的大事業而努力。我就是按照這個意思答覆他們的。我們的信函往來一直持續到我離開聖彼埃爾島才停止。

正在這個時候，我獲悉法國派兵到科西嘉，並和熱那亞簽訂了一個條約。這個條約和這次派兵，使我感到不安，完全沒有想到我和這一切有什麼關係。我認爲，爲一個國家立法，是需要非常寧靜的心情才能進行的，而在這個國家很可能被他國征服的時候來進行這個工作，是根本不可能的，也是可笑的。我沒有向布塔弗科先生隱瞞我不安的心情，而他叫我放心並向我保證說，如果條約中有侵犯該國自由的條款，他這樣一個好公民就絕對不會繼續像他現在這樣留在法國軍隊中效力。的確，他爲科西嘉立法治國的熱忱和他與鮑利先生的關係，都不允許我懷疑他說的話是否是眞的。當我聽說他常到凡爾賽和楓丹白露去，並和舒瓦瑟爾先生有聯繫，這時候，我就不得不得出這樣的結論，即：他對法國宮廷的眞實意圖已瞭若指掌。這一點，他讓我自己去領會，而他不便在他的信上公開說明。

這一切使我多少放心的一些，但是，我不明白法國此次派兵的理由。無論從哪方面看，我都看不出法國軍隊到那裡是爲了保護科西嘉人的自由，因爲他們自己就有足夠的力量抵抗熱那亞人，所以我還是無法完全放心。在沒有拿到確實證據證明人家不是在拿我開玩笑以前，我不能貿然接受爲科西嘉人立法的工作。我很想和布塔弗科見一次面，只有這樣，才能弄清楚我需要了解的情況。他回信也這樣表示，因此，我懷著極大的耐心等他。我不知道他是否眞的有一個方案，不過，即使他有，我目前正在遭難，也無法利用。

我愈考慮這個擬議中的工作，便愈加仔細研究我手中的資料，愈感到有必要去實地考察一下我要爲之立法的那個民族，去考察一下他們所居住的土地，以及與之相適應的種種法制關係。我一天比一天看得清楚，我人在遠離他們的地方，根本就不可能獲得我需要了解的情況來指導我的工作。我把這一點寫信告訴了布塔弗科，他本人也有此同感，雖說我還沒有下決心到科西嘉，但我也確實開始爲去科西嘉做了許多準備。我去和達斯蒂耶先生商量，他以前曾在科西嘉馬耶布瓦先生手下工作過，對科西嘉的情況是十分了解的。他極力勸我打消這個計畫。我承認，他把科西嘉人和那裡的風土人情描繪得十分可怕，給我想去與他們一起生活的想法潑了一盆冷水。

但是，由於在莫蒂埃受到的迫害使我急於想離開瑞士，所以這個想法又浮上了我的腦海，希望到那個島，從那邊的人民中找到有些人不讓我獲得的最終安寧。去科西嘉，只有一件事情使我感到慌亂，那就是：我將不得不過一種緊張的生活，而我對這種生活是始終不適應和十分厭惡的。我生來就最適合於獨自一人從容悠閒的思考，而不適合於在大庭廣眾之中說話和做事。大自然賦予我前一種才能，就不會讓我有後一種才能。我覺得，萬一我眞的到了科西嘉，即使不直接參與公務，但也不得不投入人民的熱情活動中、不得不常常與領袖們會晤，何況此行的目的本身就不是尋求安寧，而是到人民群眾中去了解我需要了解的情況。很顯然，這樣一來，我就再也不能支配我自己了，就迫使我捲入一種我生來就不適應的漩渦中，過一種與我的本性完全相反的生活，不僅使我難有作爲，而且於我很不利。我預料得到：雖說我的著作使科西嘉人以爲我有才能，但我眞的到了他們那裡，他們一見到我就會大失所望，我在他們當中的聲譽就會降低，就會失去他們的信任。這對他們固然不利，對我也不利，因爲，沒有他們的信任，我就無法完成他們希望我爲他們做的工作。我敢斷定：脫離了適合於我工作的環境，我對他們便毫無用處，也使我自己感到苦惱。

我這幾年屢遭各種各樣狂風暴雨的襲擊，顚沛流離，到處受人迫害，已經被弄得身心十分疲憊。我感到我非常需要休息，可是我的那些無情的敵人卻以使我得不到休息爲樂事。我比以往任何時候都更希望得到那寧靜的悠閒，希望得到我渴望的精神上和肉體上的恬適。自從我從愛情和友誼的幻影中醒悟過來以後，我的心便以得到這種身心的恬適爲最大的幸福。我懷著畏懼的心情思考我將承擔的工作和我將陷入的紛紛擾擾鮮有寧靜的生活。雖說這項工作的目標是偉大的、高尙的和有益的，它充分鼓舞著我的勇氣，但一想到即使我全身心投入也難完成，我的勇氣便完全消失。在人事的紛擾中緊張的生活六個月，將比我單獨一個人靜心思考二十年所花的精力還多，而且還肯定不會獲得成功。

我想了一個兩全其美的變通辦法；這個辦法，在我看來對各方面都是適合的。由於我無論逃到什麼地方去躲藏，都會被那些暗中迫害我的人用陰謀詭計驅趕我；由於我發現只有科西嘉島才能獲得他們不讓我在其他地方獲得的寧靜，安度我的晚年，因此，我便決定：一有可能，我就按照布塔弗科所說的辦法到科西嘉去。不過，爲了能在那裡安靜的生活，我不承擔（至少在表面上不承擔）立法工作，只在當地撰寫他們的歷史，作爲對他們殷勤待客的回報。不過，當我看出有成功的可能時，我可以默默的做一些必要的調查，以便寫出來的東西對他們更有用處。這樣做，我便可以不事先做出任何承諾，悄悄的從容思考一個適合他們的方案，既不改變我喜歡離群索居的生活方式，又不被迫去過那種我無法忍受也無才能應付的生活。

不過，就我目前的情況來說，到科西嘉並不是一件容易的事情。從達斯蒂耶先生對我說的該島的情況看，最簡單的生活用品在當地都是很難買到的，例如內外衣服、鍋碗瓢盆和文具紙張，這些東西都要隨身帶去；如果把黛萊絲也帶去，要帶著這一大堆行李翻越阿爾卑斯山，走二百法哩，還要透過好幾個主權國家的國境，而且，從當時全歐洲的風聲看，我在遭受種種苦難之後，還會遇到許多其他障礙，還會看到許多人幸災樂禍的給我新的羞辱，而且不按照國際法和人道主義原則對待我。此外，此行的巨額費用、旅途的勞累和沿途的風險，使我不得不預先衡量一下這種種困難。以我這樣的年紀，形單影隻，手中拮据，遠離親友，寄身於達斯蒂耶先生所描述的那麼野蠻剽悍的民族，這種種因素當然會使我在執行這個計畫之前要深思熟慮，通盤考慮一番的。我非常希望和布塔弗科會晤，當面談談，根據談後的結果，做出我的決定。

正當我猶豫不決，難定行止的時候，莫蒂埃人動手了，他們加緊迫害我，逼我離開，可是我還沒有做好長途旅行的準備，特別是去科西嘉的準備。我是在等待布塔弗科的消息的時候逃到聖彼埃爾島上避難的。我在前面已經說了，我是在入冬之時被他們下令驅逐的，當時阿爾卑斯山上已蓋滿了大雪，我根本無法搬遷，何況限期又那麼急迫。事實上，這道命令的荒唐，其本身就使我搬遷的計畫無法實行。要從這四面環水的孤島搬出去，從命令下達之時起，只有二十四小時的準備，還要有船有車才能離開這個島和這個國家，即使我長了翅膀，我也是難以辦到的。我一方面把這些情形寫信告訴尼多的法官先生，作為對他給我的通知的答覆；另一方面也巴不得趕快離開這個不仁不義的國家。以上所說，是敘明我是如何不得不放棄我心愛的計畫，我是如何在人家拒絕在島上羈押我的時候，決定接受凱特元帥的邀請到柏林去的。我請黛萊絲保管我的衣物和書籍，在聖彼埃爾島過冬，把我的文稿交給迪佩魯保存。我處理得那麼快，那麼乾脆俐落，第二天早晨我就離開了聖彼埃爾島；還不到中午就抵達碧茵納。若不是一件偶然的事情，我到碧茵納也許就停止了，這件偶然的事情，我不能略而不提。

我被命令離開聖彼埃爾島的消息一傳出去，附近地方的人都紛紛來看我，尤其是伯恩人，他們以最令人討厭的虛情假意的話來安慰我、敷衍我，說什麼這是有些人利用假日和參議院休會期間下達這道命令的，而二百人議會的全體議員是持反對態度的。在這一大群安慰者當中，有幾個來自碧茵納城（碧茵納城是被圈在伯恩邦範圍內的一個自由的小邦），另外還來了一個名叫韋爾德雷默的年輕人。他家是該城的第一豪門，在這個小城裡享有極大的威信。他代表該城的公民一再邀請我到他們那裡去選擇一個避難地，並向我保證說他們將非常熱情的接待我，他們將以能使我在該城忘掉我遭受的迫害爲一種光榮的義務，說我到了他們那裡就用不著再害怕伯恩人了。他還說碧茵納是一個自由城，不接受任何其他人的命令，全體公民一致決定不聽從任何人的支使加害於我。

韋爾德雷默見我不爲他所動搖，便找了另外一些人來幫他做我的工作。這些人，有的來自碧茵納城和附近的地區，有的就是伯恩邦的，另外還有我在前面提到過的基爾克伯格。自從我到瑞士以來，他就一直想和我結識，他的才能和行事原則也使我感到他是很不錯的。而有點出人意料和比較令人驚訝的是法國大使館的祕書巴爾德先生對我的敦促。他和韋爾德雷默一起來看我，極力勸我接受韋爾德雷默的邀請。他對我表現的那股熱情使我感到吃驚。我從來不認識巴爾德先生，但從他說話的熱情態度看，我覺得他是眞心想說服我留在碧茵納的。他對我把這個城和它的居民大大誇獎了一番，他表示他與他們相處得那樣親密，以致有好幾次在我面前竟稱他們爲他的「大哥」和「大叔」。

巴爾德的這番表現，使我對我以前的種種推測拿不準是對還是錯。以前，我一直懷疑舒瓦瑟爾先生是我在瑞士遭受的迫害的幕後指使人。法國駐日內瓦的常駐代表的行徑和駐索勒爾的大使的所作所爲一再肯定了我的懷疑。我看得很清楚，我在伯恩、日內瓦和納沙泰爾遭遇的一切，都是法國暗中施加影響所造成的。我不相信，在法國除了舒瓦瑟爾公爵以外，還有別的有勢力的敵人。因此，我對巴爾德先生的來訪和他對我的命運所表現的關心，怎能不多想一想呢？我的苦難雖然還沒有完全摧毀我心靈中對人的樸實的信任，經驗也沒有使我學會在別人的花言巧語中看出他們對我布置的陷阱，但我仍然懷著驚訝的心情思索巴爾德先生何以有那麼一番好意的原因。我還沒有傻到把他的這番舉動當成是他主動採取的。我看出他有點言過其實，甚至有點故作姿態；這就顯示他是別有用心的。我還從來沒有在這類下級官員身上發現過我當年在類似的崗位上㉖所表現的那種滿腔熱忱的見義勇爲精神。

我以前在盧森堡先生府上見過波特維爾騎士，他對我也有好感。他擔任大使以後，對我也有過幾次懷念昔日友情的表示，甚至邀請我到索勒爾去看他。他的邀請，我雖然沒有接受，但令我十分感動，因爲我還不習慣接受身居高位的人如此盛情的對待。我猜想波特維爾先生在日內瓦事件上的所作所爲是迫不得已依上級的指示行事的，但他的內心對我的遭遇是很同情的，所以他現在在碧茵納特意爲我安排一個避難處，使我在他的照應下能安靜的生活。對他給予我的這種關懷，我非常感謝，但我無意利用，因爲我已決定去柏林，深切盼望

㉖ 指一七四三—一七四四年盧梭在法國駐威尼斯共和國擔任祕書一職。——譯者

和凱特元帥重逢的時刻早日到來。我深深相信，只有在他的身邊，我才能得到眞正的安寧和持久的幸福。

我離開聖彼埃爾島以後，基爾克伯格一直陪我到碧茵納。我在那裡見到韋爾德雷默和其他幾個碧茵納人在碼頭上等我。我們一起在一家小酒館吃午飯，我到達後的第一件事就是請人幫我雇一輛小馬車，以便第二天上午就走。在午餐桌上，這幾位先生懇切挽留我在他們那裡住下，態度是那麼的誠懇和熱情，以致，儘管我已最後決定去柏林，但我的心被他們的好言好語感動了。他們一看我已動搖，便加倍努力勸說，我終於被他們戰勝了，同意在碧茵納留下，至少留到來年春天。

於是，韋爾德雷默馬上去忙著爲我找房子。他把一個破破爛爛的房子吹噓得像新屋似的。他找給我的是一個小房間，位置在四層樓的後樓，對著一個院子，院子裡供我觀賞的是一個麂皮商人晾曬的一大串臭毛皮。我的房東是一個矮子，樣子很難看，相當狡猾。第二天我就聽人家說他是一個既好色又好賭的傢伙，在地方上的名聲很壞。他沒有妻子和兒女，也沒有僕人。我冷冷清清的待在孤獨的房間裡，我在這世界上最漂亮的地方住的卻是一間只需幾天工夫就會把我悶死的小屋。最使我心有疑懼的是，儘管他們說當地的居民將多麼熱情接待我，但我在街上卻見不到任何人對我有以禮相待的表示，目光中也沒有絲毫友好的神情。而且，就在我住下的第二天我就聽說，甚至還看出和感覺到城裡正醞釀著一場針對我的可怕的騷亂。有幾個好心人特意來告訴我說，也許明天就會毫不留情的對我下達命令，命令我馬上離開這個邦，也就是說馬上離開這個城。我眼前沒有一個可與之商量的人，所有那些挽留我的人都已散去、維爾德雷默不見了、人家也不告訴我巴爾德到哪裡去了，他在我面前誇讚的那些大叔大哥也沒有因爲他的囑託便對我有什麼特別的關照。有一個名叫伏塔維爾的先生，伯恩人，在該城近郊有一座漂亮的房子，請我到那裡去避避風頭。他說，在他的房子裡至少可以不挨人家的石頭。對我來說，這個好處並沒有好到足以使我願意在這個以好客聞名的地方繼續留下去。

在碧茵納一住就住了三天，已經大大超過了伯恩限我二十四小時離開他們整個管轄之地的時間。我已吃過他們心狠手辣的苦頭，此刻當然會感到焦慮，不知道他們將採用何種方式把我趕出他們的邊境。正在這束手無策之時，尼多的法官先生來了，他爲我解決了這個難題。他對伯恩邦的當政者們的粗暴做法很不贊成，所以他認爲應當坦率地向我公開表明他並未插手這件事情，而且不惜走出他的司法轄區到碧茵納來看我。他是在我動身的前一天來的，不但不是悄悄來的，而且還故意擺出官方姿態，穿著盛裝，坐著高大的馬車，帶著他的祕書一起來，並給我一張由他親自簽發的通行證，使我能順利穿越伯恩邦的邊境，不怕受到刁難。他對我的拜訪，比他給我的通行證還令我感動，即使他拜訪的是別人而不是我，我也會同樣感動的。像他這樣爲了支持一個受到不公正對待的弱者而勇敢及時伸出援手，這對我的心靈的震撼之大，我還從來沒有經歷過。

最後，費了很大的勁，終於找到了一輛小馬車，第二天一早我就離開了這個欲置我於死地的地方，沒有等約定來向我致敬的代表團的到來，甚至沒有等黛萊絲來與我會合，我原以爲可以在碧茵納久住，所以曾寫信給她，叫她來與我會合，這時已經來不及寫一短信給她，把我遇到的新的災難告訴她叫她不要來了。如果我還有精力繼續寫續篇的話，人們將看到我原先是如何準備去柏林，後來是如何去英國的；人們還將看到那兩位對我心懷叵測的夫人眼見我在瑞士還不完全在她們的勢力所及的範圍之後，是如何想盡辦法，玩弄詭計，把我逐出瑞士，終於達到目的，把我交給她們的那位朋友去擺布的。㉗

㉗ 這段話中所說的「那兩位對我心懷叵測的夫人」，指韋爾德蘭夫人和布弗勒夫人；「她們的那位朋友」，指休謨。

盧梭對這三個人的指摘，是錯誤的：兩位夫人建議他接受休謨的邀請去英國，完全是出自一番好意；休謨對他的邀請，也是出於至誠。但是，由於這許多年盧梭屢遭迫害，到處被人驅趕，顛沛流離，身心極度疲憊，已成驚弓之鳥，因此，到英國之後，屢因小事，產生誤會，便與休謨多次激烈爭吵，並進而懷疑休謨與兩位夫人和達朗貝爾等人共謀，將他誘至英國，對他繼續加以迫害，因而在英國只住了一年多，便於一七六七年五月潛回法國，化名勒魯，隱居在特里。關於盧梭與休謨等人爭吵的經過，請參特魯松：《盧梭傳》，第十五章《中圈套了嗎？》，李平漚、何三雅譯，商務印書館一九九八年版，第三百四十二－三百六十一頁。——譯者

我向埃格蒙伯爵先生和夫人、比尼亞特里親王先生、默士姆侯爵夫人和朱伊涅侯爵朗讀了這部作品之後，我講了如下一段話：

我講的都是事實。如果有人說他所知道的情況與我講的情況相反，即使他說的情況是經過千百次驗證的，他心裡也明白，那全是謊言和誣衊不實之詞。如果他不去深入調查，並在我活著的時候把事情弄清楚，那他就是一個不公平、不正直和不尊重事實的人。至於我，我要在這裡毫無畏懼的公開聲明：將來無論什麼人，即使他沒有讀過我的書，只要他親自對我的天性、我的人品、我平日的作風、志趣、愛好與習慣進行一番了解之後，還硬說我爲人不誠實的話，那他自己就是一個理應被絞死的人。

我的朗讀到此就結束了，這時，在場的人全都閉著嘴巴，默不做聲。我發現，只有埃格蒙夫人好像受到感動，很明顯的全身顫動了一下，但很快就恢復了平靜，一句話也沒有說，其他人也和她一樣，一句話也沒有說。我這次朗讀和發表了上面那段話以後，所得到的

結果就是如此。㉘

㉘盧梭朗讀他的《懺悔錄》，一共四次：第一次是一七七〇年十二月在佩澤侯爵家，第二次是同月在詩人朵拉家，第三次是一七七一年二月讀給瑞典王子聽，第四次是一七七一年五月四至八日在埃格蒙伯爵夫人家。他每次朗讀，都只讀第七卷至第十二卷，而沒有讀第一卷至第六卷，因為「這六卷的內容有些地方不適合於讀給女士們聽。」可惜他朗讀的次數不多。一七七一年五月十日，巴黎員警總局局長就應埃皮奈夫人的請求，下令禁止盧梭再向公眾朗讀，若再朗讀，就會導致法院對他的舊案重提，執行一七六二年六月九日簽發的逮捕《愛彌兒》作者的命令。盧梭為《愛彌兒》付出了沉重的代價：這道命令始終沒有撤銷，直到一七七八年七月二日盧梭在埃默農維爾逝世時，他的身分依然是一個「逃犯」。《愛彌兒》的作者的命運，竟不幸如此。——譯者

跋

盧梭的《懺悔錄》長五十餘萬字。這一長篇巨制的翻譯工作之能完成，多得力於友人的幫助。摯友江裕佩和洛克桑·阿薩納（Roxane Ah-Sane）兩位女士對我的支持與鼓勵，將永遠銘記於心，可以說，書中的譯文處處都凝聚著她們的一份心血。對於她們付出的辛勞，在此表示衷心的謝意。

譯書是一件很艱苦的工作。侯官幾道先生有言曰：「譯事三難：信、達、雅，」又曰「一名之立，旬月踟躕。」[1]譯書的艱難，可想而知。不過，苦中亦有樂，樂在煉字造句鋪陳譯文時，宛如與作者促膝談心，進行心靈交流，盡可能把作者的話準確傳達給讀者。唯原文艱深，譯文的表達，實難盡善，不足和謬誤之處，敬希讀者指正。

李平漚

二〇〇八年十月

---

① 嚴復：《天演論·譯例言》，商務印書館一九八一年版。

盧梭年表

年代	年紀	生平紀事
一七一二年	○歲	六月二十八日生於日內瓦。父親伊薩克是鐘錶匠，和哥哥佛蘭索瓦相差七歲。七月，母親蘇珊娜．貝爾納去世後，由姑媽撫養。
一七二二年	十歲	十月，父親和退伍軍人打架，離開出生地，定居里昂。同月，盧梭被送到貝爾納舅舅家裡，後又被送往日內瓦近郊波塞的朗伯西埃牧師家中學拉丁文。哥哥離家出走，杳無音訊。
一七二五年	十三歲	在日內瓦市的馬塞隆書記官處當見習生。四月當雕刻匠杜康曼的學徒。
一七二六年	十四歲	博讀雜書，養成孤獨、幻想的習慣。三月父親再婚。
一七二八年	十六歲	三月，認識安納西的華倫夫人（Madame de Warens, 1699～1762）。四月進入義大利的杜林修道院改信天主教。六月離開修道院，當店員、僕人等工作。其中在維爾塞里斯夫人家發生的絲帶偷竊事件，成為日後執筆寫《懺悔錄》的動機之一。
一七二九年	十七歲	在安納西的神學院就讀，並在教會學校學習音樂。出版《納爾西斯》。
一七三〇年	十八歲	從里昂又回到安納西（華倫夫人此時已前往巴黎）。七月開始出外流浪。
一七三二年	二十歲	到尚貝里，在土地普查局為國王效力。
一七三三年	二十一歲	十月，成為華倫夫人的愛人（和管家、夫人形成三角關係）。
一七三六年	二十四歲	和華倫夫人住在夏梅特（此時期成為盧梭回憶中最珍貴的幸福生活）。

一七三七年	二十五歲	六月，因化學實驗不慎發生爆炸，幾近失明。九月為療養而前往蒙彼利埃，途中，遇見拉爾納日夫人產生一段熾熱的愛戀。
一七四二年	三十歲	七月，為迎接新生活，離開華倫夫人，到巴黎定居。此時期認識狄德羅，開始出入貴族社交圈。
一七四三年	三十一歲	一月，出版《論現代音樂》。春天，認識杜賓夫人和她的兒子法蘭古，一起學習化學。開始寫歌劇《風流的繆斯》。
一七四五年	三十三歲	三月，和出生於奧爾良，年方二十三歲的黛萊絲（一七二一～一八〇一）生活在一起。七月完成歌劇《風流的繆斯》。受伏爾泰與拉摩之請，修正《納瓦爾公主》，改寫成《拉米爾的慶祝會》。
一七四六年	三十四歲	認識埃皮奈夫人。冬天，第一個孩子出生，送往育嬰堂。之後連續五個孩子也都送往育嬰堂，種下終生苦惱的原因。
一七四七年	三十五歲	五月，父親逝世。
一七四八年	三十六歲	經埃皮奈夫人介紹而認識了貝勒加爾德小姐（後來的烏德托伯爵夫人），主宰了盧梭後來的命運。和狄德羅共同策畫出版定期雜誌《嘲笑者》，但只出版盧梭編輯的第一冊即告停刊。
一七四九年	三十七歲	為《百科詞典》撰寫音樂詞條。
一七五〇年	三十八歲	七月，《論科學與藝術》入選，一舉成名。年底，經狄德羅多方奔走，日內瓦的巴里約書店出版了本書。

一七五二年	四十歲	十月，《鄉村巫師》上演，大獲成功。十二月，在法蘭西劇院上演年輕時的作品《納爾西斯》（或名《自戀者》），卻反應不佳。
一七五三年	四十一歲	盧梭寫〈論法國音樂的信〉，指責法國音樂，而讚美義大利歌劇，和狄德羅等人揭開「小丑會戰」的序幕。後來人們對盧梭產生反感，拒絕他進入歌劇院。
一七五五年	四十三歲	四月，出版《論不平等》（全名是《論人與人之間不平等的起因和基礎》）。九月，在狄德羅的《百科全書》第五卷發表《論政治經濟學》。
一七五六年	四十四歲	四月，與黛萊絲同赴埃皮奈夫人的「舍夫雷特」居住。五月，完成聖皮爾神父的《永久的和平》、《多部委制》之摘編。對於伏爾泰的《里斯本大災難詠》中，歸咎上帝論的言詞感到氣憤，雖去信回覆，但兩人已開始對立。
一七五七年	四十五歲	愛戀烏德托夫人。三月，為狄德羅的著作《私生子》中的一句話起爭執，後來和解。開始寫《新愛洛伊絲》。十一月，讀了《百科全書》第七卷的日內瓦詞條後，撰文駁斥。
一七五八年	四十六歲	伏爾泰公開表示對盧梭的反感。和狄德羅形成絕交的狀態。出版《就戲劇問題致達朗貝爾的信》。從這個時期，開始執筆《民約論》。
一七五九年	四十七歲	完成《愛彌兒》第五卷。
一七六〇年	四十八歲	十月，完成《愛彌兒》。年底完成《民約論》草稿。

一七六一年	四十九歲	一月，出版代表作之一的長篇小說《新愛洛伊絲》（*La Nouvelle Héloise*，又名《茱麗》）。三月，出版聖皮爾神父的《永久的和平》。十月，開始在巴黎印刷《愛彌兒》。十一月，《愛彌兒》的校對延遲，懷疑原稿被偷，精神呈現錯亂狀態。十二月，荷蘭的雷依書店要求盧梭寫《著作集》用的自傳。是年，《民約論》初稿完成。
一七六二年	五十歲	一月，寫《致馬律澤爾布的四封信》，是重要的自傳性作品之一。四月初，由雷依書店出版《民約論》。六月，被索爾邦神學院告發，巴黎高等法院判定有罪，下令逮捕，盧梭展開八年的逃亡生活。日內瓦境內焚燒《愛彌兒》和《民約論》，同時也下達逮捕令。七月，伯恩政府下令驅逐盧梭，離開凡爾登，抵達普魯士的納沙泰爾邦，受到蘇格蘭貴族喬治．凱特總督的保護。請求普魯士國王腓特烈二世准許他在其領地莫帝埃過隱居生活。七月，華倫夫人逝世。八月，得到普魯士國王的許可。
一七六三年	五十一歲	總檢察官特農香發表《鄉間來信》，用以反駁盧梭。
一七六四年	五十二歲	十月，針對《鄉間來信》發表《山中來信》。十二月，伏爾泰發表匿名小冊《市民所感》，誹謗盧梭，揭穿他遺棄孩子的醜事。

一七六五年	五十三歲	二月，《山中來信》為日內瓦所禁。三月，巴黎焚毀《山中來信》。九月，受到村民的石頭攻擊，遷居聖彼埃爾島。據盧梭回憶，在這兒的生活，是他一生中最快樂的時光，在絕筆《一個孤獨的散步者的夢》中有深刻的描述。十月，伯恩市議會下達驅逐令，英國哲學家休謨勸他去英國。
一七六六年	五十四歲	一月，和休謨同往英國。三月，在烏頓執筆《懺悔錄》。六～七月，與休謨失和。這一年，伏爾泰散發誹謗盧梭的手冊。從這時開始，盧梭患上嚴重的被害妄想症。
一七六八年	五十六歲	八月與黛萊絲正式結婚。
一七七〇年	五十八歲	六月，在巴黎普拉托里亞街（現今盧梭街）定居。
一七七一年	五十九歲	二月，在瑞典皇太子前朗讀《懺悔錄》。下半年執筆《論波蘭政府》。
一七七二年	六十歲	四月，完成《論波蘭政府》。開始寫分析自己的書《盧梭審判尚—雅克：對話錄》。
一七七五年	六十三歲	十月，盧梭的歌劇《比哥曼儂》上演，非常成功。年底完成《對話錄》。
一七七六年	六十四歲	秋，開始寫絕筆《一個孤獨的散步者的夢》。
一七七八年	六十六歲	伏爾泰應邀前往巴黎，因疲勞而病倒，這位盧梭的勁敵於四月三十日逝世。五月，將《對話錄》的原稿，以及包括《懺悔錄》在內的各種原稿託老友保管。七月二日，盧梭因腦溢血逝世，遺體葬於埃默農維爾公園的白楊島上。

一七九四年	十月十一日，革命政府把盧梭的遺體從白楊島移至先賢祠，葬於伏爾泰之旁。

國家圖書館出版品預行編目資料

懺悔錄 / 盧梭 (Jean-Jacques Rousseau) 著；李平漚譯 . -- 初版 --
臺北市：五南，2018.11
面；公分 .--（大家身影系列；1）
譯自：Les confessions
ISBN 978-957-11-9866-8(平裝)

1. 盧梭（Rousseau, Jean-Jacques, 1712-1778） 2. 傳記

784.28　　107013006

大家身影 001

懺悔錄

作　　者── 盧　梭
譯　　者── 李平漚
發 行 人── 楊榮川
總 經 理── 楊士清
副總編輯── 陳念祖
特約編輯── 張碧娟
責任編輯── 李敏華
封面設計── 王麗娟
出 版 者── 五南圖書出版股份有限公司
地　　址：台北市大安區 106 和平東路二段 339 號 4 樓
電　　話：02-27055066（代表號）
傳　　真：02-27066100
劃撥帳號：01068953
戶　　名：五南圖書出版股份有限公司
網　　址：http://www.wunan.com.tw
電子郵件：wunan@wunan.com.tw
法律顧問── 林勝安律師事務所　林勝安律師
出版日期── 2018 年 11 月初版一刷
定　　價── 900 元